南光坊天海発給文書集

東叡山寛永寺 監修
宇高良哲・中川仁喜 編

吉川弘文館

慈眼大師（天海）画像　（本覺院所蔵）

刊行の辞

当山は、元和八年（一六二二）徳川二代将軍秀忠公と天海大僧正の話し合いによって創建されることが決まり、三代将軍家光公の寛永二年（一六二五）十月に開山された寺院である。大僧正は、寛永寺の初代住職にして、江戸幕府の徳川体制を強固なものとするべく尽力された人物でもある。

天海大僧正は九世紀の初頭、都の守として桓武天皇と最澄上人によって建てられた鎮護国家の祈禱寺、比叡山延暦寺をこの江戸の地にも再現しようと考えた。上野の台地が寛永寺建立の寺地として選ばれたのは、このことと決して無関係ではない。

ちょうど比叡山が京都御所から見て鬼門の北東（艮）に当たるのと同様に、上野の山が江戸城の鬼門に位置しているからである。寛永寺は江戸城の鬼門を塞ぎ、鎮護国家と共に徳川幕府の安泰と万民豊楽を祈るために建立された徳川幕府の祈願寺である。

当山を開山した初代住職の天海大僧正発給古文書が多くの方々のご協力により整理され、発刊されることは大変ありがたいことである。当山が刊行した『南光坊天海発給文書集』が今後、研究される方々の貴重な史料集としてお役に立つことを切に願っている。

出版に当たり、ご尽力頂いた大正大学名誉教授の宇高良哲先生と同大専任講師の中川仁喜先生、またご協力頂いた関係各位に対しまして心より御礼申し上げます。

平成二十五年十一月吉日

東叡山 輪王寺門跡
寛永寺住職 神田秀順

＊今年、平成二十五年（二〇一三）は、天海大僧正没後三七〇年の節目に当たる。これを記念して『南光坊天海発給文書集』を刊行した。

刊行に至るまで

宇高良哲先生とのお付合いは古い。そんな先生と「天海さんの発給文書をまとめ直せたらいいなあ」という話になってからでも、もう十年は経つだろう。

今回、大正大学理事長の杉谷義純氏と同大の多田孝文学長からのお話もあって、ようやく刊行への態勢が整った。

かつて、寛永寺が刊行した『慈眼大師全集』（上・下二巻）の中にも、かなりの数の天海文書が収録されてはいるのだが、なにせ大正期の出版なので、関東大震災や第二次世界大戦を経た今、その中のかなりの部分が当時の所蔵者のもとを離れていたり、不幸にも失われてしまっているのである。

こうしたことから、宇高先生とその学統をつぐ中川仁喜先生と話し合っているうちに、前の全集に収録されている文書は一、二の例を除けば、写真版はなく、「写し」や「偽文書」があったとしても、いまさら確認のしようもないという話になった。ただ、全集はごく短期間に作成されたものなので止むを得ないのである。

こうしたことから、今回は是非写真と釈文を併載したい、その方が将来の研究者にとって親切なのではないかということになった。

実のところ、このため、当初予定した経費では全く用をなさなくなった。ところが、内部のことだが、この経費を含む計画の変更を寛永寺一山の住職方が快く認めてくれたのである。

かねて天海僧正に関心を懐き続けてきた筆者にとって、こんな嬉しいことはない。

しかも、この方針転換のため、両先生にはさらなるご苦労をお掛けしたが、お二人は快く引き受けて下さったのである。心より御礼を申し上げたい。

また、こうした地味ながら価値のある史料集の刊行に踏み切って下さった吉川弘文館の方々にも厚く御礼申し上げたい。

平成二十六年一月

寛永寺長﨟

浦井正明

例　言

一、本書は、『南光坊天海発給文書集』として、南光坊天海の発給文書をできるかぎり網羅して収録したものである。文書の真偽については、私見は按文に譲り、できるだけ収録することに努めた。

　今後も新出文書の調査を継続していきたい。

一、本書の収録文書は、三種類に区分されている。

㈠、第一部は、上段に写真版を収録して、下段に原本通りの釈文を収めた。

㈡、第二部は、原文書を写真版で確認しているが、本書に写真版を収録することができなかったもの。出典を明示して、釈文に改行の（」）を付けて収めた。

㈢、現在、原文書を確認できないものは、既刊の史料集から、出典を明示して、第二部にそのまま収めた。

一、収録文書の全体目次は、原則として編年順に配列した。

一、年欠文書で、年次の推定が出来るものは、その年次に配列した。年次未詳の文書は、末尾にまとめ、日付けの月日順に配列した。

一、目次とは別に、文書の検索を容易にするために、総収録文書の日付けの月日順目録を巻末に収録した。

一、翻刻の釈文は、常用漢字を使用した。ただし、異体・略体字には右傍に校訂註（　）を付した。変体仮名文字は通常の片仮名・平仮名文字に改めた。人名・地名等は可能な範囲で校訂註を付した。

一、原本に欠損文字がある場合には、その字数を測って□□□　　□で示した。

一、端裏書・裏書等は「　」で示し、編者の加えた校訂註は右傍に（　）をもって示した。

一、原本には読点（、）、並列点（・）は付けられていないが、通読の便を考えて、これらの点を加えた。

一、原本の誤字・脱字等は、明らかなものは右傍に（　）をもって註記した。「カ」の字を加えたものは断定を差し控えたものである。また文意の通じ難い箇所、もしくは原本のままに従ったことを示す場合は、（マヽ）を付した。

一、文書の年月日・差出・花押・宛所等については、第一部では原本の体裁を尊重した。第二部ではある程度の統一をはかった。

一、編者の加えた按文には、その頭部に○印を付した。

一、目次に付した＊印は、写真版を東京大学史料編纂所の影写本や写真によったもの。●印は、写真版を収録できなかったもの。○印は『慈眼大師全集』に釈文が収載されているものである。

一、本書を編するにあたり、諸家・寺社・図書館・東京大学史料編纂所等からは格別のご高配により、貴重な所蔵文書の閲覧・撮影、ならびに写真掲載のご許可を賜った。記して厚く感謝する次第である。

目次

刊行の辞　神田秀順

刊行に至るまで　浦井正明

例言

1 無心書状（上野吉祥院文書）○＊　十月三日……三

2 不動院随風書状（京都妙法院文書）　（慶長二、三年頃カ）卯月廿日……四

3 不動院天海書状（京都妙法院文書）○　（慶長二、三年頃）十月廿四日……五

4 不動院天海書状（京都妙法院文書）○　（慶長二、三年頃）十月廿六日……七

5 天海書状（京都妙法院文書）○　（慶長二、三年頃）十月廿七日……九

6 智楽房天海書状（神奈川龍門寺文書）　二月七日……一一

7 天海僧綱職補任状写（長沼宗光寺文書）○＊　慶長十年二月吉日……一三

8 天海法流証状（森五郎作氏文書）○＊　慶長十三年十月吉日……一五

9 天海土産目録覚（大正大学図書館文書）　慶長拾四年二月廿六日……一六

10 宗光寺天海書状（大阪願泉寺文書）○＊　（慶長十四年）十二月十九日……一七

11 宗光寺天海書状（栃木円通寺文書）　三月十三日……一八

12 天海書状（上野円珠院文書）○＊　（慶長十五年カ）四月五日……二〇

13 権僧正天海書状（京都妙法院文書）　慶長十五年九月六日……二二

14 権僧正天海証状案（『慈眼大師全集』下）○●　慶長十五暦季秋六日……三九

15 天海祝儀覚（大正大学図書館文書）　慶長十五年十一月廿三日……二三

16 天海書状写（川越喜多院文書）　慶長十六年七月廿日……二四

17　南光坊僧正天海書状（京都北野神社文書）○　（慶長十八年）六月十七日……二五
18　南光房僧正天海書状（京都北野神社文書）○　（慶長十八年）七月廿九日……二六
19　山門探題僧正天海僧綱職補任状写（『慈眼大師全集』下）○●　慶長十九年正月如意珠日……三九九
20　南光坊僧正天海書状（下谷酒袋嘉兵衛文書）○＊　（慶長十八、九年）卯月廿四日……二七
21　南僧正天海書状（国立国会図書館文書）　（慶長十九年カ）五月四日……二八
22　南光坊僧正天海等葛川明王院法度目安覚写（葛川明王院文書）＊　慶長十九年五月七日……二九
23　南僧正天海書状（広島大学猪熊文書(二)）＊　（慶長十九年）八月九日……三一
24　山門探題僧正天海書状（群馬真光寺文書）○　（慶長十九年カ）九月八日……三三
25　南僧正天海書状（京都三千院文書）○　（慶長十九年）九月十二日……三四
26　大僧正天海書状写（「江戸崎大念寺志」）●　（慶長十九年）十月五日……三九九
27　天海書状（萩野由之氏文書）○＊　（慶長十九年カ）霜月十四日……三六
28　南光坊僧正天海等連署吉野山禁制（『金峯山寺史』）○●　慶長拾九年霜月十九日……三九九
29　南僧正天海書状（生間家文書）＊　（慶長十九年）極月十七日……三八
30　山門探題兼世良田山正僧正天海印可状写（世良田長楽寺文書）　慶長二十暦姑洗五日……三九
31　南僧正天海書状（伊勢龍泉寺文書）＊　（元和元年）二月十二日……四〇
32　南僧正天海書状（上野津梁院文書）○＊　（元和元年）六月廿二日……四一
33　天海書状（小日向妙足院文書）○＊　（元和元年）六月廿三日……四二
34　南僧正天海書状写（『楓軒文書纂』）　（元和元年）六月廿七日……四三
35　南僧正天海書状（『慈眼大師全集』上）○●　（元和元年）閏六月三日……四〇〇
36　南光房僧正天海奉書写（京都真如堂文書）＊　元和改元七月十五日……四四
37　南僧正天海書状（身延本遠寺文書）　（元和元年）文月廿四日……四五
38　南僧正天海書状（池上本行寺文書）　（元和元年）文月廿四日……四六
39　天海書状（『思文閣古書資料目録』）●　（元和元年カ）九月六日……四〇〇
40　寺務南光坊大僧正天海四天王寺寺内法度（大阪四天王寺文書）　元和元年十一月日……四七

41 山門探題正僧正天海喜多院証状（川越喜多院文書）○ 元和元年終冬十二日……四八
42 南僧正天海書状写（身延久遠寺文書）＊ （元和二年カ）二月廿四日……四九
43 南僧正天海書状（京都妙法院文書）○＊ （元和二年）弥生八日……五〇
44 南僧正天海書状（坂本生源寺文書）○＊ （元和二年）弥生八日……五二
45 南僧天海書状案（『平田職忠職在日記』）● （元和二年）七月十四日……四〇〇
46 天海書状（長沼宗光寺文書）○＊ 十月三日……五四
47 南僧正天海書状（上野現龍院文書） （元和二年）七月廿八日……五六
48 天海年貢加増証文（大正大学図書館文書） 元和弐年九月十八日……五七
49 天海書状写（「江戸崎大念寺志」）● 九月十八日……四〇〇
50 南僧正天海書状（上野現龍院文書） （元和二年）霜月廿三日……五八
51 南僧正天海書状（京都三千院文書） （元和二年）十二月十五日……五九
52 南僧正天海書状（大阪四天王寺文書）○＊ （元和二年カ）極月廿一日……六〇
53 南僧正天海書状（身延久遠寺文書）＊ （元和元、二年カ）極月廿二日……六二
54 南僧正天海書状写（京都三千院文書）○ （元和三年）三月五日……六三
55 天海書状（「古文書纂」）＊ （元和三年カ）四月五日……六五
56 南光坊大僧正天海成願寺寺内法度写（安土観音正寺文書）＊ 元和三年六月廿八日……六六
57 南僧正天海書状（大工頭中井家文書） （元和三年カ）六月晦日……六七
58 天海書状（東京大学史料編纂所文書）○ （元和三年カ）八月廿五日……六九
59 大僧正天海書状写（「江戸崎大念寺志」）● （元和三年カ）十月九日……四〇一
60 南僧天海書状（京都三千院文書）○ （元和三年）霜月一日……七一
61 大僧正天海書状写（「江戸崎大念寺志」）● （元和三年カ）十一月七日……四〇一
62 天海喜多院証状（川越喜多院文書）○ 元三極月七日……七二
63 南僧正天海書状（小日向妙足院文書）○＊ （元和四年）正月廿八日……七三
64 南僧正天海書状写（京都三千院文書） （元和四年カ）二月廿八日……七四
65 南僧正天海書状（佐野惣宗寺文書） （元和四年）閏三月七日……七五

66 南僧天海書状（上野現龍院文書）　（元和四年）閏三月十九日……七六
67 山門探題大僧正天海等立石寺寺内法度（山形立石寺文書）＊　元和四年五月吉日……七七
68 天海書状（『本朝大仏師正統系図』）＊　（元和四年カ）十月十四日……七九
69 南僧正天海書状（京都北野神社文書）　（元和三、四年カ）十二月四日……八〇
70 山門南僧正天海書状（『京都古書籍・古書画資料目録』）●　六月十七日……四〇一
71 天海書状（京都三千院文書）○　（元和五年）三月七日……八一
72 僧正天海書状（上野現龍院文書）　（元和五年カ）八月十三日……八三
73 南光天海書状写（佐賀実相院文書）　（元和五年カ）九月十九日……八四
74 南僧正天海書状写（佐賀実相院文書）　（元和五年カ）九月廿二日……八五
75 南僧正天海書状写（佐賀実相院文書）　（元和五年カ）九月廿三日……八六
76 山門三院執行探題天海書状（姫路随願寺文書）　（元和五年）霜月九日……八七
77 山門探題大僧正天海書状写（佐賀実相院文書）　（元和五年カ）霜月廿七日……八八
78 南僧正天海書状（所蔵者不明）●　正月廿二日……四〇二
79 南僧正天海書状（上野現龍院文書）　正月廿六日……八九
80 南僧正天海書状案（『楓軒文書纂』）　二月廿四日……九〇
81 南僧天海書状（京都三千院文書）○　二月廿八日……九一
82 南僧天海書状（京都三千院文書）○　五月十五日……九三
83 南僧正天海書状（大阪四天王寺文書）○＊　八月十六日……九四
84 南僧正天海書状（群馬龍蔵寺文書）○＊　九月七日……九五
85 南僧正天海書状（大阪四天王寺文書）　九月廿三日……九七
86 南僧正天海書状（芝金剛院文書）○＊　十月十一日……九八
87 天海書状（「古文書纂」）＊　二月二日……九九
88 天海書状（京都三千院文書）　（元和六年）三月十六日……一〇一
89 大僧正天海書状（萩野由之氏文書）○＊　（元和六年カ）三月十八日……一〇三
90 大僧正天海書状（兵庫能福寺文書）○＊　（元和六年）卯月十三日……一〇四

91 天海書状（京都三千院文書） （元和六年）四月廿二日……一〇五
92 天海書状（京都三千院文書） （元和六年）五月十三日……一〇七
93 天海書状（京都三千院文書）○ （元和六年）八月十七日……一〇九
94 天海書状（国立国会図書館文書） （元和六年カ）九月十八日……一一一
95 大僧正天海書状（『慈眼大師全集』上）○● （元和六年）霜月廿日……四〇二
96 大僧正天海書状（三浦周行氏文書）＊ （元和五、六年）十月五日……一一三
97 天海書状（吉田黙氏文書）○＊ （元和六年）後極月十九日……一一五
98 大僧正天海書状（大津聖衆来迎寺文書） 八月廿日……一一七
99 大僧正天海書状（上野凌雲院文書）○＊ 十月十二日……一一八
100 天海書状（京都妙法院文書）○ （元和八年カ）二月廿四日……一一九
101 大僧正天海書状（京都三千院文書）○ （元和八年カ）二月廿五日……一二一
102 山門探題大僧正天海日光山直末補任状写（『慈眼大師全集』上）○● 元和八年四月十七日……四〇二
103 大僧正天海書状（『思文閣古書資料目録』）● （元和八年カ）六月廿九日……四〇二
104 天海延暦寺法度（坂本延暦寺文書）○＊ 元和八年十月五日……一二二
105 天海書状（滋賀金剛輪寺文書） （元和八年カ）極月廿五日……一二三
106 天海書状（京都三千院文書）○ （元和八年）極月廿七日……一二四
107 山門探題大僧正天海慈恩寺寺内法度写（『慈眼大師全集』上）○● 元和九年卯月九日……四〇三
108 山門探題大僧正天海直末許可状（最上慈恩寺明覚坊文書） 元和九年四月九日……一二六
109 天海書状（京都三千院文書）○ （元和九年）四月十九日……一二七
110 山門探題大僧正天海判物写（『新編会津風土記』）● 元和九年四月廿四日……四〇三
111 大僧正天海書状（京都本能寺文書）○＊ （元和九年カ）六月十一日……一二九
112 大僧正天海書状（保阪潤治氏文書）＊ 六月廿七日……一三一
113 天海書状写（大正大学図書館文書） （元和九年）閏八月廿六日……一三二

114 大僧正天海書状（群馬龍蔵寺文書）○＊　二月十五日……一三三
115 天海書状写（市島謙吉氏文書）＊　七月廿八日……一三四
116 天海書状写（大阪四天王寺文書）　十月晦日……一三五
117 天海真如堂寺内法度案（『華頂要略』）●　元和九年極月四日……四〇四
118 大僧正天海書状（『慈眼大師全集』上）○●　極月九日……四〇四
119 天海書状（川越喜多院文書）○　（元和九年カ）極月十九日……一三六
120 大僧正天海書状（川越喜多院文書）　正月廿一日……一三八
121 前大僧正大和尚天海東叡山末寺許可状写（『新撰陸奥国誌』）●　寛永元年三月三日……四〇四
122 大僧正天海書状（山形立石寺文書）○　（寛永元年）卯月十日……一三九
123 大僧正天海書状（『思文閣墨蹟資料目録』）●　五月三日……四〇五
124 大僧正天海書状（三浦英太郎氏文書）○＊　（寛永元年）林鐘五日……一四〇
125 大僧正天海書状（『慈眼大師全集』下）○●　（寛永元年）六月廿八日……四〇五
126 大僧正天海書状案（『日光御用記』）　（寛永元年）七月七日……一四二
127 大僧正天海書状（川越喜多院文書）　（寛永元年）霜月四日……一四三
128 大僧正天海書状（竹内文平氏文書）＊　十二月六日……一四五
129 山門執行探題大僧正天海鎮西天台宗法度写（『慈眼大師全集』上）○●　寛永二年卯月日……四〇五
130 大僧正天海書状（大津瑞応院文書）　（寛永二年）六月十日……一四七
131 大僧正天海書状（春日井密蔵院文書）　（寛永二年）六月十六日……一四八
132 大僧正天海書状（桜井談山神社文書）●　（寛永二年カ）八月十三日……四〇六
133 大僧正天海書状（愛知明眼院文書）　正月廿一日……一五〇
134 大僧正天海書状（三宅長策氏文書）＊　二月朔日……一五二
135 大僧正天海書状（『慈眼大師全集』下）○●　（寛永三年）閏卯月八日……四〇六
136 大僧正天海書状（小野逢善寺文書）＊　（寛永三年）閏四月十八日……一五三
137 大僧正天海書状（『思文閣七十周年謝恩大入札会目録』）●　七月朔日……四〇六

138 大僧正天海書状（上野寛永寺文書）○＊ 七月廿二日……一五四
139 大僧正天海書状（名古屋徳川美術館文書） 九月十日……一五六
140 大僧正天海書状（岡山本山寺文書）○＊ （寛永三年カ）九月十九日……一五八
141 大僧正天海書状（伊賀豊作氏文書）＊ （寛永三年カ）九月十九日……一六〇
142 山門執行探題大僧正天海金山寺寺内法度（辻常三郎氏文書）○＊ 寛永三年九月廿八日……一六二
143 山門執行探題大僧正天海廬山寺寺内法度（京都廬山寺文書）○ 寛永三暦九月日……一六三
144 山門執行探題大僧正天海葉上流法度（辻常三郎氏文書）＊ 寛永三暦十月三日……一六四
145 大僧正天海書状（島根北島家文書）＊ （寛永三年）十月三日……一六五
146 大僧正天海書状（大阪四天王寺文書）○ 霜月廿日……一六七
147 天海書状（上野現龍院文書） （寛永三年）霜月廿七日……一六八
148 山門執行探題大僧正天海松尾寺寺内法度写（滋賀金剛輪寺文書） 寛永三年十一月日……一七〇
149 大僧正天海書状（諏訪貞松院文書） 極月十三日……一七一
150 天海書状（西園寺源透氏文書）＊ 九月廿一日……一七三
151 天海書状（東京大学史料編纂所文書）○ （寛永四年）正月廿一日……一七四
152 大僧正天海書状（上野寛永寺文書）○＊ 二月九日……一七五
153 大僧正天海書状（藤堂家文書）○＊ （寛永四年）卯月十日……一七七
154 天海書状（和歌山東照宮文書）○＊ 四月十七日……一七九
155 大僧正天海書状（『慈眼大師全集』上）○● 卯月二十四日……四〇六
156 大僧正天海書状（『慈眼大師全集』下）○● （寛永四年）五月十八日……四〇七
157 山門三院執行探題大僧正天海学頭職補任状写（春日井密蔵院文書） 寛永四年九月六日……一八〇
158 大僧正天海書状写（浅草浅草寺文書）○＊ 極月十五日……一八一
159 天海書状（八条宮文書）＊ 六月廿二日……一八二

160 大僧正天海書状（『慈眼大師全集』下）○● （寛永五年）二月十一日……四〇七
161 大僧正天海書状（『慈眼大師全集』下）○● （寛永五年）二月廿四日……四〇七
162 大僧正天海書状（『慈眼大師全集』上）○● （寛永五年）三月廿四日……四〇八
163 大僧正天海書状案（『慈眼大師全集』下）○● （寛永五年）六月十二日……四〇八
164 大僧正天海書状（『京都古書籍・古書画資料目録』）● 七月十三日……四〇八
165 大僧正天海書状（『慈眼大師全集』上）○● （寛永五年カ）七月廿九日……四〇八
166 大僧正天海書状案（『慈眼大師全集』下）○● （寛永五年）八月九日……四〇九
167 大僧正天海書状案（『慈眼大師全集』下）○● （寛永五年）八月廿一日……四〇九
168 大僧正天海書状案（『慈眼大師全集』下）○● （寛永五年）八月廿一日……四〇九
169 大僧正天海書状案（『慈眼大師全集』下）○● （寛永五年）九月二日……四一〇
170 大僧正天海書状（『慈眼大師全集』上）○● （寛永五年）十月十一日……四一〇
171 大僧正天海書状（和歌山了法寺文書）＊ 八月廿一日……一八四
172 山門三院執行探題大僧正天海桑実寺寺内法度（安土東南寺文書）○ 寛永六年閏二月日……一八五
173 大僧正天海書状（安土東南寺文書）○ （寛永六年）後二月廿一日……一八六
174 大僧正天海書状（名古屋市立博物館文書） （寛永五、六年）三月廿六日……一八七
175 山門三院探題大僧正天海日光山末寺許可状（群馬龍蔵寺文書）○＊ 寛永六年十月廿一日……一八九
176 天海書状（京都三千院文書） 霜月六日……一九〇
177 三国伝灯大僧正天海院家号許可状（『慈眼大師全集』上）○● 寛永七年二月如意珠日……四一〇
178 大僧正天海書状（愛知神護寺文書） 六月十三日……一九一
179 山門三院執行探題大僧正天海東叡山末寺許可状写（『慈眼大師全集』下）○● 寛永七年八月十七日……四一一
180 天海書状（姫路書写山文書）○＊ 十月三日……一九三
181 大僧正天海書状（熊野米良文書補遺）● 二月十八日……四一一

182 大僧正天海書状（熊野米良文書）● 二月十八日……四一一
183 天海書状（京都妙法院文書）○＊ （寛永八年）三月十五日……一九五
184 大僧正天海書状（京都曼殊院文書）○ （寛永八年）八月廿三日……一九六
185 大僧正天海書状（岐阜神護寺文書）● 九月十三日……四一三
186 大僧正天海書状（川越喜多院文書） 九月廿四日……一九七
187 大僧正天海書状（大正大学図書館文書） （寛永八年カ）十月五日……一九八
188 天海書状（『思文閣墨蹟資料目録』）● 霜月八日……四一三
189 山門三院執行探題大僧正天海日光山東照宮大権現様御十七年御本尊目録写（『御用覚書』）●
寛永八年極月九日……四一三
190 大僧正天海書状（長野善光寺大勧進文書）○＊ （寛永八年）極月十六日……一九九
191 山門三院執行探題大僧正天海加行作法次第（川越喜多院文書）○
寛永九年三月吉辰……二〇〇
192 大僧正天海書状（岡山大賀島寺文書） （寛永九年カ）六月六日……二〇一
193 良田山長楽寺大僧正天海興聖寺寺内法度写（世良田長楽寺文書）
寛永九年六月十七日……二〇三
194 大僧正天海書状案（『慈眼大師全集』上）○● （寛永九年）七月十七日……四一三
195 山門三院執行探題大僧正天海光前寺寺内法度（長野光前寺文書）●
寛永九年七月廿四日……四一三
196 大僧正天海書状案（『慈眼大師全集』下）○● （寛永九年）九月二日……四一三
197 大僧正天海書状（京都曼殊院文書）○ （寛永九年）九月十一日……二〇四
198 天海証状案（『慈眼大師全集』下）○● 寛永九年十月廿一日……四一四
199 山門三院執行探題大僧正天海仲仙寺寺内法度（長野仲仙寺文書）●
寛永九年霜月四日……四一四
200 大僧正天海書状写（佐賀実相院文書） （寛永九年カ）霜月七日……二〇五
201 山門三院執行探題大僧正天海東叡山直末許可状（埼玉毛呂山町歴史民俗資料館文書）

寛永九年霜月吉日……二〇六
202 大僧正天海書状（佐竹文書）＊ 孟春廿三日……二〇七
203 大僧正天海書状（京都曼殊院文書）○ （寛永十年）正月廿九日……二〇八
204 前毗沙門堂門跡山門三院執行探題大僧正天海色衣免許状（長野戸隠神社文書）○●
寛永拾年二月日……四一四
205 前毘沙門堂門跡山門三院執行探題大僧正天海伽藍再興感状（『慈眼大師全集』上）○●
寛永十年二月時正……四一四
206 山門三院執行探題大僧正天海越後・信濃両国天台宗法度条々（「戸隠修験の変遷」）○●
寛永拾年二月日……四一五
207 山門三院執行探題大僧正天海光前寺寺内法度（長野光前寺文書）●
寛永十年三月十七日……四一五
208 山門三院執行探題大僧正天海増福寺寺内法度（姫路広峯神社文書）
寛永十年卯月十七日……二〇九
209 山門執行探題大僧正天海諸役免許状（日光市御幸町自治会文書）
寛永十年六月朔日……二一〇
210 山門三院執行探題大僧正天海証状（鎌倉宝戒寺文書）○＊ 寛永十年林鐘朔日……二一一
211 大僧正天海書状（『慈眼大師全集』上）○● 七月十二日……四一五
212 大僧正天海書状（京都三千院文書）○ （寛永十年）七月廿八日……二一三
213 大僧正天海書状（『慈眼大師全集』上）○● （寛永十一年）二月廿二日……四一六
214 山門三院執行探題大僧正天海東叡山末寺法度写（『慈眼大師全集』下）○●
寛永十一年三月四日……四一六
215 山門三院執行探題大僧正天海証状写（東京大学史料編纂所文書）○
寛永十一年五月十七日……二一四
216 大僧正天海書状（京都大仙院文書）○＊ （寛永十一年）五月晦日……二一五
217 大僧正天海書状案（『慈眼大師全集』上）○● （寛永十一年）六月廿八日……四一七

218 天海書状（岡本家文書）＊ （寛永十一年カ）七月八日……二二六
219 大僧正天海書状写（佐賀実相院文書） （寛永十一年）閏七月廿一日……二二八
220 山門三院執行探題大僧正天海紀州東照宮法度（和歌山雲蓋院文書）○● 寛永十一年八月十七日……四一七
221 山門三院執行探題大僧正天海真如堂法度（京都真如堂文書）○ 寛永十一年八月十七日……二二九
222 天海書状（京都曼殊院文書）○ （寛永十一年）八月廿二日……二三〇
223 天海書状（京都曼殊院文書）○ （寛永十一年カ）霜月七日……二三一
224 大僧正天海書状（『思文閣墨蹟資料目録』）● 正月五日……四一七
225 天海書状（栗原宏治氏文書） （寛永十二年カ）正月八日……二三二
226 大僧正天海書状（広島大学猪熊文書㈡）＊ （寛永十二年カ）正月八日……二三三
227 山門三院執行探題大僧正天海東照大権現社内陣之御調度渡状写（叡山文庫止観院文書） 寛永十二年弥生十七日……二三五
228 大僧正天海書状（『慈眼大師全集』上）○● （寛永十二年カ）六月十日……四一八
229 山門三院執行探題大僧正天海日光山画図目録写（『東京国立博物館紀要』）● 寛永十二年九月十七日……四一八
230 大僧正天海書状（和歌山雲蓋院文書） （寛永十二年）極月九日……二三九
231 天海書状（京都曼殊院文書）○ （寛永十二年）極月卅日……二三一
232 天海書状（『古典籍展観大入札会目録』）● （寛永十三年カ）三月十八日……四一八
233 山門三院執行探題大僧正天海法流許可状写（佐賀修学院文書）＊ 寛永十三年二月廿六日……二三三
234 大僧正天海書状（京都曼殊院文書）○ （寛永十三年）卯月五日……二三四
235 天海書状写（京都三千院文書）○ （寛永十三年カ）卯月十日……二三五
236 大僧正天海書状（川越喜多院文書）○ （寛永十二、三年）六月廿二日……二三六
237 大僧正天海書状（京都妙心寺文書）○＊ （寛永十三年）夷則六日……二三八
238 山門三院執行探題大僧正天海東叡山直末許可状（茨城光明院文書）

寛永十三年九月三日……二四〇
239 大僧正天海書状（群馬柳沢寺文書） （寛永十三年カ）九月三日……二四一
240 大僧正天海証文（佐野惣宗寺文書） （寛永十三年）十一月十日……二四二
241 大僧正天海書状（群馬真光寺文書）○ （寛永十三年）霜月十日……二四三
242 大僧正天海書状（京都妙心寺文書）○＊ （寛永十三年）霜月十一日……二四四
243 大僧正天海証文（茨城月山寺文書） （寛永十三年）十一月廿一日……二四六
244 大僧正天海書状写（岡山吉備津神社文書）● （寛永十三年）十二月十四日……四一八
245 大僧正天海寺領許可状（岐阜神護寺文書）● 寛永十四年二月廿四日……四一九
246 山門三院執行探題大僧正天海東叡山末寺許可状（群馬常光寺文書） 寛永十四年二月廿六日……二四七
247 天海書状（京都毘沙門堂文書）○ （寛永十四年）三月廿七日……二四八
248 山門三院執行探題大僧正天海常光寺寺内法度（埼玉浄光寺文書） 寛永十四年閏三月日……二四九
249 大僧正天海寺領許可状（岐阜宝光院文書）● （寛永十四年）卯月朔日……四一九
250 大僧正天海寺領許可状（岐阜横蔵寺文書） （寛永十四年）卯月朔日……二五〇
251 大僧正天海寺領許可状（岐阜慈明院文書） （寛永十四年）卯月朔日……二五一
252 大僧正天海寺領許可状（岐阜蒲生文書）○＊ （寛永十四年）卯月朔日……二五二
253 大僧正天海東叡山直末許可状写（仙台仙岳院文書）● 寛永十四年七月十七日……四一九
254 大僧正天海書状（京都妙法院文書）○ （寛永十四年）八月七日……二五三
255 山門三院執行探題大僧正天海証状写（東京大学史料編纂所文書）○ 寛永十四年九月日……二五四
256 天海書状（京都三千院文書）○ （寛永十四年カ）十月十二日……二五五
257 大僧正天海書状（佐竹文書）＊ （寛永十四年）極月廿八日……二五六
258 大僧正天海寺領許可状（『慈眼大師全集』上）○● 寛永十四年……四二〇
259 大僧正天海書状（三途台長福寺文書）○ （寛永十四、五年）孟春六日……二五八

260 大僧正天海書状（京都曼殊院文書）○　（寛永十五年）二月三日……二五九
261 大僧正天海書状（神田喜一郎氏文書）＊　（寛永十五年）二月廿三日……二六一
262 大僧正天海書状（京都曼殊院文書）○　（寛永十五年）二月廿六日……二六二
263 大僧正天海書状（川越喜多院文書）○　卯月廿二日……二六三
264 大僧正天海書状（上野現龍院文書）○　六月十一日……二六四
265 大僧正天海日光山東照宮大権現之別所御本尊目録写（『御用覚書』）●　寛永十五年八月廿五日……四〇
266 大僧正天海法度（『慈眼大師全集』上）○●　寛永十五年十月十五日……四〇
267 大僧正天海書状（岡山福寿院文書）○＊　（寛永十五年）十月廿三日……二六五
268 山門三院執行探題大僧正天海坊号并色衣免許状（静岡玄陽坊文書）＊　寛永十五年霜月吉日……二六七
269 天海書状（酒井忠道氏文書）○＊　（寛永十五年カ）臘月十七日……二六八
270 大僧正天海書状写（秋野房文書）○＊　霜月十三日……二七〇
271 大僧正天海書状（京都三千院文書）○　（寛永十六年）孟春五日……二七一
272 山門三院執行探題大僧正天海東叡山末寺許可状（東京如来寺文書）　寛永十六暦正月十七日……二七三
273 山門三院執行探題大僧正天海改称許可状（岩槻慈恩寺文書）○　寛永十六年孟春廿七日……二七四
274 大僧正天海書状（『慈眼大師全集』下）○●　（寛永十六年）二月十八日……四二
275 大僧正天海書状（世良田長楽寺文書）○　（寛永十六年）二月十八日……二七五
276 天海書状（世良田長楽寺文書）　八月五日……二七八
277 天海覚（世良田長楽寺文書）○　（年月日なし）……二七九
278 大僧正天海書状（名古屋徳川美術館文書）　（寛永十六年）二月廿二日……二八一
279 山門三院執行探題大僧正天海吉祥寺三号許可状（鳥取大雲院文書）　寛永十六年二月吉日……二八三
280 大僧正天海書状写（岐阜南宮神社文書）●　寛永十六年三月二日……四二

281 大僧正天海書状（京都曼殊院文書）○ （寛永十六年）三月三日……二八四
282 山門三院執行探題大僧正天海色衣免許状（東京如来寺文書） 寛永十六暦四月十七日……二八五
283 大僧正天海書状（京都曼殊院文書）○ （寛永十六年）卯月廿五日……二八六
284 天海書状（日下安左衛門氏文書）○＊ （寛永十六年）六月廿三日……二八七
285 大僧正天海書状（北方文化博物館文書） 卯月廿九日……二八八
286 山門三院執行探題大僧正天海比叡山僧綱職補任状（春日井密蔵院文書） 寛永十六年六月日……二八九
287 大僧正天海書状（鳥取大雲院文書） （寛永十六年カ）十一月朔日……二九〇
288 山門三院執行探題大僧正天海日光山御本尊目録（『日本書蹟大鑑』）● 寛永十六暦霜月吉日……四二
289 大僧正天海書状（『生駒家宝簡集　乾』）＊ 七月廿七日……二九一
290 山門三院執行探題大僧正天海称号許可状（谷中金嶺寺文書）○＊ 寛永十七年正月吉日……二九二
291 山門三院執行探題大僧正天海東叡山直末許可状（寄居高蔵寺文書） 寛永十七年正月吉日……二九三
292 山門三院執行探題大僧正天海東叡山直末許可状写（日光興雲律院文書）● 寛永十七暦二月廿四日……四三
293 山門三院執行探題大僧正天海東叡山直末許可状（『賢美閣書画目録』）● 寛永十七暦三月吉日……四三
294 山門三院執行探題法印大僧正天海掟書（鳥取大雲院文書）＊ 寛永十七年五月日……二九四
295 大僧正天海書状（林家文書）＊ 十月十六日……二九五
296 大僧正天海書状写（「古文章大全」）● （寛永十八年）二月廿九日……四三
297 山門三院執行探題大僧正天海色衣免許状（神川大光普照寺文書） 寛永十八年三月十七日……二九七
298 山門三院執行探題大僧正天海新光寺寺内法度（川口新光寺文書）

寛永十八暦三月十七日……二九八
299 山門三院執行探題大僧正天海東叡山直末許可状（川口新光寺文書） 寛永十八暦三月十七日……二九九
300 大僧正天海書状（鳥取大雲院文書） 五月十五日……三〇〇
301 大僧正天海書状（上野覚成院文書）○＊ （寛永十八年）七月十二日……三〇二
302 天海請書（徳川記念財団文書） （寛永十八年）七月十五日……三〇三
303 山門三院執行大僧正天海東照宮勧請許可状写（佐賀実相院文書） 寛永十八年七月十七日……三〇五
304 大僧正天海書状（山本右馬之助氏文書）＊ （寛永十八年）八月四日……三〇六
305 山門三院執行探題大僧正天海東叡山直末許可状案（『文政寺社書上』） 寛永十八年八月十七日……三〇八
306 山門三院執行探題大僧正天海日光山綜画目録写（『東京国立博物館紀要』）● 寛永十八年八月吉日……四三
307 山門三院執行大僧正天海証状（安土東南寺文書） 寛永十八年九月十七日……三〇九
308 大僧正天海書状（伊勢西来寺文書） （寛永十八年）極月廿二日……三一〇
309 大僧正天海書状（栃木県立博物館文書）○ （寛永十九年）三月三日……三一二
310 山門三院執行探題大僧正天海東叡山直末許可状（麻布東福寺文書）○＊ 寛永十九暦三月八日……三一四
311 山門三院執行探題大僧正天海東叡山直末許可状（埼玉萩原家文書） 寛永十九年三月廿八日……三一五
312 天海喜多院寺内法度（川越喜多院文書）○ 寛永十九年卯月七日……三一六
313 大僧正天海書状（『古典籍展観大入札会目録』）● 四月十日……四三
314 良田山長楽寺当住大僧正天海山・院号許可状写（世良田長楽寺文書） 寛永十九年五月十七日……三一七
315 良田山長楽寺大僧正天海興聖寺本末法度写（世良田長楽寺文書）

寛永十九年五月十七日……三一八

316 大僧正天海書状（『慈眼大師全集』上）○●
七月十六日……四一三

317 大僧正天海書状（若林六四氏文書）●
（寛永十九年）後九月十一日……四一四

318 大僧正天海証状（姫路書写山文書）○＊
（寛永十九年）閏九月廿七日……三一九

319 大僧正天海書状（姫路書写山文書）○＊
卯月晦日……三二〇

320 世良田山長楽寺真言院兼当住山門三院執行探題大僧正天海補任状写（世良田長楽寺文書）
寛永十九年十一月十七日……三二二

321 山門三院執行探題大僧正天海円通寺法度（八王子円通寺文書）○＊
寛永十九暦仲冬十七日……三二三

322 山門三院執行探題大僧正天海吉祥寺寺内法度（埼玉吉祥寺文書）
寛永十九暦仲冬十七日……三二五

323 山門三院執行探題大僧正天海喜多院直末許可状（川越三芳野神社文書）
寛永弐拾年正月十七日……三二七

324 山門三院執行探題大僧正天海高麗寺寺内法度（神奈川高来神社文書）
寛永弐拾歳正月十七日……三二八

325 大僧正天海書状（上野現龍院文書）
孟春廿日……三三〇

326 山門三院執行探題大僧正天海逢善寺寺内法度写（小野逢善寺文書）
寛永二十年三月四日……三三二

327 山門三院執行探題大僧正天海千妙寺寺内法度（黒子千妙寺文書）○＊
寛永二十年三月四日……三三三

328 山門三院執行探題大僧正天海西明寺寺内法度（早稲田大学図書館文書）
寛永二十年三月十四日……三三五

329 山門三院執行探題大僧正天海補任状写（世良田長楽寺文書）
寛永廿年三月十七日……三三六

330 大僧正天海書状（遠藤行蔵氏文書）○＊
（寛永十九、二十年）三月十九日……三三七

331 大僧正天海書状（京都三千院文書）
（寛永二十年）六月十二日……三三八

332 大僧正天海書状（京都三千院文書）（寛永二十年）六月十二日……三四〇
333 大僧正天海書状（大正大学図書館文書）（寛永二十年）六月十二日……三四二
334 山門三院執行探題大僧正天海掟書写（阿蘇西岩殿寺文書）○＊ 寛永廿年六月日……三四四
335 山門三院執行探題大僧正天海信濃善光寺寺内法度写（『慈眼大師全集』上）○● 寛永二十暦七月三日……四一四
336 山門三院執行探題大僧正天海東叡山直末許可状写（『慈眼大師全集』上）○● 寛永二十暦七月三日……四一四
337 大僧正天海書状（京都三千院文書）（寛永二十年）七月廿日……三四五
338 大僧正天海書状写（金沢尾崎神社文書）（寛永二十年）八月廿日……三四六
339 大僧正天海書状（上野現龍院文書）（寛永二十年）九月六日……三四七
340 大僧正天海書状写（日光桜本院文書）（寛永二十年）九月十六日……三四九
341 長楽寺当住山門三院執行探題大僧正天海長楽寺寺内法度（世良田長楽寺文書）○ 寛永二十歳九月十七日……三五〇
342 長楽寺灌頂法物等之法度（世良田長楽寺文書）○ 寛永二十歳九月十七日……三五二
343 大僧正天海書状写（湯浅圭造氏文書）○＊ 正月十四日……三五三
344 大僧正天海書状（川越喜多院文書）正月廿一日……三五四
345 大僧正天海書状（京都曼殊院文書）○ 二月四日……三五五
346 天海書状写（京郡三千院文書）○ 二月五日……三五六
347 天海書状（滋賀金剛輪寺文書）二月十日……三五七
348 大僧正天海書状（小日向妙足院文書）○＊ 二月十七日……三五八
349 天海書状（大正大学図書館文書）二月廿二日……三五九
350 天海書状写（京都曼殊院文書）○ 二月廿五日……三六〇
351 大僧正天海書状（『思文閣墨蹟資料目録』）● 二月廿五日……四一五
352 大僧正天海書状（千葉県立中央博物館大多喜城分館文書）○ 三月四日……三六一
353 大僧正天海書状（京都真如堂文書）○ 三月六日……三六二

354 天海書状（上野現龍院文書）……三六三
355 天海書状写（『慈眼大師全集』上）○●　三月十一日……四一五
356 大僧正天海書状（上野現龍院文書）　三月十四日……三六四
357 大僧正天海書状（上野現龍院文書）　三月十四日……三六五
358 大僧正天海書状（岡崎専福寺文書）●　三月十五日……四一五
359 大僧正天海書状（越前白山神社文書）○＊　卯月十三日……三六六
360 大僧正天海書状写（秋野房文書）○＊　卯月十五日……三六七
361 大僧正天海書状（佐野惣宗寺文書）　五月六日……三六八
362 大僧正天海書状（佐野惣宗寺文書）　五月六日……三六九
363 大僧正天海書状（故中村直勝氏旧蔵文書）●　五月廿一日……四一五
364 大僧正天海書状（来迎寺内理境坊文書）○＊　五月廿二日……三七〇
365 大僧正天海書状（大分円寿寺文書）　七月五日……三七二
366 大僧正天海書状写（湯浅圭造氏文書）○＊　七月十九日……三七三
367 大僧正天海書状写（『慈眼大師全集』上）○●　七月廿四日……四一六
368 大僧正天海書状写（湯浅圭造氏文書）○＊　八月十二日……三七四
369 大僧正天海書状（小野寺勝氏文書）＊　九月十三日……三七五
370 山門執行探題大僧正天海書状（京都毘沙門堂文書）○＊　九月十七日……三七六
371 天海書状（大正大学図書館文書）　九月廿日……三七八
372 天海書状案（『日光御用記』）　九月廿二日……三七九
373 大僧正天海書状（久能山徳音院文書）○＊　九月廿三日……三八〇
374 大僧正天海書状（「古文書纂」）＊　九月晦日……三八一
375 大僧正天海書状（京都廬山寺文書）○　十月九日……三八三
376 南光坊天海書状（群馬善昌寺文書）○＊　十月廿一日……三八四
377 大僧正天海書状（上野現龍院文書）　十月廿五日……三八五
378 大僧正天海書状（京都妙法院文書）○＊　十一月三日……三八六

379 大僧正天海書状（秋野房文書）＊ 霜月六日……三八八
380 天海書状写（大阪四天王寺文書）○＊ 霜月廿二日……三八九
381 大僧正天海書状（佐竹文書）＊ 霜月廿五日……三九〇
382 大僧正天海書状（『和歌浦天満宮の世界』）● 極月十一日……四一六
383 大僧正天海書状（中沢広勝氏文書）＊ 極月十七日……三九一
384 天海書状（川越喜多院文書） 乃刻……三九三
385 天海書状（『慈眼大師全集』上）○● 閏七日……四一六
386 山門執行探題大僧正天海瀧山寺寺内法度（『慈眼大師全集』上）○● （年月日なし）……四一六
387 天海霜月会定書（東京国立博物館文書） （年月日なし）……三九四
388 天海証状（『鹿児島県史料』「旧記雑録」）● （年月日なし）……四一七

あとがき……四一九
発給文書月日順目録……四二一

○印は『慈眼大師全集』に釈文が所収されている文書である。
●印は本書に写真版を収載できなかった文書である。
＊印は東京大学史料編纂所の影写本、写真から写真版を収載した文書である。

第一部

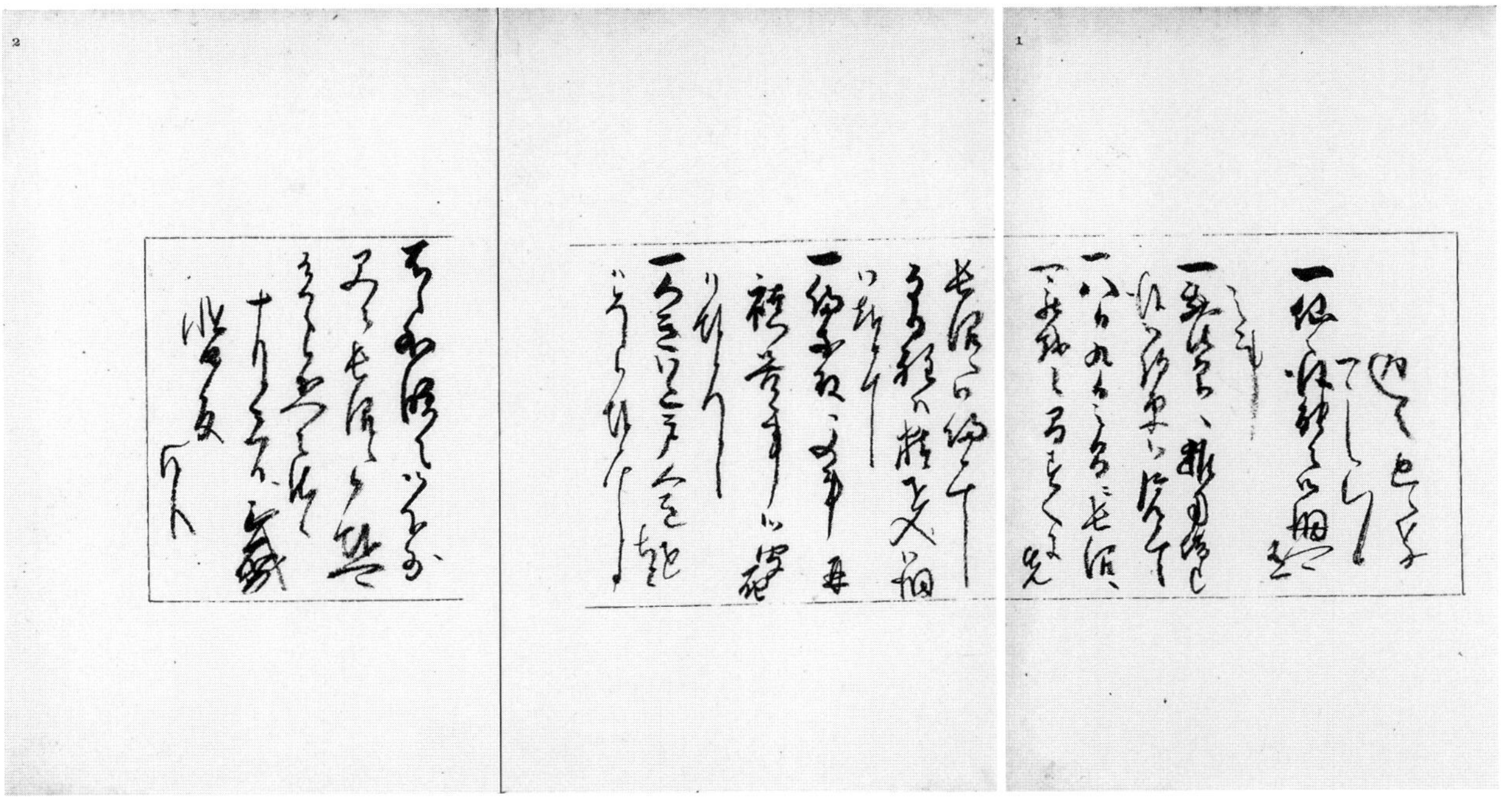

1　無心書状

東京大学史料編纂所影写本
上野吉祥院文書

返〻、近〻参
　可申候、以上、
一、仙之儀能〻御調可有
　之事、
一、献法印へ雑用借申候
　儀、御約束御覧候へく候、
一、八日・九日之間ニ長沼（宗光寺）へ
　可罷越候間、すくに先
　長沼へ御帰候へく候、
　なる程ハ精を入御調
　御越候へく候、
一、備前殿への事、幷
　袴着之事、御聞届
　御越候へく候、
一、くきいた（釘板）戸くきをちと
　□御越候へく候、
右の外、条〻御分別
早〻長沼へ御越可
有之候、恐〻謹言、
　十月三日　　無心（花押）
□
　几下

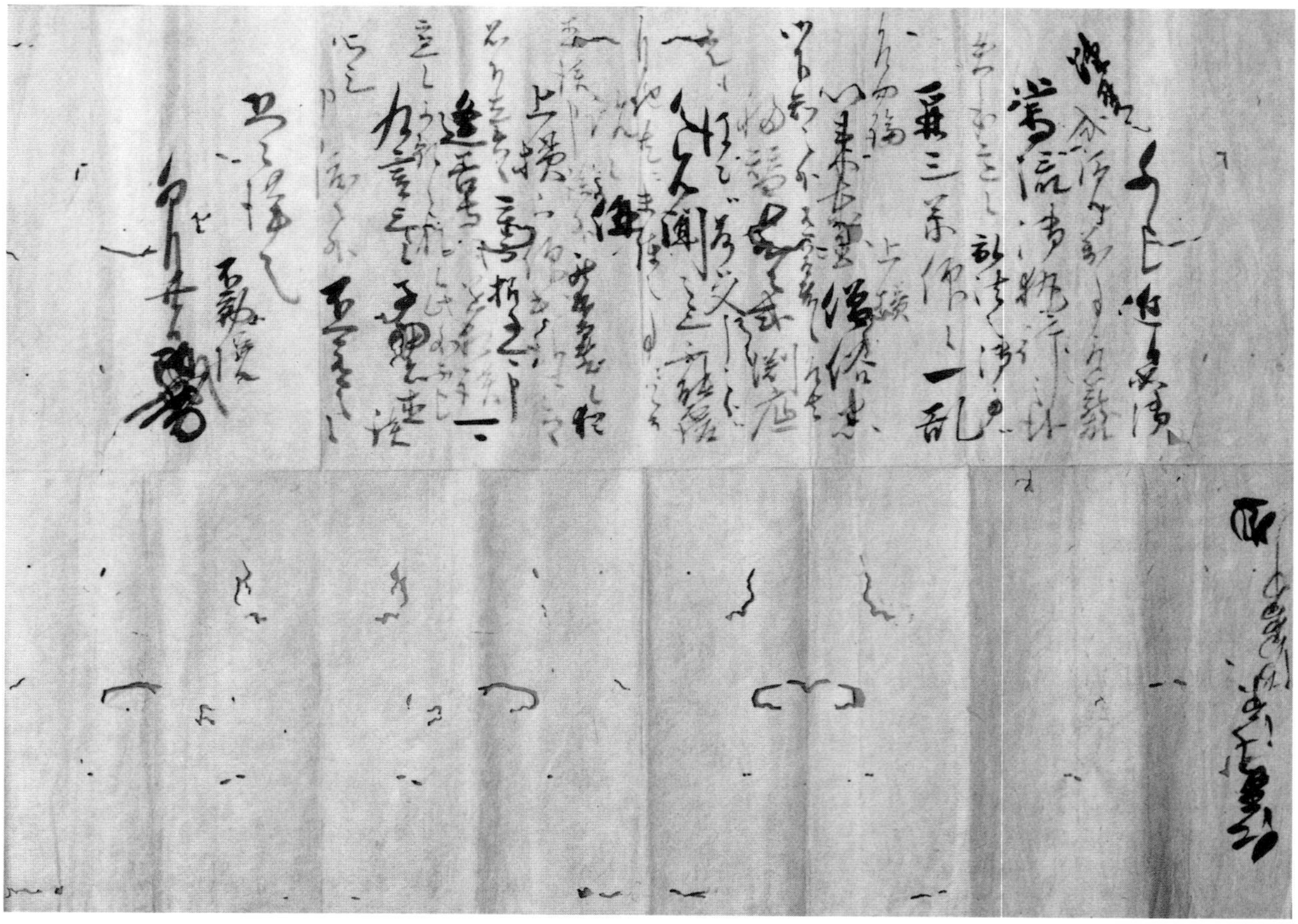

2　不動院随風書状（折紙）

京都妙法院文書

尚〻申候、近日如御
覧万事取籠故、
疎畧(略)之式
失本意候、弘法之御事ハ
乍勿論、　上様(妙法院門跡・常胤親王)
御下知之外有間敷候、乍去
是も後〻ハ如何、只今之分ハ
自他共ニ未練之事ニ候之間、
直談申談外罷成間敷候、猶
思召在之候ハヽ、重而様子可申
宣候、可預御札候、此外不申候、
以上、

当流御執行之儀、
再三蒙仰候、一乱
以来、東国僧俗悉
移替、散々式渕(淵)底
御見聞之上、不能覆
説候、併
上様被仰出儀も候ハヽ、
(小野)逢善寺へも遂相談、可
為言上候、子細者直談
申渡之外不可有之候、
恐〻謹言、

(慶長二、三年頃カ)夘(卯)月廿日　(江戸崎)不動院
随風（花押）

仁秀法印　風子
御同宿中

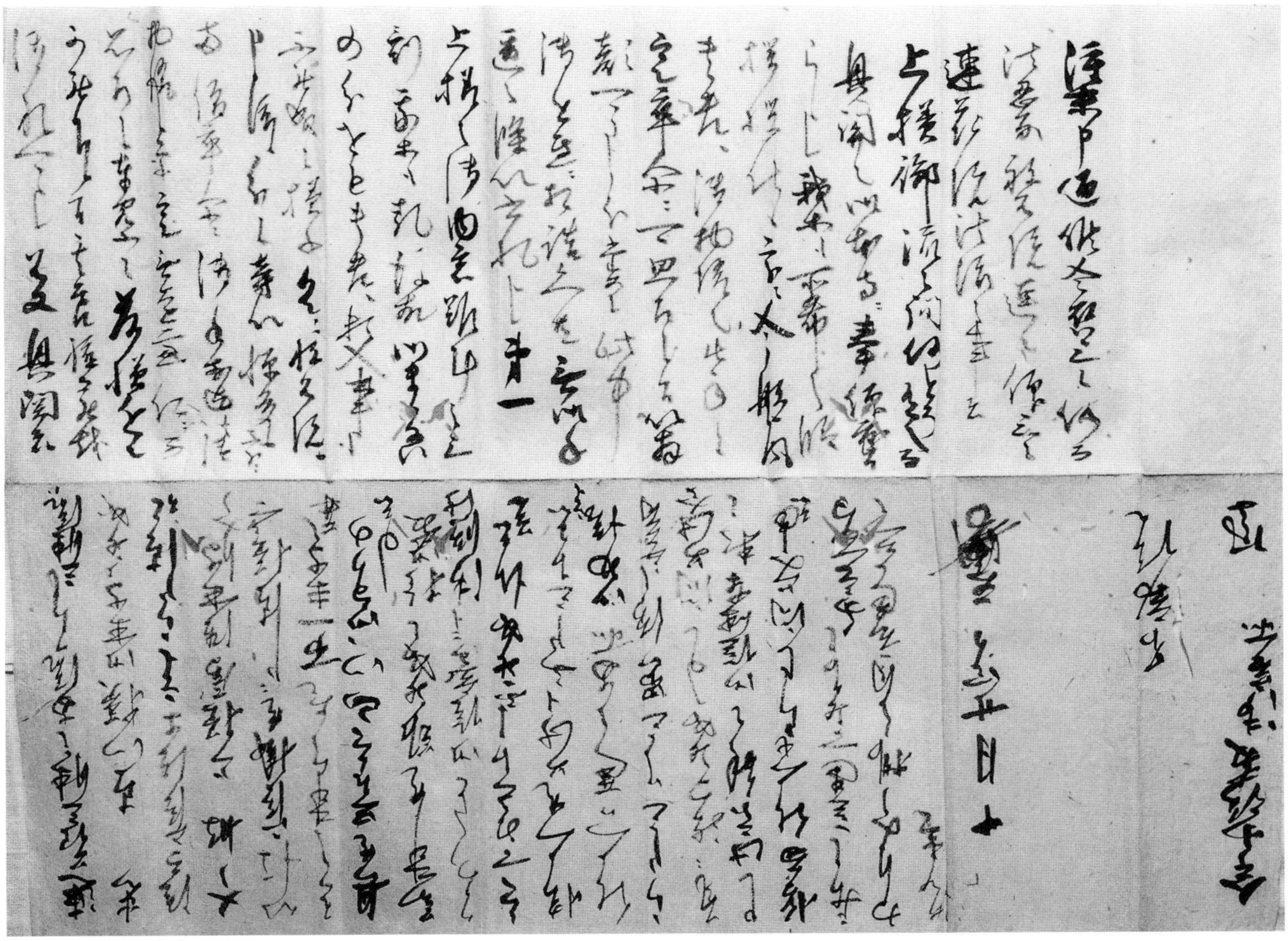

3　不動院天海書状（折紙）

京都妙法院文書

雖未申通候、令啓上候、仍而
法忍房(仁秀)・般若院連ゝ仰上候
連(マヽ)花院法流之事者、
上様(妙法院門跡・常胤親王)御流之間、何とそ有之而、
奥関之御本寺ニ奉仰度旨
被申候、我ホ(等)も所希候段、
挨拶仕候処ニ、今般与風
貴老へ御物語之由承候、
定卒尓(爾)ニ可思召候間、以拝
顔可申分ためニ、此中
御近辺ニ相詰候へ共、無御手
透之条、以書札申候、第一
上様之御内意難計之上、
剰我ホ(等)乱後故、御まかない(賄)
の分をも、貴老へ頼入事も
不罷成候、様子具ニ般若院へ
申渡候分候、旁以憚多候処ニ、
両僧卒尓(爾)ニ御手前迄も御
物語候処、定無遠慮仁ニ被
思召候奉察候、如何様近
可罷下候間、其節聽而罷越、
御礼可申候、若又奥関者
連(マヽ)花・三味之両流にて候、三味流ハ
悉　青門(青蓮院門跡)様御末寺ニ罷成、
随而官位ホ(等)をも、被申請候間、
今般　上様属御末寺、自今
以後官職共ニ申請様ニ可

有之事ニ候歟、万一末寺之再
興共思召候ハヽ、山門へ御なり（成）の事者、
万事共難罷成候、於御殿
かろ〳〵（軽々）と御陰密ニも、御修法
候ハヽ、可為過分候、不罷成儀者、覚
悟候へ共、如此も不申上、下着をも
仕候へハ、連ゝ両所御物語
被申上候上、愚僧之無首
尾ニ、結句罷成事候間、如此令
申候、此処能ゝ御塩味奉頼候、
暫留仕候へ者被申候間、只今迄者
居候、急速可罷下候、千言万句
為自今掛御目度迄候、恐ゝ
謹言、
（慶長二、三年頃）十月廿四日　天海（花押）
（妙法院坊官・行康）今小路殿　（江戸崎）不動院
御宿所　風子

○一連の不動院天海書状の年代推定は、中川仁喜「不動院天海と妙法院門跡」（多田孝正博士古稀記念論集『仏教と文化』平成二十年十一月、山喜房仏書林刊）参照。

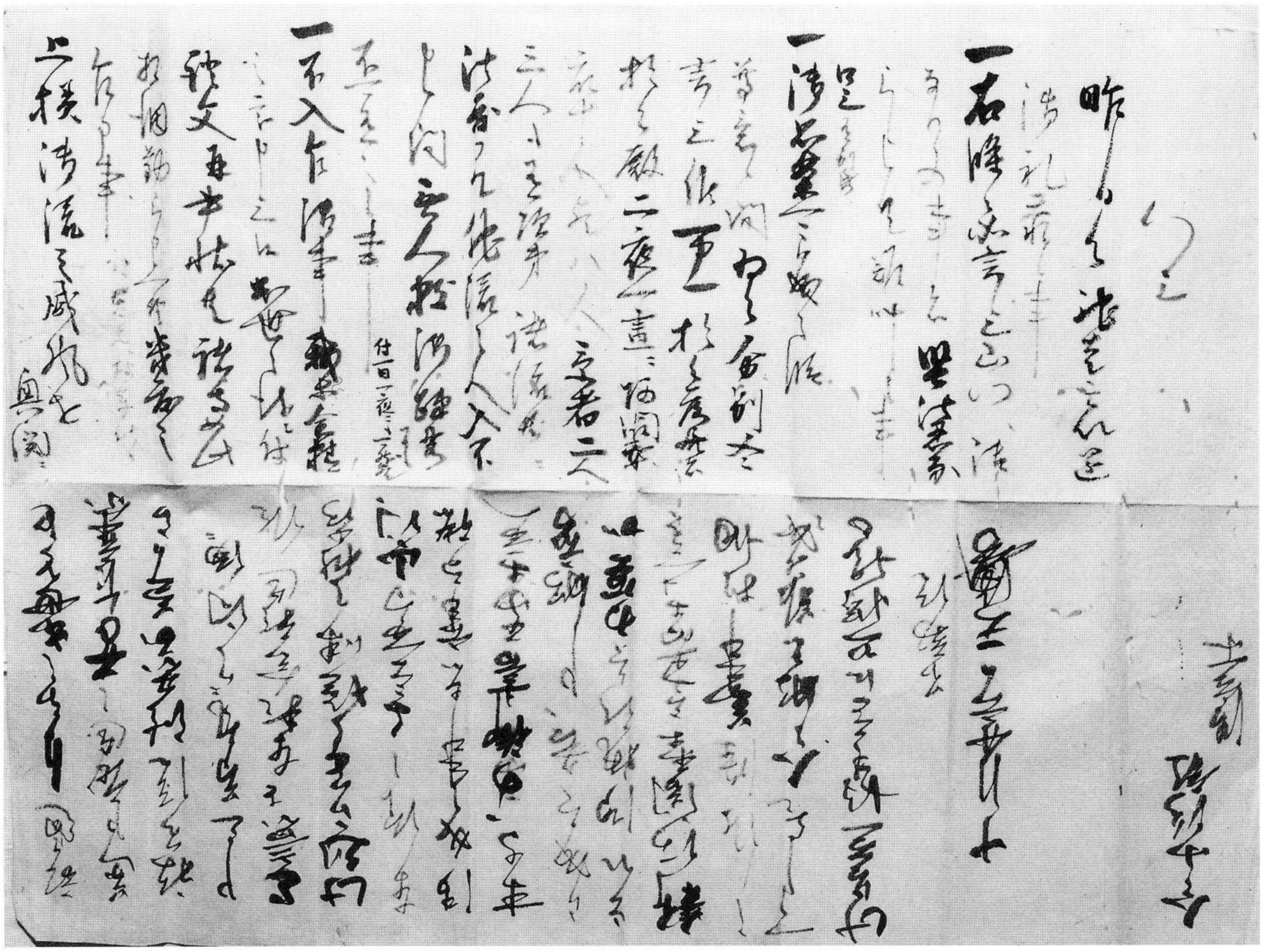

4 不動院天海書状（折紙）

京都妙法院文書

以上

昨日御馳走を以、遂
御礼忝候事、
一、右条ゝ如言上、山門へ御
なり（成）の事者、堅法忍房（仁秀）
被申候共難叶候事、口上有別帋（紙）、
一、御思案可被成之段、
尊意候間、為御分別令
言上候、万一於御落居者、
於御殿二夜一昼ニ阿闍梨
衆十人欤（歟）八人、受者二人
三人も有次第、諸流共ニ
法度にて、他流之人入不
申候間、無人数御疎畧（略）にも
不可有之候事、付、一日一夜ニも可然欤（歟）、
一、不入乍御事、我ホ（等）全精
之処申上候、出世之儀ニ付、
証文幷書状共、諸寺如此
相調勤被申候へ共、幾度之
乍申事、付、爰元へ持参仕候、

上様（妙法院門跡・常胤親王）御流之威風を、奥関ニ
弘通、自分之出世をも
遂申度迄候、幸卒尓（爾）
般若院・法忍房、兼日被
申上、首尾ニ候間、偏ニ
上意を奉頼念願迄候、
此処被遂御塩味、御披露
奉仰候、千言万句山門へ
御成之事者、重而諸
末寺への（如カ）御書、我ホ（等）方へ
被成候ハヽ、各ヘ申触、衆力
を以、御執行候ハヽ、為冥加
新阿闍梨・受者ホ（等）も可有
之候条、万事相調
可申欤（歟）、今般者難罷成候、
此旨宜得貴意候、恐惶謹言、
　　　　　　　不動院（江戸崎）
十月廿六日（慶長二、三年頃）　天海（花押）
今小路殿（妙法院坊官・行康）
　　御宿所

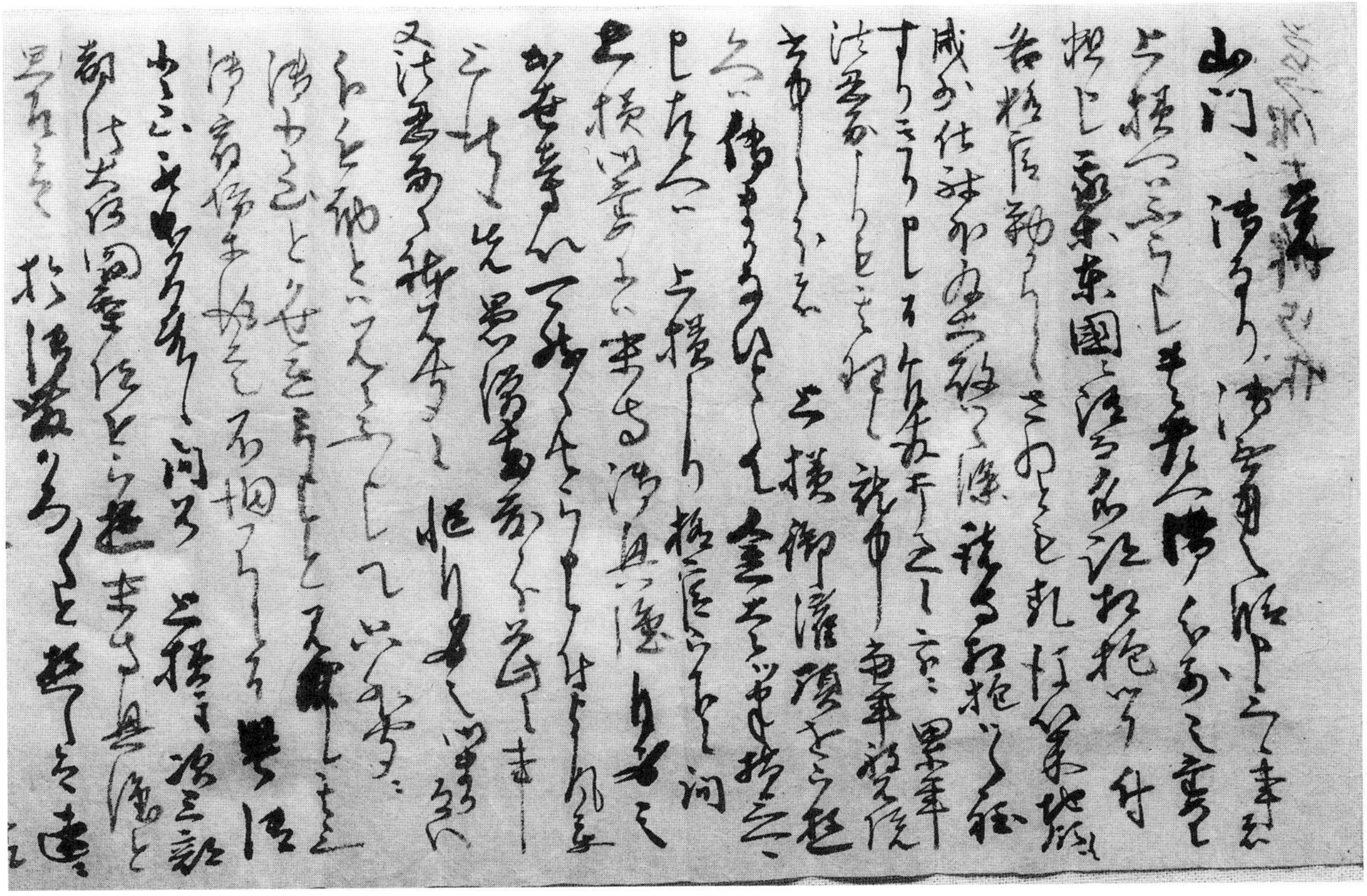

5　天海書状

京都妙法院文書

覚

山門へ御なり（成）御無用之段、申上候事者、
上様（妙法院門跡・常胤親王）へハ不被申候、貴老へ御分別之ためニ
粗申候、我ホ（等）東国ニ随而名跡相抱候に付、
各極官勅にて候、されとも乱後以来地領も
減少仕、殊外及大破候之条、諸寺相抱候之程、
すりきり申候間、乍存打過候処ニ、累年
法忍房（仁秀）よりも其理候、就中当年般若院
書中之分者、　上様御灌頂を被遊
候へハ、御まかない（賄）として金壱ツ半指上可
申候、左候へハ、　上様より極官被下候間、
上様御ためにハ、末寺御興隆、自身之
出世、旁以可然候由被申候付、与風参
上仕候、先愚僧支度分如此候事、
又法忍房御躰見聞候、慥自身之御まかない
分、進納とハ見エ不申候て、只外聞ニ
御登山とかせき被申候と見及候、其上
御宿坊ホ（等）、彼是不調にて候間、堅御
登山罷成間敷候間、若　上様ニも次三部
都法大阿闍梨位を被遊、末寺興隆と
思召候ハヽ、於御殿かろ（軽）／＼（さ）と遊し候ハヽ、速ニ

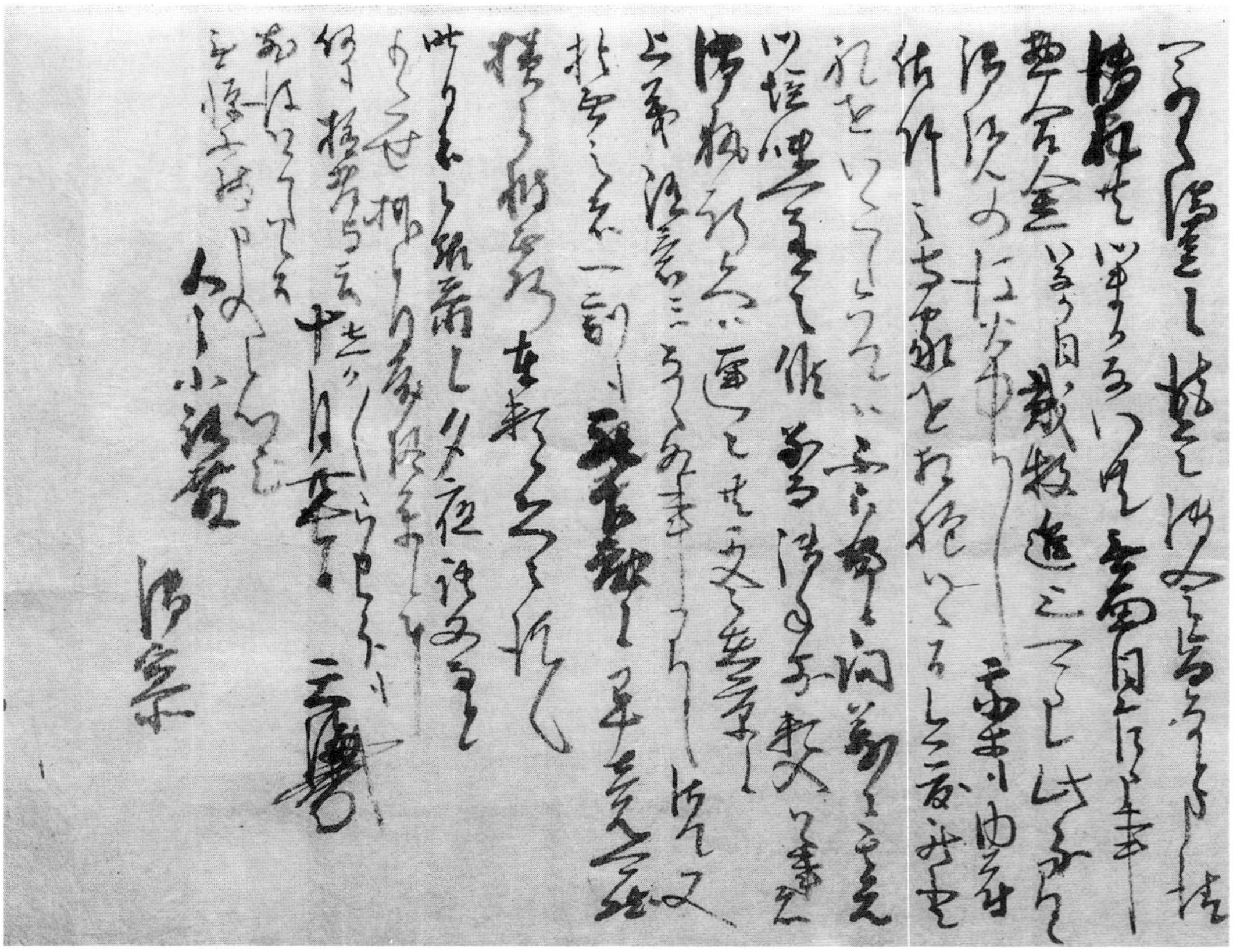

可為御満足候、彼是御令旨なと申請、
御礼共、御まかない共無面目、乍申事、
惣合金いなか目弐枚進上可申候、此分にて候、
御覧の後火中〳〵、我ホ（等）も内府（徳川家康）・
佐竹之寺家を相抱候之間、今度罷登
礼をいたし候ハてハ、不被帰候間、万と其元
御塩味可有之候、別而御手前頼入候事者、
御執行候へハ、連と共可令在京候、
上義（儀）随意ニハならぬ事にて候、さて又
於無之者一刻も罷下度候、早（畢）竟可然
様御披露奉頼候、恐と謹言、

昨日者御報忝候、夕夜証文なと
もたせ（持）、掛御目度儘参候耳、
何も極老与云、しか〳〵（然々）被申分も
前後いたし候間、
無憚不残申入候、以上、
（慶長二、三年頃）
十月廿七日　天海（花押）
（妙法院坊官・行康）
今小路殿
御宿所

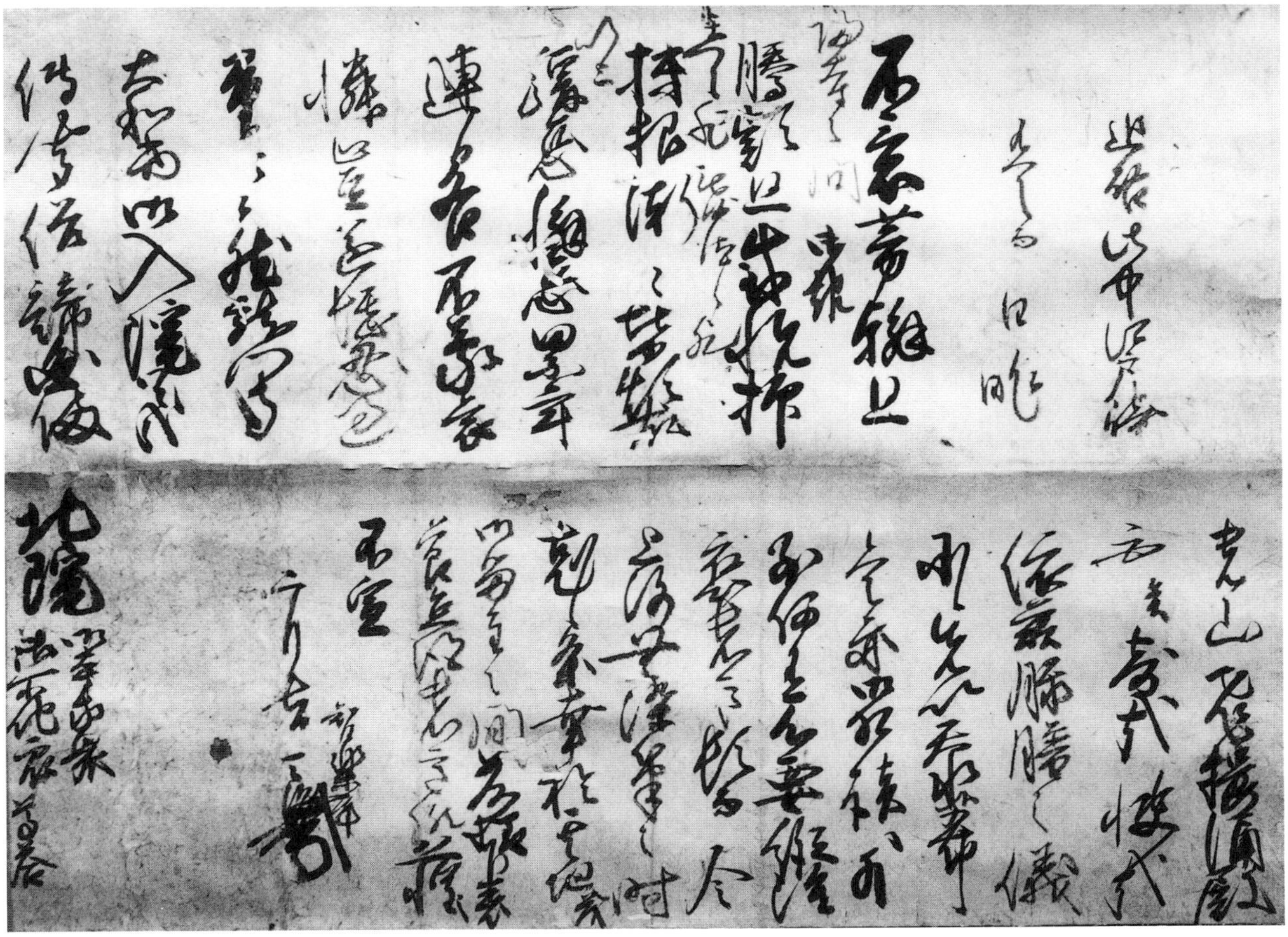

6　智楽房天海書状（折紙）

神奈川龍門寺文書

追啓、此中江戸崎（不動院）
有之而、日昨
帰寺之間、御報
遅ゝ、非無沙汰候欤（歟）、
以上、

不意芳翰、且
騰疑且感悦、抑
機根漸ゝ労煩故、
緩怠懈怠累年
連日、各不蒙哀
憐、豈遂堪忍、過
量ゝゝ、然龍門寺
大和尚御入院候哉、
伝聞、俗諦円備、
貴山飛楼涌殿
宮矣、寄哉快哉、
依茲幪幢之儀
承候、先以忝候、希
是亦御相談外、
別何有心要、縦雖
応貴意、頓而令

上洛、無染筆之時
剋候条、幸於其地茂
御留主之間、如何様下着
節、宜得貴意候、恐惶
不宣、
二月七日　智楽房
天海（花押）
北院御寺家衆
御所化衆
尊答

○年未詳であるが、江戸崎とあり、智楽房天海と署名しているので便宜ここに収む。

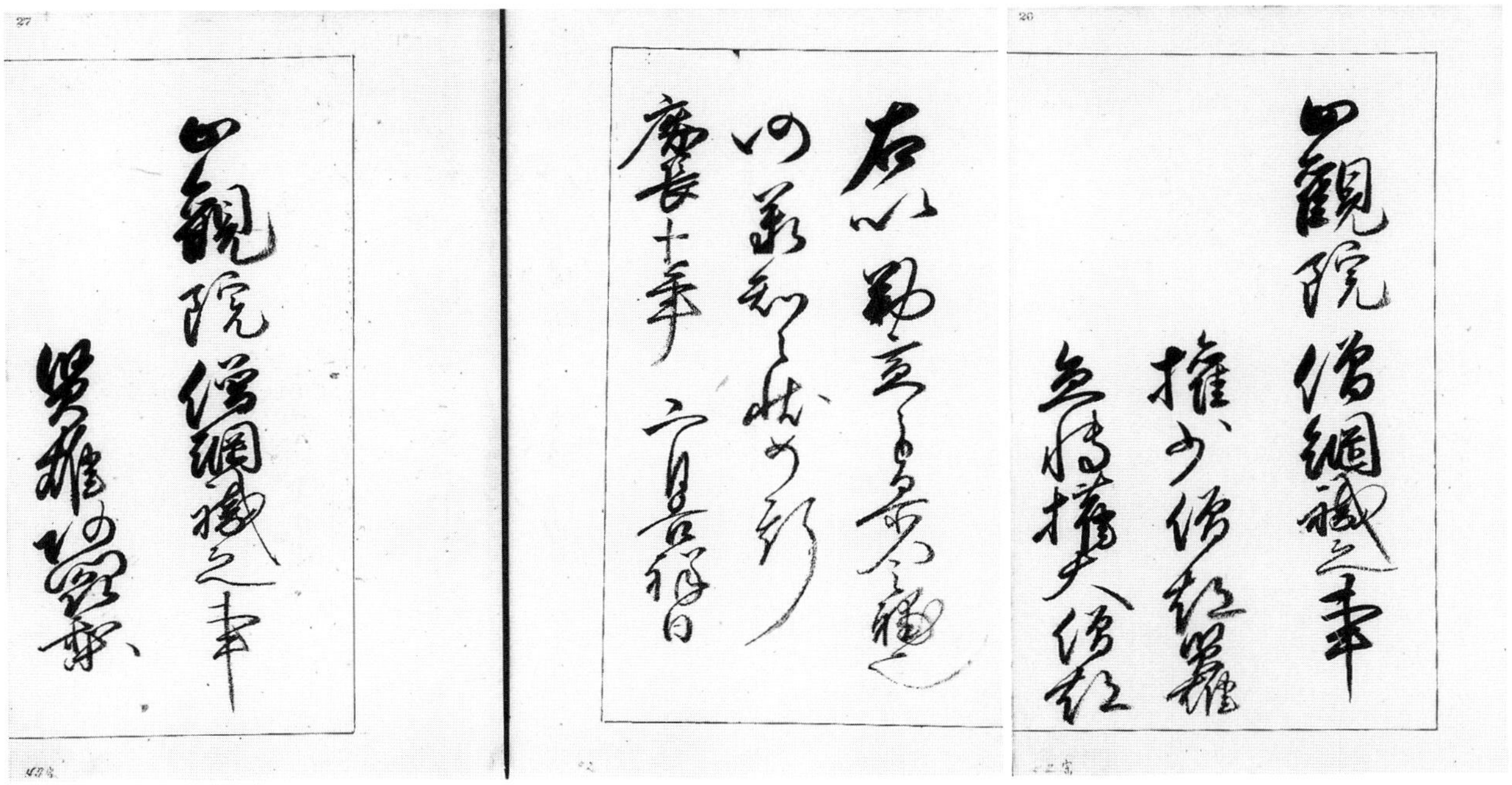

7　天海僧綱職補任状写

東京大学史料編纂所影写本
長沼宗光寺文書

止観院僧綱職之事

権少僧都賢雄

宜転権大僧都

右以勅宣之旨所令補也、

仍承知之状如斯、

慶長十年二月吉祥日

止観院僧綱職之事

賢雄阿闍梨

宜転権律師

右以勅宣之旨所令補也、

仍承知之状如斯、

慶長十年二月如意珠日

止観院僧綱職之事

止観　観　権大僧都賢雄

宜転法印

右以勅宣之旨所令補也、

仍承知之状如斯、

慶長十年二月吉日

天海

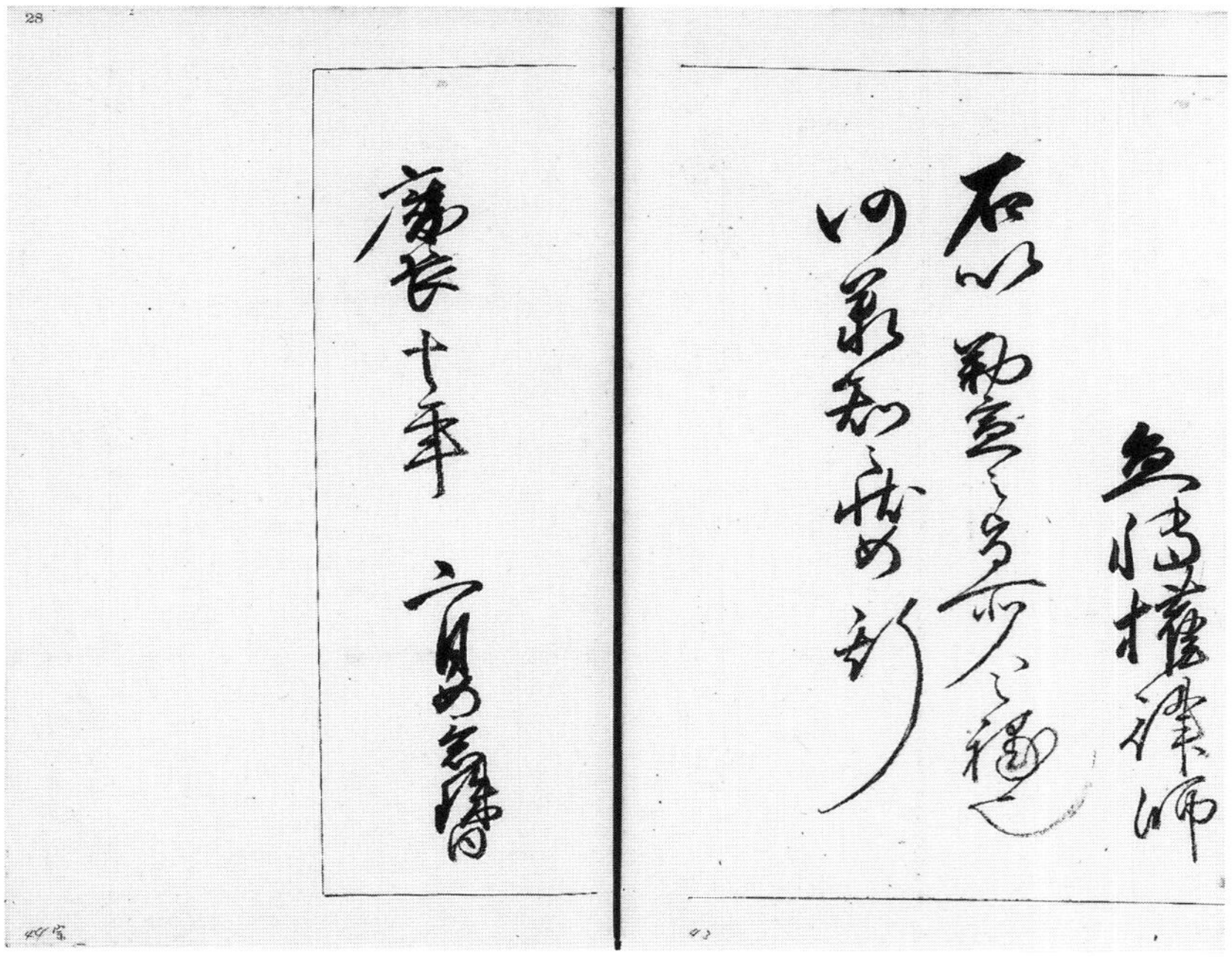
28
権律師
右以　勅宣所令補之
仍執達如件
慶長十年　六月　日

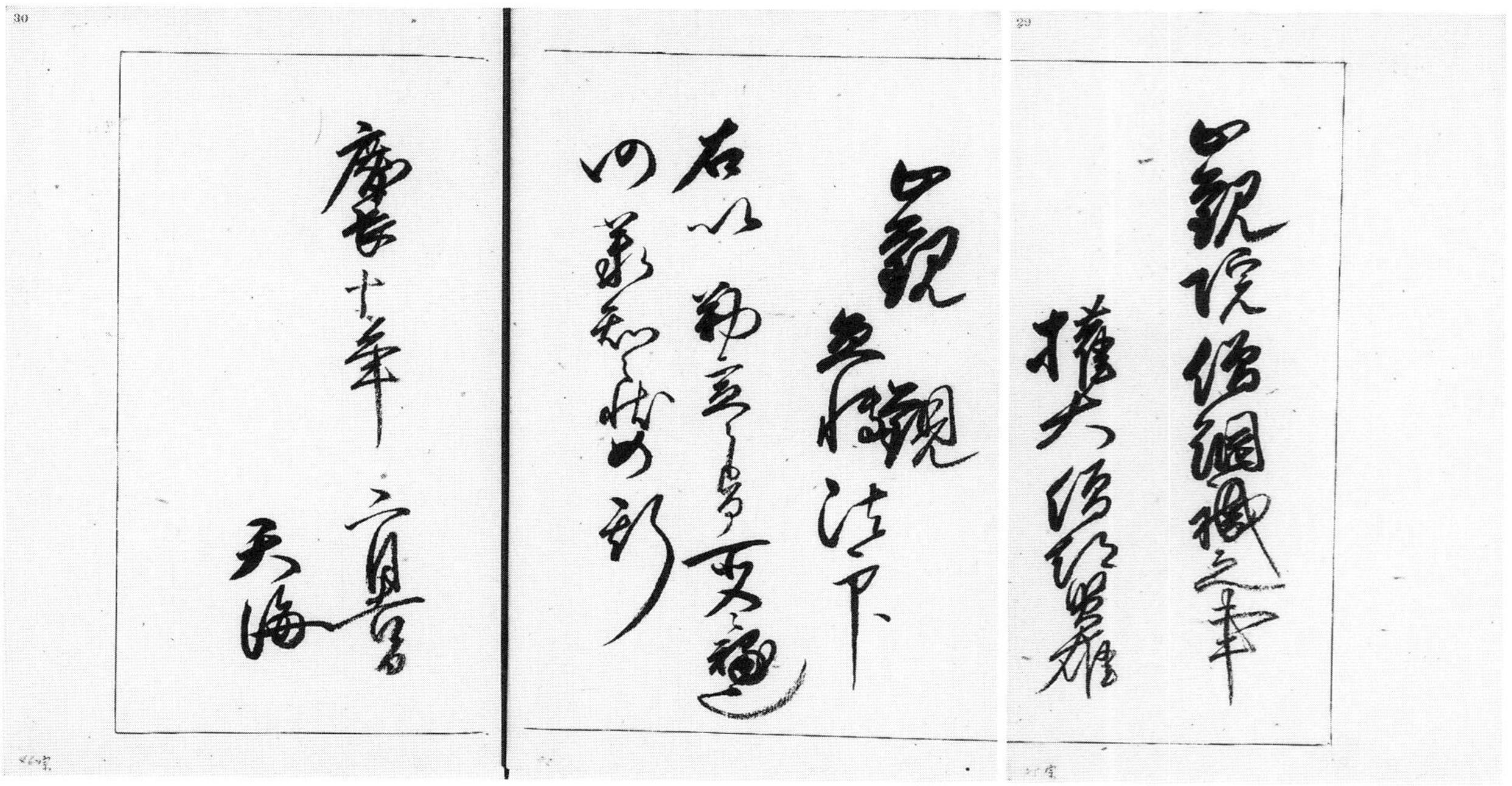
29
権大僧都
右以　勅宣所令補之
仍執達如件
30
慶長十年　六月　日
天海

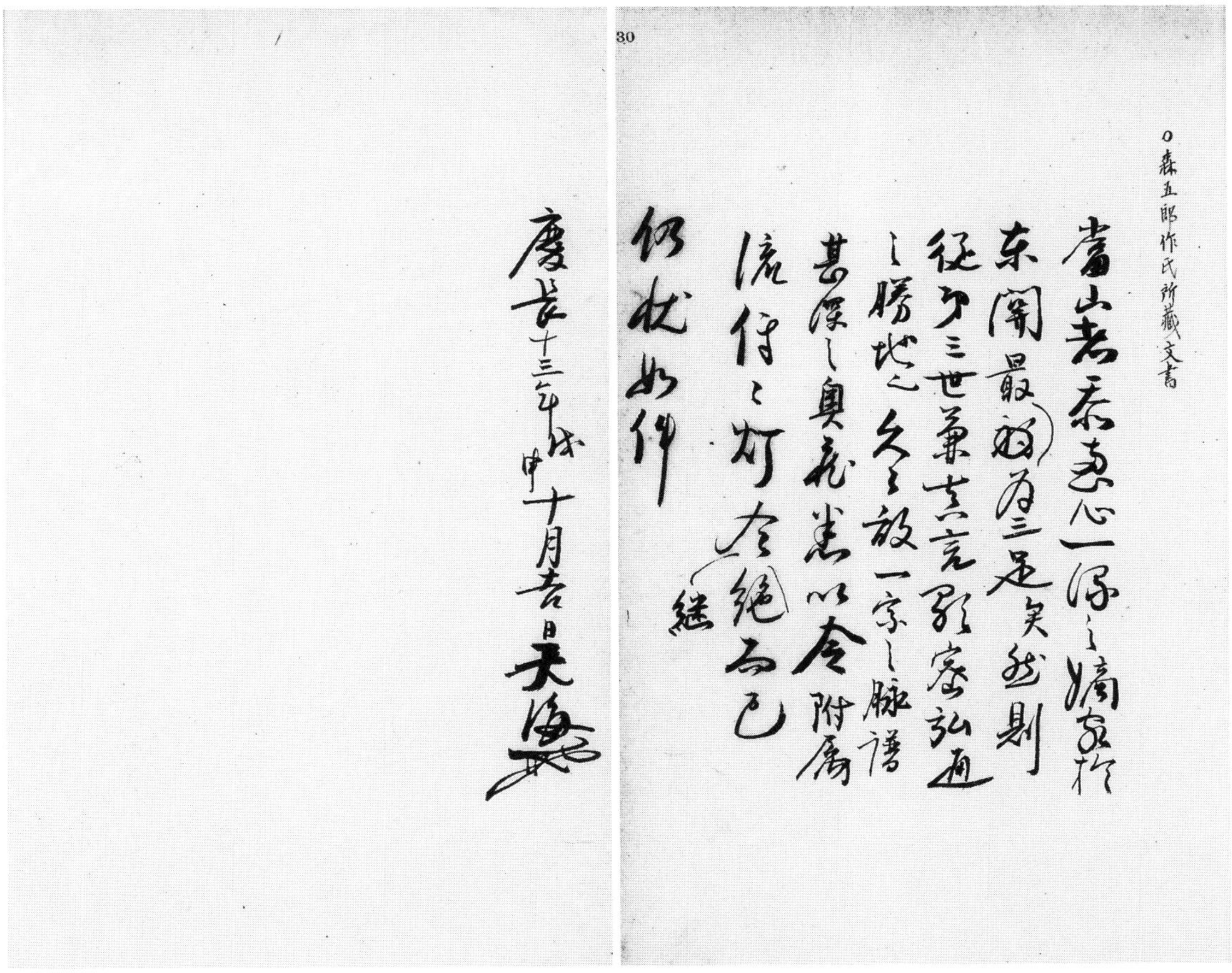

8　天海法流証状

東京大学史料編纂所影写本
「長沢氏採集文書」森五郎作氏文書

当山者、忝恵心一流之嫡家、於
東関最為三(上カ)足矣、然則
従第三世兼真言・顕密弘通
之勝地也、久ゝ故一宗之脉(脈)譜、
甚深之奥蔵、悉以令附属、
流伝ゝ灯令継而已、
仍状如件、

慶長十三年戊申十月吉日　天海（花押）

（宛名なし）

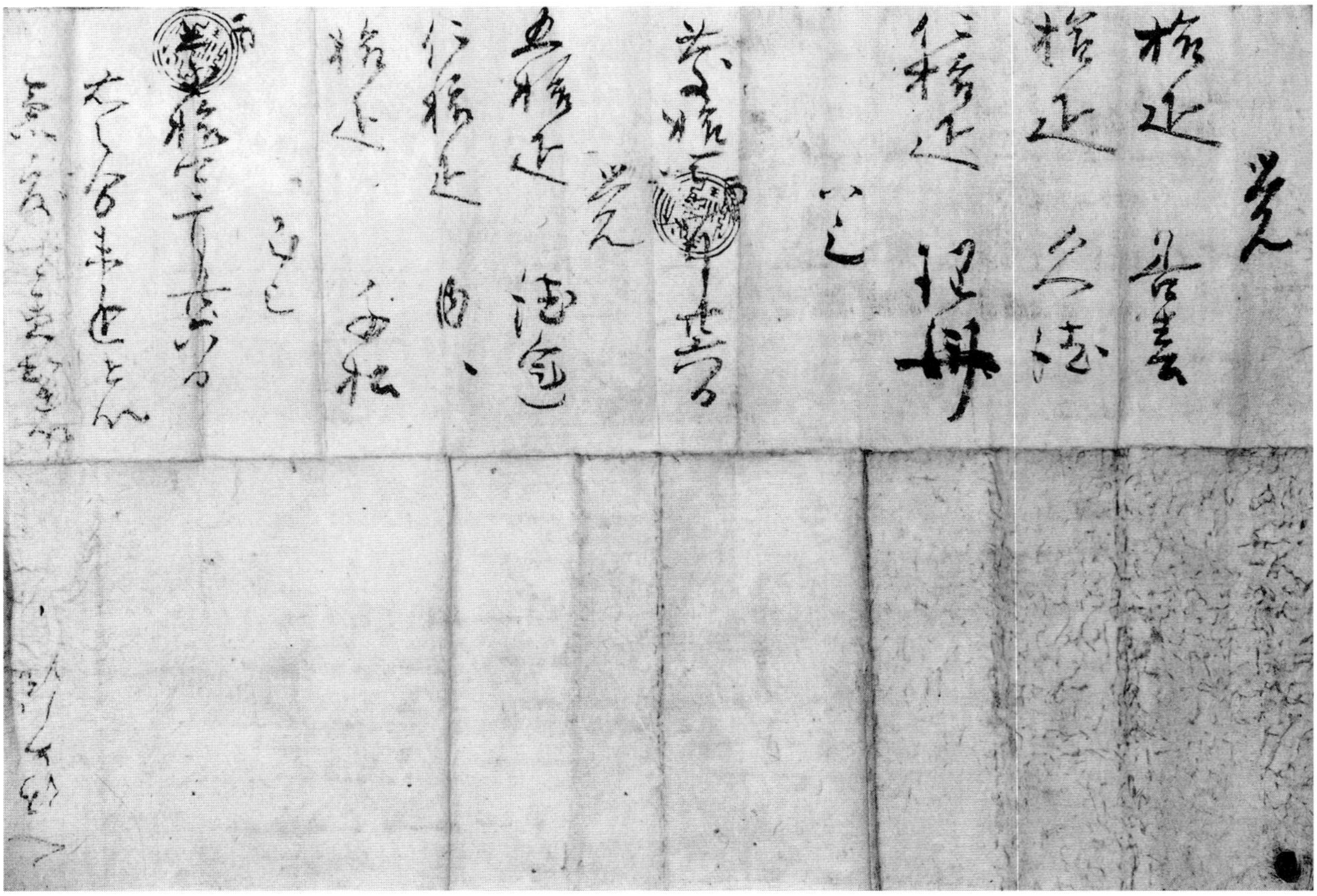

9　天海土産目録覚（折紙）

大正大学図書館文書

覚

拾疋　　善春

拾疋　　久徳

仁拾疋　　理斎

以上

（慶長）慶拾四酉（印）二月廿六日

覚

五拾疋　　徳運

仁拾疋　　内へ

拾疋　　千松

已上

酉（印）慶拾四二月廿六日

右之分未進を以

急度可直出者

也、仍如件、

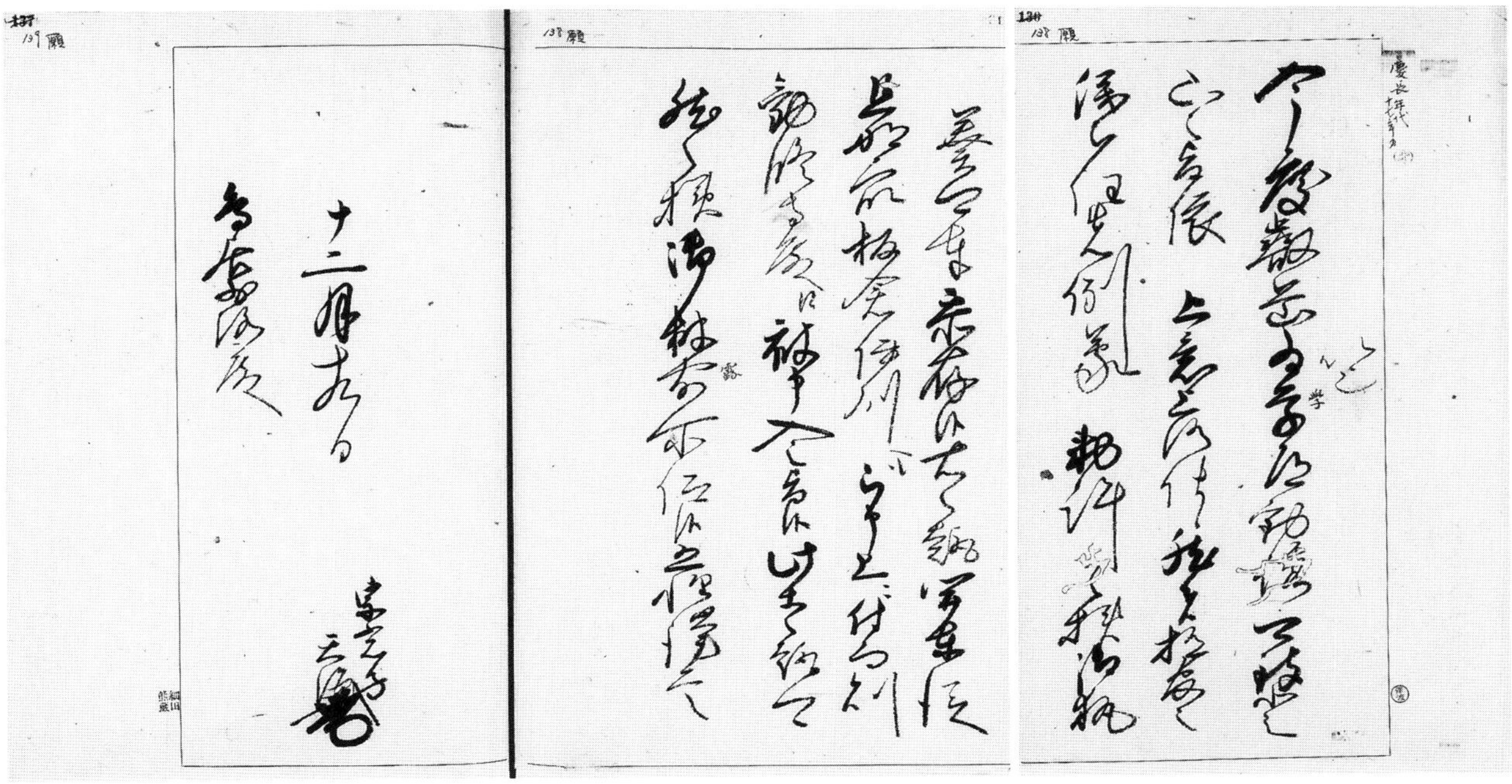

10　宗光寺天海書状

東京大学史料編纂所影写本
大阪願泉寺文書

以上
今度叡岳為学道勧誘、可致登
山之旨、依　上意上洛仕候、然者極官之
儀被任先例、蒙　勅許候様、御執
奏可奉忝存候、右之趣関東従
旦（檀）那衆、板倉伊州（京都所司代・勝重）へも被申上ニ付而、則
勧修寺殿（武家伝奏・光豊）江被申入之旨、此ホ（等）之趣可
然候様、御披露所仰候、恐惶謹言、
十二月十九日（慶長十四年）　宗光寺
天海（花押）
鳥居少路殿（青蓮院坊官・経秀）

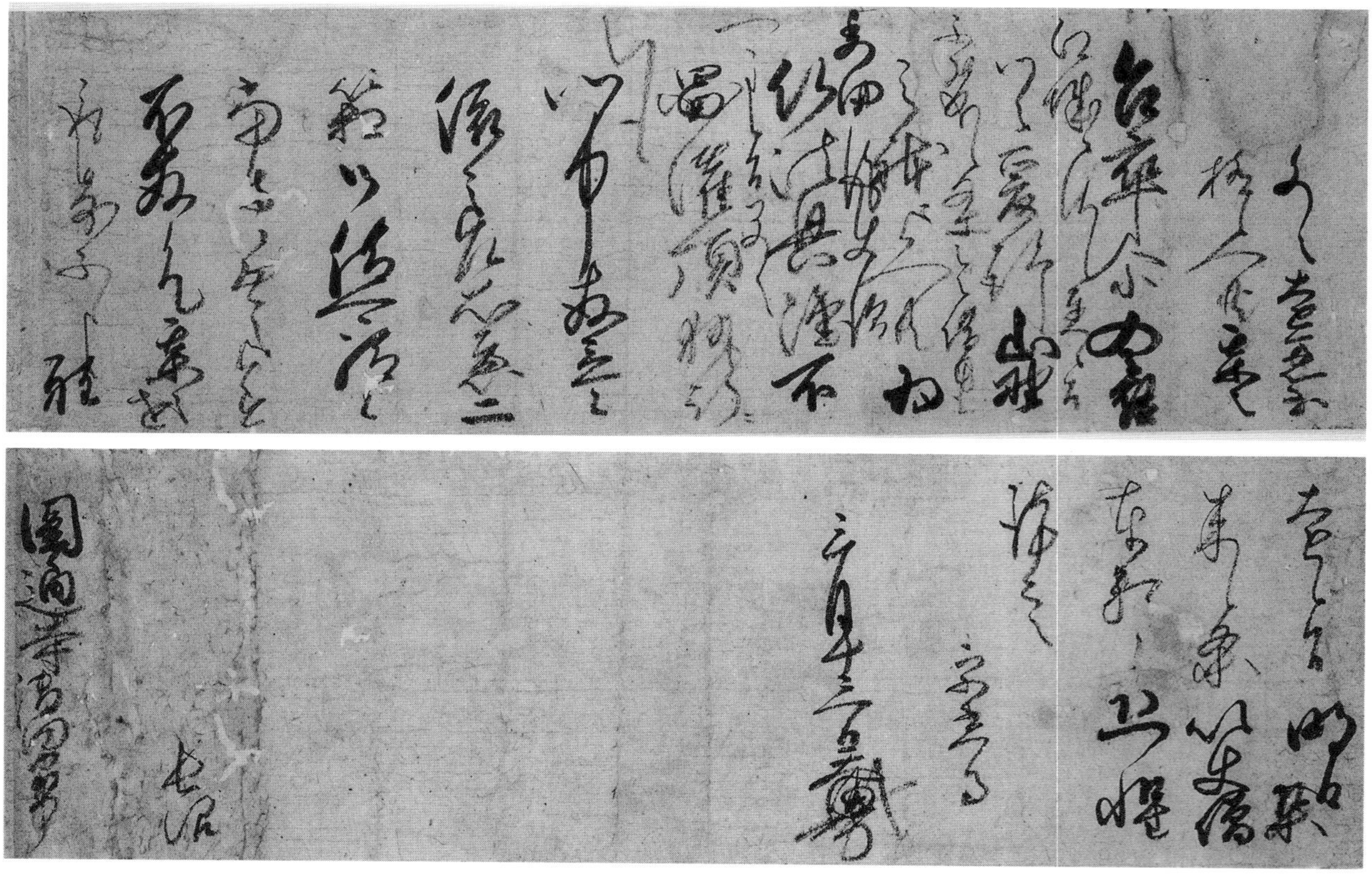

11　宗光寺天海書状（元折紙カ）

栃木円通寺文書

尚と、遠慮至
極候へ共、某之
江城ニさし置候間、
不罷成候条令借用候、
委細従使僧
可申候間、早と
以上、

乍卒尓（爾）令啓
候、爰許山野
之躰ニ候へ共、為
仏法興隆、不
図灌頂執行ニ
門中存立候、
依之乍思慮二
箱御借可給候、
当寺無之、于今
不存候て、某之を
取寄不申程
遠候間、明日某
来候条、以使僧
奉頼候、恐惶

謹言、

宗光寺

三月十三日　天海（花押）

長沼

円通寺御同宿中

○年未詳であるが、宗光寺天海と署名があるので便宜ここに収む。

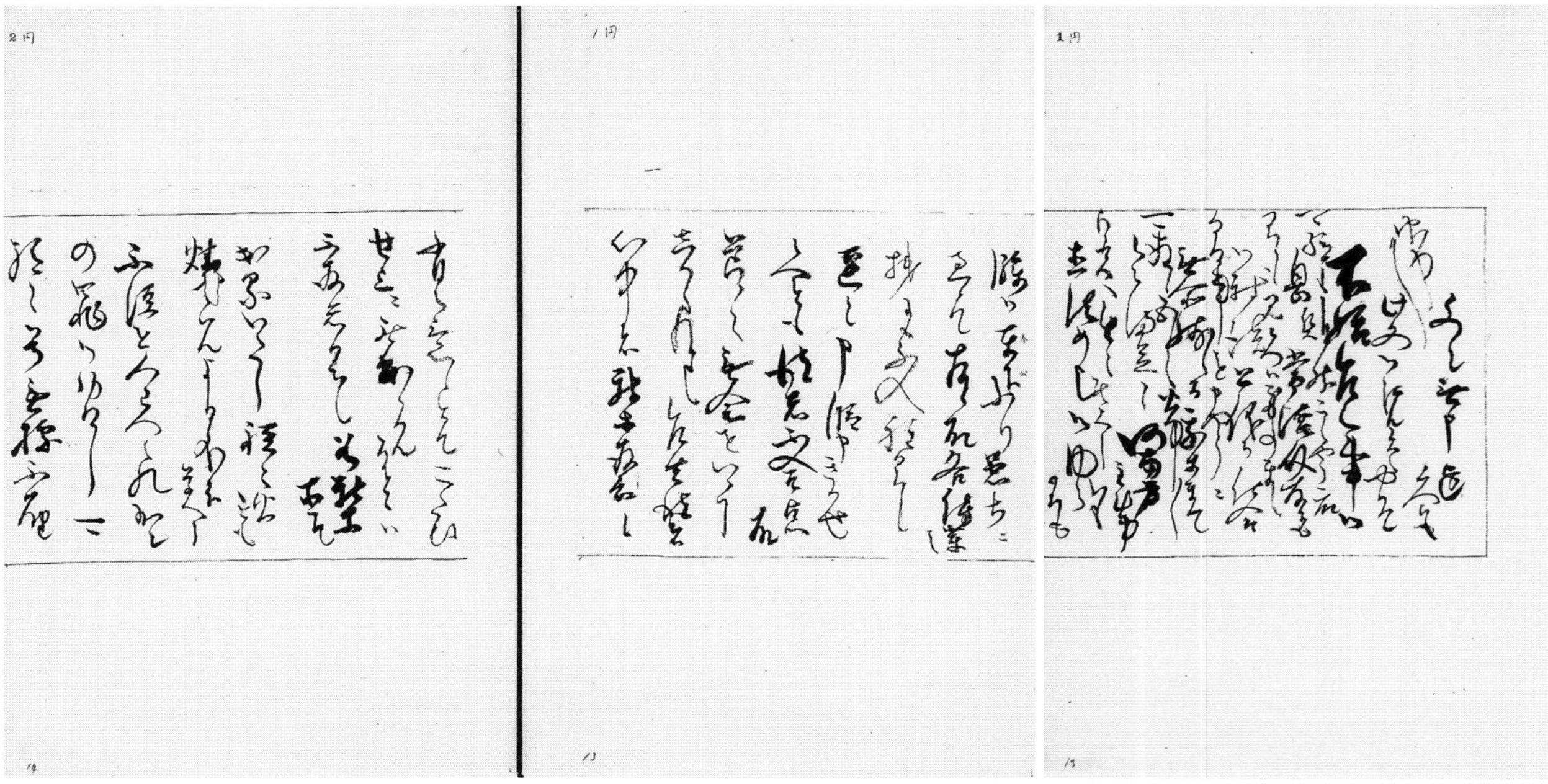

12　天海書状（元折紙カ）

東京大学史料編纂所影写本
上野円珠院文書

尚ゝ、無申迄候へとも、
此文御覧候ハヽ、やかて
火中〳〵
可給候、自然こしやう（小姓）衆
にても見候へハ、身のまゝ
なる事を申やうニ
可存候、必ゝ火中〳〵、
日光へ近ゝ罷上候、以上、
不始乍御事御
息災、常陸介（徳川頼宣）殿ニも
御対談、公儀御仕合
無所残候而、我ホ（等）まて
令満足候、仍南广（摩）主計事、
直談如申候、御内ゝにても
余御奉公ふり（振）愚ち（痴）ニ
過候て存候故、各傍輩之
機にも不入程ニ而候、
遅ゝ申段申きか（聞）せ
候へとも、彼者不合点故、
節ゝ無念をいたし、
しから（叱）れ申候、乍去彼者
心中者我ホ（等）存知候、
背御意候とて、二たひ（度）
世上ニ罷出候ハんなととハ、
不存者に而候、若我ホ（等）所にて
出家いた（致）し、種ゝ（マヽ）火をも

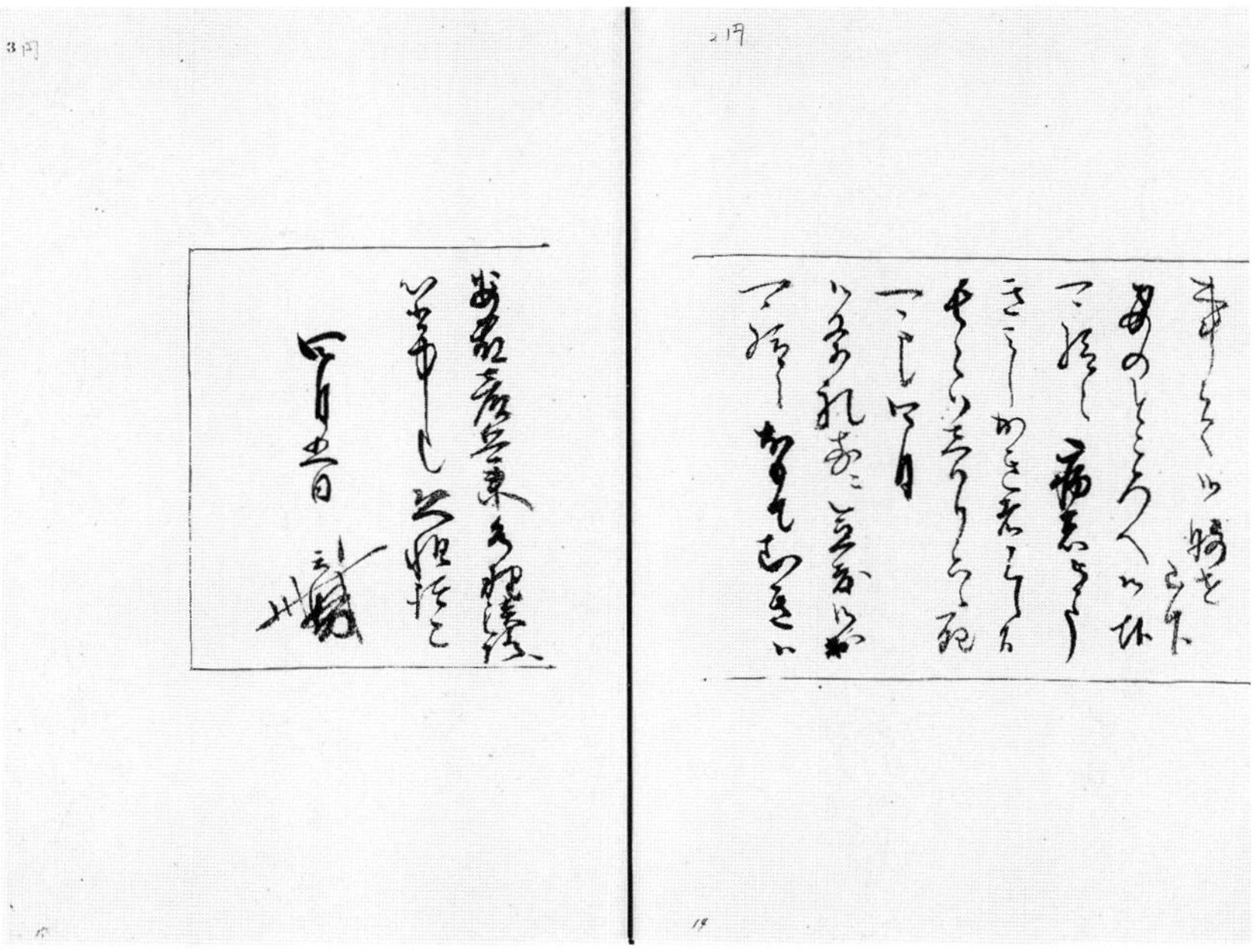

焼□（破損）ハんより外者なく候、
不便をくわへ（加）られ、少シ
の罪御ゆるし（許）可
給候、若無拠不届
事候ハヽ、御暇を被下、
身のところ（所）へ御越
可給候、病者与申、
きミしかき（気短）者にて候間、
長ヽ御しかり候ハヽ、死
可申候、四月
御祭礼前ニ急度御出
可給候、おもてむき（表向）ハ
安藤彦兵衛（直次）・水野淡路（重央カ）へ、
以書中申候、恐惶謹言、
　四月五日（慶長十五年カ）　天（花押）

○徳川頼宣の常陸介在任期間は、慶長十一年（一六〇六）八月から同十六年
　三月まで。
安藤直次と水野重央の徳川頼宣への附属は、慶長十五年。
内容的には、元和三年（一六一七）以降のものか。

13　権僧正天海書状

京都妙法院文書

山門嗜老探題職之事、
今度以法印祐能闕、
蒙　勅許候様、御執　奏
忝可奉存之旨、宜預御
披露候、恐ゝ謹言、
慶長十五年
九月六日　権僧正天海上
庁務法印御房

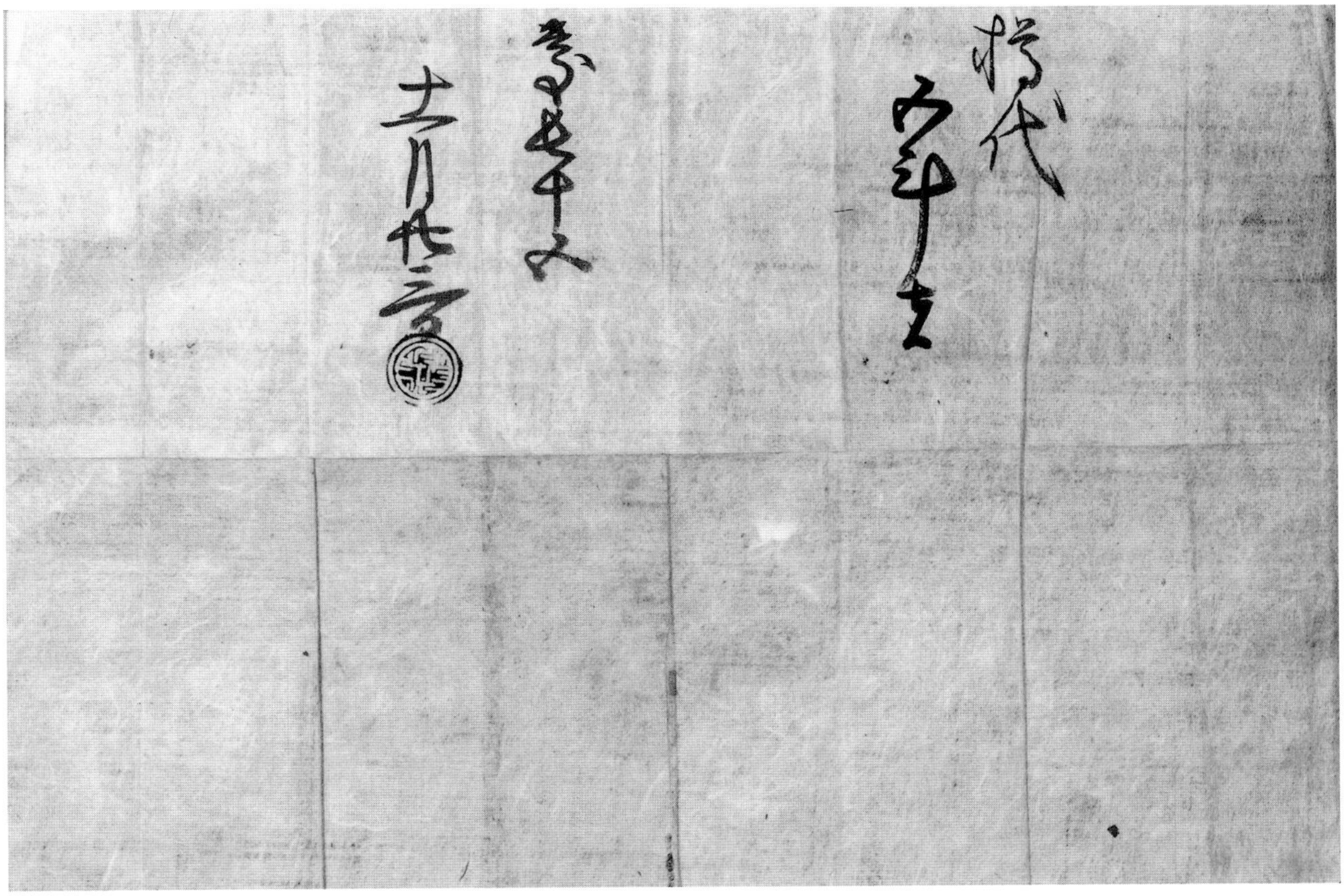

15　天海祝儀覚（折紙）

大正大学図書館文書

樽代
　五斗者

慶長十五
　十一月廿三日（印）

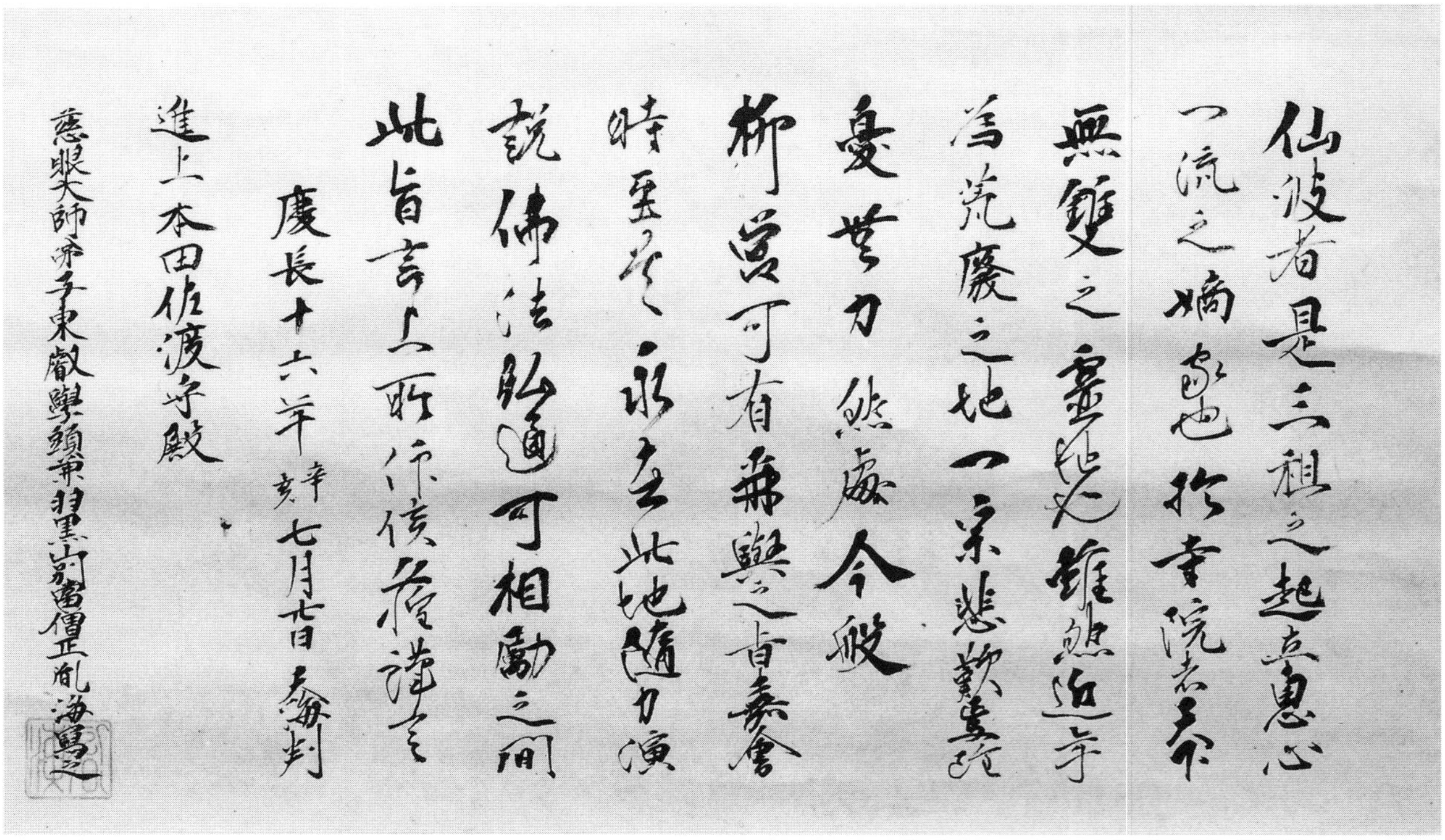

16　天海書状写

川越喜多院文書

仙波者是三祖(慈覚大師・円仁)之起立、恵心
一流之嫡家也、於寺院者天下
無双之霊地也、雖然近年
為荒廃之地、一宗悲歎焉、雖
憂無力、然処今般
栁(柳)営可有再與(興)之旨、嘉会
時至矣、永在此地随力演
説、仏法弘通可相励之間、
此旨言上所仰候、恐惶謹言、
　慶長十六年辛亥七月廿日　天海判
進上　本田(多)佐渡(正信)守殿
慈眼大師(天海)弟子東叡学頭兼羽黒山別当僧正胤海写之(印)、

○本文書は、検討の余地あり。

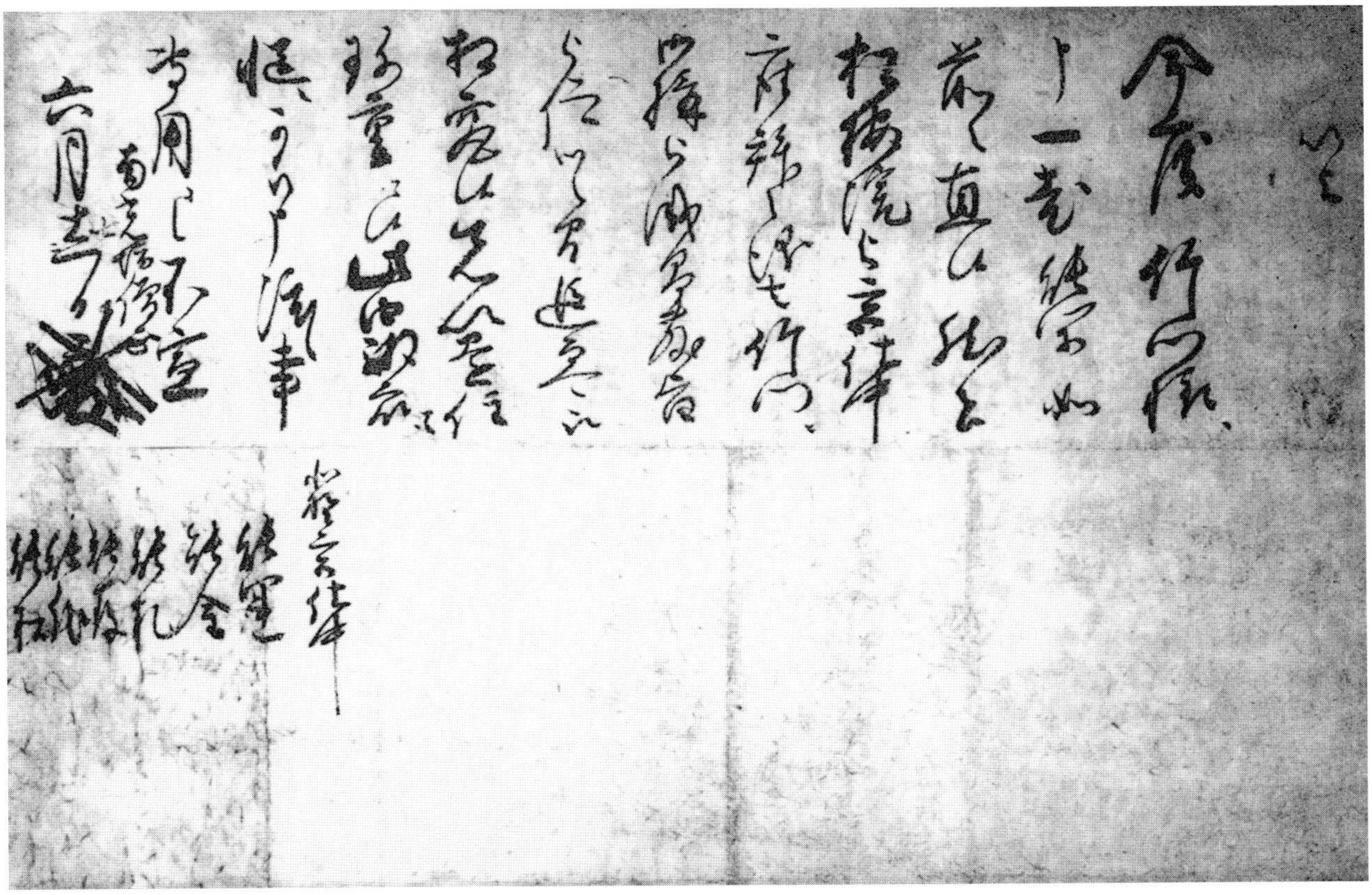

17　南光坊僧正天海書状（折紙）

京都北野神社文書

以上
今度竹門(良恕親王)(曼殊院門跡)様へ
申、一老能閑如
前々直候、然者
松梅院(禅意)与宮仕中
座拝之儀者、竹門ニ
御構被成間敷旨、
被仰候之間、追而可被
相究候、先以還住
珎(珍)重ニ候、此由残衆へも、
慥ニ可被申渡候事、
専用ニ申候、不宣、
　　南光坊僧正
(慶長十八年)六月十七日　　天（花押）(抹消印あり)
北野宮仕中
　　能運
　　能金
　　能札
　　能存
　　能作
　　能松

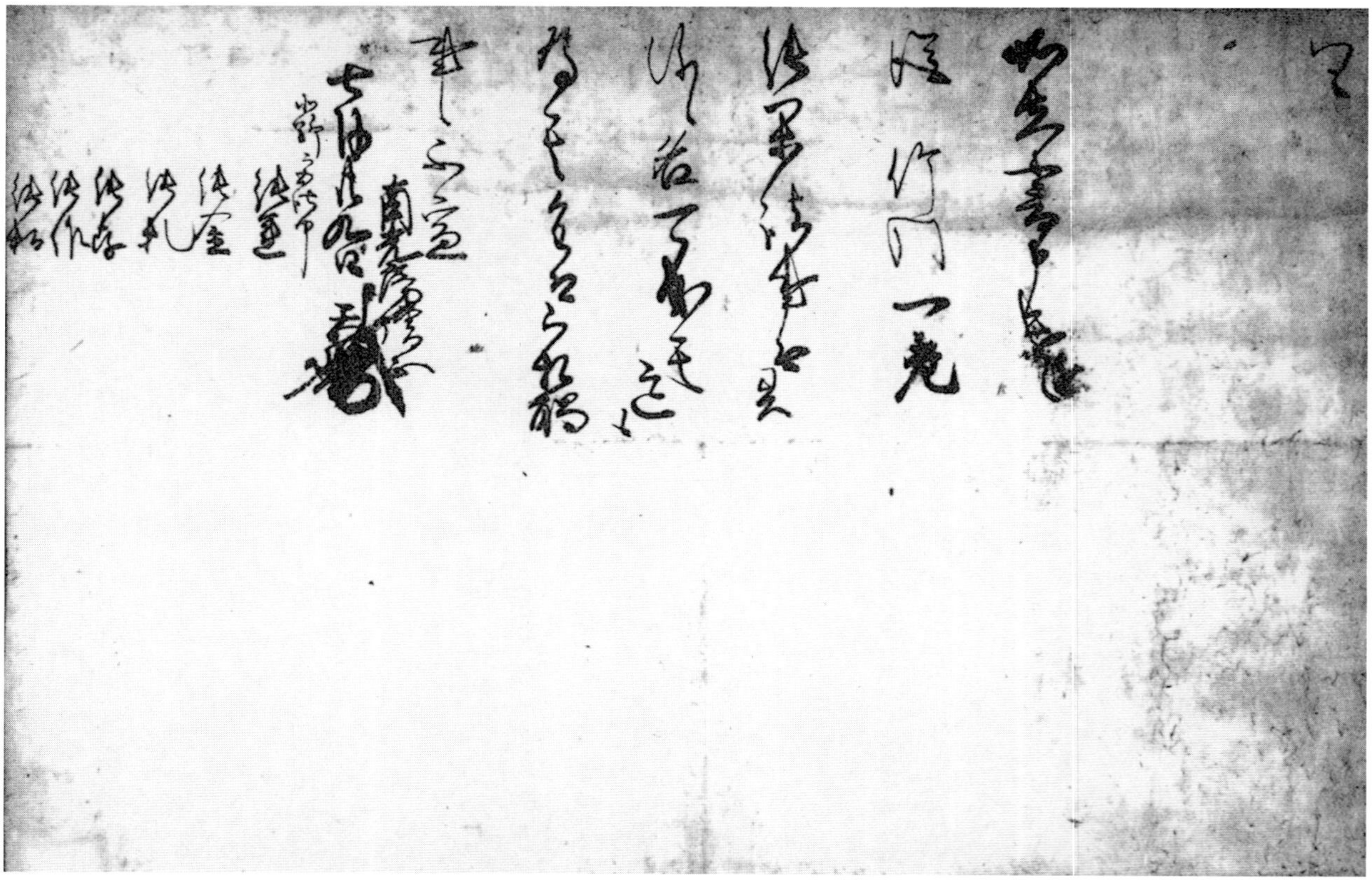

18　南光房僧正天海書状（折紙）

京都北野神社文書

以上

如先書申遣候、
従　竹門（良恕親王）（曼殊院門跡）一老
能閑、諸事無異
儀候、各可成其意候、
為其重而被相触
事候、不宣、
　南光房（マヽ）僧正
（慶長十八年）七月廿九日　天（花押）
　北野宮仕中
　　能運
　　能金
　　能札
　　能存
　　能作
　　能松

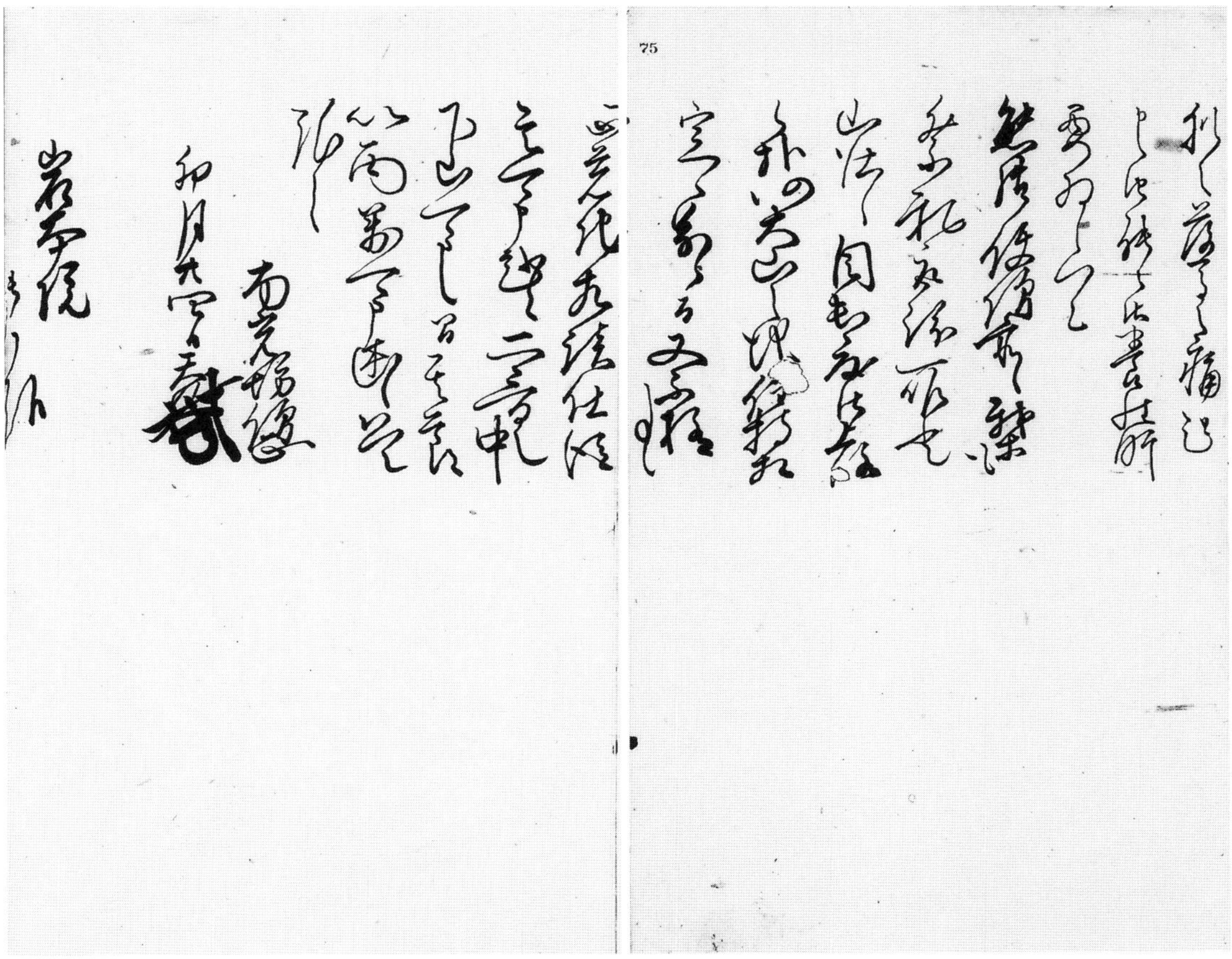

20　南光坊僧正天海書状（折紙）

東京大学史料編纂所影写本
『武州文書』下谷酒袋嘉兵衛文書

猶々、落馬之痛起
申候由、能々御養性（生）肝
要存候、以上、

態御使僧忝候、我ホ（等）も
祭礼取紛、一昨登
山仕候、目出度御上洛
候哉、仍大山之儀住持相
定候前ニ而、又不極事候、
正覚院（豪海）相談仕、従
是可申越候、二、三日之中
下山可申候間、其節
以面万可申述候、恐々
謹言、

南光坊僧正
（慶長十八、九年）夘（卯）月廿四日　天（花押）

岩本院
貴報

○『本光国師日記』慶長十八年（一六一三）条参照。

21　南僧正天海書状（元折紙カ）

国立国会図書館文書

以上
嵯峨慈斎院（天龍寺塔頭）ゟ
之御状忝奉存候、
大部之御校合
難申尽候、便状之
様ニ申候へハ、疎略候間、
従是可申述候、先以
委御礼頼入候、此抄
闕本にて候へ共、当
社無之候条、不
足分をハ御本
借候て書読可
申候、如何様以拝
顔御礼可申入候、
恐々謹言、

南僧正
（慶長十九年カ）五月四日　天海（花押）

勧学院侍史
まいる御侍者中

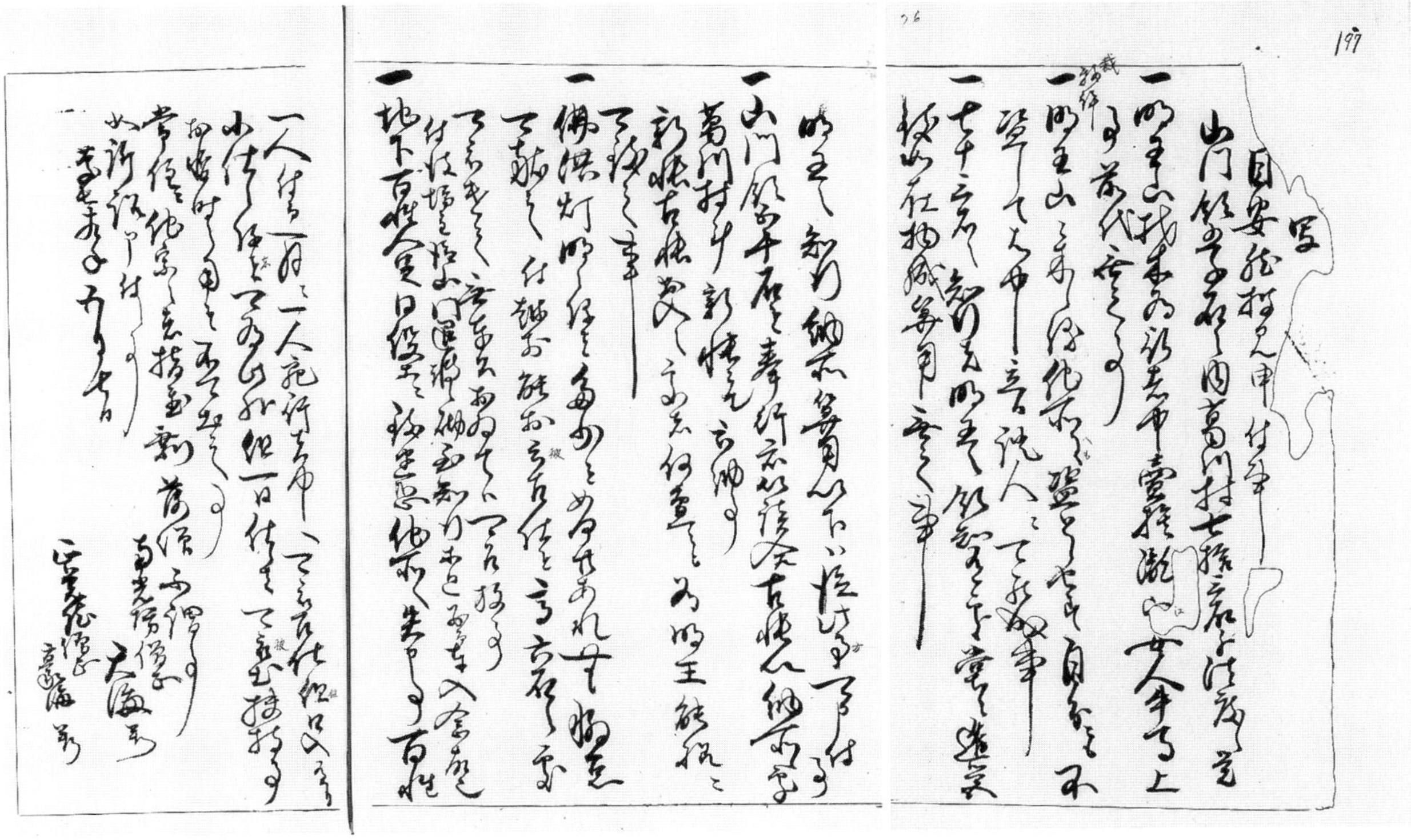

22　南光坊僧正天海等葛川明王院法度目安覚写

東京大学史料編纂所影写本
葛川明王院文書

写

目安然(就カ)披見申付事

山門領五千石之内葛川村七拾三石分法度之覚

一、明王山材木為行者中売捨、滝山江女人・牛馬上事、前代無之事、

一《裁許》、明王山と木之儀、他所に盗とらせす、自分ニも不盗して、右申立候証人ニ可罷成事、

一、七十三石之知行者、明王之領知有処、堂と造営致如在、物成筭(算)用無之事、

一、山門領五千石者奉行衆以談合、古帳以納所候処、明王之知行納所筭(算)用以下ハ、従此事可申付事、
葛川村計新帳ニて被納事、
新帳・古帳出入之処者、何辺ニも為明王能様ニ可致之事、

一、仏供・灯明之儀者、多少者如何共あれ、無懈怠可献之、付、越前能於被召仕者、高六石之処可被遣之、無奉公おゐてハ可召放事、
付、彼坊主従山門退転之砌、至知行ホ(等)迄、別而奉入念故也、

一、地下百姓人足日伇(役)ホ(等)ニ致迷惑、他所へ失申事、百姓
一人付而一月ニ一人宛、行者中へ可被召仕、但、口入有り、
小仕之儀者可為此外、但、一日仕候者可被出扶持事、
於暫時之用者不可出之事、
常住ニ他宗之者指置、剃落僧不謂事、
如訴訟申付候事、

南光坊僧正
天海　判
慶長十九年五月七日
正覚院僧正
豪海　判

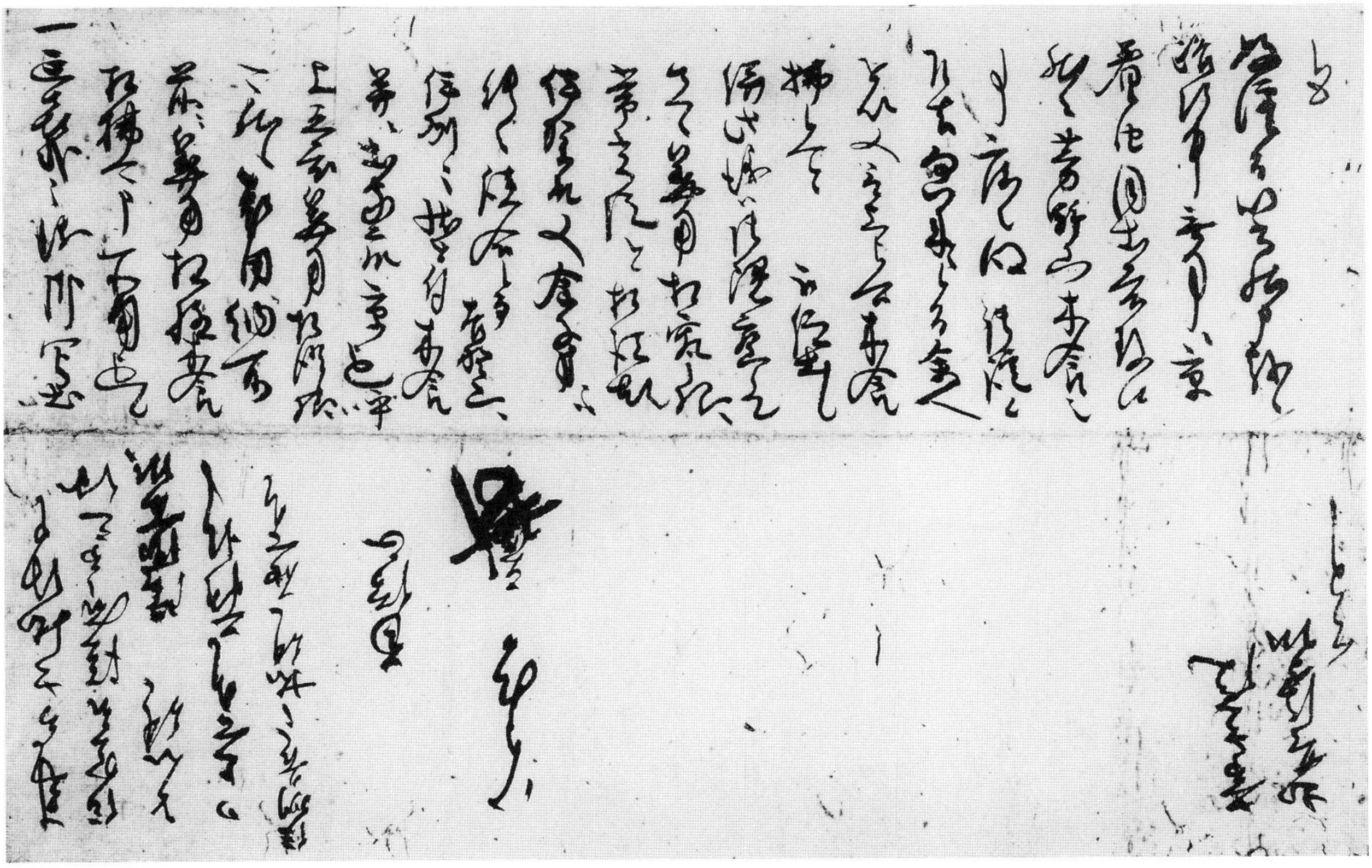

23　南僧正天海書状（折紙）

東京大学史料編纂所写真版
広島大学猪熊文書(二)　国史学教室所蔵

以上
好便候間、以書状申越候、
路次中無事ニ京
着候由、目出度存候、
然者芳野山木食（快元）之
事、度ゝ得　御諚候、
乍去為以来候間、余人
を以又言上申候へハ、木食
払候へと　被仰出候、
併此儀ハ御隠密候て、
先ゝ筭（算）用相究候様ニ、
常光院と相談尤候、
伊賀殿（京都所司代・板倉勝重）又余子方ニも、
能ゝ談合候而、吉野山へ
伊州之状を付、木食
幷ニ出家衆京迄呼
上、急度筭（算）用相澄（済）候様ニ
可然候、兎角納所
前ニ筭（算）用相極、木食
相払可申所用迄候、

一、延喜式之儀御写出

来候而、書状越申候、

伊賀殿談合候而、

三休（前毘沙門堂門跡公厳・中院）を以能ゝ　院御所様（後陽成院）へ

御上可給候、恐惶謹言、

伊州各へ之状、能ゝ届可給候、

南僧正

八月九日（慶長十九年）　天海（花押）

常光院

出豊後守様（出納職忠）

人ゝ御中

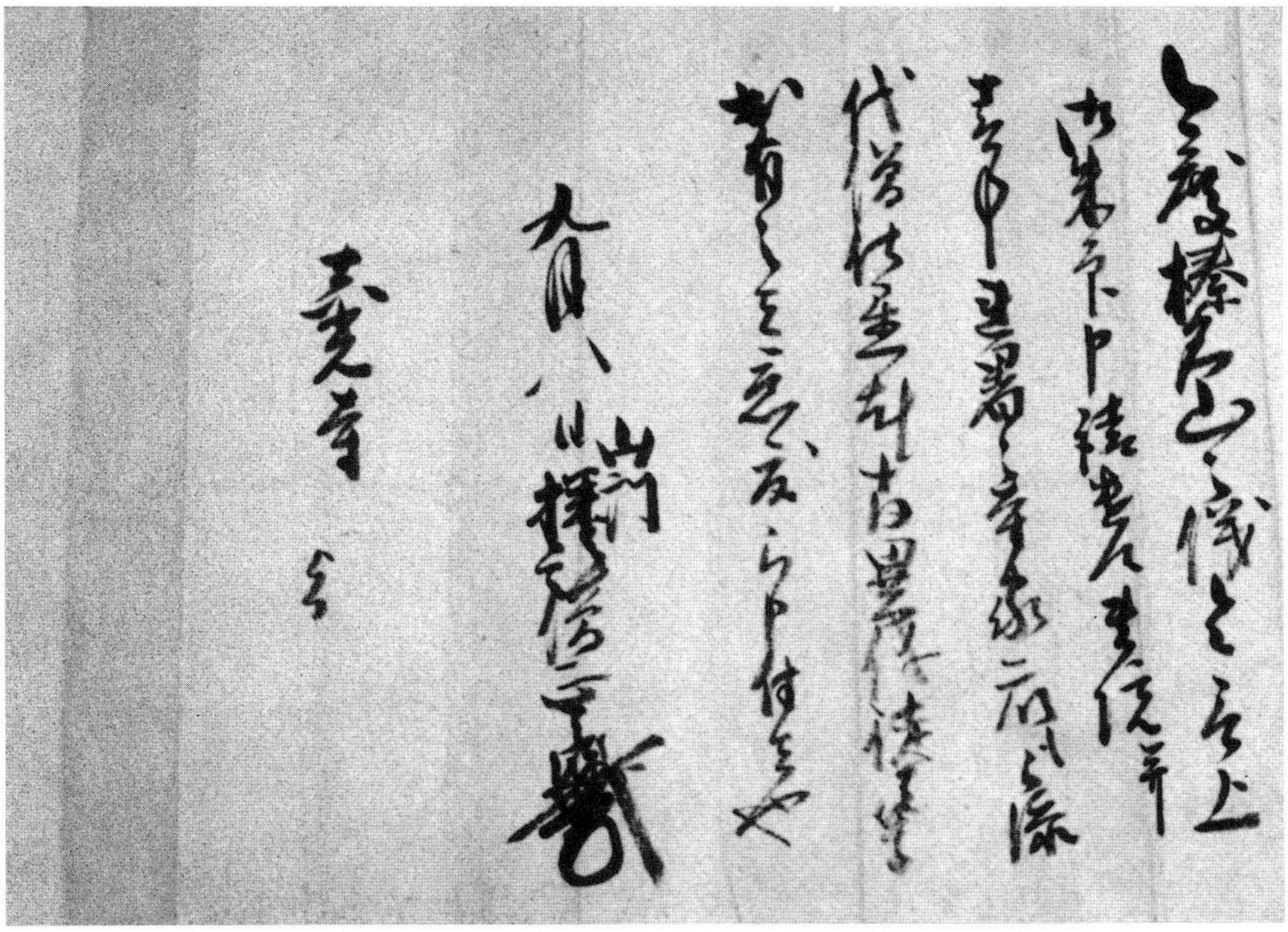

24　山門探題僧正天海書状

群馬真光寺文書

今度榛名山之儀令言上、
御朱印申請遣候、貴院幷
老中連署之寺家衆も、被添
代僧、仕置尤候、尚異儀徒者等
於有之者、急度被申付者也、

山門
（慶長十九年カ）
九月八日　探題僧正天海（花押）

真光寺
参

○榛名山宛の朱印状は、慶長十九年（一六一四）九月五日に発給。

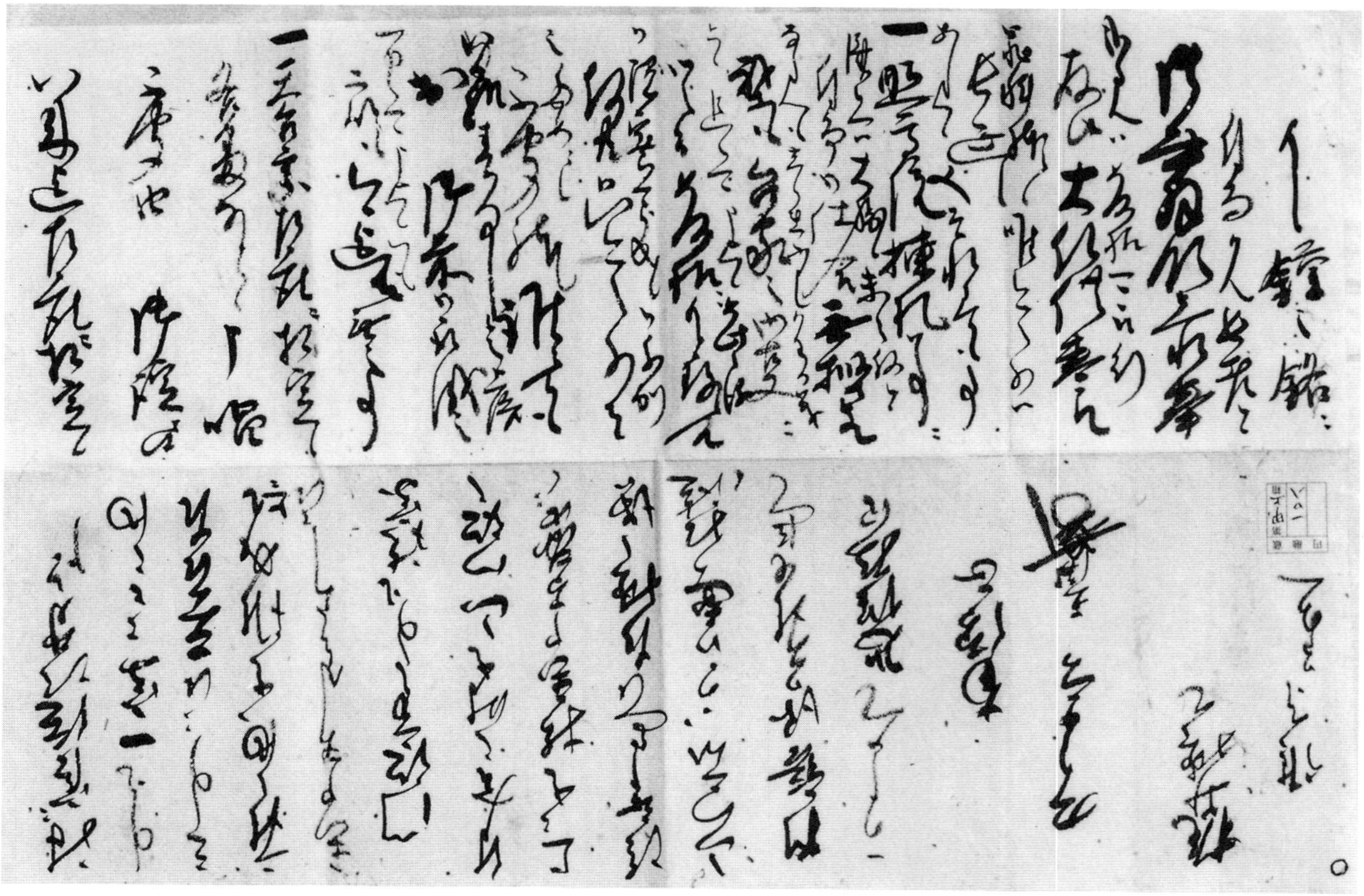

25 南僧正天海書状（折紙）

京都三千院文書

尚々、鐘之銘ニ
付而、かん（清韓）長老と
哉らんハ、如何様可被行
罪科躰ニ候、唯今之分ハ
あしく（悪）候、又それにても事
済候へハ、大勝候、末々何と
ならんもしられ（知）不申候、かわる（替）義（儀）
候ハヽ、追々可申上候、如此之儀
御隠密可被成候、御分別
之ためニ候、
いか（如何）様春中令上洛、
万々可申上候、以上、

御書拝領忝奉
存候、大仏供養
長延候、
一、照高院（興意親王）棟札事ニ
付而、御仕合無拠欤（歟）、
我ホ（等）も台家之御叓（事）ニ
候之間、如何様ニもと存候へ共、
何共只今之分者
不聞躰候、誰ニても

於　御前、御取成之
衆も、今迄者無之事、
一、天台宗左座ニ相定候、
各番なとヽ申唱
不聞由、　御諚ニ候、
以来迄左座ニ相定候、
殊ニ官位次第と申
事も、一宗〻之内
之事ニ候、天台左
座之内へ者、誰成共、上ニ
置申ましくよしニ候、
　門跡方之事も、諸宗
付合之時者、山門跡之
上ニ者、指置申間敷由ニ候、
雖無申迄候、左様之儀ハ、
山門衆へ可被遂御相談候、
猶替儀御座候者、追〻
可申上候、恐惶敬白、
　　　　南僧正
（慶長十九年）九月十二日　天海（花押）
（最胤親王）（三千院門跡）梶井様ニて
　　誰ニても御申給へ

○方向寺鐘銘事件は、慶長十九年（一六一四）。

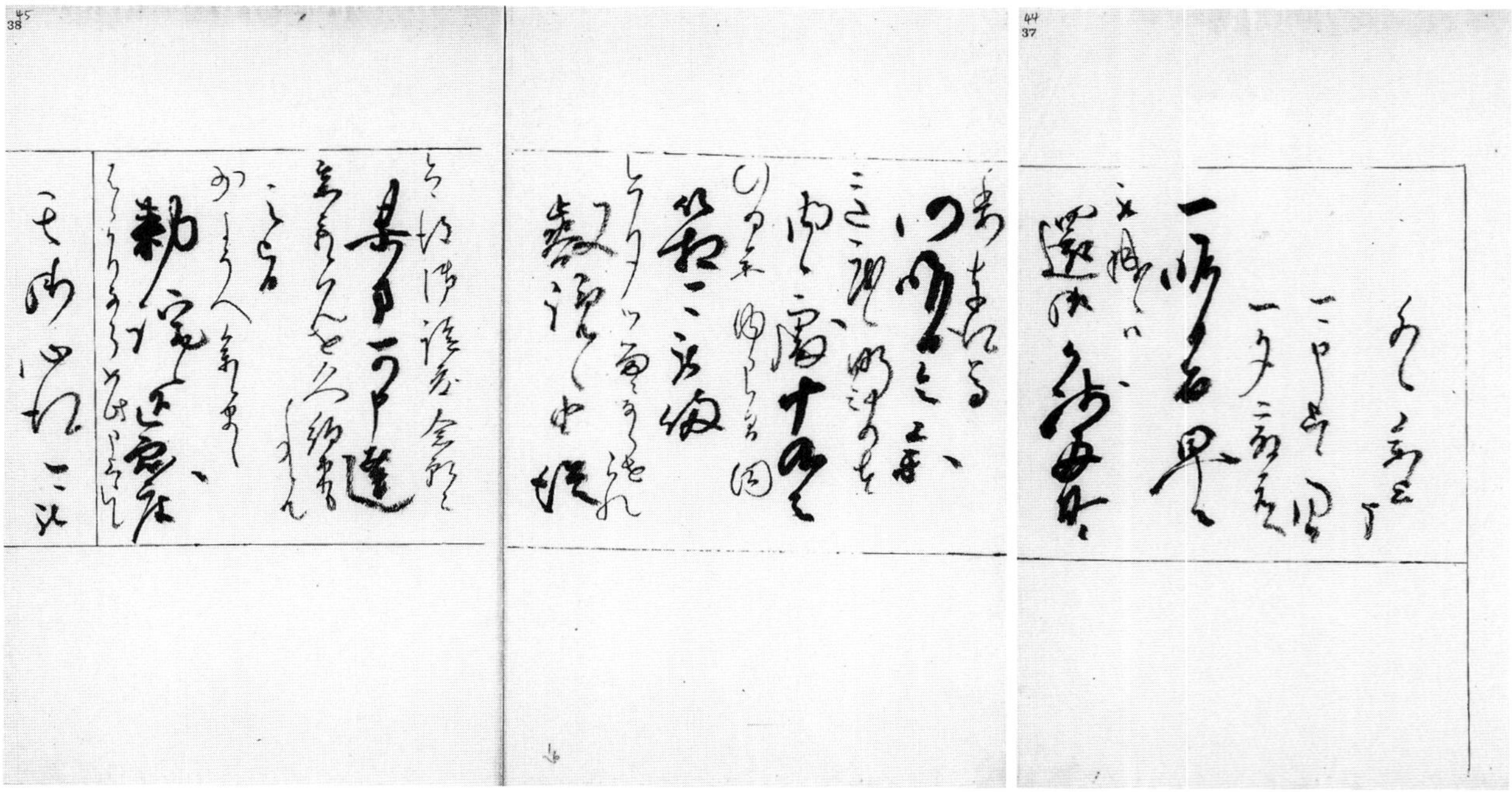

27　天海書状（元折紙カ）

東京大学史料編纂所影写本
荻野由之氏文書

尚〻、参上申
可申上候、同者
一夕爰元へ
被成候ハヽ、
委奉得尊
意度候、明日者
ひる（昼）参　内申候間、同
今夕御留ニならせられ
候ハヽ、得御掟度念願候、
某参候ハんを、久約束候事にて、
少よそへ参候まヽ、
はヽかり（憚）なから（乍）如此申上候、以上、

一昨日者早
還御御残多存候、
仍明日令参
内候処、十九之
箱可被備
叡覧候由、従
某方可申達
之旨、

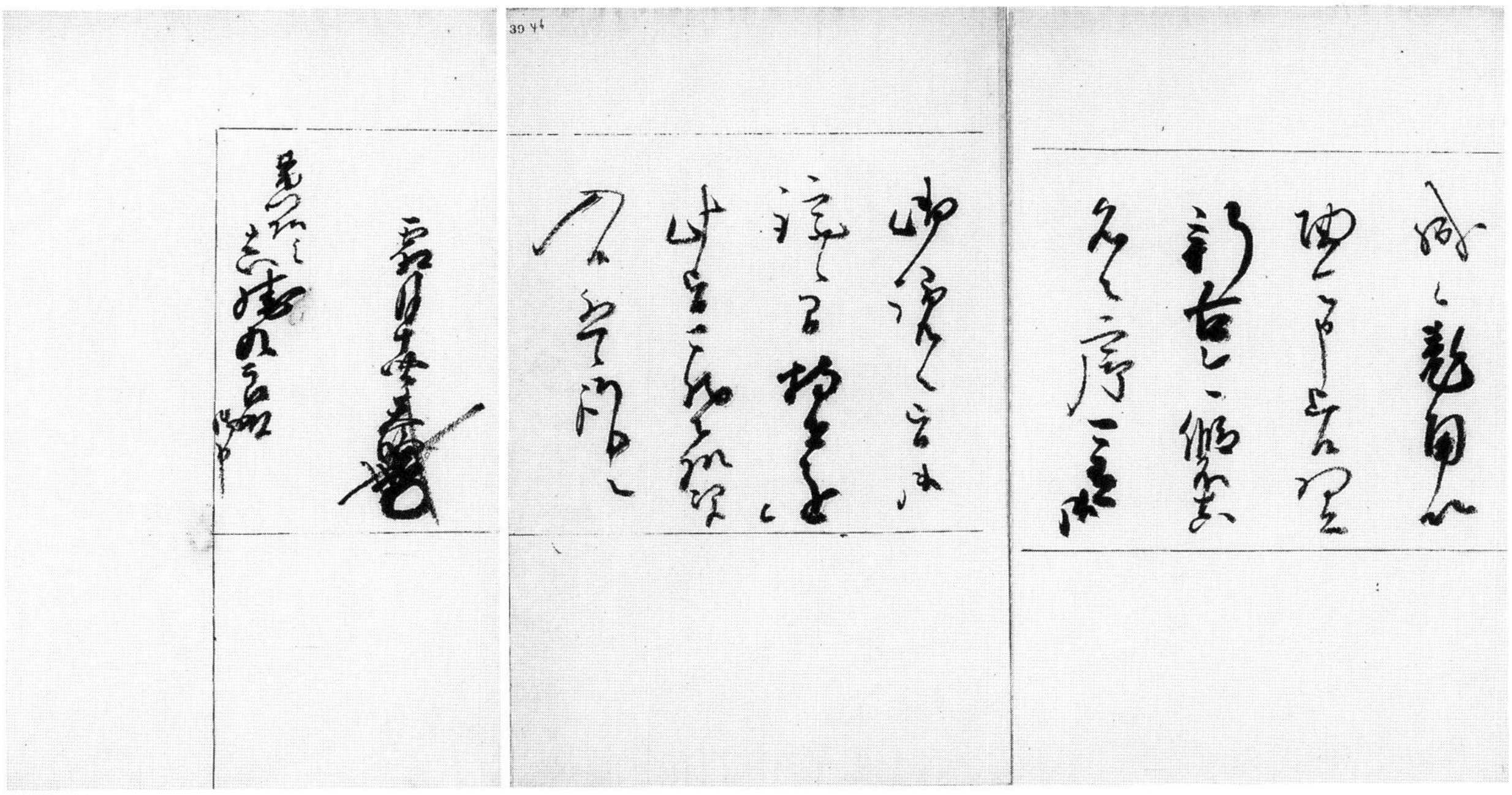

勅諚候間、急度
其御心得可被
成候、菟角以
面可申上候、将亦
新古今仮名・真
名之序可有御
御覧之旨、御
諚候間、持せ進候、
此旨可然之様憑
入候、恐ゝ謹言、
（慶長十九年カ）霜月十四日　天海（花押）
（尊純親王）青門様ニて
真勝九郎殿
御中

○天海、慶長十九年（一六一四）十一月十日頃より天皇・上皇と家康の間を仲介す。

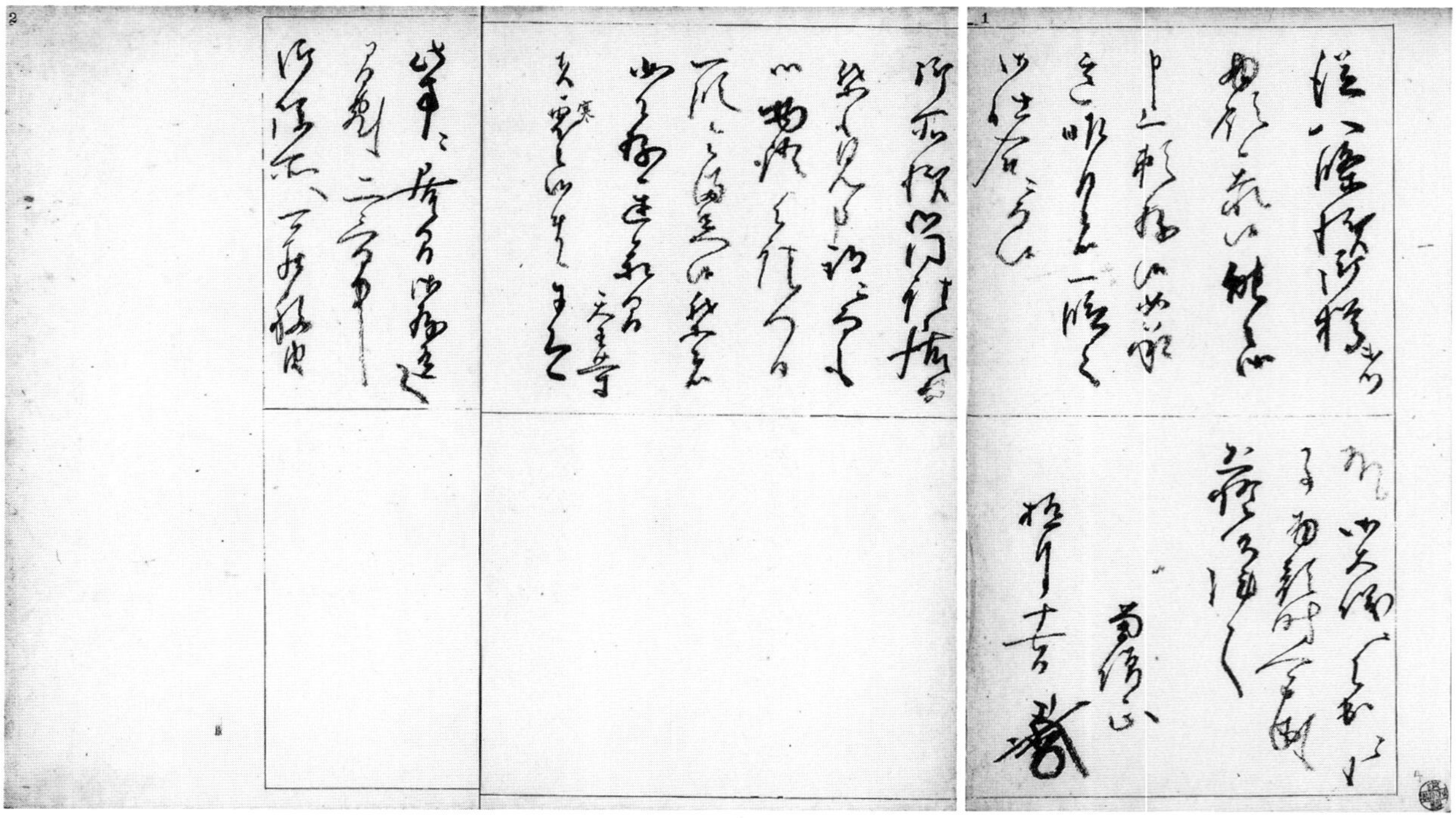

29 南僧正天海書状（折紙）

東京大学史料編纂所影写本
生間家文書

従八条様（智仁親王）御樽弐ツ
拝領忝候、能と御
申上頼存候、如承
意昨日者一段之
御仕合ニ而候、
御所様（徳川家康・秀忠）御同座居候而、
我ホ（等）も見申、跡ニ而も
御物語御座候つる、
一段令満足候、我ホ（等）者
如御存遅参候間、天王寺
者寒候まゝ、于今
此方ニ居候間、御存有之
間敷候、二、三日中
御陣所へ可罷移由
存候、御大儀ニ御出ニ候
者、拝顔時可申述候、
恐惶謹言、

南僧正

極月（慶長十九年）十七日　天（花押）

（宛所なし）

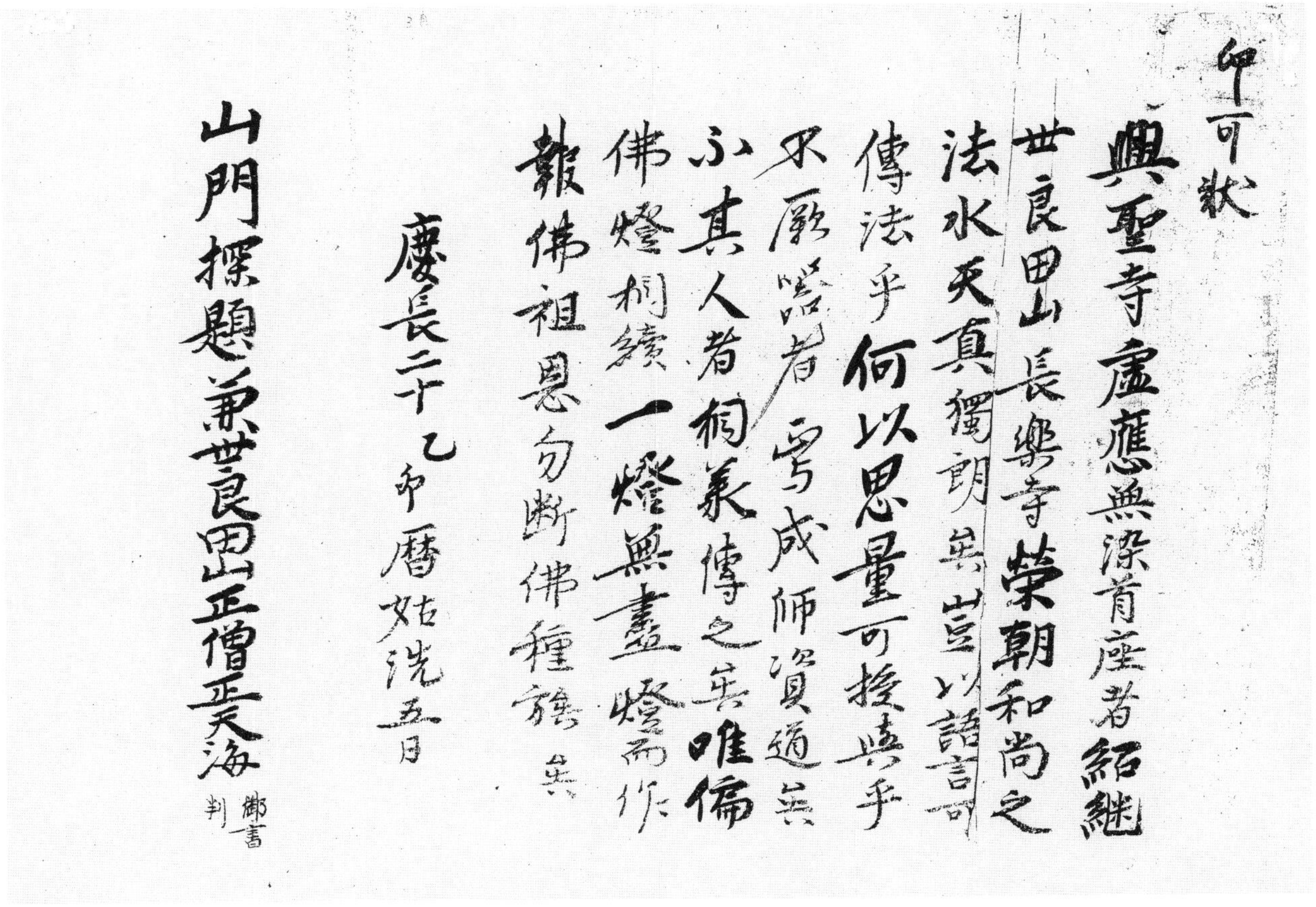

30　山門探題兼世良田山正僧正天海印可状写

世良田長楽寺文書

(朱書)「印可状」
興聖寺虚応無染首座者、紹継
世良田山長楽寺栄朝和尚之
法水天真独朗矣、豈以語言可
伝法乎、何以思量可授与乎、
不厥器者焉成師資道矣、
不其人者相承伝之矣、唯偏
仏灯相続一灯無尽、灯而作
報仏祖恩、勿断仏種族矣、
慶長二十乙卯暦姑洗(三月)五日
山門探題兼世良田山正僧正天海 御書判

○本文書は、検討の余地あり。

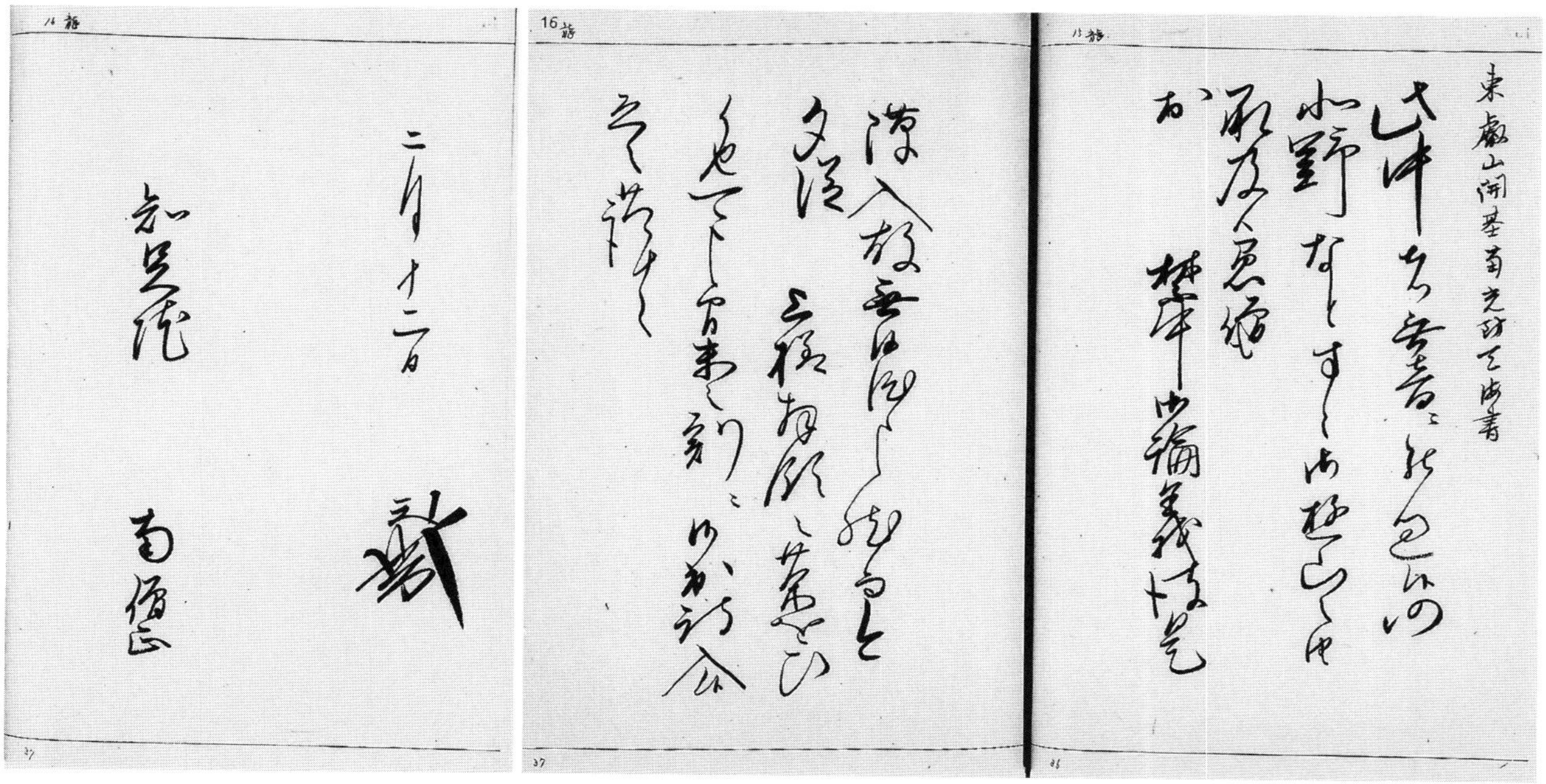

31　南僧正天海書状

東京大学史料編纂所影写本
伊勢龍泉寺文書

此中者無音ニ罷過候、仍
北野なと方ゝ御遊山之由
承及候、愚僧も
於　禁中御論義、彼是
隙入故無沙汰申候、然而今
夕従　上様(徳川家康)拝領候茶をひ(挽)
かせ可申候間、未之刻ニ御出待入候、
恐ゝ謹言、
(元和元年)二月十二日　天（花押）

知足院　南僧正

○正月か二月上旬に禁中論義に隙入とあるので、日付から考えて元和元年（一六一五）のものであろう。

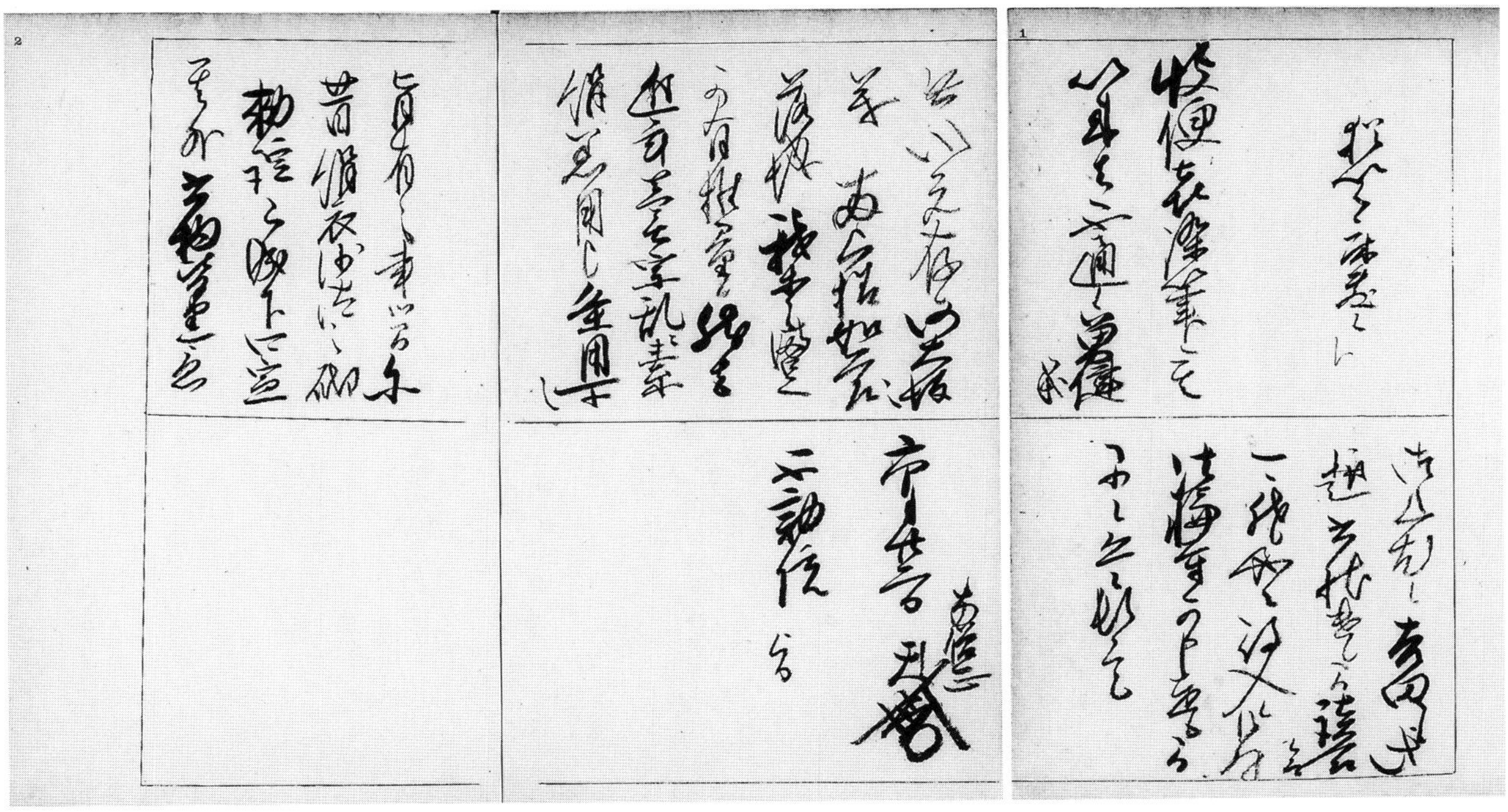

32　南僧正天海書状（折紙）

東京大学史料編纂所影写本
上野津梁院文書

猶以御床敷候、以上、

快便喜染筆候、其
以来者不通候、勇健候哉、
無心元存候、仍大坂之
義（儀）両上様（徳川家康・秀忠）如思召
落城、我ホ（等）之満足
可有推量候、然者
近年真言宗乱ニ素
絹着用申候条、用所之
旨有之事候間、尓（爾）
昔絹衣沙汰之砌、
　勅諚被成下口宣、
其外書物皆悉急
御上尤候、吉田へも此
趣書状遣候間、談合候而
可然候、必ゝ待入候御座候、
法（弁海）輪寺可申達候間、
早ゝ、恐ゝ頓首、
　　　　　南僧正
六月（元和元年）廿二日　天（花押）
不動院（江戸崎）
　　　参

○大坂落城は、元和元年（一六一五）五月。

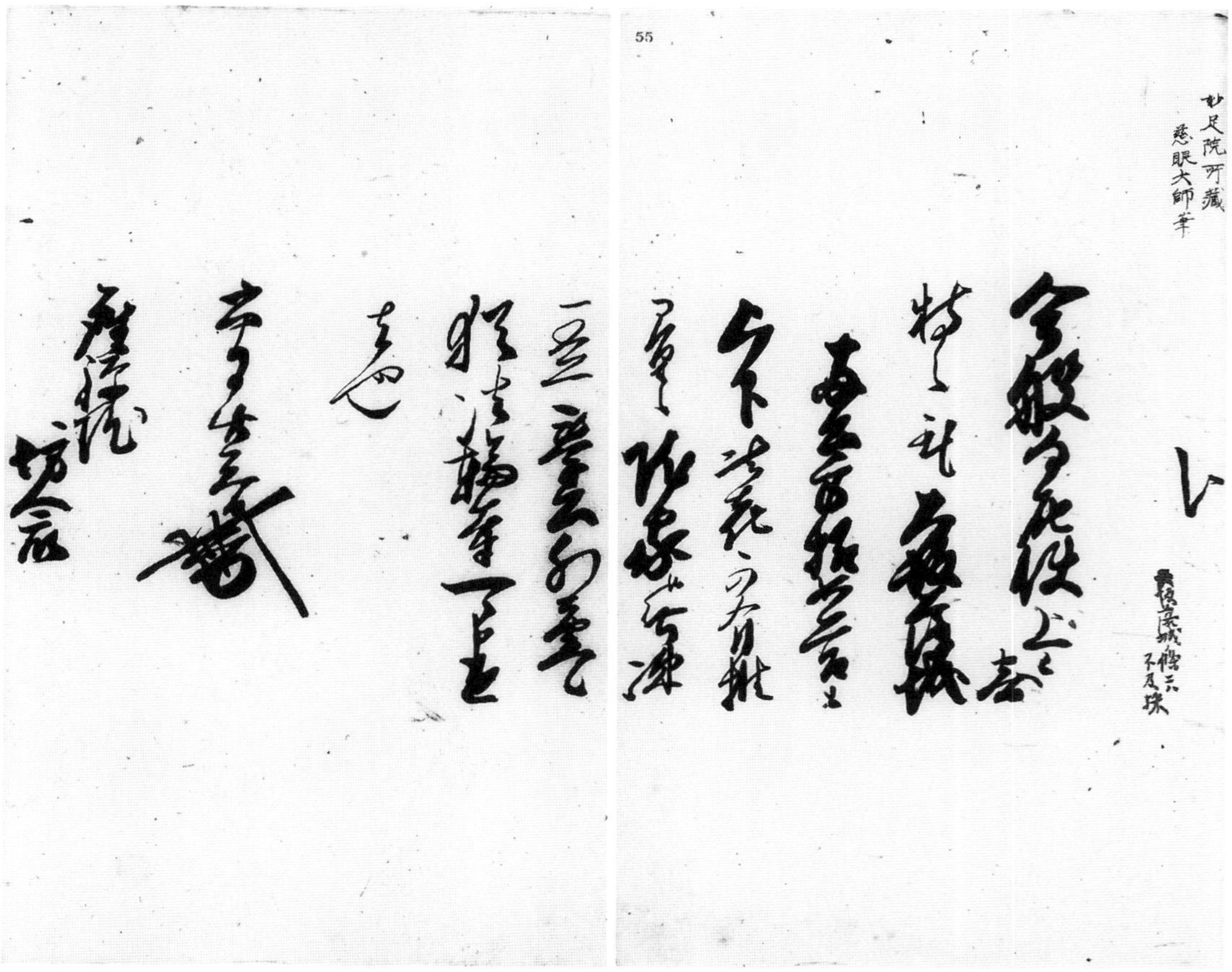

33 天海書状

東京大学史料編纂所影写本『武州文書』小日向妙足院文書

以上

今般為届使上候、寄
特之至候、大坂落城
両公方様（徳川家康・秀忠）如思召候、
上下此喜可有推
量候、院家江無疎
意奉公肝要候、
猶法輪寺（弁海）可申進
者也、
（元和元年）六月廿三日　（天海）（花押）
座禅院（日光山）
坊人衆

○大坂落城は、元和元年（一六一五）五月。

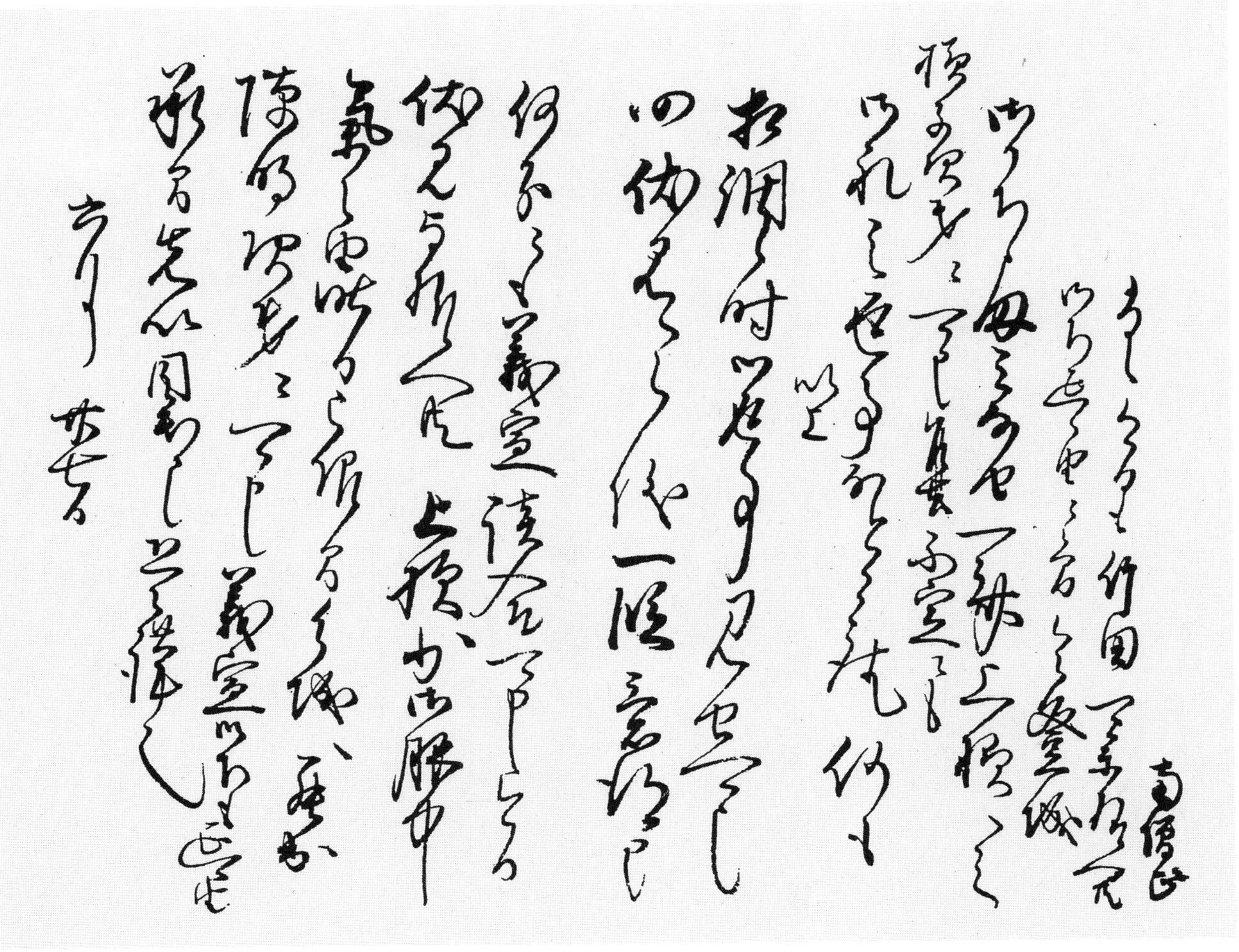

34　南僧正天海書状写

内閣文庫史籍叢刊『楓軒文書纂』所収

尚〻、今日も竹田可参存候へ共、
御下延之由ニ候間、令登城、
様子次第ニ可申候、乍去不定ニ候、
以上、

御かちさま（徳川家康息室・英勝院）・ミなせ（水無瀬）一斎、上様（徳川家康）へ之
御礼之返事なと御座候、何も
相調候時、御返事見せ可申候、
仍伏見へ之儀、一段意得申候、
何分ニも義宣（佐竹）談合可申候、今日
伏見与存候へ共、　上様少御服中
気之由、昨日被仰間、御城へ罷出、
隙明次第ニ可申候、義宣御下も延候由
承間、先以目出申候、恐〻謹言、

六月廿七日（元和元年）

（裏書）「南僧正」

○佐竹義宣、元和元年（一六一五）六月大坂にて、遠路の在京辛労たるによって帰郷を許される。

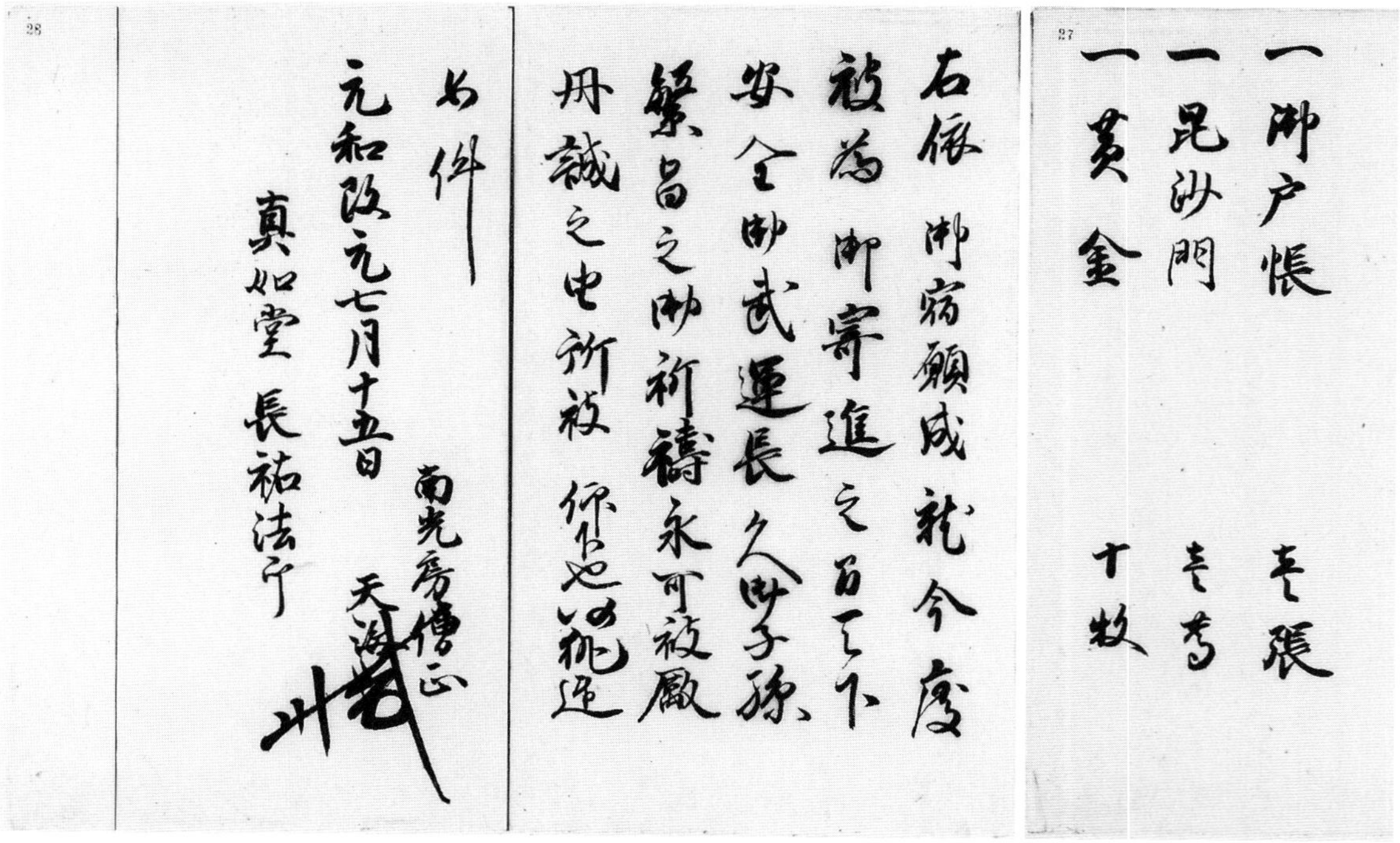

36　南光房僧正天海奉書写

東京大学史料編纂所影写本
京都真如堂文書

一、御戸帳　　壱張
一、毘沙門　　壱尊
一、黄金　　　十枚
右依　御宿願成就、今度
被為　御寄進之間、天下
安全御武運長久御子孫
繁昌之御祈禱、永可被励
丹誠之由、所被　仰下也、仍執達
如件、

南光房（マヽ）僧正
元和改（マヽ）元七月十五日　天海（花押）
真如堂　長祐法印

○本文書は、検討の余地あり。

37　南僧正天海書状

身延本遠寺文書

一書申入候、然ハ
身延山（久遠寺）当住（日祝）
遠行付而、後
住之儀達　上聞
候処ニ、貴老（日遠）可有
再住之旨被仰
出候間、早ゝ還住
尤存候、委細勝光院
申含候、恐ゝ謹言、
　　　　南僧正
文月（元和元年）（七月）廿四日　天（花押）

　日遠上人

〇日遠上人の身延山再住は、元和元年（一六一五）。

38　南僧正天海書状

池上本行寺文書

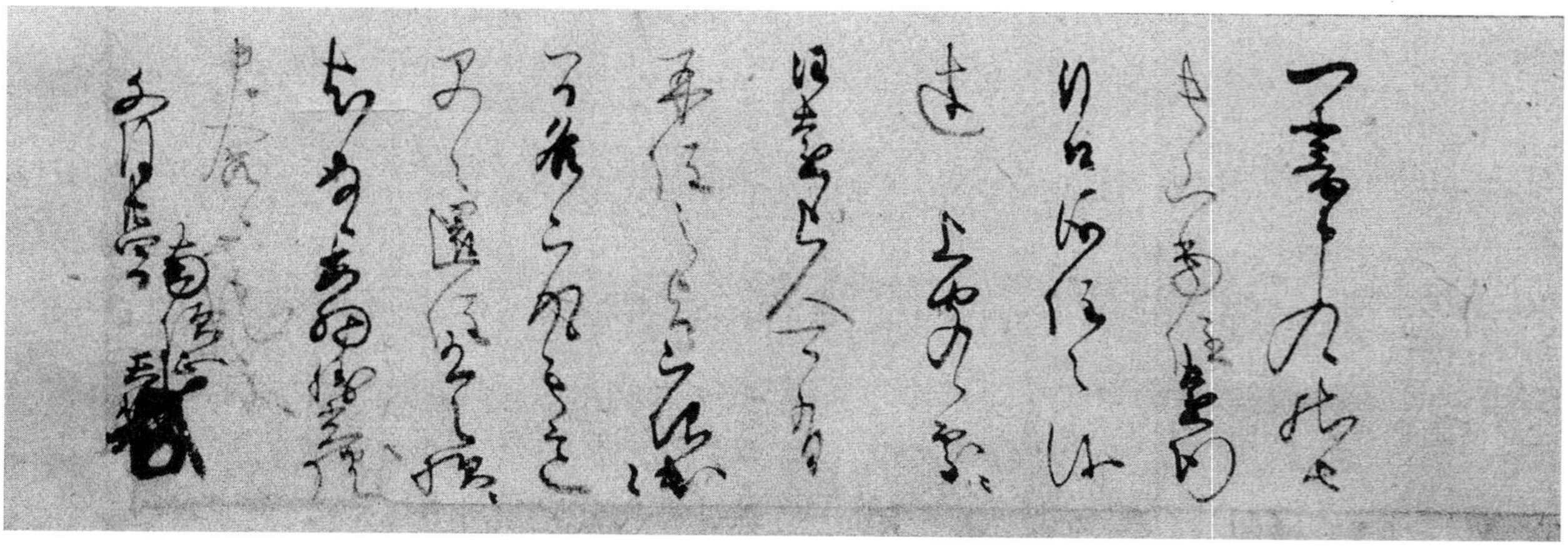

一書申入候、然者
貴山(身延山)当住(日祝)遠行
付而、後住之儀、
達　上聞候処ニ、
日遠上人可有
再住之旨被仰出候
間、各被得其意、
早ゝ還住有之様ニ
尤存候、委細勝光院
申含候、恐ゝ謹言、
　　　南僧正
(元和元年)文月(七月)廿四日　天（花押）
（宛名なし）

○日遠上人の身延山再住は、元和元年（一六一五）。

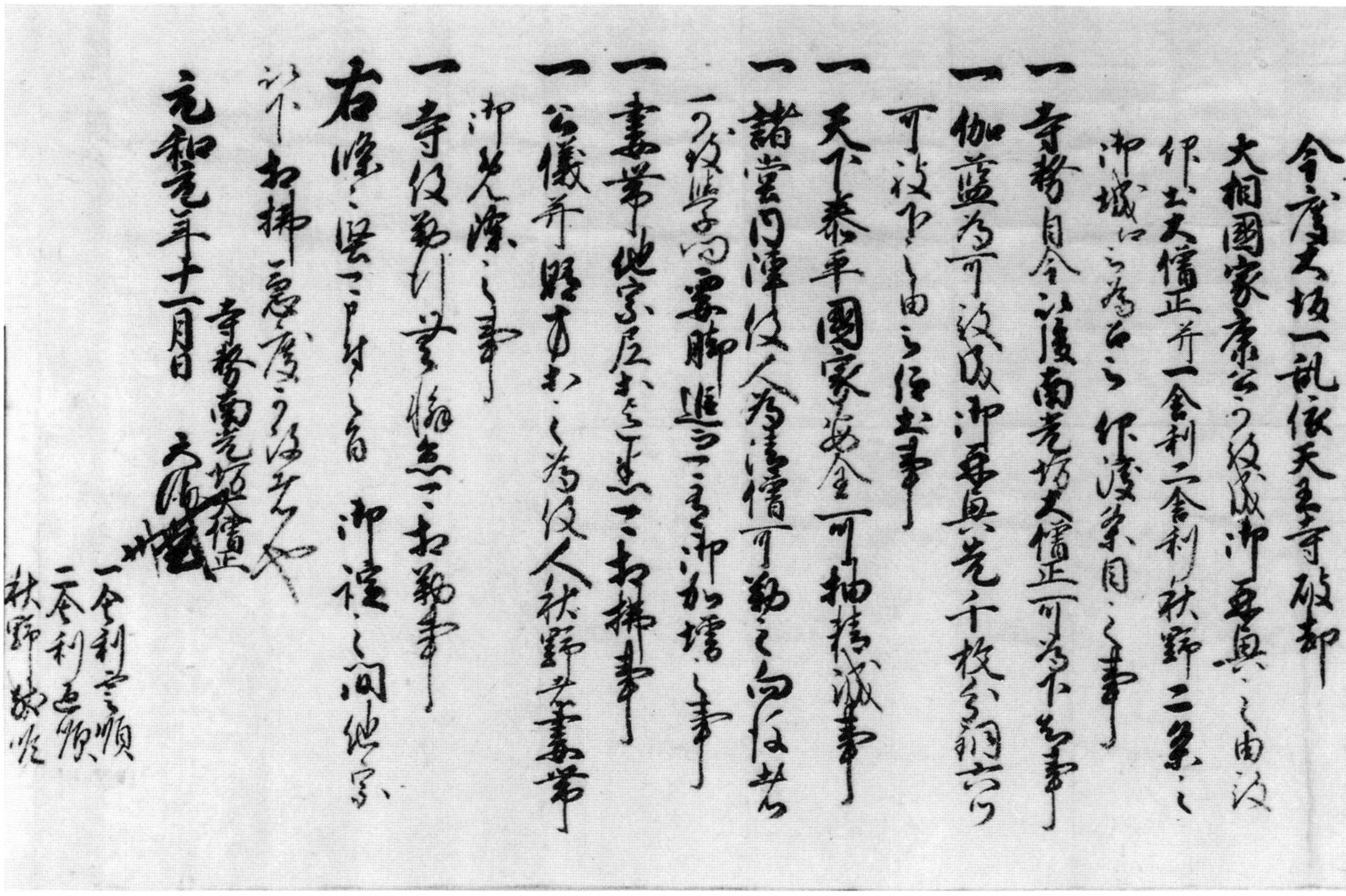

40　寺務南光坊大僧正天海四天王寺寺内法度

大阪四天王寺文書

今度大坂一乱依天王寺破却、
大相国（徳川）家康公可被成御再興之由被
仰出、大僧正（天海）幷一舎利・二舎利・秋野、二条之
御城江被為召、被　仰渡条目之事、
一、寺務自今以後、南光坊大僧正可為下知事、
一、伽藍為可被成御再興、先千枚分銅六ツ
可被下之由被仰出事、
一、天下泰平国家安全可抽精誠事、
一、諸堂内陣役人為清僧可勤之、向後者
可致学問要脚、追而可有御加増之事、
一、妻帯・他宗尼ホ（等）迄、悉可相払事、
一、公儀幷賄方ホ（等）之為役人、秋野者妻帯
御免除之事、
一、寺役勤行無懈怠可相勤事、
右条〻、堅可申付之旨　御諚之間、他宗
以下相払、急度可改者也、
元和元年十一月日　天海（花押）
寺務南光坊大僧正
一舎利雲順
二舎利通順
秋野献順

○本文書は、検討の余地あり。

41　山門探題正僧正天海喜多院証状

川越喜多院文書

仙(印)波東叡山無量寿寺
喜多院寺号職之事
　以常林房
　　宜転医王寺
右所令補(印)任宜承知、就中
乗存法印依所望令免許、
弥以真光寺可相守顕密
法流者也、
元和(印)元年夘(卯)終冬十二日
山門探(印)題正僧正天(印)海

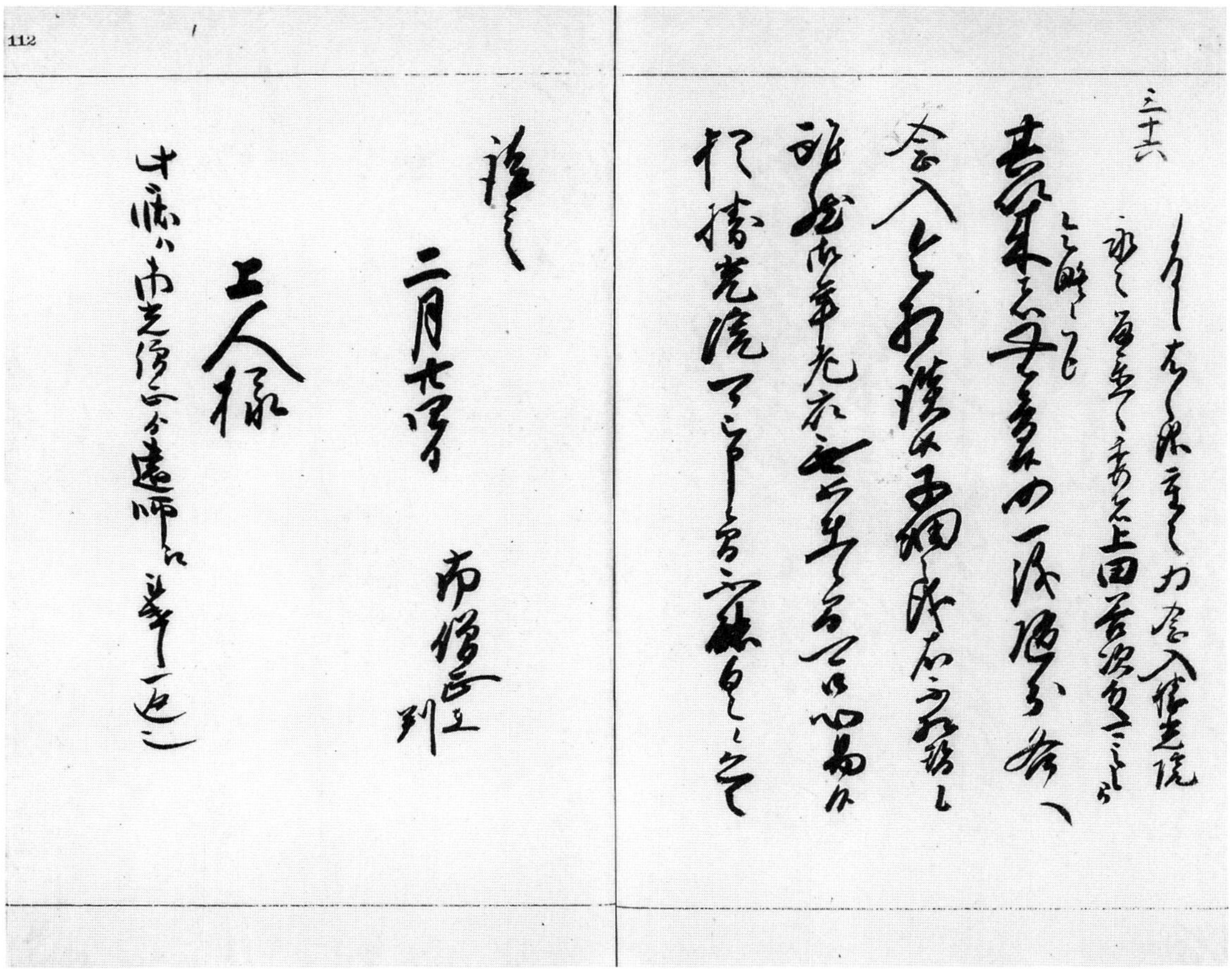

42　南僧正天海書状写

東京大学史料編纂所影写本
身延久遠寺文書

尚々、右之儀、重々為念入勝光院
永々留置候、委者上田善次殿可被申候間、
令略候、以上、
其以来者無音候、仍一儀随分各へ
念入令相談候、子細之儀右不相替候、
雖然御年老衆無如在候間、可御心易候、
猶勝光院可被申候間、不能具候、恐々
謹言、
（元和二年カ）
二月廿四日　　南僧正　在判
（日遠カ）
上人様

○文書註記に「此御状ハ南光僧正ゟ遠師江被遣候返也」とある。
日遠上人の身延山再住は、元和元年（一六一五）七月。

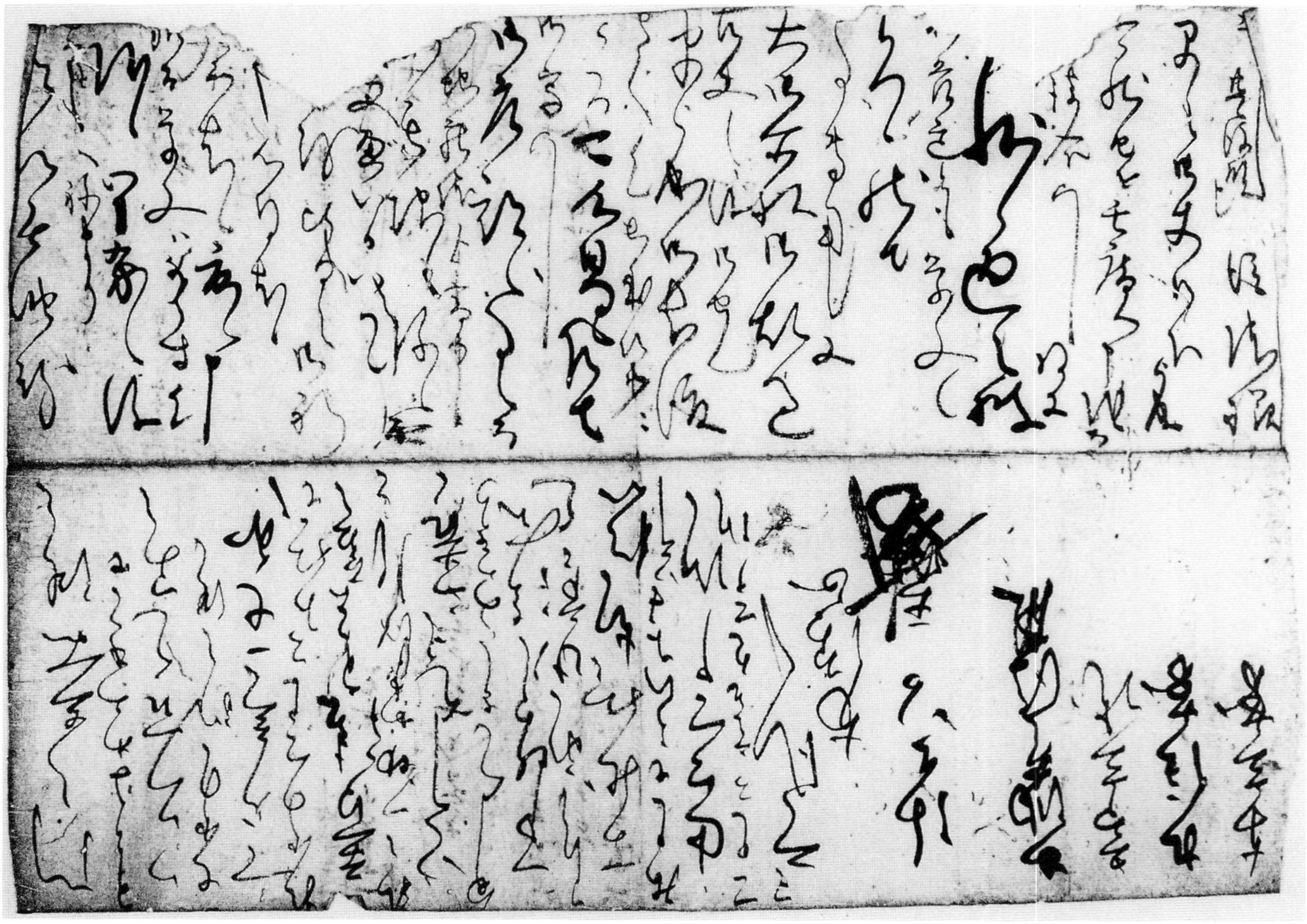

43　南僧正天海書状（折紙）

東京大学史料編纂所影写本
京都妙法院文書

尚ゝ、豊後殿（出納職忠）申候、従院様（後陽成院）
早ゝ御使御下被成、
可然由を其庵へ申越候而、
□（破損）談合候へく候、将又
新発意とも、学文（問）候
事専用（要）候、又
古文之儀御せん（詮）
さく（索）候て、出来次第ニ
御写候へく候、
□（破損）地蔵院ゟ書中
□（破損）又へいかいかゝ
□（破損）心付尤候、
別而学文（問）ハならす候て、
十方へねまり
なとにあろき（悪）候由、
相聞可申候間、左様候者
我ゝ一切かまひ（構）申
ましく候、さた（沙汰）のかきり（限）
にて候、永ゝ此方ニ

居申候者、よひ《呼》下ニもいたし
可申候間、定而具可申越候、
以上、
□《御》状之通令披
見候、然者
大御所様《徳川家康》御煩、過
半被成御本復
候間可心易候、乍去
御老期之事候間、
□《破損》其地へ弥　無
□《油》断、皆〻御祈
念尤候、度々申
越候里房之儀、
猶以無油断
門之在所、能
御見合候て、早
可被立候、其外之
普請なとハ、緩〻と
いたし候ても不苦候、
万皆〻談合
可然様ニ尤候、猶以
追而可申越候、
恐〻謹言、
南僧正

弥生《元和二年》八日　天海（花押）
出納豊後《職忠》殿
常光院
相住房《亮算》
東光房《後海》

○「大御所様御煩、過半被成本復候間」とあるので、元和二年（一六一六）のものであろう。

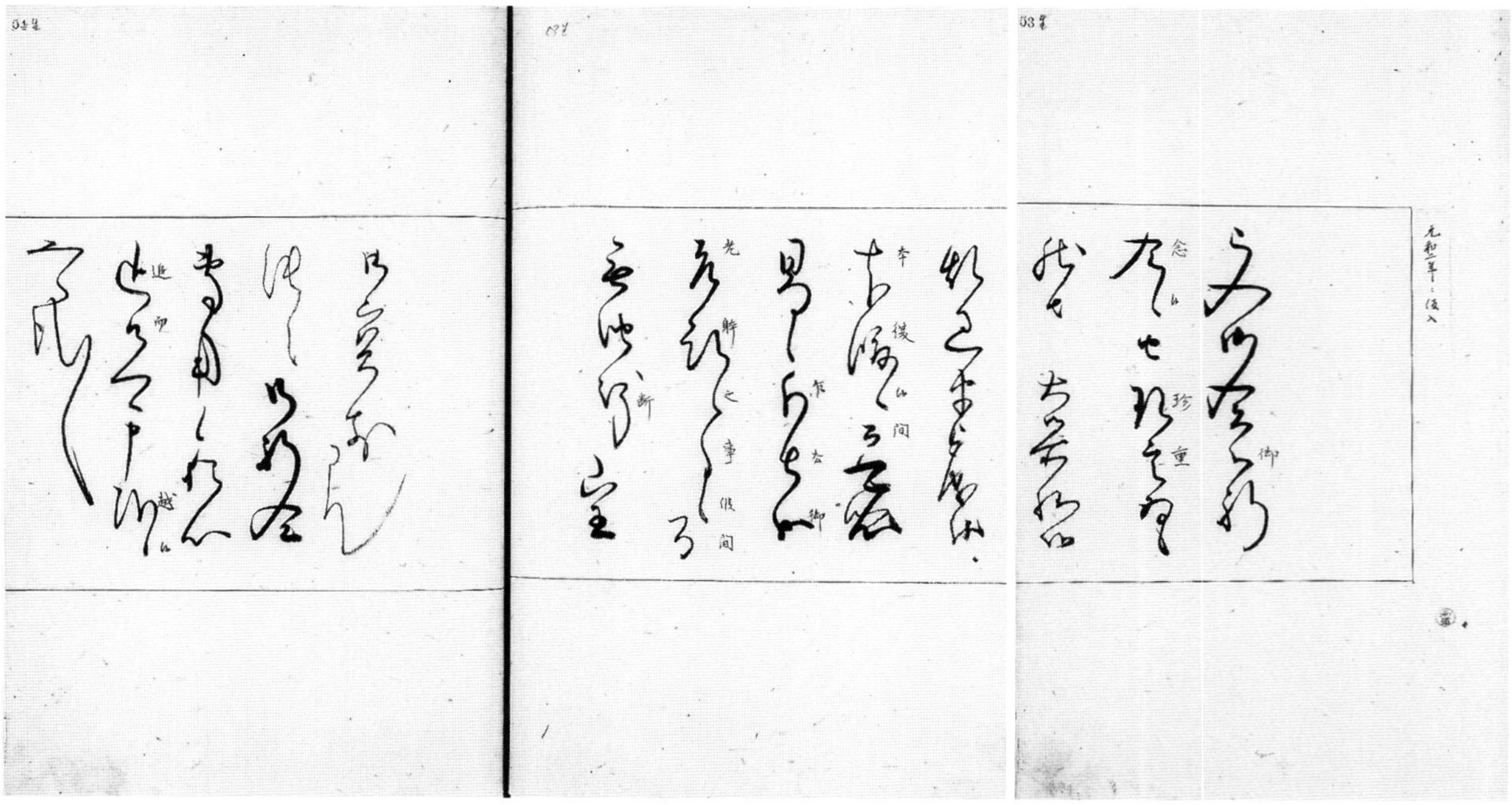

44　南僧正天海書状（元折紙カ）

東京大学史料編纂所影写本
坂本生源寺文書

被入御念御祈
念候由珎（珍）重存候、
然者　大御所様（徳川家康）御
煩過半被成御
本復候間可心
易候、乍去御
老躰之事候間、
無油断山王
御宝前にて、
能ゝ御祈念
専用候、猶以
追而可申越候、
恐ゝ謹言、

南僧正
（元和二年）弥生八日　天海（花押）

社家中
参

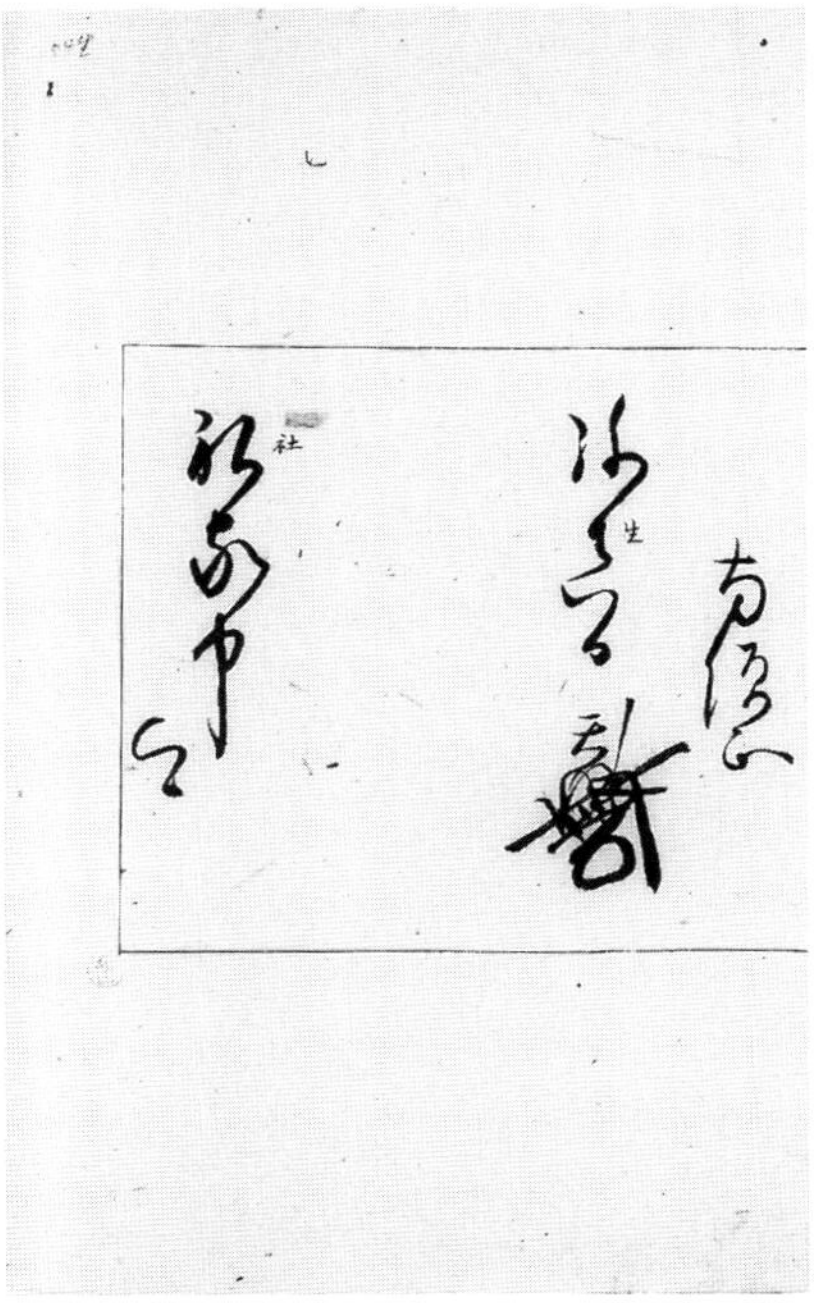

53　第 一 部

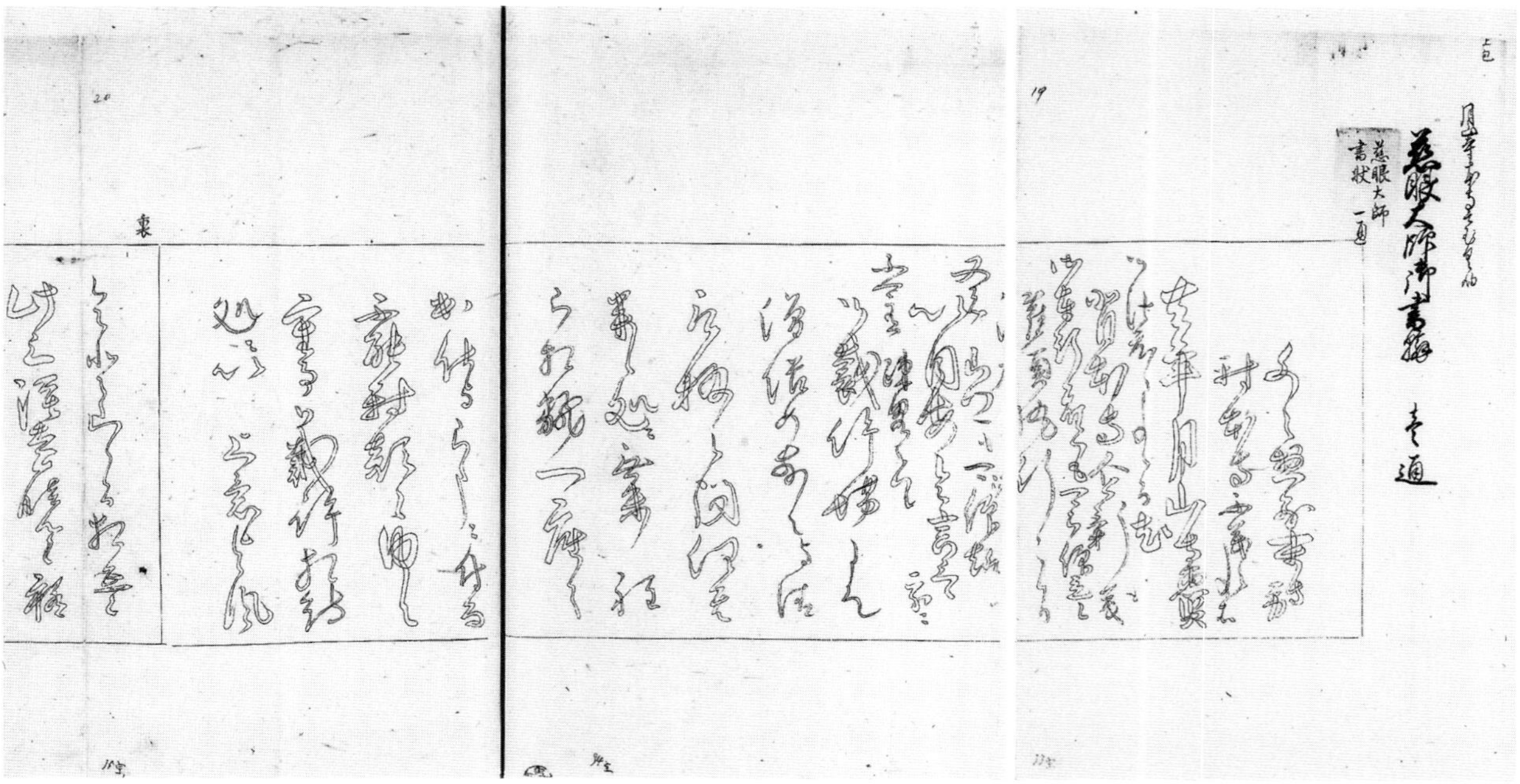

46 天海書状（元折紙カ）

東京大学史料編纂所影写本
長沼宗光寺文書

尚〻、惣別末寺方
対本寺不義之事者、
御法度之事候間、尤
御奉行衆へも可被仰立候、
又者山門へも可仰越□（候）、
不可有疎畧（略）候、以上、

去年月山寺恵賢、
背本寺企新義
灌頂執行之間、
以目安令言上候処ニ、
御裁許場ニて、
僧俗如前と与御
取扱候間、任其
義（儀）候処ニ、無幾程
被相黐、一座之
出仕与被申ニ付而、
不能対顔候、内〻
重而御裁許相待
処ニ、以　上意与風
令登山候間相延候、

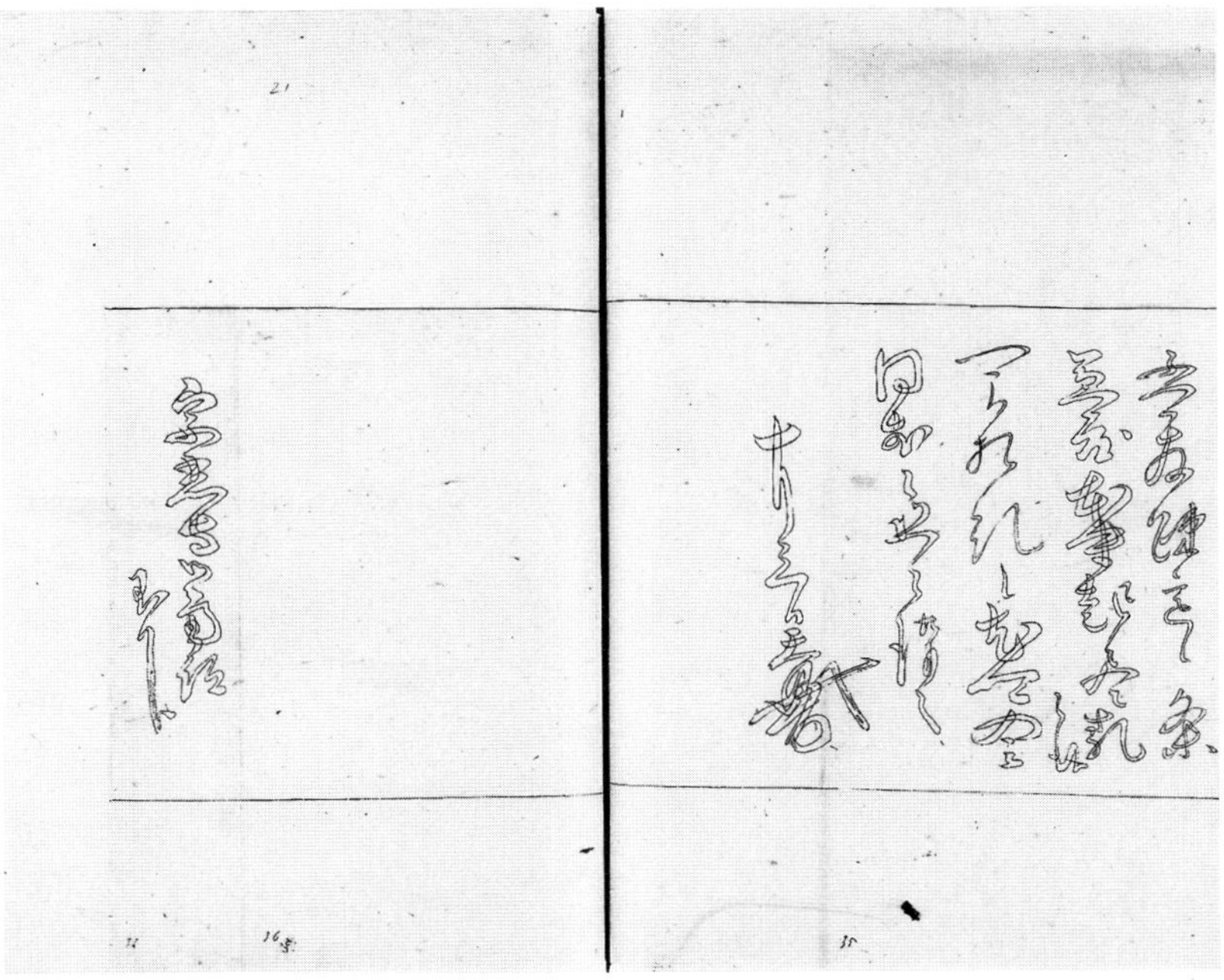

此上雖遠境候、聊（聊）
不可存疎意候条、
急度本末起尽乱之儀、
可被相糺候、尤可令
同前候、恐ゝ謹言、
（元和二年以前）
十月三日　天（花押）

宗光寺御当住
玉下

○恵賢の忌日は、元和二年（一六一六）十一月十八日。

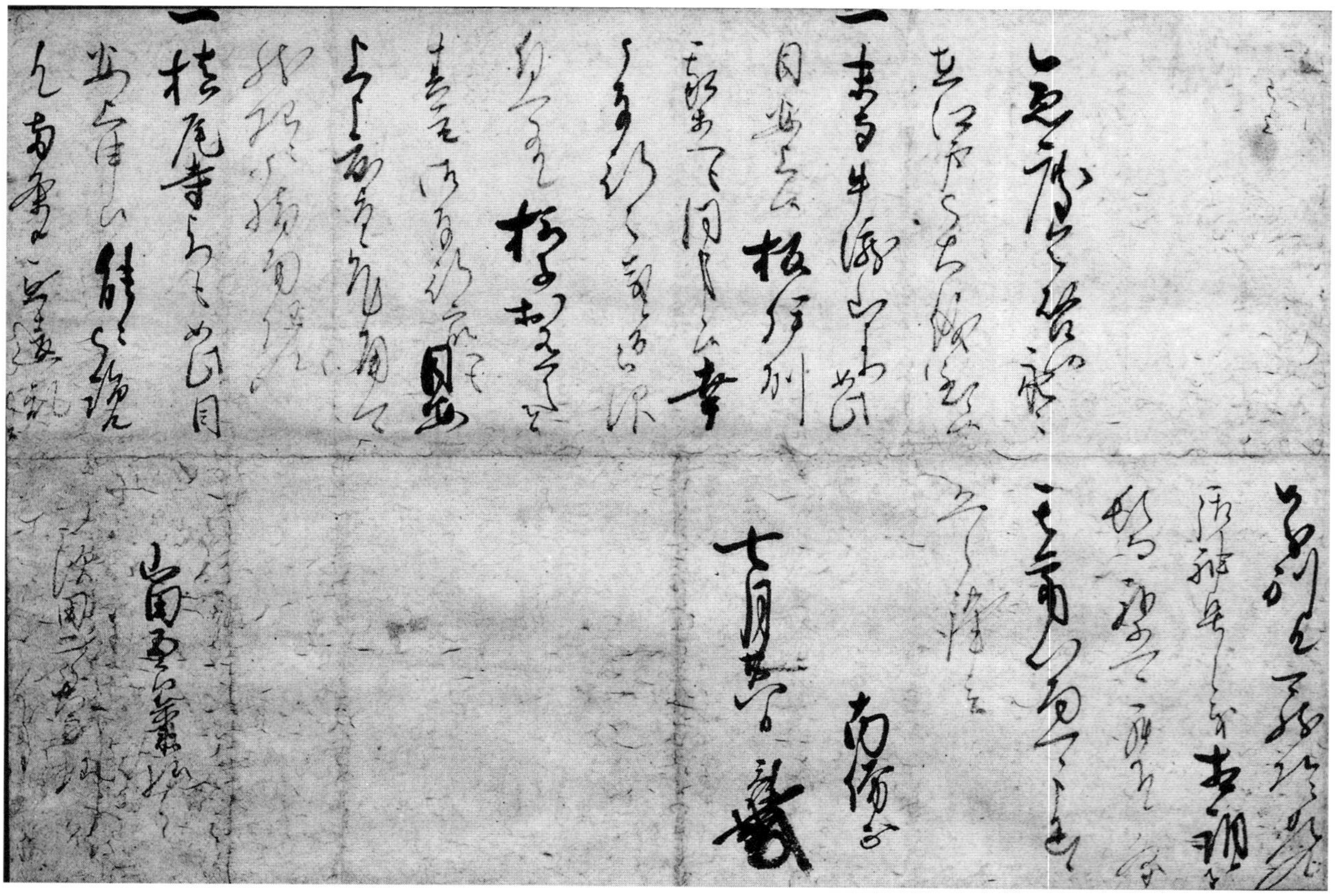

47　南僧正天海書状（折紙）

上野現龍院文書

已上

急度令啓候、永と

在江戸御大儀至ニ候、

一、末寺牛瀧山より如此

目安上候、板伊州（京都所司代・板倉勝重）

我ホ（等）へも同事ニ候、幸

御奉行之義（儀）候間、被仰

付可給候、様子於有之者、

其元御奉行衆へも目安

上申度旨候、兎角可

然様ニ御指南任入候、

一、槙尾寺よりも如此目

安上申候、能と御覧

候て、両条共無遠（違）乱□（様カ）、

御分別候て可然様ニ頼入候、

御神号之義（儀）相調候者、

頓而我ホ（等）可罷下候条、

其節以面可申述候、

恐と謹言、

南僧正

（元和二年）七月廿八日　天海（花押）

山田五郎兵衛様

須田二郎太郎様

○「御神号之義（儀）相調候者」とあるので、元和二年（一六一六）。

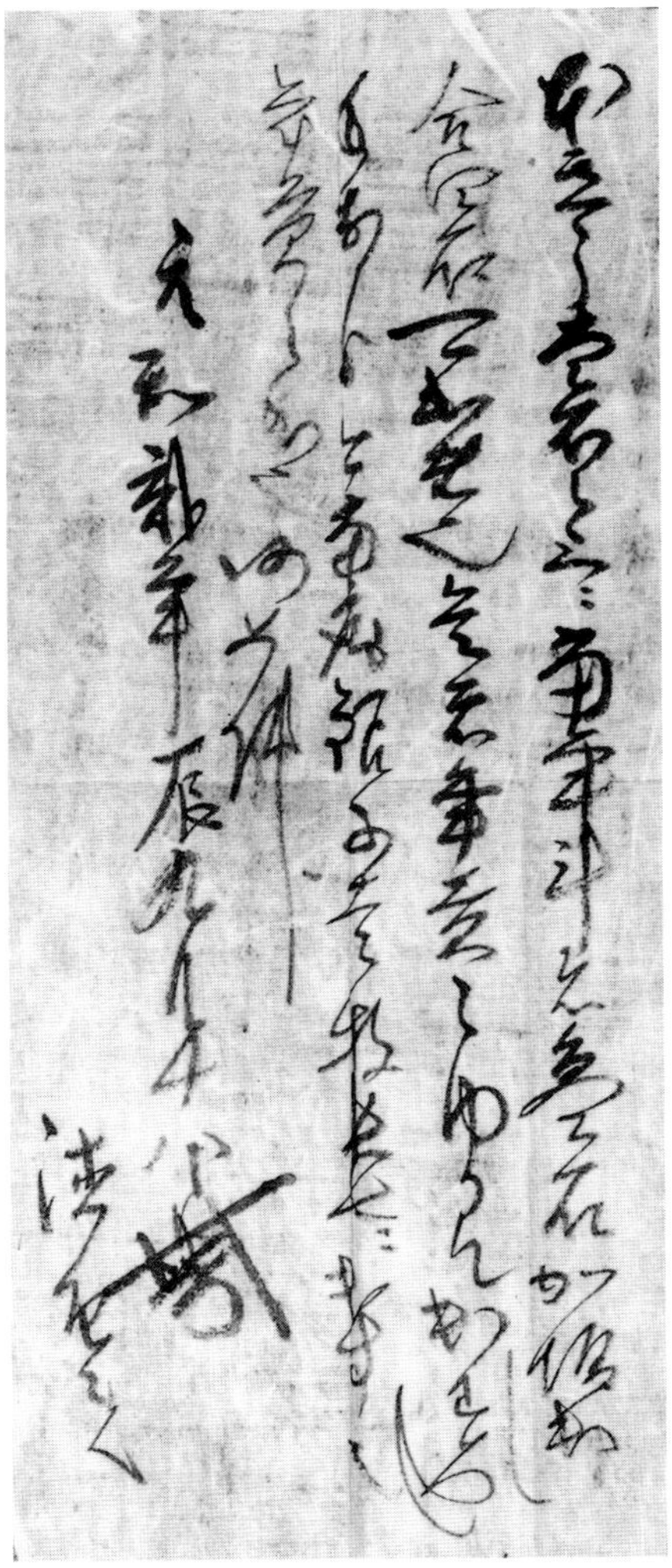

48　天海年貢加増証文

大正大学図書館文書

本きう（給）壱石之上ニ、当年計者参石加増出し、
合四石可出者也、是者年貢之内にて出す也、
手前ゟ今当座銀子壱枚長七ニ出す也、
年貢之外也、仍如件、

元和弐年辰九月十八日　（天海）（花押）

徳雲へ

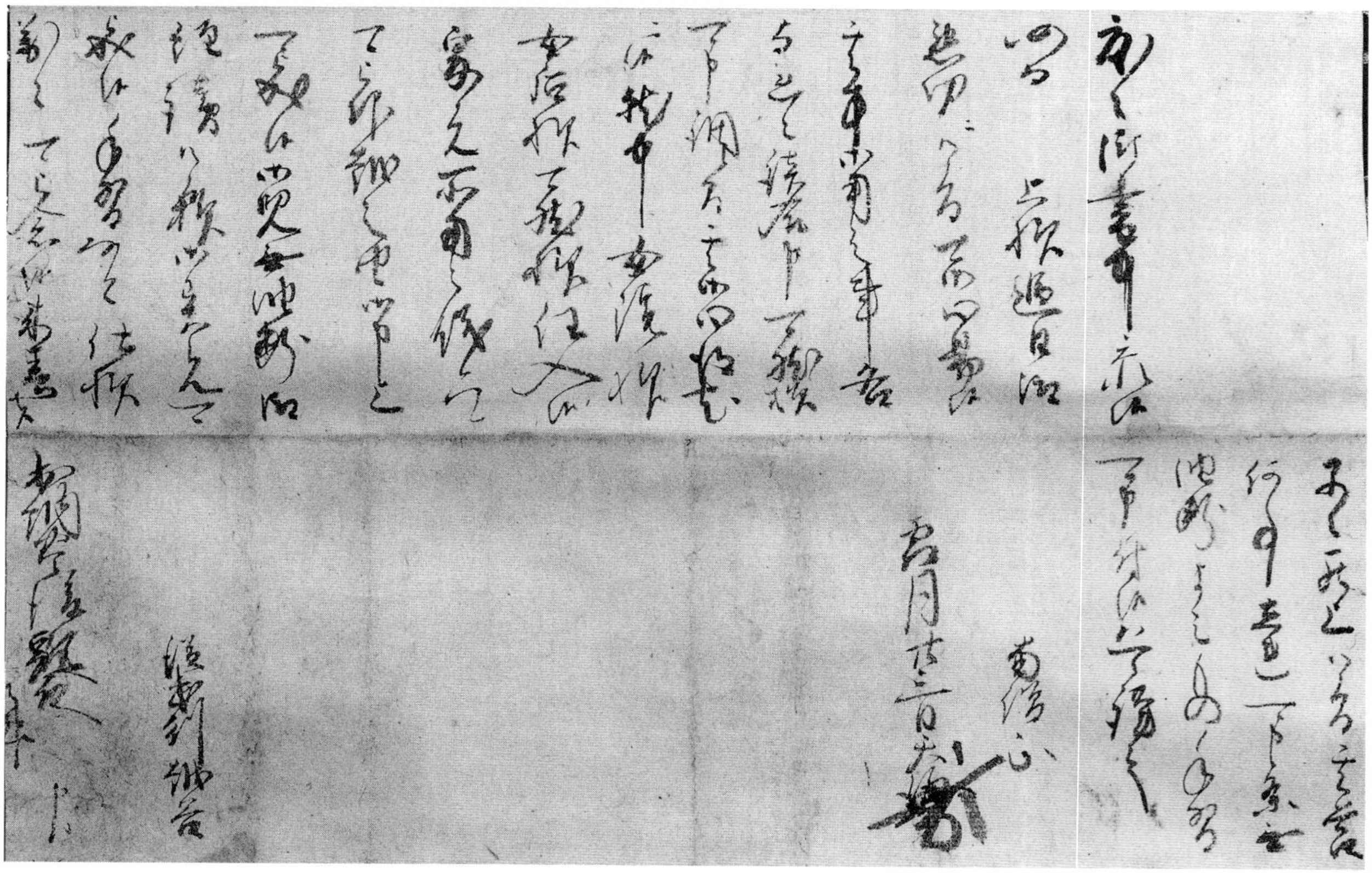

50　南僧正天海書状（折紙）

上野現龍院文書

度ヽ御書中忝候、
仍而　上様（徳川秀忠）追日御
懇切ニ候間可御心易候、
其方御用之事、各
与色ヽ談合申、可然様
可申調候間、其御心得尤
ニ候、就中女院様（新上東門院）・
女后様（近衛前久女・前子）可然様任入候、
爰元所用之儀候ハヽ、
可被仰越之由、御申上
可被成候、御児（堯然親王）無油断御
経読候様、御吴（異）見可
被成候、手習なと仕様、
万ヽ可被念候、来春者
早ヽ罷上候間、其節
何事しれ（知）可申候条、無
油断よミ（読）もの（物）・手習
可申付候、恐ヽ謹言、
南僧正
（元和二年）霜月廿三日　天海（花押）
従武州越谷
出納豊後頭（職忠）殿　　ゟ
御几下

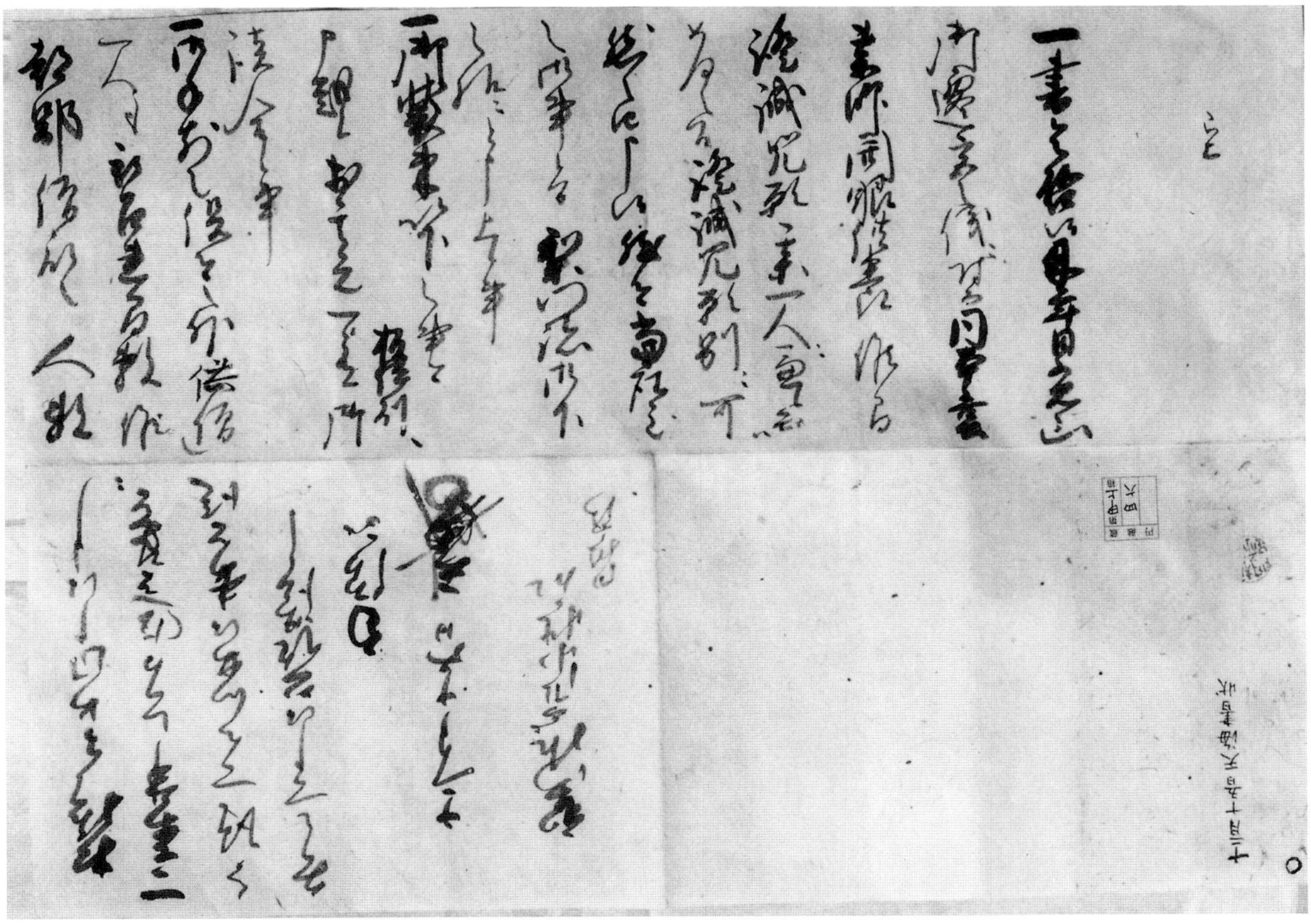

51　南僧正天海書状（折紙）

京都三千院文書

巳上

一書令啓候、来年日光山
御遷宮之儀ニ付而、同本堂
薬師開眼供養候間、
証誠・呪願某一人ニ兼候而ハ、
如何之間、証誠・呪願別ニ可
然之由申候、然者当座主(最胤)
之御事候間、梨門跡御下
候様ニと申上候事、
一、御装束以下之事者、板伊州(京都所司代・板倉勝重)へ
申越候、於其元可有御
談合候事、
一、御手前之役者之外、供僧之
一人も被召連間敷候、
都鄙僧衆之人数
相極候間、如此申候事、
一、某事今日迄者、達者ニ
御座候、可御心安候、委者従
各〻可申候、恐惶謹言、

南僧正

(元和二年)十二月十五日　天（花押）

梨門様(最胤親王)(三千院門跡)ニ而御小性(姓)衆

御披露

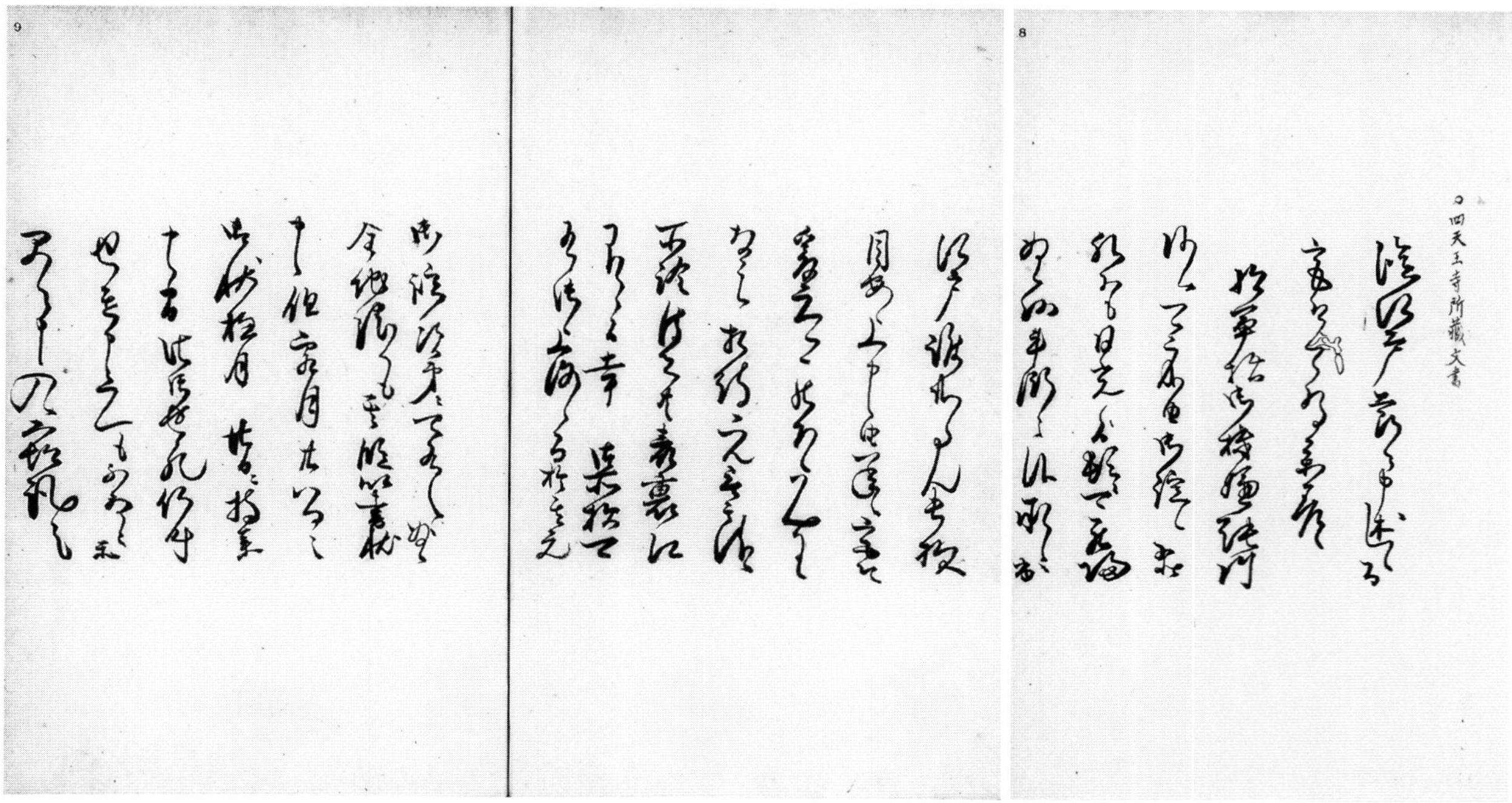

52　南僧正天海書状（元折紙カ）

東京大学史料編纂所影写本
「長沢氏採集文書」大阪四天王寺文書

従江戸節〻申述候間、
定而可為参着候、
将軍様（徳川秀忠）御機嫌能、川
越へ可被成由御諚候、□
我ホ（等）も日光ゟ頓て可罷帰
□承候、於
江戸誰哉らん、貴様
目安上申候由承候、定而
爰元へ罷下候ハんかと
存候て、相待候へ共、無其儀候、
所詮彼者共表裏仁
にて候間、幸　御所様可
有御上洛候間、於其元
御諚次第ニ可有之候、必〻
金地院（崇伝）へも其段以書状
申候、但、霜月廿八日之
御状、極月廿日ニ持参
申候間、此御返礼何時
返進申上候も不存候故、
早〻申入候、恐惶謹言、

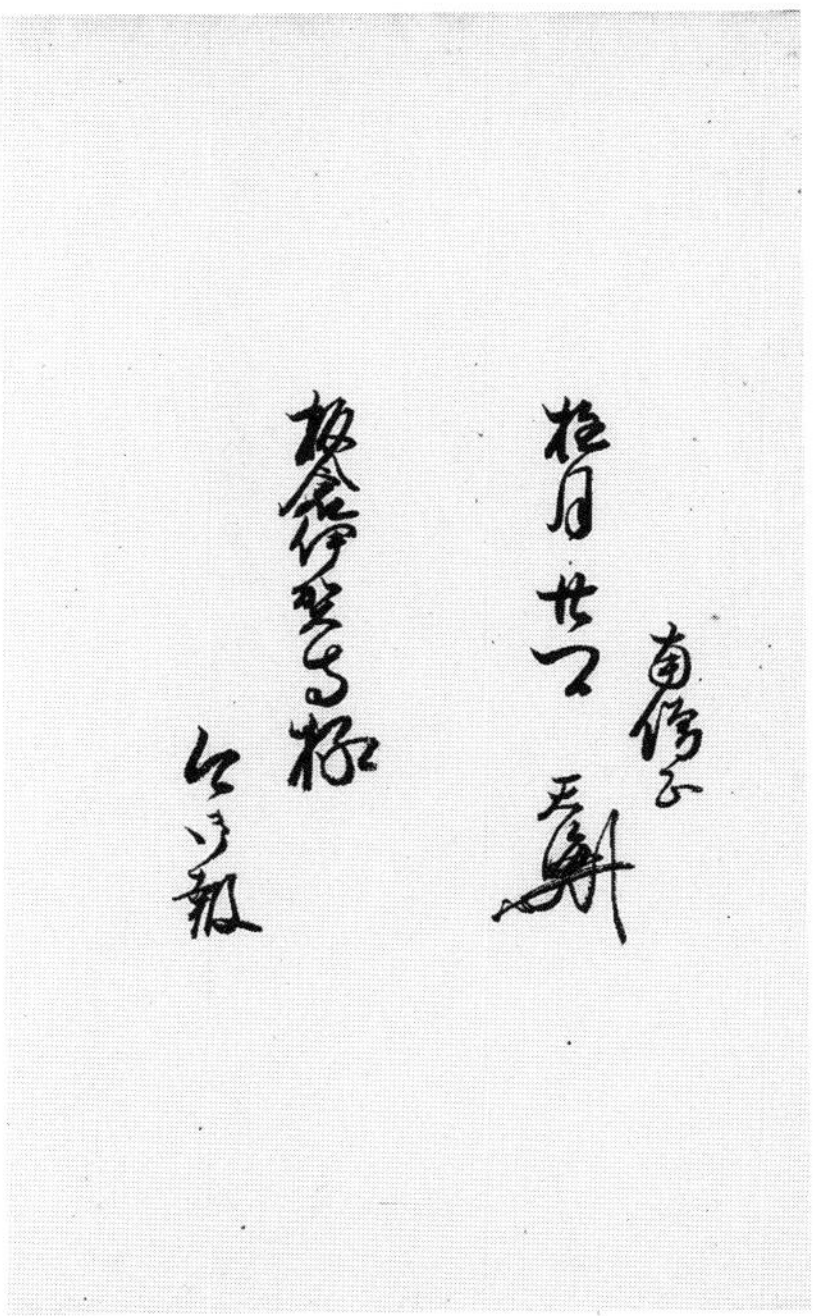

南僧正

（元和二年カ）極月廿一日　　天海（花押）

（京都所司代・勝重）板倉伊賀守様

人と御報

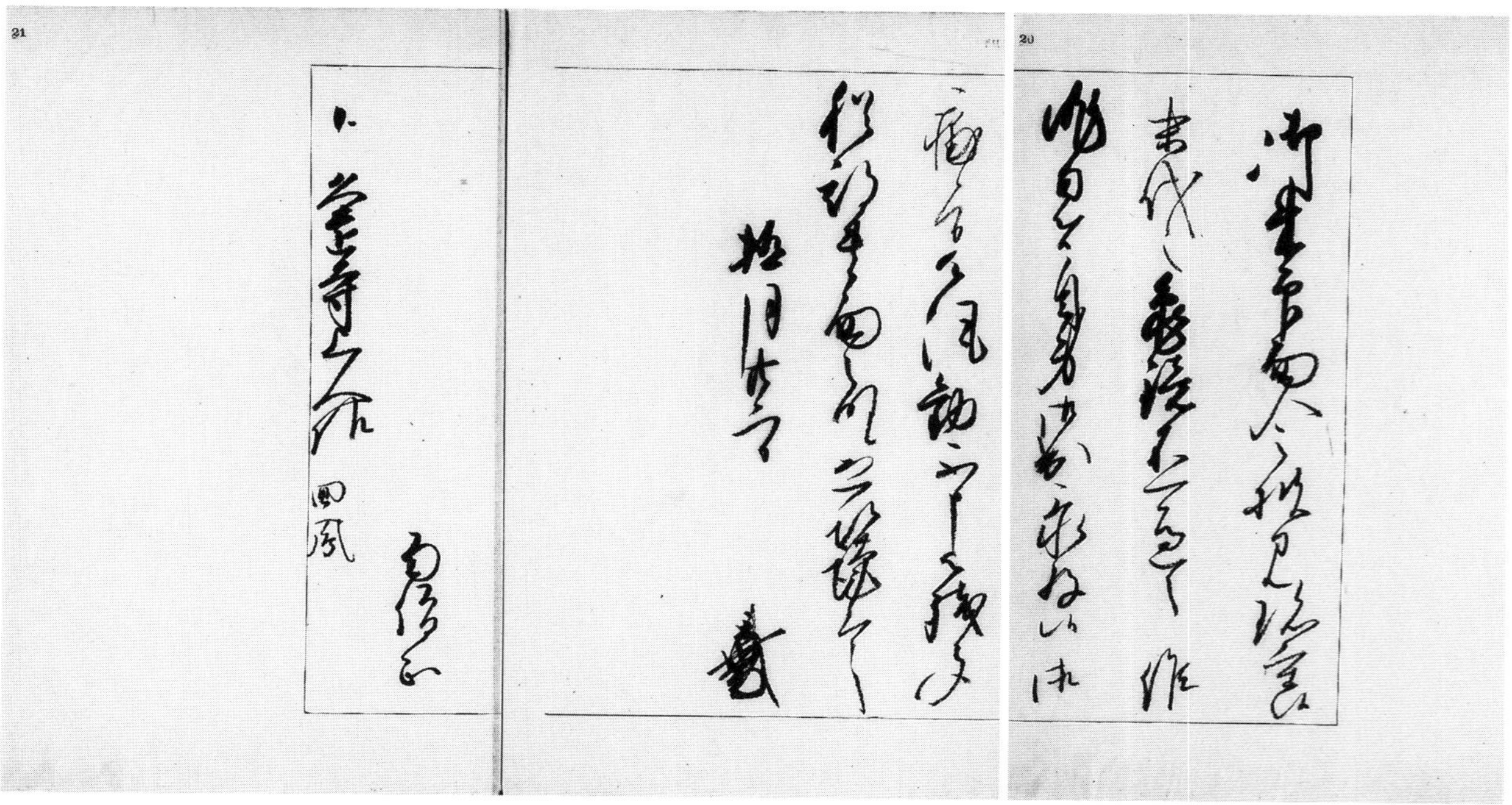

53　南僧正天海書状

東京大学史料編纂所影写本
身延久遠寺文書

御朱印面令披見珎(珍)重候、
末代之亀鏡不可過之候、
昨日者自身御出忝存候、御
痛候間、御風(諷経カ)勤不申御残多候、
猶期貴面之時候、恐惶謹言、
(元和元、二年カ)極月廿二日　天（花押）

南僧正

〆　久遠寺上人様

回鳳

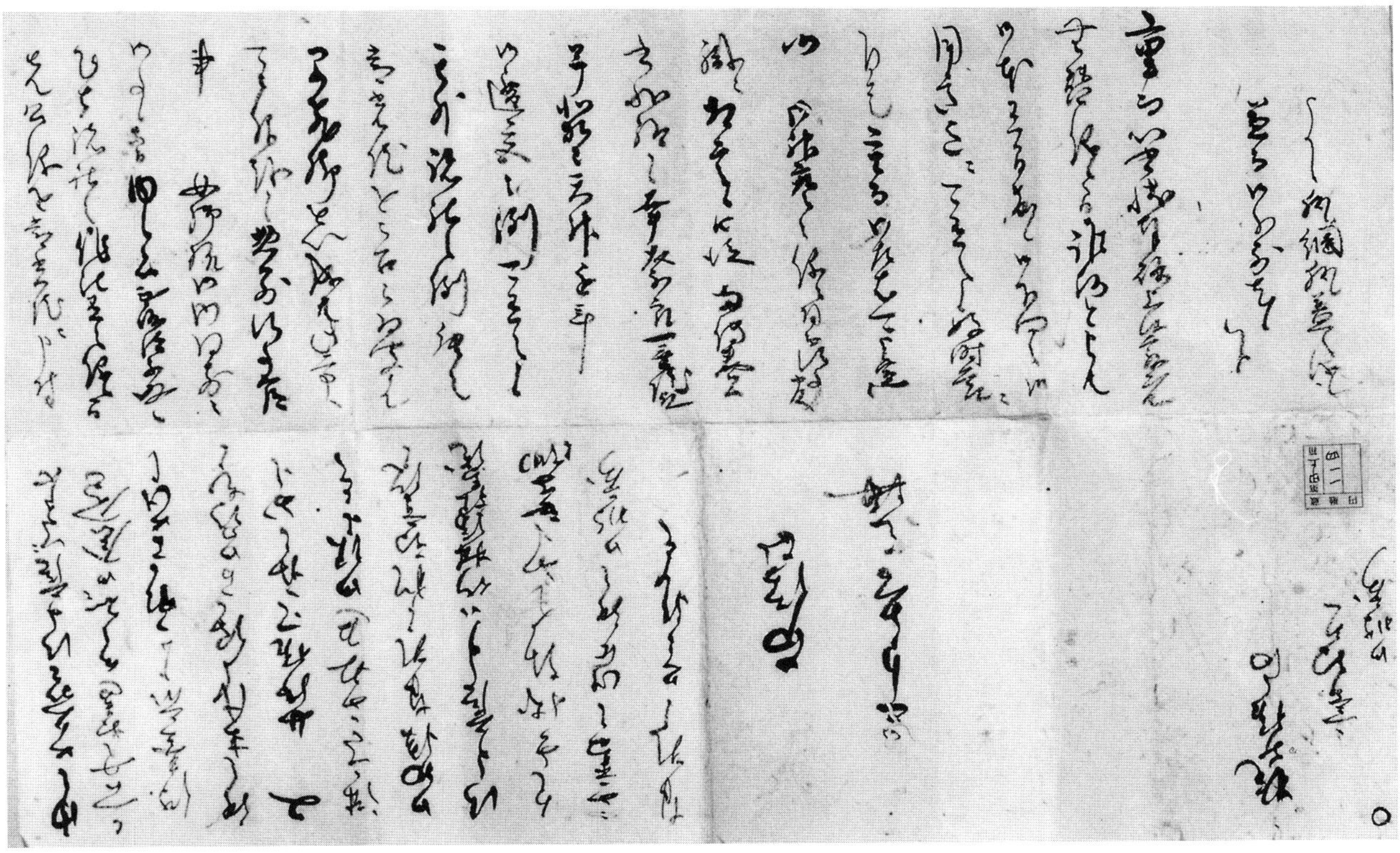

54 南僧正天海書状写（折紙）

京都三千院文書

尚〻、執綱・執蓋之儀も、
兼而御分別尤候、以上、
重而以書状奉啓上候、爰元
無替儀候間、誰何と申候共、
御本有間敷候、御下向之御
用意迄ニ可有之候、好時節ニ
自是重而御左右可申宣候、
仍 御神宝之儀ニ付而、行事官
職ニ相定候由、従（広橋兼勝・三条西実条）両伝奏
書状給候、幸奈良一乗院殿（尊勢）
幷北野天神、近年
御遷宮之例可有之候、
其外諸社之例、能〻
常光院を被召、被為聞候て、
早飛脚を以成共、此方へ
可被仰越候、惣別行事官
事 女御様（近衛前久女・前子）御内同前之
御事候間、内〻者無沙汰不存候、
乍去諸社之作法有之儀候間、
先公儀を常光院ニ申付而、
内〻如久野行事官ニいたさせ

候へハ、無相遠(違)候之処ニ、御念入過
伝奏衆申候、承候間如此申候、
能と末代之儀候間、御尋尤候、
又　女御様へも我と少も
疎意不存通、御次も候ハゝ、
御物語奉頼候、猶期重説候、
行事官事ハ竹林坊(賢盛)・観音院(忠尊)
具書状越候而、少も無子細候、
不審候、此由能と御披露
奉頼候、恐と謹言、

南僧正

(元和三年)三月五日　天海

(最胤親王)梶井様之内(三千院門跡)
宰相殿
御披露

○日光東照宮の遷宮は、元和三年（一六一七）三月。

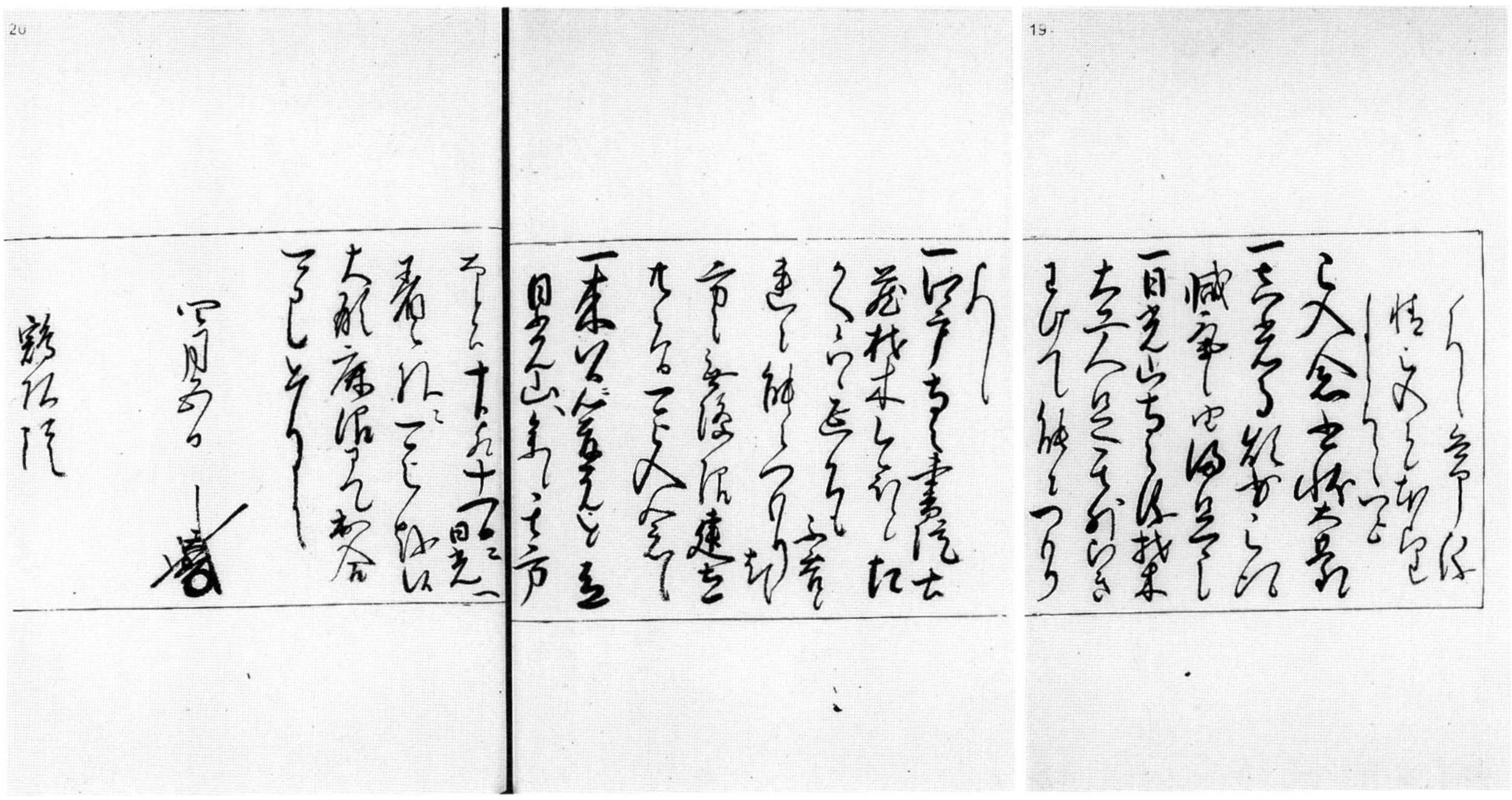

55　天海書状（元折紙カ）

東京大学史料編纂所影写本
「古文書纂」八

尚々、兵ア（部）儀
情（精）被入候て本望
事にて候、以上、
被入念書状大慶候、
一、真光寺煩少被得
減気候由、満足申候、
一、日光山寺之儀、材木・
大工・人足、其外ひき（引）
わけ（分）て、能々つもり（積）
候へく候、
一、江戸寺之書院・土
蔵材木、今ほと（程）た
かへ（違）候ハヽ、延候ても不苦候、
連々能々つもり尤候、
方々無際限建立
共候間、可被入念候、
一、来八日ニ爰元を立、
日光山へ参候、其方
なとハ十日欤（歟）、十一日ニ日光へ
着候様ニ可被越候、
大形鹿沼にて出合
可申候、恐々謹言、
（元和三年カ）四月五日　天（花押）
（山海）鶏頭院

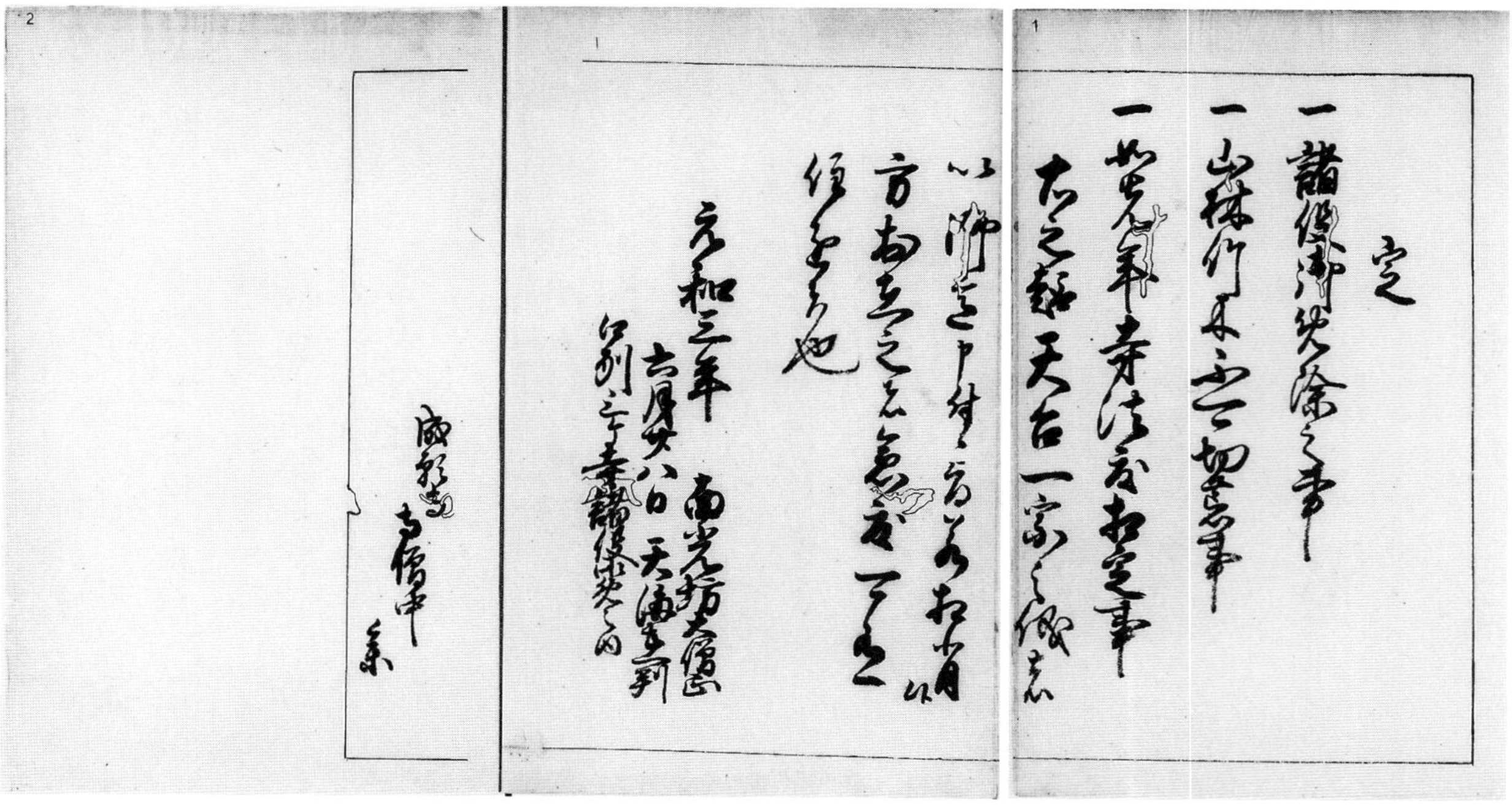

56　南光坊大僧正天海成願寺寺内法度写

東京大学史料編纂所影写本
安土観音正寺文書

定

一、諸役御免除之事、
一、山林竹木不可切荒事、
一、如先年寺法度相定事、
右之趣、天台一宗之儀者、
以御意申付候旨、若相背候
方於在之者、急度可有
注進者也、
元和三年　　南光坊大僧正
六月廿八日　　天海在判
江州三ヶ寺諸役御免之内
成願寺
寺僧中
参

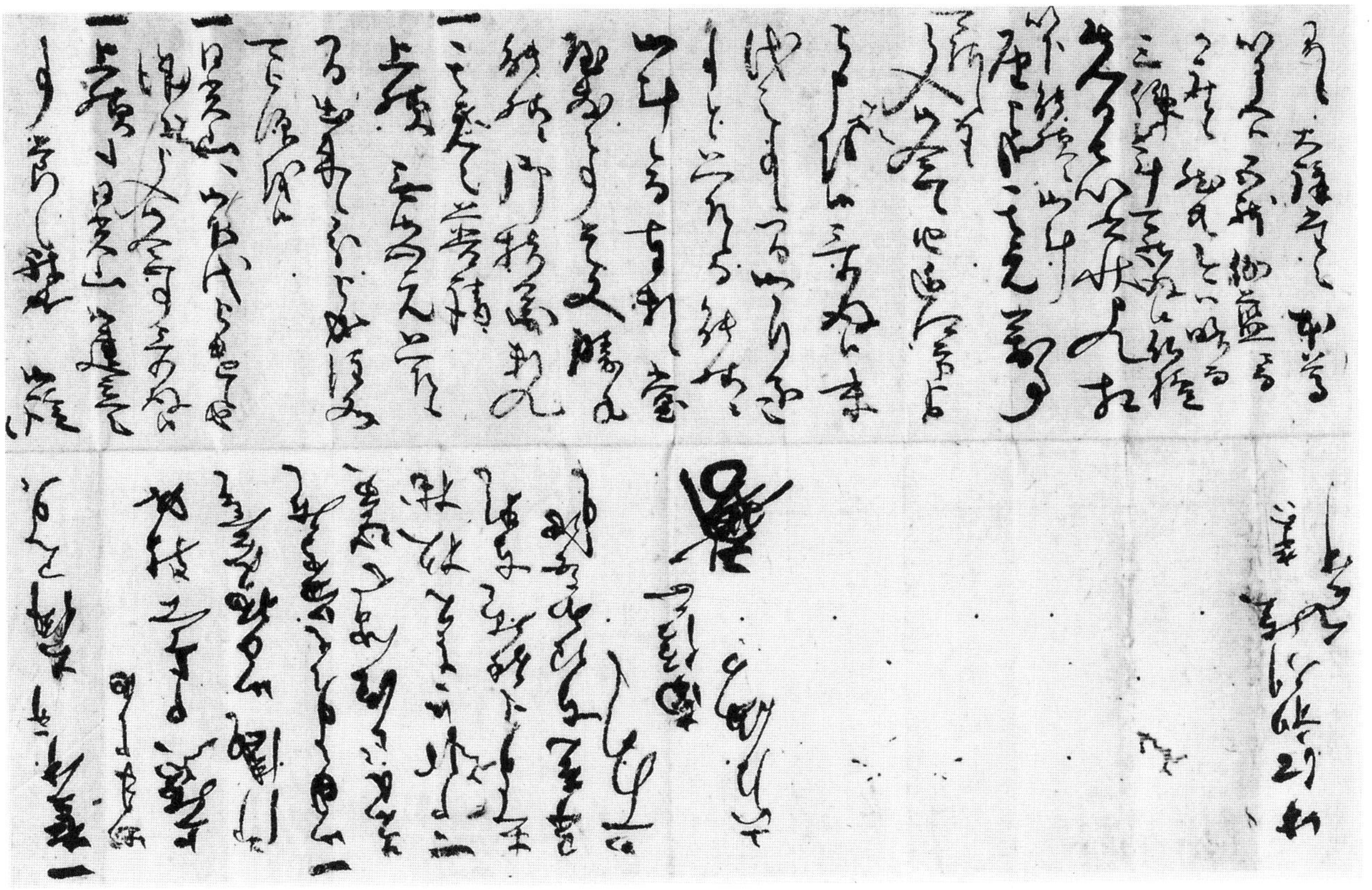

57　南僧正天海書状（折紙）

大工頭中井家文書

尚ゝ、大講堂（比叡山）之本尊、
いにしへ（古）ハ五躰伽藍ニ而
御座候、然共今ハ略而
三仏計可然存候、仏檀（壇）
以下能様ニ御計
可給候、以上、

先日者以書状申入候、相
届申候哉、其元万事
被入御念候由、近江（棟梁・鈴木長以）方ゟ
被申越候、忝存候、末
代之事候間、御自分之
事と思召候而、能様ニ
御計候而奉頼候、堂
屋敷之事、是又勝手
能様ニ御指図頼入候、

一、其元之普請、
上様（徳川秀忠）無御心元思召候
間、出来候分被成注文、
可被仰越候、

一、日光山へ御下代被遣候由、
誠ニ被入御念事忝存候、

一、上様（徳川秀忠）も日光山御建立之
事、節ゝ被成　御諚候、
一、禁中幷大仏見事ニ
出来申候由、
上様へ申上候へハ、被成
御感候、御手柄名誉ニ候、
一、御用之事候者、留守居之
者共ニ被仰聞候者、此方へ
可申越候、其元杉植
直候事も能様ニ奉頼候、
早（畢）竟奉任外無他事候、
恐惶謹言、
南僧正
六月晦日（元和三年カ）　天（花押）
中江（井）和州様（大工頭・中井大和守正清）
人ゝ御中

○中井大和守正清の忌日は、元和五年（一六一九）正月二十一日。

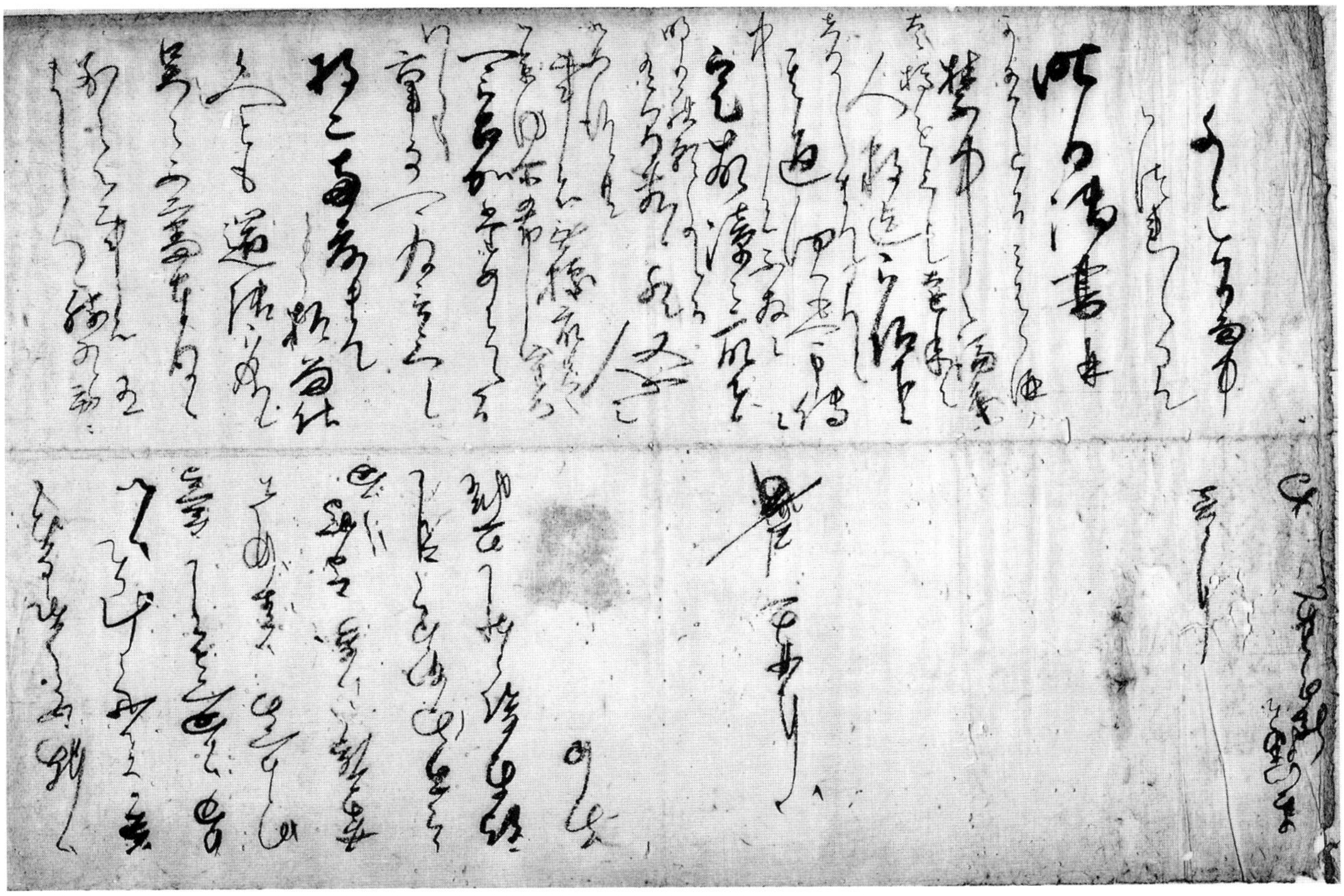

58　天海書状（折紙）

東京大学史料編纂所文書

尚〻、今日雨中
御つれ〳〵（徒然）にて
可有之候間、ミはら（三原）酒
壱樽進上申候、遠来之
しるし（験）までにて候、
中者不存候、
明日御結願事候間、
御大儀候共、
御参内所希候、
以上、

昨日御書并
禁中之論義、
人数迄被仰下候、
其通何へも可申伝候、
定故障之衆者
有間敷候欤（歟）、又一人之
事者無拠衆候ハヽ、重而
可被召加ためにて候間、
重而可為言上候、
将亦両度まで抑留仕
候へとも還御被成候、

呉〻不審奉存候、
別之御事者有
ましく候、勝九郎方ニ
御暇無之故と存候、
兼こ（請）はせられ候て、御心
易御留可有之候、定而
明日可為　御参内候間、
草庵へ被寄　高駕、御留
候ハヽ、可為本望候、事〻
期拝顔之時候、恐惶
敬白、
（元和三年カ）八月廿五日　天（花押）

自京

（尊純親王）青門様にて　南

勝九郎殿

御中

○元和三年（一六一七）十月十二日及び十五日、禁中にて天台宗の論義あり。

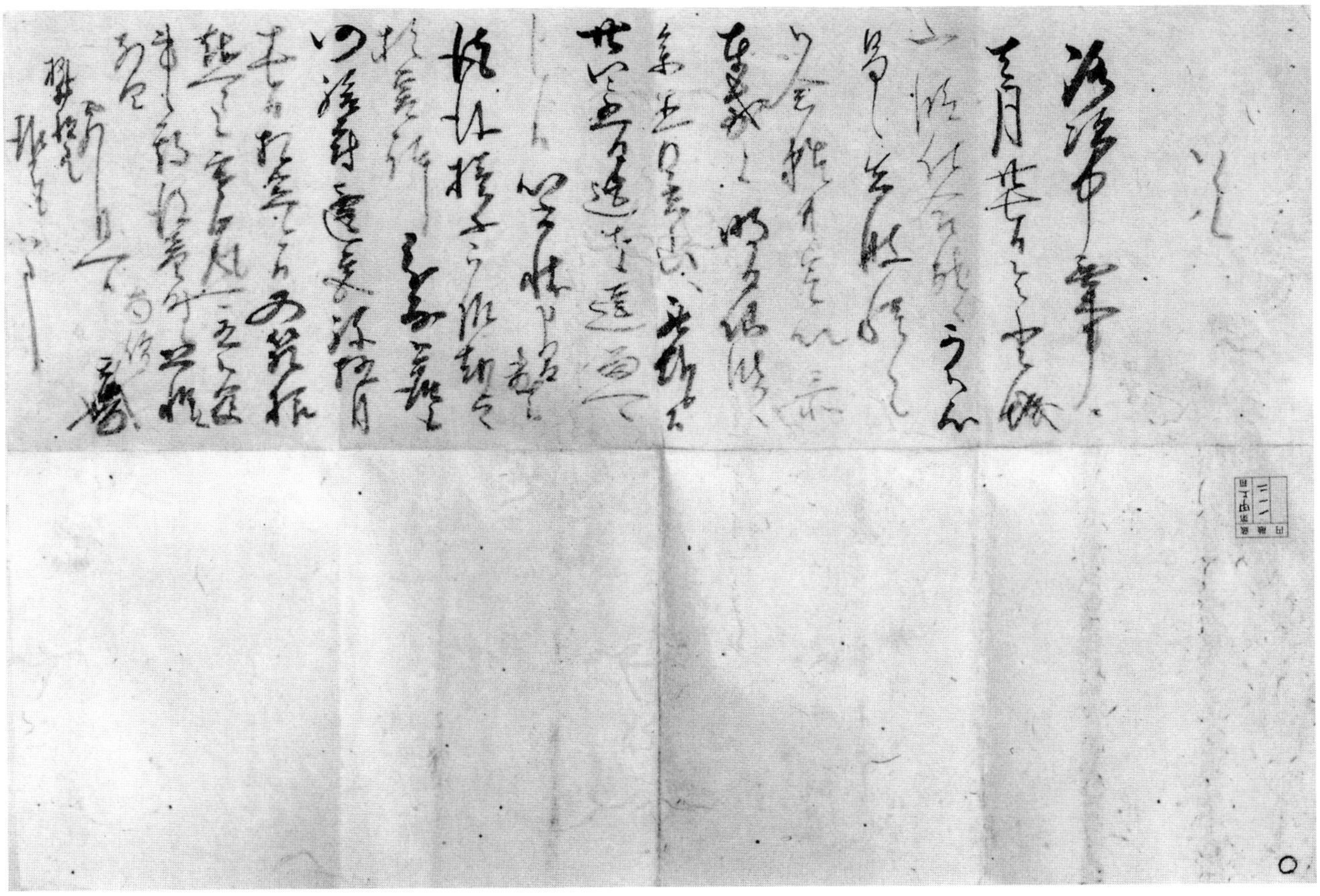

60 南僧天海書状（折紙）

京都三千院文書

以上

路次中無事ニ、
去月廿七日令登城、
一段仕合能候、可御心
易候、先般種と
御念精共、寔以忝
奉感候、明日仙波へ
参、直日光山へ罷越候而、
廿四、五日迄者逗留可
申候間、以書状申間敷候、
彼儀様子被仰越候ハヽ、
於爰許分別御座候、
仍駿府遷宮、弥極月
十七日相定候間、又箱根
越可申候、寒嵐可有御察
事候、期後音時候、恐惶
敬白、

南僧
（元和三年）霜月一日　天（花押）
（最胤親王）梶井様ニて
（三千院門跡）誰にても御申

○駿府久能東照宮の遷宮は、元和三年（一六一七）十二月。

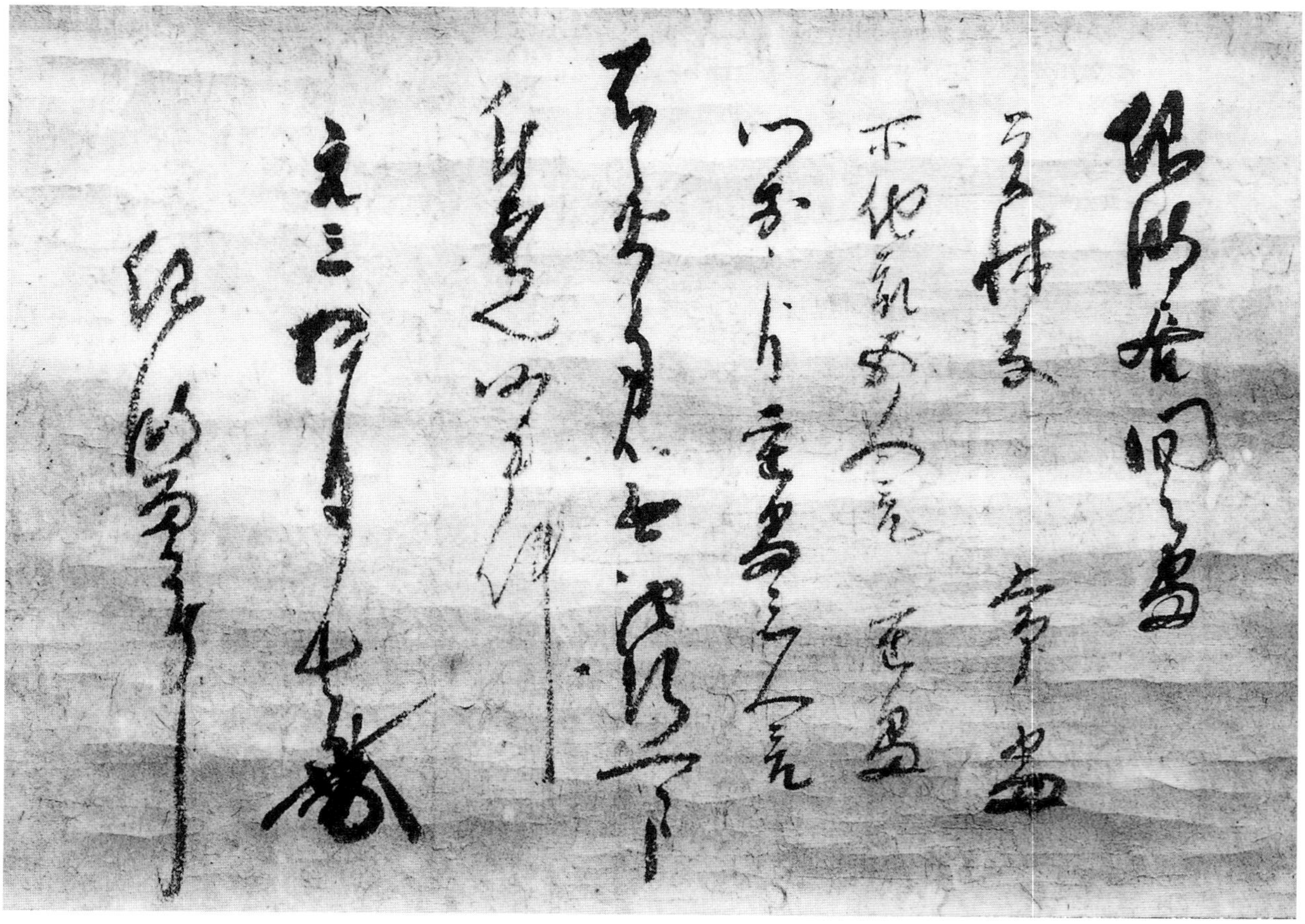

62　天海喜多院証状

川越喜多院文書

仙波居間之番
覚林房　　　常番
所化衆五人充　　重番
門前より重番三人充
右之火之用心無油断可申
付者也、仍如件、
元三極月七日　（花押《（天海）》）
　仙波留主中

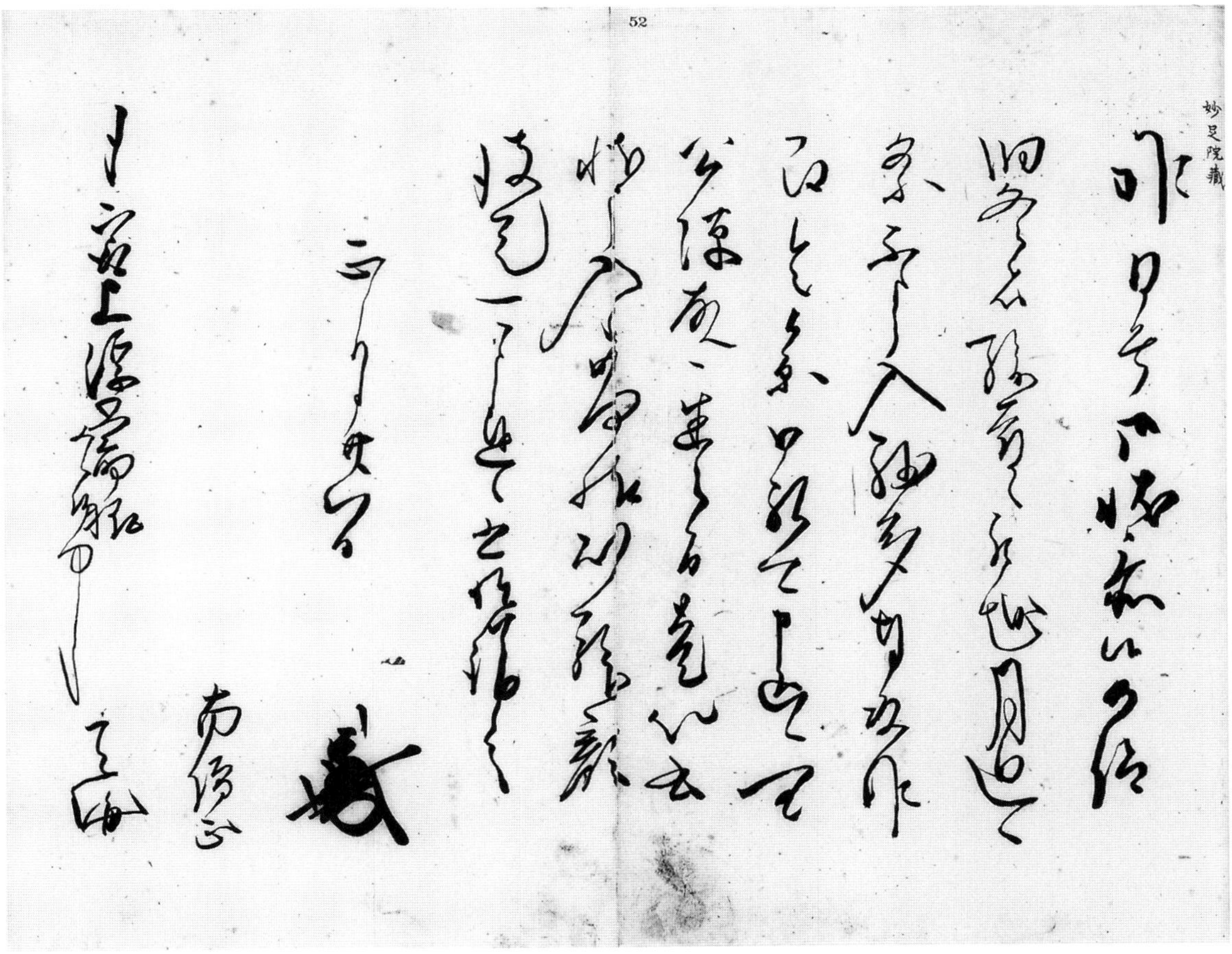

63　南僧正天海書状

東京大学史料編纂所影写本
『武州文書』小日向妙足院文書

昨日者御状忝候、如仰
旧冬者駿府へ罷越、月迫候
条不申入、残多奉存候、
即令参御礼可申込（述カ）候へ共、
公隙故、遅ゝ候間、寔以書
状申入候、如何様以拝顔、
彼是可申達候、恐惶謹言、
（元和四年）正月廿八日　天（花押）

南僧正
天海

〆　最上源五郎（義俊）様
人ゝ御中

○最上義俊、元和三年（一六一七）五月所領を継承、元和八年八月所領替。天海、元和三年極月、駿府遷宮に出かける。

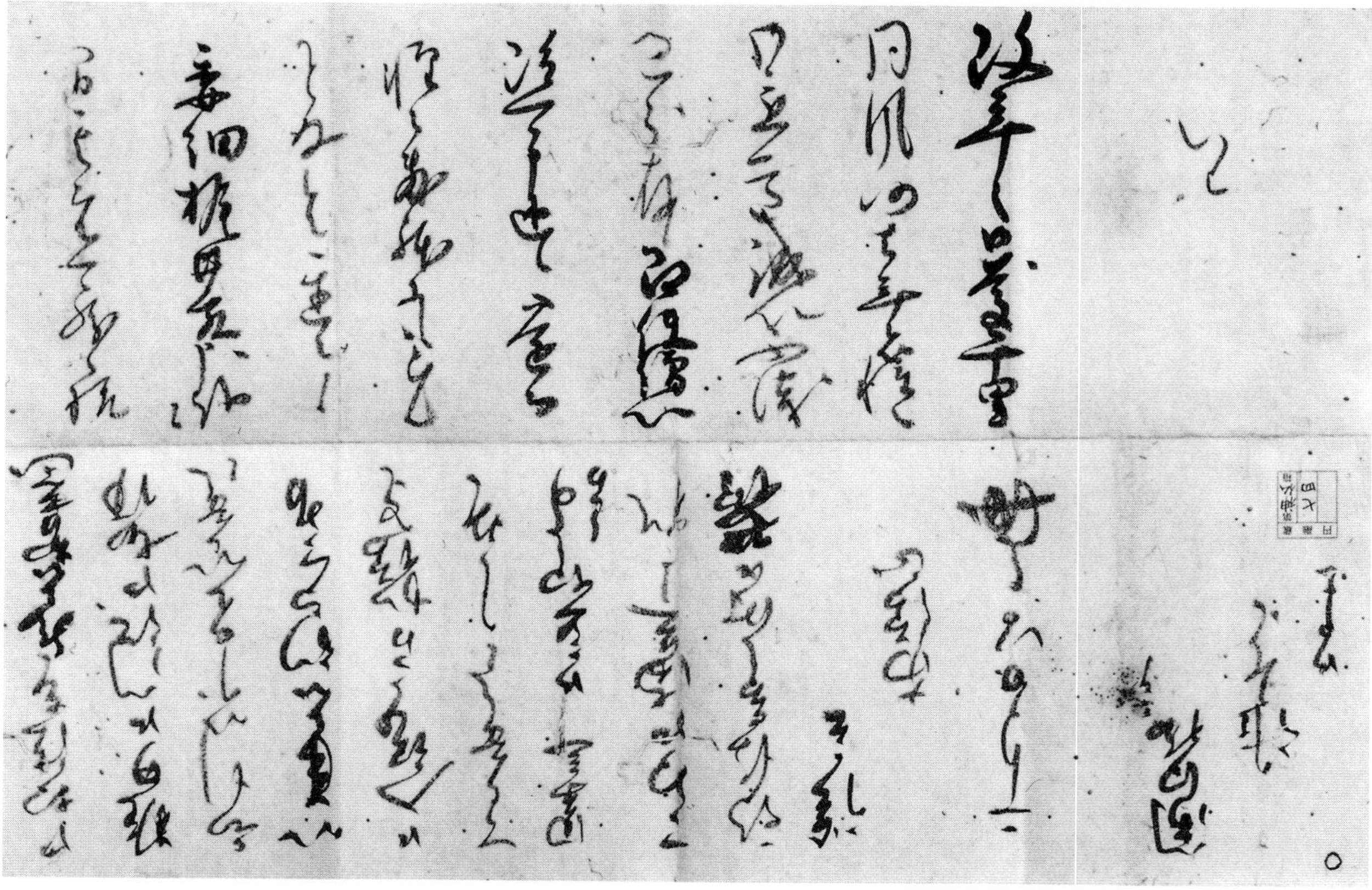

64　南僧正天海書状写（折紙）

京都三千院文書

以上

改年之御慶千里
同風、仍去年者種〻
御懇意、誠以不浅
過分存候、即使僧以
雖可申述候、還而
軽〻敷躰にも候ハん
かと存令遅〻候、
委細梶井殿（最胤親王）へ申越候
間、其元可然候様、
御相談尤候、然者於日光山、
梶井御門跡へ御本坊
知行以下、先以被進之候、
以来者別而可有
御入魂候間、加増をも
可被進之候かと存候、
累年御懇切之事候間、
可為御満足候、猶
期後音之時候、恐惶
謹言、

南僧正

（元和四年カ）二月廿八日　天海

（二条昭実）関白様ニテ

誰にても

御申上

○梶井門跡への朱印状給付は、元和三年（一六一七）九月。

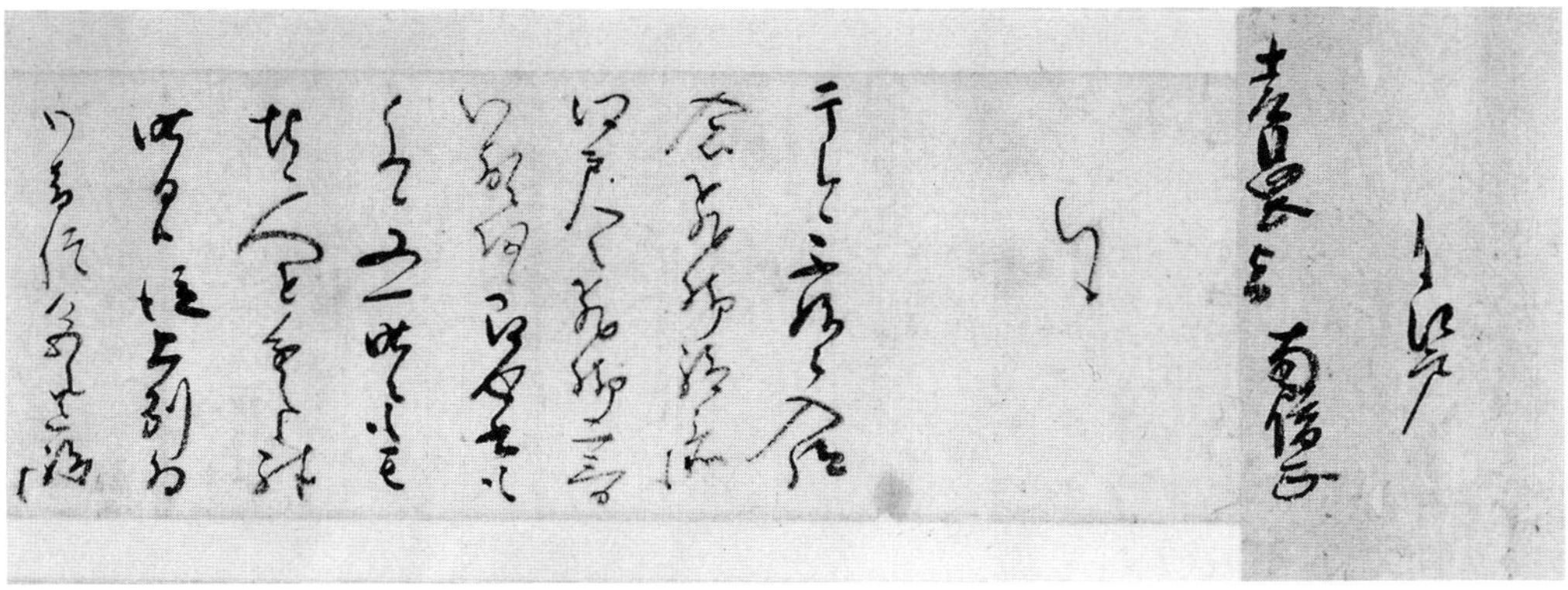

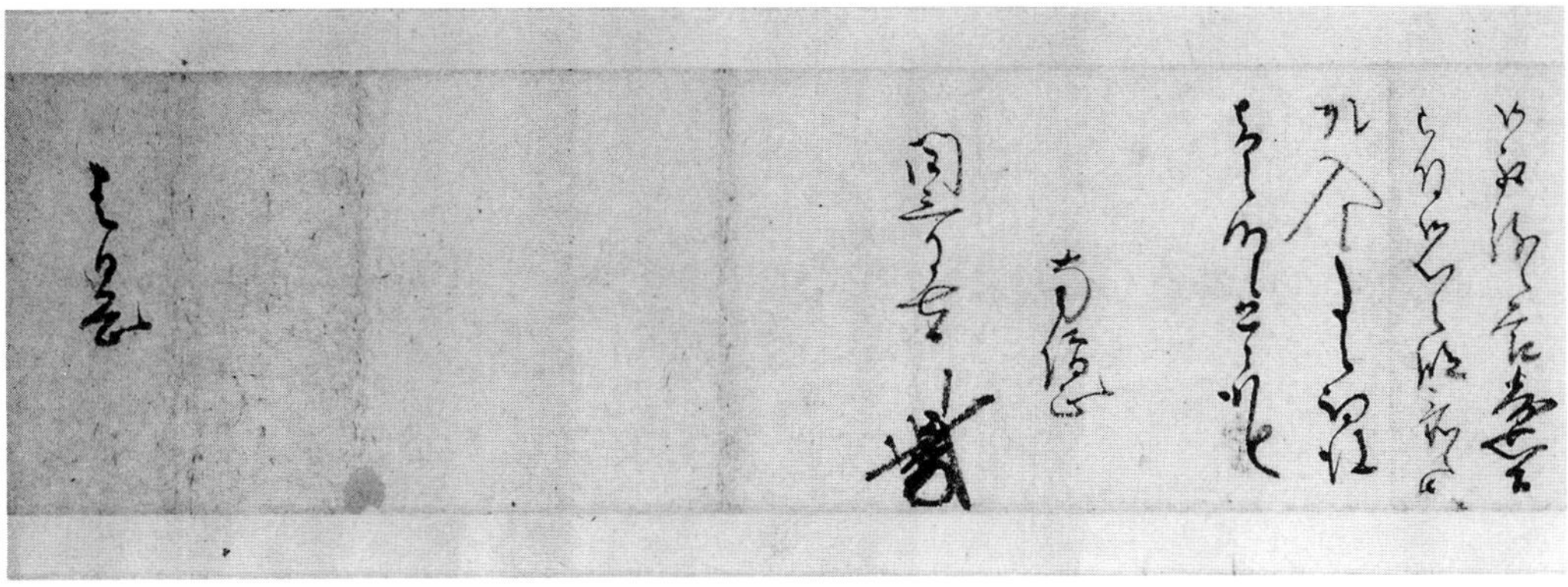

65　南僧正天海書状（元折紙カ）

佐野惣宗寺文書

「（ウハ書）
（惣宗寺）春日岡参　　自江戸
　　　　　　　南僧正」

以上
于今不始被入御
念、飛脚給忝候、
江戸へ之飛脚、二、三日
以前ニ帰候、即返書も
候ハヽ、又一昨ニも其
地へ人を遣之候、殊
昨日ハ従上州為
御音信色ヽ送給候、
御取紛之節、寄世間
被付御心之段、忝候由
頼入候、事ヽ期後
音之時候、恐ヽ謹言、
　南僧正
（元和四年）閏三月七日　天（花押）
（惣宗寺）春日岡

○天海在世中の閏三月は、元和四年（一六一八）と寛永十四年（一六三七）である。南僧正時代の閏三月は、元和四年。

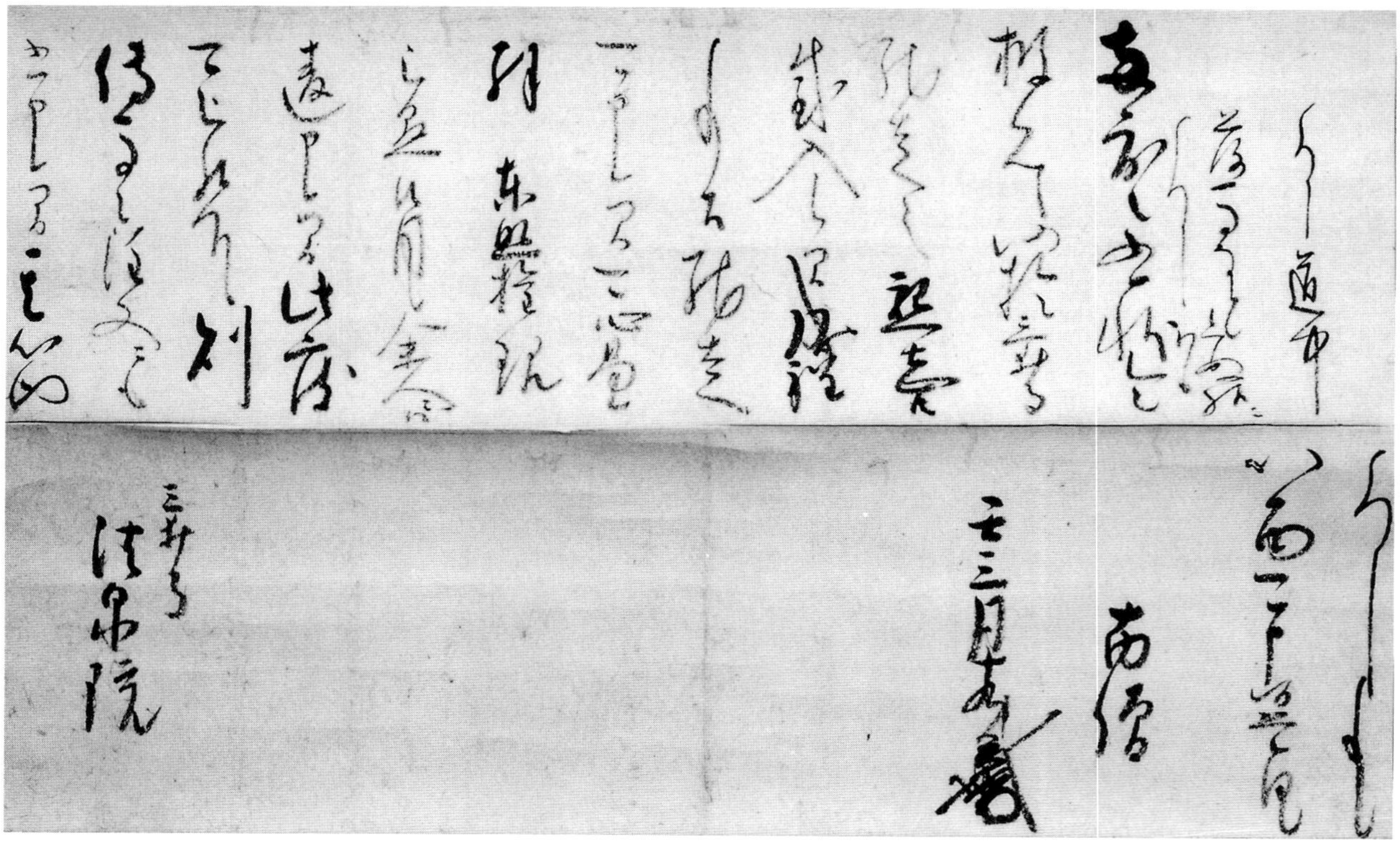

66　南僧天海書状（折紙）

上野現龍院文書

尚ゝ、道中
落馬なと候ハぬ様ニ
候へく候、以上、
両度之書状令
披見候、仍於三井寺
馳走之懇志共
感入候間、成程
事者馳走
可申候間、可心易候、
殊　東照権現(徳川家康)
被懸御目候、余人ニハ
遠(違)申候間、此度
可被罷下候、則
伝馬之注文ニも
書申候間、其心得
候へく候事候、
以面可申候、恐ゝ謹言、
南僧
(元和四年)壬(閏)三月十九日　天（花押）
三井寺
法泉院

○天海在世中の閏三月は、元和四年（一六一八）と寛永十四年（一六三七）である。南僧正時代の閏三月は、元和四年。

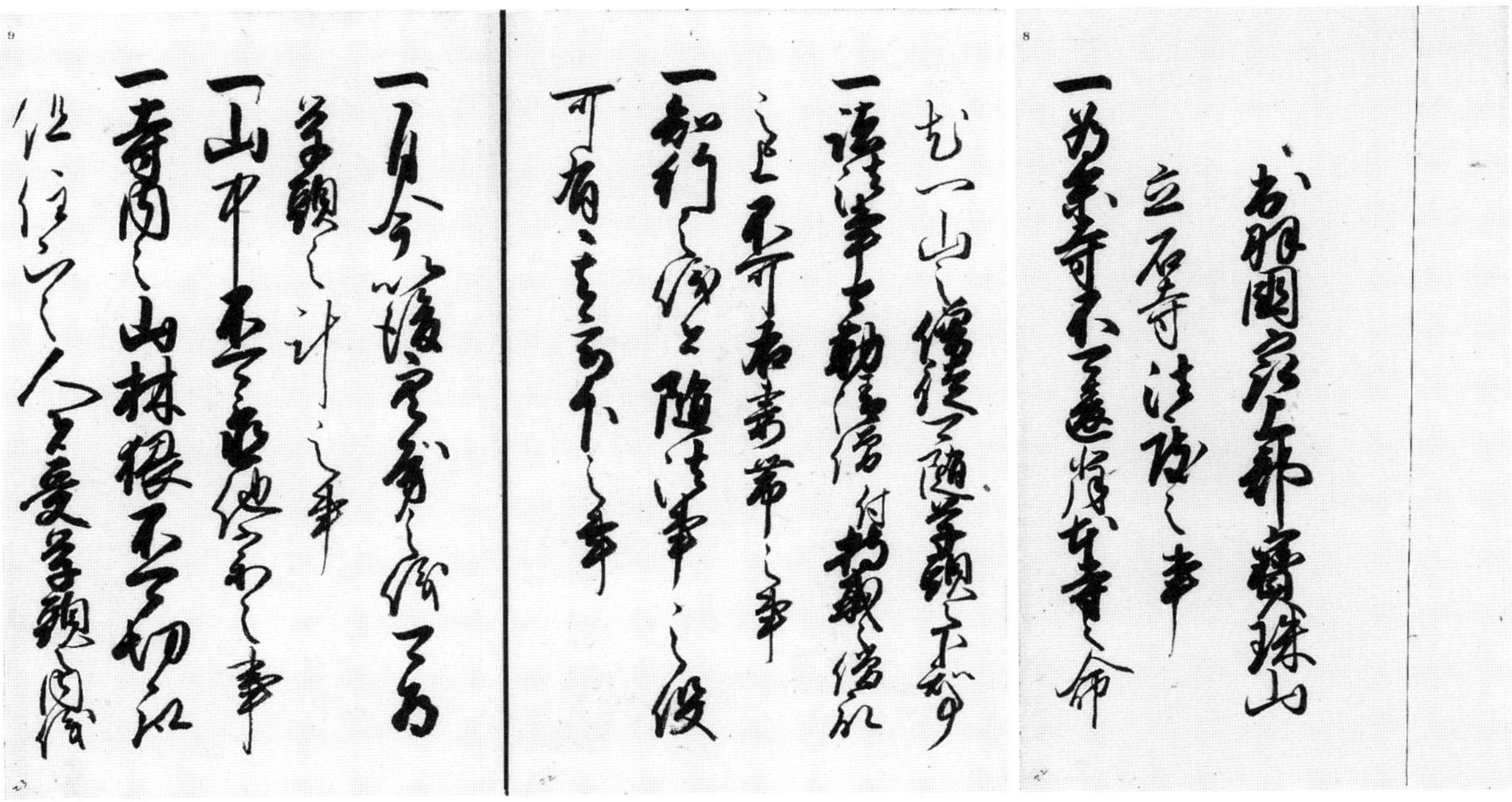

67　山門探題大僧正天海等立石寺寺内法度

東京大学史料編纂所影写本
山形立石寺文書

出羽国寂(最)上郡宝珠山
立石寺法度之事

一、為末寺不可遠(違)背本寺之命、
尤一山之僧徒可随学頭之下知事、
一、諸法事可勤清僧、付、持戒之僧衆
之上、不可為妻帯之事、
一、知行之儀者随法事之役、可有其高下之事、
一、自今以後空房之儀、可為
学頭之計之事、
一、山中不可置他宗之事、
一、寺内之山林、猥不可切取、
但、住山之人者受学頭之内儀、
可弁所用之事、
一、一山之僧俗企公事、不可
致一烈之事、
右堅可相守此旨者也、仍如件、
元和四年戊午
五月吉日　山門探題大僧正天海（花押）
寂(最)上源(義俊)五郎（花押）

一札可申上事
一、山々之儀幷谷々等木不
　　可一取之事
一、右此之趣相守可申候為
　　後日仍如件

　享保年中
　　六月吉日
山口播磨守殿御内　　重澤吉郎右衛門

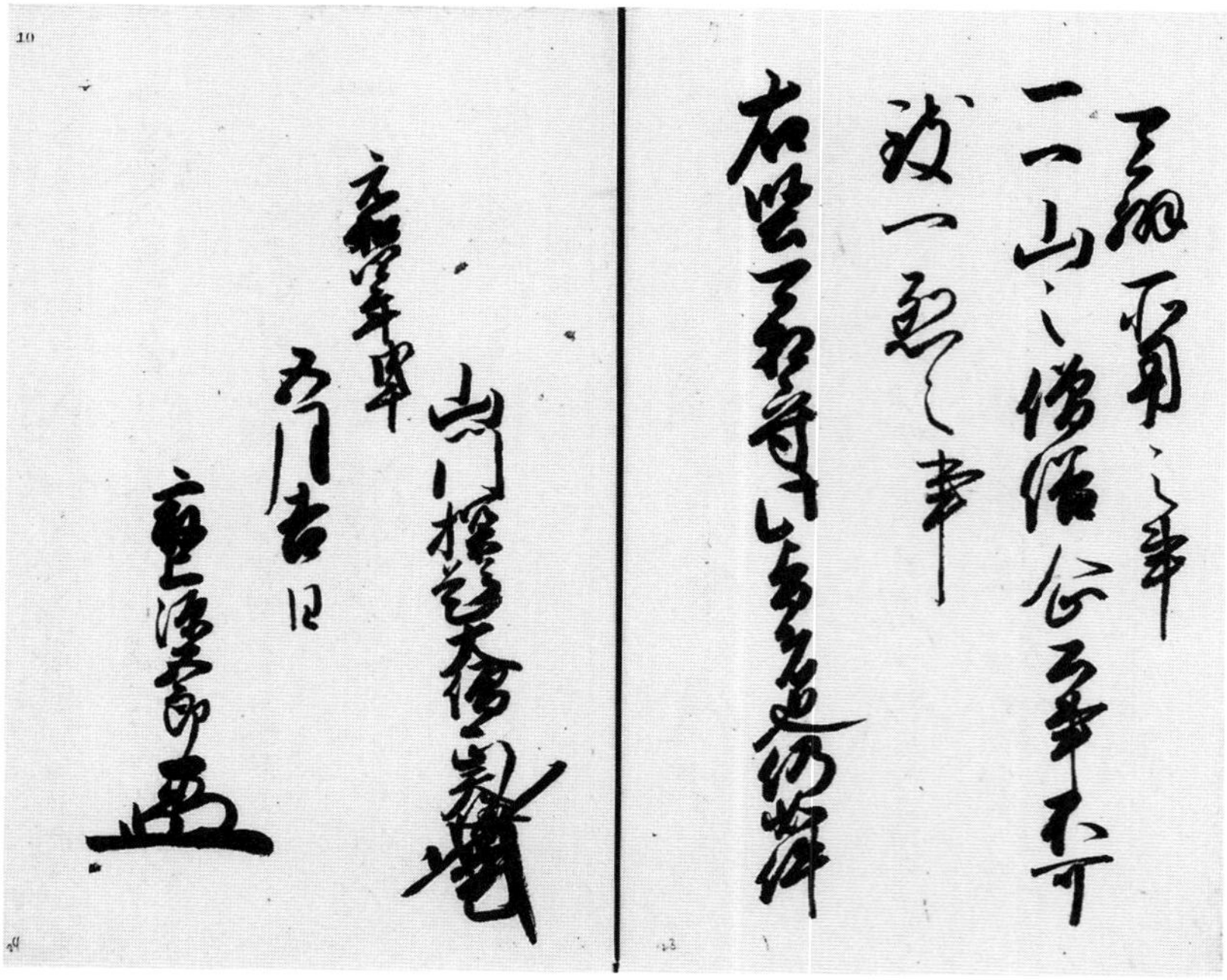

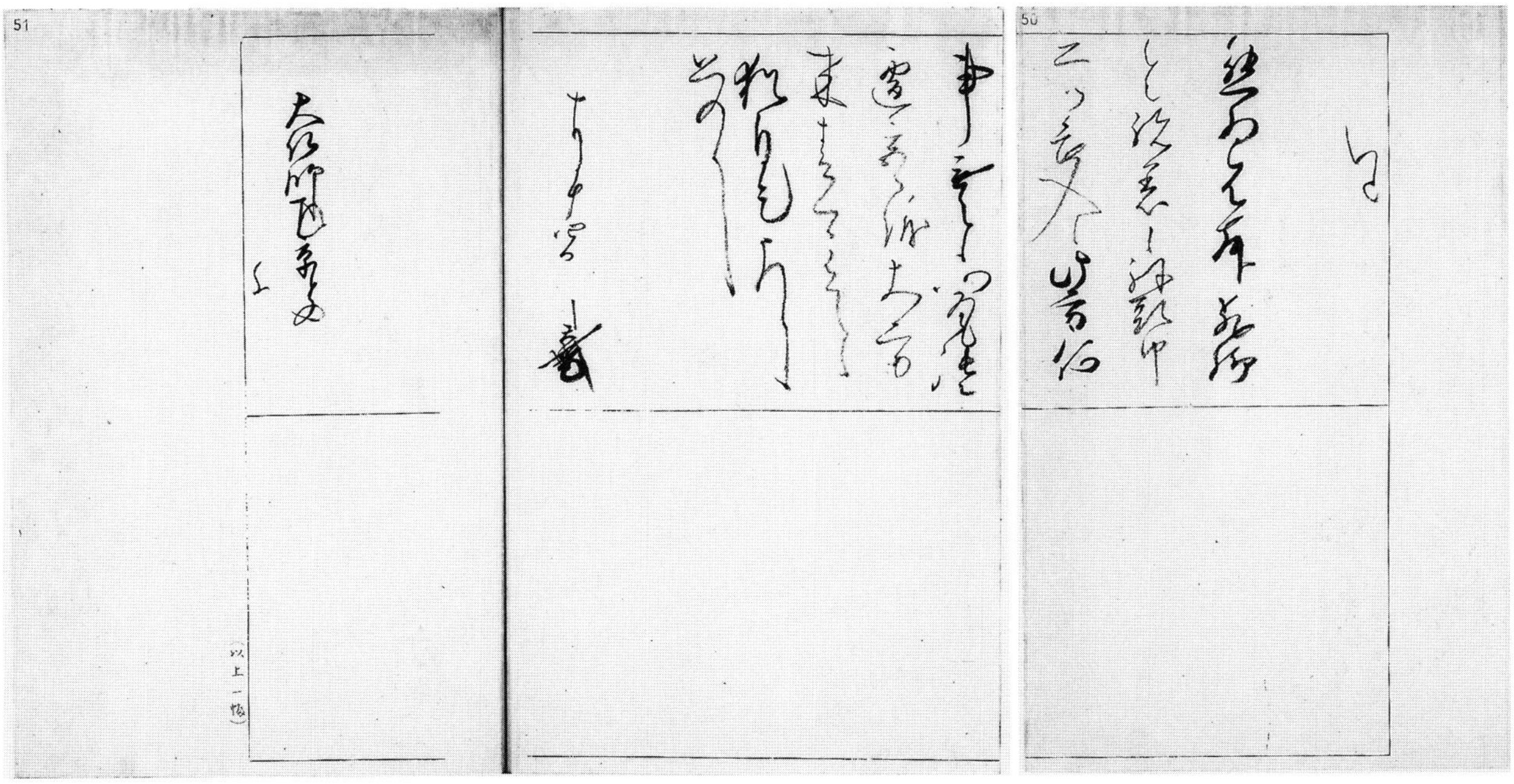

68　天海書状（折紙）

『本朝大仏師正統系図』所収文書

以上

態為見舞飛脚
令祝着候、殊頭巾
二ツ畏入候、此方何
事無之候、仍尾張
遷宮之儀、大方
来春可有之候、
猶自是申候へく候、
恐々謹言、
（元和四年カ）十月十四日　天（花押）
大仏師左京（康猶カ）との
参

○尾張東照宮の遷宮は、元和五年（一六一九）九月二十八日。

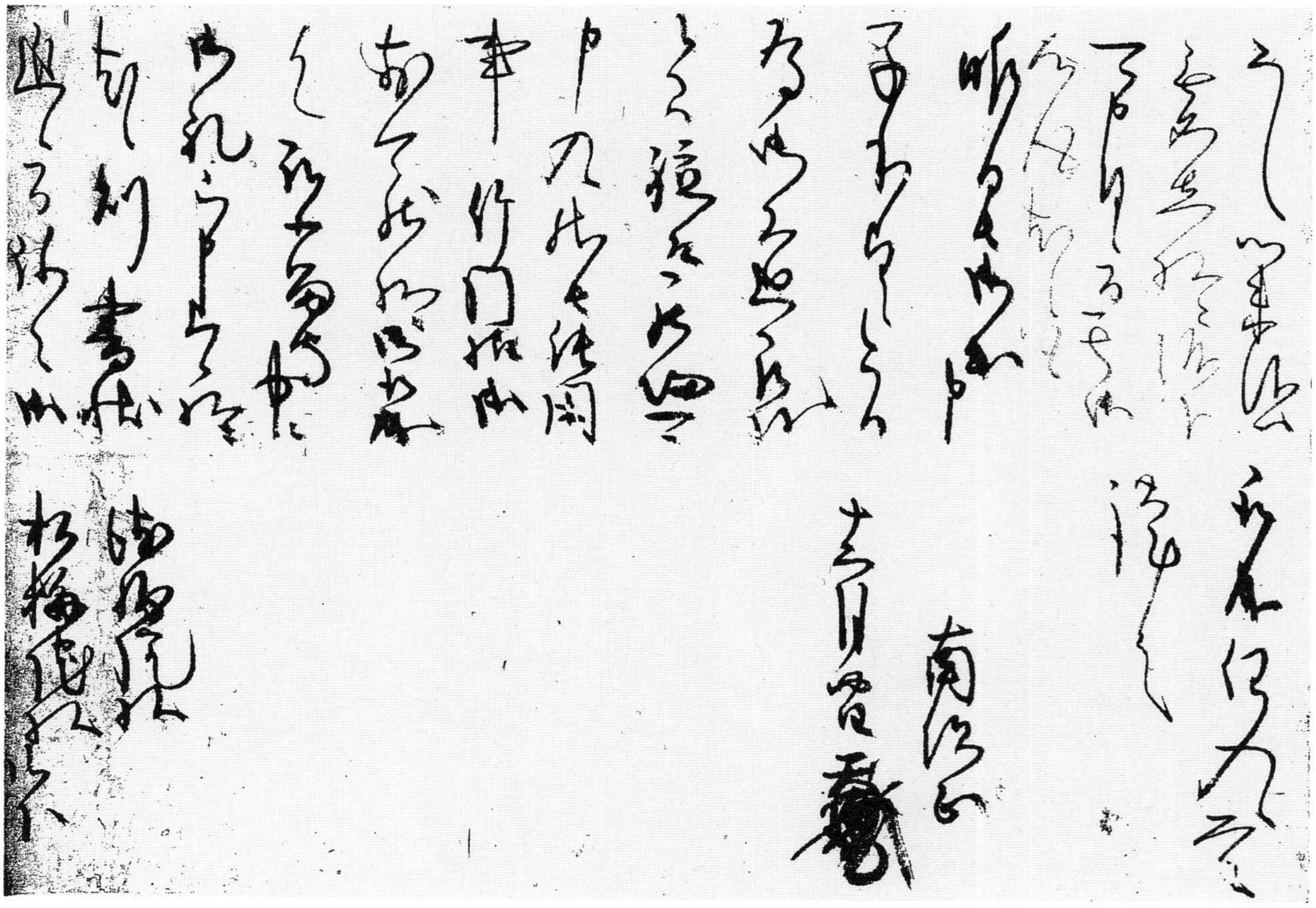

69　南僧正天海書状（折紙）

京都北野神社文書

尚〻、以来儀ハ、
無如在様ニ涯分
可申付候間、其御
心得尤候、以上、
昨日者御出、申
承本望候、今日
為御見廻罷越
候間、驪而罷帰可
申入候、然者能閑（北野神社宮仕）
事、竹門（良恕親王）（曼殊院門跡）様御
前可然様ニ御取成
候て、我ホ（等）留守中ニ
御礼被申上候様ニ
尤候、則書状
進候間、弥〻御
取成任入候、恐〻
謹言、
　　　　南僧正
（元和三、四年カ）十二月四日　天（花押）
（北野社祠官）
徳勝院（禅昌）様
松梅院（禅意）様
　　　　几下

○本写真は、北野神社より御提供いただいた。

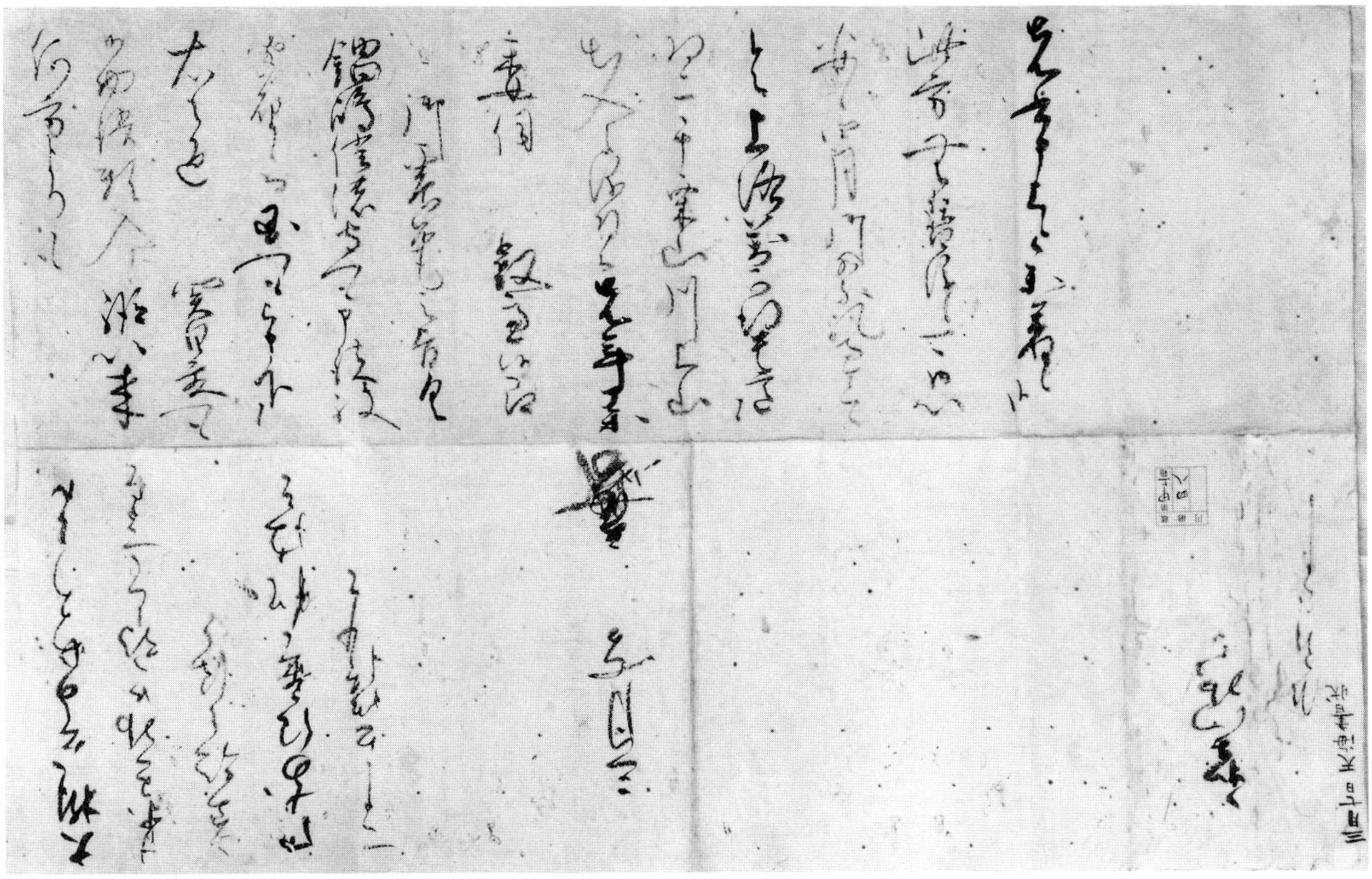

71　天海書状（折紙）

京都三千院文書

先書申上候、参着候哉、
此方無替儀候、可御心
安候、四月御祭礼過候ハヽ、
令上洛、万可得貴意候、
将亦千栗山川上山
出入之儀付而、先年某
委伺　叡慮候、即
御震(宸)筆之旨、具
鍋嶋(勝茂)信濃守へも申談、被
聞届候而、国へも被申下候、
右之通　関白殿(二条昭実)へも
御物語頼入候、縦以来
何方よりも、
大樹(徳川秀忠)へ公事あかり(上)候共、
某有様御尋候ハヽ、可申上候、
京都之儀者、
御前任置候、猶彼者
可申候、恐惶謹言、
　三月七日(元和五年)　天海（花押）
梨門様(最胤親王)(三千院門跡)ニて
　　誰にても御申

○年代推定は、拙著『南光坊天海の研究』所収の「南光坊天海と佐賀藩主鍋嶋勝茂」参照。

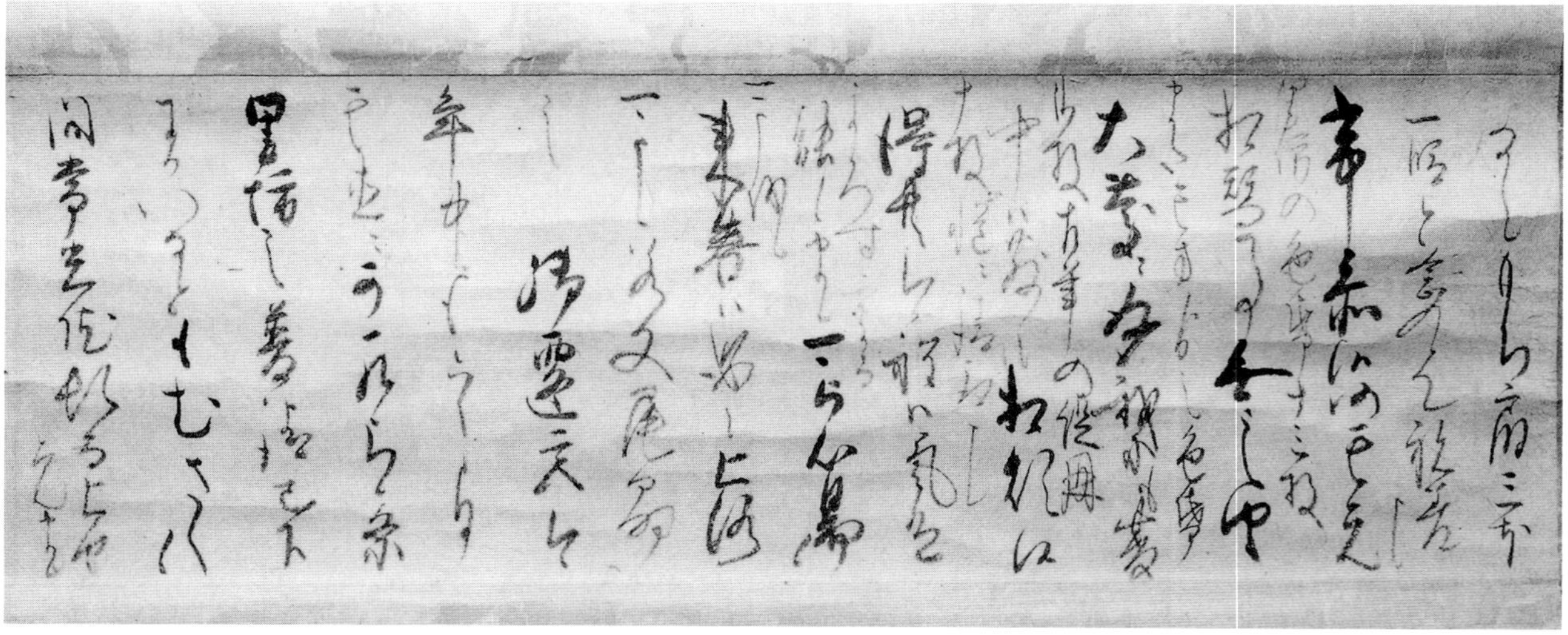

72 僧正天海書状（元折紙カ）

上野現龍院文書

尚〻、もち（持）扇三本、
一段と念入候て祝着申候、
里坊の色帋（紙）十三枚、
また其方〻之色帋（紙）
弐枚、古筆の短冊
十枚、慥ニ請取申候、
よろす（万）重而
可申越候、

書中忝候、仍其元
相替事無之由、
大慶ニ存候、我ホ（等）も夏
中ハ散々相煩候
得共、今程ハ気色
能候まゝ可御心易候、
来春ハ必〻上洛
可申候、若又尾刕（州）
之 御遷宮、今
年中ニも候ハヽ、自
其直ニ可罷上候条、
里坊之普請已下、
にかい（二階）なともむさく（無策）候

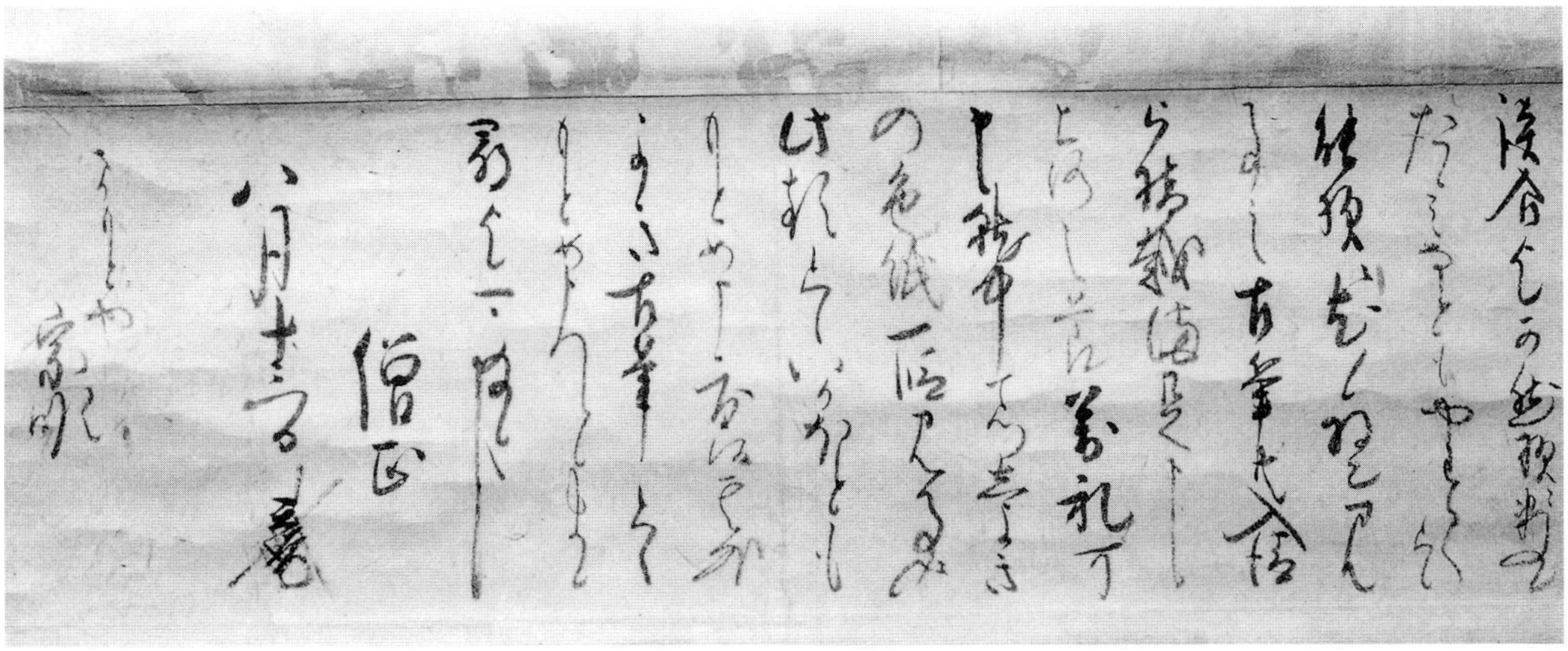

問、常光院頓而上せ候ハんまて、
談合にて可然様ニ頼入候、
たゝミ《(畳)》なともやわらく《(柔)》候ハヽ、
能様ニ尤候、将亦見
事之古筆共入清《(精)》
被指越満足申候、
上洛之節万礼可
申候、就中てつしよき《(徹書記・正徹)》
の色紙一段見事ニ候、
此類候ハヽ、いかほと《(如何程)》も
もとめ《(求)》申度候、其外
よき《(良)》古筆候ハヽ、
もとめ申へく候まゝ、
尋にて可給候、謹言、

僧正

八月《(元和五年カ)》十三日　天（花押）

さかもとや《(坂本屋)》

宗順

○尾張東照宮の遷宮は、元和五年（一六一九）九月二十八日。

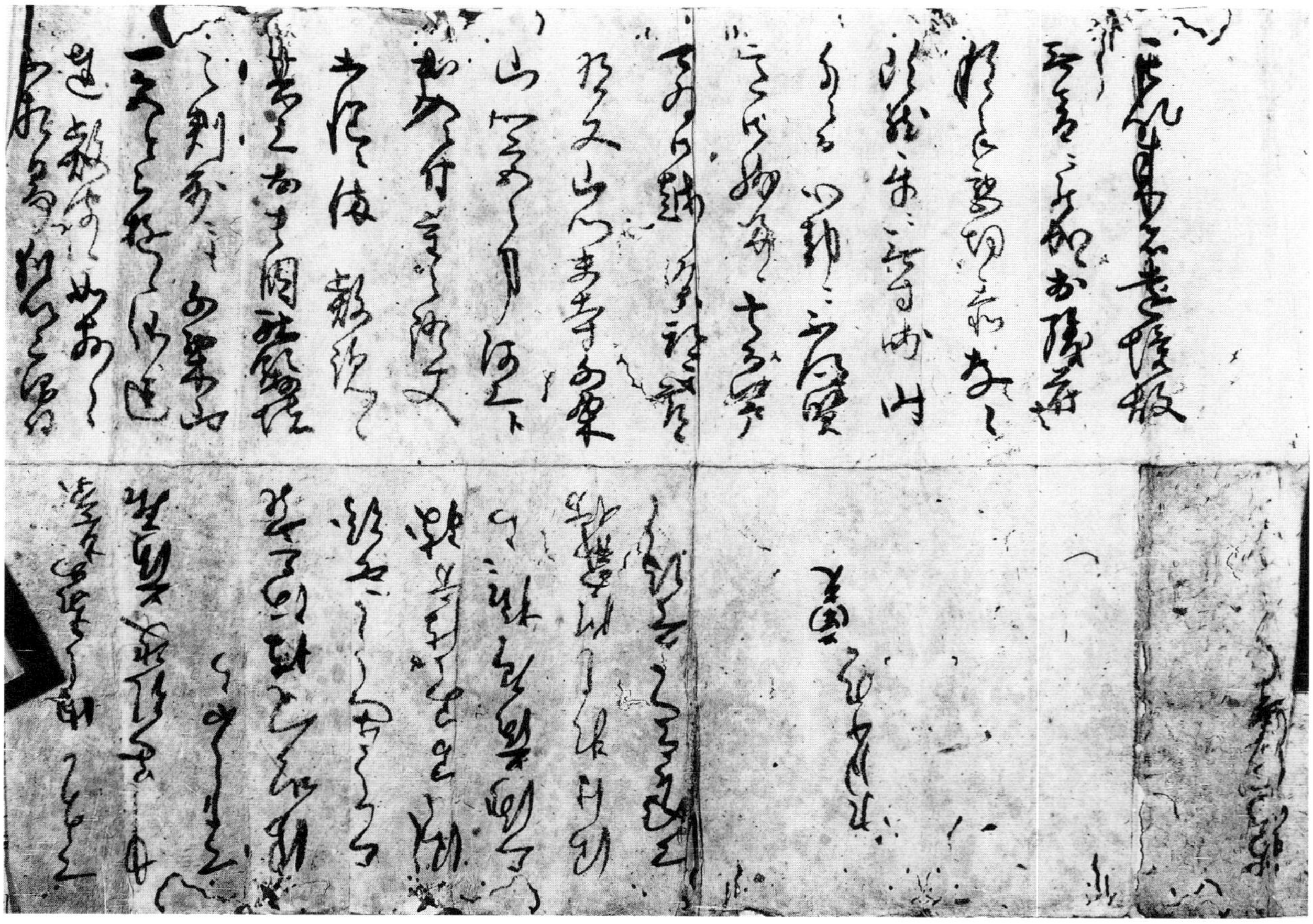

73　南光天海書状写（折紙）

佐賀実相院文書

其以来者遠境故、
無音ニ罷成候、於駿府者
種ゝ御懇切、忝存候、
雖然互ニ無寸暇時
分ニ而、心静ニ不得賢
意、御残多候、定而江戸
可為御越候条、期其節候、
将又山門末寺千栗
山一宮之事、河上ト
出入ニ付、重ゝ証文
ホ(等)慥ニ備　叡覧候、
其上於貴国社領安堵
之判帋(紙)ニも、千栗山
一宮と被遊候儀迄、
達　叡聞候、如前ゝ
不相易、猶以被仰付
可給候、内々我ホ(等)在京
中遂糺決、落居
可申之由、被
仰出候へ共、彼河上不罷
上、令遅ゝ候、無紛
儀候間、早ゝ彼方致
上洛、落居候様ニ被
仰付頼申候、猶五戒坊
可得御意候、恐ゝ謹言、
(元和五年カ)九月十九日　　南光
鍋嶋信濃守(勝茂)殿

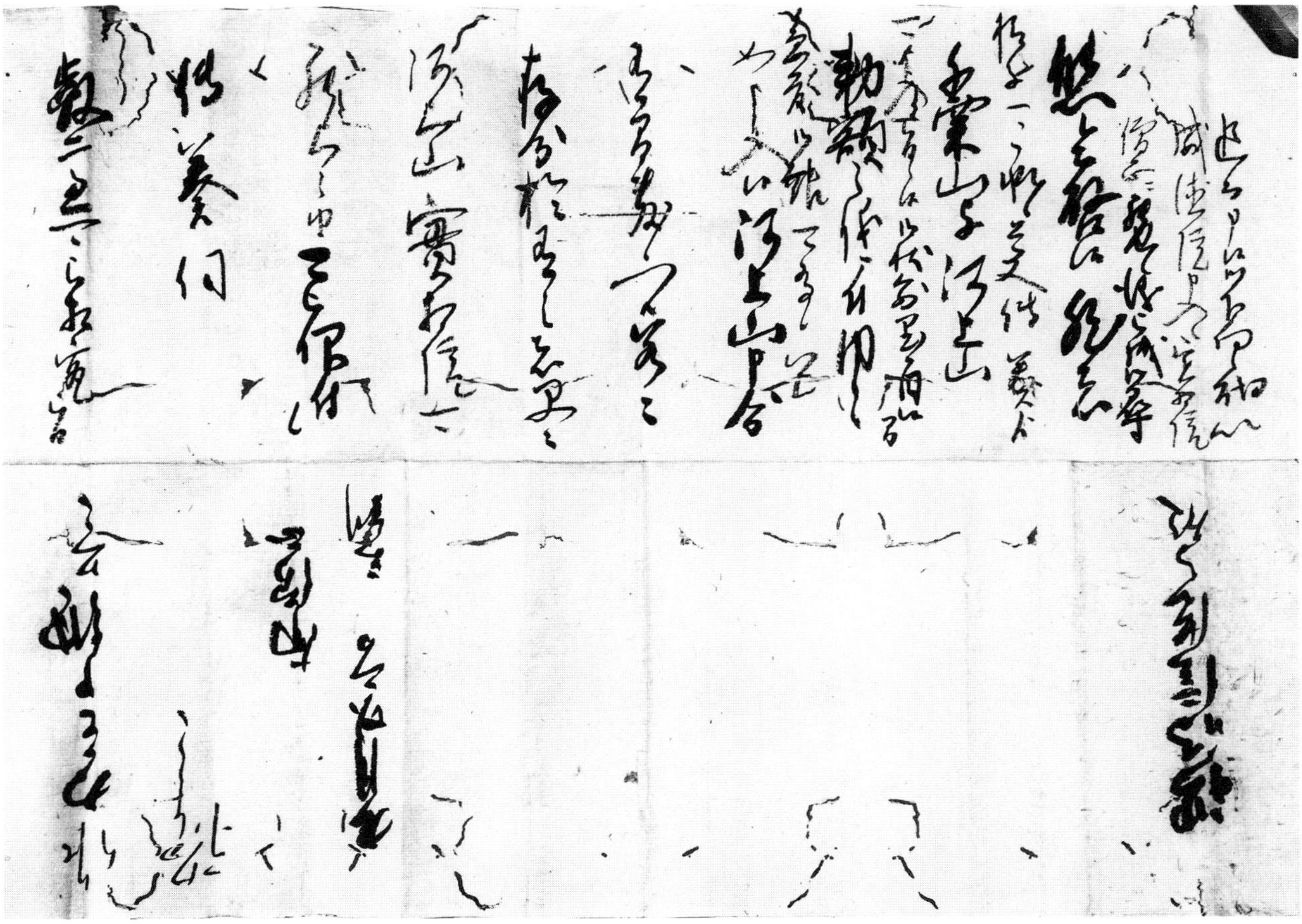

74　南僧正天海書状写（折紙）

佐賀実相院文書

追而申候、御下向之砌、以
威徳院申入候、実相院
僧正ニ罷成候儀、被成御尋、
様子可承候、是又伝　奏ゟ
可申入旨ニ候、御状則懸御目候間、
急度御報可給候、以上、

態令啓候、然者
千栗山与河上山、
勅額之儀ニ付、内ゝ
如申入候、河上山申分
有間敷候へ共、若ゝ
存分於有之者、早ゝ
河上山実相院可
罷上之由、可被仰付候、
伝奏伺
叡慮、可被相究旨
候、為其申越候、恐ゝ
謹言、

（元和五年カ）九月廿二日　　南僧正
　　　　　　　　　　　　天　判

鍋嶋（勝茂）信濃守殿

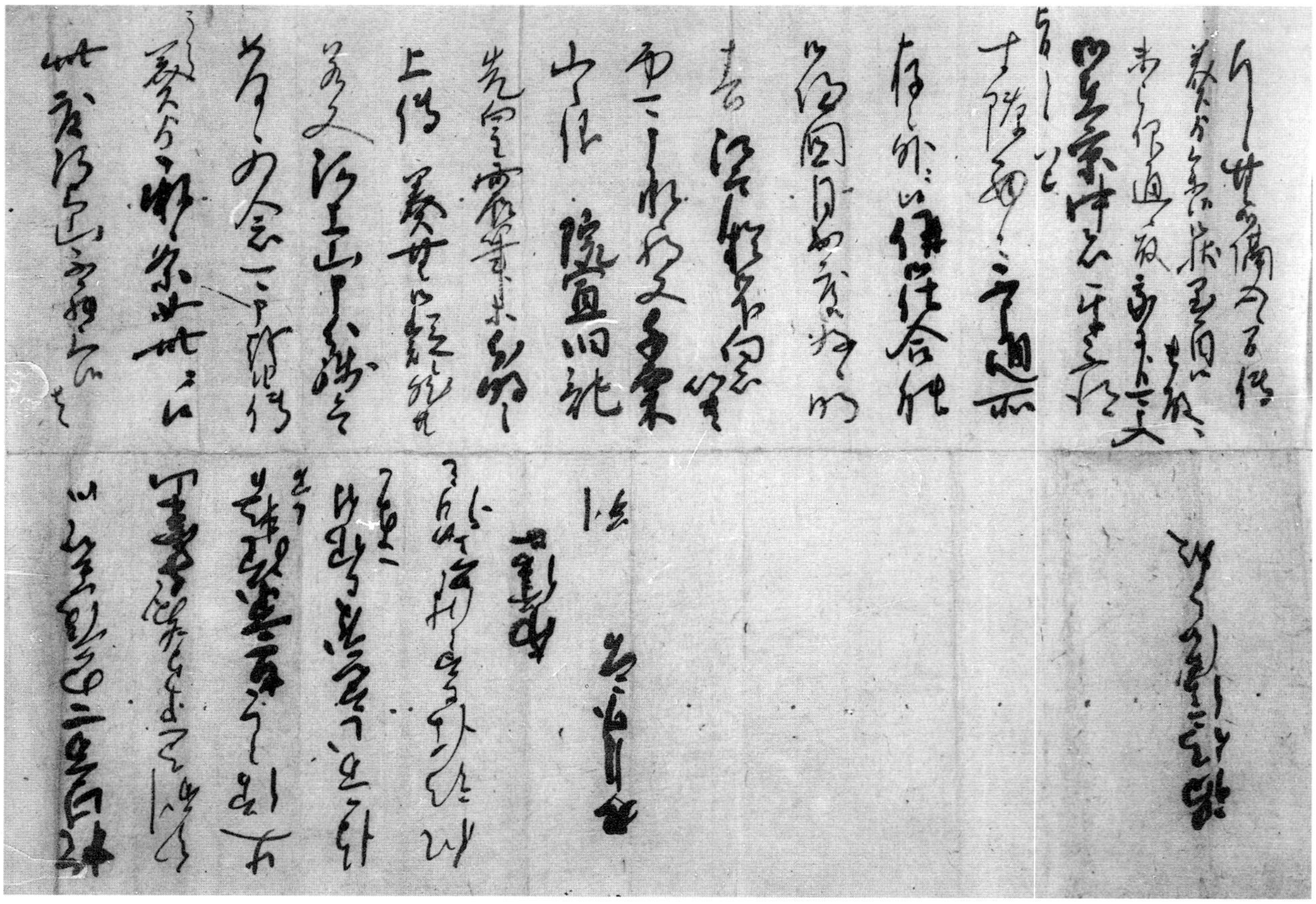

75　南僧正天海書状写（折紙）

佐賀実相院文書

尚〻、無御隔心候間、伝（広橋兼勝・三条西実条）奏ゟ参候御状懸御目候、貴殿へ
未被仰通候故、我ホ（等）ゟ可申入
旨候、以上、

御在京中者、互不得
寸隙、細〻不申通、所
存之外ニ候、併御仕合能
御帰国、目出度存候、明
春江戸於御下向者、以貴
面可申承候、将又千栗
山之儀、　院宣・旧記
先皇（後陽成院）宸筆ホ（等）分明之
上、伝　奏無御疑候、然共
若又河上山申分残候ハヽ、
如何候、為念可申越由、伝
奏ゟ承候条、如此ニ候、
此度河上山不罷上候者、
於此方可為落着候、御
分別過申間敷候、千栗山
使僧、于今在京、経数日候間、
彼方へ急度被仰付可給候、
猶期後音之時候、恐〻謹言、

（元和五年カ）九月廿三日　　南僧正
　　　　　　　　　　　　　判

鍋嶋（勝茂）信濃守殿

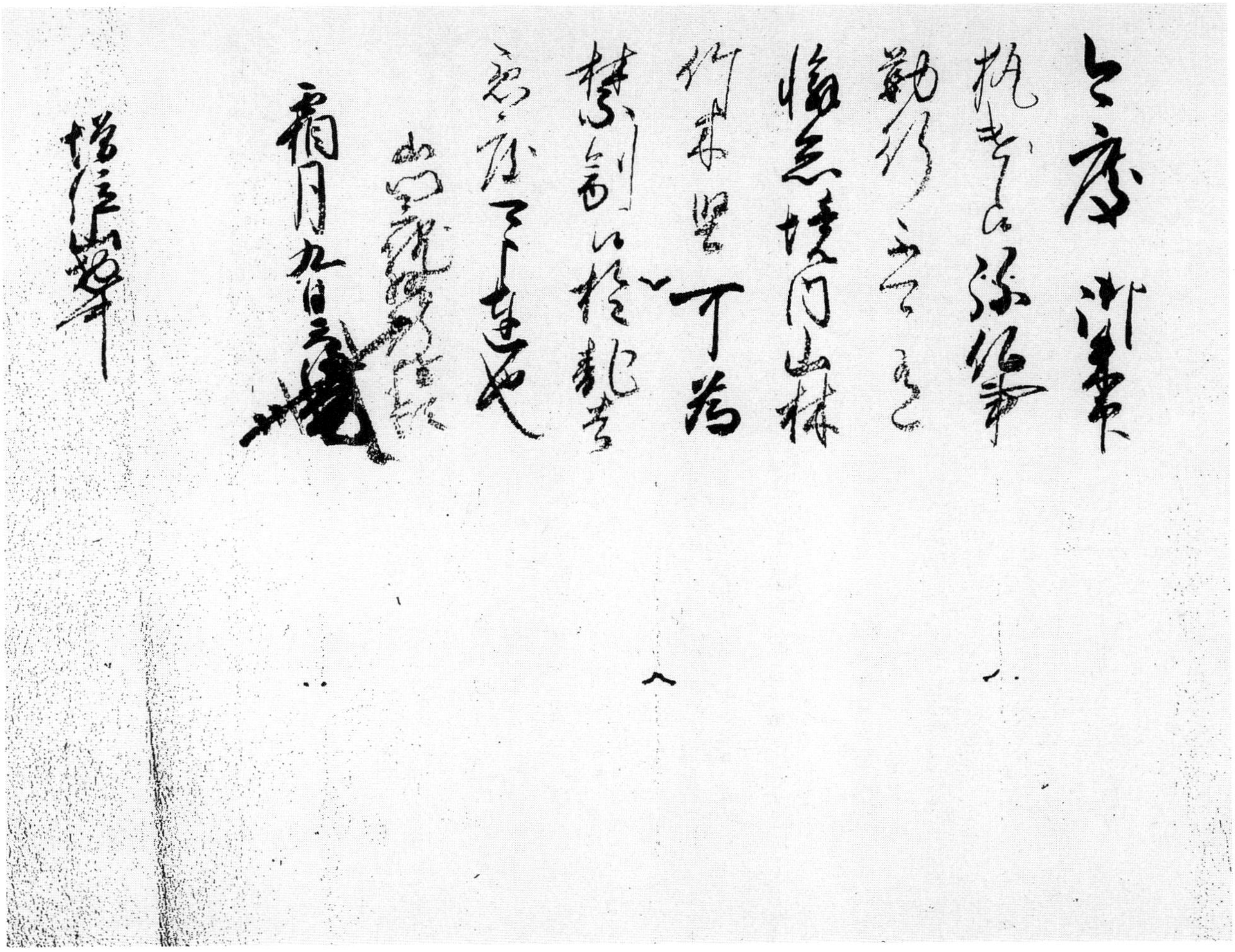

76　山門三院執行探題天海書状（折紙）

姫路随願寺文書

今度　御朱印
執遣し候、弥仏事
勤行不可有
懈怠、境内山林
竹木、堅可為
禁制候、於乱者
急度可申達也、
　　山門三院執行探題
（元和五年）霜月九日　天海（花押）
　増位山惣中

○本写真は、姫路市史編纂室より御提供いただいた。
随願寺の朱印給付は、元和五年（一六一九）九月十五日。

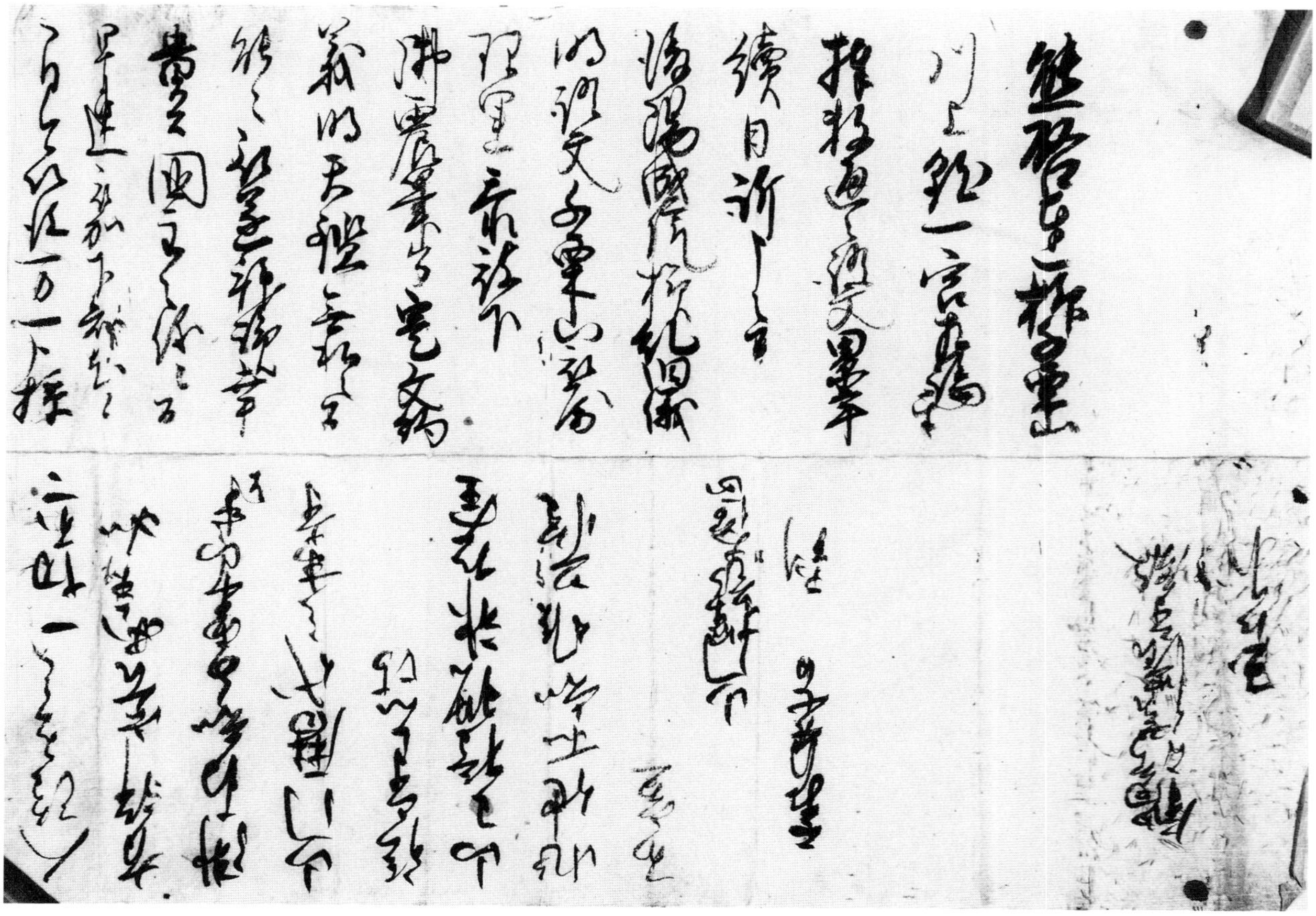

77　山門探題大僧正天海書状写（折紙）

佐賀実相院文書

態啓達、抑千栗山
川上就一宮相論、互
捧数通之証文、累年
続日訴申之間、
後陽成院様糺旧儀
明証文、千栗山被属
理運、忝被下
御震（宸）筆了、寔文約
義明天鑑無私之間、
能ゝ被遂拝覧、幸
貴公国主之儀候間、
早速被加下知尤候、
自今以後万一申掠
人雖有之、一切不可
有許容、必矣如
御存知、千栗山之事者、
山門暦（歴）代之末寺、
鎮守亦比
山王権現、神道全
非他所知候、恐惶
不宣、

山門探題大僧正
（元和五年カ）霜月廿七日　天　判

（勝茂）鍋嶋信濃守殿

玉几下

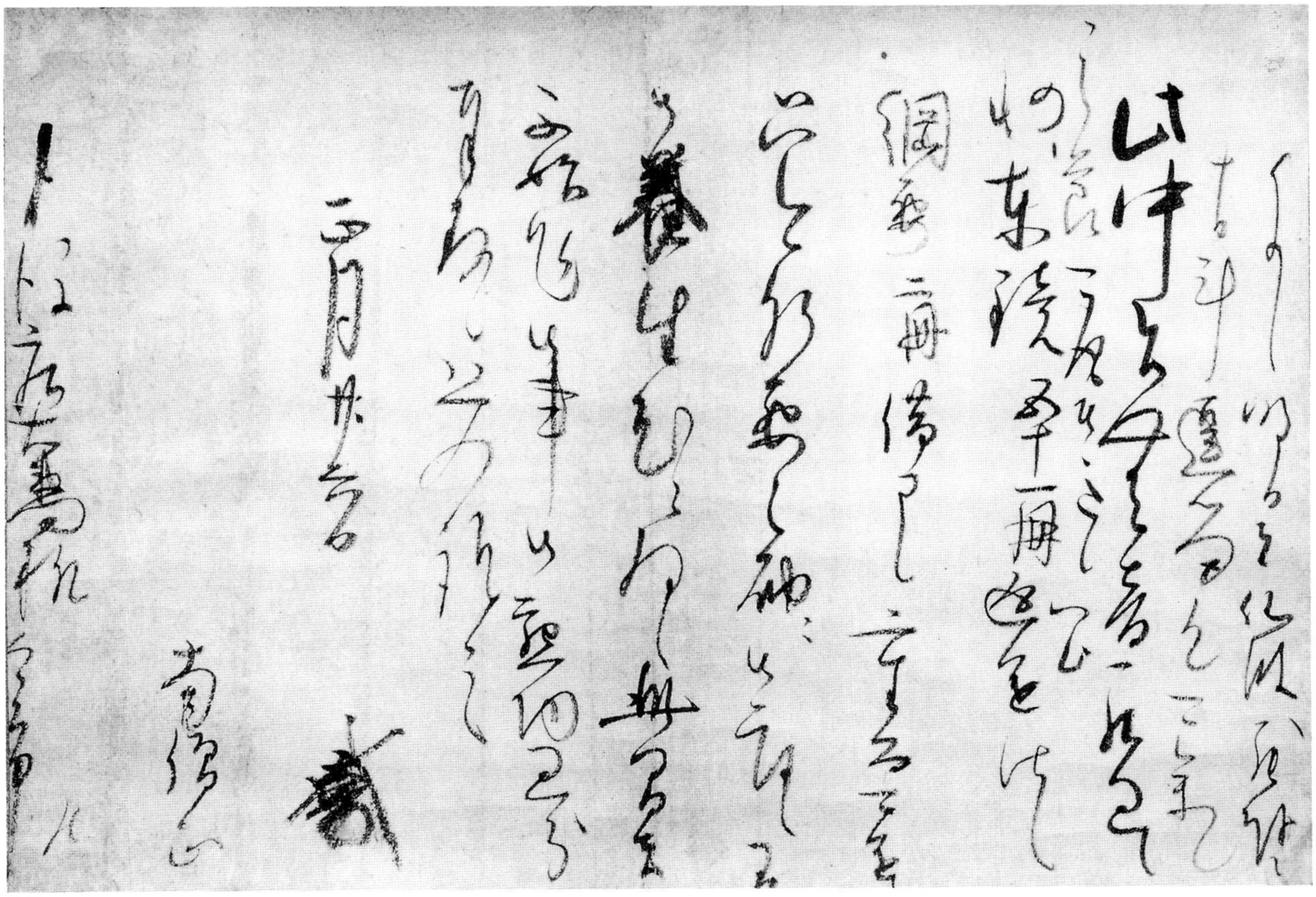

79 南僧正天海書状

上野現龍院文書

尚ゝ、明日者仙波（喜多院）へ罷越候、
十日計逗留候て可参候、
其節可得御意候、以上、
此中者無音罷過候、
仍東鏡五十一冊返還仕候、
綱要二冊借申候、重而可還候、
只今肝要之砌ニ御座候間、
御養生尤ニ存候、此間者
不始乍御事、御懇切過分
奉存候、恐ゝ謹言、
（元和二～六年）正月廿六日　天（花押）

南僧正

〆　（後藤庄三郎光次）後庄右衛門尉様

人ゝ御中

○庄右衛門尉は後藤庄三郎光次の隠居名、元和元年（一六一五）十二月以降、眼病を煩い盲人同様となる。寛永二年（一六二五）没。

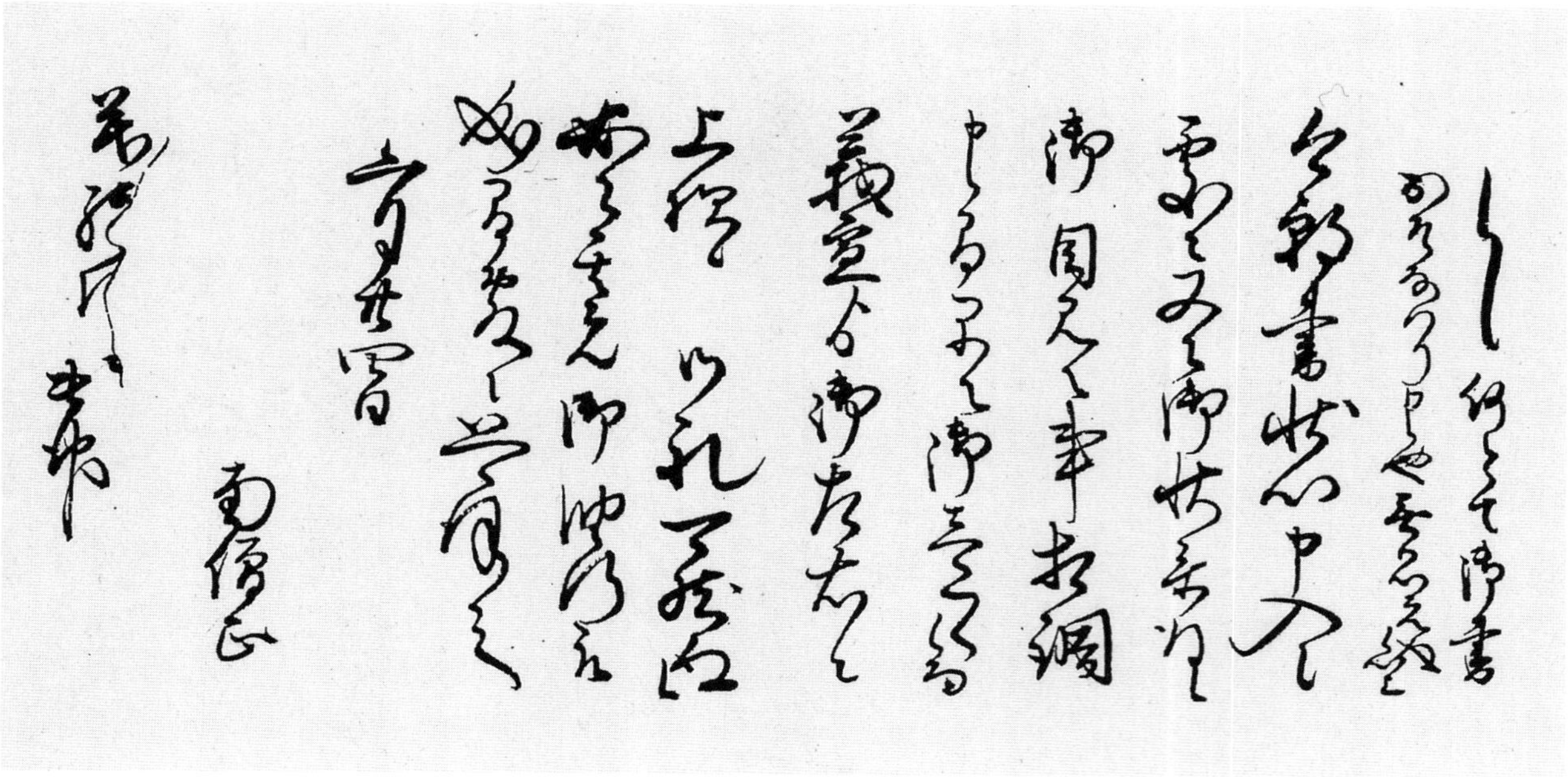

80　南僧正天海書状案

内閣文庫史籍叢刊『楓軒文書纂』所収

尚〻、何とて御書
　おそなハり申候や、無御心元存候、以上、
今朝書状以申入候
処ニ、又〻御状忝存候、
御目見之事相調
申候間、早〻したく（支度）候而、
（佐竹）義宣ゟ御左右ニ
上様へ　御礼可然存候、
必〻其元御油断被
成間敷候、恐〻謹言、
　二月廿四日　　　南僧正
茂（破損）□
　　貴報

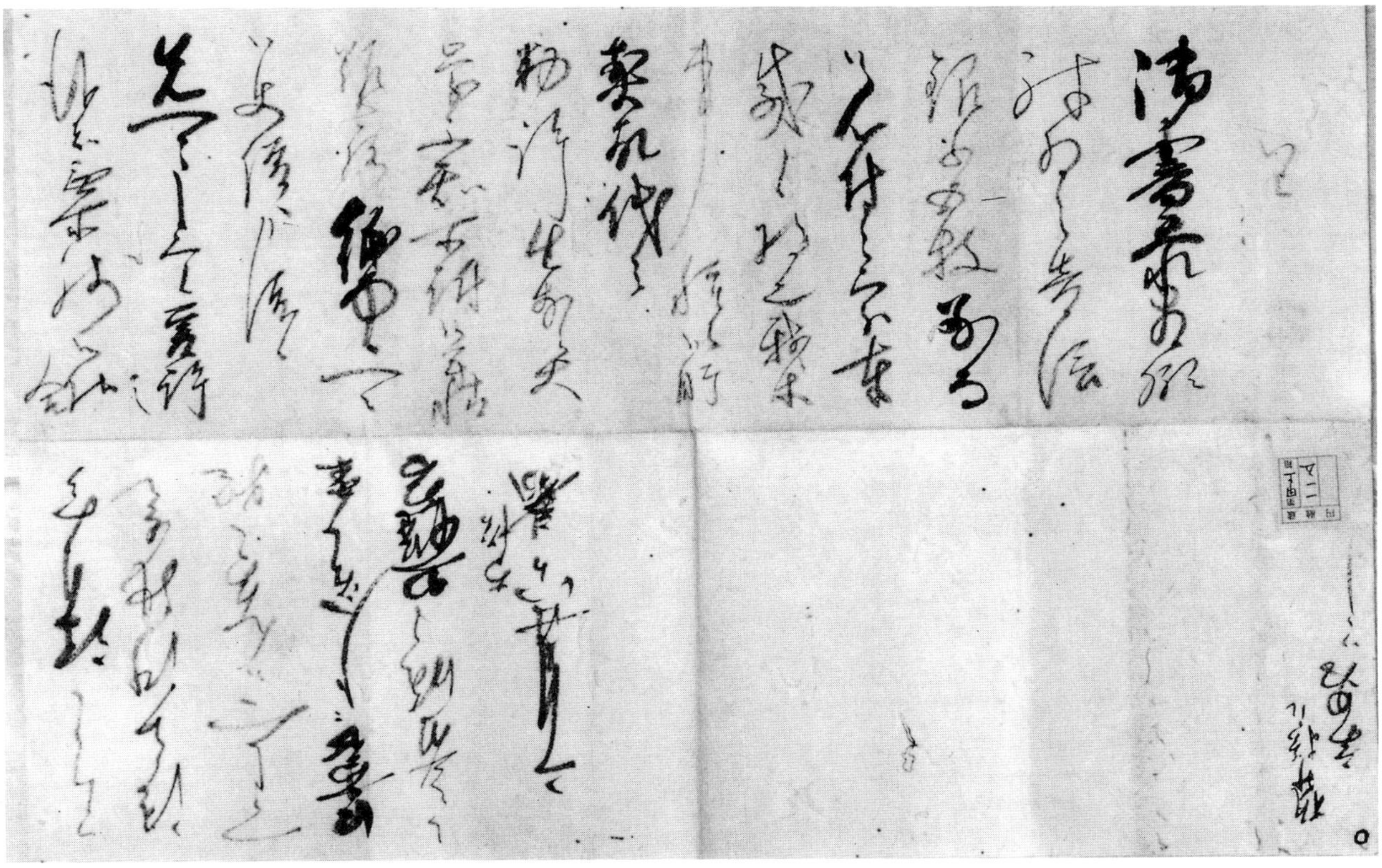

81　南僧天海書状（折紙）

京都三千院文書

以上
御書忝拝領、
殊為御音信
銀子五枚、別而
御心付之処奉
感候、将亦我ホ（等）
事種ゝ御肝
煎（煎）故、代之
勅許生前之大
慶不知所謝、御芳情
難露紙面候、一ゝ
御使僧へ申渡候、
先可申上候、爰許之
儀者無所残御仕合
にて候、弥自今
随分御馳走
可申候、可御心易候、猶
口裏ニ申含候条
令省略候、恐惶敬白、
南僧
二月廿八日　天（花押）
梶井様（最胤親王）ニて
宮内卿（三千院門跡）
御中

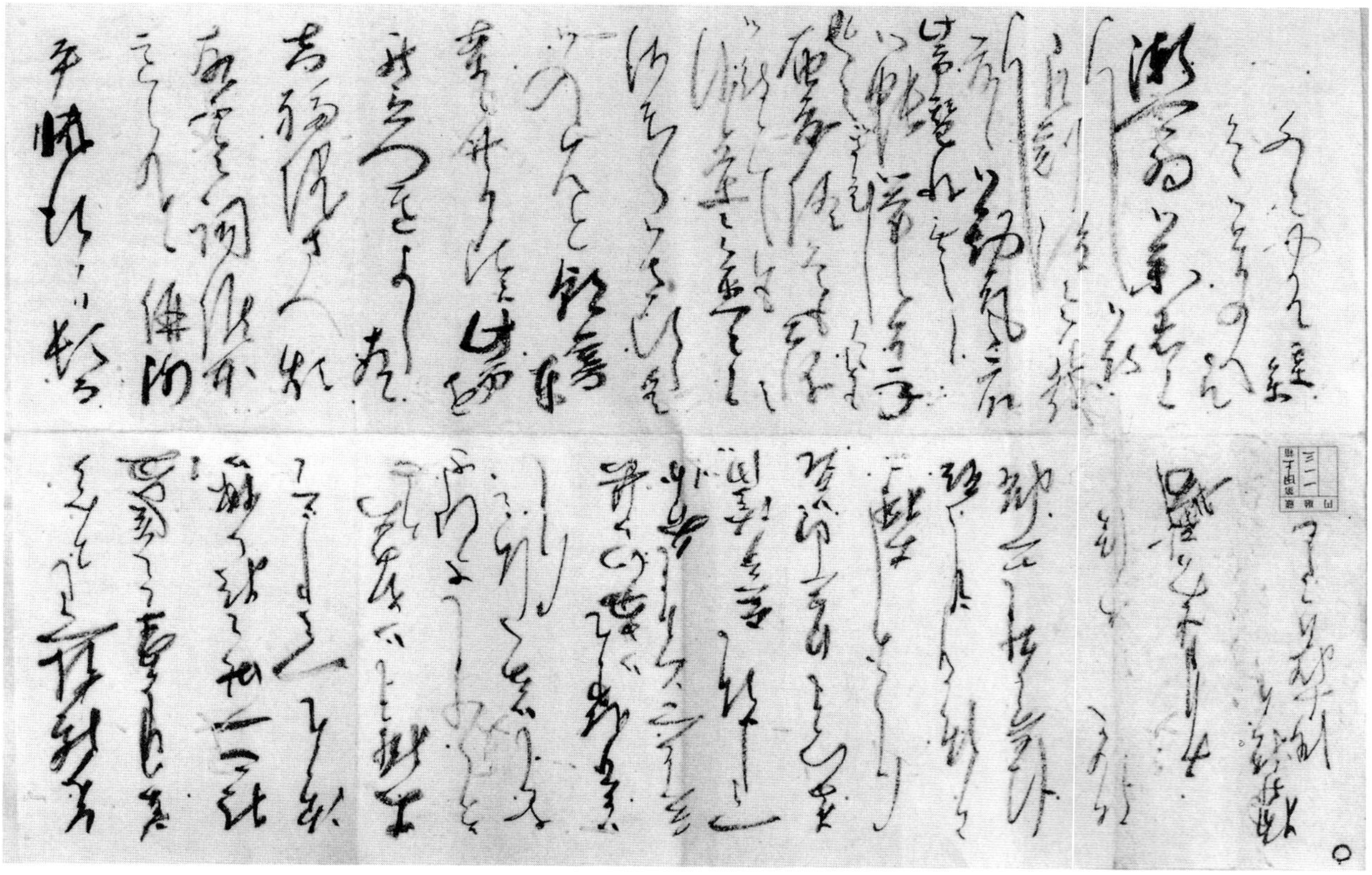

82　南僧天海書状（折紙）

京都三千院文書

尚ゝ、やかて某参
候て、御とり（取）のへ（延）候て
候へく候、御待
候へく候、
此方替儀無之候、
返ゝ、きひし（厳）く候とも、
御待候へく候、以上、

漸可為御参着候、
即刻雖令罷越
度候、御勘気衆
御帳挙旨承
届度儘、是も公儀之
儀候条令遅ゝ候、
さて〳〵御さひし（寂）く
御入候ハんと、朝暮奉
案候、廿日頃ニハ、此方を
罷立へきよし存候、
真福院さへ煩
故不令詞（伺カ）候、本
意之外候、併漸
平愉仕候間、頓而

先御越可申候、于今
薬用候条令逗留候、
将亦一昨日於御城御
次候て、一と申上候、
大樹(徳川秀忠)にも御ほめ(誉)大かた(方)
ならす候、さひしさ
をもなくさミ(慰)候へく候、
御辛労候て、御当門御輿
立と可思召候、各々も
可申越候、定而冷内ハ
李門(最胤親王)(三千院門跡)にも日光山へ御座
候へく候よし、大樹も
被語候キ、事と期
後音之時候、恐惶
謹言、

南僧

五月十五日　天（花押）

梶井様(最胤親王)(三千院門跡)にて
御小性(姓)共御申上

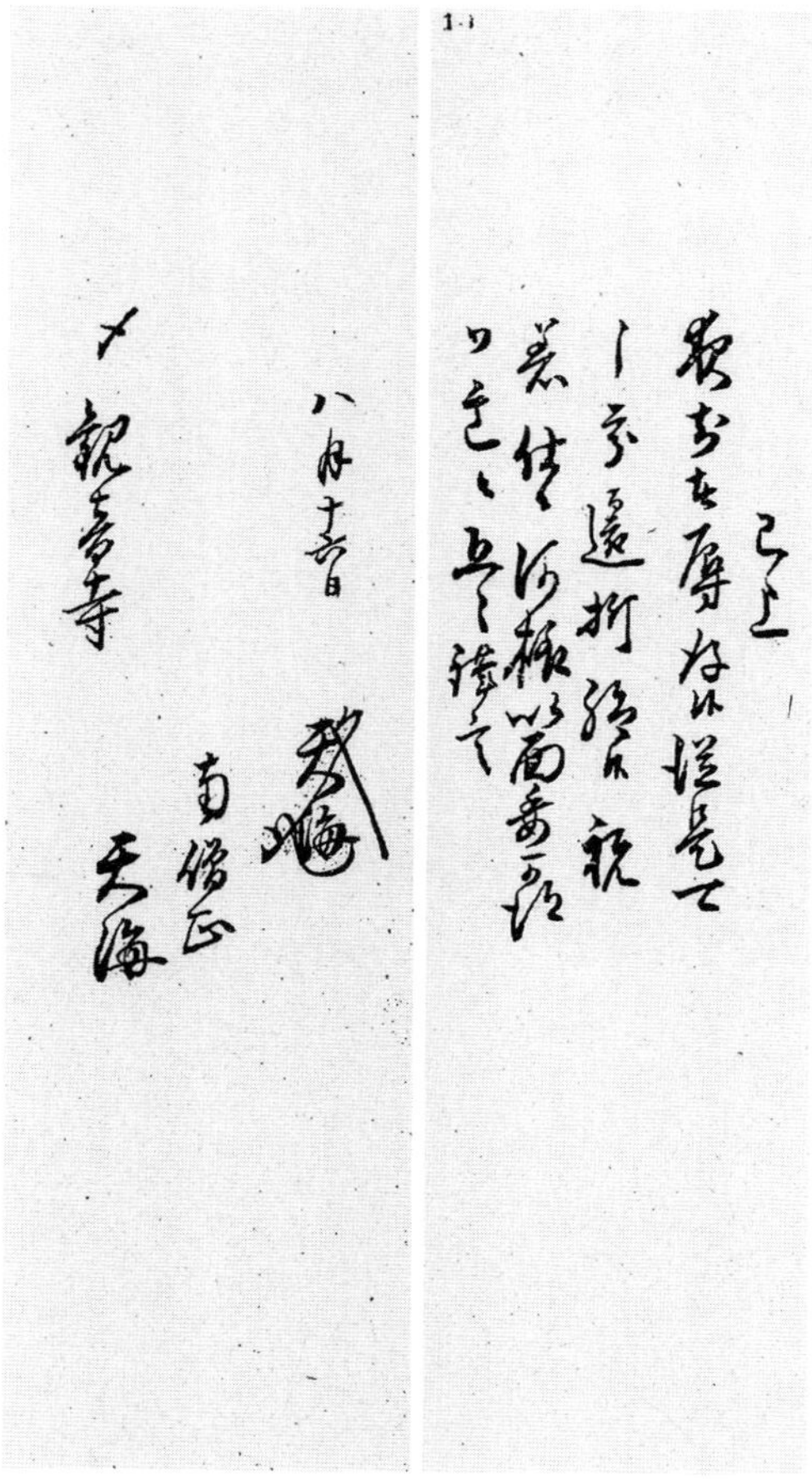

83　南僧正天海書状

東京大学史料編纂所影写本
「長沢氏採集文書」大阪四天王寺文書

已上
夜前者辱存候、従是可
申処、還折給候(脱アルカ)、祝
着仕候、何様以面委可得
御意候、恐ゝ謹言、
八月十六日　天海（花押）
南僧正
〆　観音寺　　天海

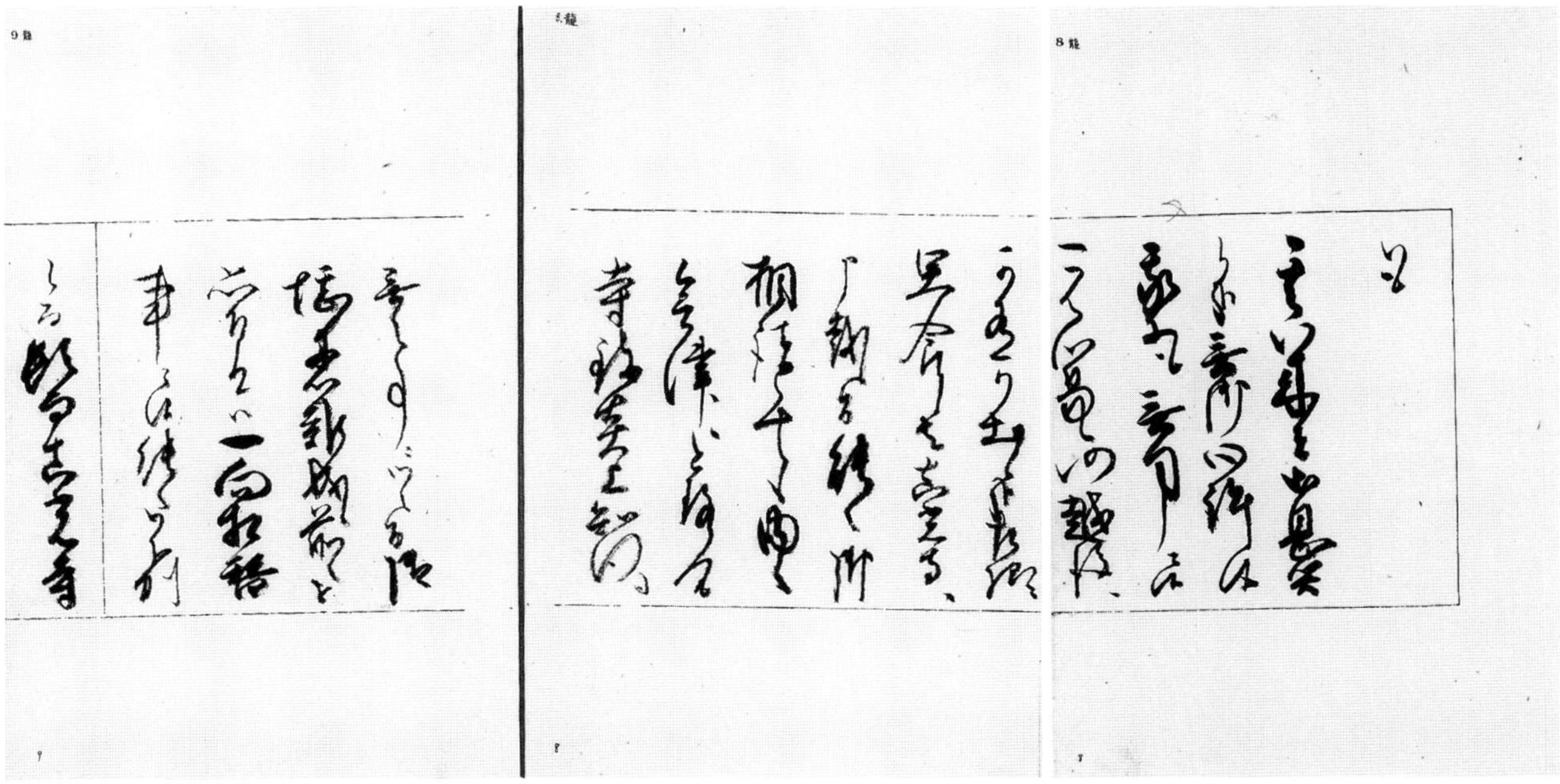

84　南僧正天海書状（元折紙カ）

東京大学史料編纂所影写本
群馬龍蔵寺文書

以上
其以来御息災
候哉、無御心許候、
我ホ（等）も無事ニ候、
可御心易候、仍越後へ
可有御出候哉、左様ニ
思食候者、真光寺へ
申越候間、能〻御
相談候へく候、内〻
会津へと存候へ共、
寺致炎上、知行も
無之事ニ候之間、御
堪忍難成候、前〻を
思召候てハ、一向相替
事ニ候、能〻御分別
候而、頓而真光寺
可有来儀候間、可被
仰越候、恐〻謹言、
南僧正
九月七日　天海（花押）

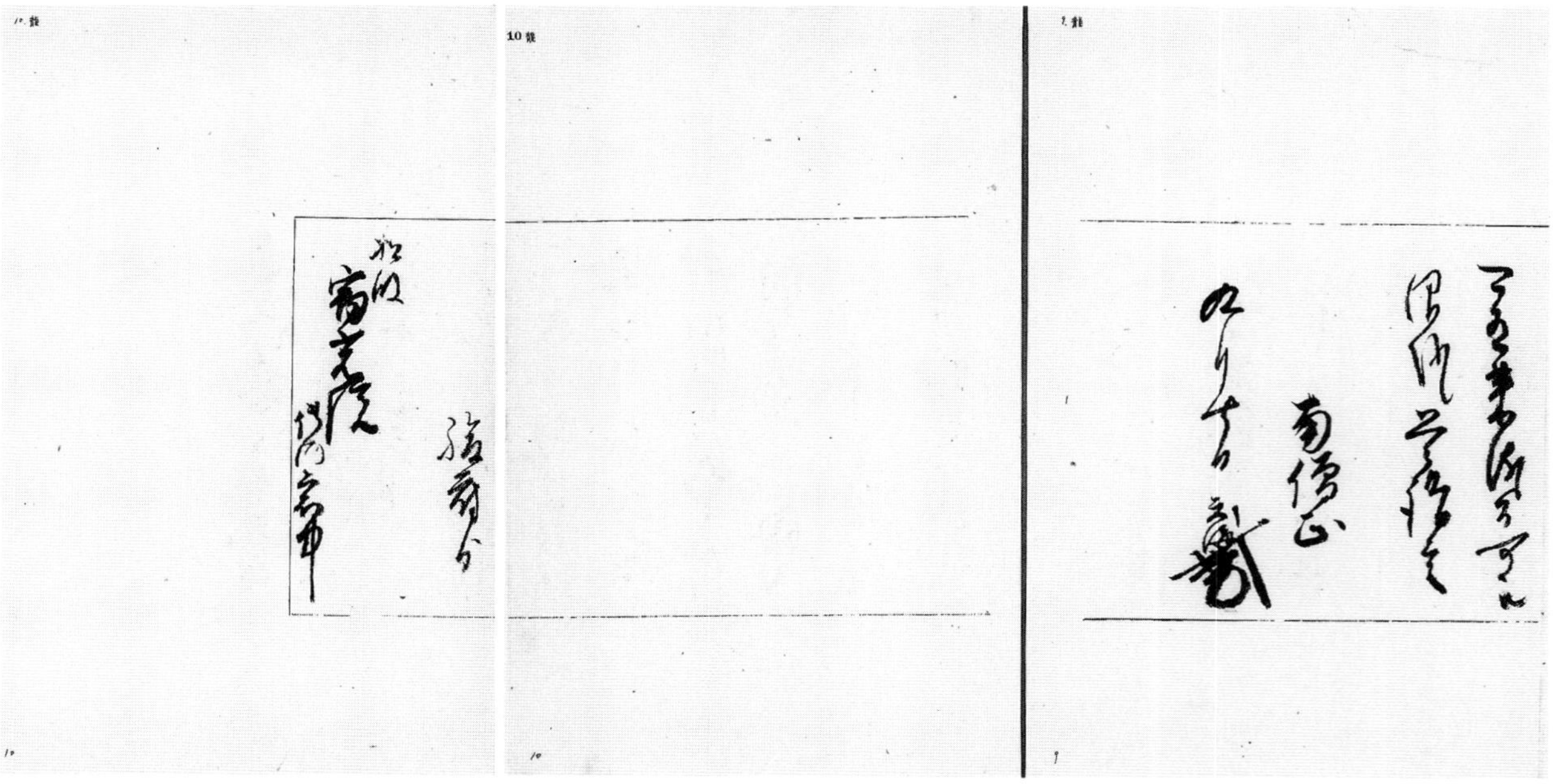

那波　　駿府ゟ
寂光院
御同宿中

○南僧正とあるので、元和五年（一六一九）の条に便宜収む。

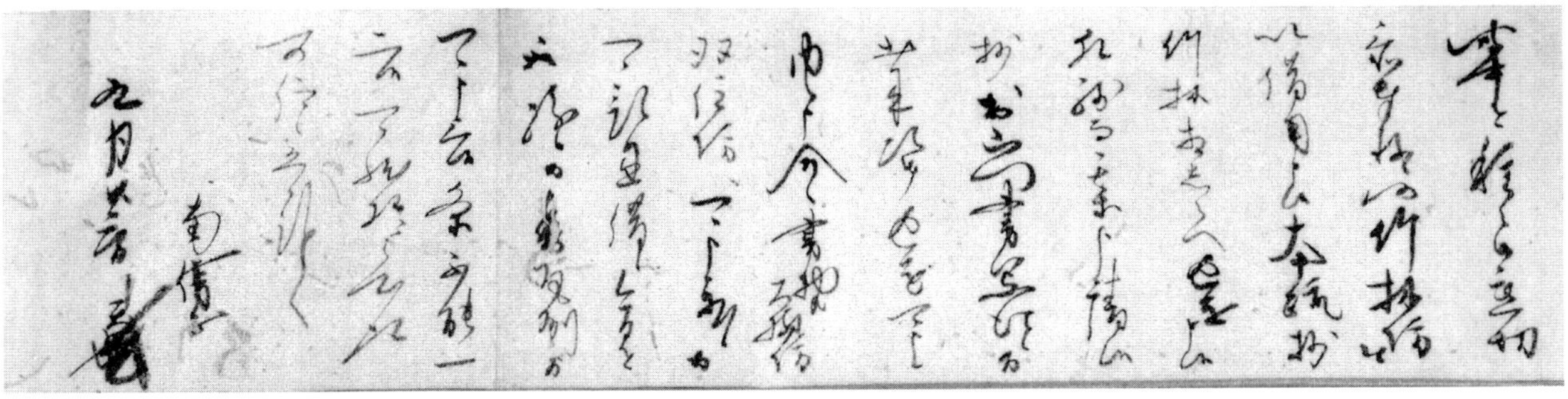

85　南僧正天海書状

大阪四天王寺文書

此中者種〻御懇切
忝奉存候、仍竹林坊（賢盛）を
以借用申候本疏抄、
竹林相しら（調）へ返還申候、
猶残而某申請候
抄、於山門書写仕候間、
出来次第返還可申候、
内〻申合候書物共、大樹坊・
双（相カ）住坊へ可申示候間、
可預恩借候、今日者
取紛候間、委尾州ゟ
可申上候条、不能一
二候、可然様ニ御心得
所仰候、恐〻謹言、

南僧正

九月廿三日　　天（花押）

（宛所なし）

○南僧正とあるので、元和五年（一六一九）の条に便宜収む。

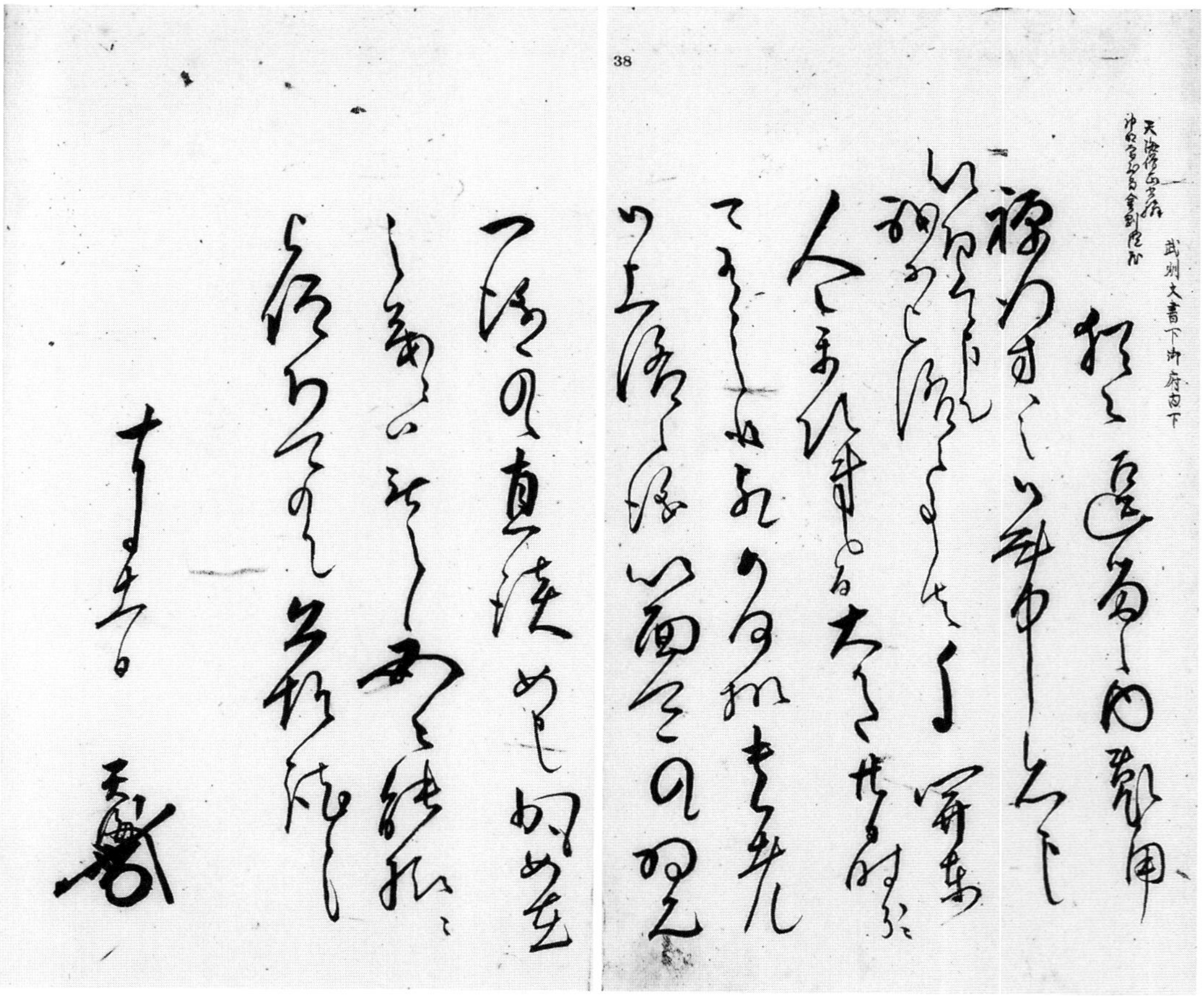

86　南僧正天海書状

東京大学史料編纂所影写本
『武州文書』芝金剛院文書

猶〻、逗留之内兎角
以面可申候、
禅門方へ之御書中見申候、
我ホ(等)上洛之事者、自関東
人参次第ニ而、大かた廿日時分ニ
可有之候欤(歟)、如何様貴老
御上洛之儀、以面可承候、将亦
一儀承候、直談如申候、少も如在
之義(儀)ニハ無之候、必〻能様ニ
被仰下可給候、恐惶謹言、
十月十一日　天海（花押）
文翁
几下　南僧正

○南僧正とあるので、元和五年（一六一九）の条に便宜収む。写真に宛名なし。

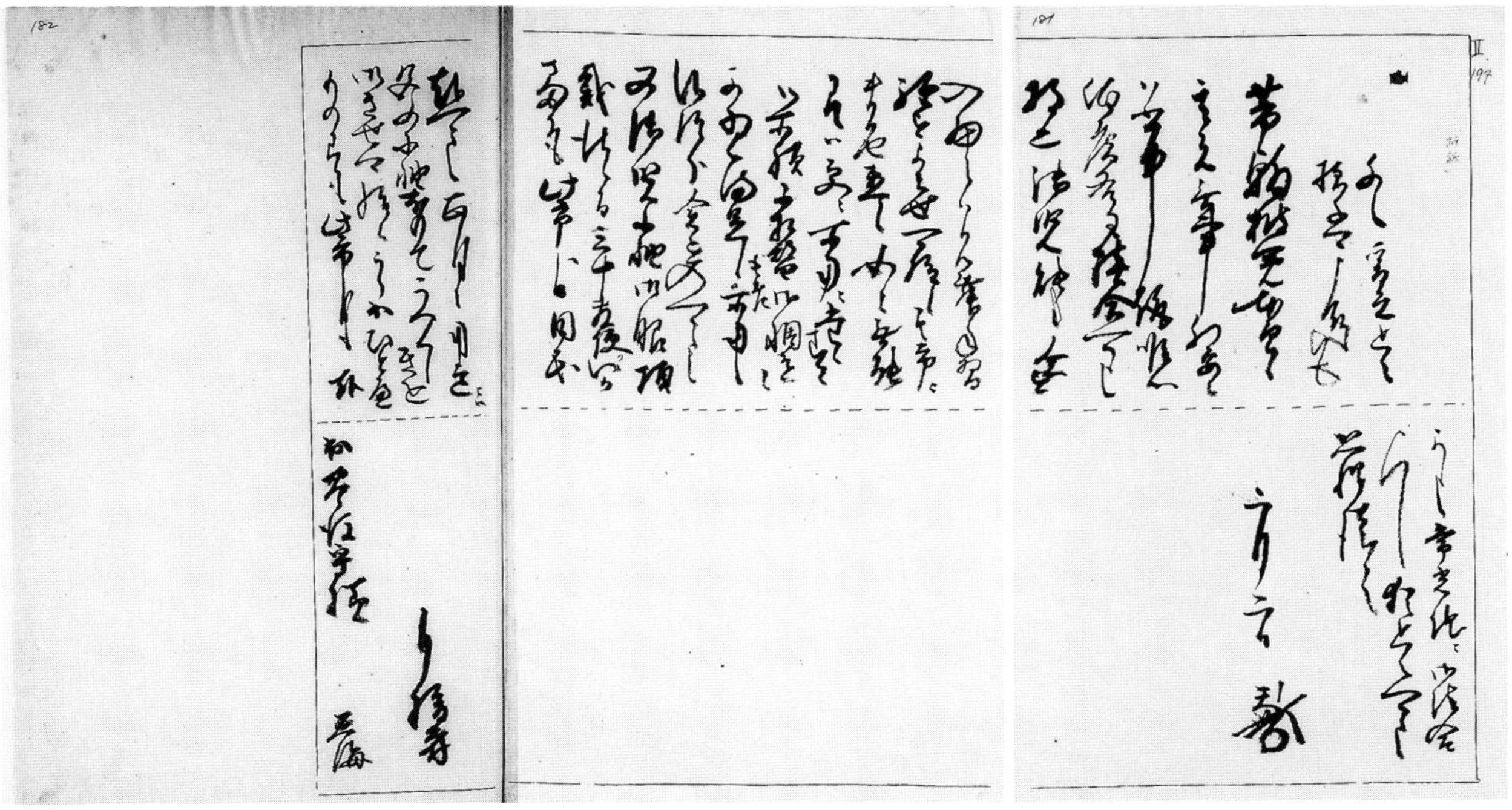

87　天海書状（折紙）

東京大学史料編纂所影写本「古文書纂」

尚〻、爰元近〻
様子可申承候、以上、
芳翰披閲本望候、
其元無事肝要候、
御書中之趣、唯心(日野輝資)・
伯庵各に談合可申候、
将亦御児能〻念を
入細々御見舞、手習・
経をよま(読)せ可給候、其方ニ
まかせ(任)置候、必〻無能
にてハ、更ニ所用ニたゝ(立)す候、
御所様(徳川秀忠)不相替御憫達候、
可為御満足候、貴老所用之
儀、随分念を入可申候、
又御児小袖御服頂
戴仕候間、三十前便、いか(如何)
さま(様)にも此方ゟ目出
越可申候、正月之用意ニハ
色の小袖、をもて(表)うつくし(美)きを
御き(着)せ可給候、うら(裏)かひとへ(単衣)

ものにても、此方ゟも越
可申候、常光院ニ御談合
候へく候、猶近〻可申候、
恐惶謹言、
（元和六年以前）
二月二日　天（花押）
自駿府
（出納職忠）
出豊後守様　天海

○出納職忠の豊後守在任期間は、慶長九年（一六〇四）十二月十四日から元和六年（一六二〇）閏十二月九日まで。

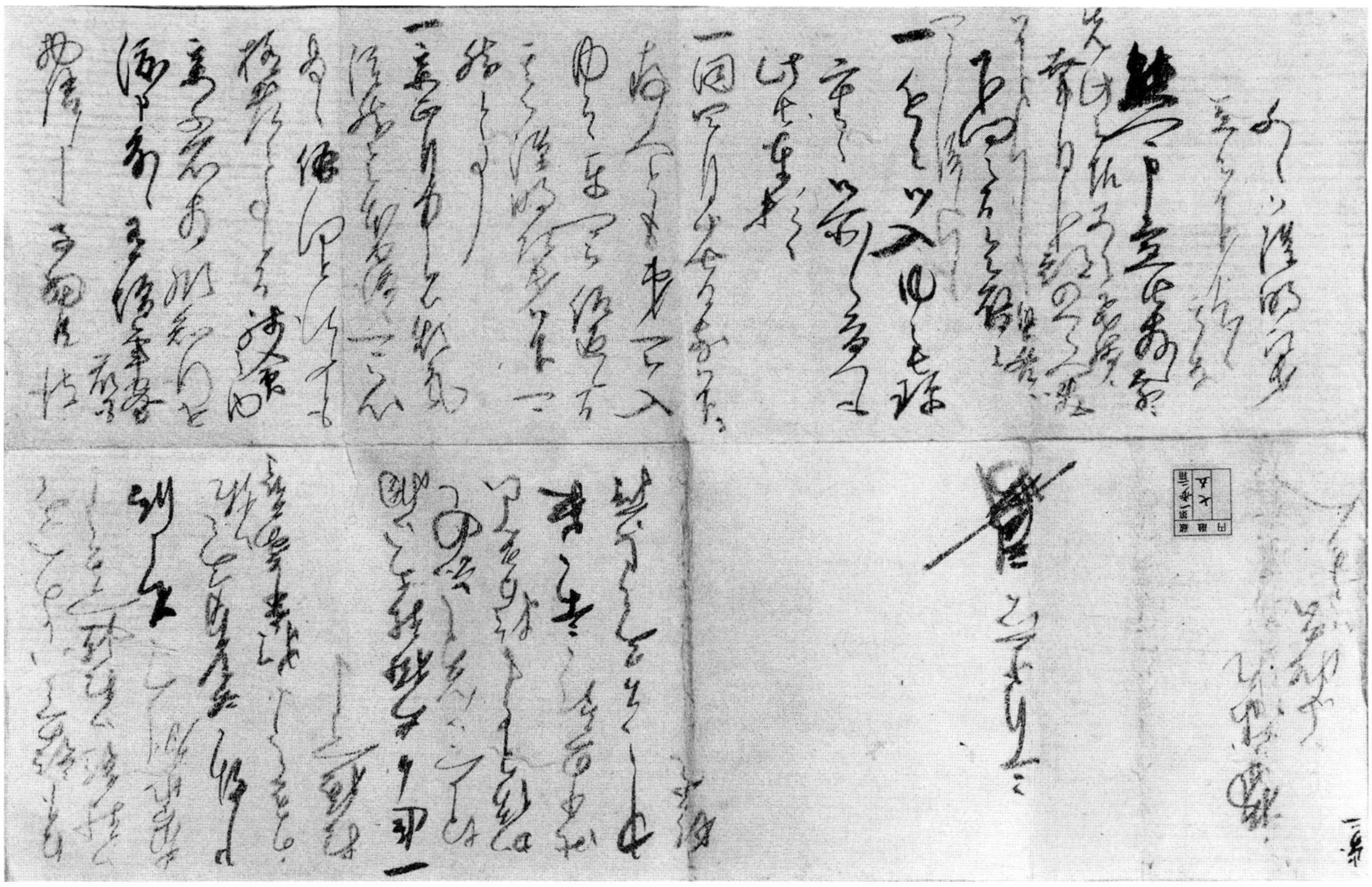

88　天海書状（折紙）

京都三千院文書

尚〻、御隙明次第、
急御下申候へく候、其前
先此御報、早〻飛脚ニ
御下申候へく候、具各へ
　可申渡候、以上、
態可申宣由存候処ニ、
幸日下部(目付・宗好)五郎八殿
下向之間令啓候、
一、近〻御入内(徳川秀忠女・和子)之由弥(珍)
重候、御所〳〵方へも
此由奉頼候、
一、同四月十七日前御下与
存候へとも、第一御入
内候ハヽ、互可被仰通候間、
其御隙明次第、御下可
然候事、
一、某正月中者煩気、
雖然令本覆候、可御心
易候、併何と仕候ても、
極老之事候間、残命之内
某千石拝領、知行を

渡申度候、有増年寄衆へも
物語申候、子細共彼
日下部五郎八とのへ、早と
御対顔、御相談可有之候、
藤泉州（藤堂和泉守高虎）へも、右之段
申越候、兎角早と御報
可有之由、猶年寄衆も
相極可申候、

一、追日大樹（徳川秀忠）我ホ（等）へ御悃
切候、可御心易候、知行之
加増なとも、於日光山
昨十五（日脱カ）預候、忝候、夜
中候間、早と申候、恐惶
頓首、

三月十六日（元和六年）　天海（花押）

梶井様（最胤親王）（三千院門跡）にて
　御小性（姓）衆
　　御申給へ

○徳川秀忠女和子の入内は、元和六年（一六二〇）六月。

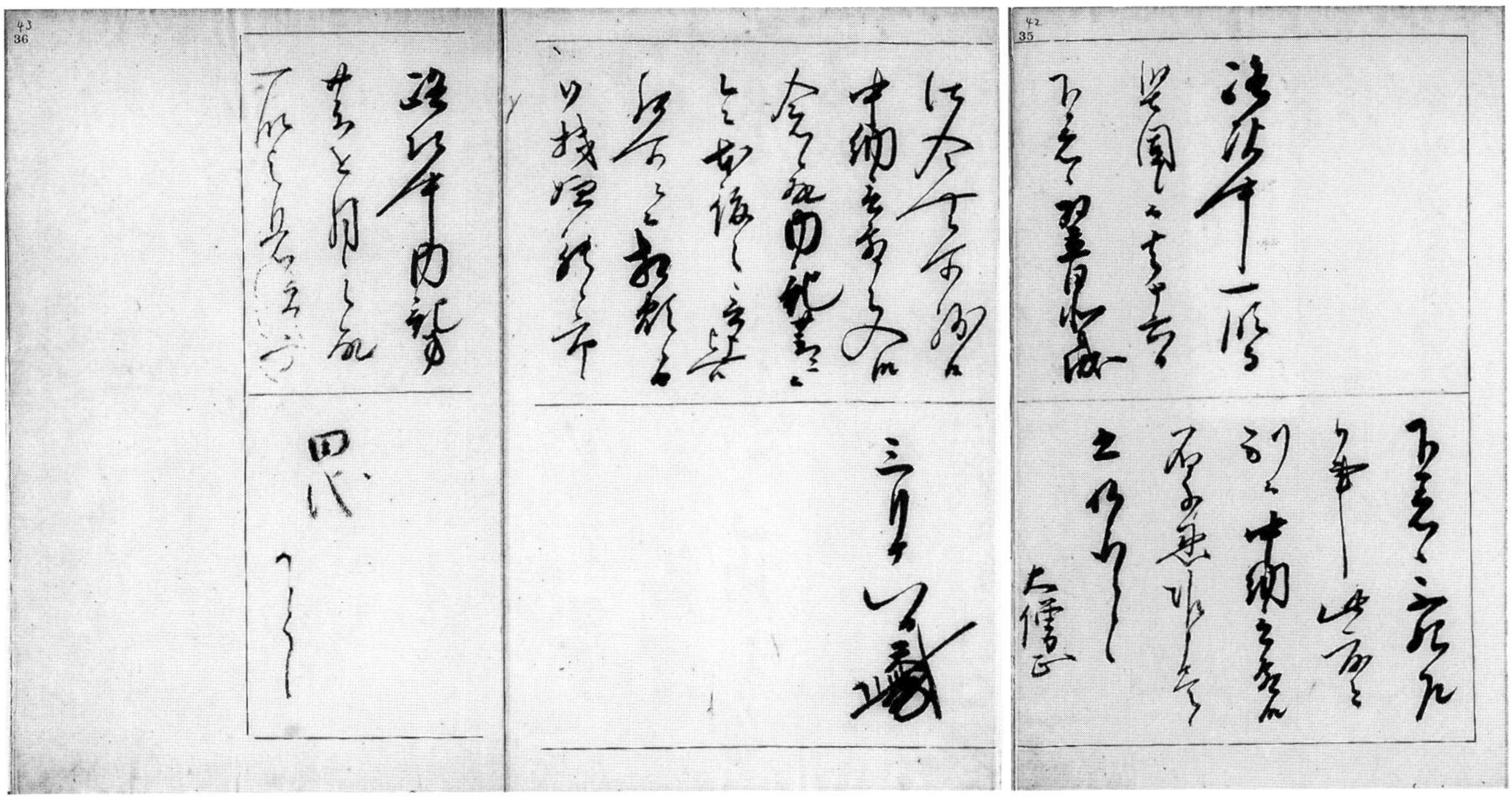

89　大僧正天海書状（折紙）

東京大学史料編纂所影写本
萩野由之氏文書

路次中一段与
堅固候而、去十六日
下着候、翌日登城
仕合無所残候、
中納言殿（徳川義直）被入御
念候故、内記（田代）薬ニ而
令本復候、言上申候へハ、
能所ニ而相煩候由、
御機嫌能御座候、
路次中内記方
薬を用候之故、
一段之息災ニ而
下着候、不始乍
御事、此度者
別而中納言殿御
厚恩難申尽候、
恐惶謹言、

（元和六年カ）三月十八日　天（花押）
大僧正

田代
人々御中

○徳川義直の中納言在任期間は、元和三年（一六一七）七月から寛永三年（一六二六）八月まで。
元和五年九月、天海尾張東照宮の遷宮の導師。
この間三月に天海が江戸城に登城するのは、元和六年のみ。

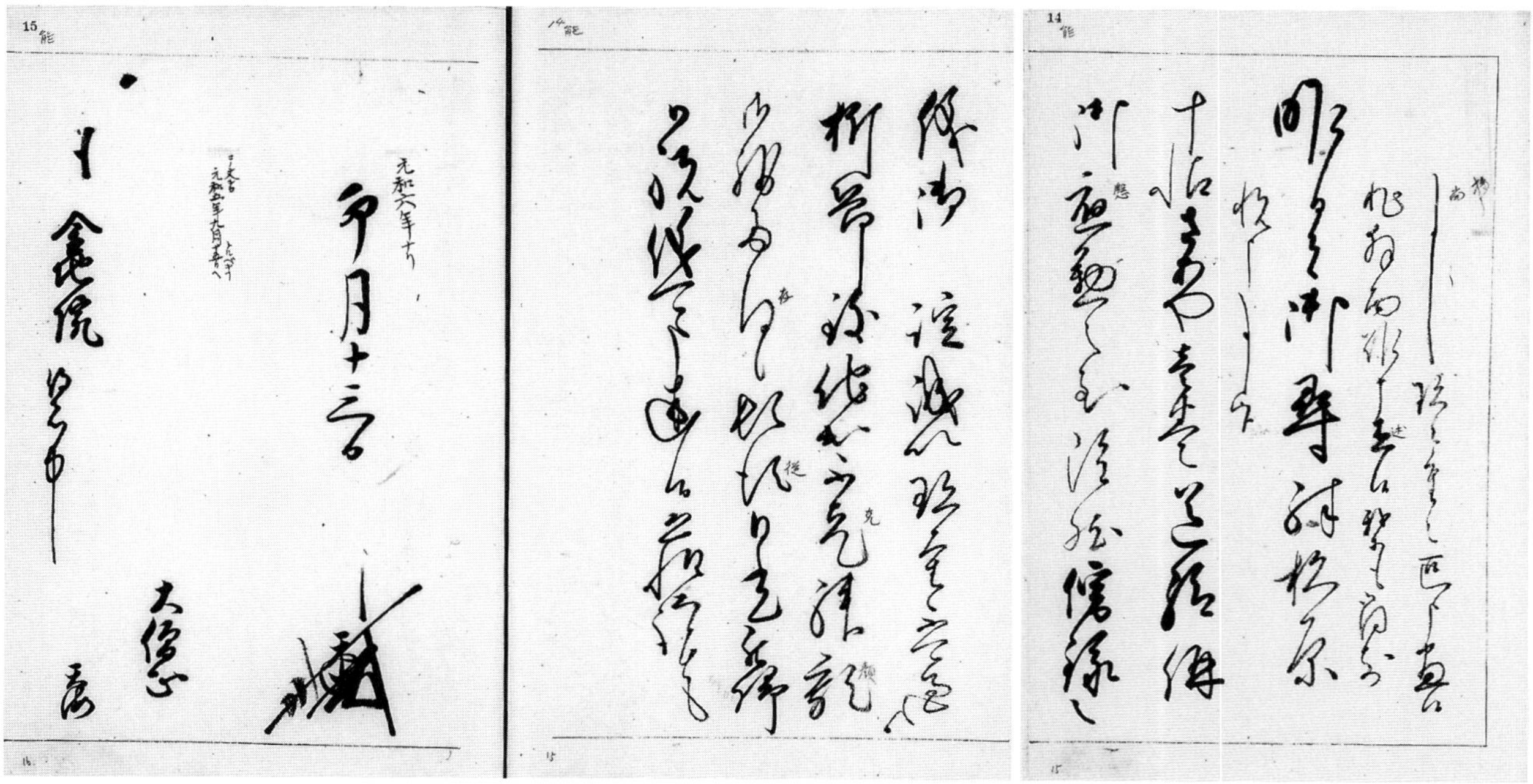

90　大僧正天海書状

東京大学史料編纂所影写本
兵庫能福寺文書

尚と、珍と重と叵(難)申尽候、
非拝面難申述候、我ホ(等)も御同前
悦申事候、以上、
昨日者御尋、殊杉原
十帖・さあや(紗綾)壱巻送給、併
御慇懃之至、雖然僧録之
儀御　諚、誠以珎(珍)重不可過之候、
折節致他出不克拝顔、
御残多存候、頓従日光罷帰、
御祝儀可申述候、恐惶謹言、
(元和六年)夘(卯)月十三日　天（花押）

大僧正
〆　金地院(崇伝)　天海
侍者中

○金地院崇伝の僧録就任は、元和五年（一六一九）九月。

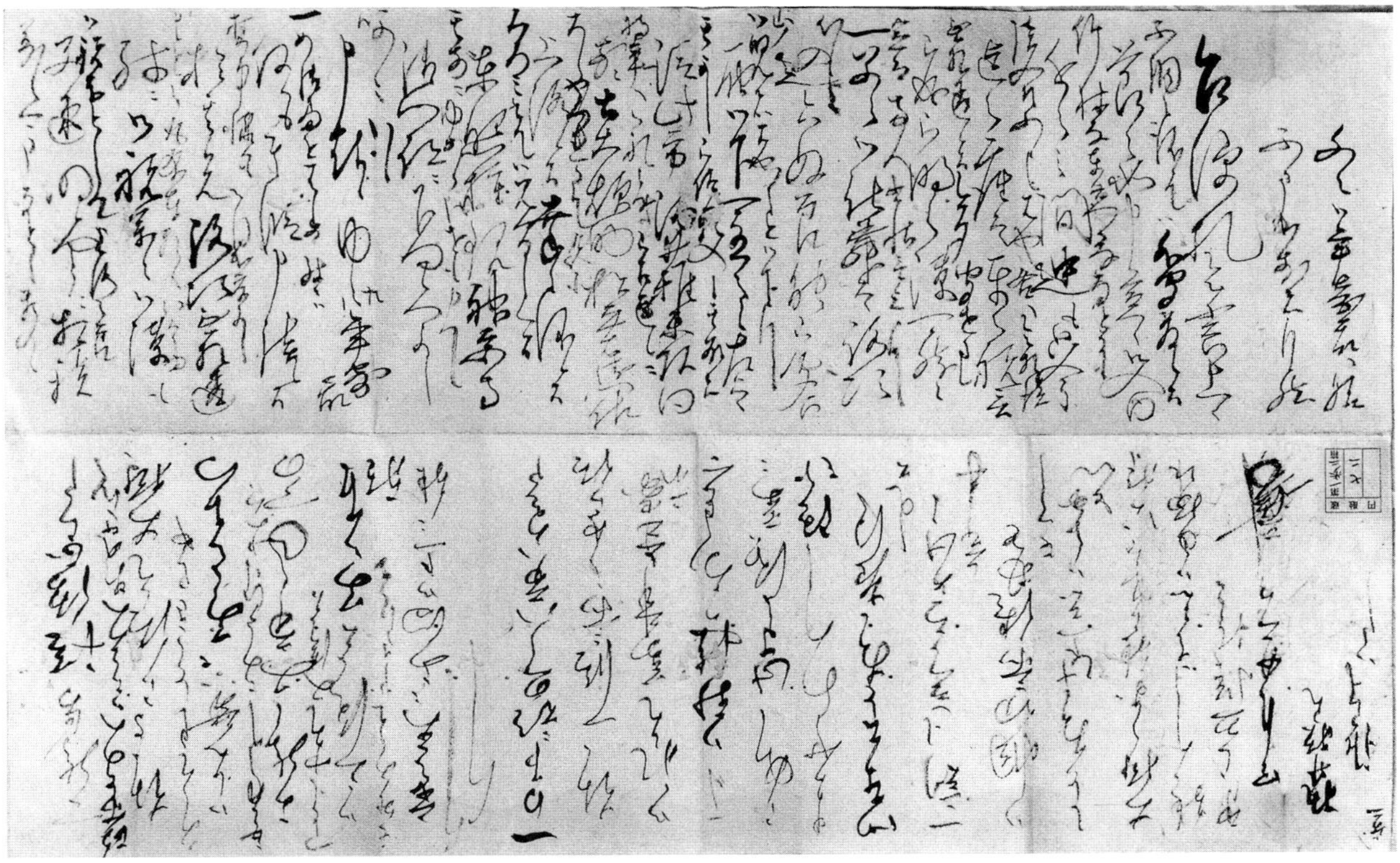

91　天海書状（折紙）

京都三千院文書

尚〻、御年寄衆へ始
不申出前者、自然
不調之儀候てハ、外聞如何候間、
竹林(賢盛)殿、東右衛門尉殿なとにも
談合不申候、はや(早)各へ令相談、
無相遠(違)候間、今夕聞せ申候、
急而両人書状言上候へく候、
以上、
山ノ御児者はや〱(早々)と御下候へく候、
其よし被仰頼入候、其故者
将軍(徳川秀忠)へ御礼之時、被召連候ニ、
おしやつ(憔)れ候て、色も
くろ(黒)ミ候てハ、見くるし(苦)く(敷)候間、
其前ニゆあらひ(湯洗)をも申へく候、
呵〻、以上、
一、女御(徳川秀忠女・和子)さまをはしめ、殊ニハ
禁中様(後水尾天皇)へも御目出度よし
申候と、御取成奉頼候、いかさま(如何様)
御祝義(儀)として上洛之節、
万〻可申事とも頼入候、
政所(九条忠栄室・完子カ)とのへ御こゝろ(心得)へ頼入、さひ〱(再々)

文して申候、とゝき（届）申候や、
無返事候、このたひ（此度）も申へく候
へとも、やかて又隙候間、
其時文して申まいらせ
候へく候、

乍便札令言上候、
節ゝ如申宣候、御入内（和子）
近ゝ之間、迚も只今
迄御座候ハヽ、互御祝言
被成、被明御隙可然候、
一、早ゝ御仕舞候ハヽ、路次
込候ハぬ節、能被聞召
届、御下可有之候、左候ハヽ、
従此方酒井雅楽頭（年寄衆・忠世）、同
前ニ土大炊助（年寄衆・土井利勝）・松平右衛門佐（年寄衆・正綱）
上洛候間、幸之儀候間、
東照権現神宮寺
御門跡ニ下向候へよし
申越候、内ゝ御年寄衆
何へも其段申談候間、
於其元路次無相遠（違）、
殊ニ御祝義（儀）ニ御隙も
早速明候やうニ相談
可然旨、従僧正（天海）被申

越候与被仰候て、大樹（徳川秀忠）へ
御見舞ニ、早ゝ御下向
可然候、又当年可為
御上洛候間、早御下候程、
寒天ニ不向、御上ニ能
候へく候、
一、日下部五郎八（目付・宗好）方へ具ニ申
越候、一段忝之由被仰、
御礼候て、万事年寄衆
へも、御対談かならす（必）可
被成候、此方之儀ハ、某ニ
まかせ（任）られ候へく候、随分之
御奉公と存候、老後之事候間、
一刻も急候而、如此ニ候、年来
御悃切忝儘、物を遣し
候と存候、此上者御分別を以、
大樹御前能被成候ハヽ、いか程（如何）も
能候へく候、其者御手柄次
第申候、恐惶謹言、
（元和六年）四月廿二日　天海（花押）
梶井様（最胤親王）（三千院門跡）にて
誰にても
御申

○徳川秀忠女和子・東福門院の入内は、元和六年（一六二〇）六月。

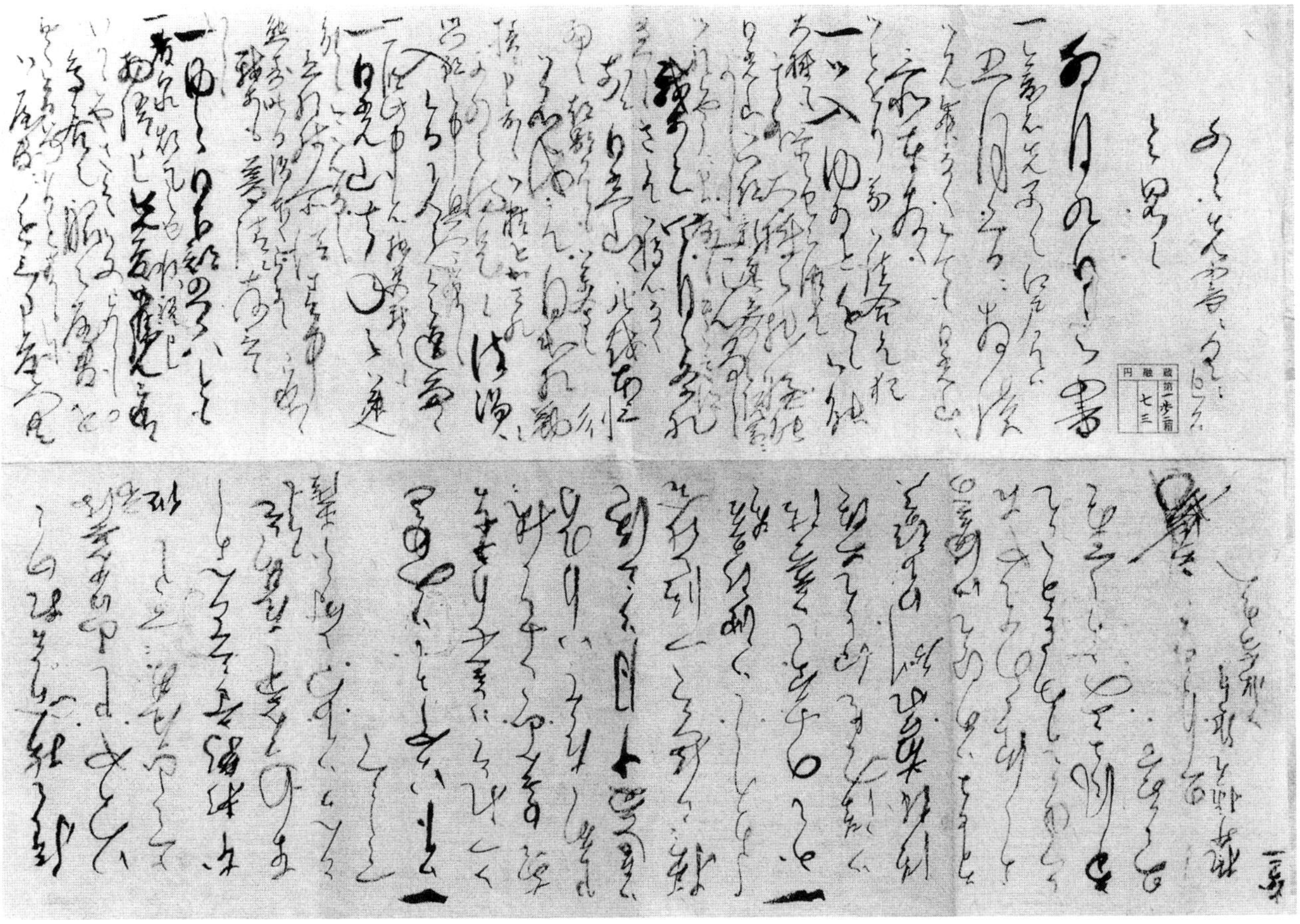

92 天海書状（折紙）

京都三千院文書

尚ゝ、先書ニ具ニ申候間
令署(略)候、
一、今度者先早ゝ江戸にてハ、
御見舞なく候ても、日光山へ
御とをり(通)、万御談合候て、猶
大樹(徳川秀忠)へも忝之由、被仰候て、
日光山御門跡新建立の御祝義(儀)ニ
御礼候やうニ申候、何も其御意得
専一候、さ候ハヽ、御隔心なく、
細ゝ都鄙にても、御参会之
様ニ申度候、御精を出され、
御門跡之中興可被成候、
一、一段此中者機色我ゝも
能候、可御心易候、
熊寿昨日湯本(日光)へ被参候、
以上、
一、藤泉(藤堂和泉守高虎)煩気之由風説申候、
いかゝ(如何)候や、さ候ハヽ、御文ニ被為候しか、
無之候間、いつハり(偽)と存候、以上、
夘(卯)月九日之御書、
五月二日ニ拝読、

忝奉存候、
一、御入内(徳川秀忠女・和子)なと近候、御能
其外大樹御機嫌能
候へく候、可御心易候、
我ホ(等)者四月之祭礼
前ニ日光山へ罷越、本上州(本多上野介正純)
御名代ニて目出相勤候、
可為御満足候、彼湯へ
入候而、于今令逗留候、
一、日光山去年之御建
立相残所、従春中被成候、
我ホ(等)も普請ニ存立候、
一、内〻日下部五郎八(目付・宗好)とも
物語申候、先度御覧被成候
鳥居之脇之屋敷を、
御屋敷ニ進上申度候へ共、
種〻指合候間相止候、
いつかや申候山口忠兵衛方
上之山屋敷ニ可申候、但、
本頼(源)朝堂立候ハんよし、
奉行見当候屋敷候、是にても
候ハんか、御下行之時分、直談
可申上候、
一、御下いかやう(如何様)にも御入内過、
御一礼候ハヽ、御急七月十七日
前ニ、日光山へ御登候様ニ
申度候、左候て八月・九月
御逗留、十月御上洛之
様ニ被遊候ハヽ、一段之仕合
たるへく候、御油断有間敷候、
一、少〻の小屋之御普請、
御隙入候共、何とて大坂へ
御越、藤泉州(藤堂和泉守高虎)・日下部五郎八
なとに、御あひ(逢)候て、御満足の
よし仰られ、はや(早)左
候ハねは、かならす(必)なく候て、
当風に不入候よし可存候、
恐〻敬白、
(元和六年)五月十三日　天海（花押）
梶井様(最胤親王)(三千院門跡)にて　誰にても
御披露給へ

○徳川秀忠女・和子の入内は、元和六年（一六二〇）六月。

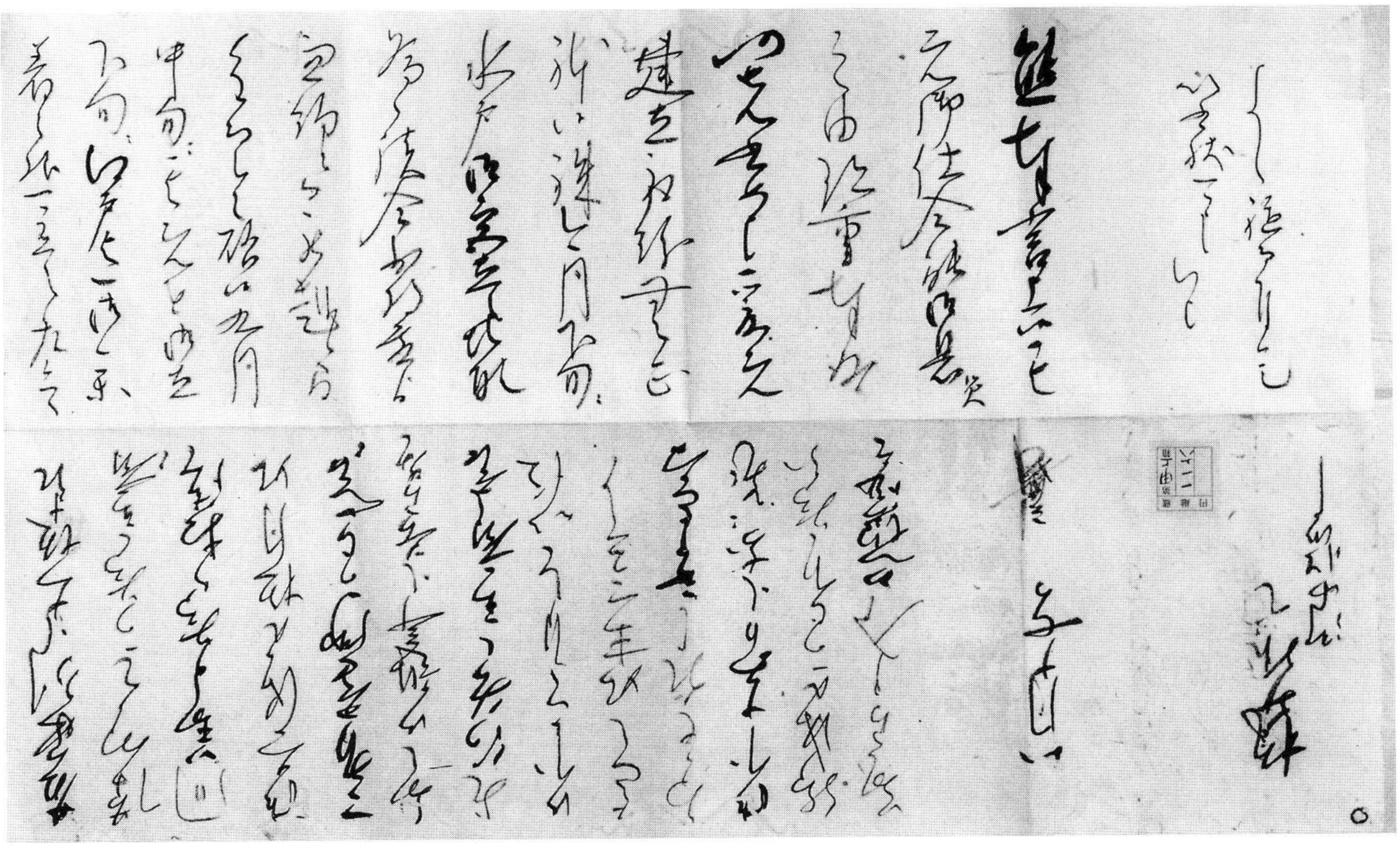

93 天海書状（折紙）

京都三千院文書

尚々、聽而自是
以書状可申候、以上、

態奉言上候、其
元御仕合能御息災
之由、珎（珍）重奉存候、
仍先書如申候、爰元
建立取紛無正
躰候、殊今月下旬ニ
水戸御宮立候地形、
為御談合、少将殿（徳川頼房）ゟ
兼約候而、罷越候間、
重而令啓候、九月
中旬ニ其元を御立、
下旬ニ江戸迄御参
着候様可有之候、左候ハヽ、
藤泉州（藤堂和泉守高虎）も大坂表
隙明候て、可為参府候
間、万事為御相談候、
御太儀候共、極月始
可有還御可被思召候、
少々御越年も苦間敷候

弞(歟)、何各参府之節、
御下候ハヽ、自今以後
迄之始末可有之候、
為其猶申候、無申迄候へ共、
御下十五日も前ニ飛
脚成共可被下候、為分
別候間申入候、恐惶謹言、
(元和六年)八月十七日　天（花押）

梶井様(慈胤親王)(三千院門跡)ニて
御小性(姓)御中

○水戸東照宮の遷宮は、元和七年（一六二一）二月。
徳川頼房の少将在任期間は、慶長十六年（一六一一）三月から元和六年八月二十一日まで。

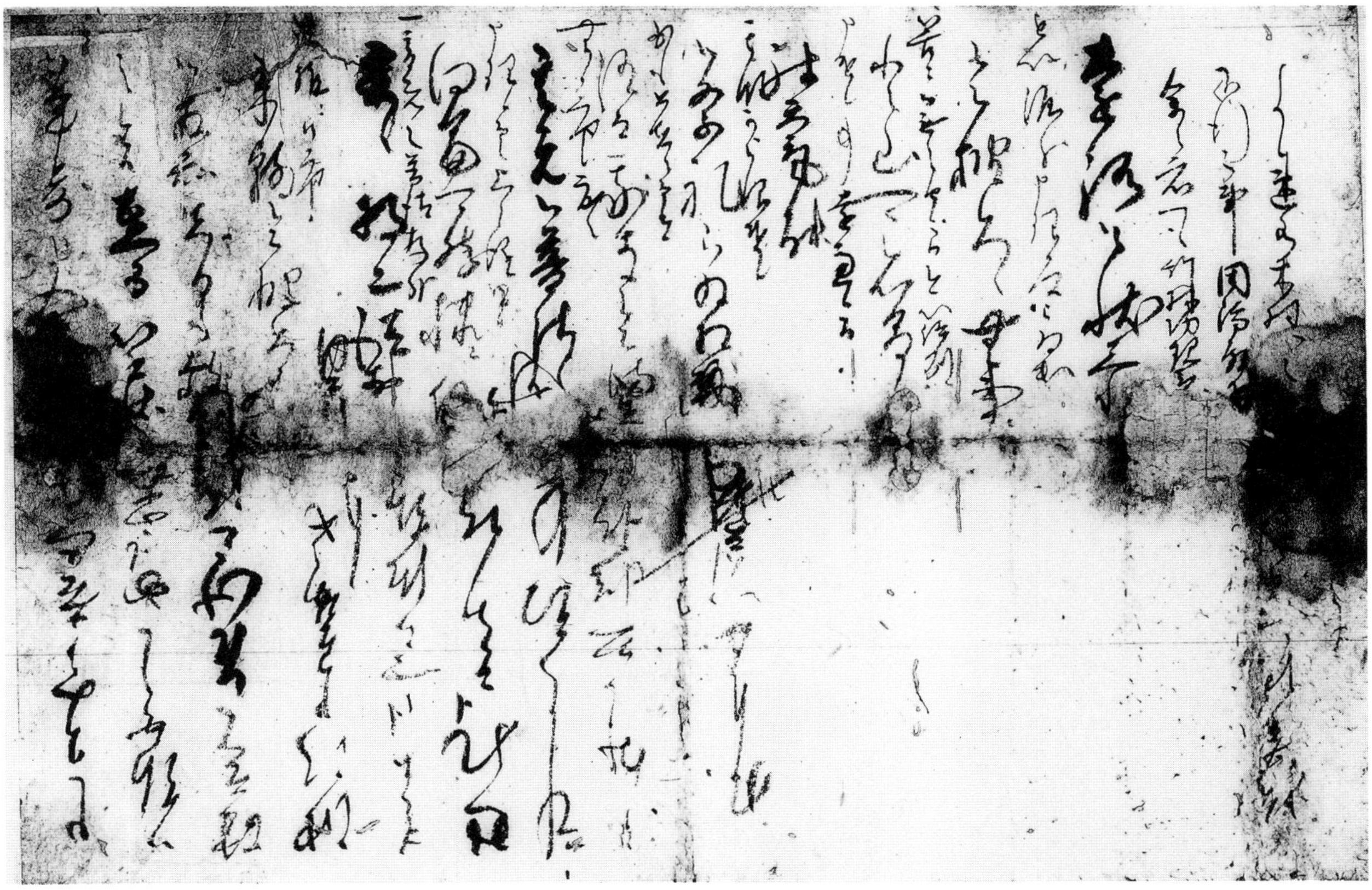

94　天海書状（折紙）

国立国会図書館文書

尚〻、速水・木村へ之
下行之事、周防殿（板倉重宗）□
余之衆へも、竹林坊（賢盛）・観音（忠尊）□（院カ）
を以、涯分申理候へ共、被為出
筈ニ而無之由候間、今以伊州（京都所司代・板倉勝重）
申遣候事遠慮候間、
其段可被仰遣候、
少も如在ニ而者
無御座候、度〻
申理候而之上之儀ニ候、
一、爰元之普請、存外
結構ニ御座候、

遠路御状忝
令披見候、無事ニ
登山可御心易候、
殊天気能
御祭礼被為相勤候、
随而我ホ（等）も令満足候、
其元御普請之儀者、
何篇可然様ニ任
置候、将亦従於□

来翰令披見候、如
御存知、先日御赦□
之旨、達而以書状
御年寄申合進上
申候、于今吉凶之
御報無之候、少も不存
疎意候、乍此上□（御）
油断申間敷候由、自
貴下も可被仰越候、
返礼も其分仕□
事候、期後音
之時候、恐惶謹言、
（元和六年カ）九月十八日　天（花押）
施薬院（宗伯）御尊報
貴答

○京都所司代板倉父子の交替は、元和六年（一六二〇）十一月。

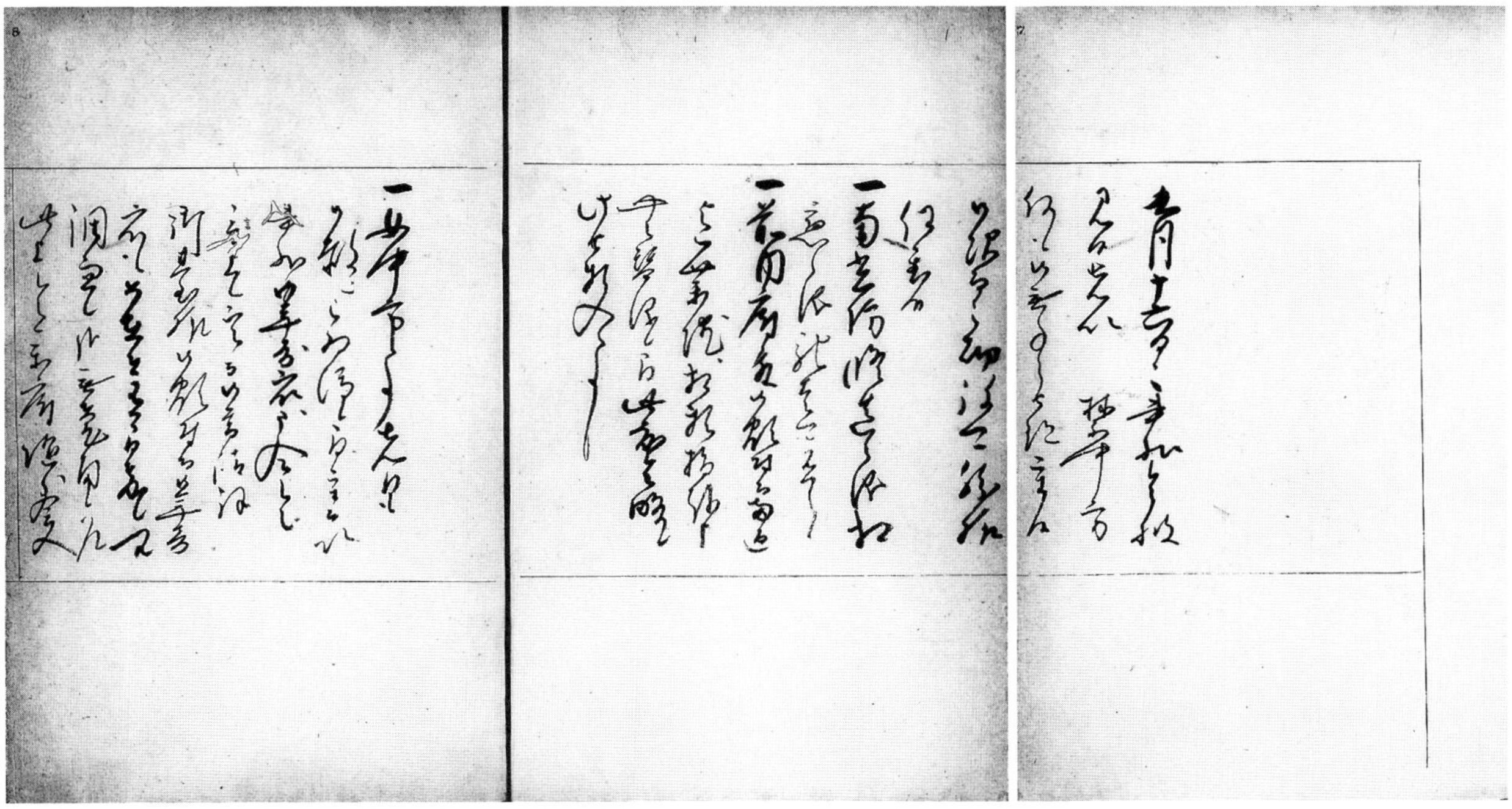

96　大僧正天海書状（元折紙カ）

東京大学史料編纂所影写本
三浦周行氏文書

九月十六日之書状令披
見候、先以　禁中方
何も御無事之由珎(珍)重候、
御次而之砌、弥可然様
任置候、
一、南光坊修造之儀、相
応之儀馳走可有之候、
一、前内府殿(広橋兼勝)御煩付而、両通
迄薬院(宗伯)へ相頼指越申、
無替儀候間、此度令略候、
此由頼入候事候、
一、女中方之事、先日も
御赦ニ被為済候間、重而以
書状、御年寄衆へ申合令
言上候、定而御普請、殊
御台様(徳川秀忠室・浅井氏)御煩付而、御年寄
衆も如在者有間敷候へ共
調兼候哉、無兎角候、乍
此上令参府、随分念入
可申候、少も無沙汰申間敷由、慥ニ
前内府殿へ御心得御座候、此事
御苦身御無用候而、御煩御
養性(生)専一候、目出被成御快気、
御参会候へ由伝達御坐候、
一、両速水事、随分念入候へ共、
周防(板倉周防守重宗)此方ニ候砌、色ヽ観音院(忠尊)・

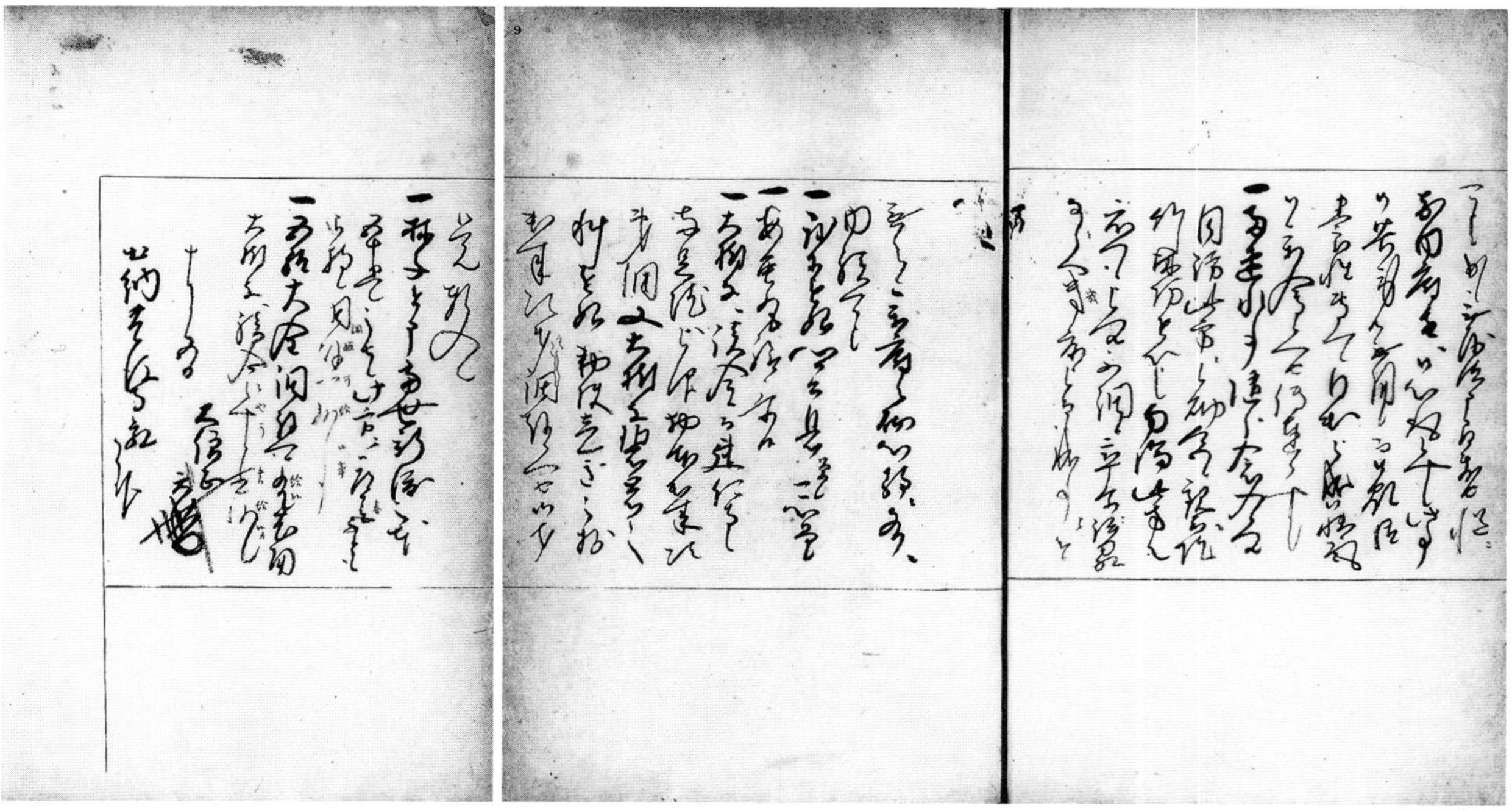

竹林坊（賢盛）を以申候、勿論此方之
衆へも申候へ共不調候、卒尓（爾）ニ信刕（州）
なとへ幾度申候而も成へく者
無之候、参府之砌心静ニ各
内談可申候、
一、我ホ（等）を始卿公（晃海）息災候、可心易候、
一、安虫丸（栄仙カ）給忝候、
一、大樹房へ談合候而、建仁寺之
両足院へ被仰、物本出来次
第調、又大樹房碧岩之
科を始、勅使しんぎ之抄
出来次第調越候へ由、御才
覚頼入候、
一、林子と申当世新渡之本
五十巻之由候、此方ニハ道春（林）なとも
被持候、調越可給候事、
一、五経大全調越可給候、尤何
大樹房へ談合御坐候書給候、

大僧正

（元和五、六年）十月五日　天（花押）

出納豊後守（職忠）殿

御報

○板倉重宗の京都所司代就任は、元和六年（一六二〇）十一月。出納職忠の豊後守在任期間は、慶長九年（一六〇四）十二月から、元和六年閏十二月まで。

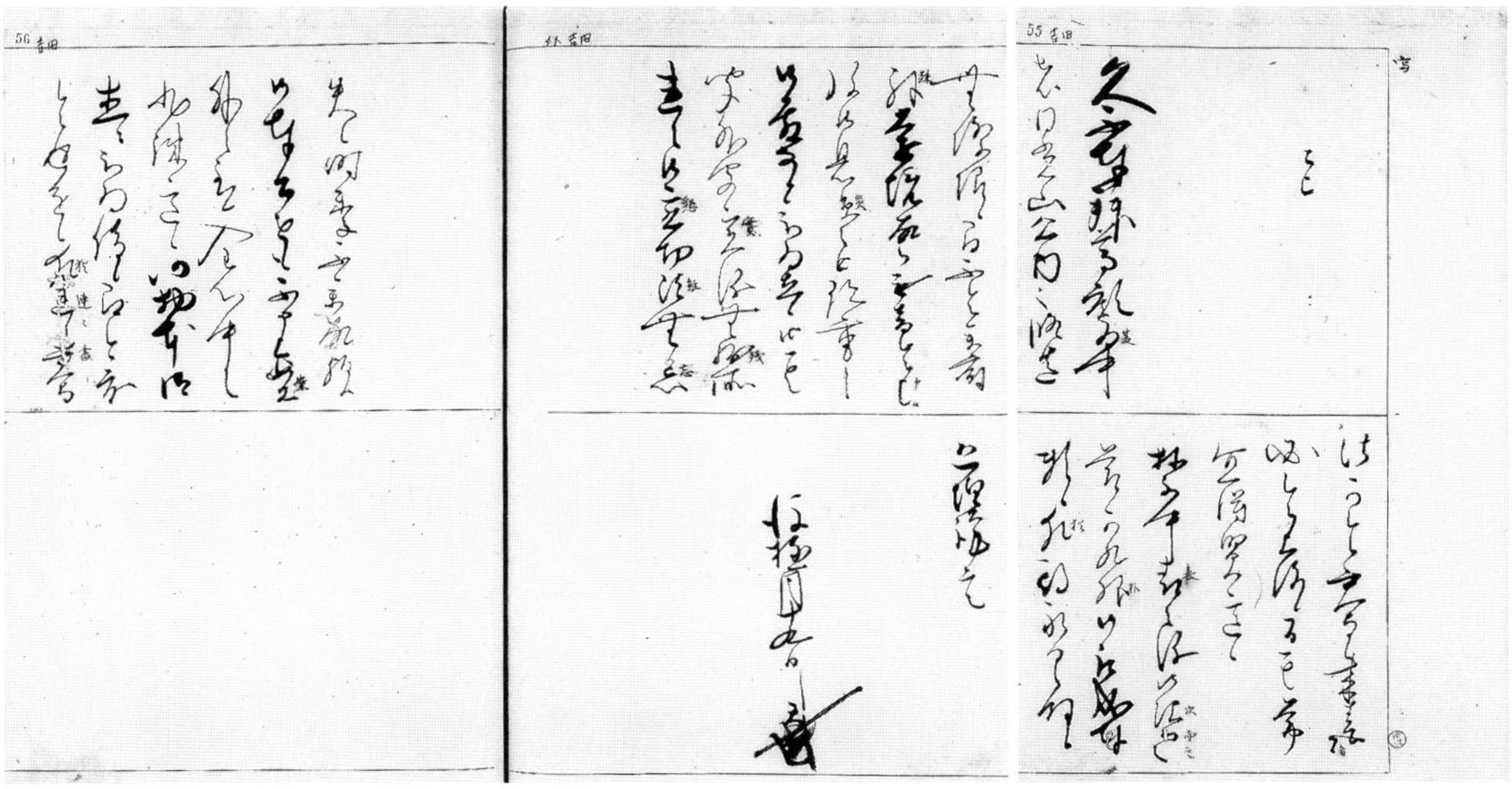

97　天海書状（折紙）

東京大学史料編纂所影写本
吉田黙氏文書

已上

久不奉拝尊顔、夏中
者日光山公内と修造
無際限候間、不令参府、
殊遠境故、御無音令申候、
弥御息災之由珎（珍）重候、
御殿なと被為立候由、其
聞外聞実儀無残所、
連と御懇切、雖無忘
失候、時季不参故欤（歟）、
御奉公をも不申上、案
外之至候、全心中之
非疎意候、仍物本御
直ニ被為借候、即今度
令返還候、猶連と書写
仕、残置候ハん被成御覧
可有恩借候、為興隆仏
法可令書写候、来春者
必令上洛候間、其節
宜得賢意候、

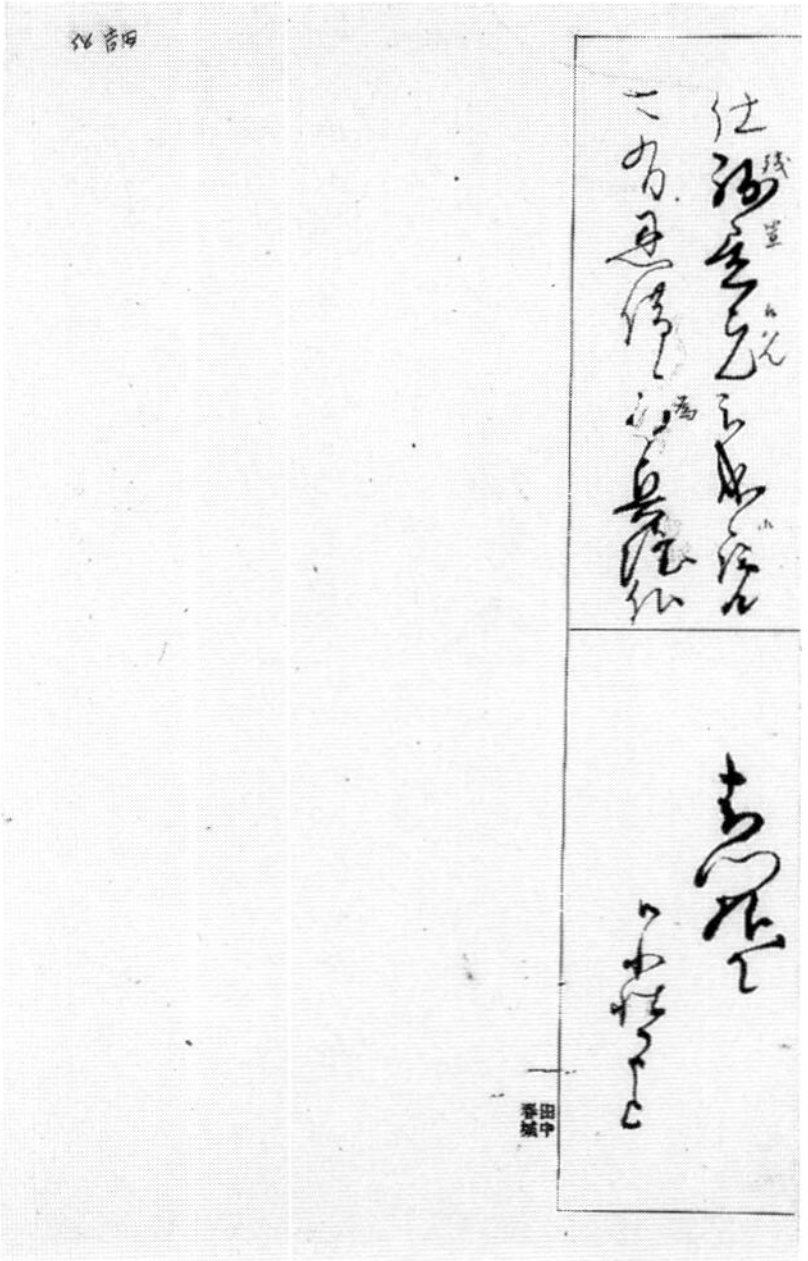

禁中表之儀、御次而之
節、可然様御取成奉
頼候、猶期永日之時候、
恐惶謹言、
後極月（元和六年）十九日　天（花押）
青門（尊純親王）様ニて
御小性（姓）御申上

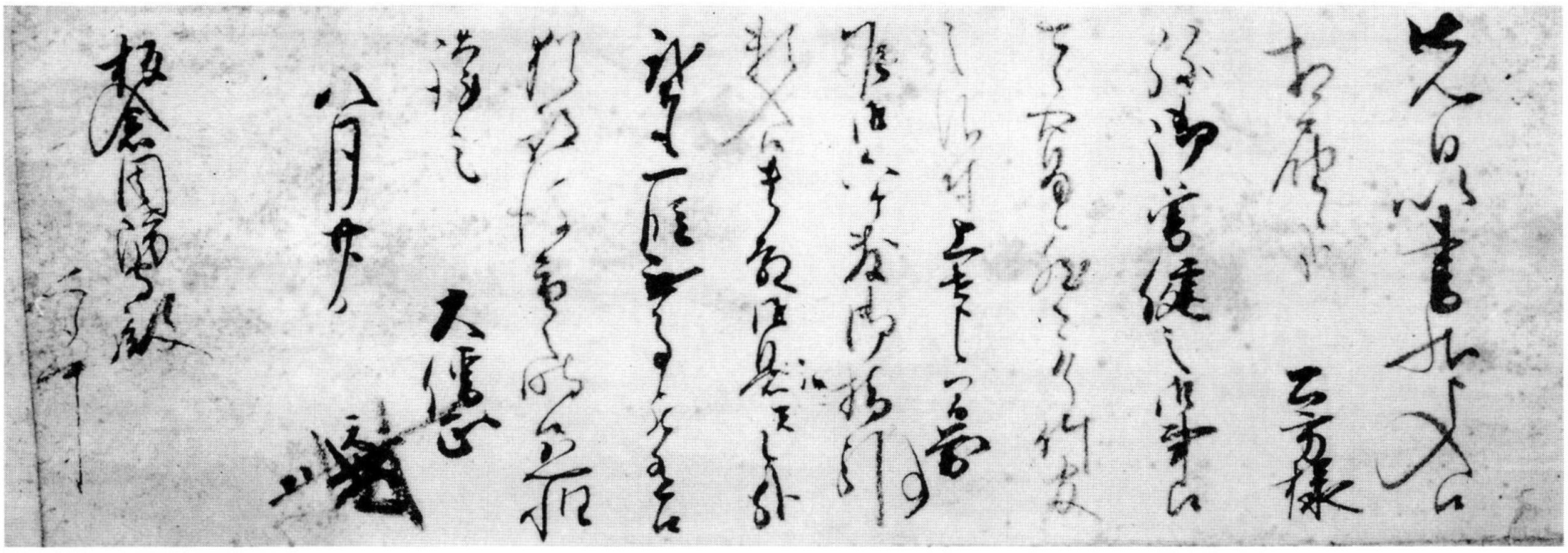

98　大僧正天海書状

大津聖衆来迎寺文書

先日以書状申入候、
相届候哉、公方様（徳川秀忠）
弥御勇健之御事候、
可御心易候、然者了竹宮
之儀付、上せ申候間、万事
乍御六ケ敷、御指引
頼入候、貴殿御息（災）候哉、
我ホ（等）も一段無事罷有候、
猶期後音之時候、恐惶
謹言、

大僧正

（元和七年以降）
八月廿日　天（花押）

（京都所司代・重宗）
板倉周防守殿
人ゝ御中

○本写真は、栃木県立博物館より御提供いただいた。
板倉重宗の京都所司代就任は、元和六年（一六二〇）十一月。

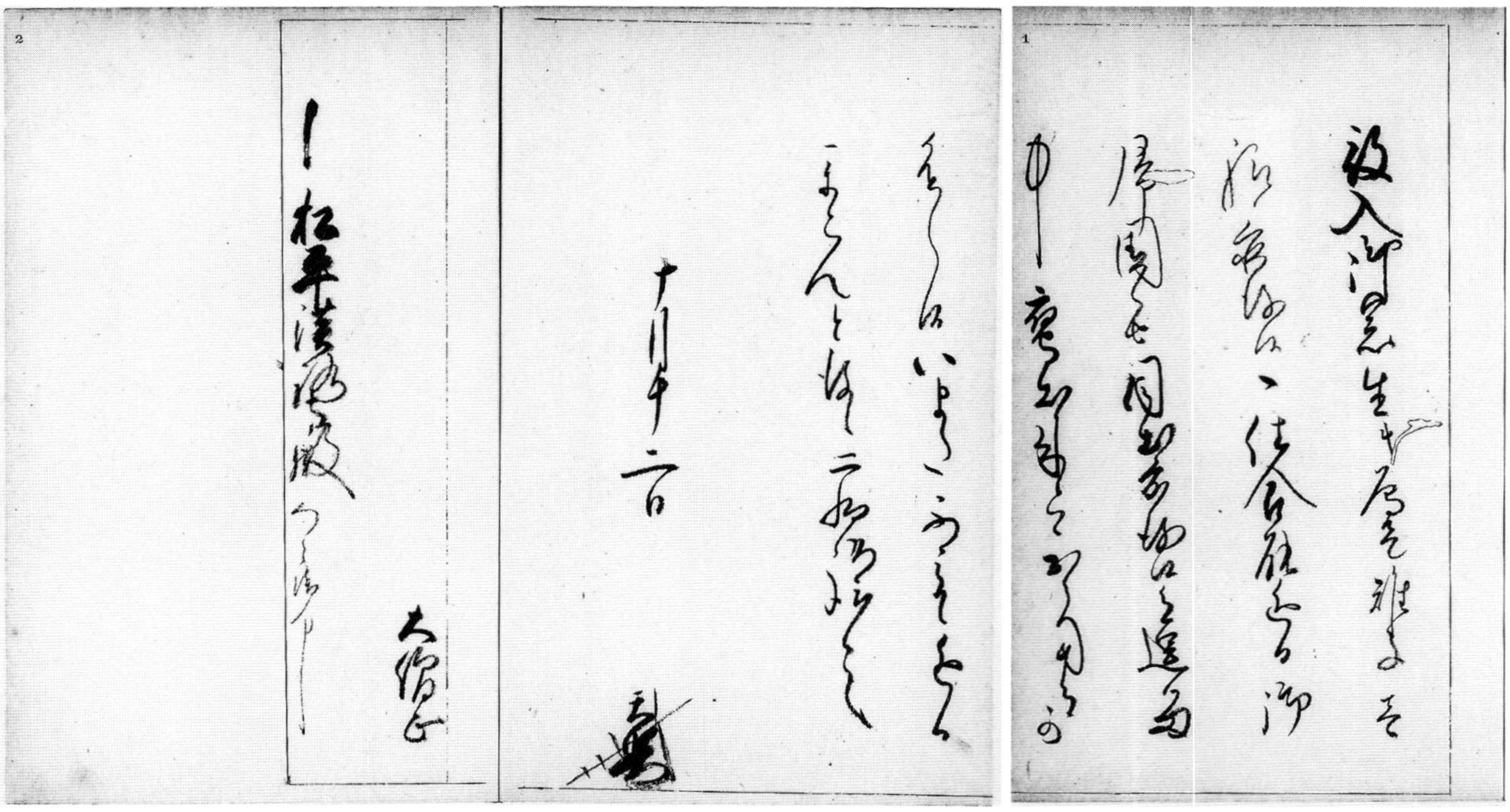

99　大僧正天海書状

東京大学史料編纂所影写本
上野凌雲院文書

被入御念生キ鴈壱、雉子壱
給、忝存候、御仕合能近日御
帰国候由、目出度存候、御逗留
中、鷹出来候ハヽ、於御用者可
進之候、いま（未）た不参候、近日
参候ハんと存候、恐惶謹言、
（元和七年以降）十月十二日　天（花押）

大僧正

〆　松平（忠直）淡路守殿

人々御中

○松平忠直の淡路守就任は、元和六年（一六二〇）十二月。

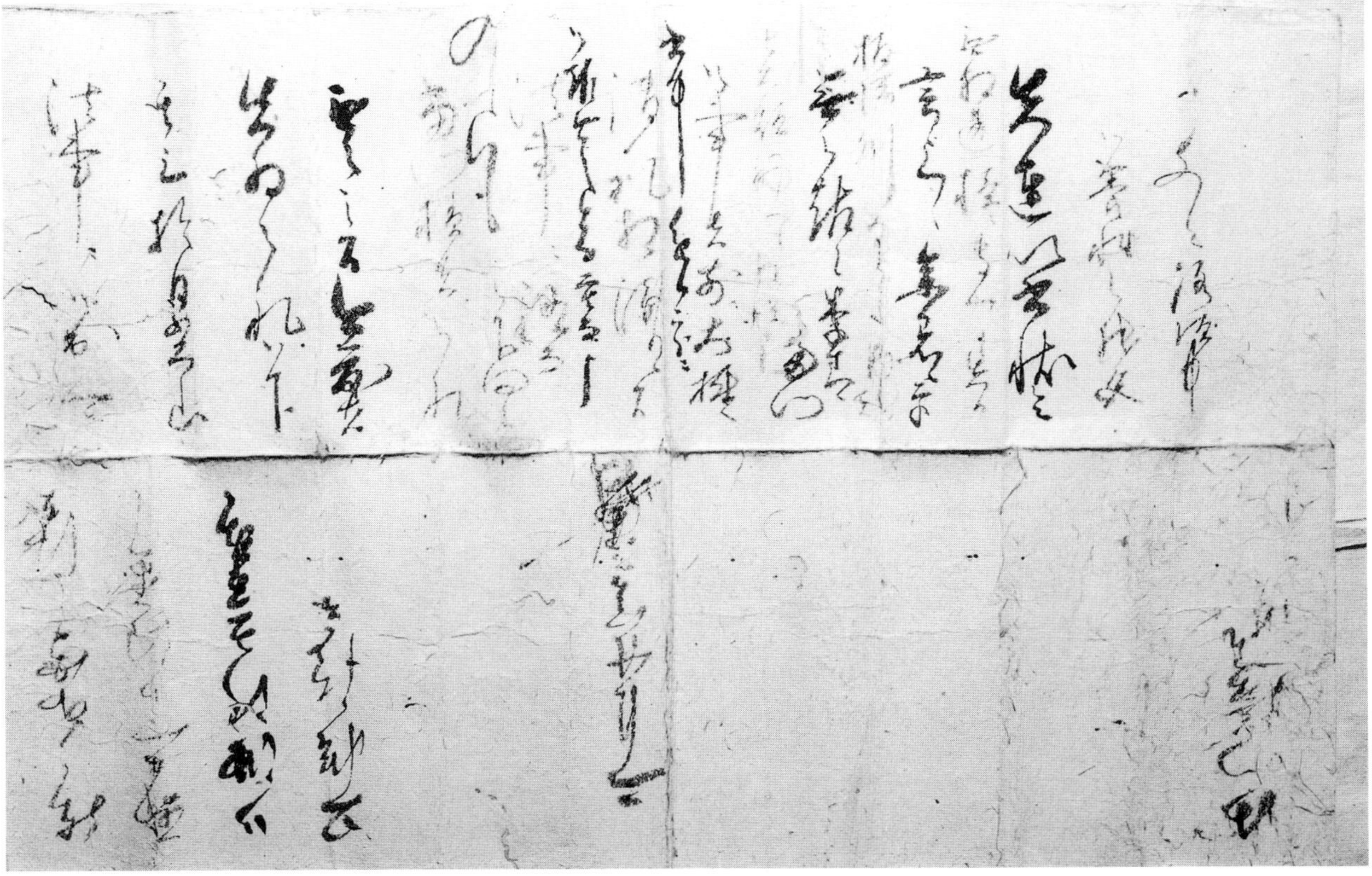

100　天海書状（折紙）

京都妙法院文書

尚ゝ、路次中
御養性（生）御機色
無相遠（違）様ニ専一候、先日
板防州（京都所司代・板倉重宗）なとに内ゝ者
土大炊助（土井利勝）へも相談申、
書中進候処ニ、
御報無之候間、重而申
入候、以上、

先達以書状令
言上候、参着候乎、
無御報候、李（最胤親王）・青（尊純親王）両門
御事者、前ニ大樹（徳川秀忠）へ
御礼相済候間、
法事ニ随而御下向候、
当門様（妙法院堯然親王）者御礼
無之候間、今度者
先為御礼御下、
其上於日光山
法事ニ御出可
然候、外聞之儀者、
我ホ（等）可被任置候、

御油断有間敷候、
恐惶謹言、
二月廿四日（元和八年カ）　天海（花押）
妙門様（堯然親王）にて
誰にても御申

○土井利勝の大炊頭就任は、元和九年（一六二三）五月。
板倉重宗の京都所司代就任は、元和六年十一月。
元和七年から同九年までの日光の法事は、元和八年の徳川家康の七回忌のみ。

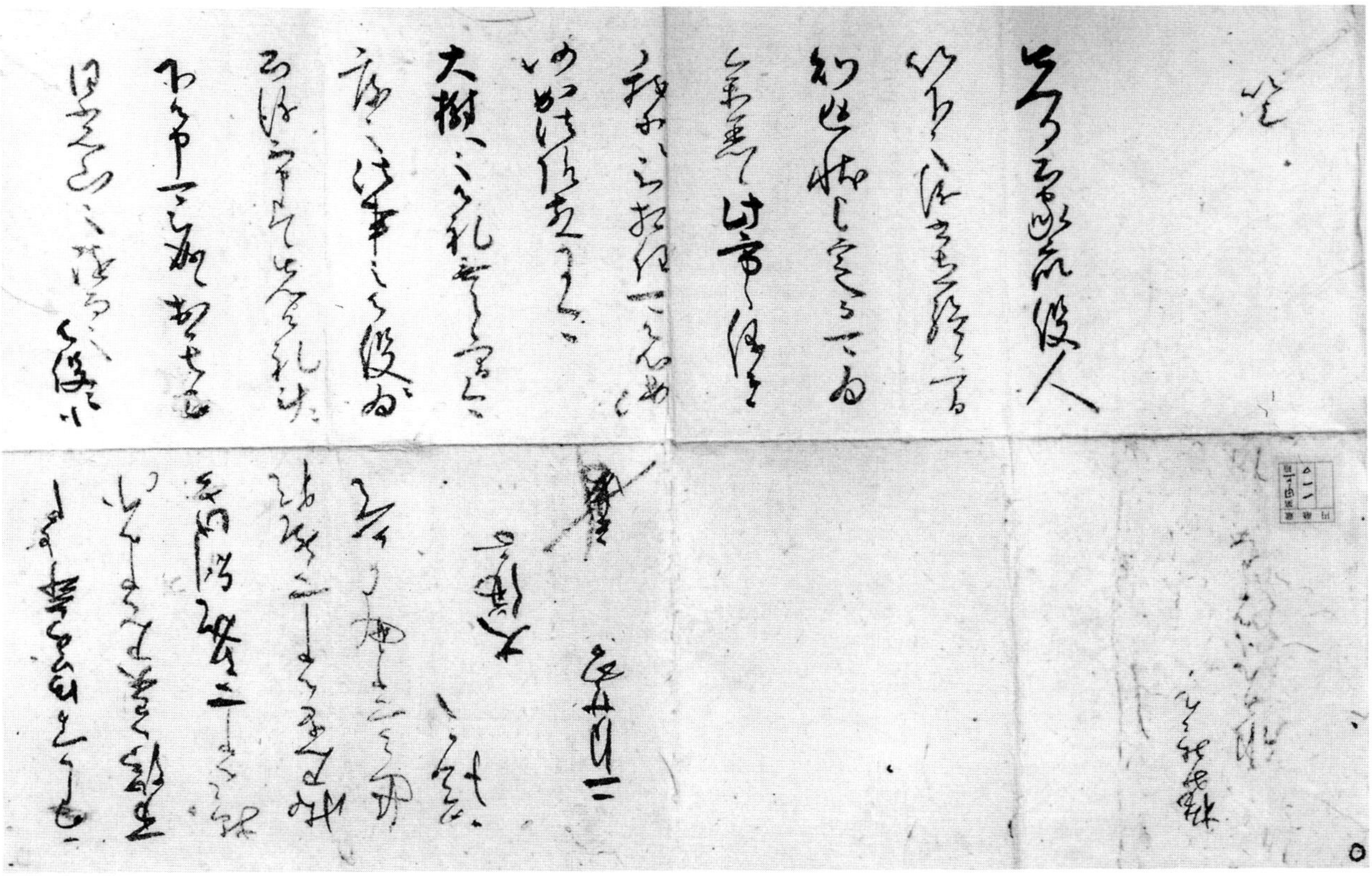

101　大僧正天海書状（折紙）

京都三千院文書

以上

先日公家衆役人
以下之儀、書立給候間、
則返状申候、定而可為
参着候、此方之儀者
我ホ(等)ニ被相任可御心安候、
仍妙法院(尭然親王)殿于今
大樹(徳川秀忠)へ之御礼無之候間、今
度之法事之御役ニ為
公儀不申上候、先御礼計ニ
下御申可被成候、於其上
日光山之随而之御役ニも
可申候間、御若年と申、
万端御呉(異)見御申、御下候
様ニ御申可被成候、則此書
状見せ御申可然候、猶
追ヽ可申述候、恐ヽ
謹言、

大僧正

(元和八年カ)二月廿五日　天（花押）

梶井様(最胤親王)(三千院門跡)ニて
誰ニても御申上

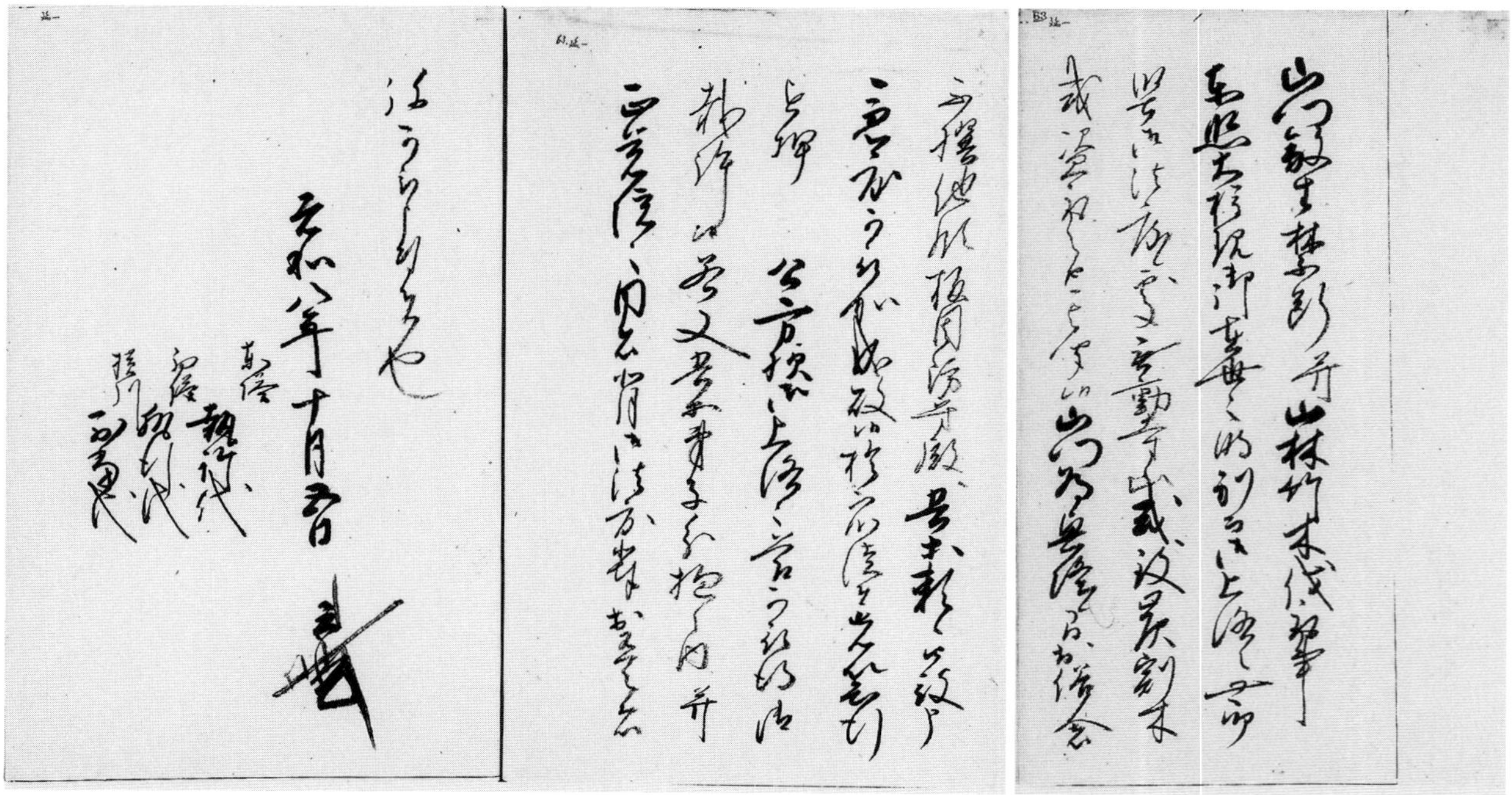

104 天海延暦寺法度

東京大学史料編纂所影写本
坂本延暦寺文書

山門殺生禁断幷山林竹木伐取事
東照大権現(徳川家康)御在世之時、別而御上洛之節、
堅御法度候処、無動寺山或致炭割木、
或盗取之由、其聞候、山門為興隆候間、於俗人者
不撰他領、板周防守殿(京都所司代・板倉重宗)、吾ホ(等)頼候由被申、
急度可被加成敗候、於衆徒者、先以知行
を押、　公方様(徳川秀忠)御上洛之節、可被得御
裁許候、若又吾ホ(等)弟子分抱之内、幷
正覚院之内者、背御法度輩於有之者、
弥可被申付者也、

元和八年十月五日　天（花押）

東塔　執行代
西塔　執行代
横川　別当代

105　天海書状（折紙）

滋賀金剛輪寺文書

尚〻、尊躰御
勇健之由、弥（珍）重奉
存候、来春上洛之節、
　宜得尊意候、
大樹（徳川秀忠）御不例、早
速御平愈、為
御祝儀、御使被
進付、預御書
辱奉存候、如尊
意老後之満足、
御同前之御事候、
恐惶謹言、
　極月（元和八年カ）廿五日　　天（花押）
竹内（良恕親王）御門跡（曼殊院門跡）様
　御小姓衆御中

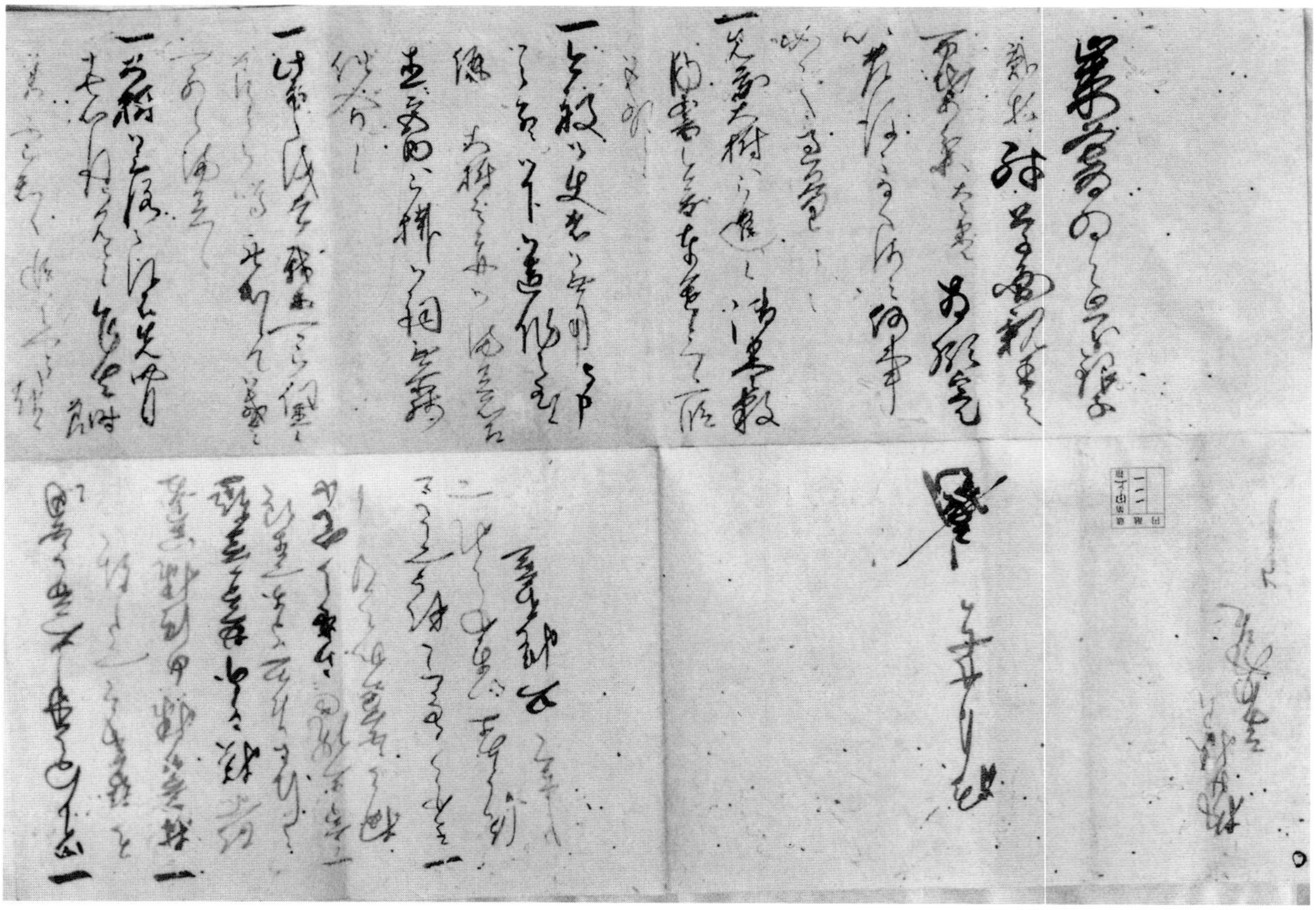

106　天海書状（折紙）

京都三千院文書

歳暮為御慶、銀子
弐枚、殊尊円親王之
万葉集壱巻拝領、寔
以老後之なくさミ（慰）何事
如之、過量とゝ、
一、先度大樹（徳川秀忠）へ被進候御巻数・
内書今度奉進候ハヽ、一段
御感候、
一、今般御使者御無用与申
候之処ニ御下、御造作之至候、
偏　大樹も亦御満足思召、
直ニ宮内へ被掛御詞、無所残
仕合候、
一、此方之儀者、我ホ（等）可被任置候、
節ゝ御噂罷出候て御感候、
可為御満足候、
一、大樹御上洛之儀者、先四月
十七（日脱カ）以後与見え候、乍去時節
□（破損）不被知候、追ゝ可被申越候、
一、御下向之事、大方御無用候、
若替義（儀）候ハヽ、可申越候、

一、禁裏様（後水尾天皇）・女御様（徳川秀忠女・和子）・関白殿（九条忠栄）・
政所様（九条忠栄室・完子カ）、其外惣而京都辺
之儀者、乍恐尊前可奉任候、
一、常光院迄ニ被遣御念由、
扨〻無冥加候事、
一、きやら（伽羅）進上候、頓而可令上
洛候条、以拝面御礼可
申宣候、恐惶不宣、
極月廿七日（元和八年）　天（花押）

梶井様（最胤親王）（三千院門跡）
宮内卿殿
御申

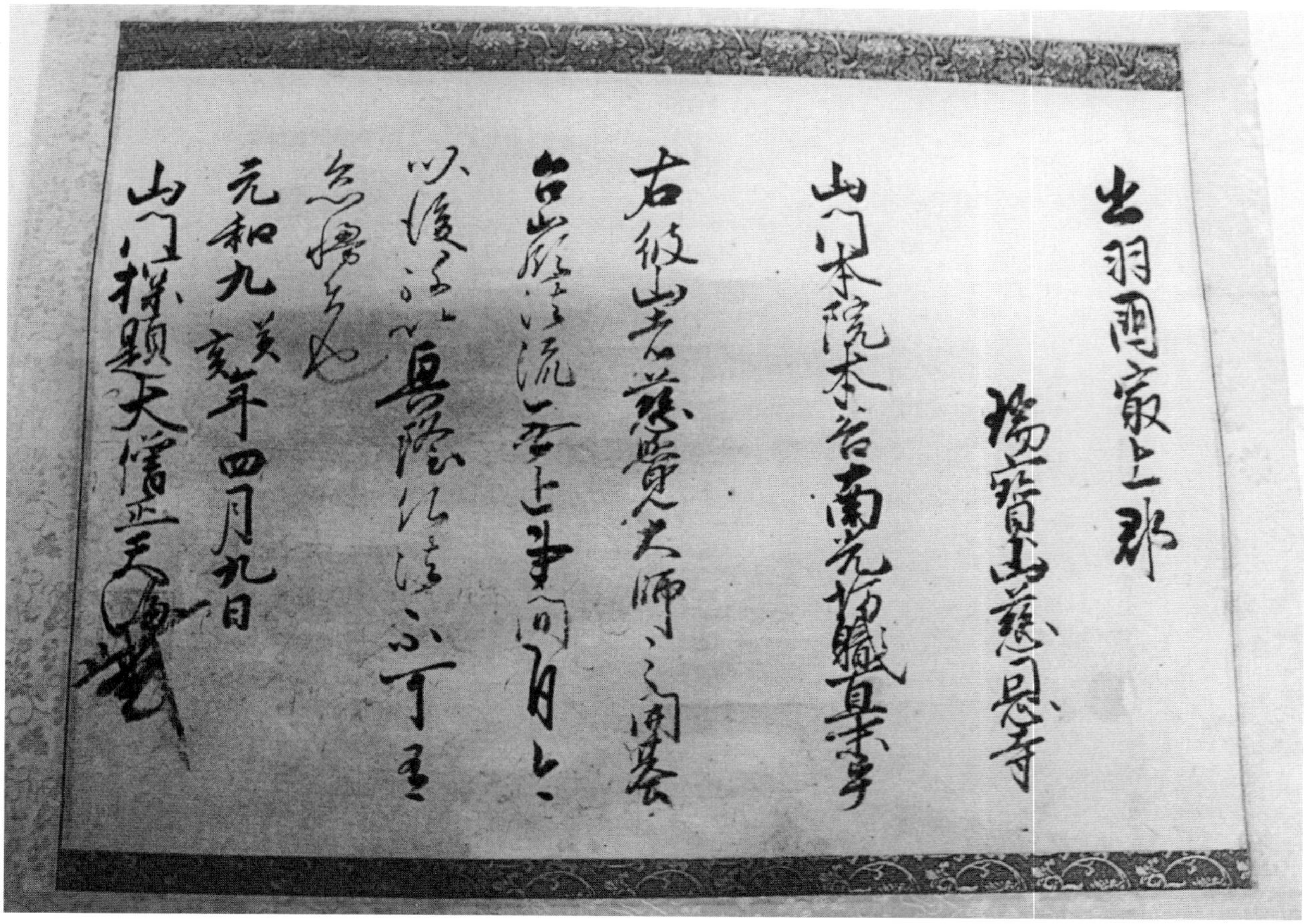

108　山門探題大僧正天海直末許可状

最上慈恩寺明覚坊文書

出羽国寂(最)上郡

瑞宝山慈恩寺

山門本院本谷南光坊職直末旱(畢)、

右彼山者慈覚(円仁)大師之開基、

台嶺法流無止事間、自今

以後弥以興隆仏法、不可有

怠慢者也、

元和九关(癸)亥年四月九日

山門探題大僧正天海（印）（花押）

○本写真は、寒河江市教育委員会市史編纂室より御提供をいただいた。

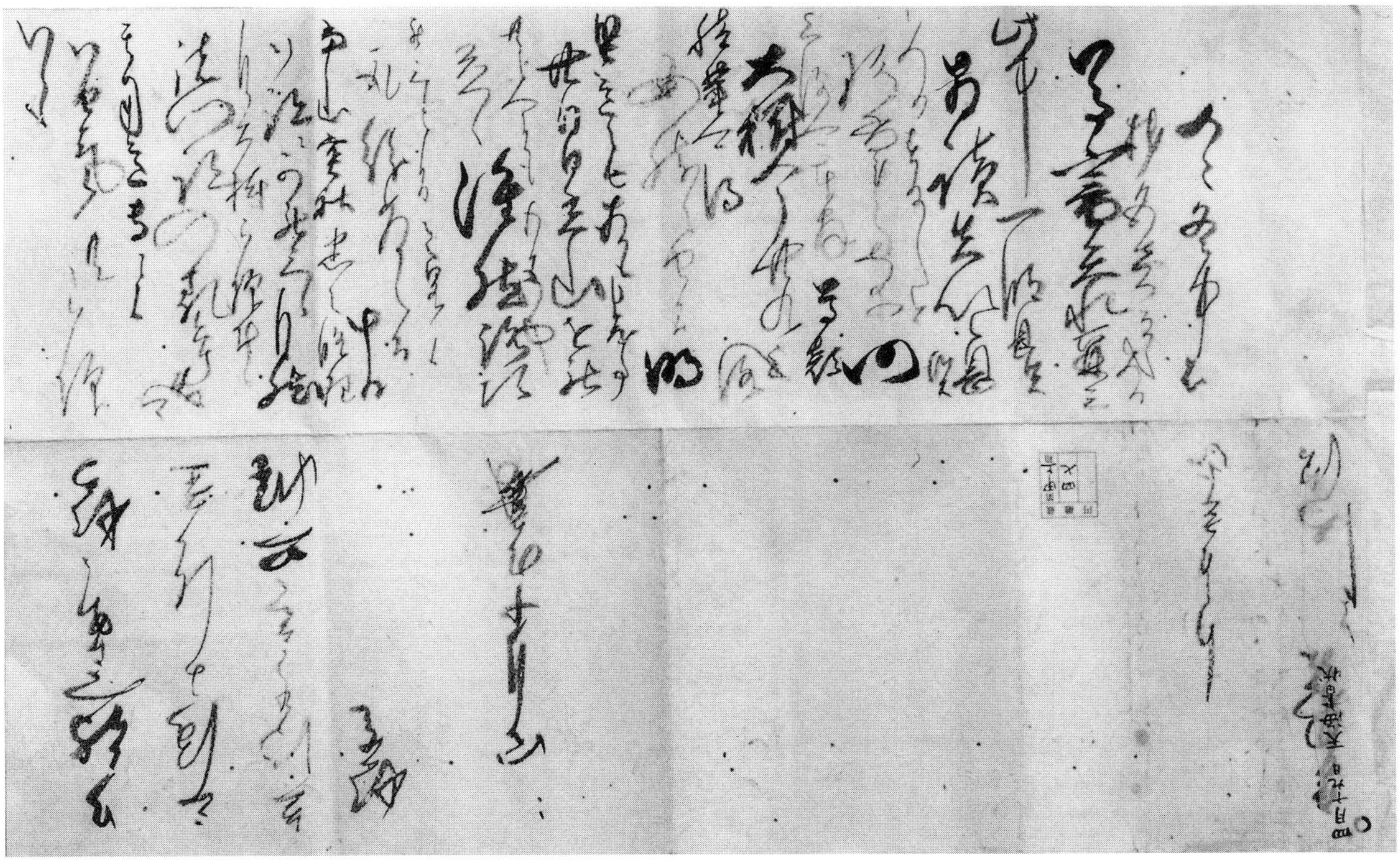

109　天海書状（折紙）

京都三千院文書

尚々、冬中者
機色しつか(静)に候間、
此中一段息災
存候、するヽヽと
上洛、可奉拝尊顔、
積鬱可得
堅(マヽ)意之由存候、申度事
共候へとも、もはや(最早)
罷上候間、令署(略)候、
当山堂社悉々修理、
自大樹(徳川秀忠)被仰付候、
其用意専ニ候、
以上、

尊書忝再三
拝読、先以息災
珍重多幸、仍
大樹今廿九上洛、
必然之由候、明
廿日日光山を被
立候、雖然路次
取紛如何候間、十日

御跡ニ可罷立候、自然
諸門跡入乱、六ケ敷候ハヽ、
御虫気共被仰、
御待可被成候、頓而
上洛可仕候条、
宜得貴意候、恐惶
頓首、
（元和九年）四月十九日　天（花押）
自日光山
宮内卿殿　大僧
御申

○徳川秀忠、元和九年（一六二三）五月上洛。元和八年五月は江戸在府。

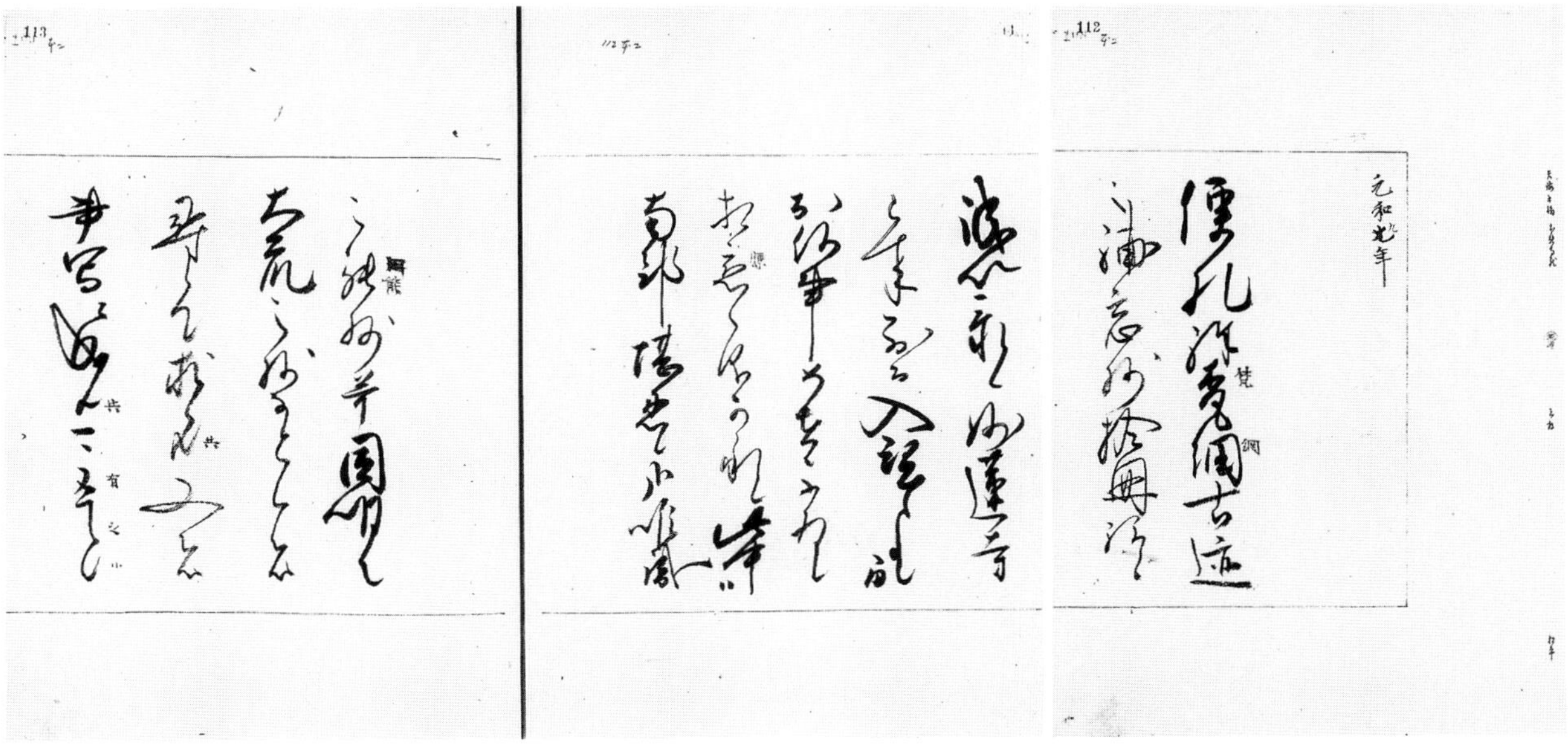

111　大僧正天海書状（元折紙カ）

東京大学史料編纂所影写本
京都本能寺文書

便札殊梵網古迹
之補忘抄拾冊給候、
誠以忝候、妙蓮寺
已来、別而入魂候事候間、
於何事如在不存候、
相応之儀可承候、此中ハ
南都堪忍候哉、唯識
之能抄幷因明之
大疏之抄なと候者、
尋候て求候共、又者
書写ニ成共可有之候、
其外聖教も候ハヽ、
御調任置候、猶日舜坊
彼是申渡候間、不能
具候、恐惶謹言、

大僧正

（元和九年カ）六月十一日　天（花押）

蓮光坊

御報

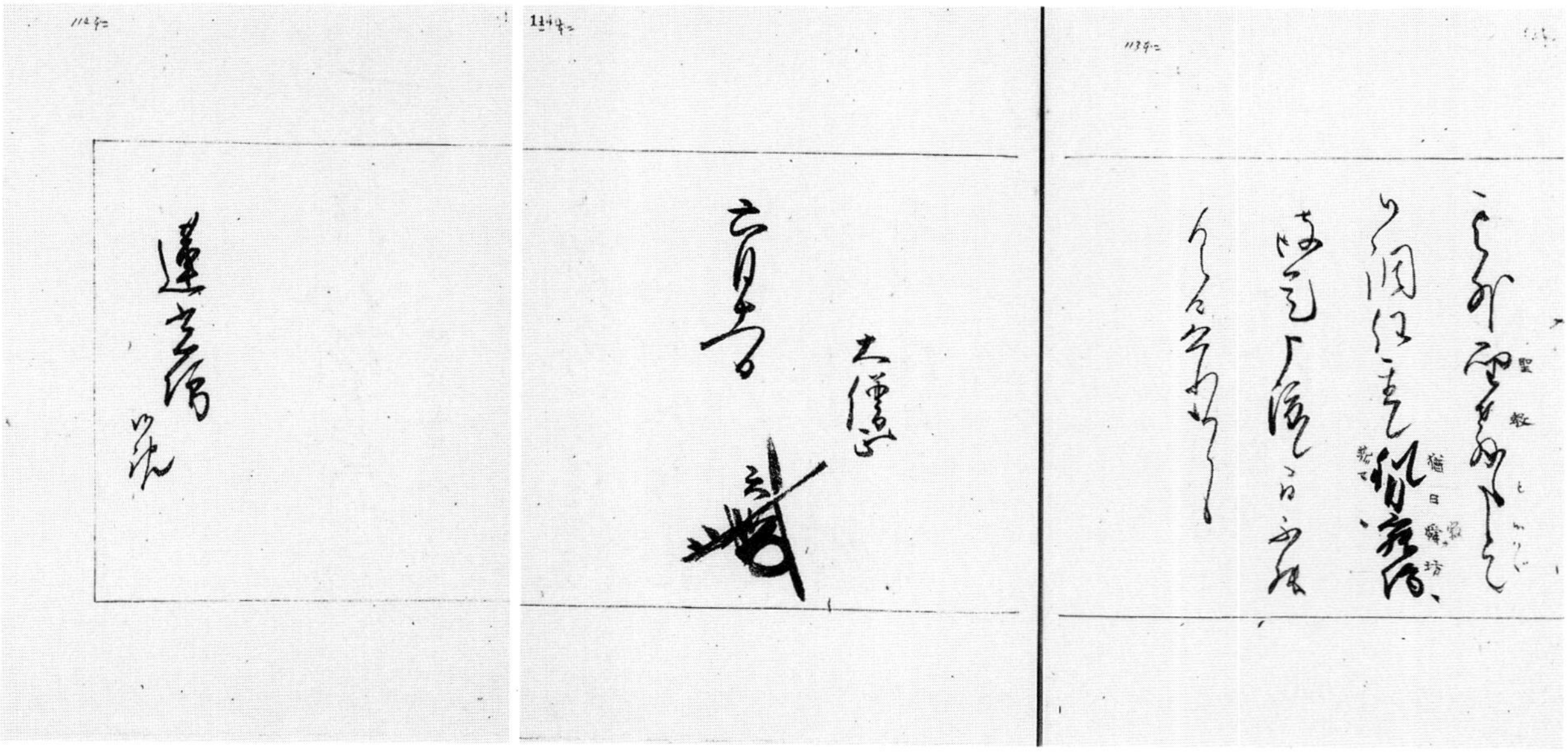

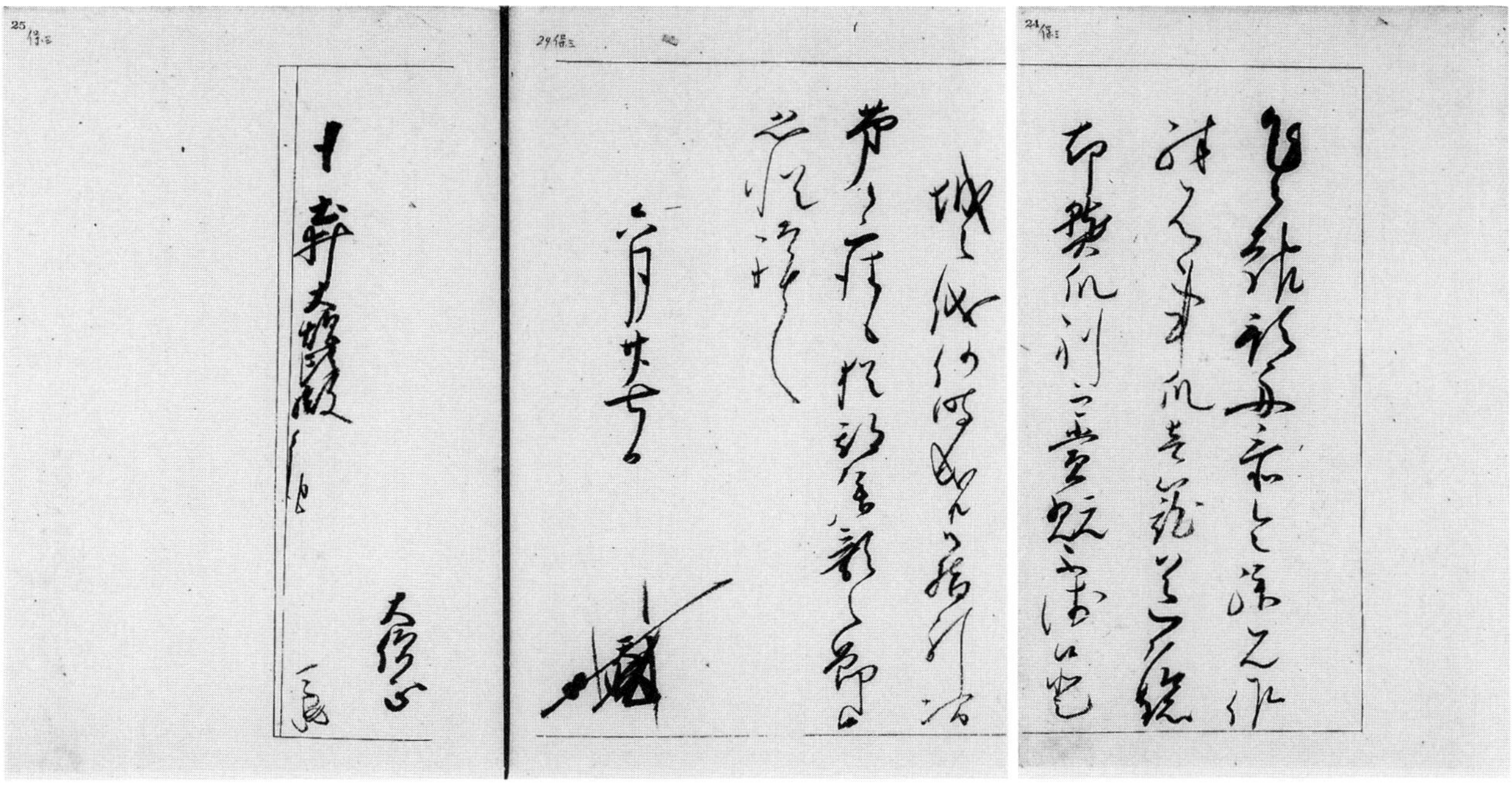

112　大僧正天海書状

東京大学史料編纂所影写本
保阪潤治氏文書

乍御報預示、忝令拝見候
殊見事瓜壱籠送給、珎（珍）
布熟瓜、別而賞翫不浅候、登
城之儀、何時成共御指引次
第御座候、猶期拝顔之節候、
恐惶謹言、
（元和九年以降）六月廿七日　天（花押）

大僧正
〆　土井（利勝）大炊頭殿　天海

○土井利勝の大炊頭就任は、元和九年（一六二三）。

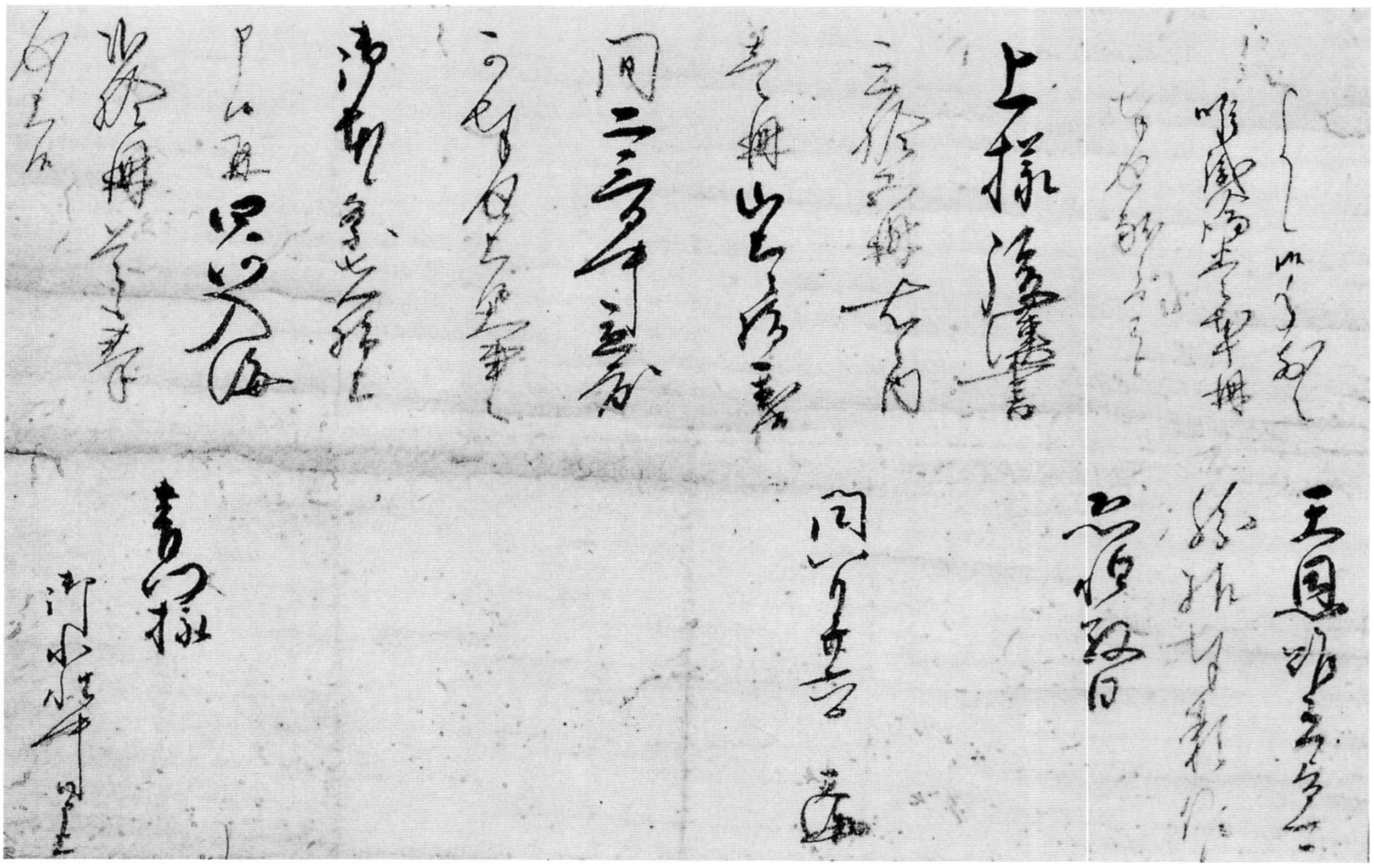

113　天海書状写（折紙）

大正大学図書館文書

尚〻、御手前之
唯識論巻本十冊
奉返献之候、已上、
上様（徳川秀忠）後漢書
三拾五冊、右之内
壱冊山上ニ指置候
間、二、三日中急度
可奉返上候、大事之
御本候条、先指上
申候、幷四河入海
弐拾冊、是も奉
返上候、
天恩難有旨可
然様奉頼候、
恐惶敬白、
閏八月廿六日（元和九年）　天海
青門様（尊純親王）
御小性（姓）中
御申上

○慶長八年（一六〇三）以降、寛永二十年（一六四三）までの閏八月は、慶長九年と元和九年（一六二三）である。書籍蒐集の内容から考えて後者であろう。

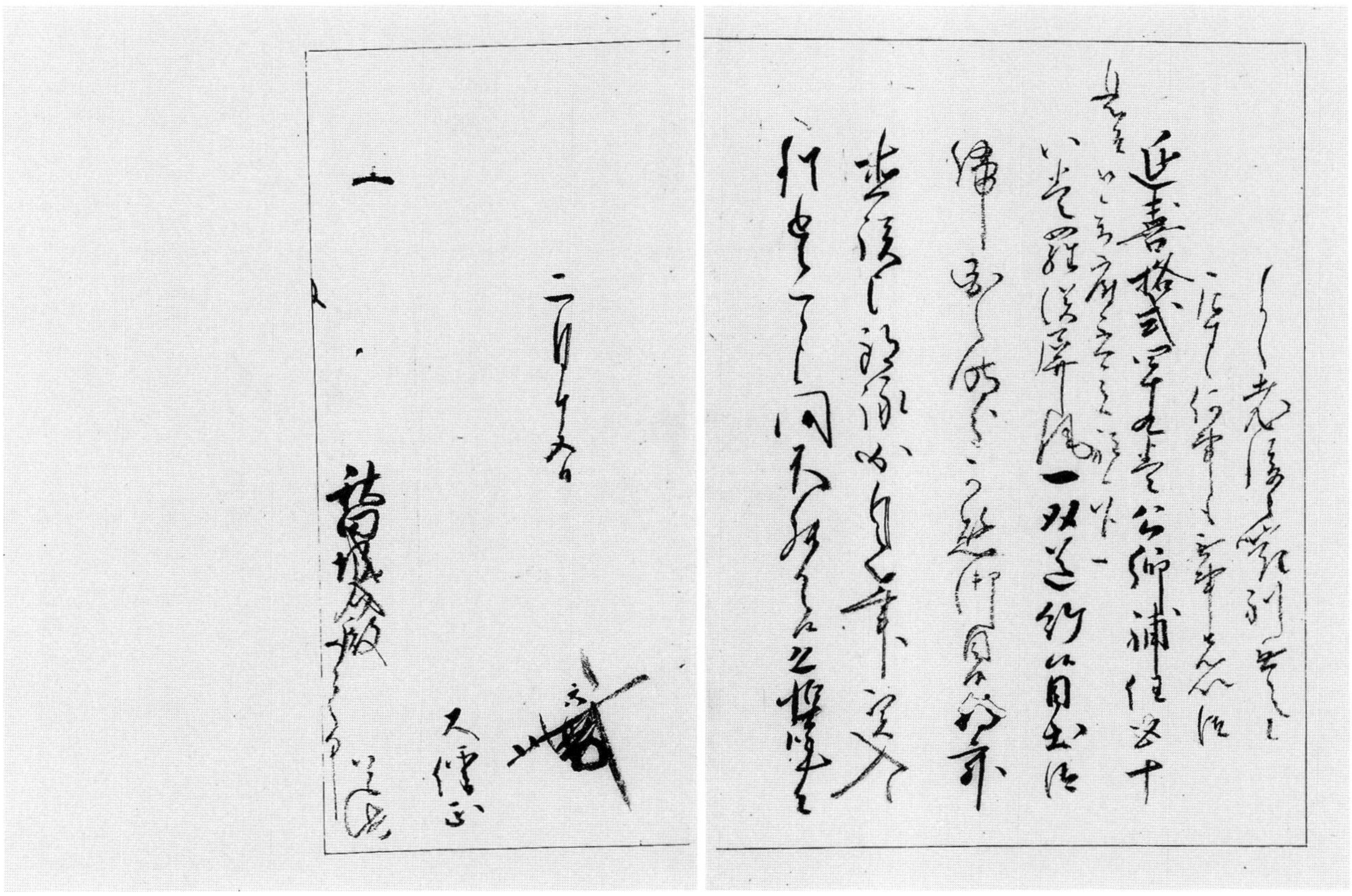

114　大僧正天海書状

東京大学史料編纂所影写本
群馬龍蔵寺文書

猶〻、老後之咜別無之候、
辱候、何事も無事、先以御
息災、御参府不可有程候、以上、
延喜格式四十九巻、公卿補任五十
八巻、羅漢屏風一双、送給候、目出、御
帰国之時分、可懸御目候、将亦
直談申候、朗詠必自筆憑入候、
猶追〻可申候間、不能具候、恐惶謹言、
二月十五日　天（花押）

〆　秋田城介殿　大僧正
人〻御中　天海

○書籍収集に関する書状であるので、便宜ここに収む。

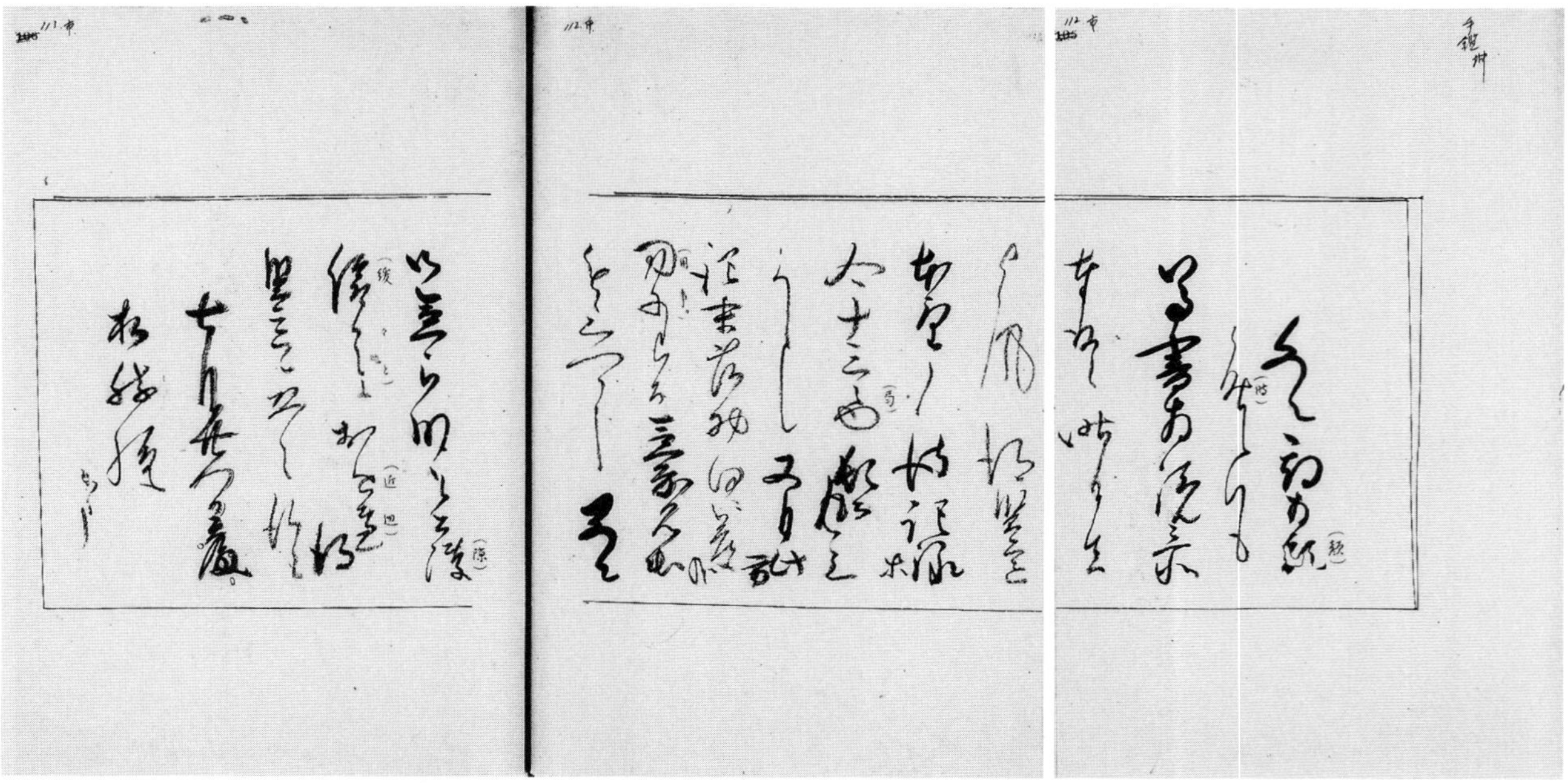

115 天海書状写

東京大学史料編纂所影写本
市島謙吉氏文書

尚〻、期拝顔
之時候、以上、
尊書拝覧忝
奉存候、昨日者
与風得賢意
本望候、彼記録ホ(等)
合十三弓(巻)、頓而返上
候へく候、又自此方
記末荷物、何ニ御座候哉、
用事候間、急度見出
進上可申候、早〻
御急被明御公隙、
緩〻と於近辺得
賢意候、恐〻謹言、
七月廿八日　天海
松勝様
御中

○書籍収集に関する書状であるので、便宜ここに収む。

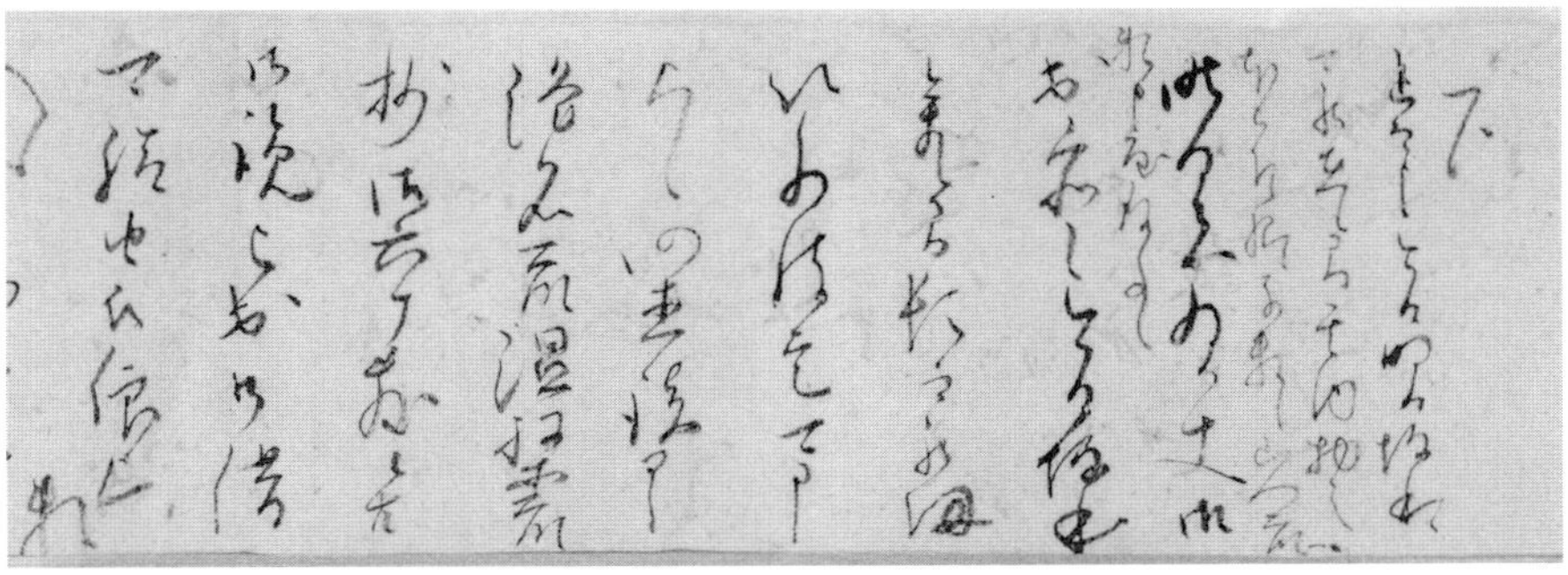

116　天海書状写（元折紙カ）

大阪四天王寺文書

以上
追而申候、今日・明日坂本へ
可罷在候間、其内物之
本被下候様奉頼候、山門衆へ
頼申度存事候、

昨日者為御使御
出忝候、今日坂本
参候間、頓而罷帰、
以参彼是可申
上候、仍直談申、
浄名充（疏）・涅槃充（疏）
抄、御六ヶ敷候共、
御覧被出、御借
可給由被仰上頼
入候、　門跡様へも、
先日御約束申候、
何様五、三日中可
令参上候、此旨
可然様ニ奉頼候、
恐ヽ謹言、
十月晦日　　天海

青門跡様（尊純親王）ニ而
勝九郎殿
参

○書籍収集に関する書状であるので、便宜ここに収む。

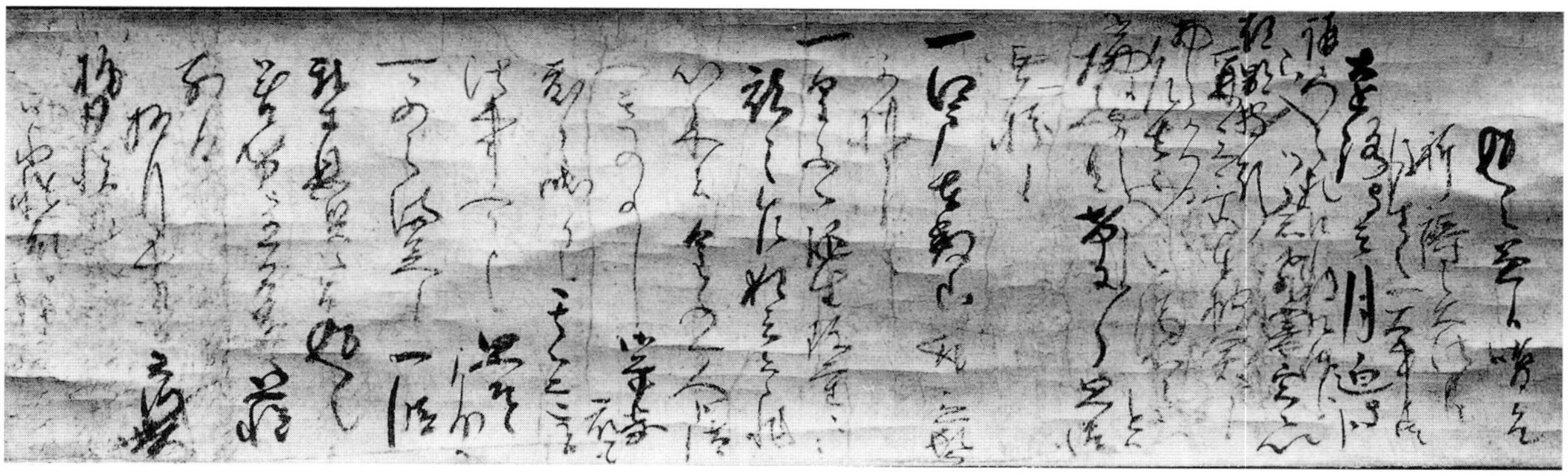

119 天海書状

川越喜多院文書

返ゝ、兼而嗜候て、
祈禱之大法共、
後生之一大事共、
講尺(釈)之類・口伝相伝分、
都鄙持行□
物之候つる□
書物も無之候、
遠路与云、月迫与申、
被入御念飛書、寔以
再三忝奉披閲候、
乍去不入御隔心之至とハ
存候へ共、けに〱思召も
無拠候、
一、江戸東叡山取立、頓而
可掛存候、
一、皇子御誕生珎(珍)重ゝゝ、
就之乍狂言、是非
以来者皇子一人申請
へきのよし、御年寄衆へも
度ゝ咄申候、其御意ニて、
法事可申候、思召も自然

可為御満足候、一段

我ホ（等）息災候間、返〻

御苦労被有間敷候、恐惶

敬白、

（元和九年カ）極月十九日　　天海（花押）

（最胤親王）（三千院門跡）梶井様にて

御小性（姓）衆

御申給へ

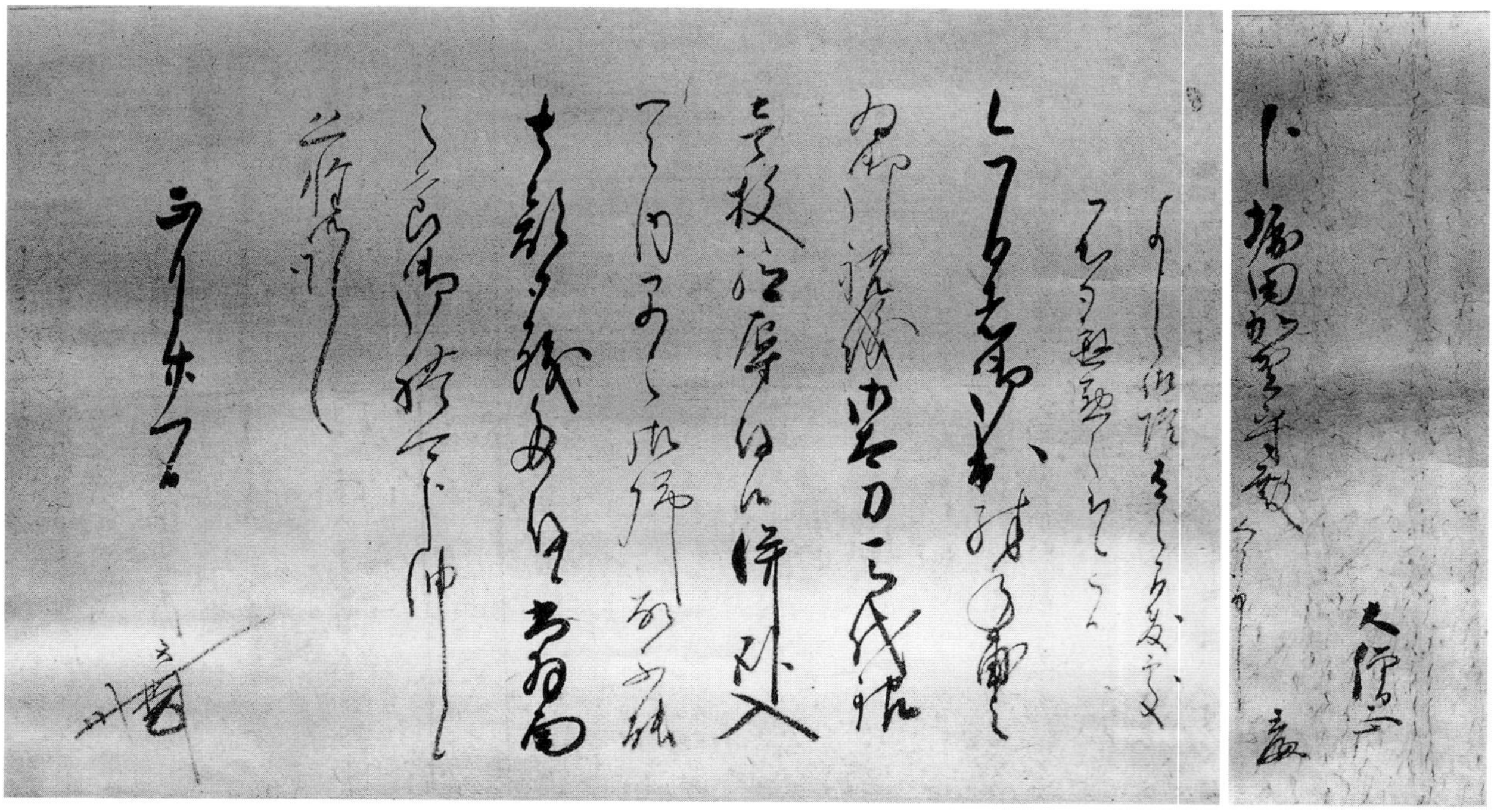

120　大僧正天海書状

川越喜多院文書

「（ウハ書）〆　堀田加賀守（正盛）殿　　大僧正
　　　　人ゝ御中　　　天海　」

尚ゝ、御隙有之間敷処、
　御出御慇懃之至候、已上、
今日者御出、殊年甫之
為御祝儀、御太刀・馬代・銀
壱枚給辱存候、併臥入
候之内、早ゝ御帰故、不能
貴顔御残多存候、尚拝面
之節、御礼可申伸候、
恐惶謹言、
（寛永元年以降）正月廿一日　天（花押）

○堀田正盛の加賀守就任は、元和九年（一六二三）十二月。

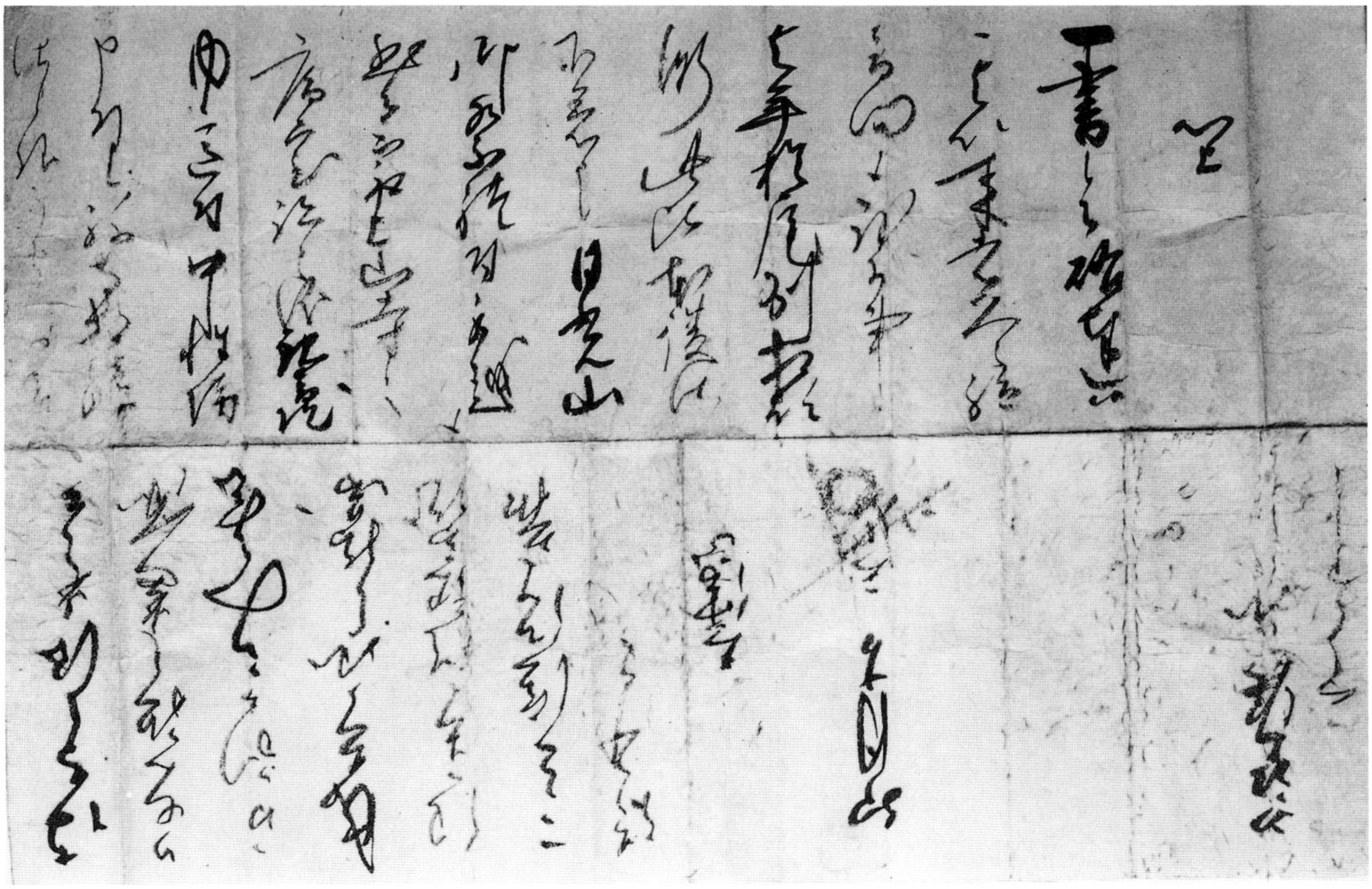

122 大僧正天海書状（折紙）

山形立石寺文書

以上

一書令啓達候、
其以来者久ゝ絶
音問候、我ホ(等)事
去年於尾州相煩、
漸此比(頃)本復仕
下着申候、日光山
御祭礼付罷越候、
然者寂(最)上山寺之
庵室跡之儀、観音院(忠尊)
内意付、中性坊
申付候、弥寺相続
仕候様可被致事候、
彼寺之儀、貴公
御先祖之遺所候
間、別而被入御念
成立候様令指図
任置候、猶観音院
可有演説候、恐惶
謹言、

大僧正
(寛永元年)卯(卯)月十日　天（花押）

寂(最)上源五郎様(義俊)
人ゝ御中

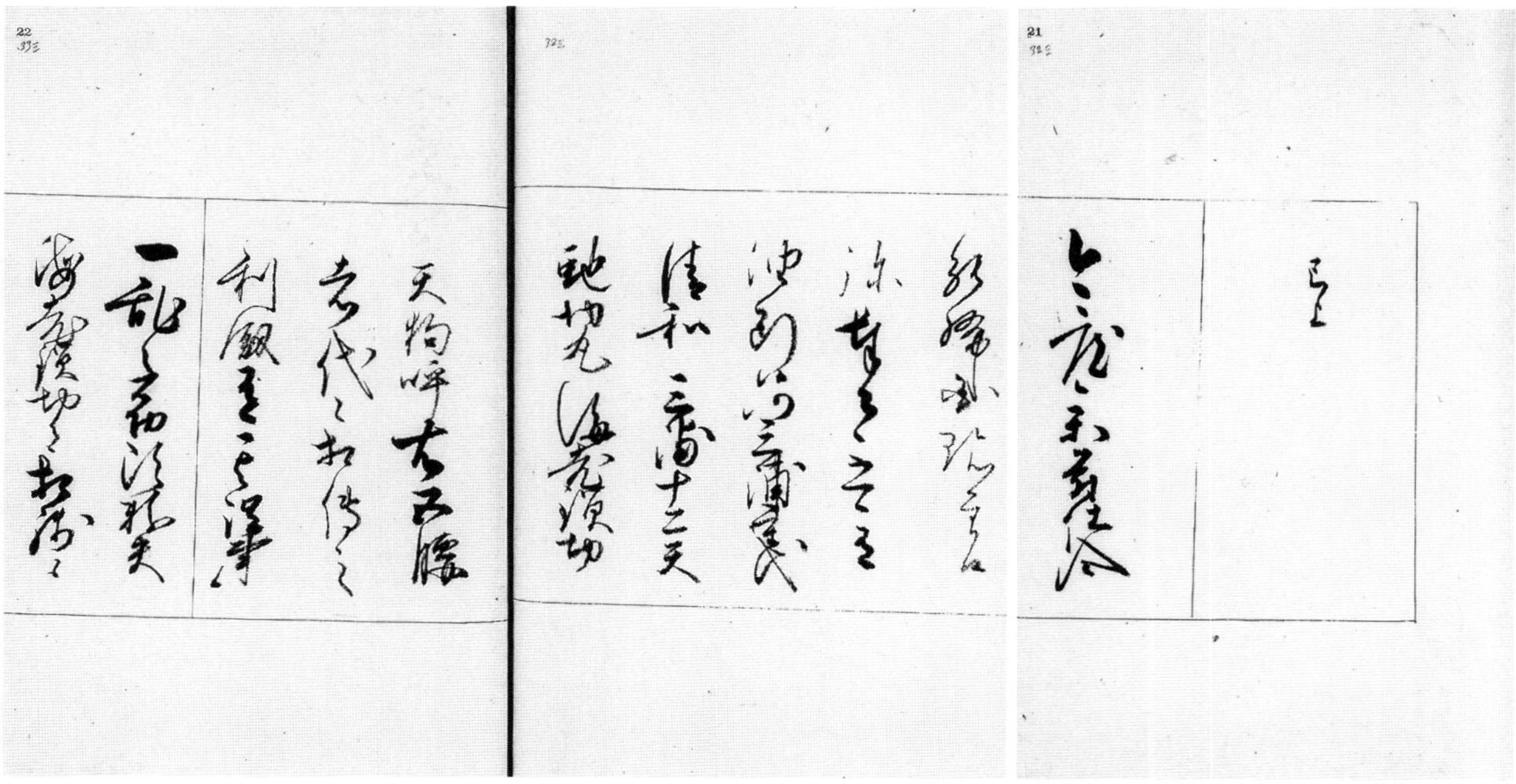

124　大僧正天海書状（元折紙カ）

東京大学史料編纂所影写本
三浦英太郎氏文書

已上
今度参府、仕合
能帰国珎（珍）重候、
弥奉公不可有
油断候、仍三浦重代
清和・三浦十二天・
蛇切丸・海老鎖切・
天狗呼、右五腰
者代ゝ相伝之
利剣、有其謂事候、
一乱之砌雖紛失、
海老鎖切者相残候、
自然為名代相続
陰置候へ共、沙門之老
後云、貴公へ相渡候、
至子ゝ孫ゝ名字之
可為重宝候、猶
度ゝ直談申渡候間、
不能具候、恐惶謹言、
大僧正

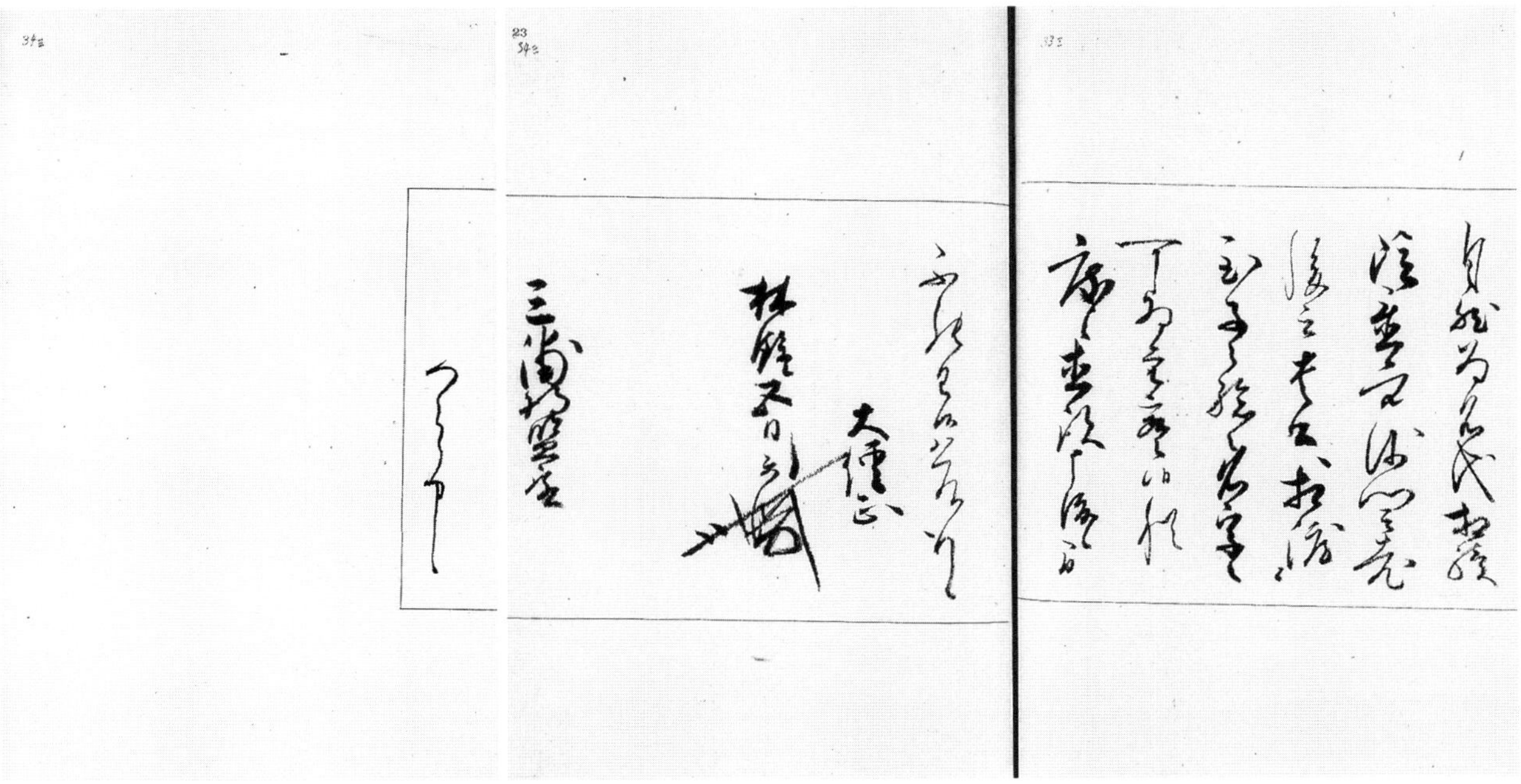

（寛永元年）林鐘（六月）五日　　天（花押）

三浦将監（為時）殿

人々御中

○「紀州家臣三浦長門守系譜」参照。『慈眼大師全集』上巻　四三三頁参照。

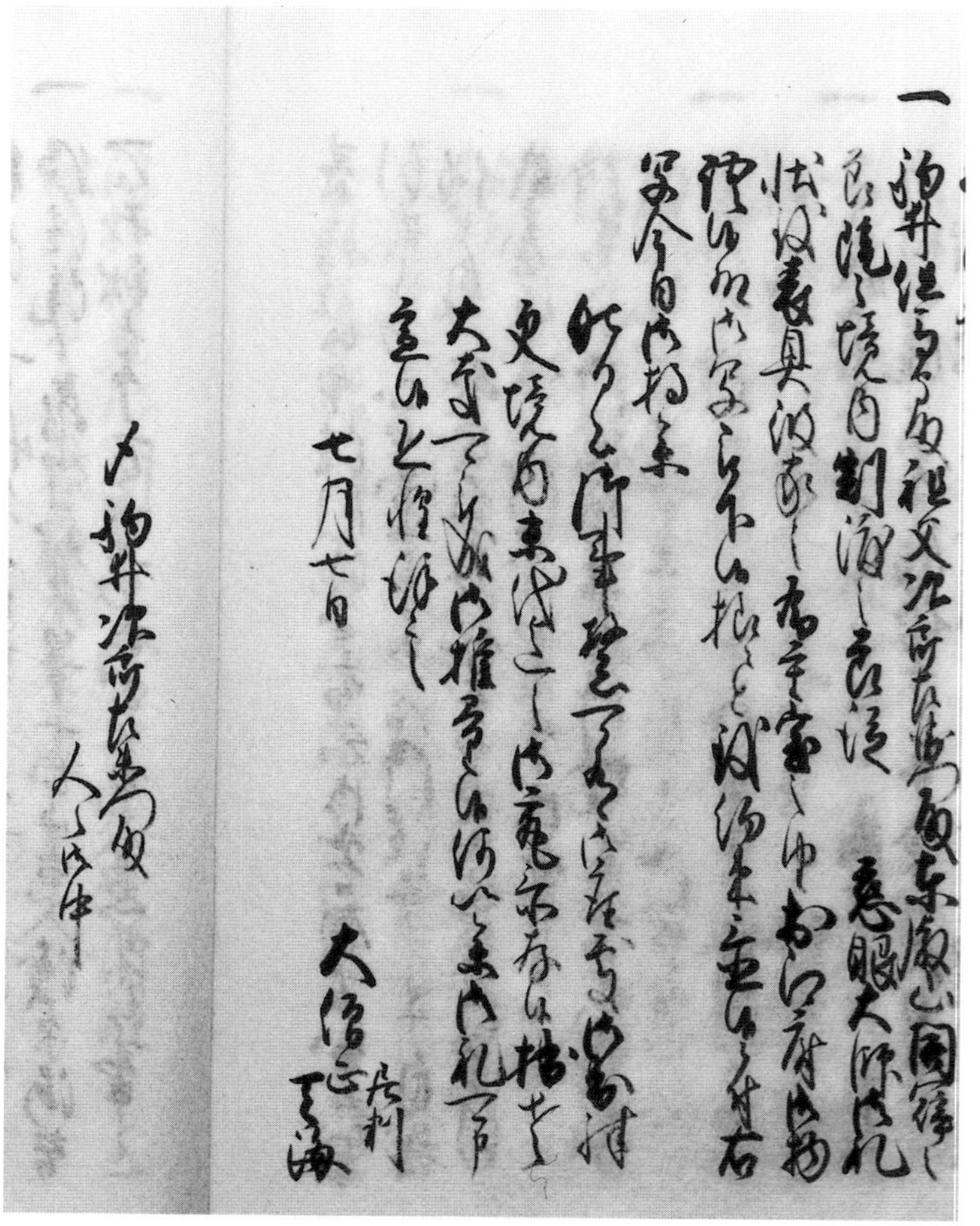

126 大僧正天海書状案

日光輪王寺所蔵執当部屋附『日光御用記』第八巻、享保八年四月廿九日の条所収

一、駒井但馬守（勝岑）殿祖父次郎左衛門（昌保）殿、東叡山開闢之節、院之境内割渡之節、従　慈眼大師（天海）御礼状ニ致表具、彼家之為重宝之由、於江府御物語候故、御写被下候様ニと致約束置候ニ付、右写今日御持参、

昨日者御事繁可有御座処御出、殊更境内末代迄之御究忝存候、拙老大慶可被成御推量候、何以参御礼可申宣候、恐惶謹言、

（寛永元年）七月七日　　大僧正 居判 天海

〆　駒井次郎左衛門（昌保）殿

人〻御中

○『慈眼大師全集』上巻　八五九頁に本文所収。出典不明につき再収録す。

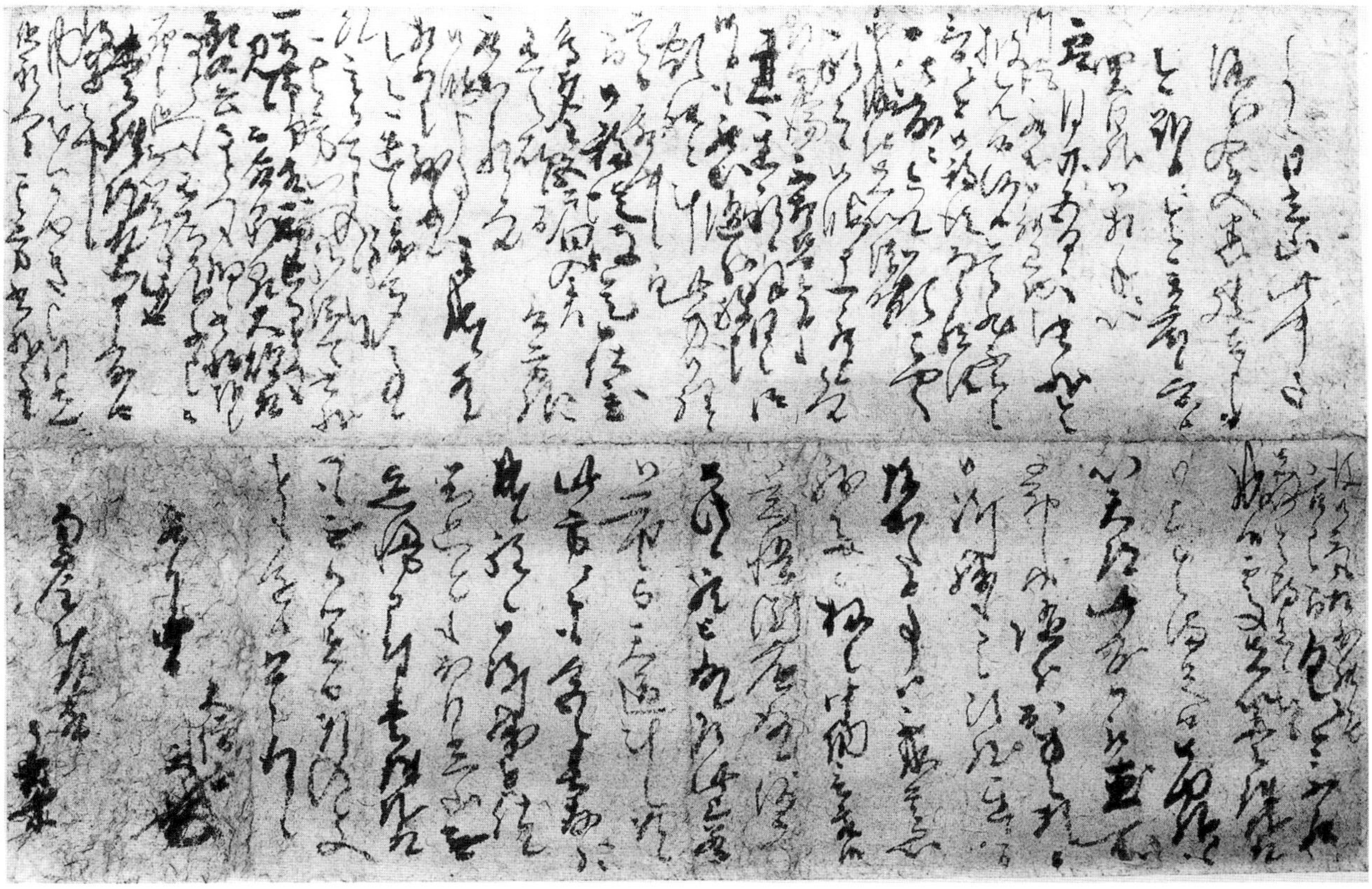

127

大僧正天海書状（折紙）

川越喜多院文書

尚〻、日光山此中迄
随分念入悉建立申候、
今朔日ニ令参府候、二日ニハ
関白様（近衛信尋）御相手ニ、以
御掟罷出、御能見物申候、
三日ニ者御移徙、為御祝儀
登城仕、先以隙明候、
乍勿論、不相替今日も
明日も罷出、随分放申候、
定而殿中候間、
鳥井金五・戸田金左（清堅）
罷出られ候へ共、
頼不申候、残多候、
猶重而可申入候、以上、
一、安帯刀殿（安藤直次）・三長（三浦長門守為春）なとへも、
彦九兵（彦坂光正）なとへも、細々書状越申候、
届申候哉、無心元候、此由
伝達被申候、
但、承候へ者、其方書状之事、
後御気相少能候由、
先以令満足候、以上、

霜月廿五日之書状令
披見候、何共是非不被申候、
御法度ニ候ハて、御煩はやく（早）
承候ハヽ、御暇申可罷上候へ共、
第一遅承候、殊日之御
煩能と計、此方へ御理候
間、御移徙彼是御仕置
有之砌候間、公方様（徳川家光）へ
御暇申事不成候条、
令遅ヽ残多事候、
其方いつ哉覧之書状
見候而、藤泉州（藤堂高虎）・大炊殿（土井利勝）
なとへも、有増様子申候而、
養珠院殿（徳川頼宣ノ母）上申度由、
内ヽせ（世話）ハかゆき（行）申候、日光ニ
居申候間、具ニ者不罷
成候処、先以養珠院殿
御上令満足候、如何様ニも
以天道此度御取直所
希候、随分於方ヽ頼候間、
御祈禱も申候、雖然遅候間、
指出たる事ハ不成、重而以
残多候、扨ヽ中納言殿（徳川頼宣）御
覚悟渕（淵）底存候、仍而
如此候欤（歟）と存候、乍此上若
御座候与天道計之頼候、
此方ニ而も色ヽ某存分ニ
成候、種ヽ御祈禱をハ仕候、
至只今も於日光山無
怠慢申付、養珠院殿
へも無御心元由頼入候、文
をも進候、恐ヽ謹言、

大僧正

（寛永元年）霜月四日　　天（花押）

南广（摩）主計頭殿

御宿所

○徳川頼宣の中納言在任期間は、元和三年（一六一七）七月より寛永三年（一六二六）八月まで。
寛永元年十一月三日、将軍家光江戸城本丸へ移る。

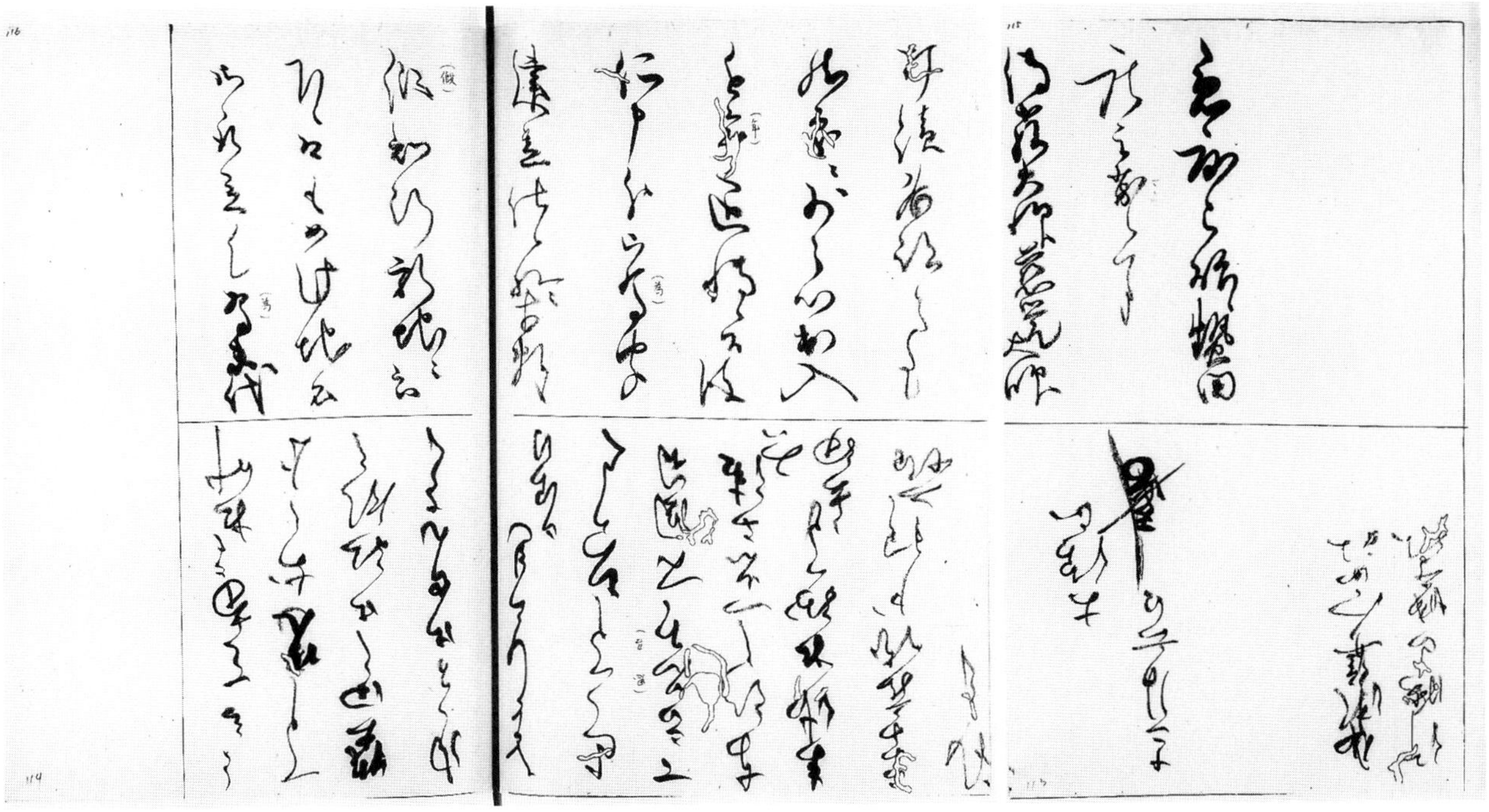

128　大僧正天海書状（折紙）

東京大学史料編纂所影写本
竹内文平氏文書

急度令啓候、熱田
座主房之事、
伝教（最澄）大師・慈覚（円仁）大師
相続名跡之事候、
然処ニ少〻以出入、
近年退転候間、彼
仁申分被為聞、
建立仕候様ニ相頼候、
仮知行新地ニ被
下候而も、如此地者
御取立候て、為末代
ニ而天当（道）ニも相叶
事、況前〻ゟ
熱田之御社領之
内候間、御せんさく（詮索）
をとけ（遂）られ、被仰付
迄之事、むつかしく
可被思召候へ共、国司
奉行之一（マヽ）者不請、又ハ
末代相紛事候、委細

密蔵院へ申理候、恐惶謹言、

（寛永元年以前）十二月六日　大僧正 天（花押）

（尾張藩付家老・正成）成瀬隼人正様

（尾張藩付家老・正信）竹腰山城守様

○成瀬正成の忌日は、寛永二年（一六二五）正月十七日。

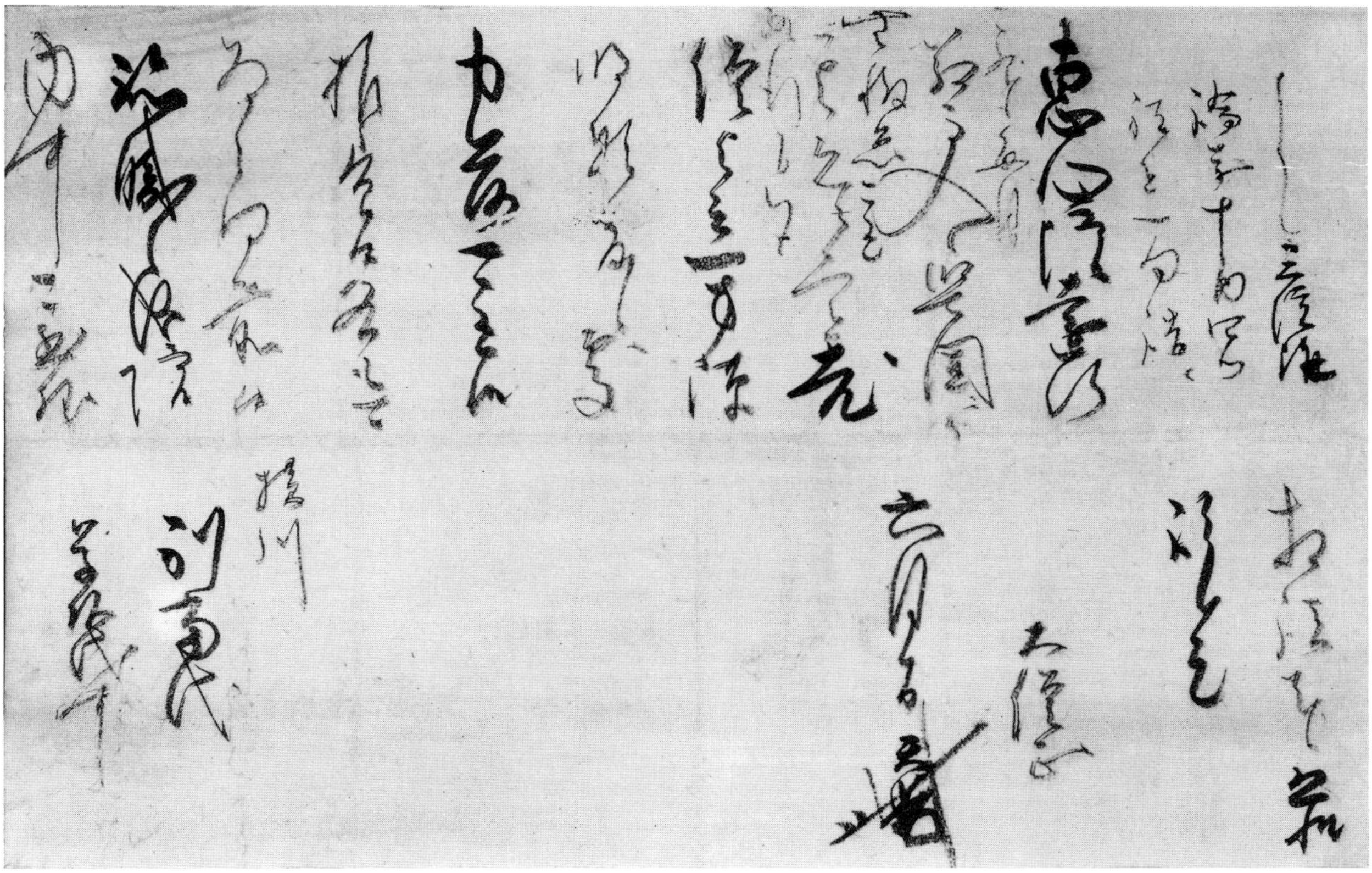

130 大僧正天海書状（折紙）

大津瑞応院文書

尚々、三院講
論義十内四ツ
程者、一句詰ニ
可然候、毎月
無懈怠可有
執行候、以上、
（良範）
恵心院遠行
驚入候、堅固ニ而
其元ニ候へ者、老
僧与言、一寸隙
明頼度候処、
力落可有御
推量候、各も可
為御同前候、
跡職之儀、院
内中可然様
相談尤候、恐惶
謹言、
大僧正
（寛永二年）
六月十日　天（花押）
横川
別当代
学頭代中

○山門恵心院探題良範の忌日は、寛永二年（一六二五）五月二十四日。

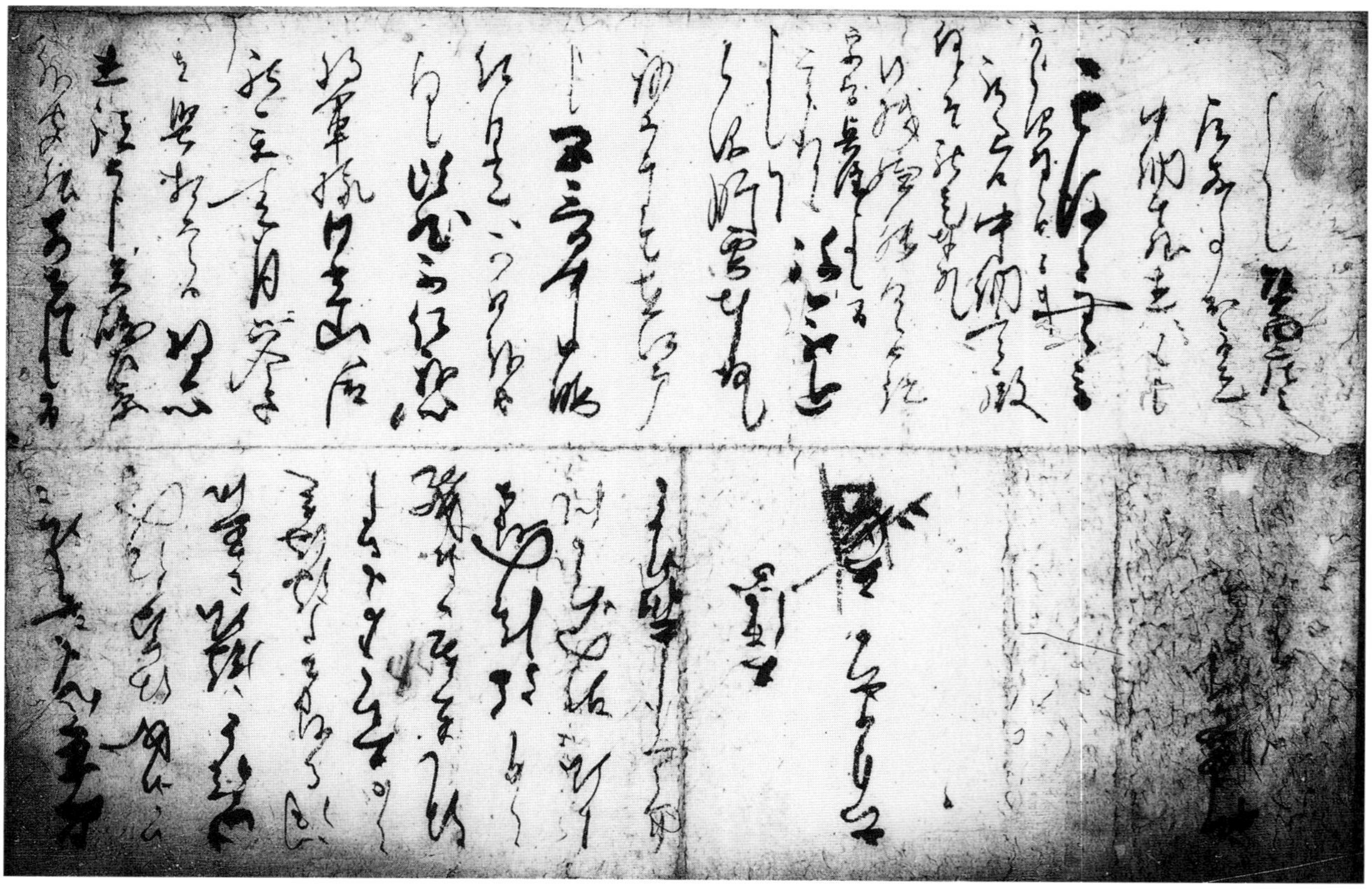

131　大僧正天海書状（折紙）

春日井密蔵院文書

尚〻、熱田座主
屋敷事、於爰元
中納言(徳川義直)様直ニも申候、
可被仰付之由候キ、
何とそ馳走奉頼候、
宗旨興隆之事候間
申事候、以上、

其後者無音
罷過候、中納言殿
御機嫌能候之由、弥(珍)
重存候、弥御取廻
候儀、肝要奉存候、
我ホ(等)于今在江戸
申候、五、三日中御暇
仕、日光へ可罷越由
存候、雖然不任我心候、
将軍様(徳川家光)日光山へ御
社参、来月ニ只今迄
者堅相定候、将亦
直談被申矢崎左京、
外聞能若者之事候間、

如在之心も無之様ニ
御取成、何篇任入候、
此程者殿様被懸御
詞、御奉公申致満足
之由、茶ゝゟも被申
越候、貴殿御取成故
之由候、弥情（精）入奉公
候様ニ頼入存候、猶
追ゝ可申候、恐惶謹言、

大僧正

（寛永二年）六月十六日　天（花押）

竹腰（正信）山城守殿

人ゝ御中

○徳川義直の中納言在任期間は、元和三年（一六一七）七月から寛永三年（一六二六）八月まで。
元和四年から寛永三年までの間で、将軍家光が七月に日光へ社参したのは、寛永二年だけである。

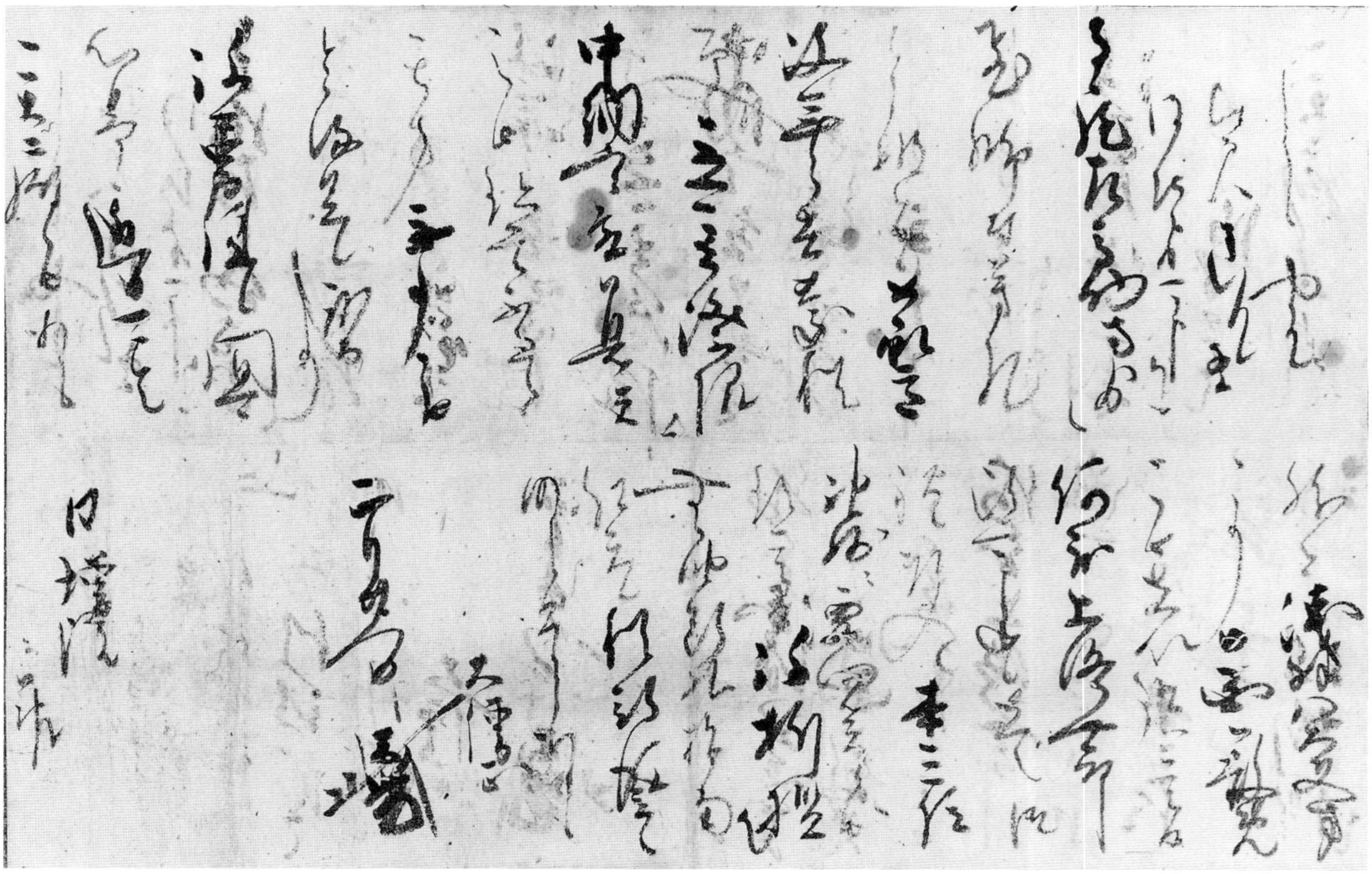

133　大僧正天海書状（折紙）

愛知明眼院文書

尚々、やかて
江戸へまいり（参）候条、
彼地ゟ可申候、已上、
寺尾左馬助（直政）方ゟ之
飛脚付、芳札
令披見候、如承意、
改年之吉慶、猶
更不可有際限候、
中納言（徳川義直）殿御息災
之由、珎（珍）重不過之候、
其方無事之由
令満足候、我ホ（等）事
弥勇健候間可
心易候、近日可令
参府之由存候、
然者浅野八大夫方
之事、御国御赦免
之由、先以珎（珍）重候、
何茂上洛節
断可申述候、先々御
礼頼入候、本三位

神妙ニ要問（マヽ）進度由、
猶其国弥折檻候て、
無油断様指南
任置候、猶期後音之
時候、恐ゝ謹言、

大僧正

正月（元和四年～寛永三年）廿一日　天（花押）

日増院（珍祐）

御報

○本写真は、名古屋市立博物館より御提供いただいた。
徳川義直の中納言在任期間は、元和三年（一六一七）七月から寛永三年（一六二六）八月まで。

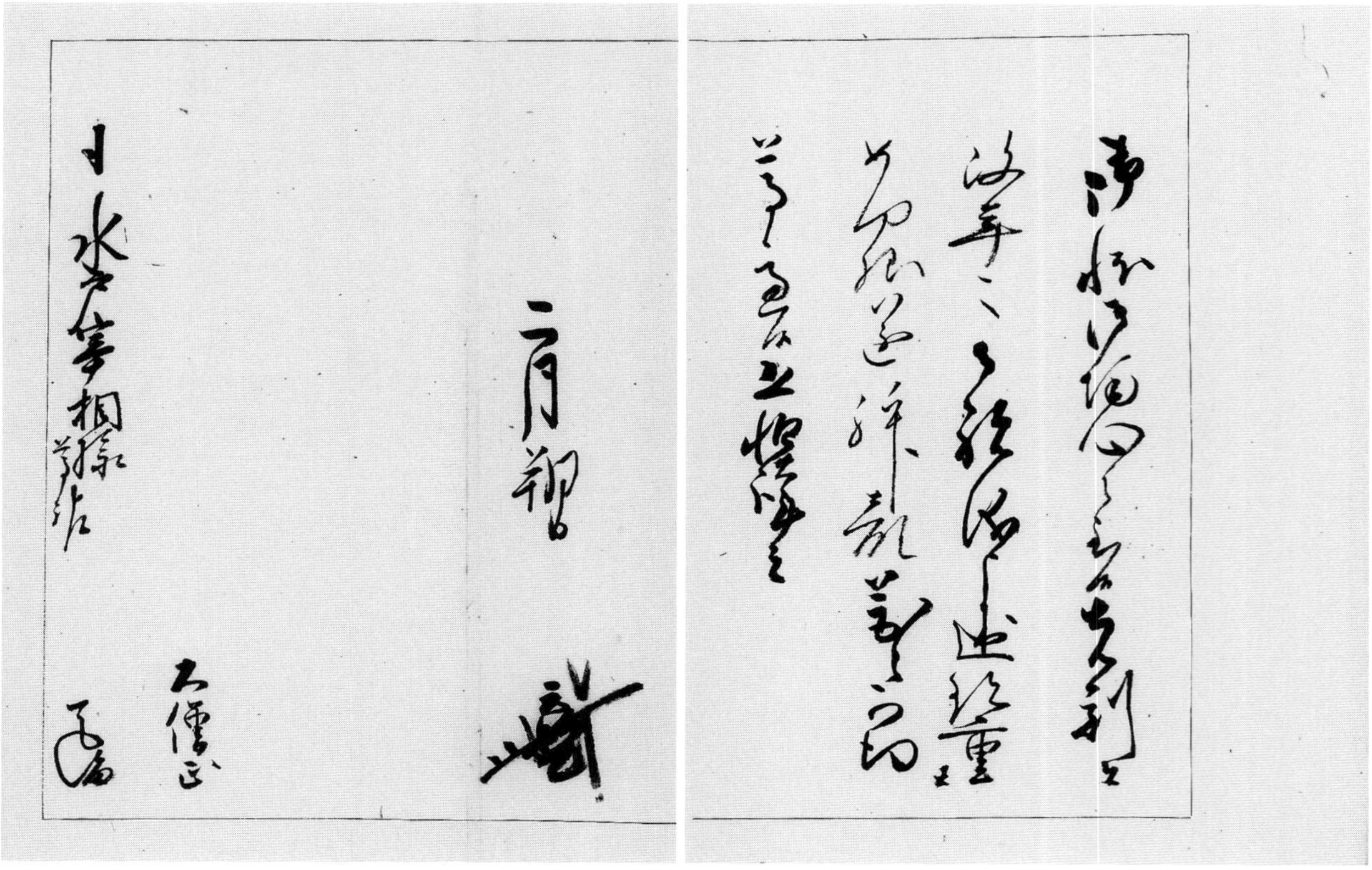

134 大僧正天海書状

東京大学史料編纂所影写本
三宅長策氏文書

御状御隔心之至候、先刻者
改年之御祝儀申述弥(珍)重候、
如何様遂拝顔、万ゝ可得
尊慮候、恐惶謹言、
(元和六年～寛永三年)
二月朔日　天（花押）

大僧正
〆　水戸宰相(頼房)様　天海
尊報

○徳川頼房の宰相在任期間は、元和六年（一六二〇）八月から寛永三年（一六二六）八月まで。

136　大僧正天海書状（折紙）

東京大学史料編纂所写真版
小野逢善寺文書

尚々、観音寺者、
弥達意候儀、
伝達頼入候、
上洛閑敷、就其
可申上候、以上、

先日者、爰元
永々御在山、忝存候、
罷立之事、大雨故
相延申候、御約束申候
物之本御持参候者、
千手院へ御預ケ可被為
置候、定而其元へ
御出候ハんと存、申
入候、爰元十七日
過候而可罷立候、
猶委細江戸
ニ而可申談候事候、
期後音候、恐惶
謹言、

大僧正

（寛永三年）壬（閏）四月十八日　（天海）（花押）

（長沼）宗光寺
まいる

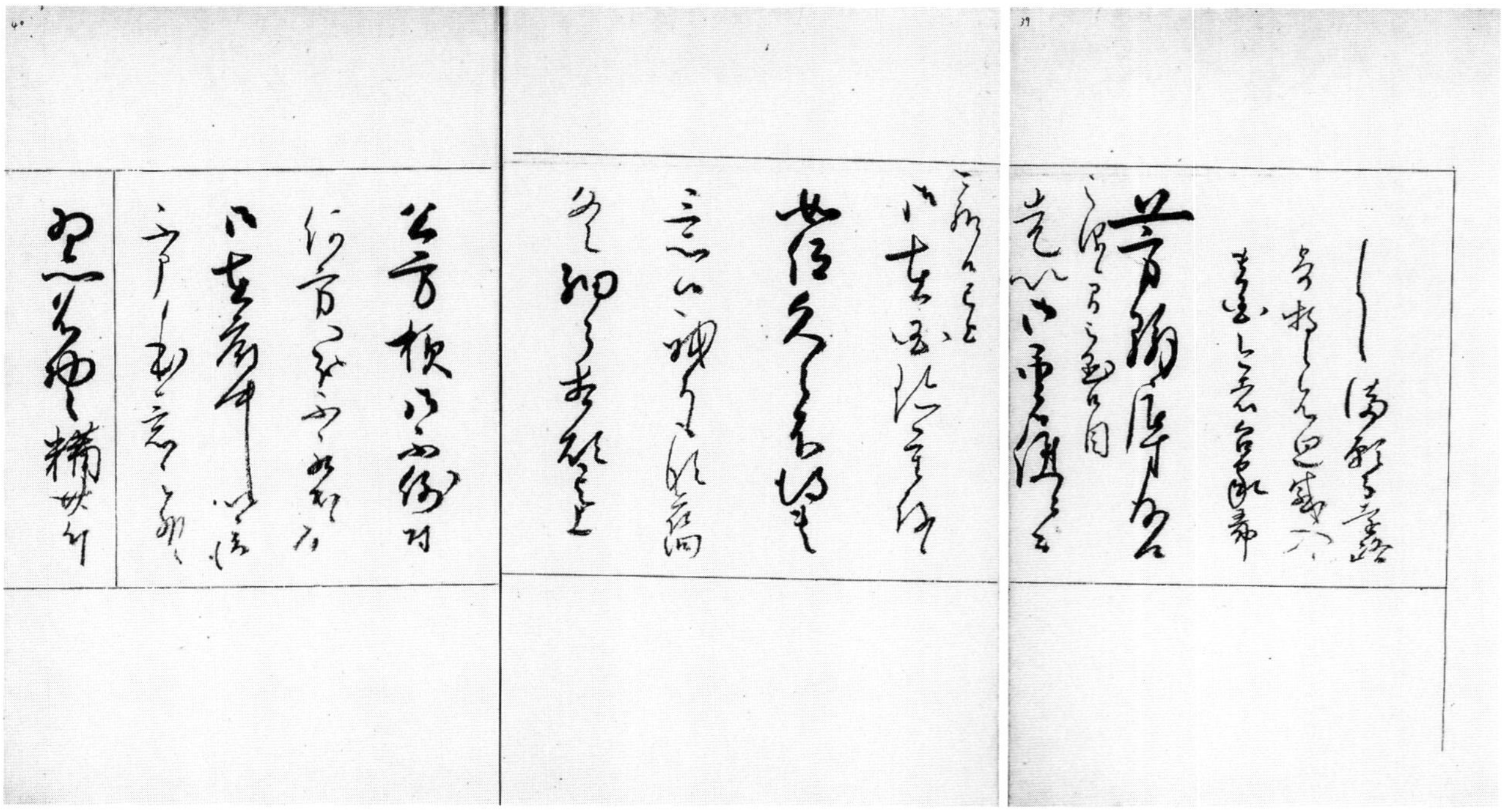

138　大僧正天海書状（元折紙カ）

東京大学史料編纂所影写本
上野寛永寺文書　満願寺旧蔵文書

尚〻、満願寺(仙台)遠路
寄特之見廻感入候、
貴国今者台家希
之儀候間、被懸御目
可給候、已上、

芳翰辱存候、
先以御勇健ニ而
御在国珎(珍)重存候、
如仰久〻不得貴
意候、我ホ(等)も従旧
冬細〻相煩、其上
公方様(徳川家光)御不例付、
何方へ茂不罷出候故、
御在府中以参も
不申、本意之外候、
将亦名物之糒廿斤
入一箱并素麺百
竿入一函送給、
別而令賞味候、
公方様未表へ者不

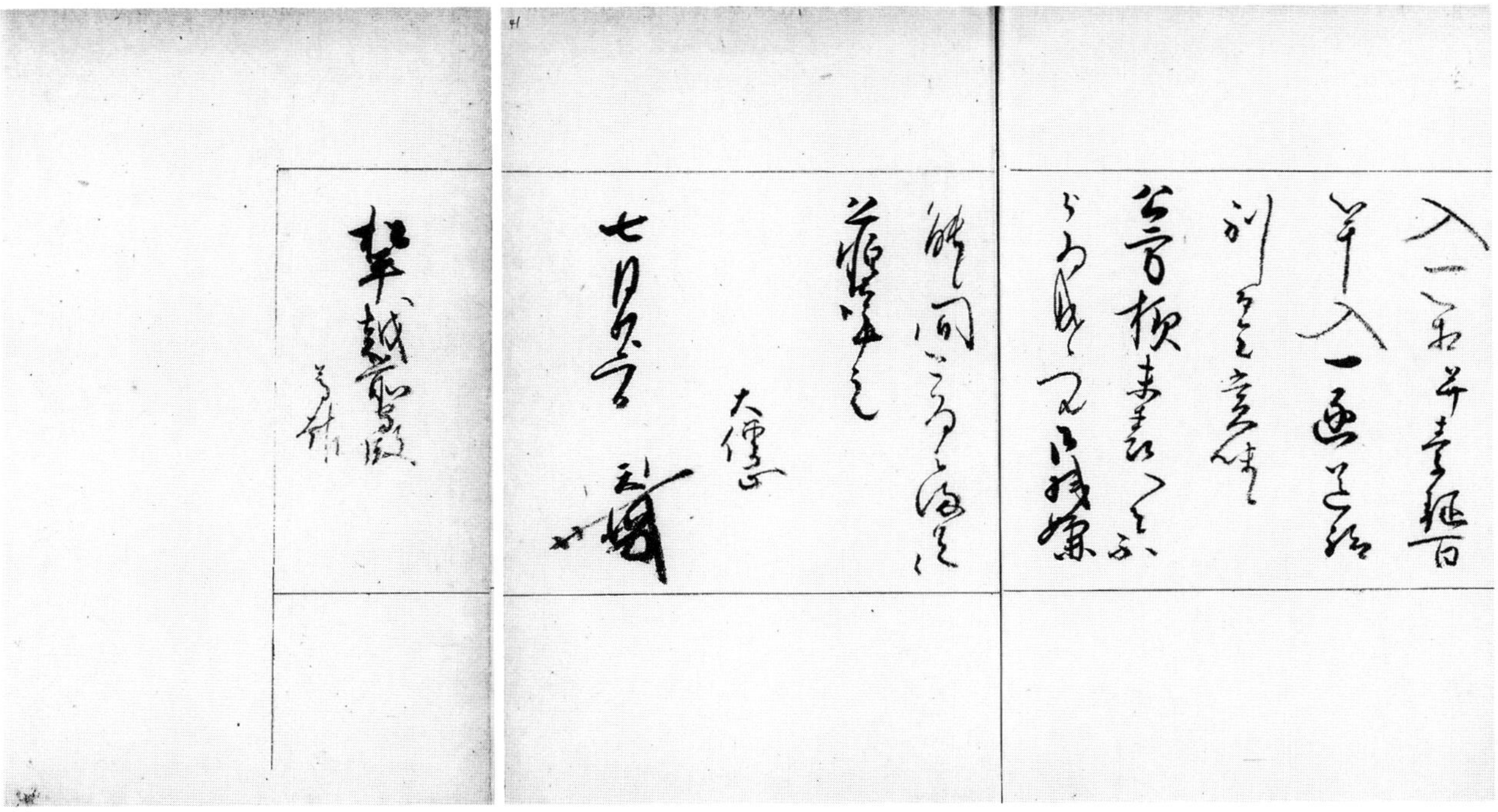

被為成候へ共、御機嫌
能候間、可為御満足候、
恐惶謹言、
大僧正
（寛永元〜三年）七月廿二日　天（花押）
（伊達忠宗）松平越前守殿
尊報

○伊達忠宗の越前守就任は、寛永元年（一六二四）六月より、同三年八月まで。

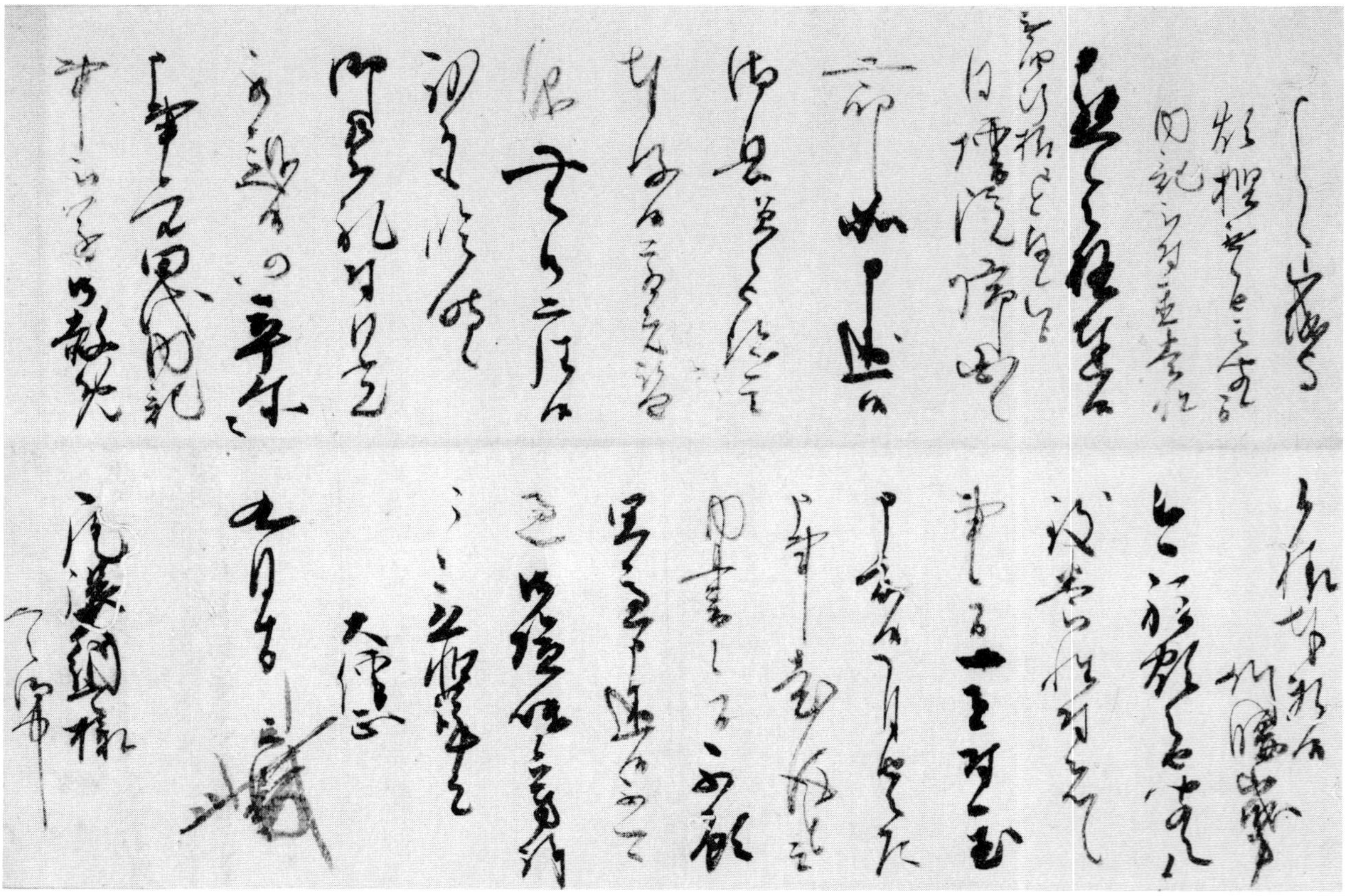

139　大僧正天海書状（折紙）

名古屋徳川美術館文書

尚と、山城守
煩揠（マヽ）無之由、其聞候間、
内記（尾張藩士・田代広綱）被付置、養性（生）
無油断様ニと存候、以上、

態令啓達候、
日増（珍祐）院帰国之
節如申述候、
御息災之由珎（珍）重
奉存候、爰元替
儀無御座候、
御祭礼付、日光
我ホ（等）も臨時之
罷越候、仍卒尓（爾）ニ
申事候へ共、田代内記
事、被遂御赦免
候様奉頼候、竹腰山城方（尾張藩家老・正信）
今程煩之由聞之候、
致養性（生）付者之
事候間、一者付置
申度候、自由之乍
申事、老後と云、

内書候間、不顧
思慮申述候、不可
過御塩味候、芳拝
ゝゝ、恐惶謹言、
　大僧正
（寛永三年以降）九月十日　天（花押）
（徳川義直）尾張大納言様
　人ゝ御中

○『徳川義直と文化サロン』（平成十二年九月、徳川美術館刊）九〇頁写真、二一〇頁釈文参照。
徳川義直の大納言就任は、寛永三年（一六二六）八月十九日。

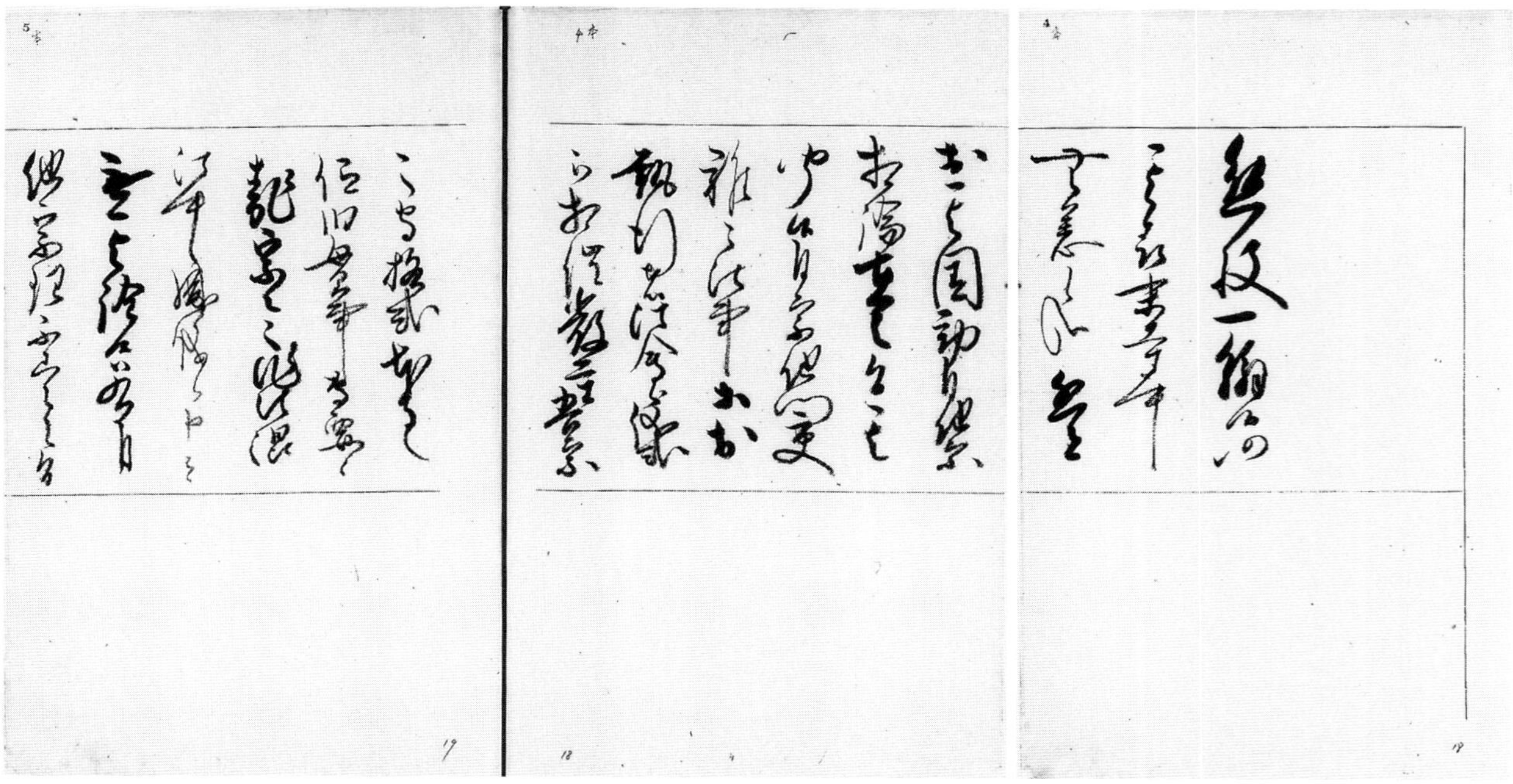

140　大僧正天海書状（元折紙カ）

東京大学史料編纂所影写本
岡山本山寺文書

態投一翰候、仍
其表末寺中
無恙候哉、然者
於其国、動自他宗
相論在之旨、其
聞候、自宗他門交
雑之法事ホ（等）於
執行者、法会御儀式
被相催、厳重吾宗
之守格式、本寺之
仰旧貫事専要候、
乱宗ゝ之作法、混
法中之威儀候事者、
無其詮候、若自
他宗理不尽之旨
於申掛者、早達
国司之上聞、速可
遂山門之鬱訴候、
此ホ（等）之趣於違背
之輩者、放薬師之

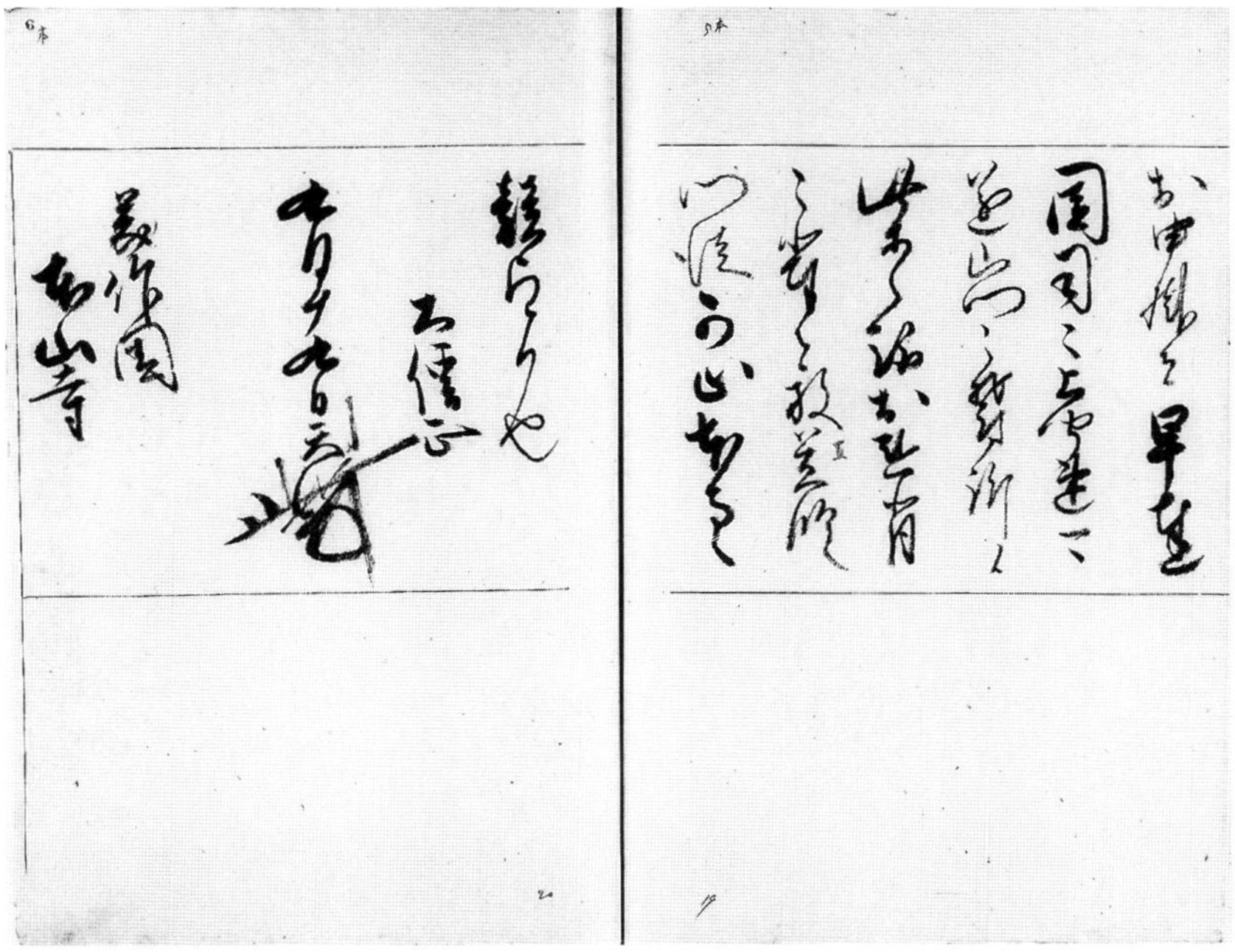

門徒、可止本寺之
競望候也、
大僧正
（寛永三年カ）九月十九日　天（花押）
美作国
本山寺

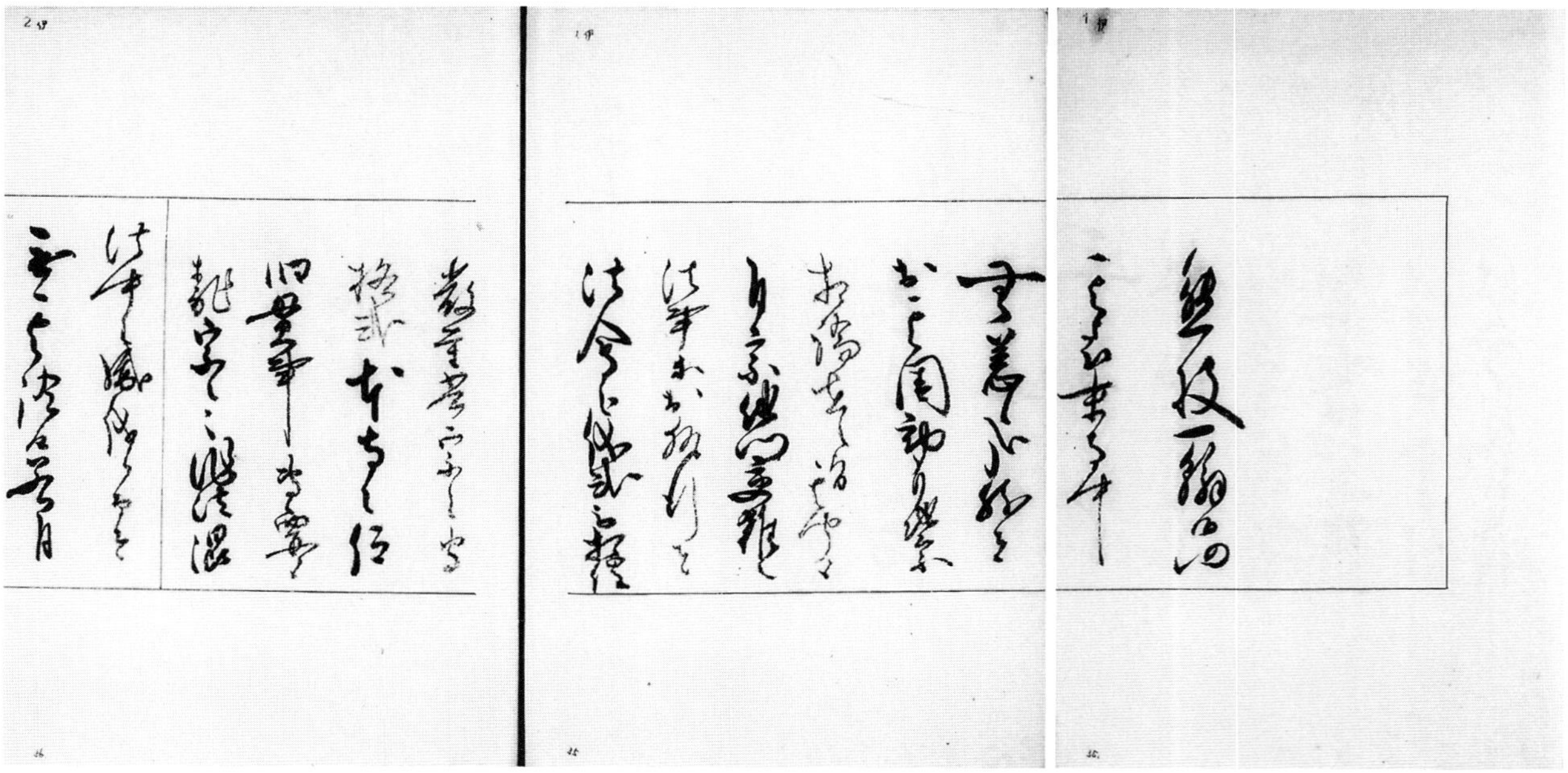

141　大僧正天海書状（元折紙カ）

東京大学史料編纂所影写本
伊賀豊作氏文書

態投一翰候、仍
其表末寺中
無恙候哉、然者
於其国動自他宗
相論在之旨、其聞候、
自宗他門交雑之
法事ホ（等）於執行者、
法会御儀式被相催、
厳重吾宗之守
格式、本寺之仰
旧貫事専要候、
乱宗ゝ之作法、混
法中之威儀候而者、
無其詮候、若自
他宗理不尽之旨
於申掛者、早達
国司之上聞、速可遂
山門之欝訴候、此ホ（等）
之趣於違背之輩、
放薬師之門徒、可止

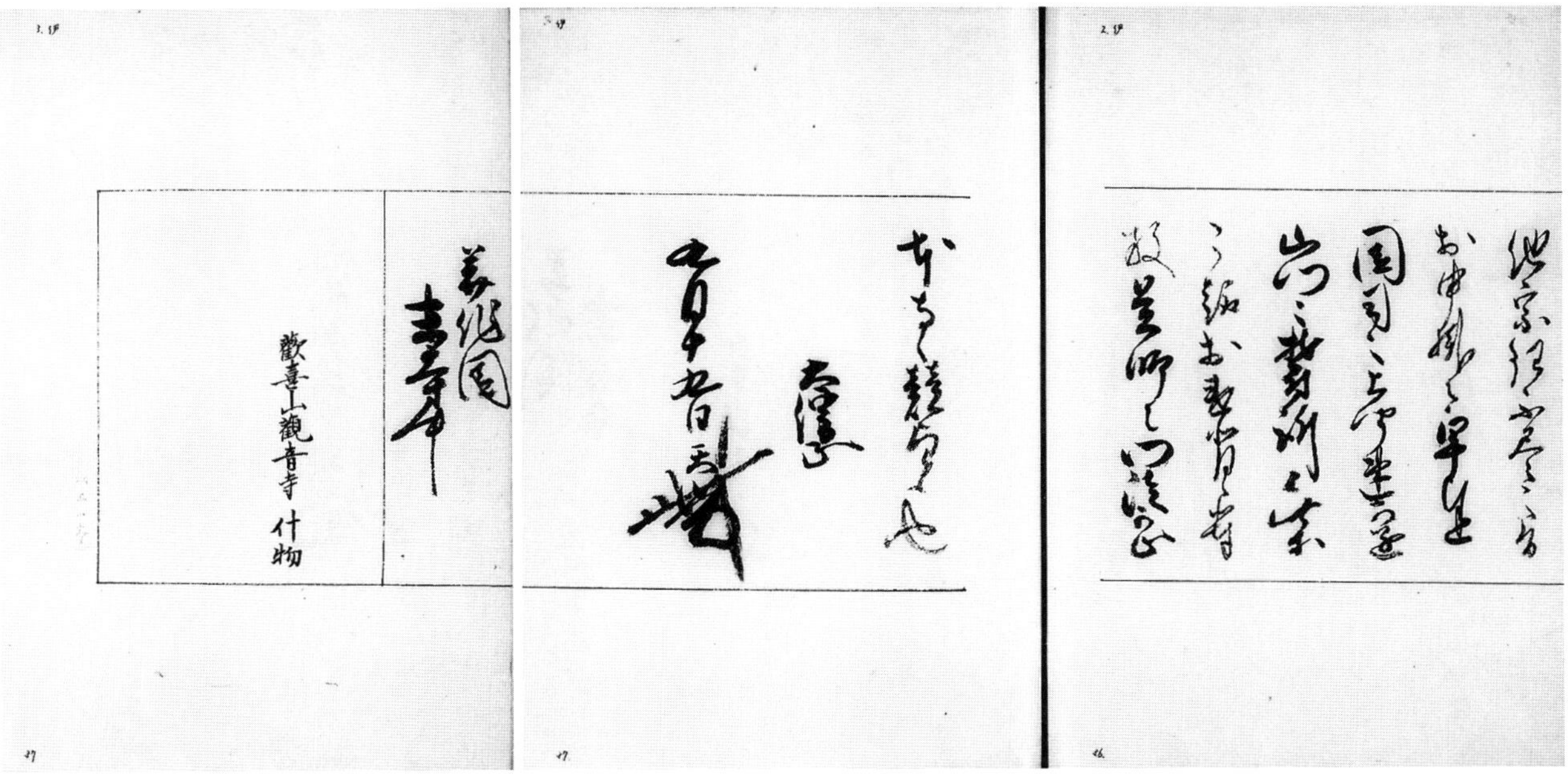

本寺之競望候也、

　　大僧正

（寛永三年カ）九月十九日　天（花押）

　美作国

　　　末寺中

（補筆）「歓喜山観音寺什物」

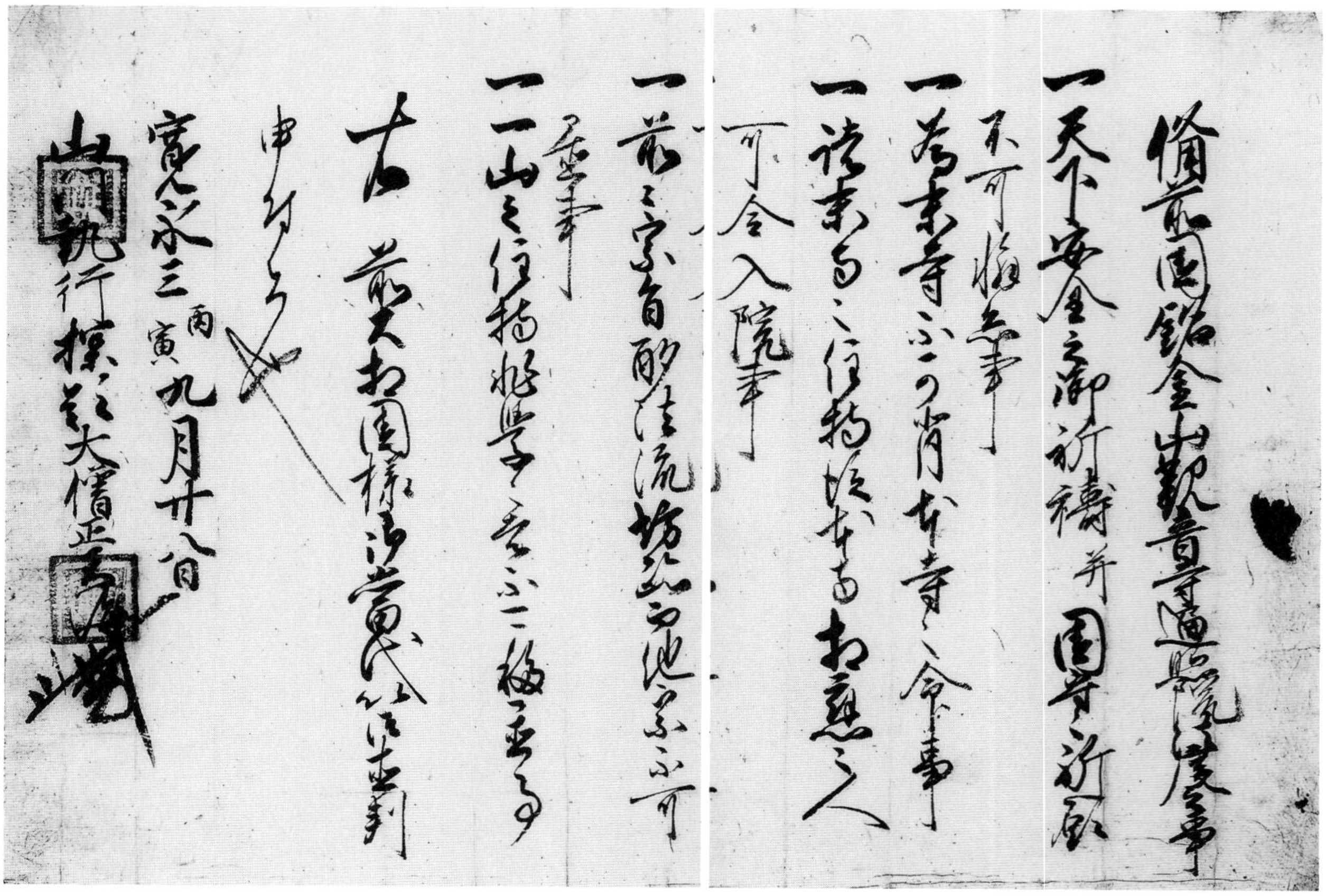

142 山門執行探題大僧正天海金山寺寺内法度

東京大学史料編纂所影写本
辻常三郎氏文書

備前国銘金山観音寺遍照院法度之事
一、天下安全之御祈禱并国主之祈願、
不可懈怠事、
一、為末寺不可背本寺之命事、
一、諸末寺之住持、従本寺相応之人、
可令入院事、
一、前ゝ宗旨酌法流坊跡而、他宗不可
置事、
一、一山之住持非学之者不可移置事、
右　前大相国様（徳川家康カ）御当代以御直判
申付者也、
寛永三丙寅九月廿八日
（印）山門執行探題大僧正天海（印）（花押）

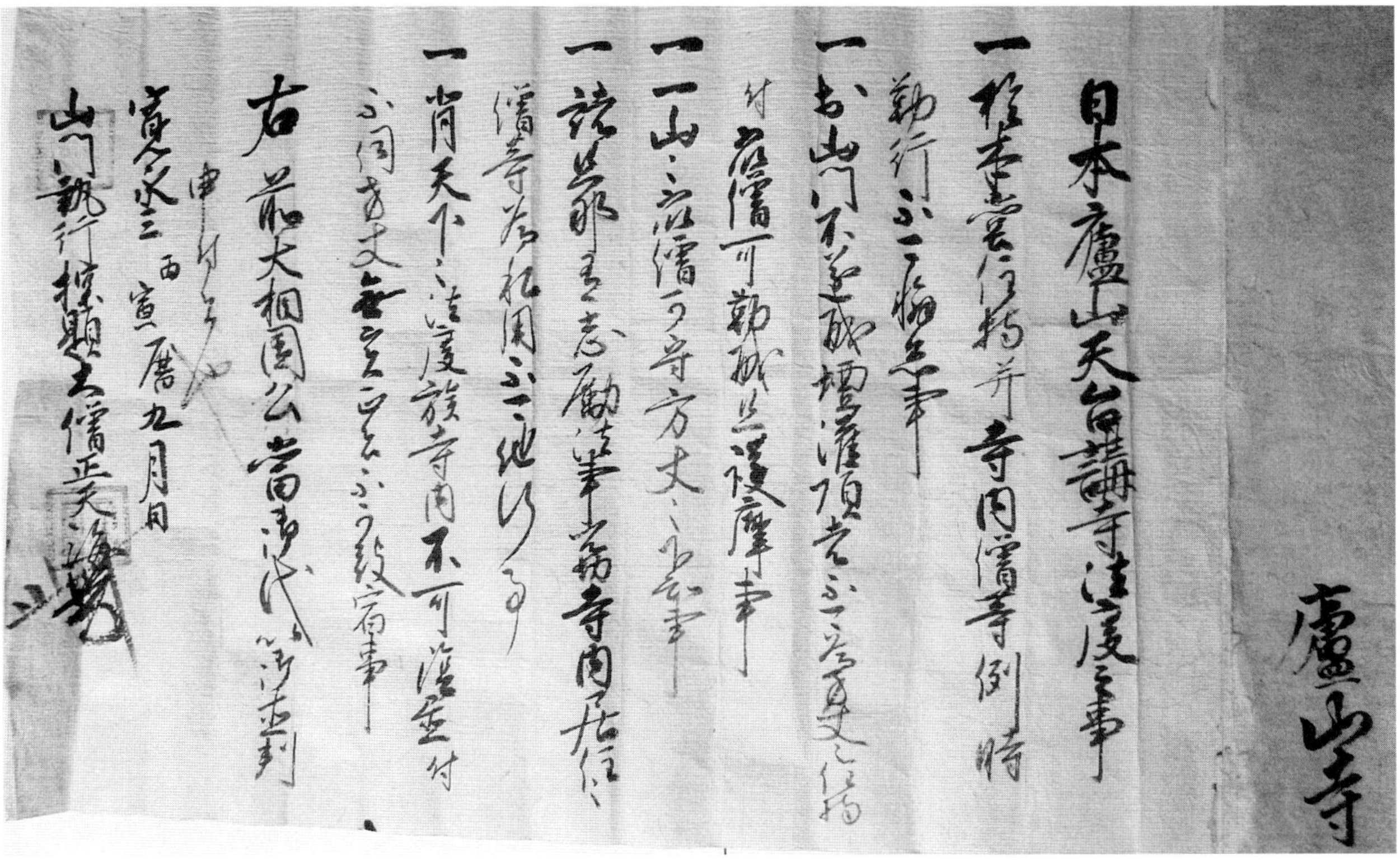

143　山門執行探題大僧正天海盧山寺寺内法度

京都盧山寺文書

日本盧山天台講寺法度之事

一、於本堂住持并寺内僧等、例時
勤行不可懈怠事、

一、於山門不遂戒(開)壇灌頂者、不可為方丈之住持、
付、衆僧可勤戒(開)旦(壇)護摩事、

一、一山之衆僧、可守方丈之下知事、

一、諸旦(檀)那有志励法事、窃(竊)寺内居住之
僧等、為私用不可他行事、

一、背天下之法度族、寺内不可陰置、付、
不伺方丈、無実正者不可致宿事、

右　前大相国(徳川家康)公当御代以御直判
申付者也、

寛(印)永三丙寅暦九月日

山(印)門執行探題大僧正天海(印)（花押）

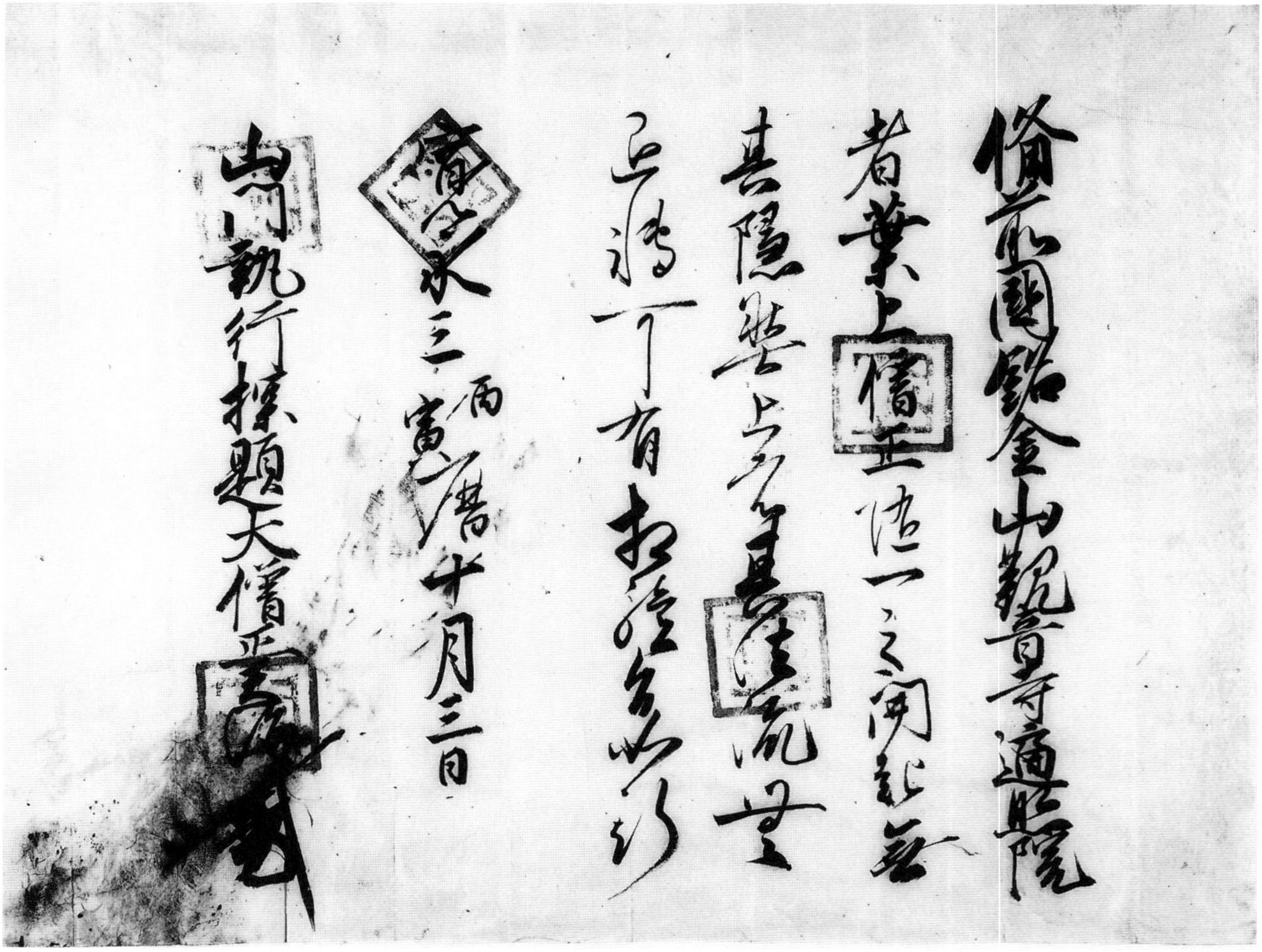

144　山門執行探題大僧正天海葉上流法度

東京大学史料編纂所影写本
辻常三郎氏文書

備前国銘金山観音院遍照院
者、葉上僧正（印）随一之開起無
其隠、然上者其法（印）流無
退転、可有相続旨如斯、
（印）寛永三丙寅暦十月三日
（印）山門執行探題大僧正天海（印）（花押）

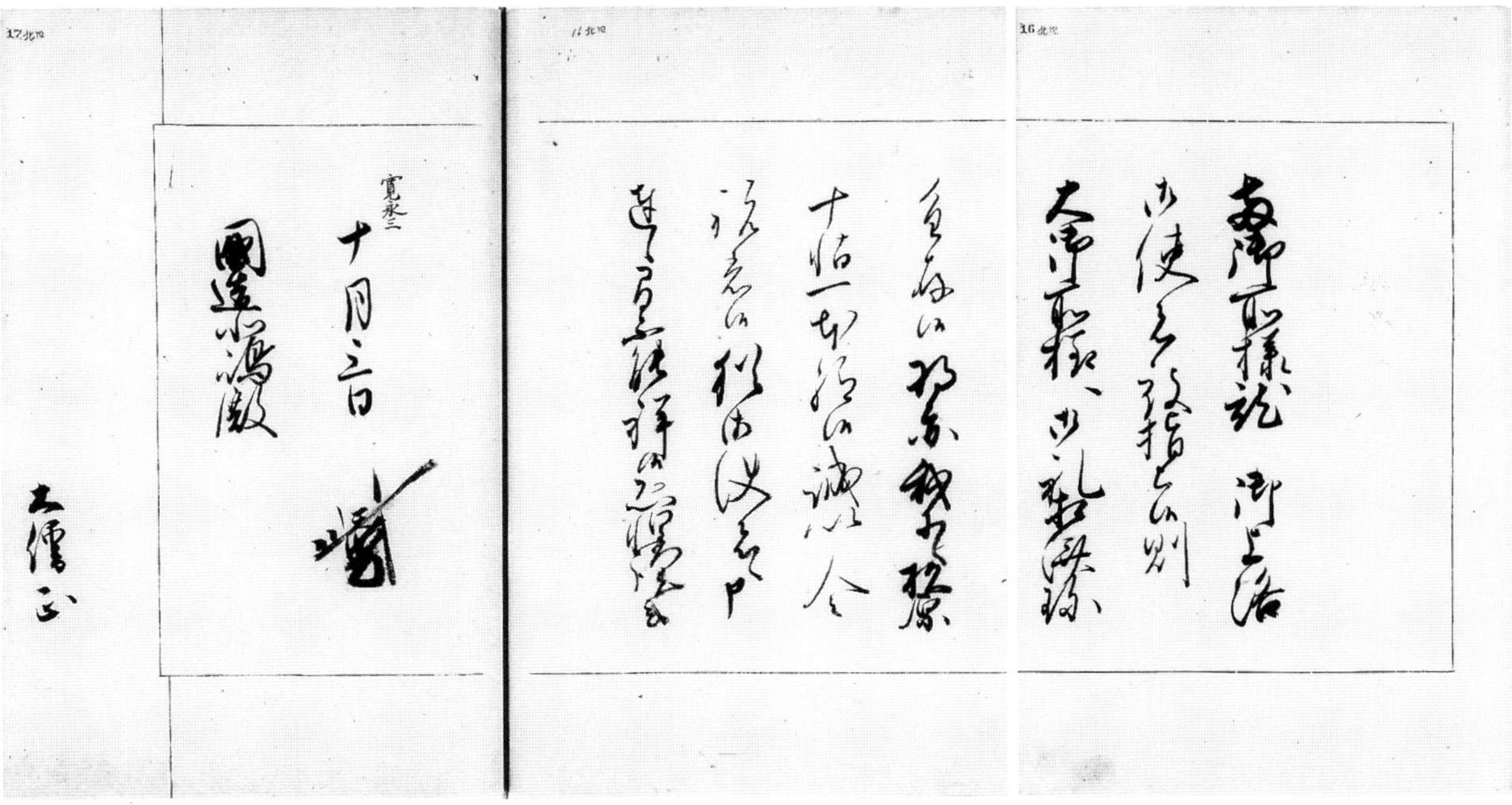

145　大僧正天海書状

東京大学史料編纂所影写本
島根北島家文書

両御所(徳川秀忠・家光)様就　御上洛、
御使者被指上候、則
大御所(徳川秀忠)様へ御礼相済、珎(珍)
重存候、将亦我ホ(等)へ杉原
十帖一本給候、誠以令
祝着候、猶御使者へ申
達候間、不能詳候、恐惶謹言、
　十月三日(寛永三年(後筆))　天（花押）
国造(広孝)北嶋殿

「(ウハ書)国造北嶋殿　　大僧正
　　貴報　　　　　天海」

○徳川家光の将軍就任は、元和九年（一六二三）七月。
徳川秀忠の忌日は、寛永九年（一六三二）正月。
この間の徳川秀忠と家光両者の上洛は、寛永三年のみ。

團達水鴻牧幸禀

玉海

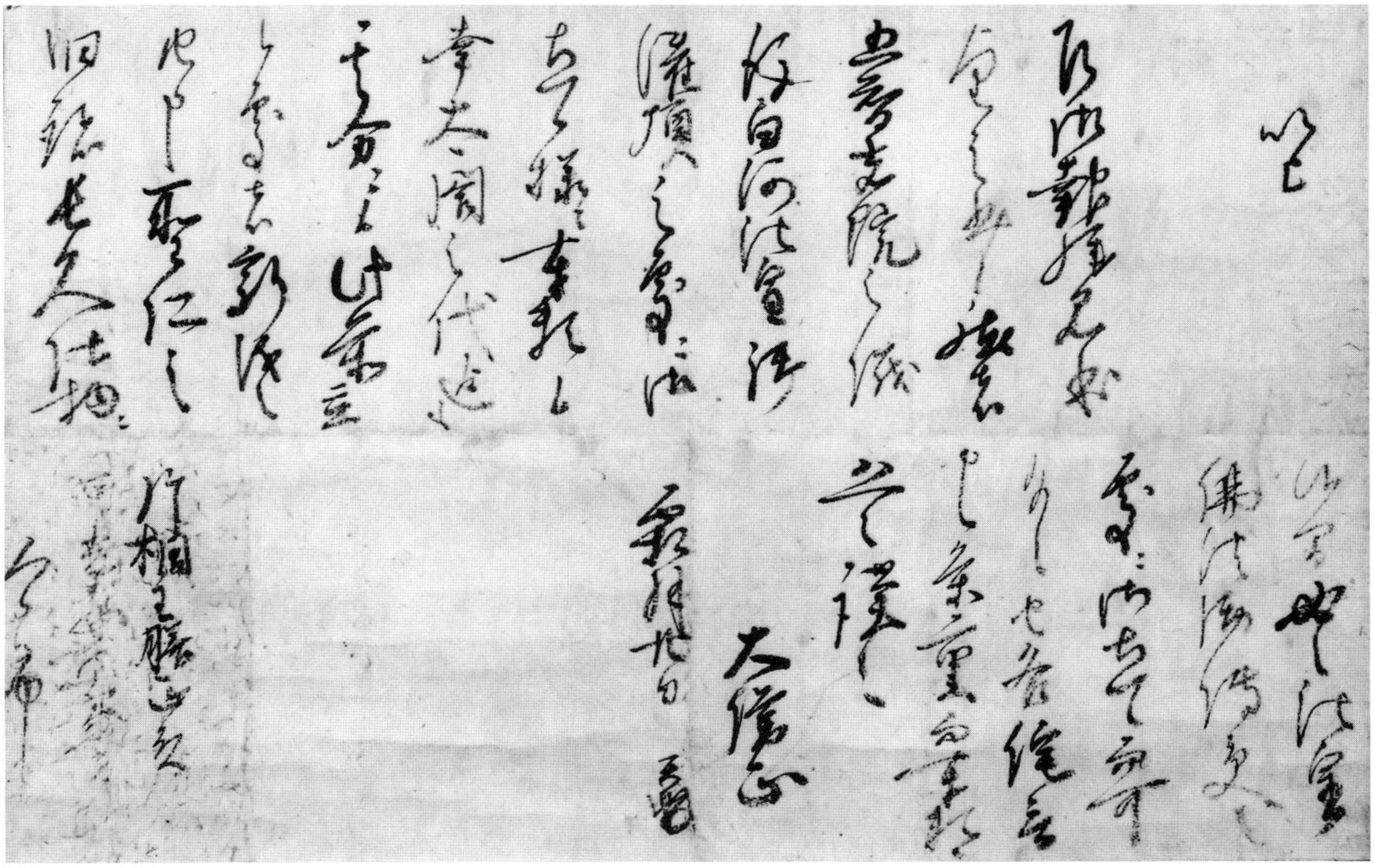

146　大僧正天海書状（折紙）

大阪四天王寺文書

以上

乍御報拝見、本
望之至候、然者
五智光院之儀、
後白河法皇御
灌頂之処ニ、御
立候様ニ奉頼候、
幸太閤（豊臣秀吉）之代迄も
其分ニ候、此前立
候処者、新儀之
由申候、聖仁之
旧跡長久仕物ニ
候間、必ゝ法皇
仏法御伝受之
処ニ、御立候而可
給候由、各侘言
申候条、重而奉頼候、
恐ゝ謹言、

大僧正
（寛永三年以前）霜月廿日　天（花押）

片桐主膳正（貞隆）殿
甲斐庄喜右衛（正房）殿
人ゝ御中

○片桐貞隆の忌日は、寛永四年（一六二七）十月。
甲斐庄正房の忌日は、寛永七年七月。

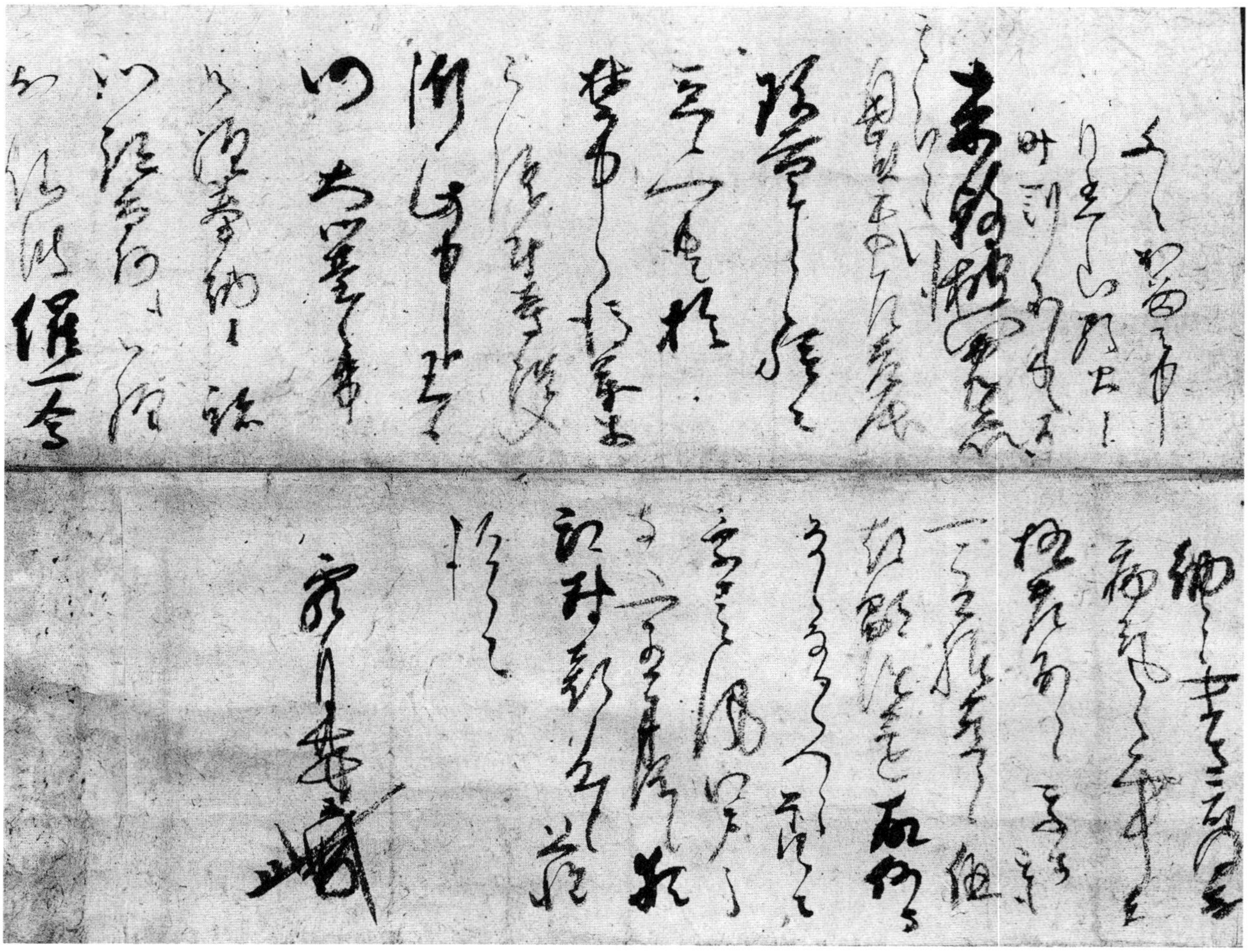

147　天海書状（折紙）

上野現龍院文書

尚〻、於留主中
日光山類火候、
時刻不来候間、
其分候、以上、

来翰披閲、先以
息災、互乍老屈
弥（珍）重候、種〻
急候へ共、於
禁中御論義ホ（等）
被仰付、旁隙入、
漸此中上候、
仍　大御台（徳川秀忠室崇源院）之弔
御経奉納候、諸
門跡方何も御経、
於仙波催一会
納候、末寺衆得度
病気之事候、
極老なと某ホ（等）とも
可有推察候、併
都鄙往還故、何与
なく（永）なから へ候、節〻

乗言風、江戸之
寺へ可有来院候、猶
期対顔之時候、恐惶
謹言
（寛永三年）霜月廿七日　天（花押）

○崇源院の忌日は、寛永三年（一六二六）九月十五日。
日光の火事は、寛永三年。

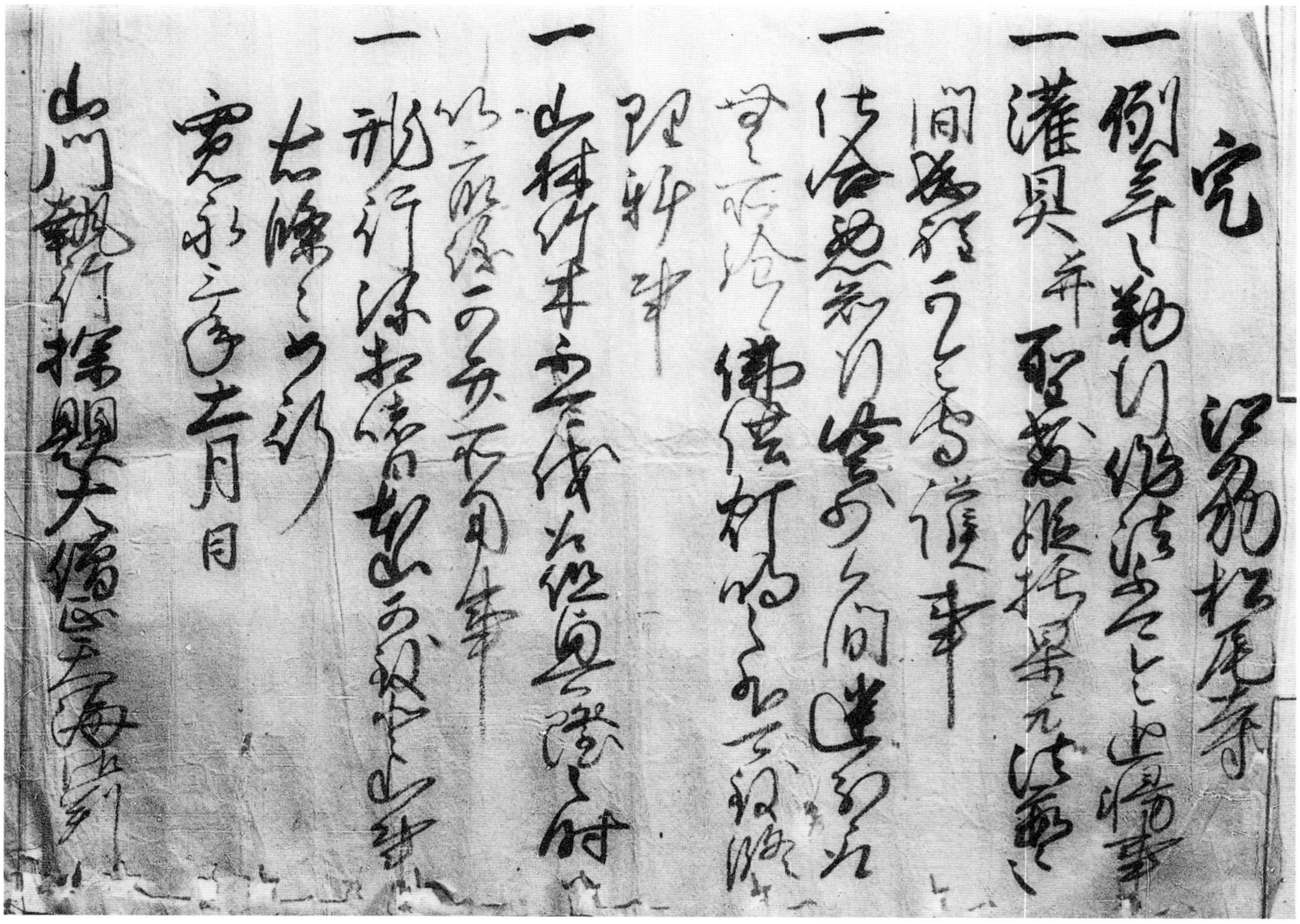

148　山門執行探題大僧正天海松尾寺寺内法度写

滋賀金剛輪寺文書

定　　江刕(州)松尾寺

一、例年之勤行・作法不可令怠慢事、
一、灌具幷聖教、縦朽果候共、法宝之間、成程可令守護事、
一、仕合惣知行些少候間、遺分取無所詮候、仏法灯明之外、可致修理料事、
一、山林竹木不可伐取、但、興隆之時、以衆儀可弁所用事、
一、非行(戒カ)弥相嗜、本山可致登山事、
右条ゝ如斯、
寛永三年十一月日
山門執行探題大僧正天海　御判

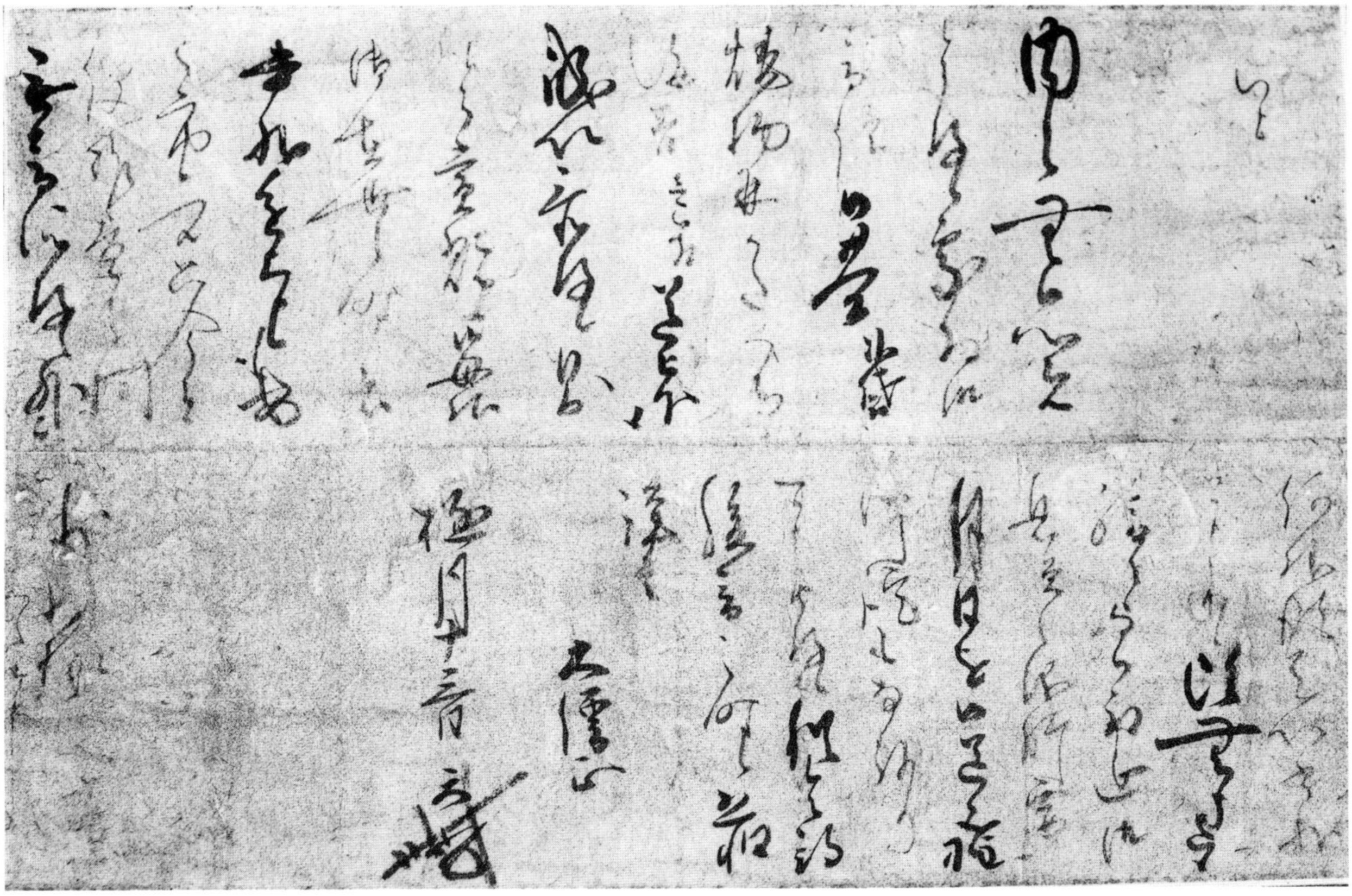

149 大僧正天海書状（折紙）

諏訪貞松院文書

以上
内と無御心元
令存候処、為御
音信御茶弐袋
焼物幷かたくち
海苔壱箱送被下候、
誠以忝存候、則
令賞翫候、御母様（茶阿）
御在世之時者、
書状進上申候も安
御座候へ共、只今者
便難量候間、
無音所存之外候、
何様彼是以書状
可申述候、雖無申迄候、
緩と与御取延、御
息災之儀肝要候、
月日を御送候程、
御諚もなを（直）り
可申由存候、猶令期
後音之時候、恐惶

謹言、

大僧正

（寛永三年以降）
極月十三日　天（花押）

（松平忠輝）
少将様

人々御中

○茶阿の忌日は、元和七年（一六二一）六月十二日。

松平忠輝は、寛永三年（一六二六）四月信州上諏訪に預けられる。

松平忠輝は、寛永三年四月以降、諏訪に預けられ、同年七月三日に亡くなり、貞松院に葬る。

150　天海書状

東京大学史料編纂所影写本
西園寺源透氏文書

一筆令啓上候、来廿四日口切
仕度候、於御出者可為本望候、
各へ申入候間被仰合、必御出
所希候、恐惶謹言、
（寛永四年以前）
九月廿一日　天（花押）
大僧正
〆　（川越藩主・忠利）
酒井備後守殿

○川越藩主酒井忠利の忌日は、寛永四年（一六二七）十一月十四日。

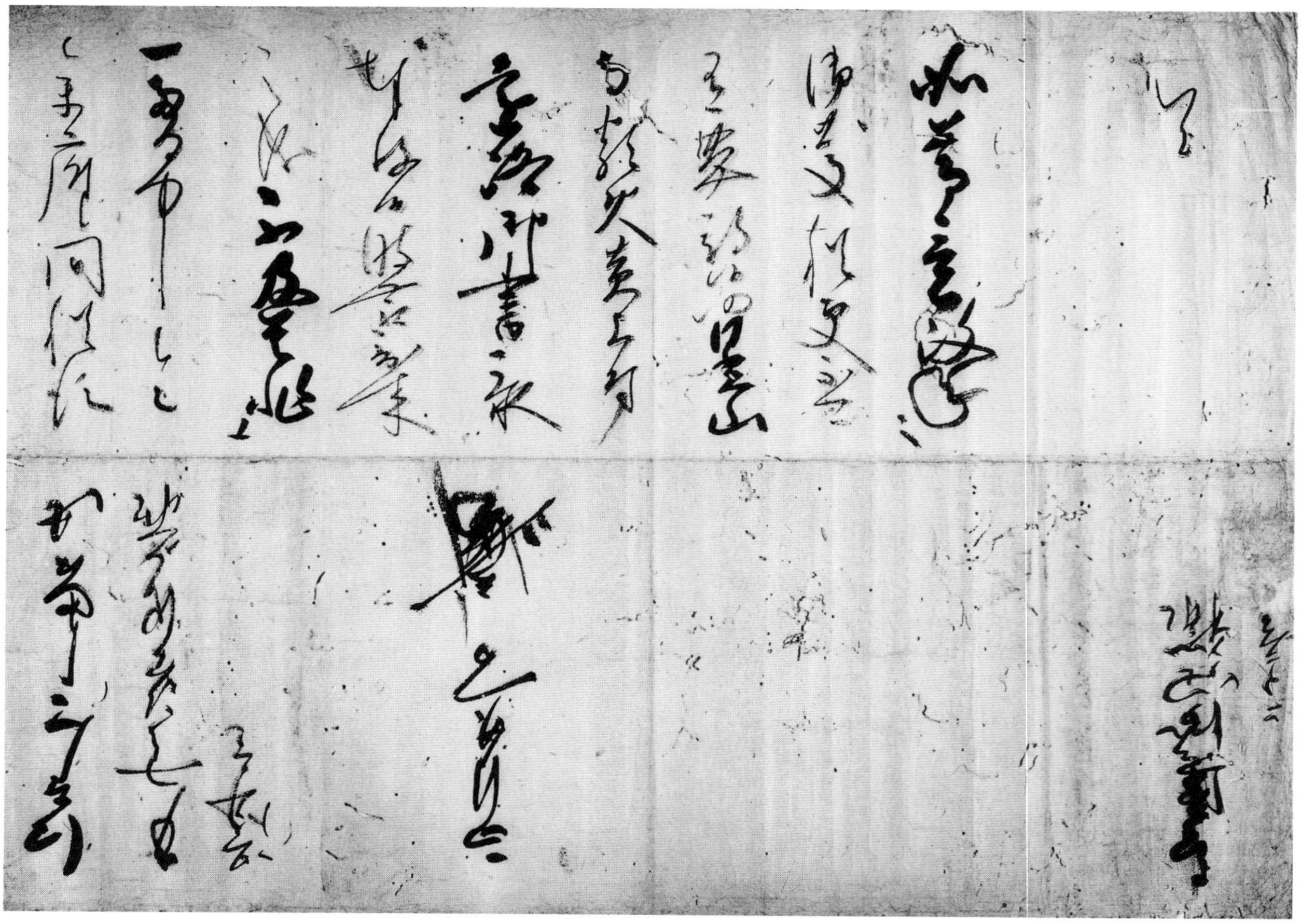

151　天海書状（折紙）

東京大学史料編纂所文書　青蓮院旧蔵文書

以上

如尊意改年之
御慶、猶更不可
有尽期候、仍日光山
寺類火炎上付、
遠路御書忝
奉存候、時節到来
之儀、不及是非候、
一両日中令
参府候間、猶従
江戸可申述候、此
方無替儀候、恐惶
謹言、

（寛永四年）
正月廿一日　天（花押）

青蓮院（尊純親王）御門跡様

尊答

○日光山の火事は、寛永三年（一六二六）十二月十二日と同十五年正月二十七日。

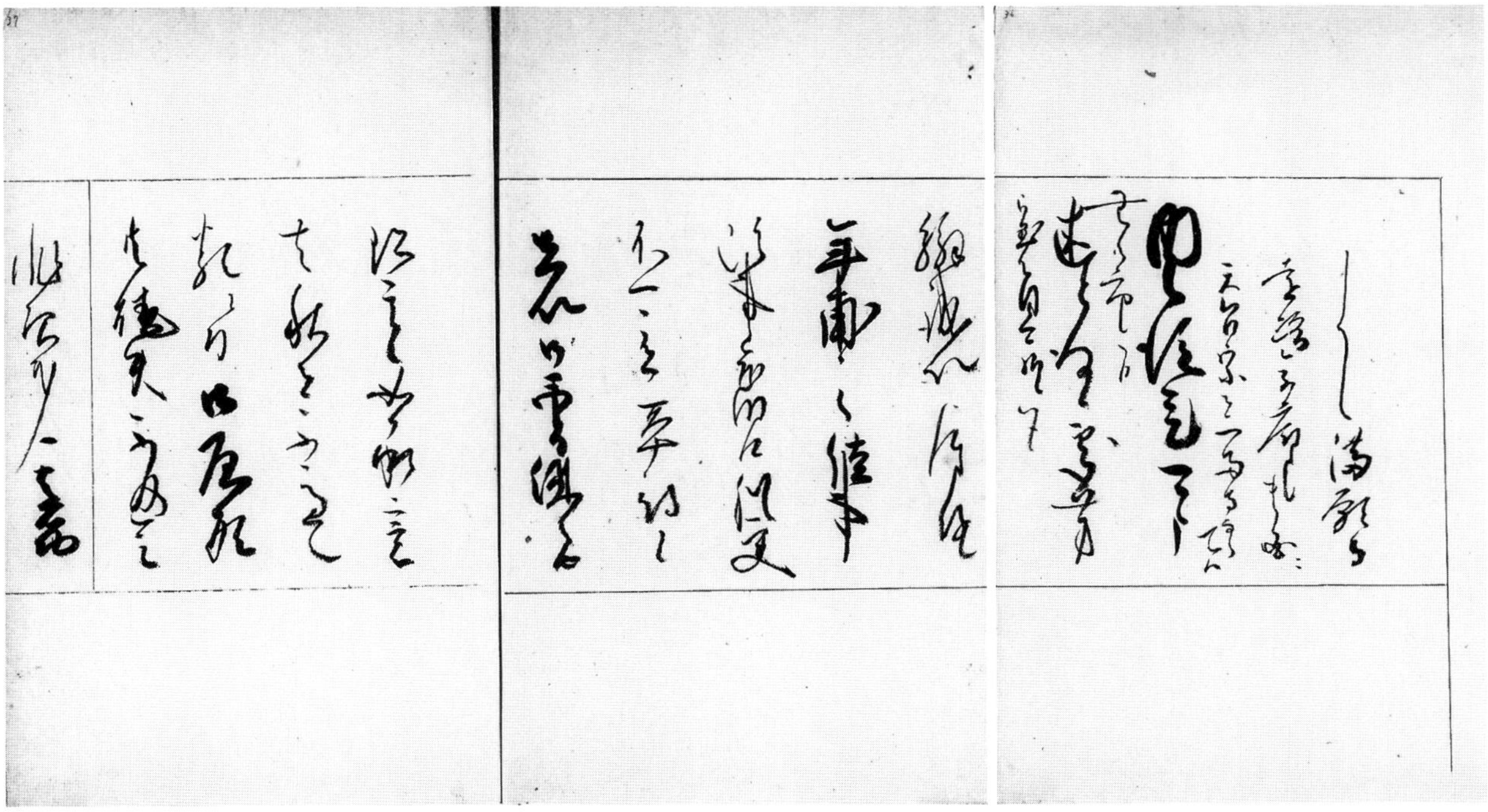

152

大僧正天海書状（元折紙カ）

東京大学史料編纂所影写本
上野寛永寺文書　満願寺旧蔵文書

尚〻、満願寺（仙台）
遠路参府申候、貴国ニ
天台宗者一両寺ならてハ
無御座候間、
被懸御目可給候、以上、

内ゝ従是可申
述と存候処、芳
翰誠以辱存候、
年甫之佳事
雖事旧候、猶更
不可有尽期候、
先以御勇健之由
珎（珍）重候、如承意、
去秋者不慮之
類ニ而、御屋形
共焼失、不及是
非次第、其節
我ホ（等）散々相煩候
故、以書状も不申入候、
併御大名故、はや（早）

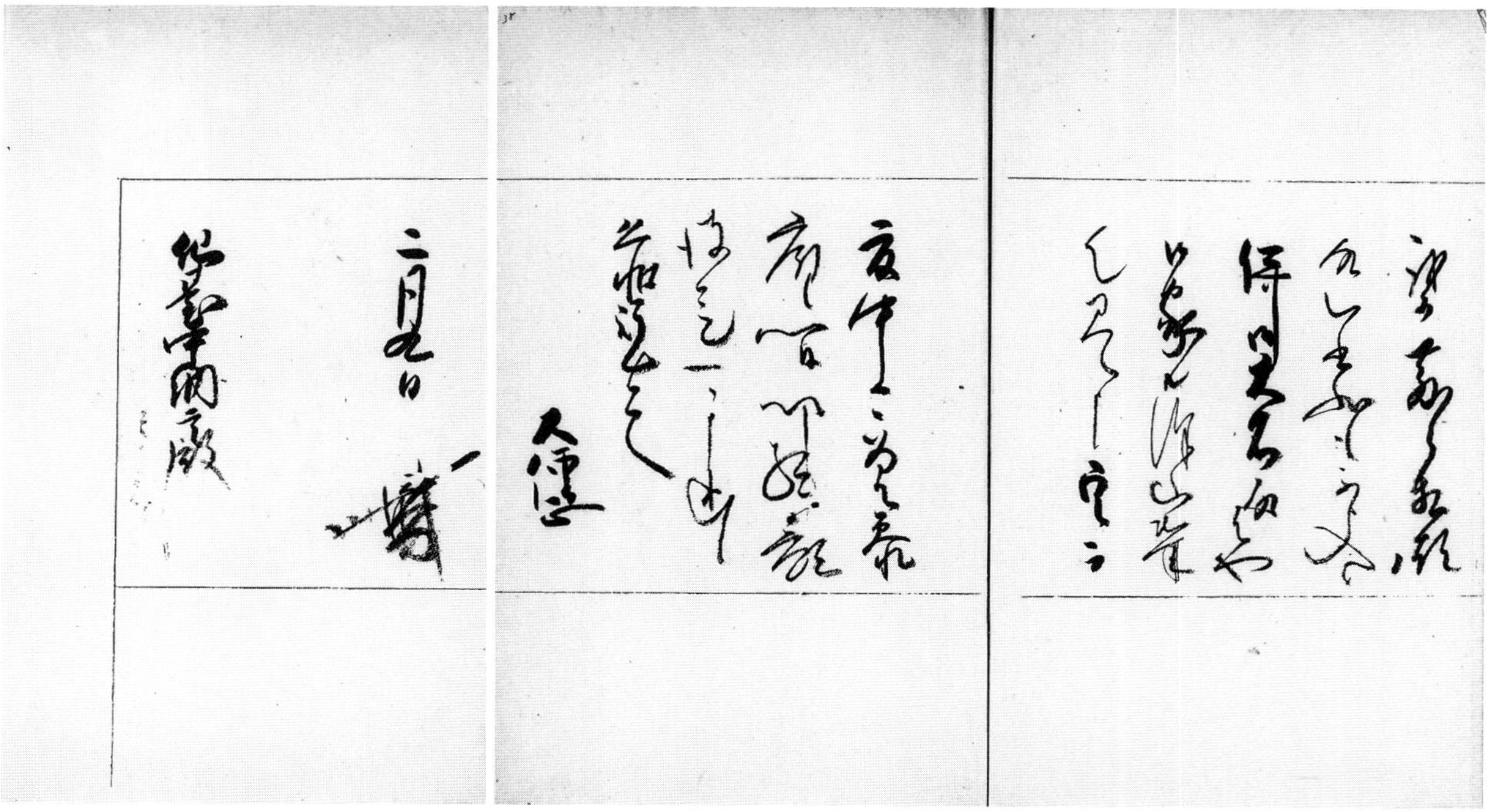

御家共沢山出来
候て見へ申候、定而
夏中可為御参
府候間、以拝願
彼是可申述候、
恐惶謹言、

大僧正

（寛永四年以降）二月九日　天（花押）

（伊達政宗）仙台中納言殿

○伊達政宗の中納言就任は、寛永三年（一六二六）八月十九日。

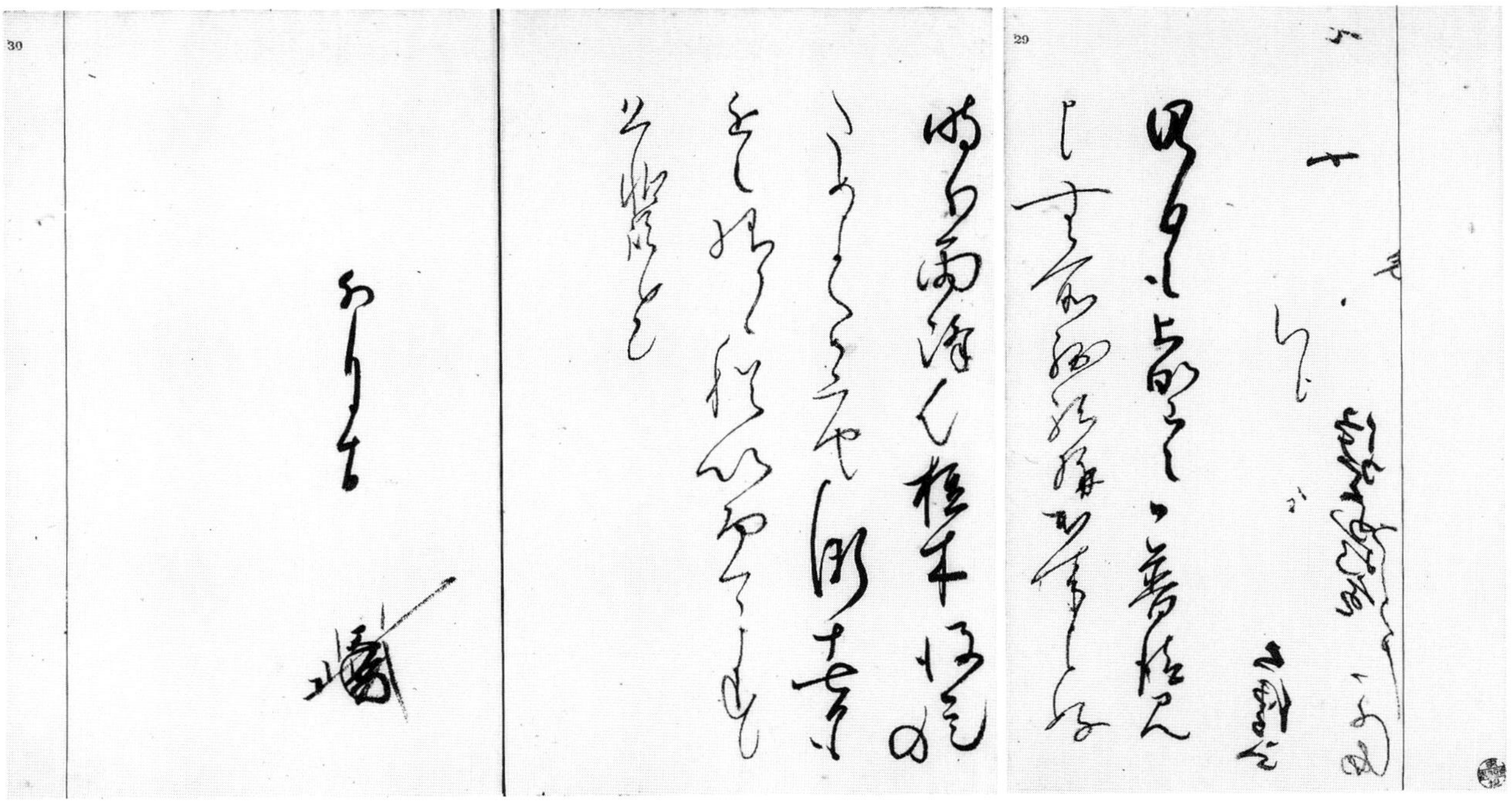

153

大僧正天海書状

東京大学史料編纂所影写本
藤堂家文書

以上

昨日も上野之御普請見
申候、無所残結構出来申候、好
時分雨降候て、柱木彼是の
ためよく御座候、漸十七日も
近候様候、猶以面可申述候、
恐惶謹言、

（寛永四年）夘（卯）月十日　天（花押）

（端裏書）「〆　（藤堂高虎）伊賀少将殿　大僧正
人〻御中　天海」

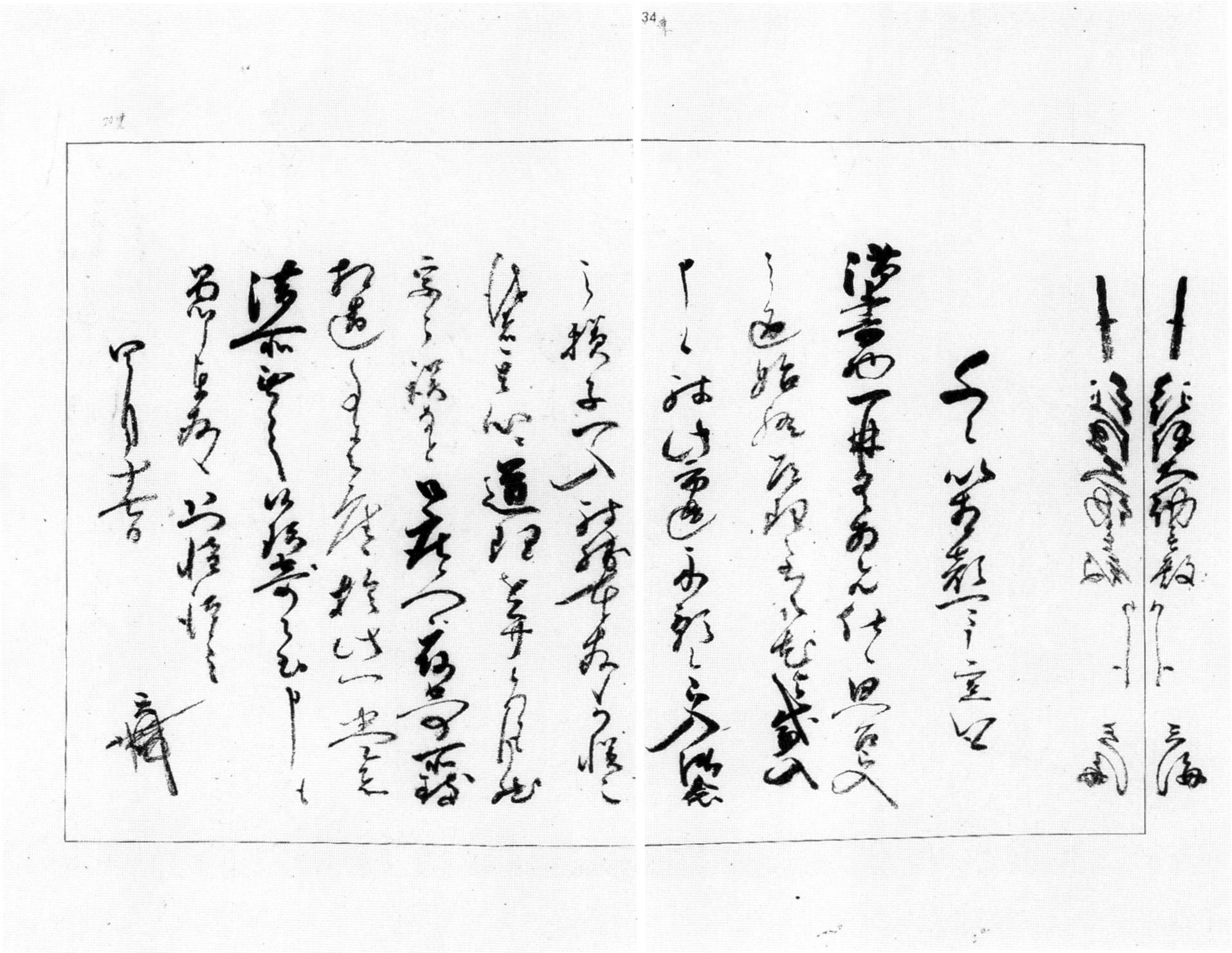

154　天海書状

東京大学史料編纂所影写本
和歌山東照宮文書

尚ゝ、以拝顔可申宣候、以上、
御書物一冊具拝見仕候、思召被入
之通、始終道理之至、御尤与感入
申候、殊此方迄示預候、被入御念
之様子、一入殊勝奉存候、か様之
儀者其心ニ道理を弁候へとも、自然
字之誤なと御座候へハ、存寄所致
相遠(違)事に御座候、於此一巻者
滞所無之候、珍奇之至、申も
愚奉存候、恐惶謹言、
(寛永四年以降)四月十七日　　天（花押）

(端裏書)「〆　(徳川頼宣)紀伊大納言殿　　天海
　　　　　御申候　　　」

○徳川頼宣の大納言就任は、寛永三年（一六二六）八月。

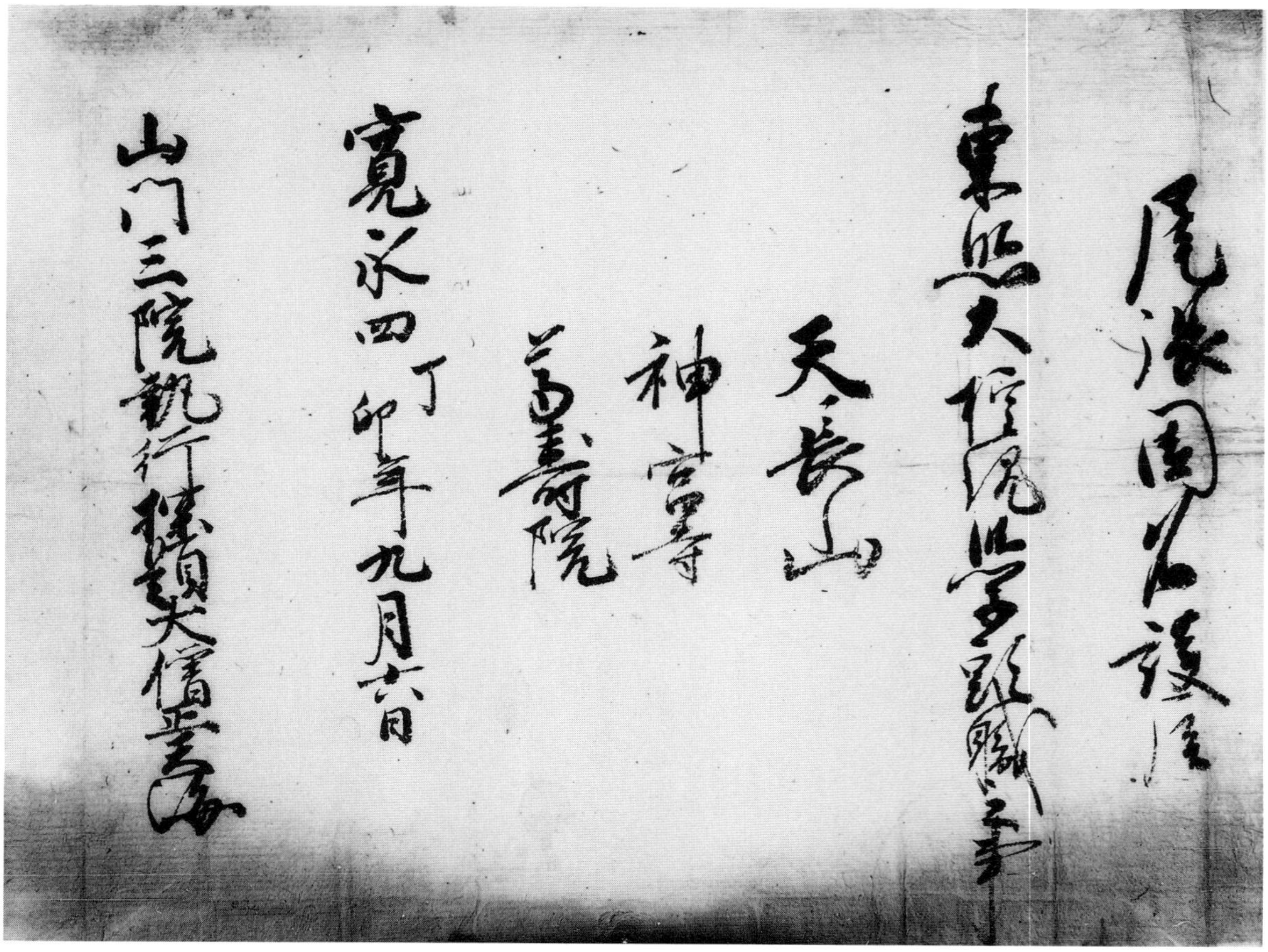

157　山門三院執行探題大僧正天海学頭職補任状写

春日井密蔵院文書

尾張国名護屋

東照大権現学頭職之事

天長山

神宮寺

尊寿院

寛永四丁卯年九月六日

山門三院執行探題大僧正天海

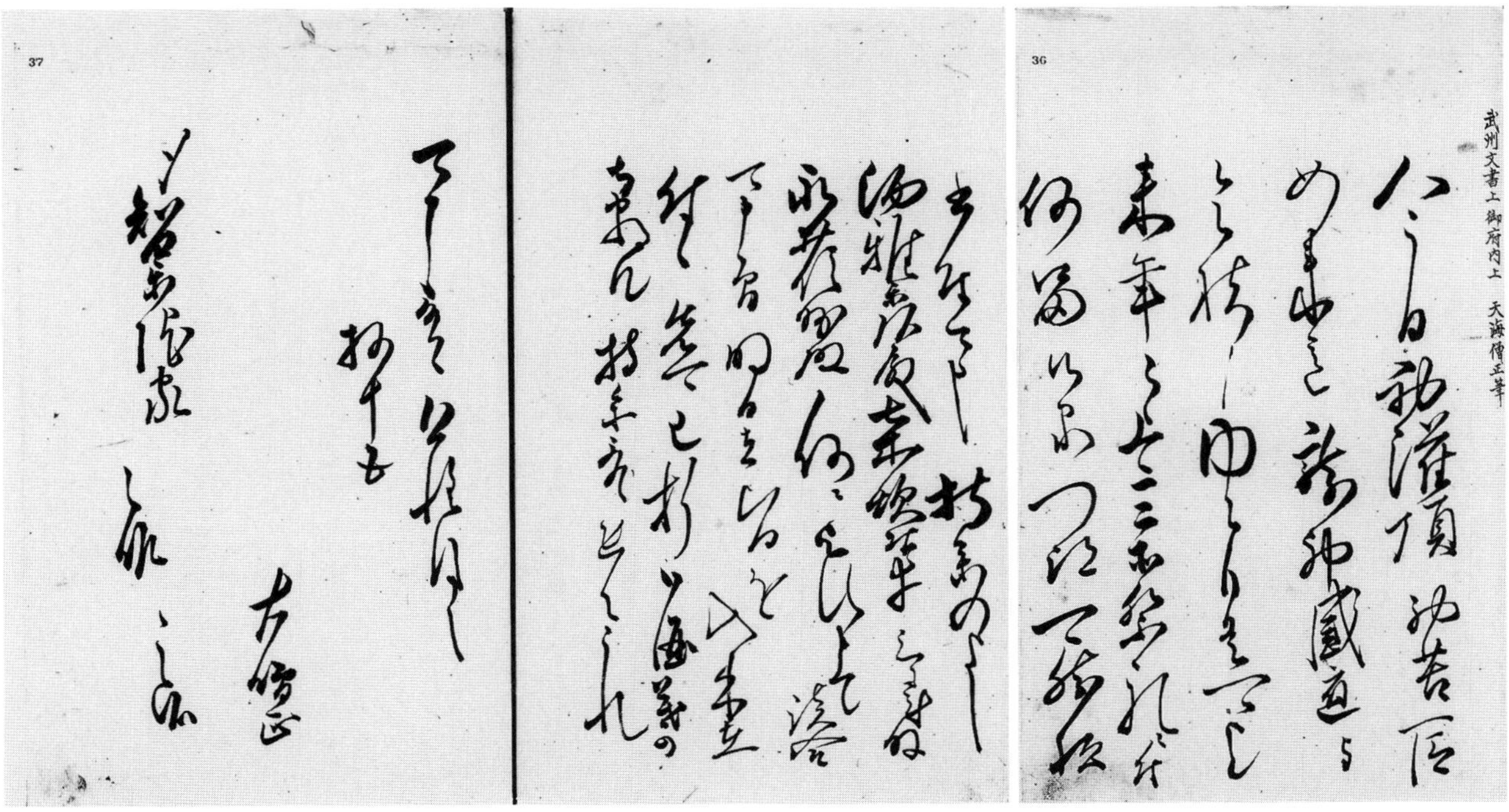

158 大僧正天海書状写

東京大学史料編纂所影写本
『武州文書』浅草浅草寺文書

今日初灌頂初苦一段、
如来意、龍神感応与
令祝候、内と自是可申候、
来年御上候三所祭礼ニ付、
何留候品、門跡可然様
書付可申持参のよし、
酒(酒井忠世)雅楽頭殿・土(土井利勝)大炊殿・井(井上正就)主計殿・
永井信州(尚政)殿、何ニよひ申て、談合
可申候間、明日者皆を入来在
付候、先可申候折御酒義(儀)可
被頼候て、持参忝候、返とこれ
可申給候、恐惶謹言、
極十五(元和元年～寛永四年)

大僧正
天海

〆 智楽院(忠尊)家
御報

○井上正就の主計頭任官は、元和元年（一六一五）正月。
彼の忌日は、寛永五年（一六二八）八月。

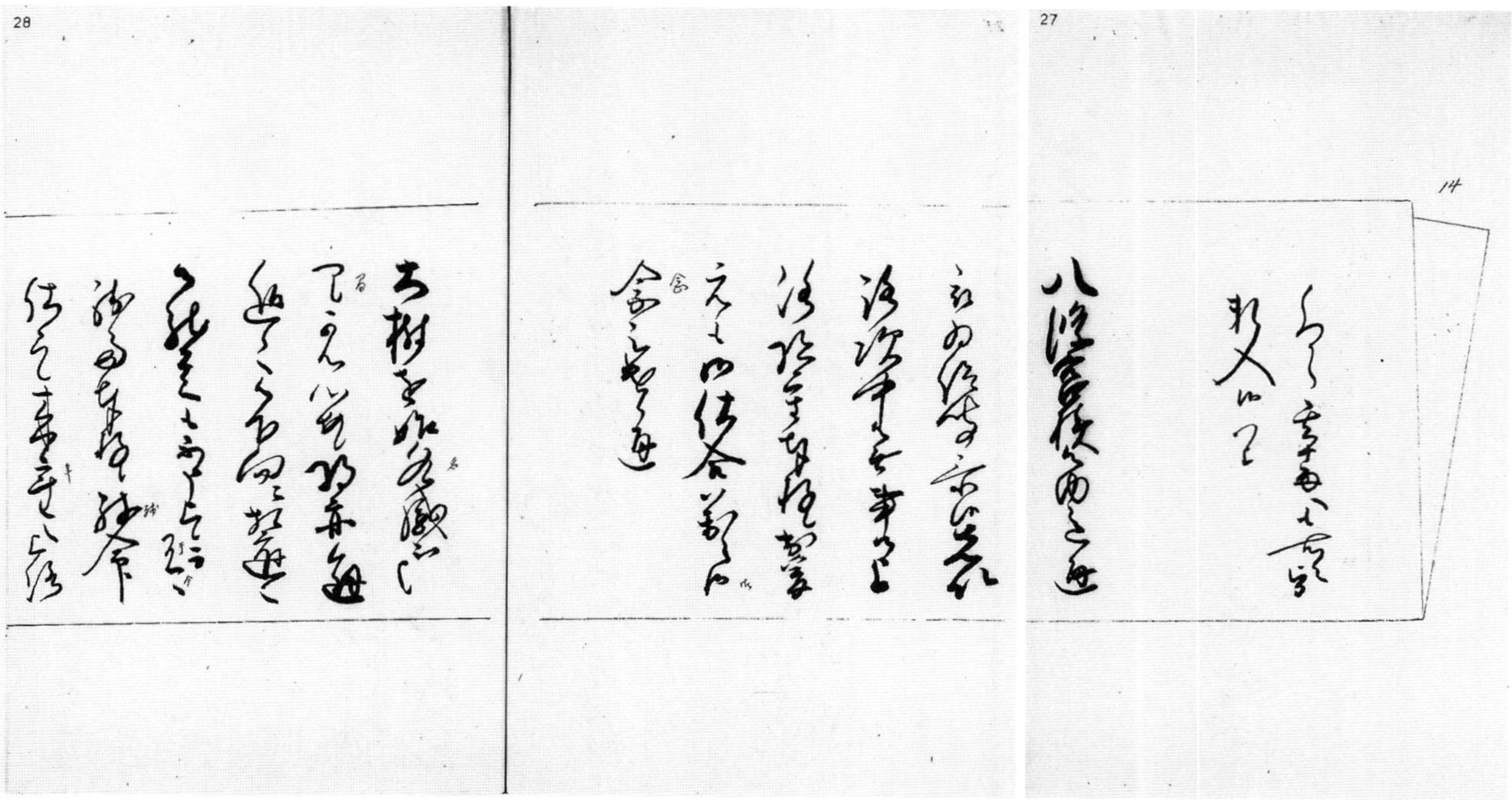

159　天海書状（元折紙カ）

東京大学史料編纂所影写本
八条宮文書

尚〻、玄蕃へも右之旨
　頼入候、以上、
八条宮様（智忠親王）御内意通、
被為仰聞忝候、先以
路次中御無事御上
洛珎（珍）重奉存候、於爰
元も御仕合、万〻御
念被遣候通、
大樹（徳川家光）を始各感被申候
間、可御心安候、将亦邂
近〻御下向ニ相応之
御馳走も不申上候而、于今
残多奉存候、残命
仕候ハヽ、来年令上洛
可奉拝尊顔候、当
表相応之儀可被仰
付候、尤上方之儀者、
万事奉頼候、此旨
可然様御披露任入候、
猶期後音之時存候、

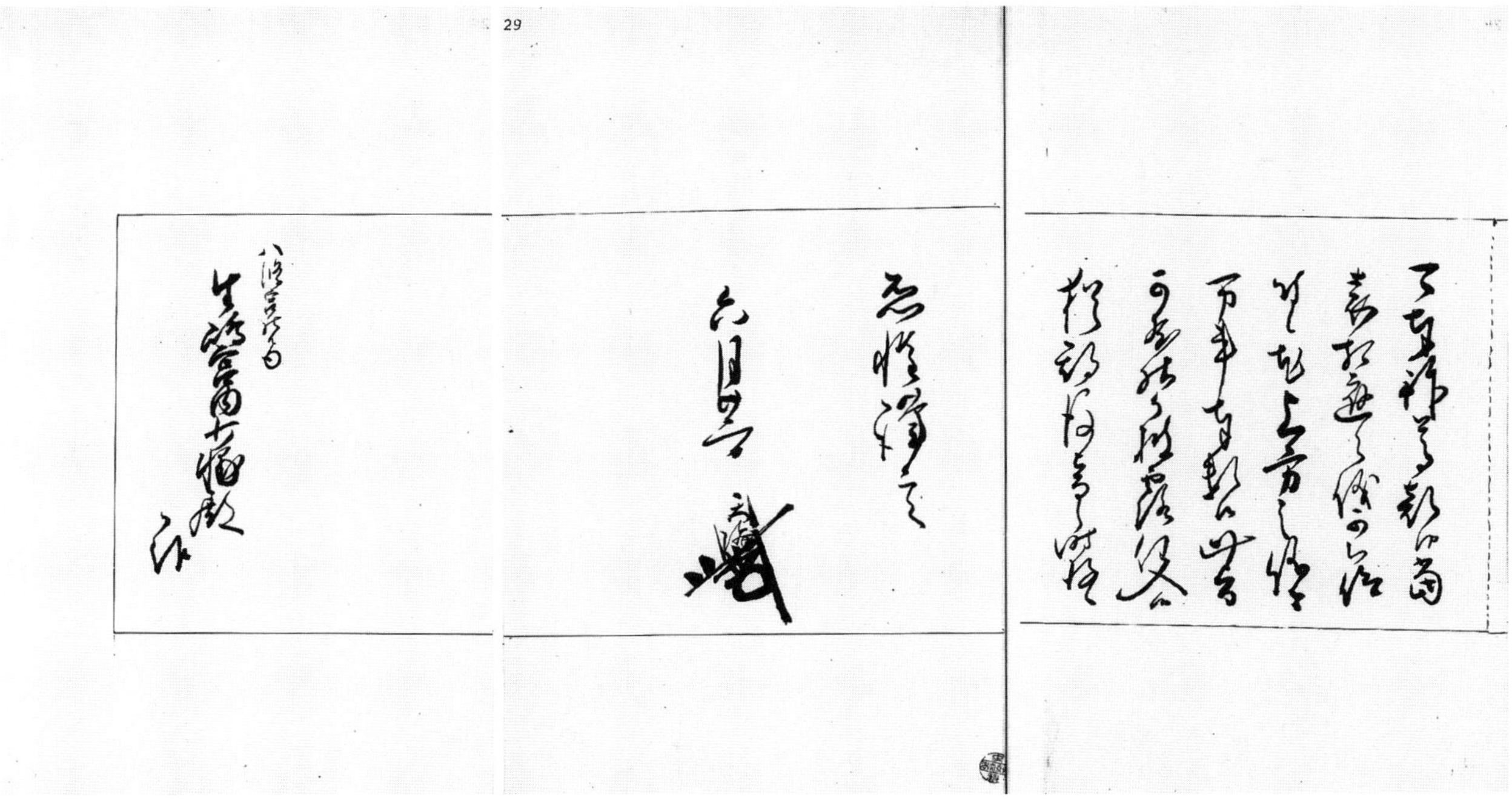

恐惶謹言、

（寛永四年以降）
六月廿二日　天海（花押）

八条宮様御内
生嶋宮内少輔殿

御報

○八条宮智忠の親王宣下は、寛永三年（一六二六）十二月。父智仁親王の忌日は、寛永六年四月。

171　大僧正天海書状（折紙）

東京大学史料編纂所影写本
和歌山了法寺文書

路次中無事
上着珎(珍)重候、其
元山上山下無替
儀候哉、
一、内々申候物本共、
才覚油断有
間敷候、
一、正覚院之聖教之
内、倶舎之抄可
有之候間、被写候
跡ニ、仏乗坊(秀珍)と両行事
にて封を付置候へく候、
一、法勝寺植木、其
外殊勝ニ見候
様ニ可有之候、委者
仏乗坊申へく候間
令略候、かしく、
　　　大僧正
八月廿一日　天（花押）
　相住房(亮算)

○年未詳なれど、内容を考えて、便宜ここに収む。

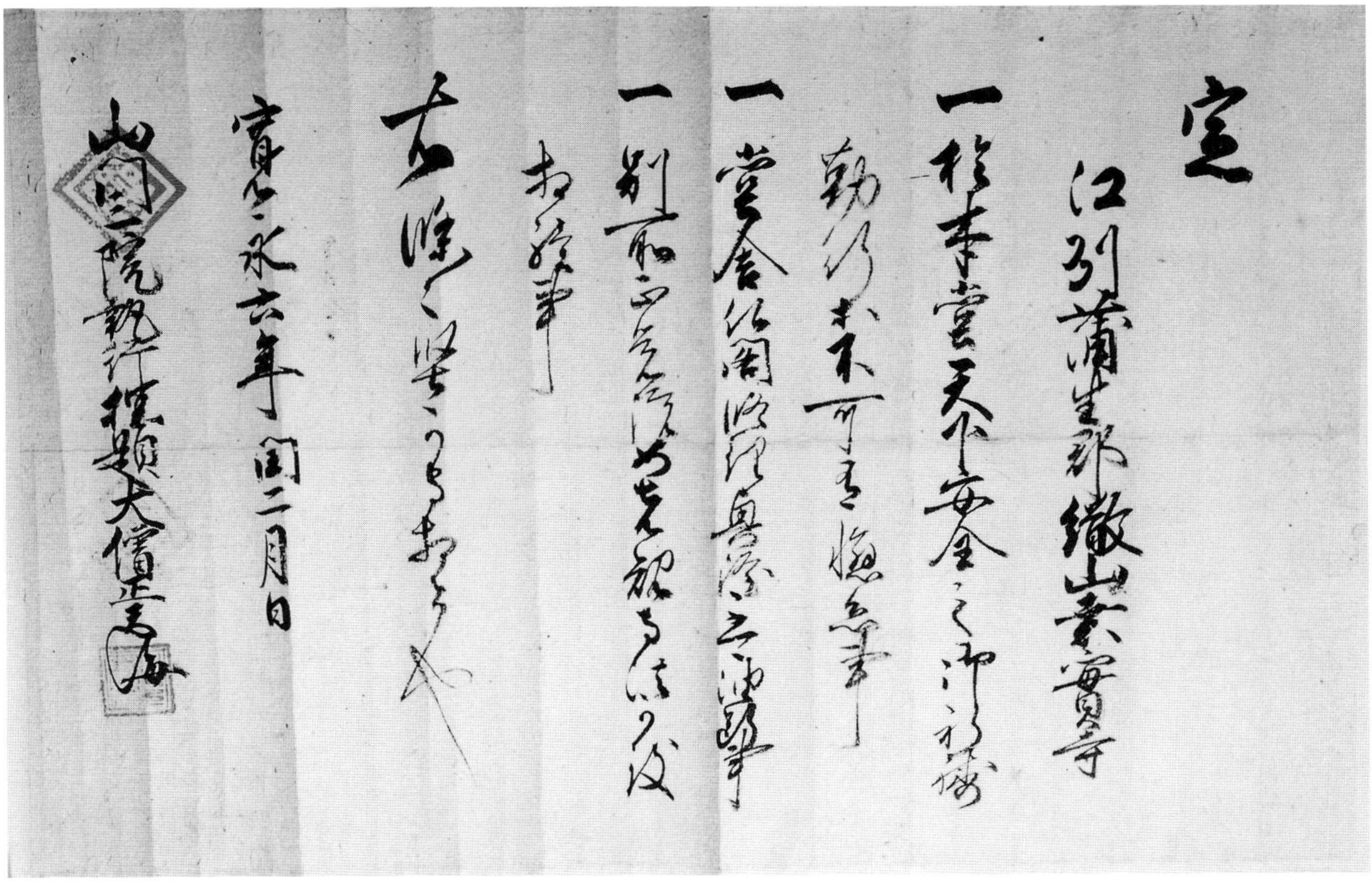

172　山門三院執行探題大僧正天海桑実寺寺内法度

安土東南寺文書

定

江州蒲生郡徹山桑実寺

一、於本堂天下安全之御祈禱・勤行ホ（等）不可有懈怠事、

一、堂舎仏閣修理興隆不可油断事、

一、別所正覚院、如先規寺法可致相続事、

右条ヽ、堅可守相（マヽ）者也、

寛永六年閏二月日

山門（印）三院執行探題大僧正天海（印）

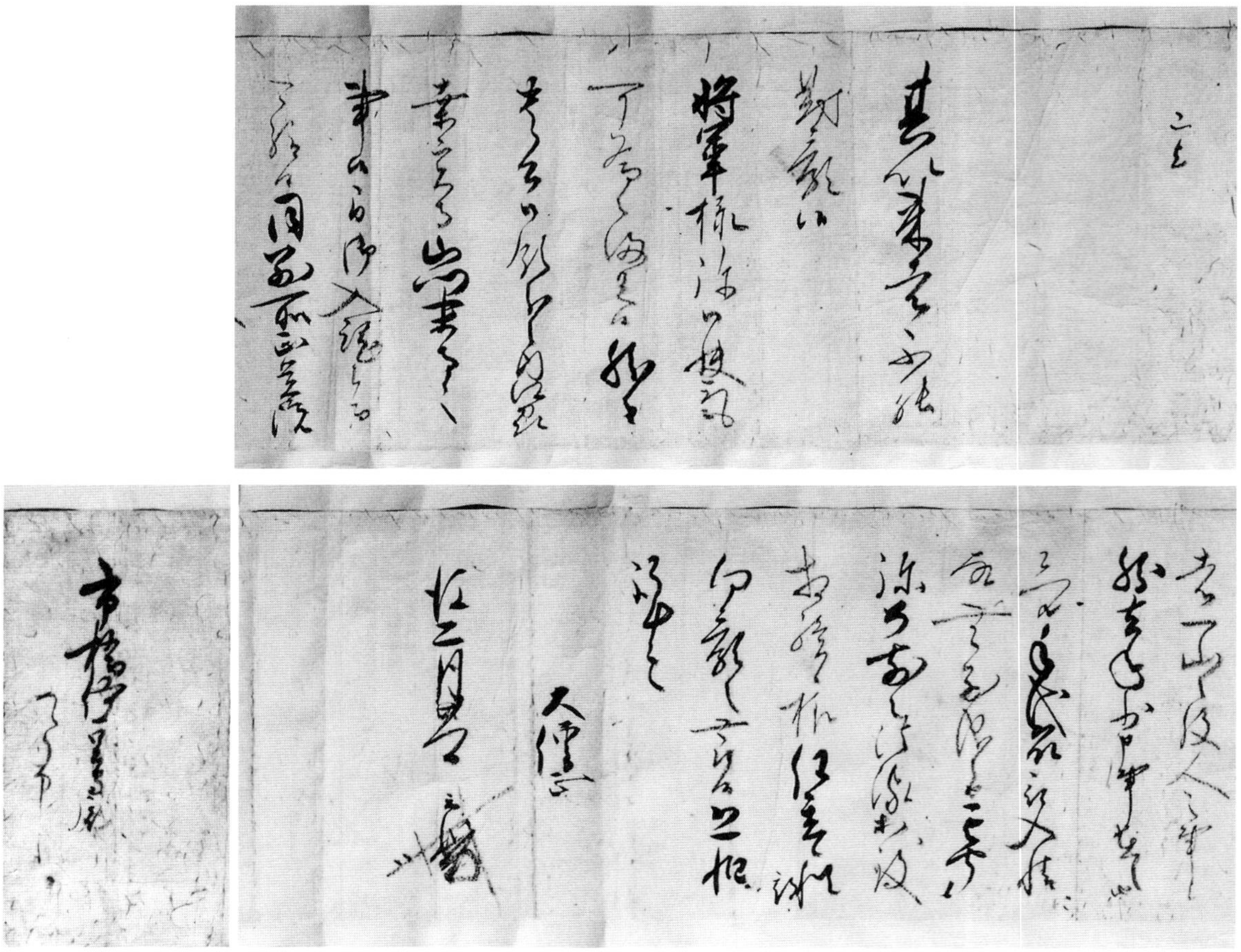

173 大僧正天海書状（元折紙カ）

安土東南寺文書

已上

其以来者不能
対顔候、
将軍様（徳川家光）弥御快気
可為御満足候、然者
貴公御領分之内、江刕（州）
桑実寺山門末寺之
事候間、御入魂候而
可給候、同別所正覚院
者一山之役人之事候、
然去年少申事在之由
候へ共、手代衆被入情（精）
故、無別儀之由、其聞候、
弥如前ゝ法流ホ（等）致
相続候様任置候、猶期
向顔之節候、恐惶
謹言、

（寛永六年）後二月廿一日　大僧正
　天（花押）

市橋伊豆守（長政）殿
人ゝ御中

○正覚院と安土浄厳院の本末争論は、寛永年間（一六二四〜四四）、この間の「後二月」は、寛永六年。両者の本末争論は京都知恩院文書参照。

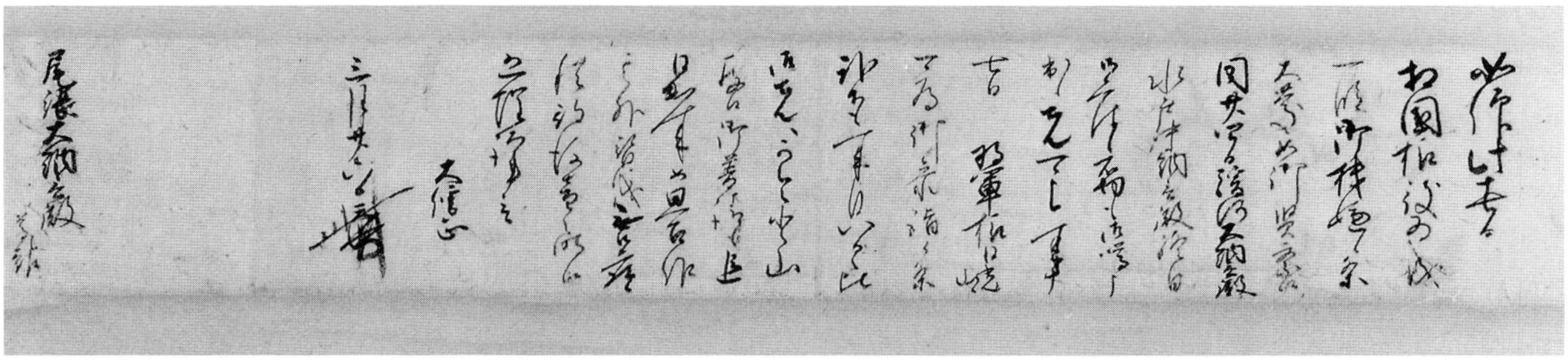

174　大僧正天海書状（元折紙カ）

名古屋市立博物館文書

如仰、此十七日
相国（徳川秀忠）様被為成
一段御機嫌候条、
大慶如御賢察候、
同廿四日駿河大納言殿（徳川忠長）・
水戸中納言殿（徳川頼房）終日
御座候砌も、御噂申
出候、先可申候、来ル十
七日　将軍様（徳川家光）日光山へ
可為御参詣候条、
我ホ（等）も来月八日之比、
御先へ可令登山
存候、御普請も追
日出来如思召候、
其外替儀無御座候、
猶期後音之時候、
恐惶謹言、
　　　大僧正
（寛永五、六年）三月廿六日　天（花押）
　尾張大納言殿（徳川義直）
　　　尊報

○徳川義直の大納言就任は、寛永三年（一六二六）八月。
徳川忠長の幽閉は、寛永八年五月。

本書状は寛永五年、徳川家康の十三回忌の時のものと思われるが、同年には将軍徳川家光が、日光社参をしていないので、家光が直接日光社参をした寛永六年の可能性も残しておく。

本写真は、名古屋市立博物館より御提供いただいた。

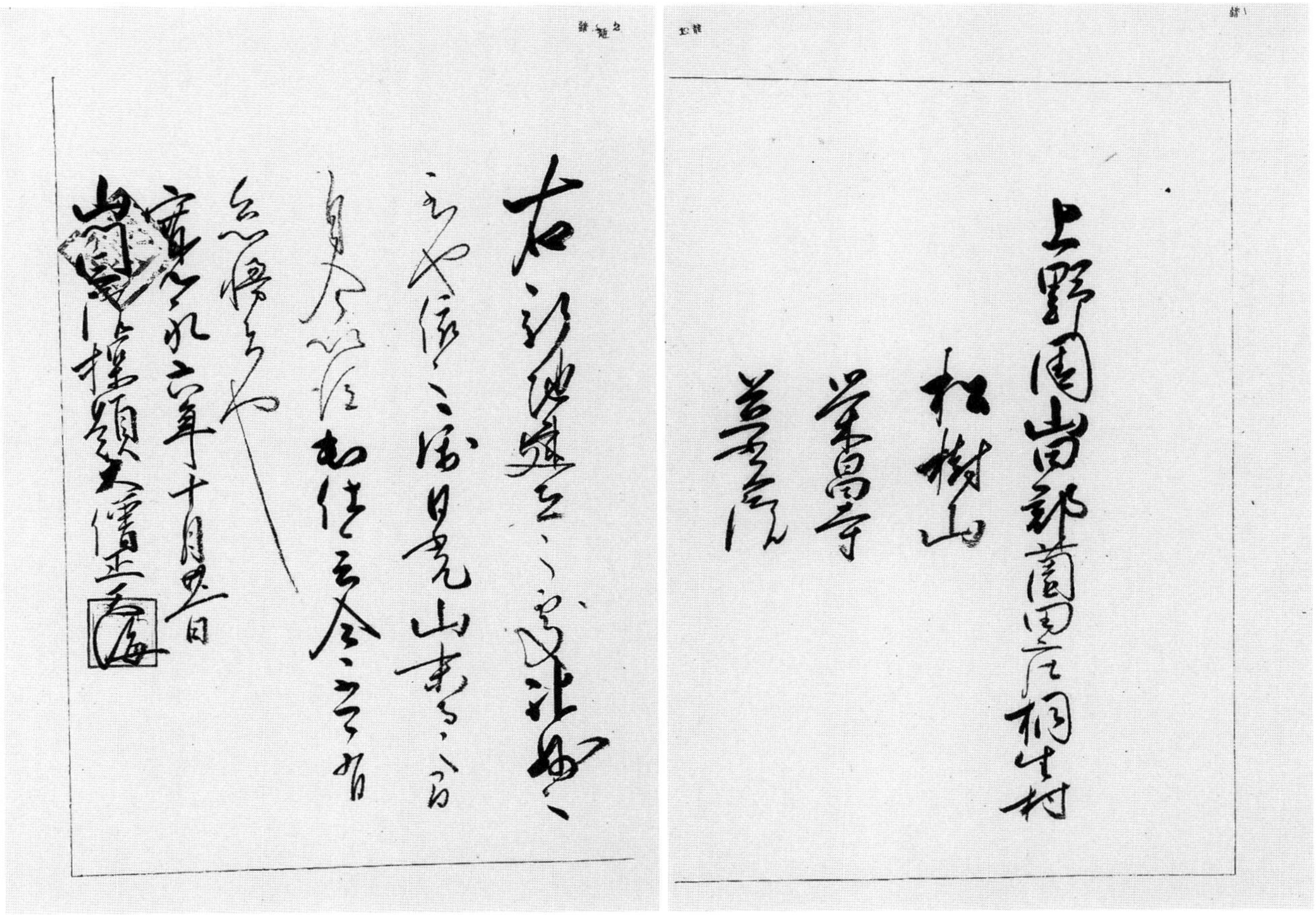

175　山門三院探題大僧正天海日光山末寺許可状

東京大学史料編纂所影写本
群馬龍蔵寺文書

上野国山田郡薗田庄桐生村

松樹山

栄昌寺

慈光院

右新地建立之処、神妙之至也、依之属日光山末寺之間、自今以後出仕会合不可有怠慢者也、

寛永六年十月廿一日

(印)山門三院探題大僧正天海(印)

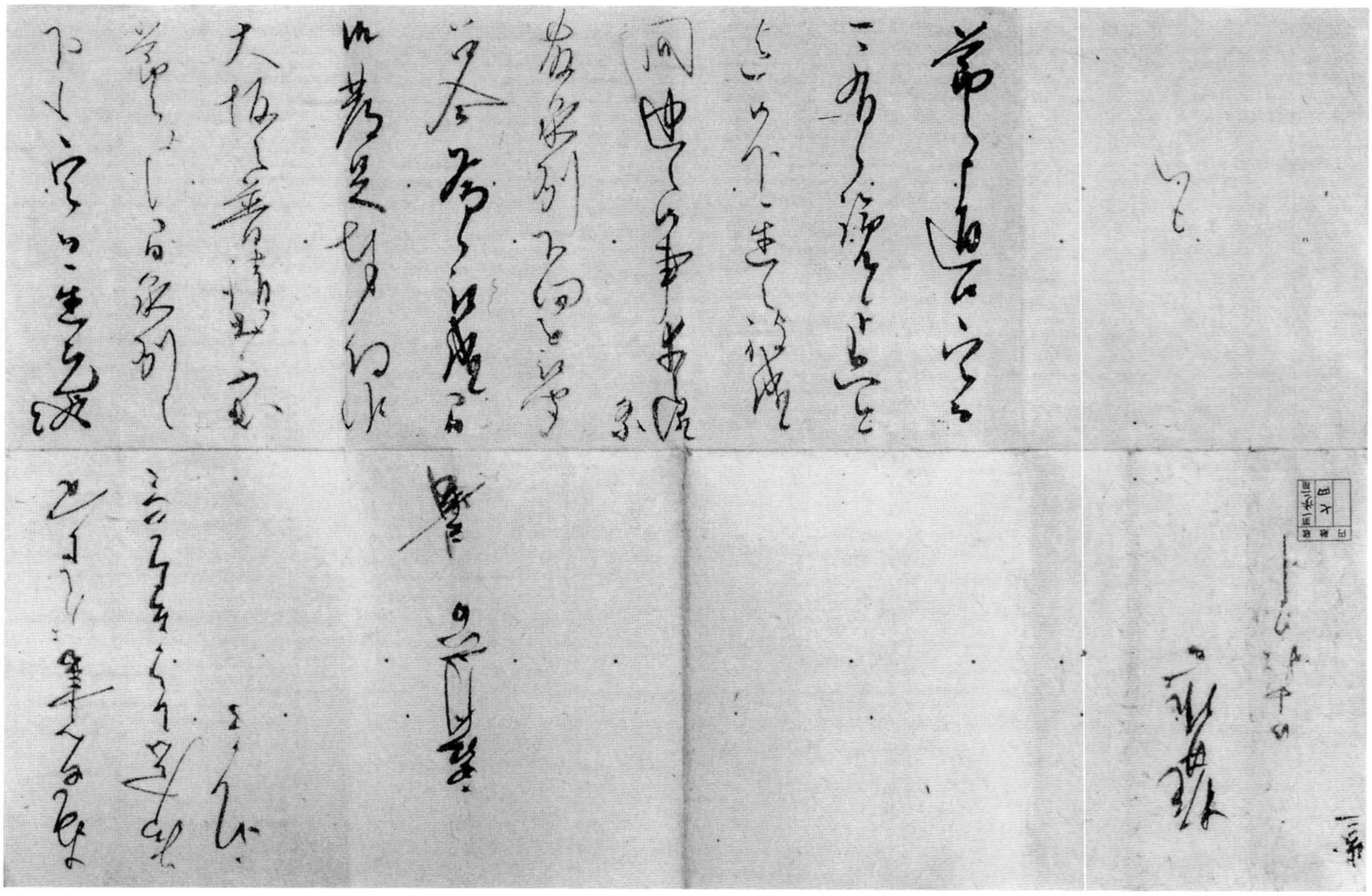

176　天海書状（折紙）

京都三千院文書

以上

節〻申通候、定而
可有御覧候哉、只今
迄御下遅〻被成候
間、迚之御事ホ（等）之儀候条、
藤泉州（藤堂和泉守高虎）下向を被聞
召合、為御取成候間、
御発足奉待候、
大坂之普請出不出
節〻ニ申候間、泉州之
下も定而遅候ハん欤（歟）と
存候、先書ニ具申候へ共、
為念令言上候、恐〻
謹言、
（寛永六年以前）霜月六日　天（花押）
梶井様（最胤親王）（三千院門跡）ニ而
御小性（姓）御中

○藤堂高虎の忌日は、寛永七年（一六三〇）十月。

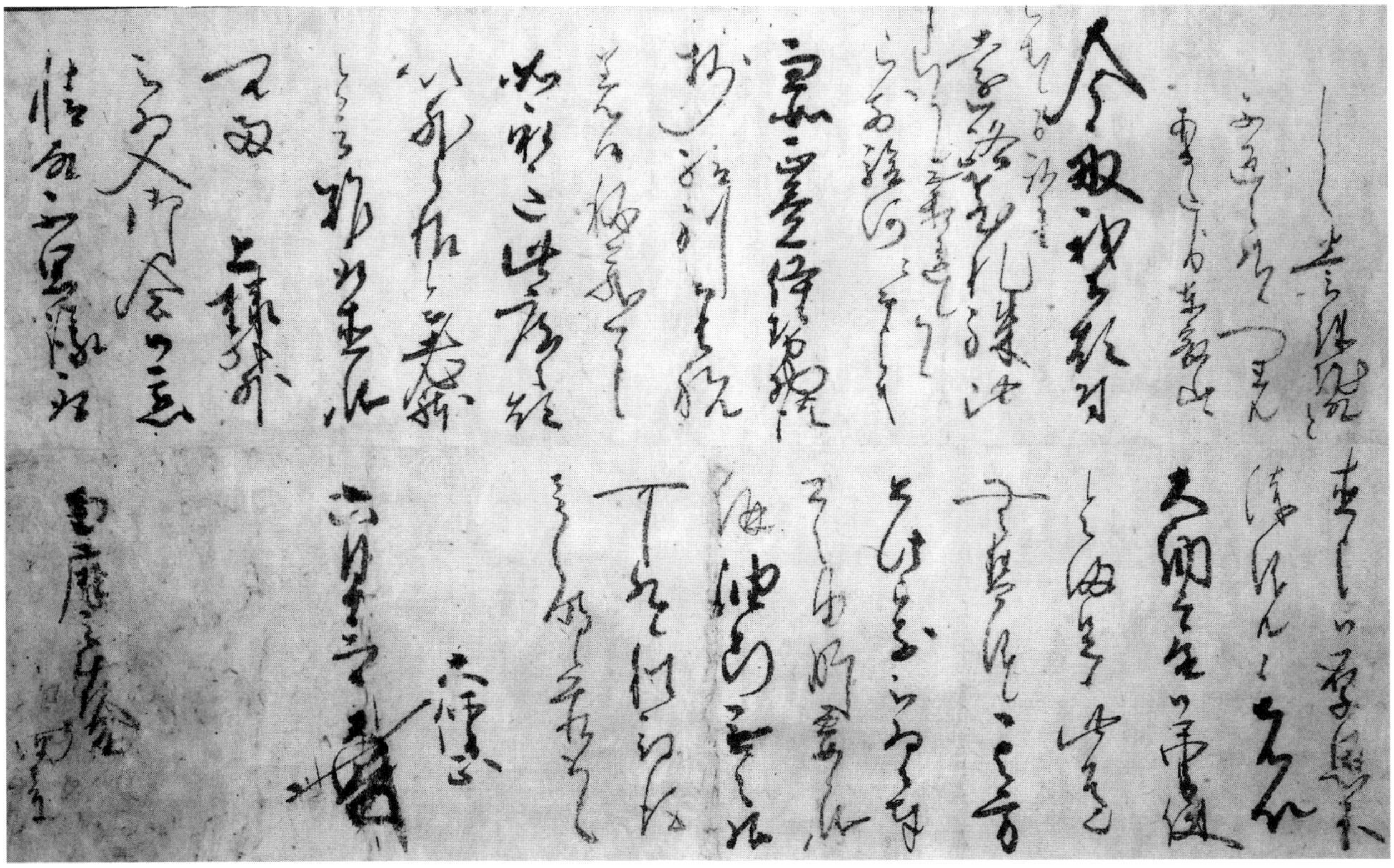

178　大僧正天海書状(折紙)

愛知神護寺文書

尚々、養珠院殿(徳川頼宣の母)と
不通之様候へとも、
あなたゟ東叡山へ
御出候間、我ホ(等)も
まい(参)り候、無相遠(違)候、以上、

今般我ホ(等)煩付、
遠路飛札、殊此
已前駿河ニ而申候キ、
兼如(猪苗代)・正益(速水)伊勢物語
抄給、別而令祝
着候、秘蔵可申候、
如承意、此度之煩
以外之様候而、老躰
と云難取直儀候
へ共、両　上様(徳川秀忠・家光)殊外
被為入御念、御懇
情故、不思議取
直申候、御厚恩不
浅儀共ニ候、先以
大納言殿(徳川頼宣)御勇健
令満足候、此辺

無替儀候、其方
如此已前被為御奉
公之由、肝要之儀候、
併油断無之様
可然候、猶期後
音之時候、恐惶謹言、
大僧正
（寛永四〜八年）
六月十三日　天（花押）
南摩主計頭殿
回章

○徳川頼宣の大納言就任は、寛永三年（一六二六）八月十九日。
徳川秀忠の忌日は、寛永九年正月二十四日。

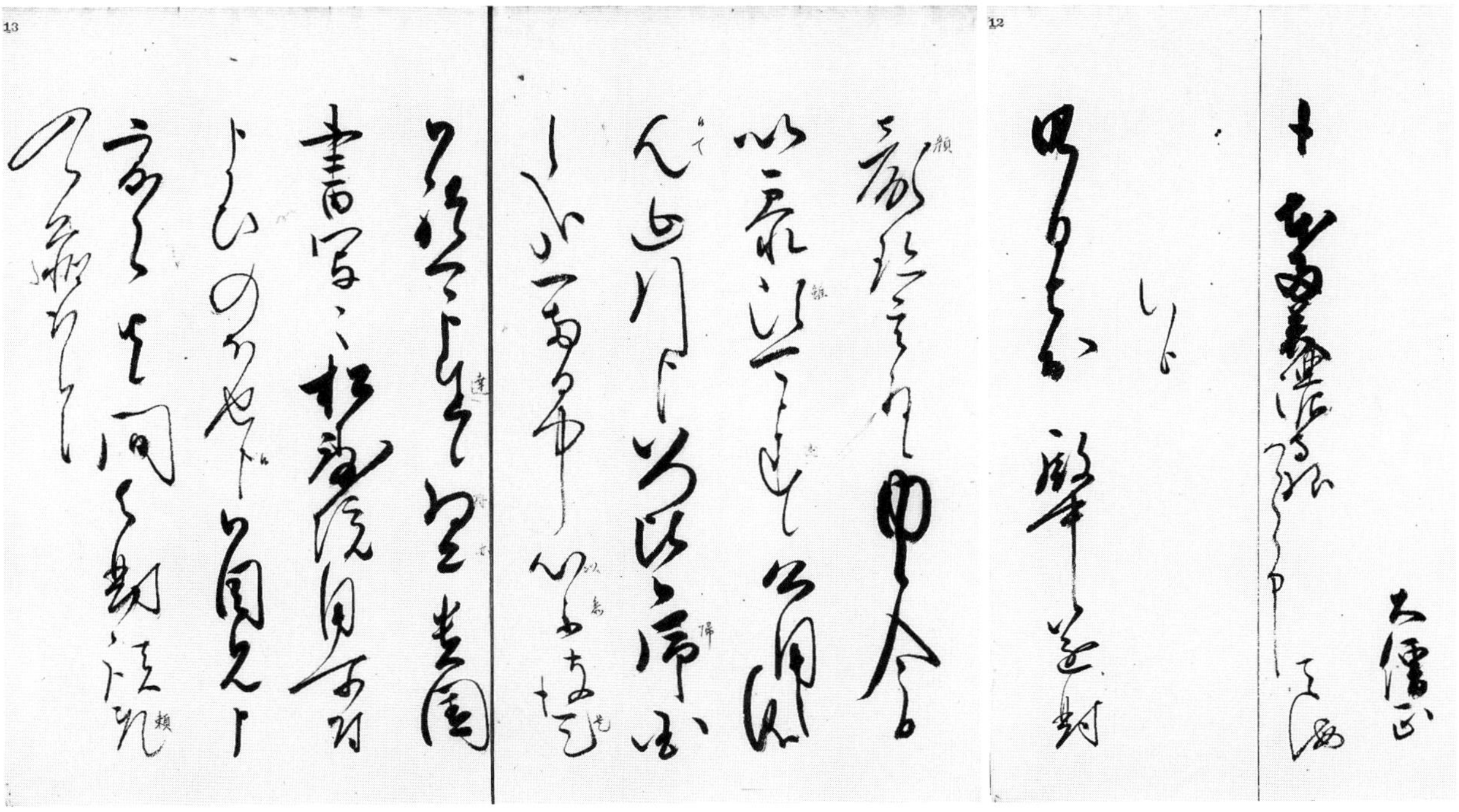

180　天海書状

東京大学史料編纂所影写本
姫路書写山文書

（端書）「〆　本多美濃守（忠政）様　　大僧正
　　　　人々御中　　天海」

以上

昨日者於　殿中遂対
顔、弥（珍）重存候、内々今日
以参雖可申述候、公用之儀
候て、延引申候、いつ（何時）比（頃）御帰国
候哉、一両日中以参、彼是
御礼可申達候、将亦貴国
書写之松寿院（快倫）用所付、
よひ（呼）のほせ（登）申候、御目見申
度之由候間、御対談頼
入候、恐惶謹言、
　（元和三年～寛永七年）十月三日　天（花押）

○本多忠政の姫路藩主就任は、元和三年（一六一七）七月。
本多忠政の忌日は、寛永八年（一六三一）八月十日。

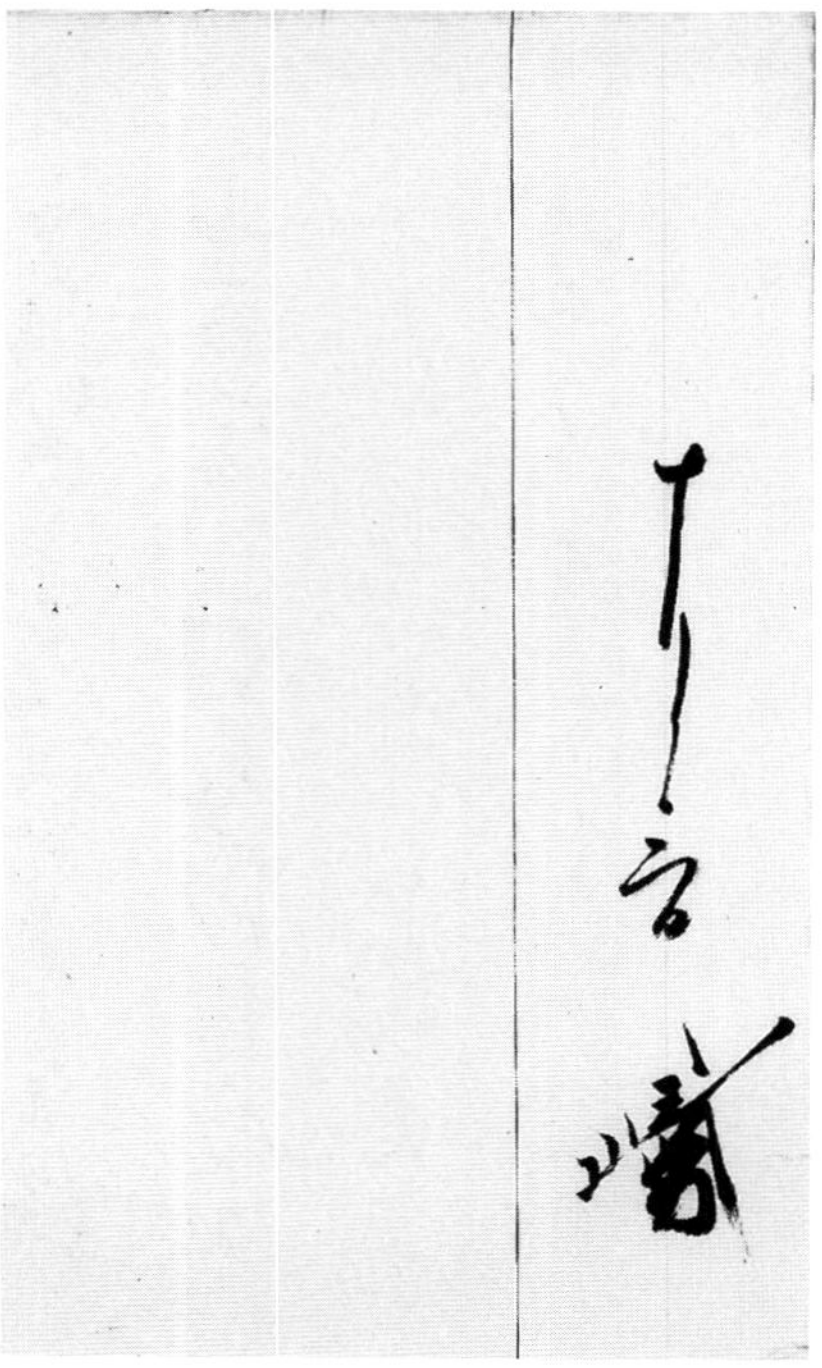

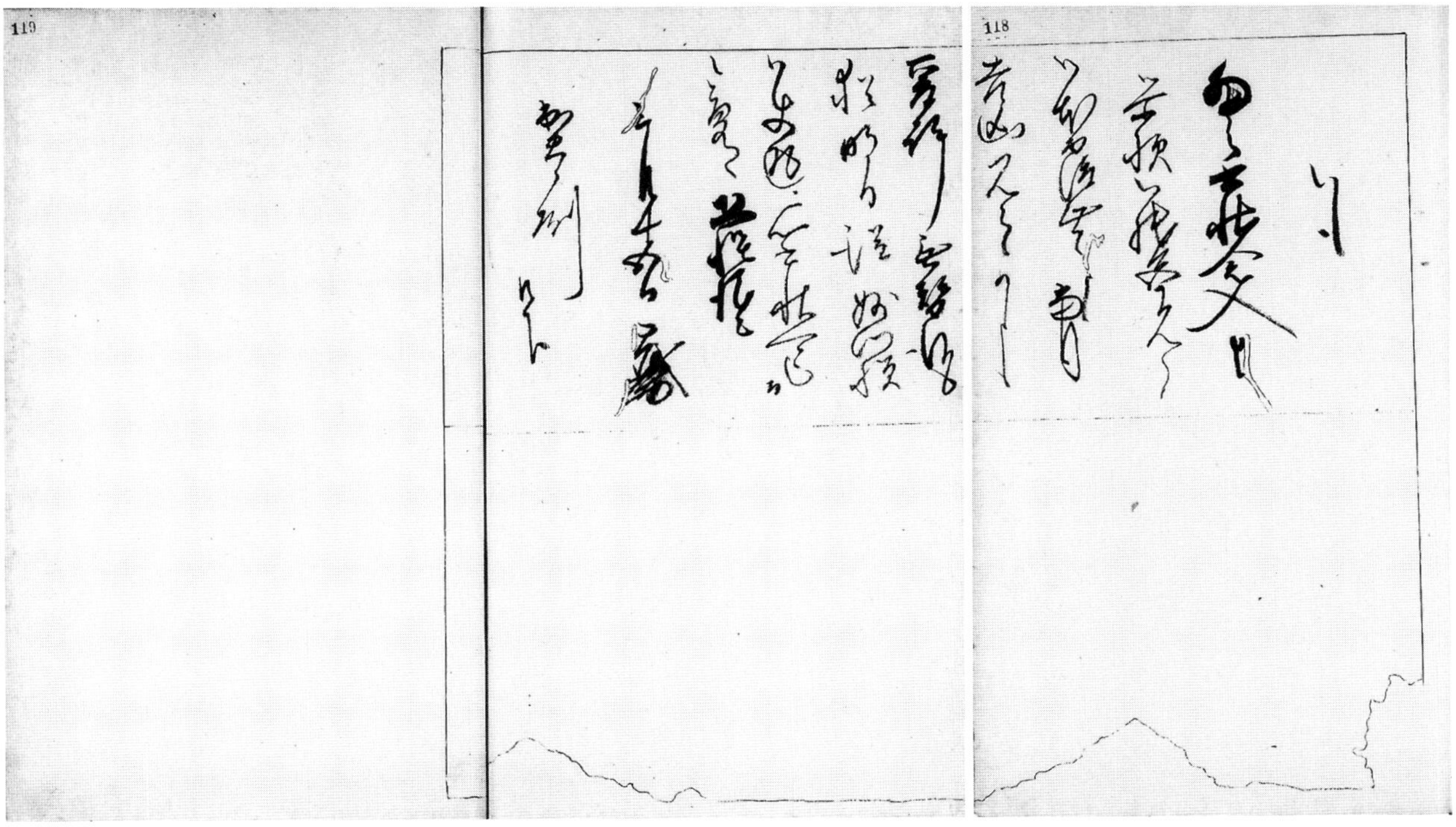

183　天海書状（折紙）

東京大学史料編纂所影写本
京都妙法院文書

以上
細ミ書状念入申候、
御所様(徳川秀忠)御機色于今
御本覆無之候、当月
吉凶見之可申候、
爰許無替儀候、
猶明日従妙門様(堯然親王)
御使迄、以書状可申候間、
令署(略)候、恐惶謹言、
(寛永八年)三月十五日　天海（花押）
出豊州(出納豊後守職在)
几下

○出納職忠の豊後守在任期間は、慶長九年（一六〇四）十二月十四日から元和六年（一六二〇）閏十二月九日まで。出納職在の豊後守在任期間は、寛永二年（一六二五）十二月以降。御所様の病気は月日から考えて、元和二年の家康と、寛永八年の秀忠の可能性があるが、三月十五日には家康はまだ病気になっていないので、これは秀忠の方であろう。

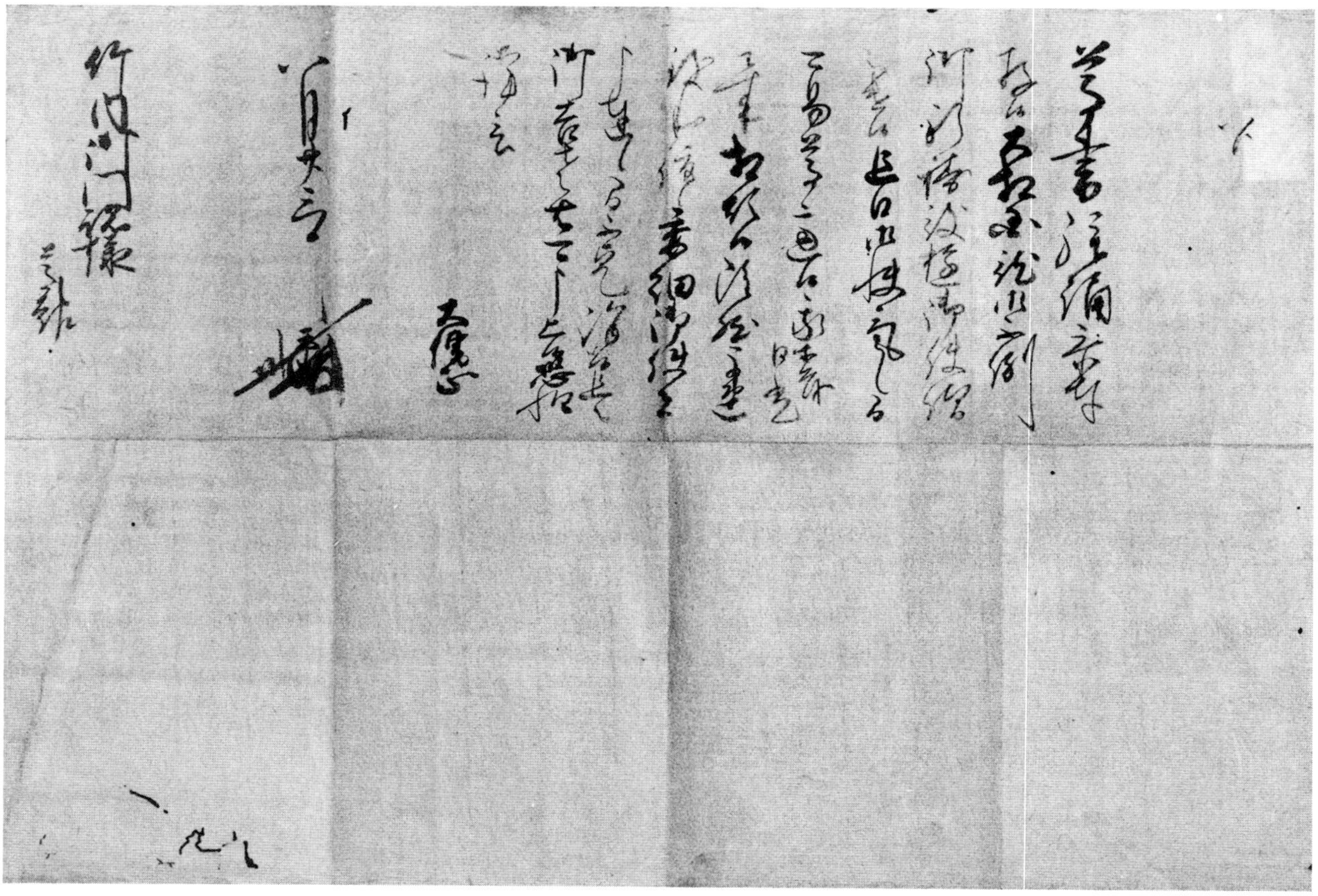

184　大僧正天海書状（折紙）

京都曼殊院文書

以上

尊書拝誦忝奉
存候、大相国（徳川秀忠）就御不例、
御祈禱被遊、御使僧
被遣候、追日御快気候間、
可易尊慮候、我ホ（等）茂日光
已来相煩候、雖然早速
致本復候、委細御使者
申達候間、不克詳候、追而
御吉左右可申上候、恐惶
謹言、

大僧正

（寛永八年）八月廿三日　天（花押）

竹内御門跡様（良恕親王）（曼殊院）

尊報

○徳川秀忠、寛永八年（一六三一）七月不快。

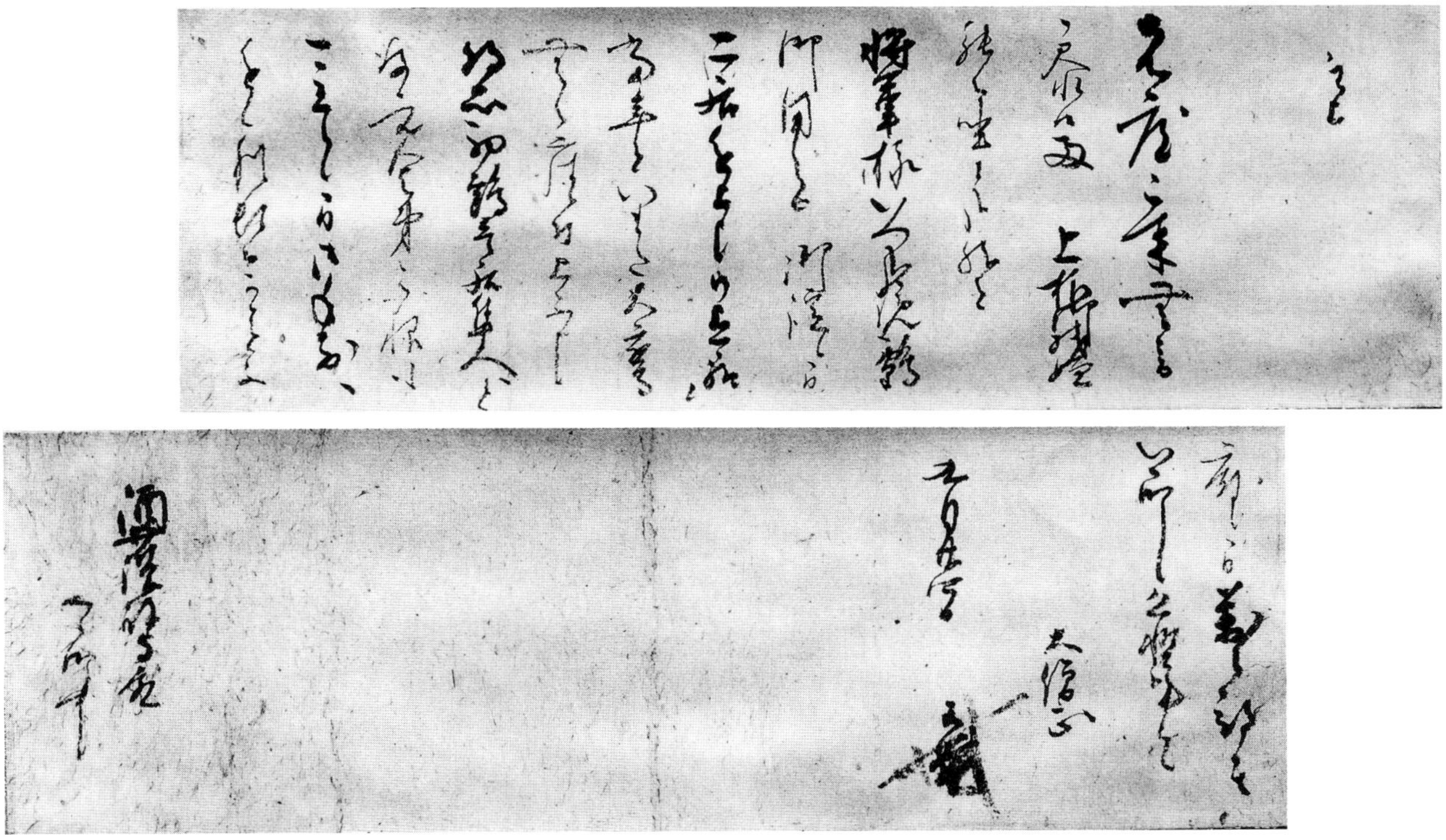

186 大僧正天海書状（元折紙カ）

川越喜多院文書

已上

先度被成無音

忝候、両　上様（徳川秀忠・家光）御機嫌

能御坐候哉、然者

将軍様いつ哉覧、鶴

御用之由　御諚候間、

二居進上申候、御上可給候、

当年者いまた（未）大鷹

無御座候付上不申候、

将亦初鶴壱居、隼人（酒井忠朝）へと

存候へ共、舎弟之恨も

可有之候間、御手前へ

進候、猶頓而可令参

府候間、万々期其

節候、恐惶謹言、

大僧正

九月廿四日（元和九年～寛永八年）　天（花押）

酒井讃岐守（忠勝）殿

人々御中

○徳川秀忠の忌日は、寛永九年（一六三二）正月二十四日。

徳川家光の将軍就任は、元和九年（一六二三）七月二十七日。

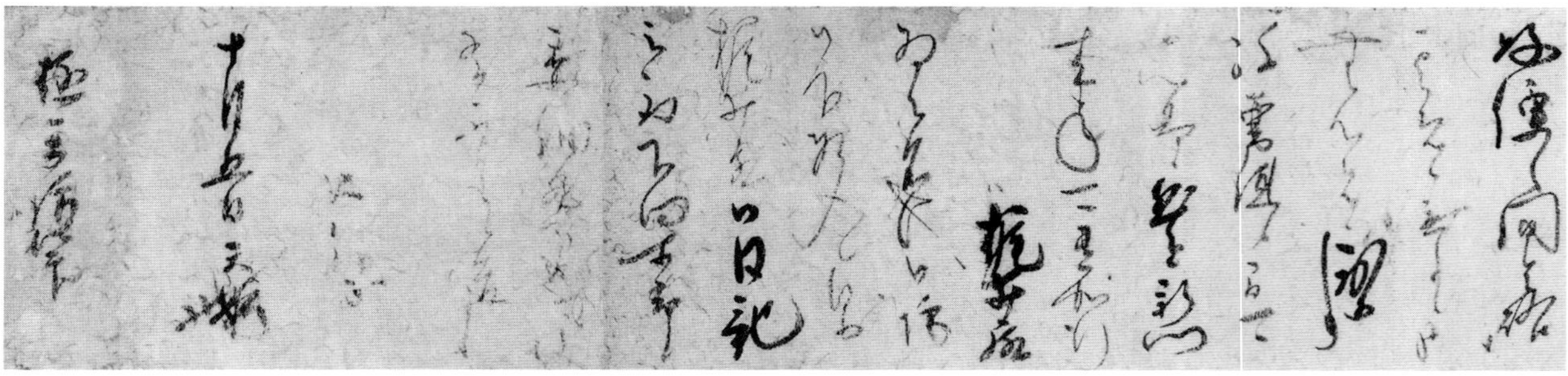

187　大僧正天海書状（元折紙カ）

大正大学図書館文書

好便之間令啓候、
其元御無事候哉、
無心元候、我ホ（等）事
弥勇健候間可
御心易候、然者新門（慈胤親王）
来年可有加行
□（見えず）ハ梶井殿（最胤親王）
為御名代、御坊
御下頼入候、則
梶井殿御日記
被取、下向所希候、
委細者□（見えず）
条不具候、恐惶謹言、
　　大僧正
十月五日（寛永八年カ）　天（花押）
　極楽坊法印（亮尊）

○慈胤親王の加行は、寛永九年（一六三二）八月。

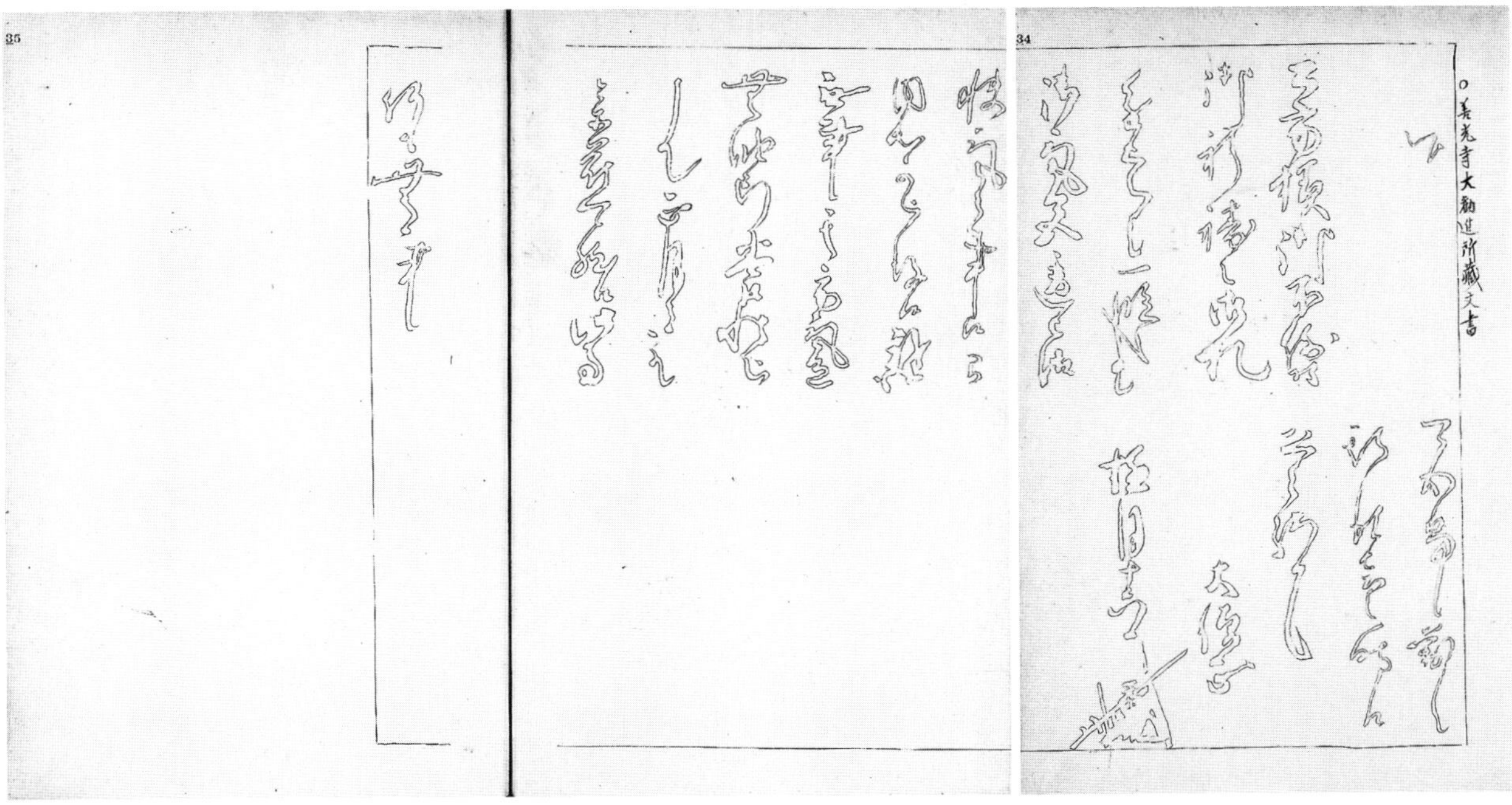

190　大僧正天海書状（折紙）

東京大学史料編纂所影写本
「長沢氏採集文書」長野善光寺大勧進文書

以上
公方《(徳川秀忠)》様御不例付、
御祈禱之御札
進上被申候、一段之事候、
御気色透と御
快気之事候間、
目出可被存候、我ホ《(等)》も
無事候、其方気色
無油断養性《(生)》被
申候て、正月者早と
参府可然候、此方
何も無事
可心易候、万と
期後音之時候、
恐と謹言、
大僧正
極月《(寛永八年)》十六日　天海（花押）
（宛名なし）

○徳川秀忠の病気は、寛永八年（一六三一）。

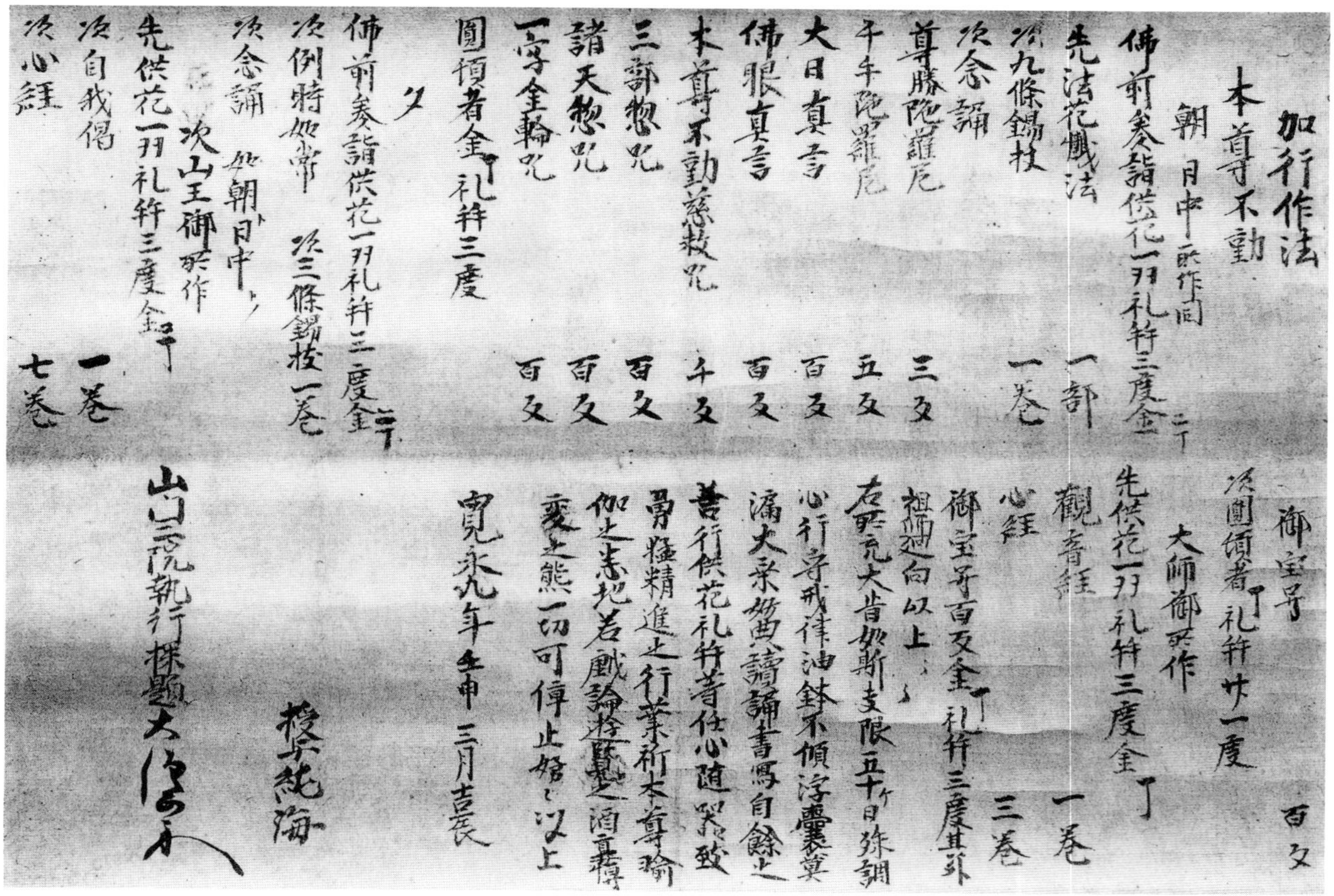
加行作法
本尊不動
朝 日中 所作同
仏前参詣供花一双礼拝三度金二丁
先法花懺法 一部
次九条錫杖 一巻
次念誦
尊勝陀羅尼 三反
千手陀羅尼 五反
大日真言 百反
仏眼真言 百反
本尊不動慈救呪 千反
三部惣呪 百反
諸天惣呪 百反
一字金輪呪 百反
円頓者金丁礼拝三度
夕
仏前参詣供花一双礼拝三度金二丁
次例時如常 次三条錫杖一巻
次念誦 如朝日中ト、
次山王御所作
先供花一双礼拝三度金二丁
次自我偈 一巻
次心経 七巻
次円頓者丁礼拝廿一度
御宝号 百反
大師御所作
先供花一双礼拝三度金丁
観音経 一巻
心経 三巻
御宝号百反金丁礼拝三度其外
相廻向以上
右所定大旨如斯、支限五十ケ日殊
心行専戒律油鉢不傾浮囊莫
漏大乗経典読誦書写自餘之
善行供花礼拝等任心随宜致
勇猛精進之行業、祈本尊擁
加之志、抛名聞戯論遊覧之酒宴等
変之態一切可停止者也、以上
寛永九年壬申三月吉辰
授与純海
山門三院執行探題大僧正(花押)

191 山門三院執行探題大僧正天海加行作法次第（折紙）

川越喜多院文書

加行作法
本尊不動
朝・日中所作同
仏前参詣供花一双礼拝三度金二丁
先法花懺法 一部
次九条錫杖 一巻
次念誦
尊勝陀羅尼 三反
千手陀羅尼 五反
大日真言 百反
仏眼真言 百反
本尊不動慈救呪 千反
三部惣呪 百反
諸天惣呪 百反
一字金輪呪 百反
円頓者金丁礼拝三度
夕
仏前参詣供花一双礼拝三度金二丁
次例時如常 次三条錫杖一巻
次念誦 如朝日中ト、

次山王御所作
先供花一双礼拝三度金二丁
次自我偈　一巻
次心経　七巻
御宝号　百反
次円頓者(金脱カ)丁礼拝廿一度
大師御所作
先供花一双礼拝三度金丁
観音経　一巻
心経　三巻
御宝号百反金丁礼拝三度、其外
祖師廻向、以上云云
右所充大旨如斯、決限五十ヶ日、殊調
心行守戒律、油鉢不傾浮嚢莫
漏、大乗妙典読誦書写、自余之
善行、供花礼拝等、任心随器、致
勇猛精進之行業、祈本尊瑜
伽之悉地、若戯論遊覧之酒宴、博
奕之態、一切可停止、努ヽヽ、以上、
寛永九年壬申三月吉辰
授与純海
山門三院執行探題大僧正示

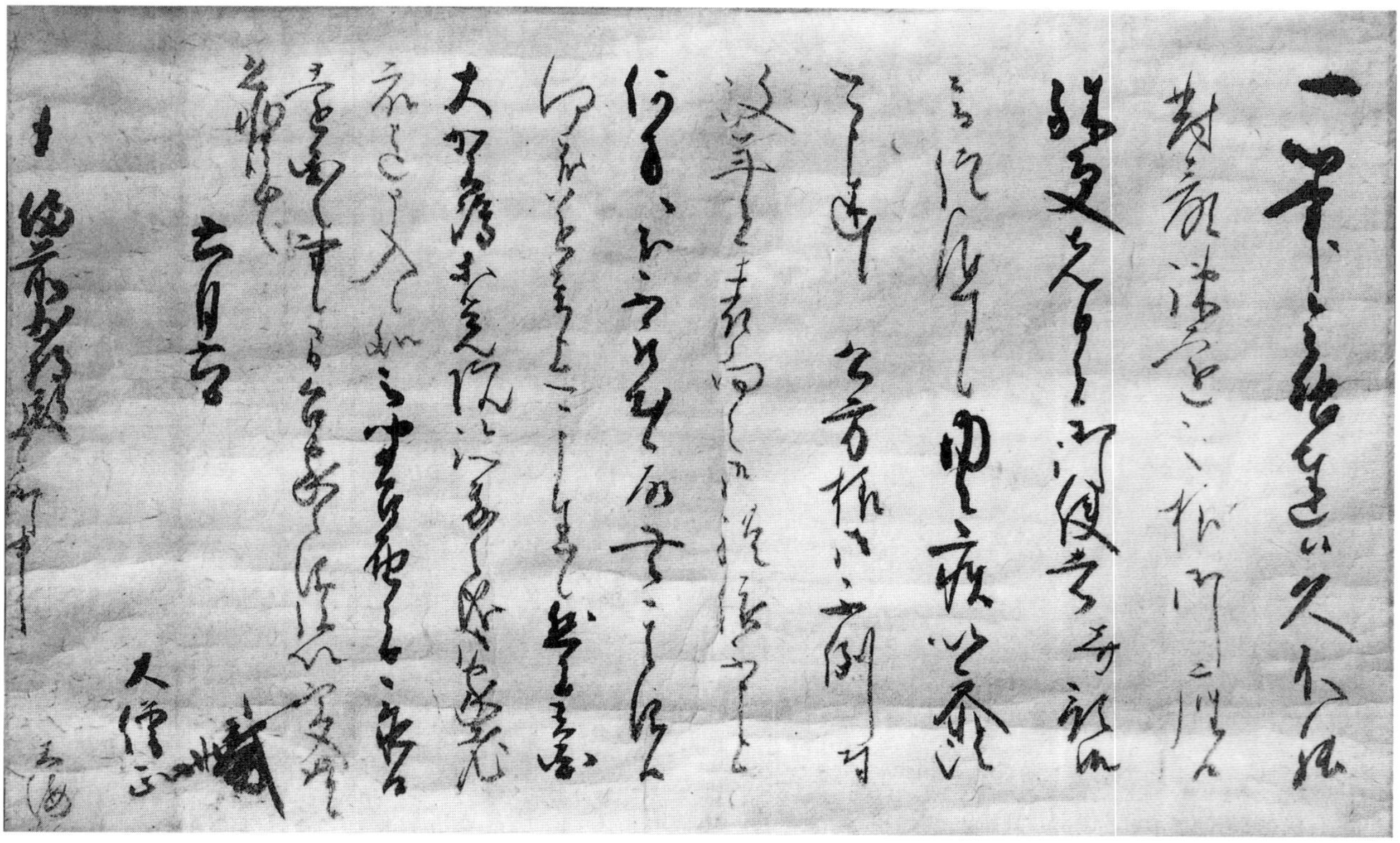

192　大僧正天海書状

岡山大賀島寺文書

一筆令啓達候、久不能
対顔、疎遠之様御座候、
殊更先日者御使者幷預
御音信辱候、内〻疾以参雖
可申述候、公方様（徳川秀忠）御不例付、
改年者表向之御礼依不申候、
何方へ茂不罷出候故、無其儀候、
何茂遂参上可申達候、然に貴国
大賀嶋ホ（等）覚院跡敷之儀ハ家老
衆迄申入候処、被聞召届候由忝候、
遠国之事候間、台家之儀、弥以憑入存候、
恐惶謹言、

（寛永九年カ）六月六日　　天（花押）

大僧正
天海

〆　備前少将殿（池田光政）
人〻御中

○徳川秀忠の忌日は、寛永九年（一六三二）正月二十四日。

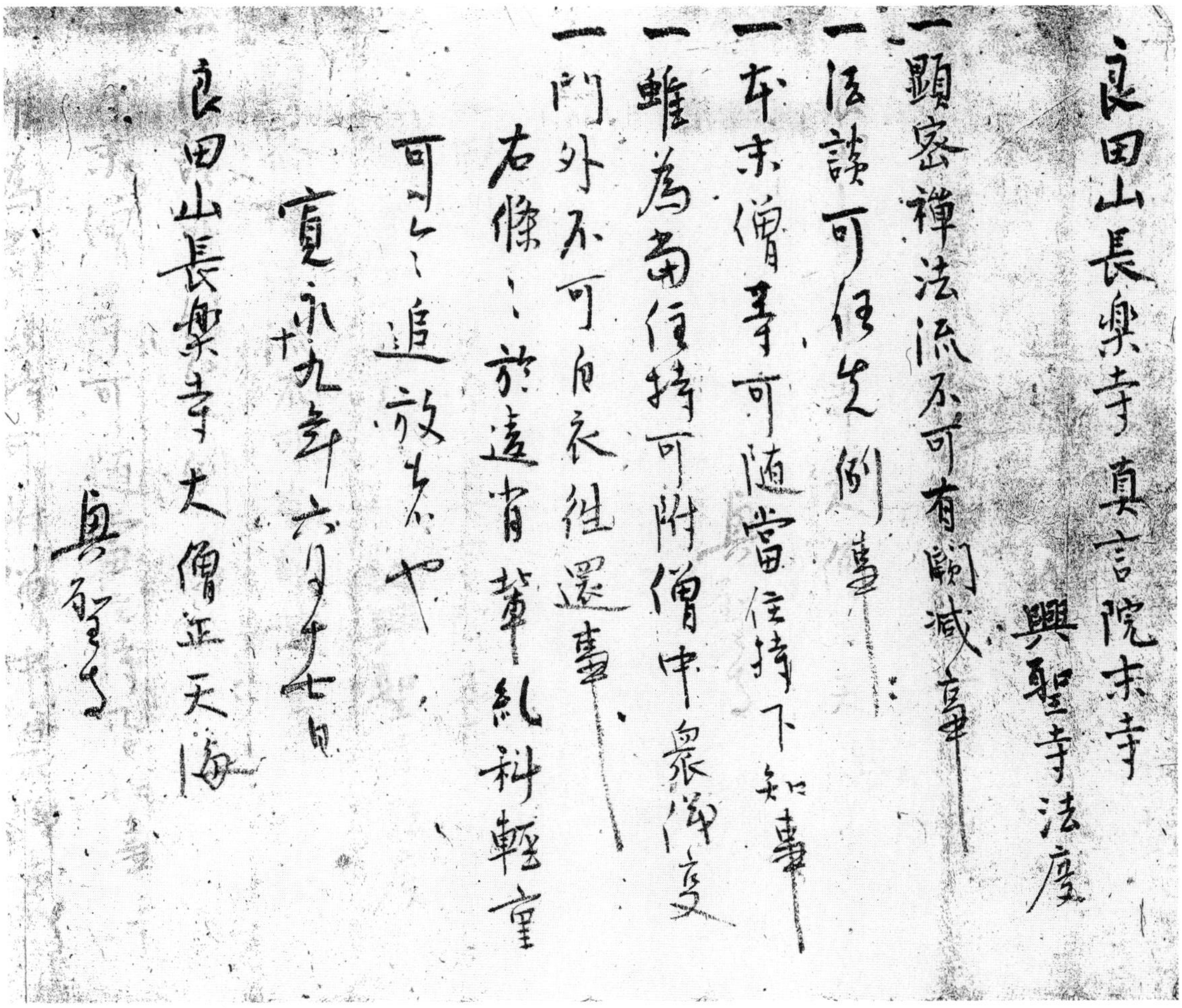

193　良田山長楽寺大僧正天海興聖寺寺内法度写

世良田長楽寺文書

良田山長楽寺真言院末寺興聖寺法度

一、顕密禅法流、不可有闕減事、

一、法談可任先例事、

一、本末僧等、可随当住持下知事、

一、雖為当住持、可附僧中衆儀(議)叓(事)、

一、門外不可白衣往還事、

右条ゝ、於遠(違)背輩、糺科軽重、

可令追放者也、

寛永〇〔十〕九年六月十七日

良田山長楽寺大僧正天海

興聖寺

○本文書は、検討の余地あり。
本来は、寛永十九年（一六四二）の案文であろう。

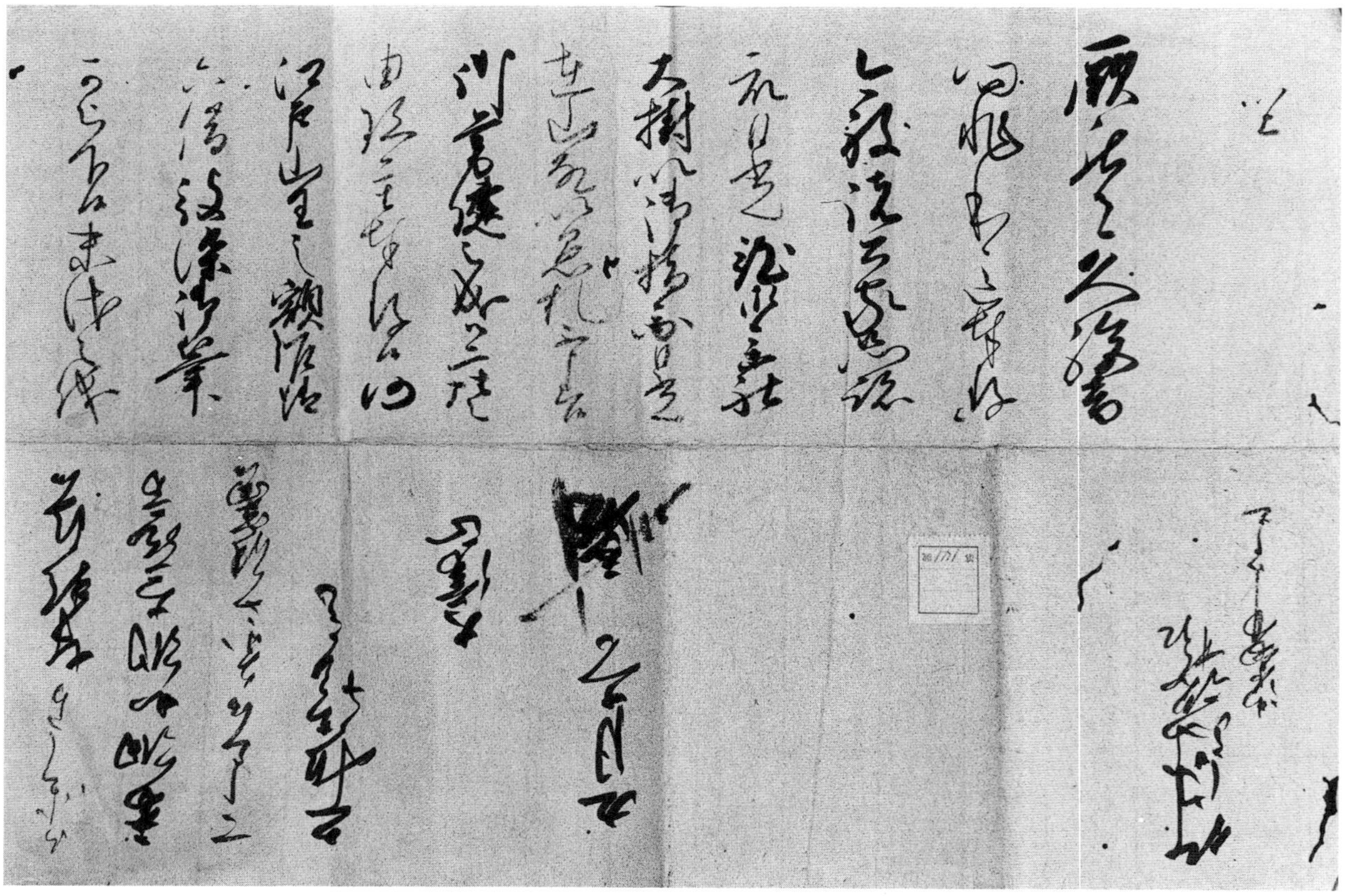

197　大僧正天海書状（折紙）

京都曼殊院文書

以上

厥后者久絶音
問、非本意奉存候、
今般諸公家・御門跡
衆、日光就御参社、
大樹（徳川家光）以御指図日光
在山故、以愚札不申上候、
御勇健被成御座之
由、珎（珍）重奉存候、仍
江戸山王之額、乍御
六借被染御筆
可被下候、末代之儀
御坐候間奉頼存候、
委細出納大蔵（職忠）方
可申上候条、不能審候、
恐惶謹言、

大僧正
（寛永九年）九月十一日　天（花押）

（良恕親王）竹内御門跡様（曼殊院）
御番中御申上

○寛永九年（一六三二）は、徳川家康の十七回忌。

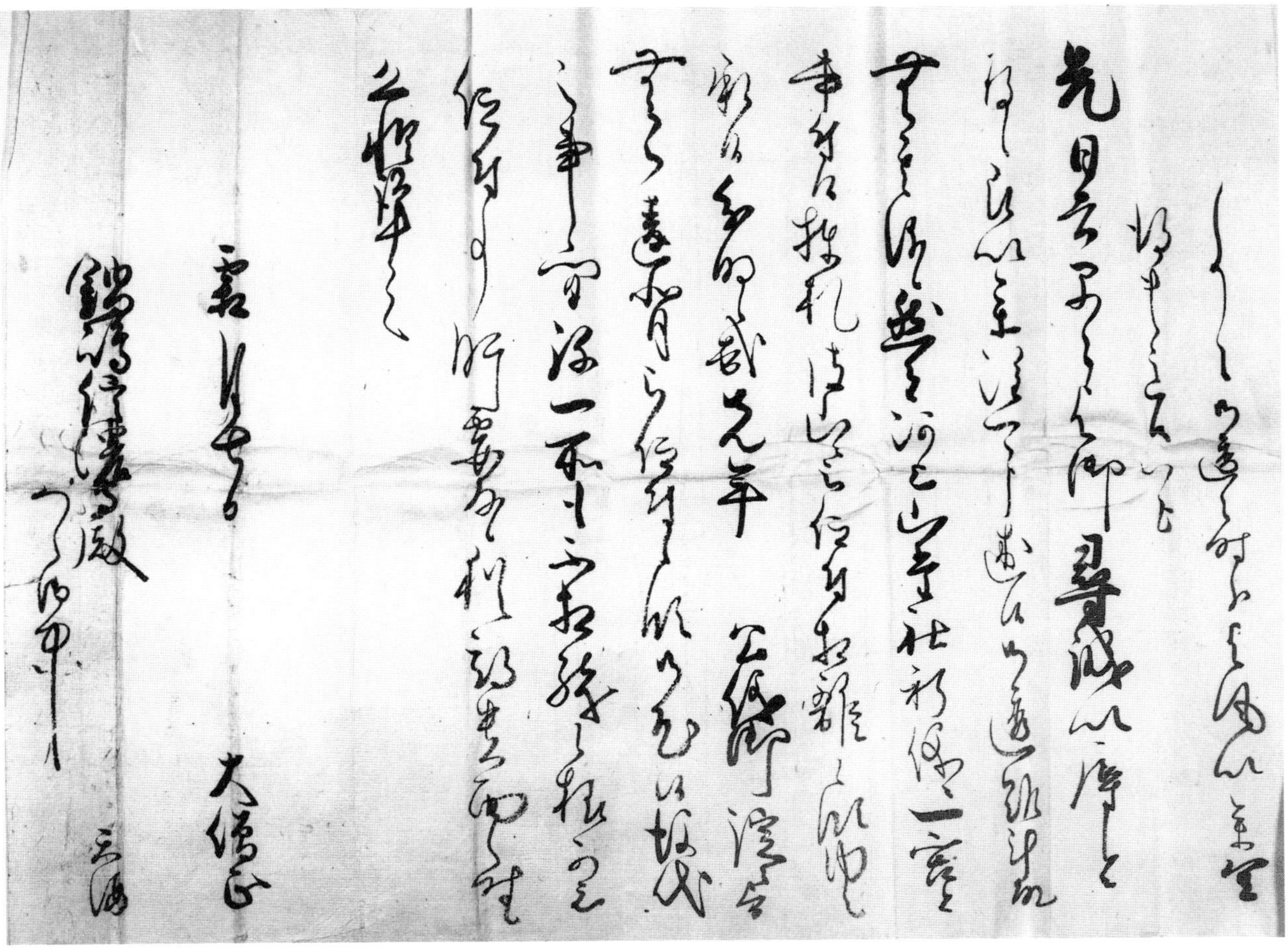

200 大僧正天海書状写

佐賀実相院文書

尚ゝ、御透之時分、与風以参、宜
得貴意候、以上、
先日者早ゝ与御尋、誠以辱令
存候、即以参雖可申述候、御透難計故、
無其儀候、然者河上山堂社、新儀ニ一宮と
書付候棟札、彼山ニ被仰付、相離候段、内ゝ
承候、分明候哉、先年 公儀御諚之旨、
無御遠(違)背被仰付候段御尤候、後代
之事候間、弥一所も不相残候様、可被
仰付事肝要存候、猶期貴面之時候、
恐惶謹言、

大僧正

(寛永九年カ)霜月七日 天海

(勝茂)鍋嶋信濃守殿

人ゝ御中

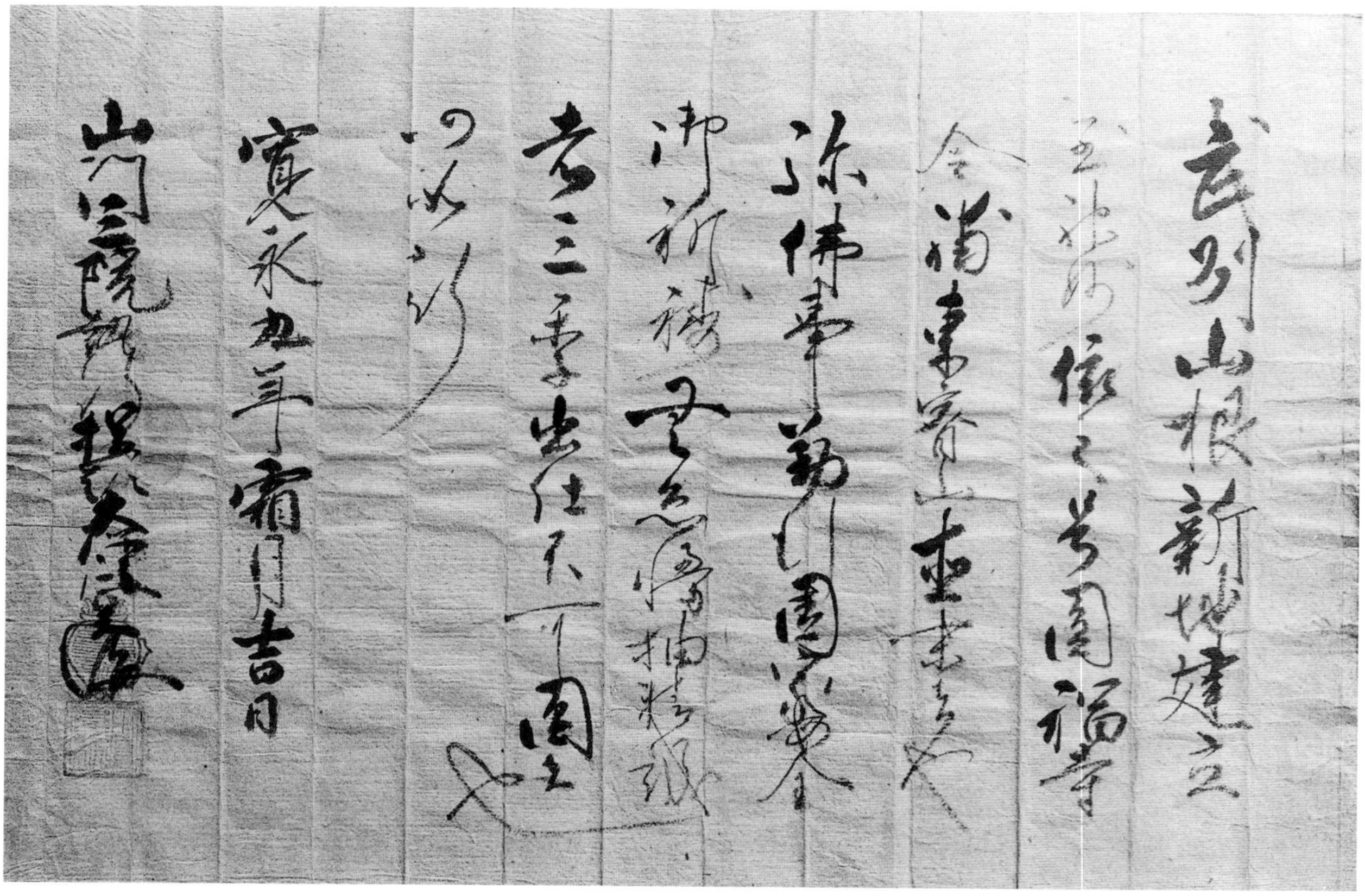

201　山門三院執行探題大僧正天海東叡山直末許可状

埼玉毛呂山町歴史民俗資料館文書

武州山根新地建立
至神妙、依之号円福寺、
令補東睿山直末者也、
弥仏事勤行国家安全
御祈禱、無怠慢抽精誠、
者三季出仕不可闕者也、
仍如斯、
寛永九年霜月吉日
山門三院執行探題大僧正天海(印)（印）

○本写真は、毛呂山町歴史民俗資料館より御提供いただいた。

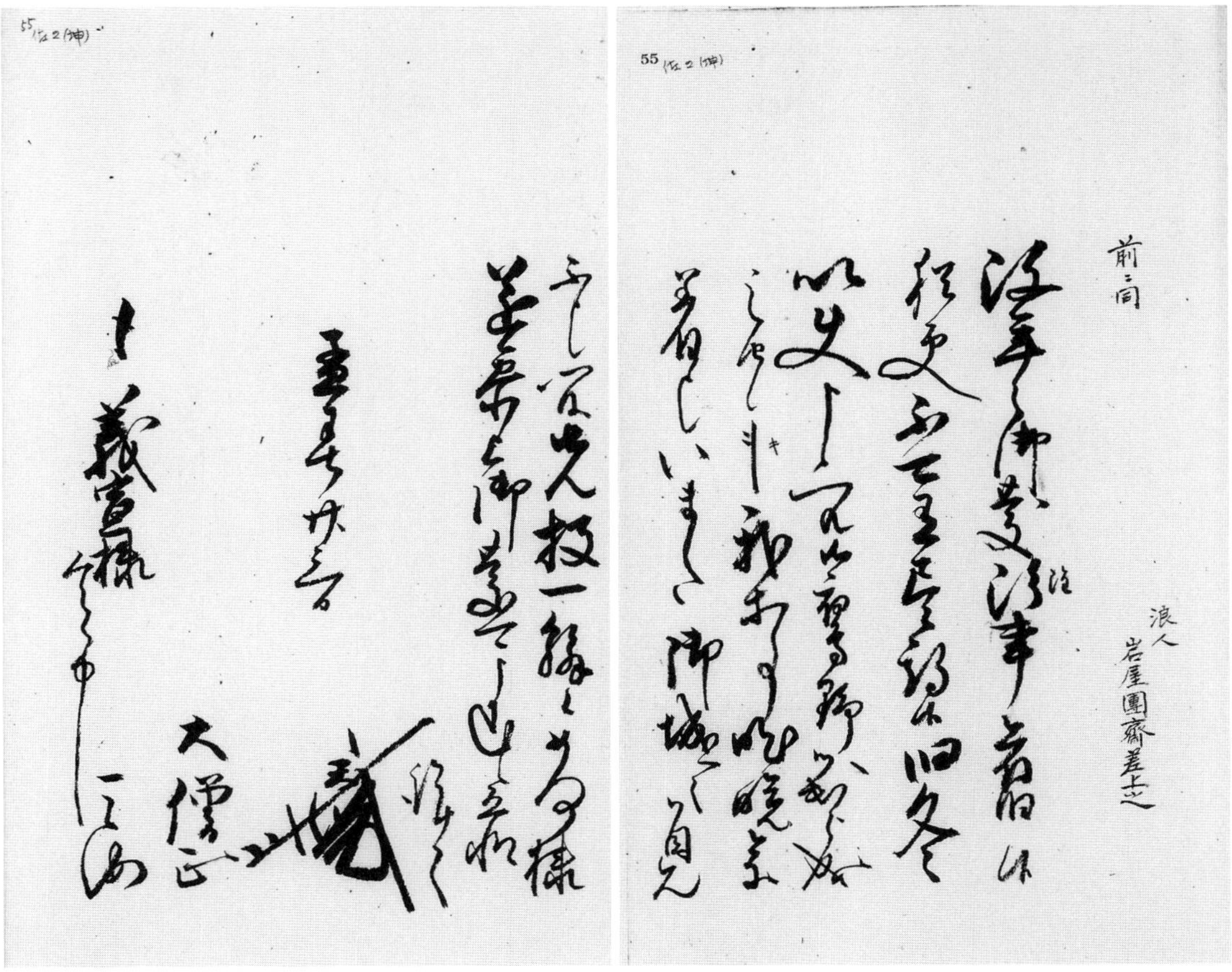

202　大僧正天海書状

東京大学史料編纂所影写本
佐竹文書

改年之御慶、雖事旧候、
猶更不可有尽期候、旧冬
以使申候へ共、御鷹野へ御出被成
之由候キ、我ホ(等)事昨晩参
着申候、いまた(未)御城へ之御目見
不申候間、先投一翰候、如何様
遂参上、御慶可申述候、恐惶謹言、
(寛永十年以前)孟春廿三日　天（花押）
〆　(佐竹)義宣様　大僧正
人と御中　天海

○佐竹義宣の忌日は、寛永十年（一六三三）正月二十五日。

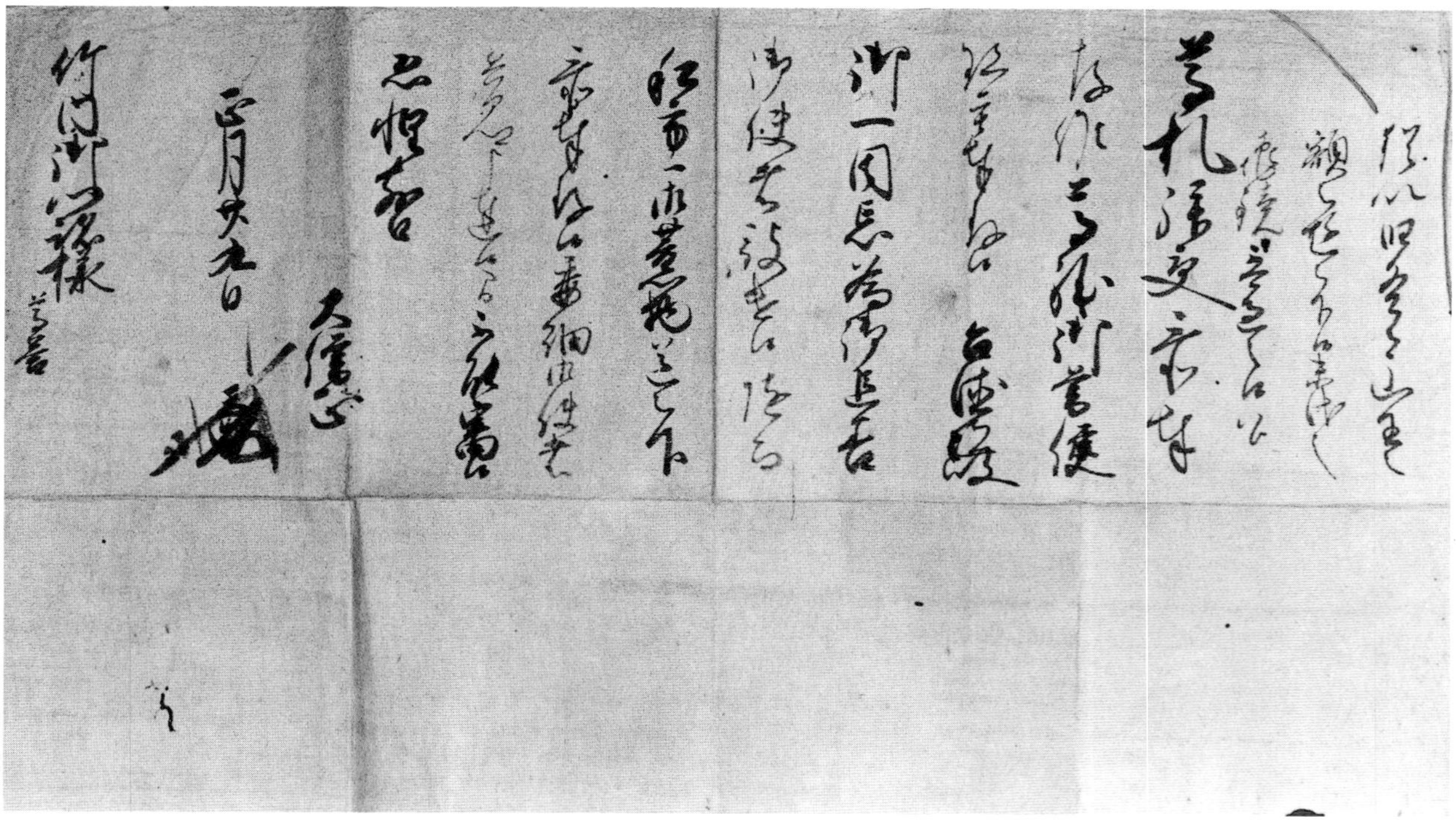

203　大僧正天海書状（折紙）

京都曼殊院文書

猶以、旧冬者山王之
額被遊被下候、末代之
亀鏡不可過之候、以上、

尊札拝受忝奉
存候、尊躰御勇健
珎（珍）重奉存候、台徳院殿（徳川秀忠）
御一周忌為御追善、
御使者被遣候、随而
私方へ御薫物送被下、
忝奉存候、委細御使者
兵ア（部）卿申達候間、不能審候、
恐惶敬白、

大僧正

（寛永十年）正月廿九日　天（花押）

（良恕親王）竹内御門跡様（曼殊院）

尊答

○徳川秀忠の一周忌は、寛永十年（一六三三）正月。

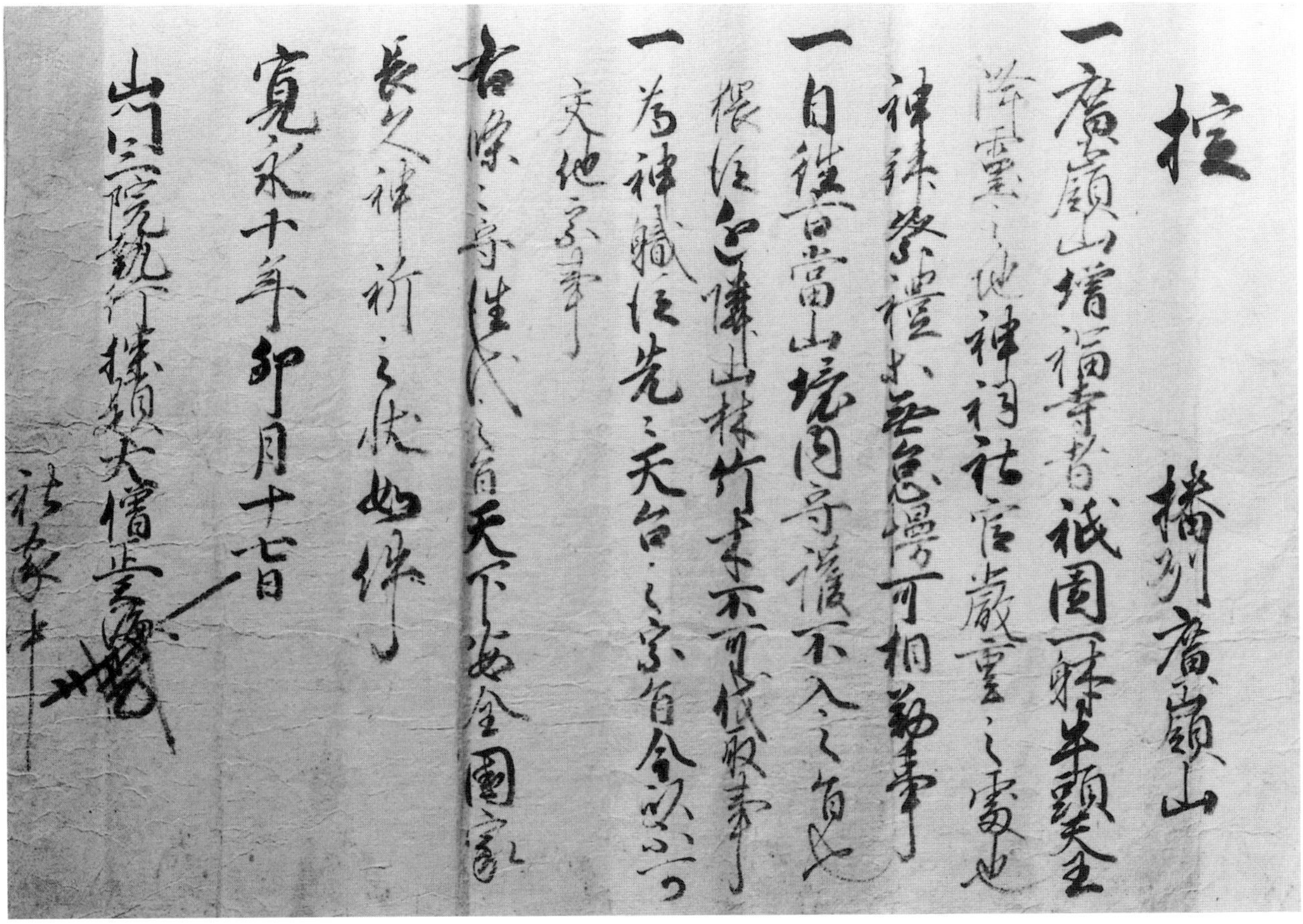

208　山門三院執行探題大僧正天海増福寺寺内法度

姫路広峯神社文書

掟　　播州広嶺山

一、広嶺山増福寺者、祇園一躰牛頭天王降霊之地、神祠社官厳重之処也、神拝・祭礼ホ(等)無怠慢可相勤事、

一、自往古当山境内守護不入之旨也、猥従近隣山林竹木不可伐取事、

一、為神職従先ゝ天台之宗旨、今以不可交他宗事、

右条ゝ、守往代之旨、天下安全国家長久神祈之状、如件、

寛永十年夘(卯)月十七日

山門三院執行探題大僧正天海（花押）

社家中

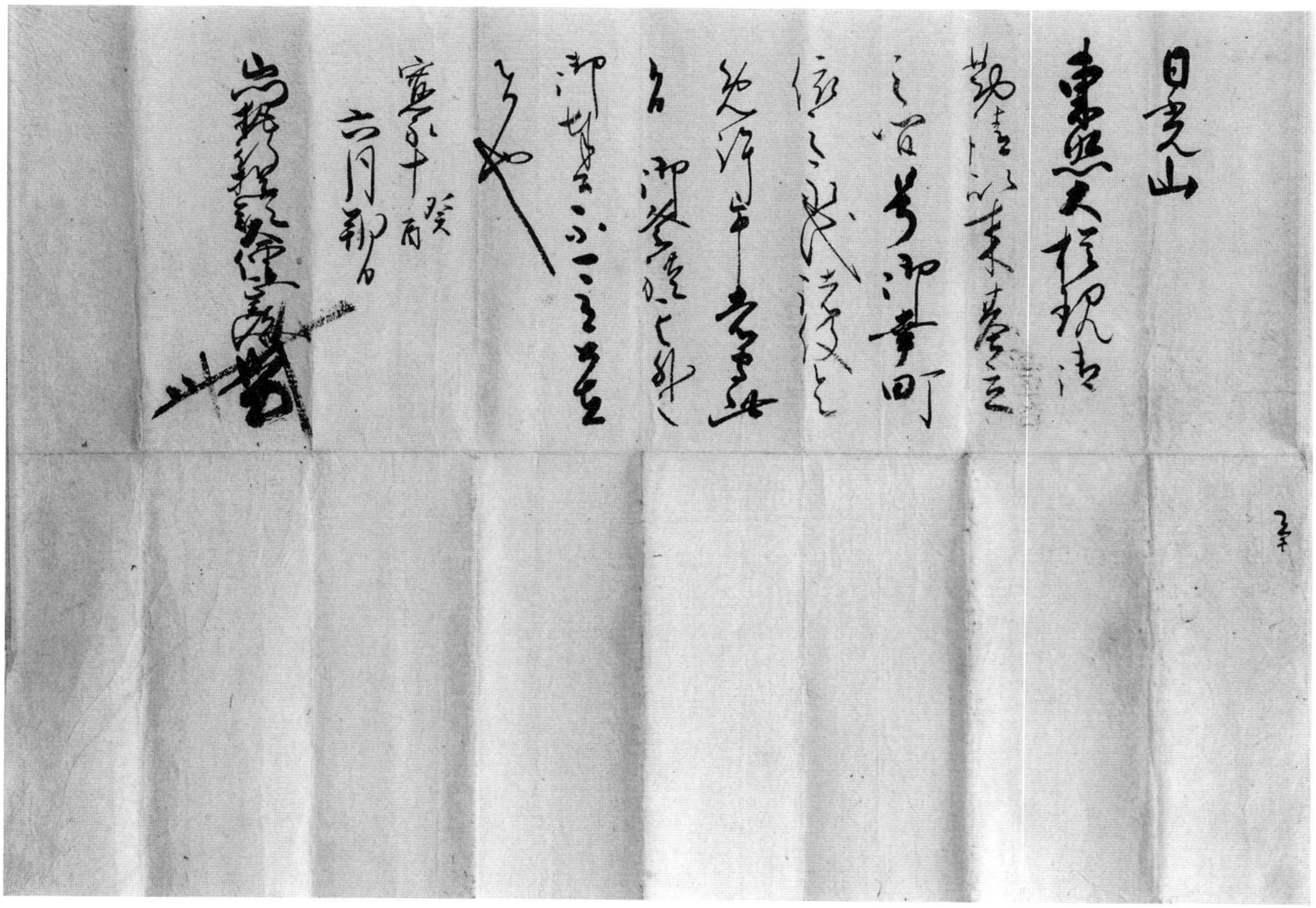

209　山門執行探題大僧正天海諸役免許状（折紙）

日光市御幸町自治会文書

日光山

東照大権現（徳川家康）御

勧請以来基立

之間、号御幸町、

依之永代諸役令

免許早（畢）、者守此

旨、御祭礼、其外之

御奉公不可有如在

者也、

寛永十癸酉

六月朔日

山門執行探題大僧正天海（花押）

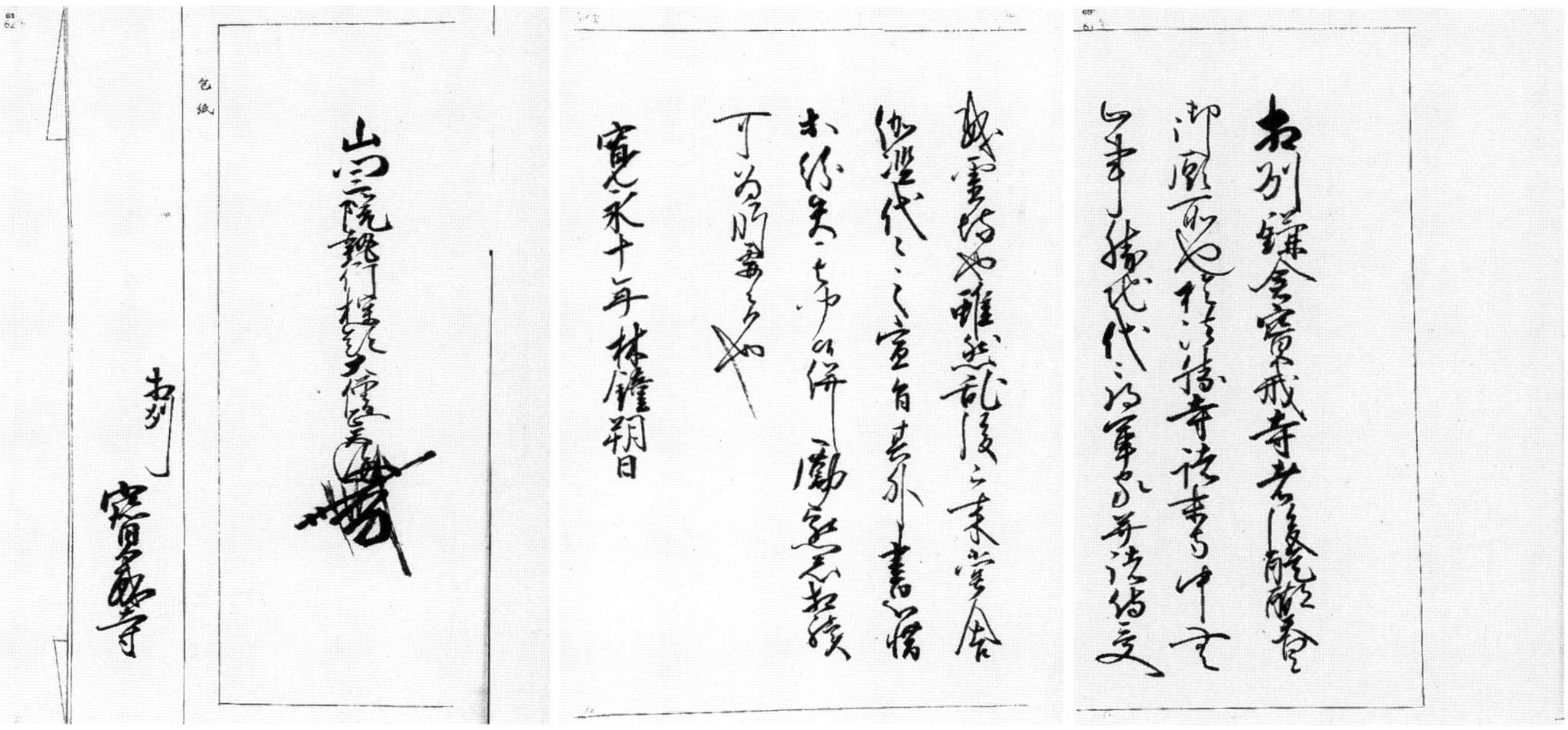

210　山門三院執行探題大僧正天海証状

東京大学史料編纂所影写本
鎌倉宝戒寺文書

（包紙）
「相州
　　宝戒寺　」

相州鎌倉宝戒寺者後醍醐天皇
御願所也、於法勝寺諸末寺中無
止事勝地、代々将軍家幷諸侍受
戒霊場也、雖然乱後已来堂舎
伽濫（マヽ）、代々之宣旨、其外書籍
ホ（等）紛失其聞候、併励懇志相続
可為肝要者也、
　寛永十年林鐘朔日
山門三院執行探題大僧正天海（花押）

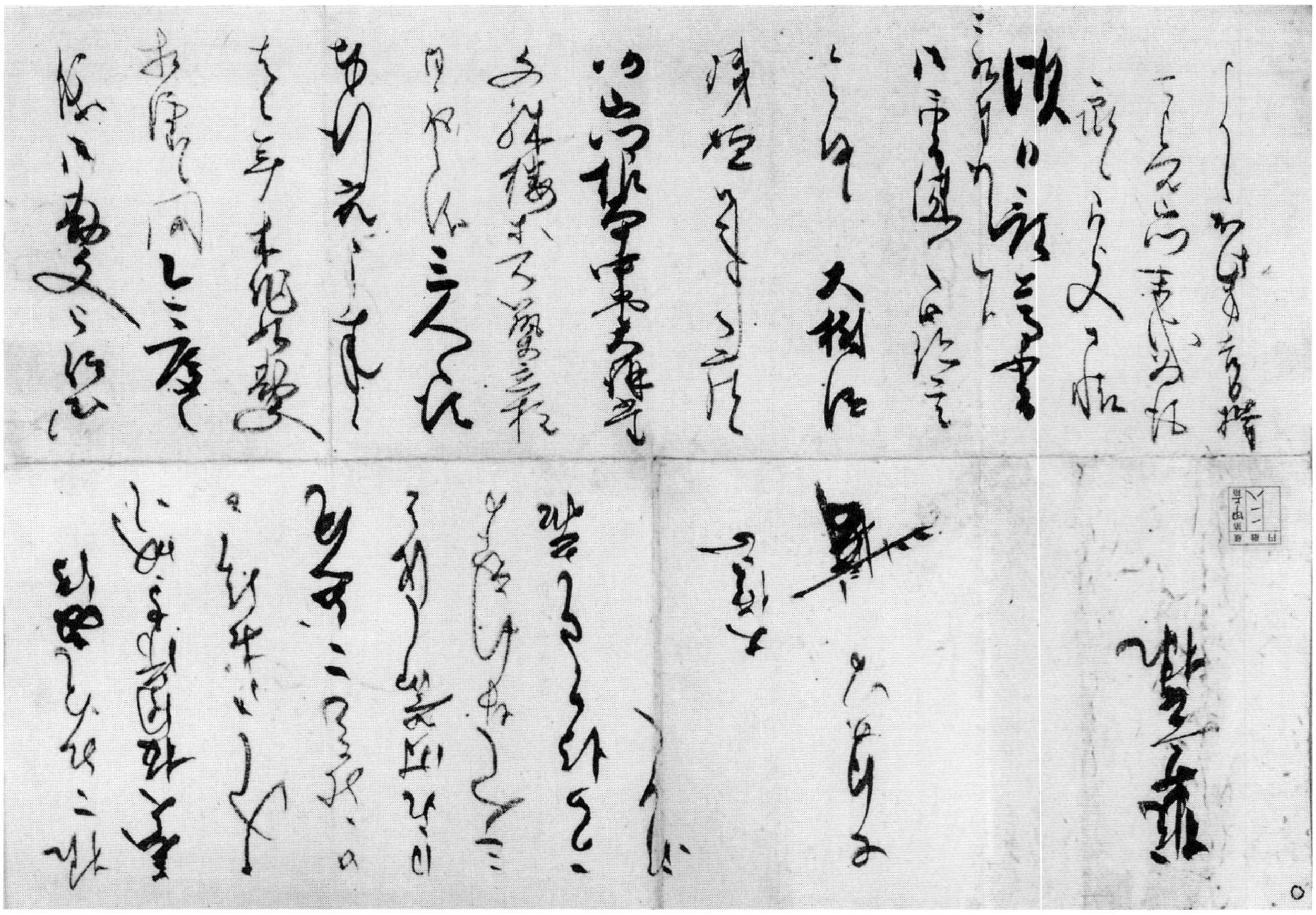

212　大僧正天海書状（折紙）

京都三千院文書

尚ゝ、於此方吉日撰
可申候へ共、山門末代為後
亀候間、被入御情(精)
可然奉存候、以上、
頃日預尊書
御勇健之由、珎(珍)重
令存候、大樹(徳川家光)御
機嫌御事御座候、
仍山門根本中堂・大講堂・
文殊楼ホ(等)、石築立柱
日取之儀、三人之従
奉行衆申来候、
去ゝ年木作始、勘文
相済候間、今度之
儀御勘文被仰出候
様可然存候、両伝(今出川経季・日野資勝)
奏・板周防守(京都所司代・板倉重宗)殿も
申入候、御相談候而、
御馳走可然存候、
日取・時節之儀者、
三人之奉行衆ゟ

可被得御意候、恐惶

謹言、

（寛永十年）七月廿八日　　大僧正

天（花押）

（最胤親王）梶井宮様（三千院門跡）

○比叡山根本中堂・大講堂の造営は、寛永十年（一六三三）七月。

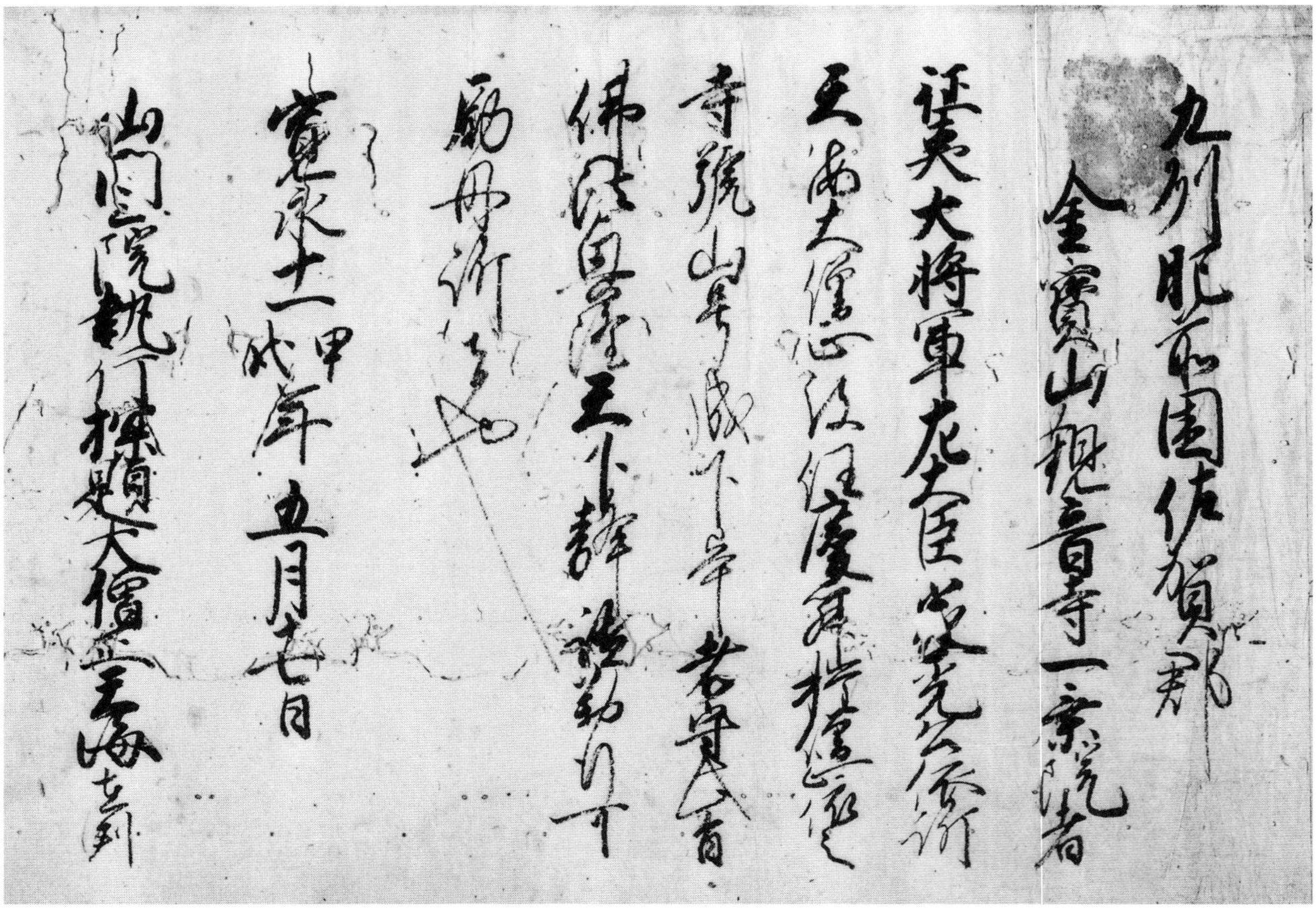

215　山門三院執行探題大僧正天海証状写

東京大学史料編纂所文書　青蓮院旧蔵文書

九州肥前国佐賀郡
　金宝山観音寺一乗院者
征夷大将軍左大臣家光（徳川）公依祈、
天海大僧正被任慶舜権僧正、依之
寺号・山号成下早（畢）、者守此旨、
仏法興隆天下静謐勤行、可
励丹祈者也、
寛永十一甲戌年五月十七日
山門三院執行探題大僧正天海　在判

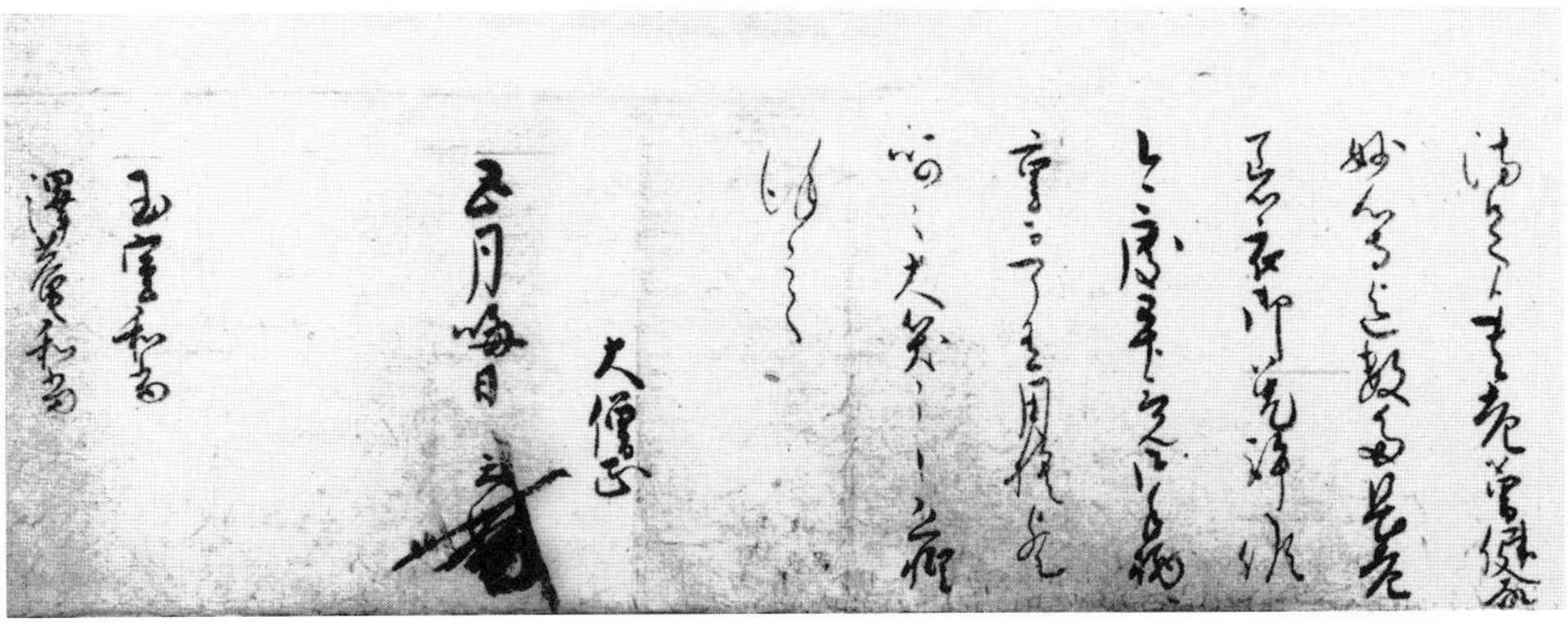

216　大僧正天海書状（元折紙カ）

東京大学史料編纂所写真版
京都大仙院文書

（異筆）
「寛永十一甲戌年
　五月晦日」

今度逼塞四人（玉室宗珀・沢庵宗彭・単伝士印・東源慧等）之
長老着衣之事、
貴僧御訴訟相叶
玢（珍）重候、此衆着衣
之儀、卒尓（爾）之　御
赦免如何ニ被思召候処、
御訴訟之趣、達而申
上候付、被聞召分、為
仏法相続、貴僧帰山之
次而、新長老四人（文室宗周・光沢宗温・天祐紹杲・清巌宗清）着衣
之儀被仰出、各大慶
不可過之候、於某令
満足候、貴老勇健故、
妙心寺迄数多長老
着衣御免許候、
今度早（畢）竟御手柄、
重而可有用捨候欤（歟）、
呵ゝ大笑ゝゝゝゝ、恐惶
謹言、
（寛永十一年）
五月晦日　大僧正　天（花押）

（宗珀）
玉室和尚
（宗彭）
沢菴和尚

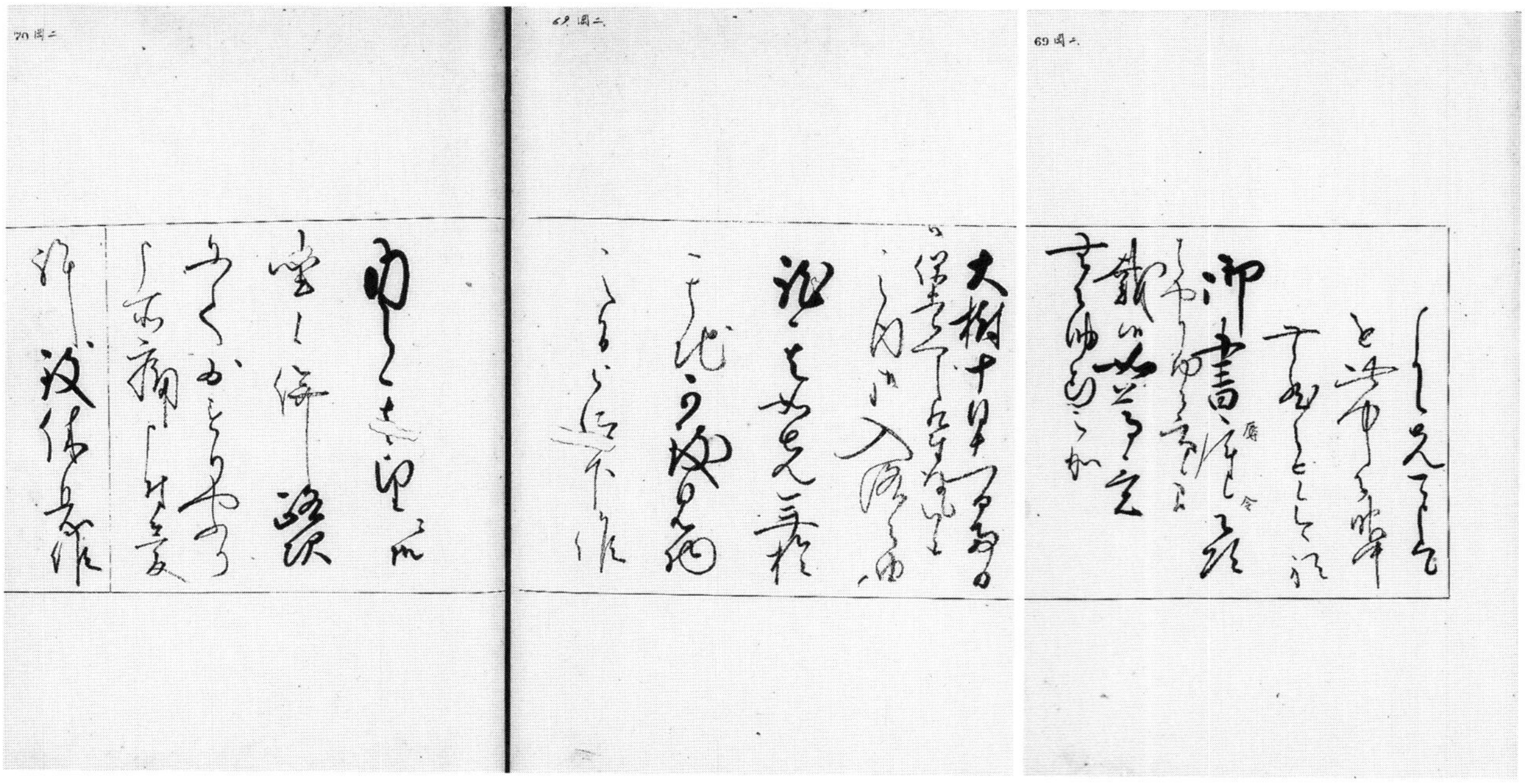

218　天海書状（元折紙カ）

東京大学史料編纂所影写本
岡本家文書

尚ゝ、先可申上候
を、此中御服中
無然之由候、今程
はやり（流行）物御座候間、
無御油断被加
御保養可然奉存候、以上、

御書辱令頂
戴候、如尊意
大樹（徳川家光）十日・十一日両日
之内御入洛之由、
就其如先年、於
其地可致見物
之旨被仰下候、
内ゝ其望ニ御
坐候、併路次
にて少すり（擦）やふり（破）
申所、痛申付、爰
許致休息候、
令養性（生）能被成候
者、一両日前御案内

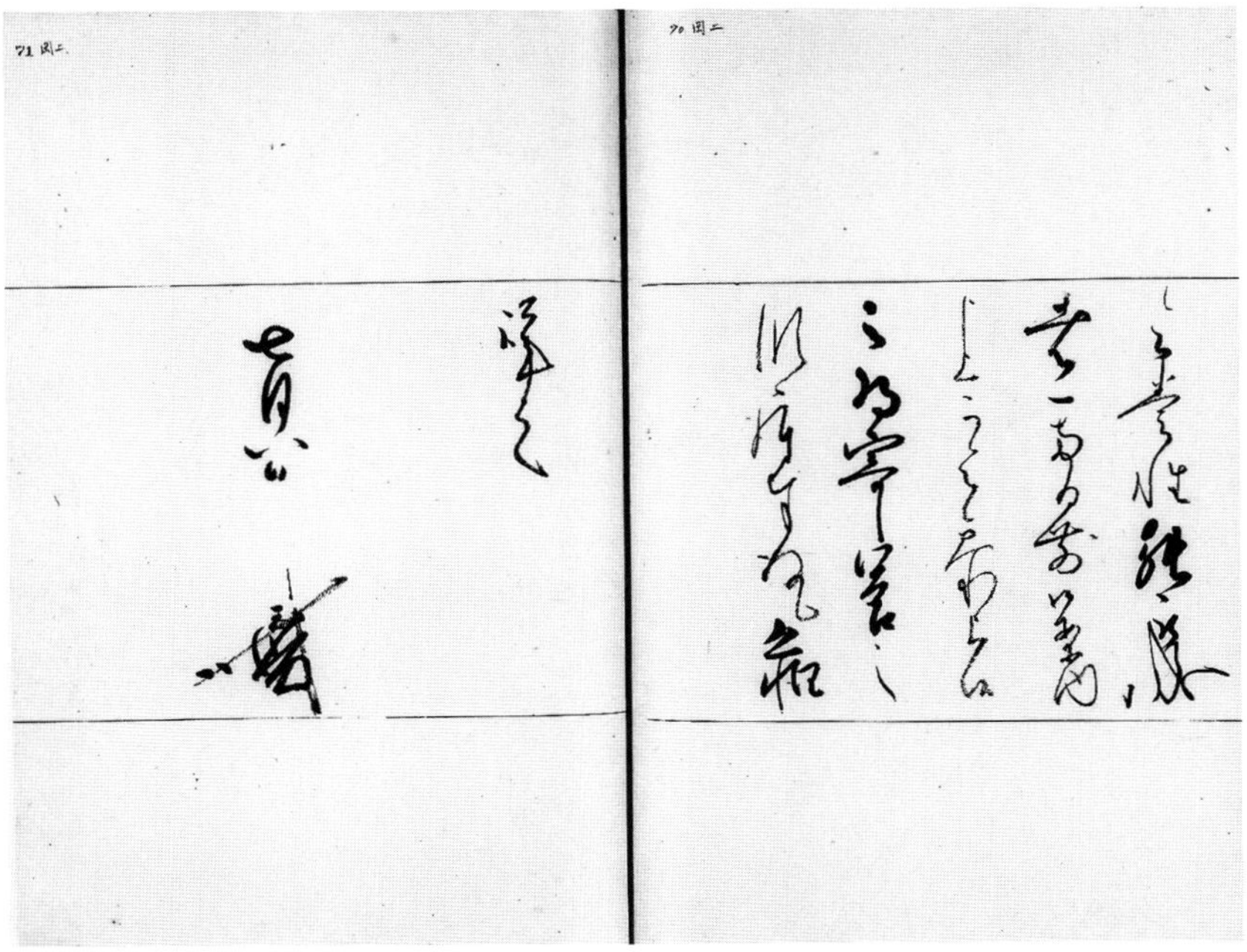

申上、可令参上候、
被為寄思召之
段、辱奉存候、恐惶
謹言、
（寛永十一年カ）七月八日　天（花押）
（宛所なし）

○寛永十一年（一六三四）七月十一日、徳川家光、京都着。

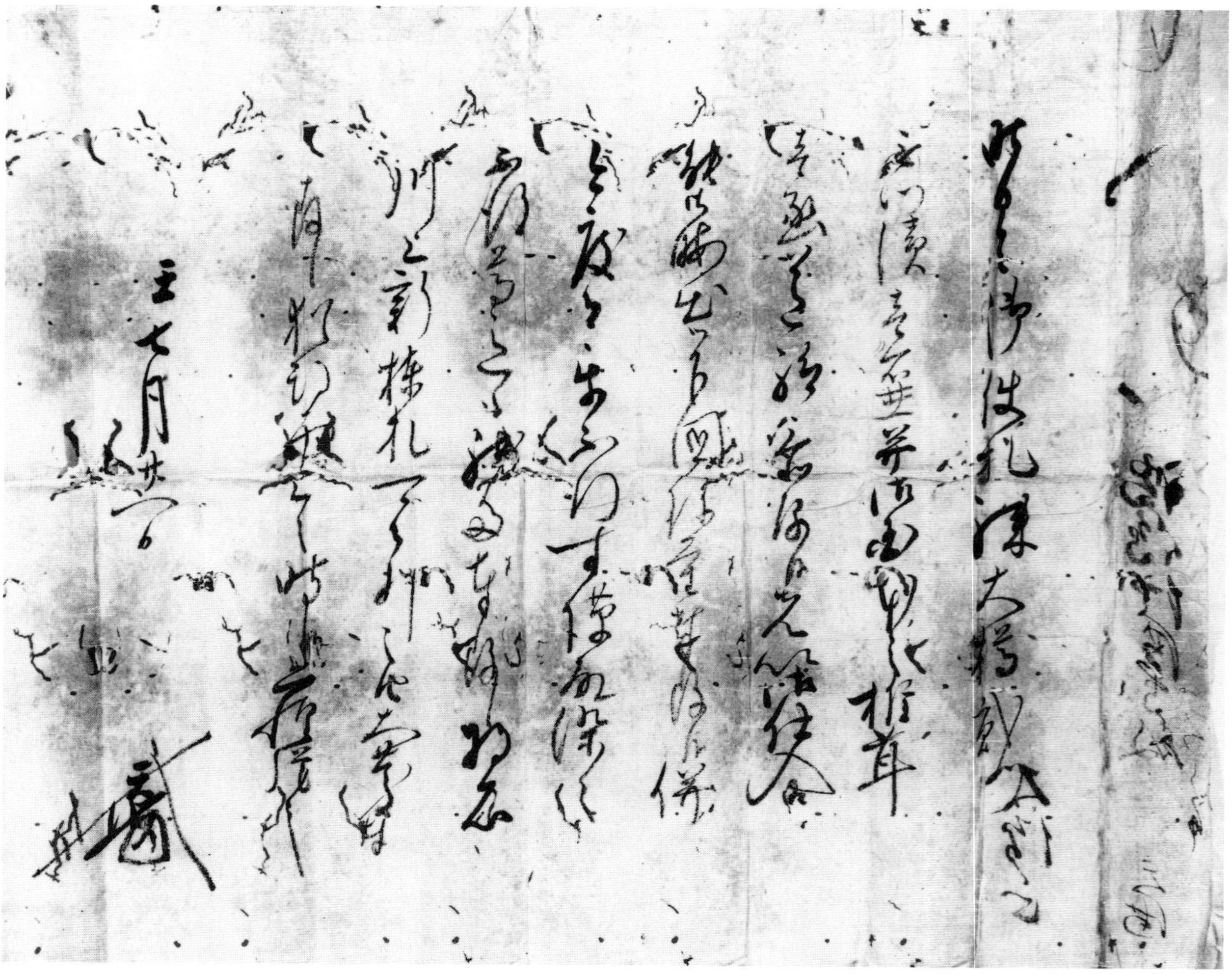

219　大僧正天海書状写

佐賀実相院文書

「（ウハ書）鍋嶋信濃守（勝茂）殿　　大僧正
　　　人々御中　　　天海」

昨日之御使札、殊大樽弐ツ・
ミつ（蜜）漬壱壺、幷御国本之椎茸
壱函送給、忝存候、先以御仕合
能御暇出、御下国珎（珍）重奉存候、併
今度者互不得寸隙故、染々
不得尊意も、残多奉存候、将亦
川上新棟札可被引之由、大慶奉
存候、猶期面上之時候、恐惶謹言、
（寛永十一年）（閏）壬七月廿一日　天（写し）（花押）

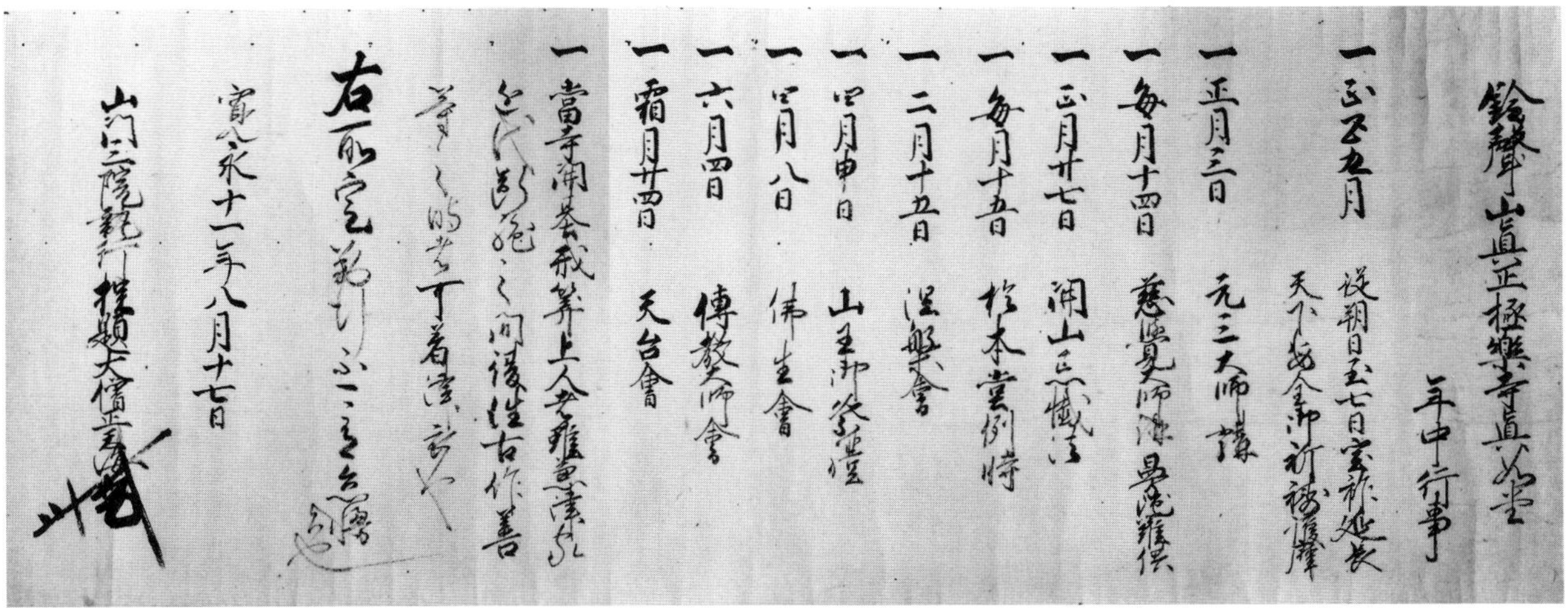

221　山門三院執行探題大僧正天海真如堂法度

京都真如堂文書

鈴声山真正極楽寺真如堂

年中行事

一、正五九月　従朔日至七日宝祚延長
天下安全御祈禱護摩
一、正月三日　元三(良源)大師講
一、毎月十四日　慈覚(円仁)大師講曼陀羅供
一、正月廿七日　開山忌懺法
一、毎月十五日　於本堂例時
一、二月十五日　涅槃会
一、四月申日　山王御祭礼
一、四月八日　仏生会
一、六月四日　伝教(最澄)大師会
一、霜月廿四日　天台会
一、当寺開基戒筭(算)上人者、雖兼律家、
近代断絶之間、復往古、作善
等之時者可着律衣也、
右所定勤行不可有怠慢者也、
寛永十一年八月十七日
山門三院執行探題大僧正天海（花押）

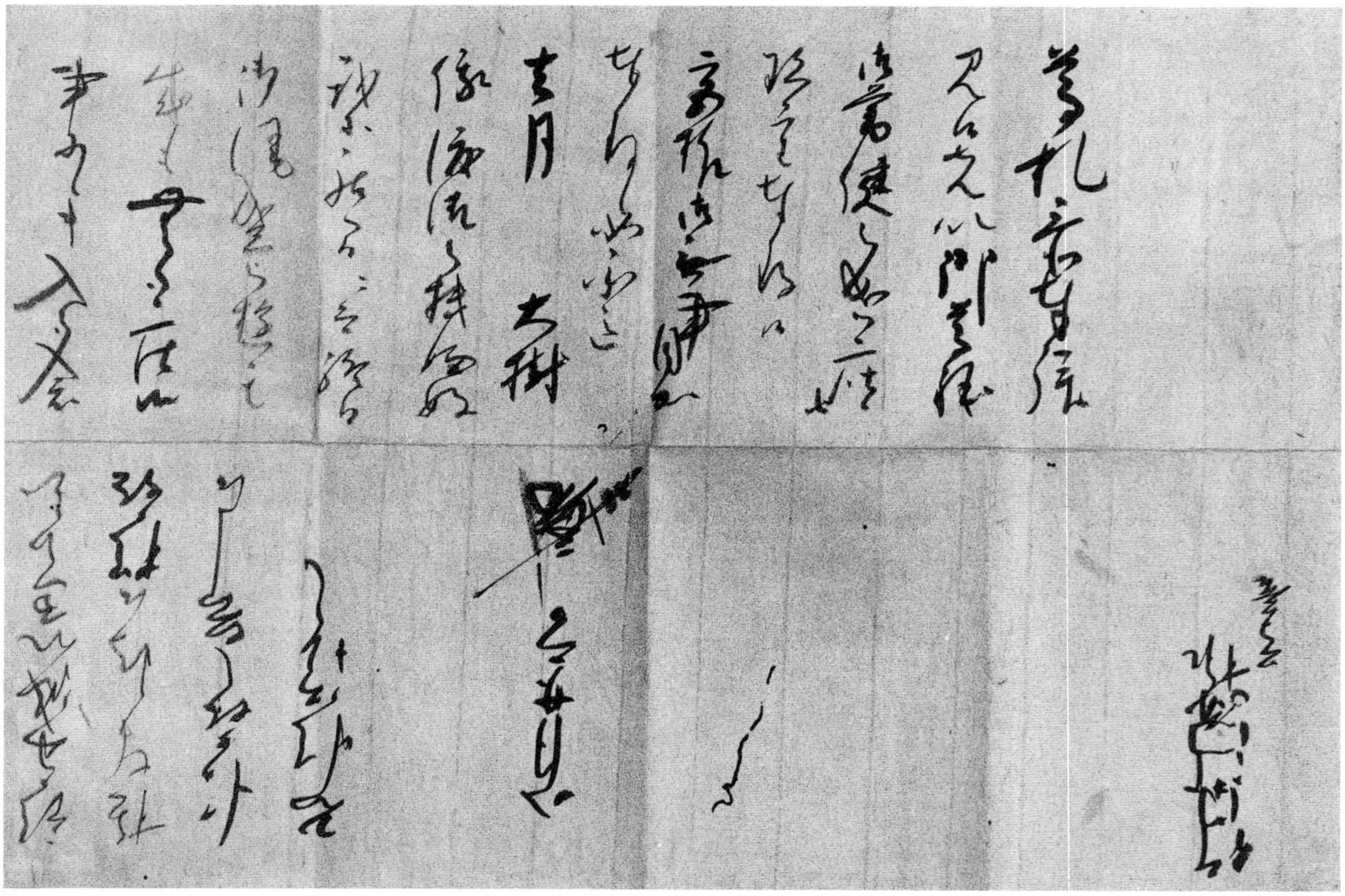

222　天海書状（折紙）

京都曼殊院文書

尊札忝奉拝
見候、先以御尊躰
御勇健被成御座候由、
珎（珍）重奉存候、
宮様（良尚親王）御無事目出
奉存候、如承意
去月　大樹（徳川家光）
儀渡御、御機嫌好
我ホ（等）居間ニ而、終日
御酒盛被遊、其
成（マヽ）も無御座候
事に候キ、入御念
預示、誠以過分至
極奉存候、猶期
後喜之節候、
恐惶謹言、
八月（寛永十一年）廿二日　天（花押）
竹内（曼殊院）御門跡（良恕親王）様
尊答

○良尚親王の曼殊院入室は、寛永十一年（一六三四）。

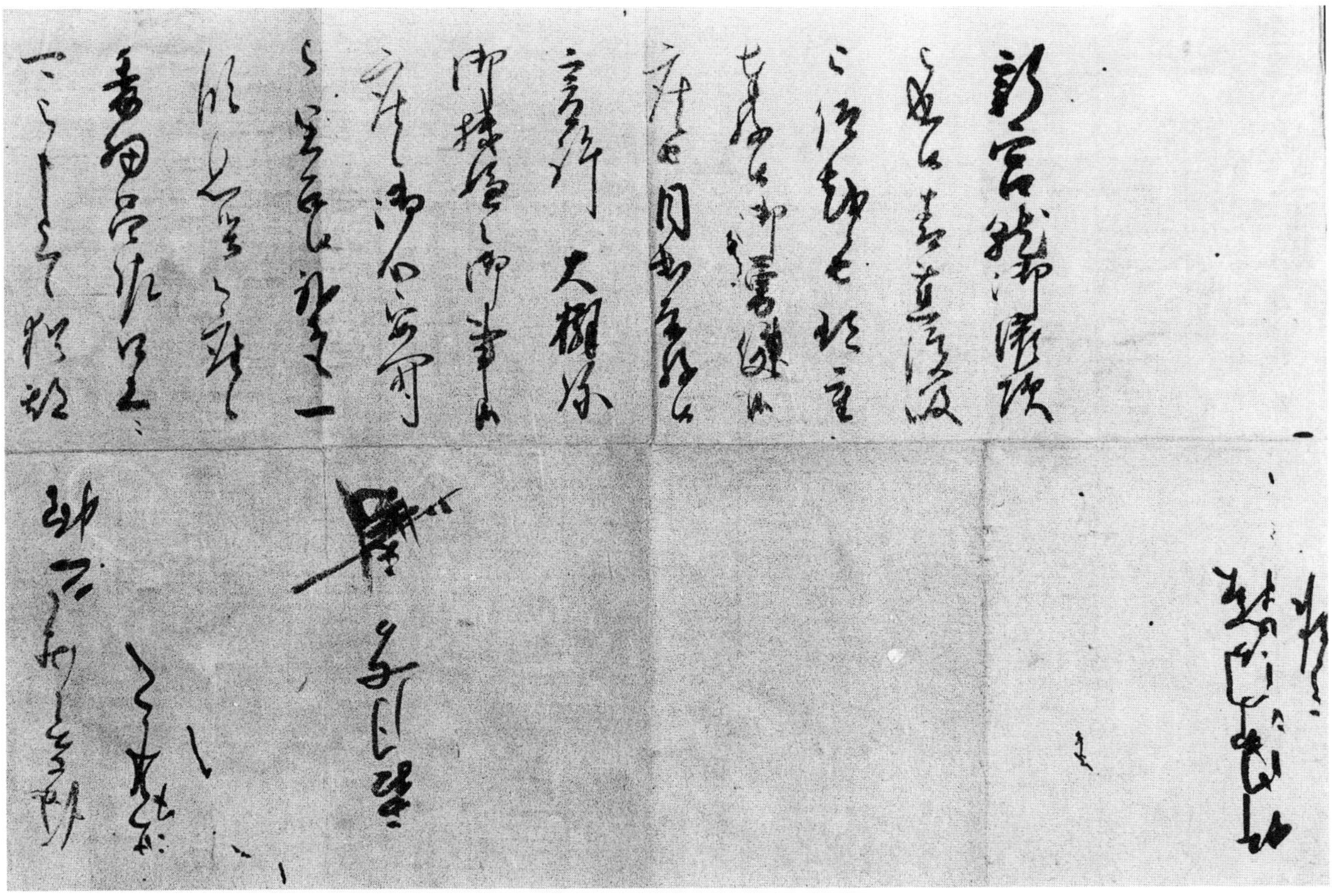

223　天海書状（折紙）

京都曼殊院文書

新宮(良尚親王)就御灌頂
被成候、青蓮院殿(尊純親王)
被仰越候由、珎(珍)重
奉存候、御勇健御
座候由、目出奉存候、
爰許　大樹(徳川家光)弥
御機嫌之御事御
座候、御心安可
被思召候、我ホ(等)も一
段息災御座候、
委細昌佐口上ニ
可被申上候、猶期
後音之時候、恐惶
謹言、
　霜月(寛永十一年カ)七日　天（花押）
　　竹内(良恕親王)御門跡(曼殊院)様
　　　　尊報

○尊純親王、寛永十一年（一六三四）十一月二日、良尚親王に護身法などを授く。

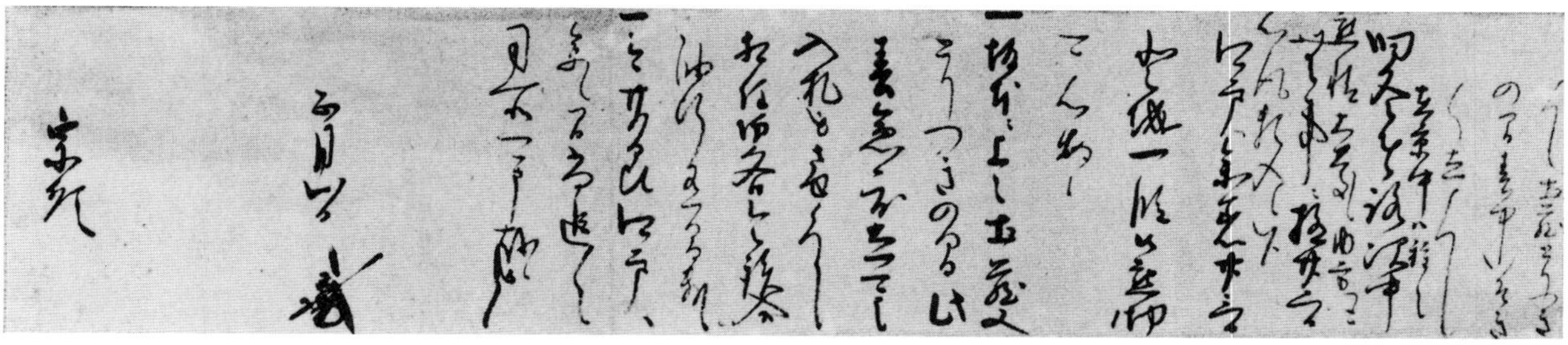

225　天海書状（元折紙カ）

栗原宏治氏文書

尚〻、土蔵・とりつき（取次）
の間、春中いそき（急）
〳〵（急）立候へく候、
在京中ハ種〻
懇情大慶候、内方へも
心得頼入候、以上、

旧冬者路次中
無事ニ極（十二月）廿二日
江戸へ参着、廿三日
登城、一段御懇切候、
可心安候、
一、坂本（大津）ニ上〻土蔵、又
とりつき（取次）の間、此
春急度立可申候、
入札をさせ候へく候、
相住坊（亮算）各令談合、
油断有間敷候、
一、今廿日頃江戸へ
参候間、尚追〻
用所可申越候、かしく、
正月八日（寛永十二年カ）　天（花押）
宗順（坂本屋）

○本写真は、埼玉県立文書館より御提供いただいた。
天海、寛永十一年（一六三四）十二月二十二日・二十七日、酒井忠世の罪の赦るされんことを徳川家光に請う。

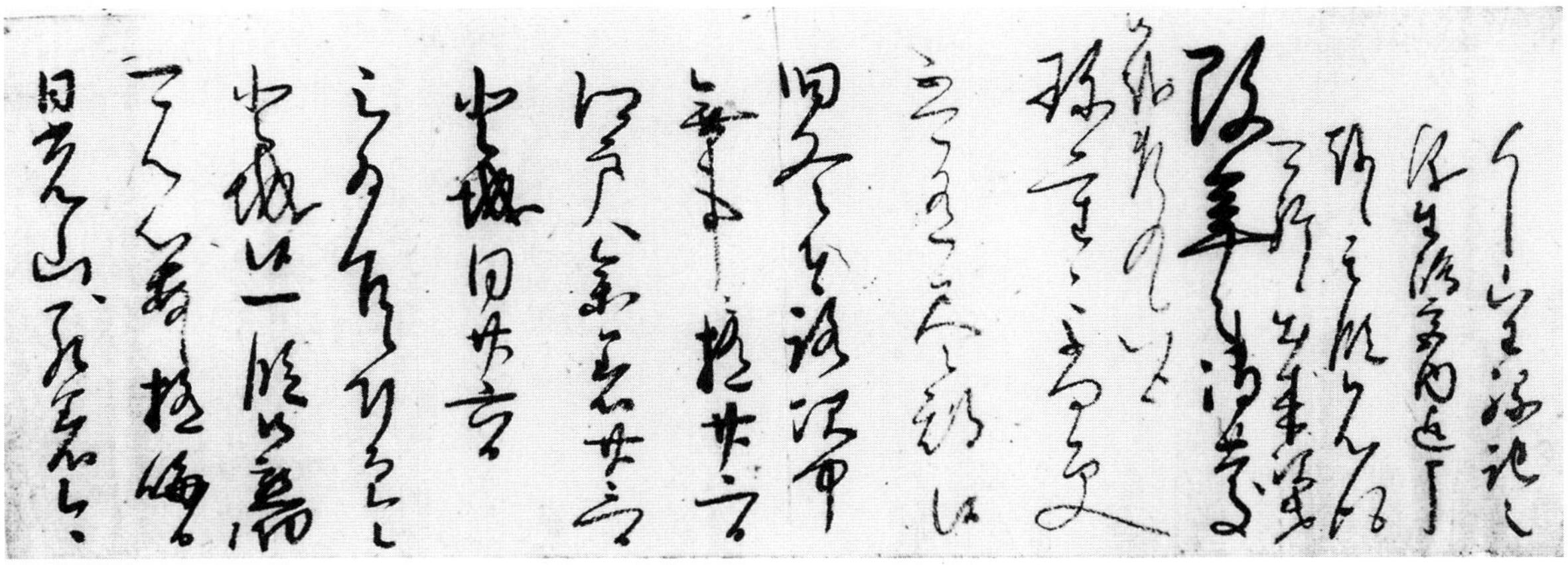
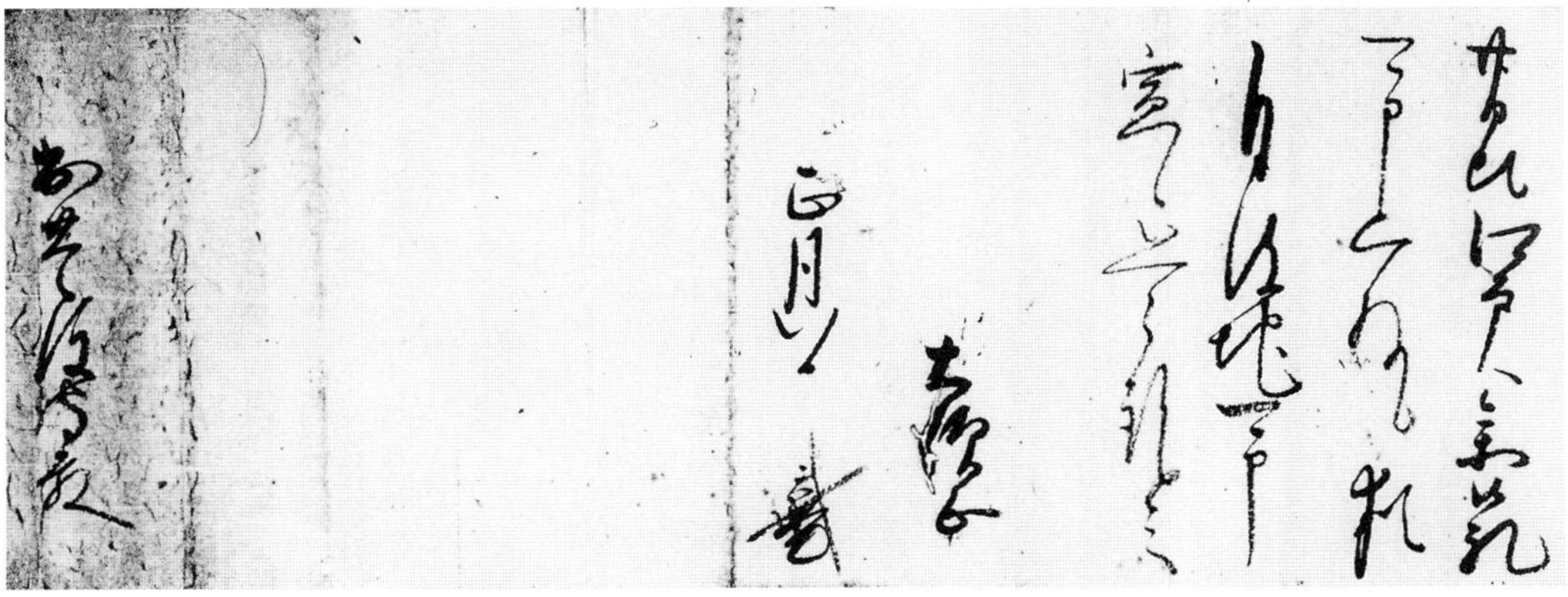

226　大僧正天海書状（元折紙カ）

東京大学史料編纂所写真版
広島大学猪熊文書(二)　国史学教室所蔵

尚〻、山王縁記（マヽ）之
儀、生嶋宮内迄申
越候、其段御心得
可給候、出来次第
御越頼入候、以上、
改年之御慶
弥（珍）重〻〻、尚更
不可有尽期候、
旧冬者路次中
無事ニ、極廿二日
江戸へ参着、廿三日
登城、同廿六日
被為召候付而令
登城候、一段御懇切候、
可御心安候、極晦日
日光山へ罷着、今
廿日比江戸へ参、御礼
可申上存候、猶
自彼地可申
宣候、恐〻謹言、

大僧正　天（花押）

正月八日（寛永十二年カ）

出豊後守殿（出納職在）

○出納職在の豊後守就任は、寛永二年（一六二五）十二月。

天海、寛永十一年十二月二十二日・二十七日、酒井忠世の罪を赦されんことを請う。

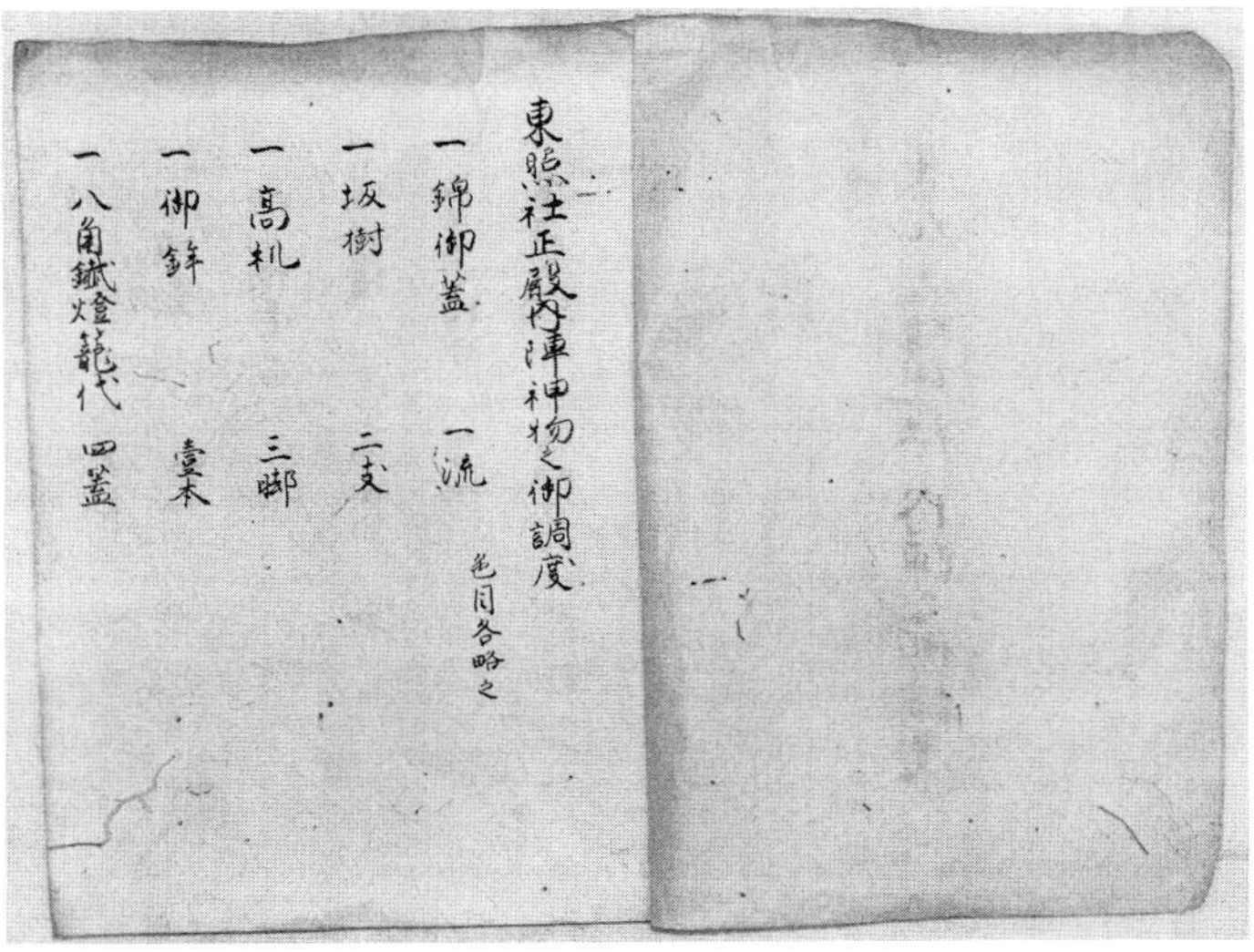

東照社正殿内陣神物之御調度
一　錦御蓋　一流　色目各略之
一　坂樹　二支
一　高机　三脚
一　御鉾　壹本
一　八角鐵燈籠代　四盞

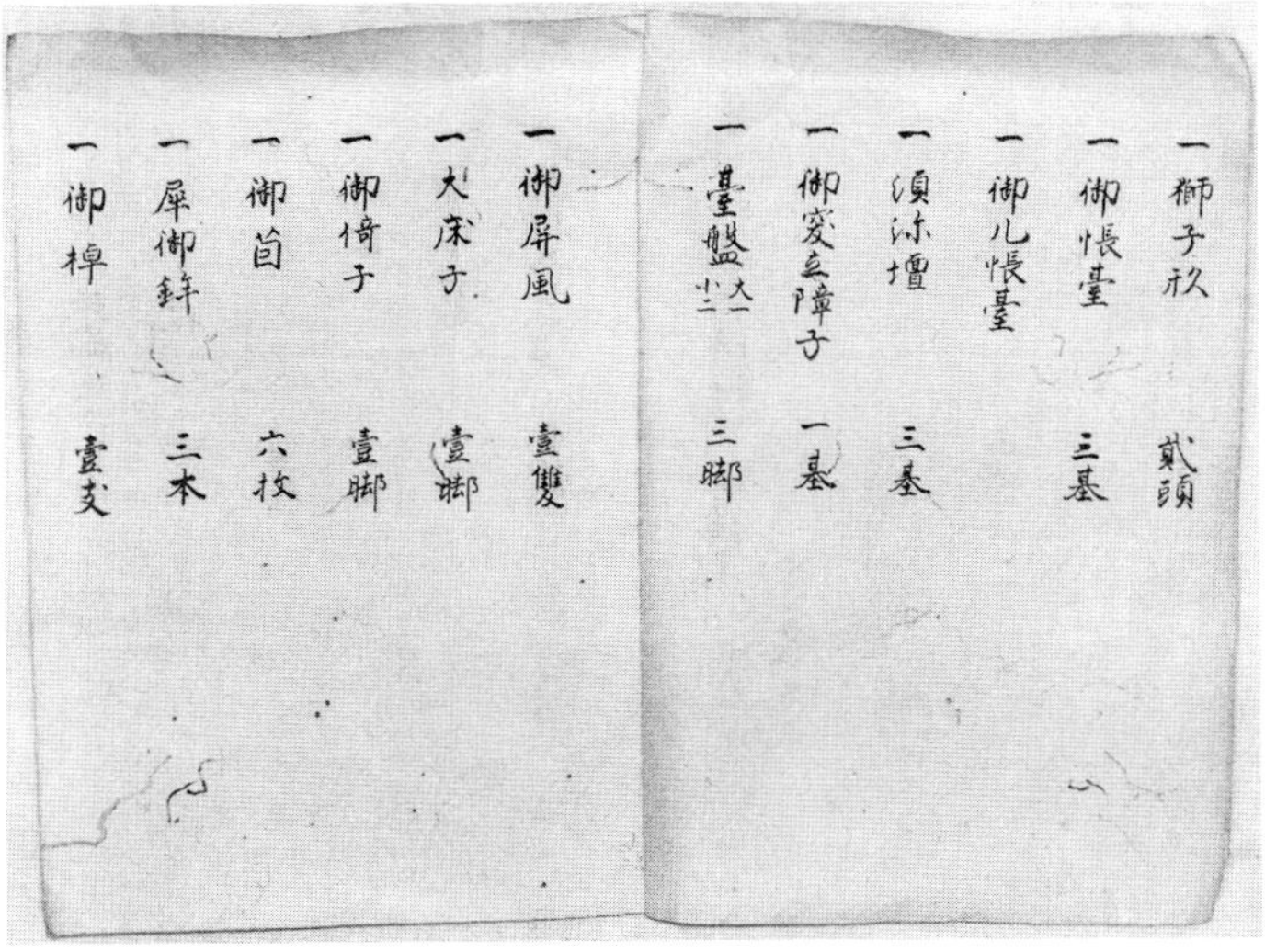

一　獅子形　貳頭
一　御帳臺　三基
一　御几帳臺
一　須弥壇　三基
一　御突立障子　一基
一　臺盤大一小二　三脚
一　御屏風　壹雙
一　大床子　壹脚
一　御倚子　壹脚
一　御茵　六枚
一　扉御鉾　三本
一　御棹　壹支

227　山門三院執行探題大僧正天海東照大権現社内陣之御調度渡状写

叡山文庫止観院文書

（表紙）
「日光山
東照大権現社　内陣之御調度　」

東照社正殿内陣神物之御調度

一、錦御蓋　一流　色目各略之
一、坂樹　二支
一、高机　三脚
一、御鉾　壱本
一、八角鐵燈籠代　四盞
一、獅子形　弐頭
一、御帳台　三基
一、御几帳台
一、須弥壇　三基
一、御突立障子　一基
一、台盤大一小二　三脚
一、御屏風　壱双
一、大床子　壱脚
一、御倚子　壱脚
一、御茵　六枚
一、屎御鉾　三本

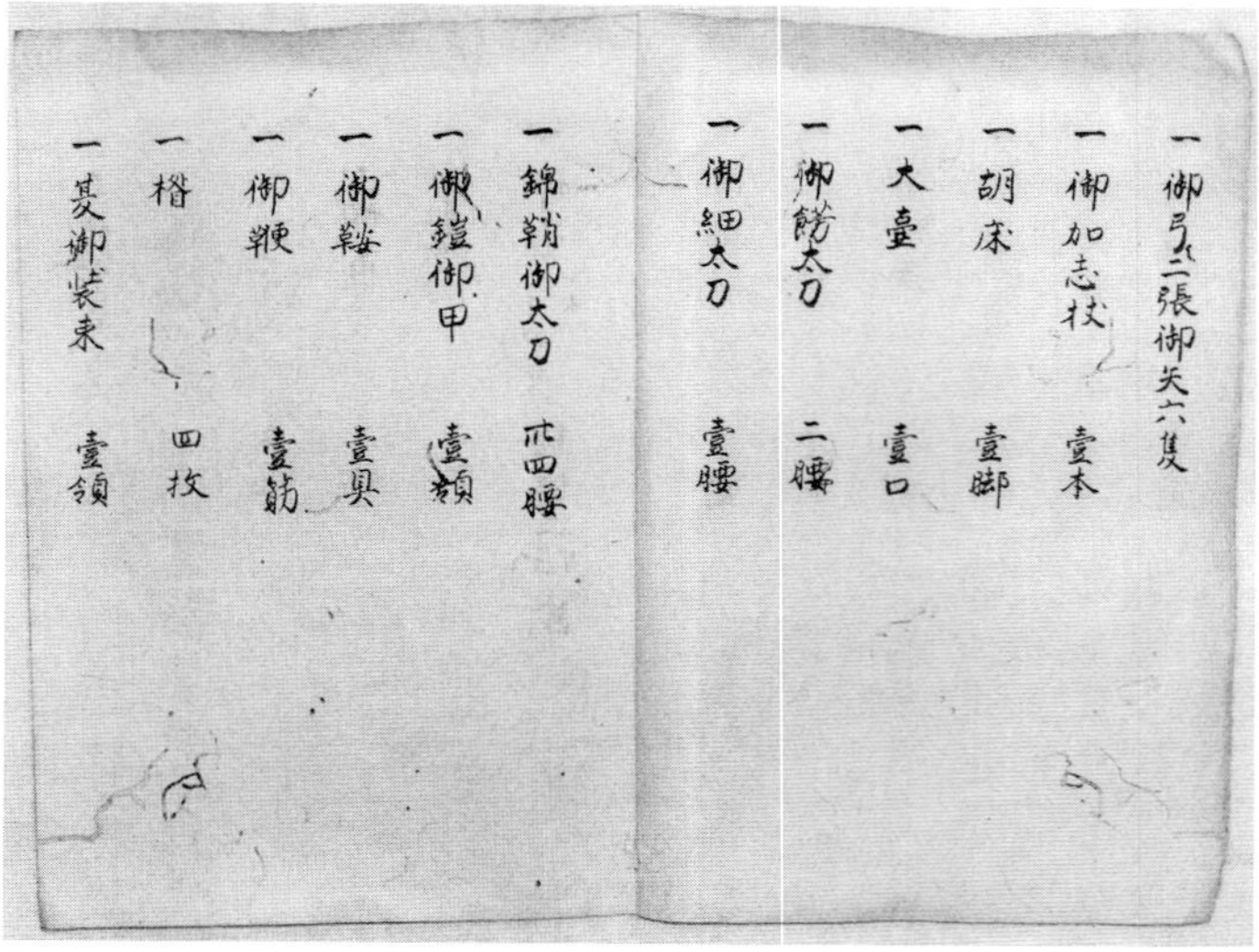

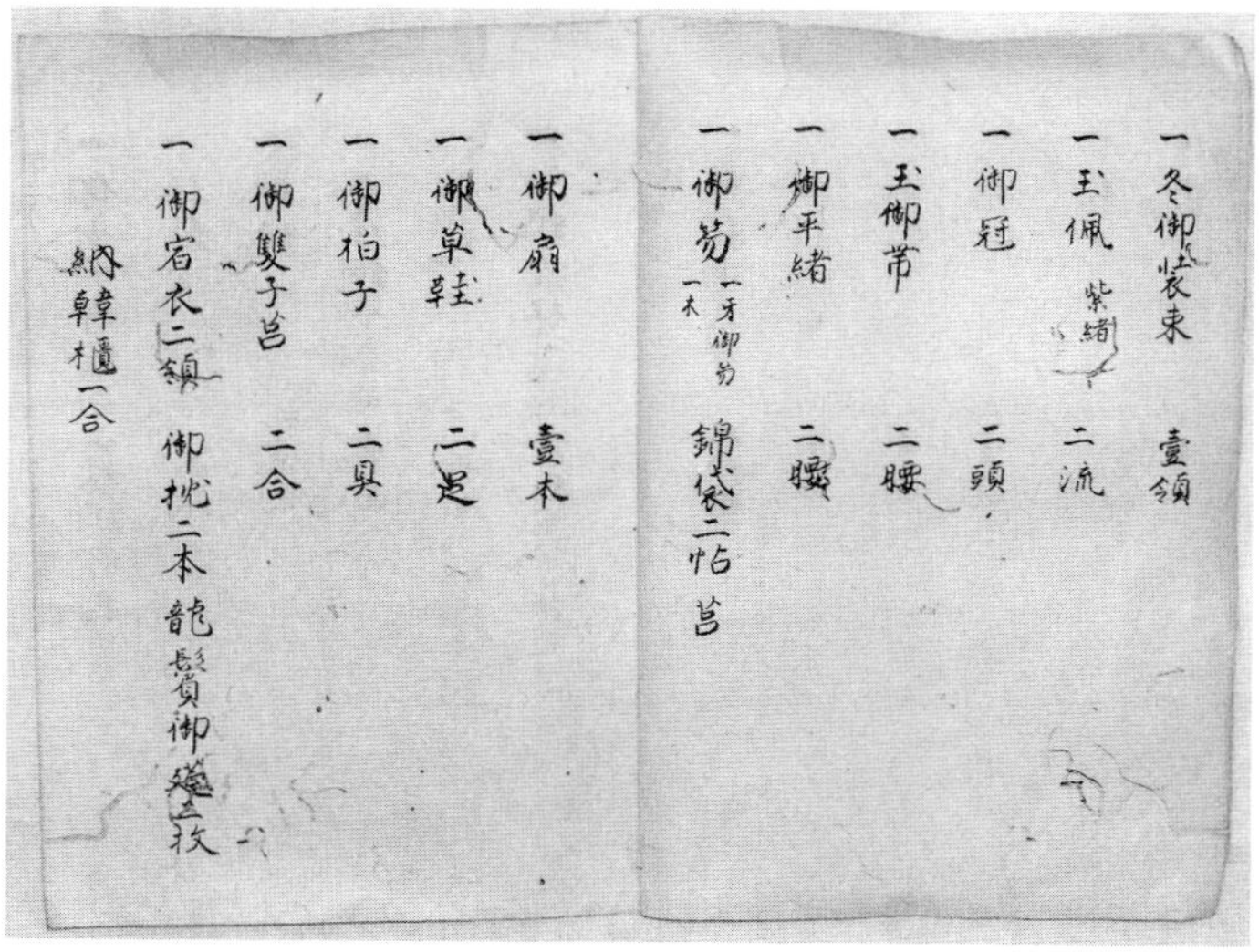

一、御棹　壱支
一、御弓　二張　御矢　六双
一、御加志杖　壱本
一、胡床　壱脚
一、大壺　壱口
一、御餝太刀　二腰
一、御細太刀　壱腰
一、錦鞘御太刀　卅四腰
一、御鎧御甲　壱領
一、御鞍　壱具
一、御鞭　壱筋
一、楕（マヽ）　四枚
一、夏御装束　壱領
一、冬御装束　壱領
一、玉佩　紫緒　二流
一、御冠　二頭
一、玉御帯　二腰
一、御平緒　二腰
一、御笏一、牙御笏一、木　錦袋二帖　筥
一、御扇　壱本
一、御草鞋　二足
一、御拍子　二具
一、御双子筥　二合
一、御宿衣　二領　御枕　二本　龍鬢御莚　二枚

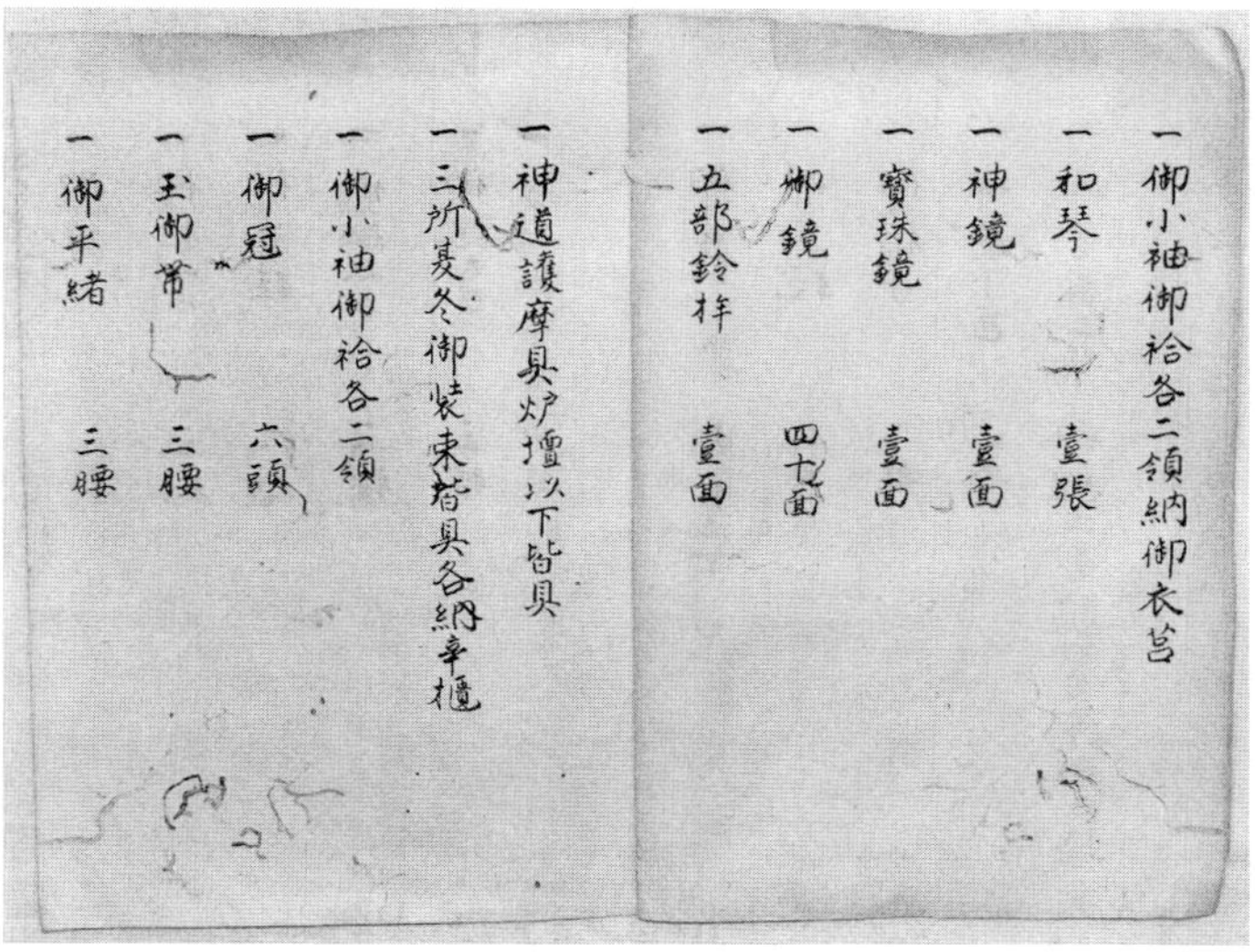

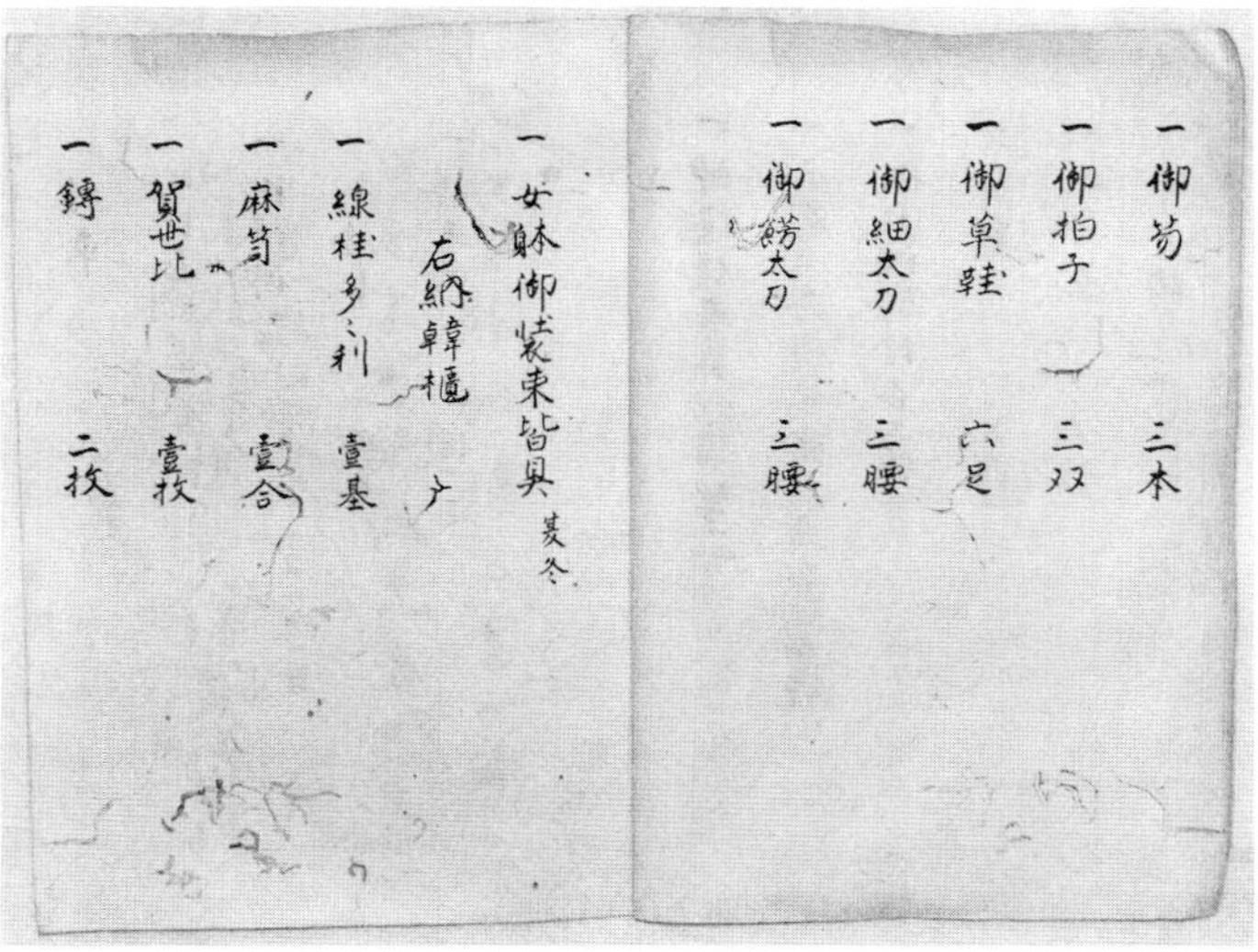

納韓櫃一合

一、御小袖御袷各二領納御衣筥

一、和琴　壱張

一、神鏡　壱面

一、宝珠鏡　壱面

一、御鏡　四十面

一、五部鈴杵　壱面

一、神道護摩具炉壇以下皆具

一、三所夏冬御装束皆具各納辛（唐）櫃

一、御小袖御袷　各二領

一、御冠　六頭

一、玉御帯　三腰

一、御平緒　三腰

一、御笏　三本

一、御拍子　三双

一、御草鞋　六足

一、御細太刀　三腰

一、御餝太刀　三腰

一、女躰御装束皆具　夏冬

右納韓櫃

一、線桂多ゝ利　壱基

一、麻笥　壱合

一、賀世比　壱枚

一、鎛　二枚

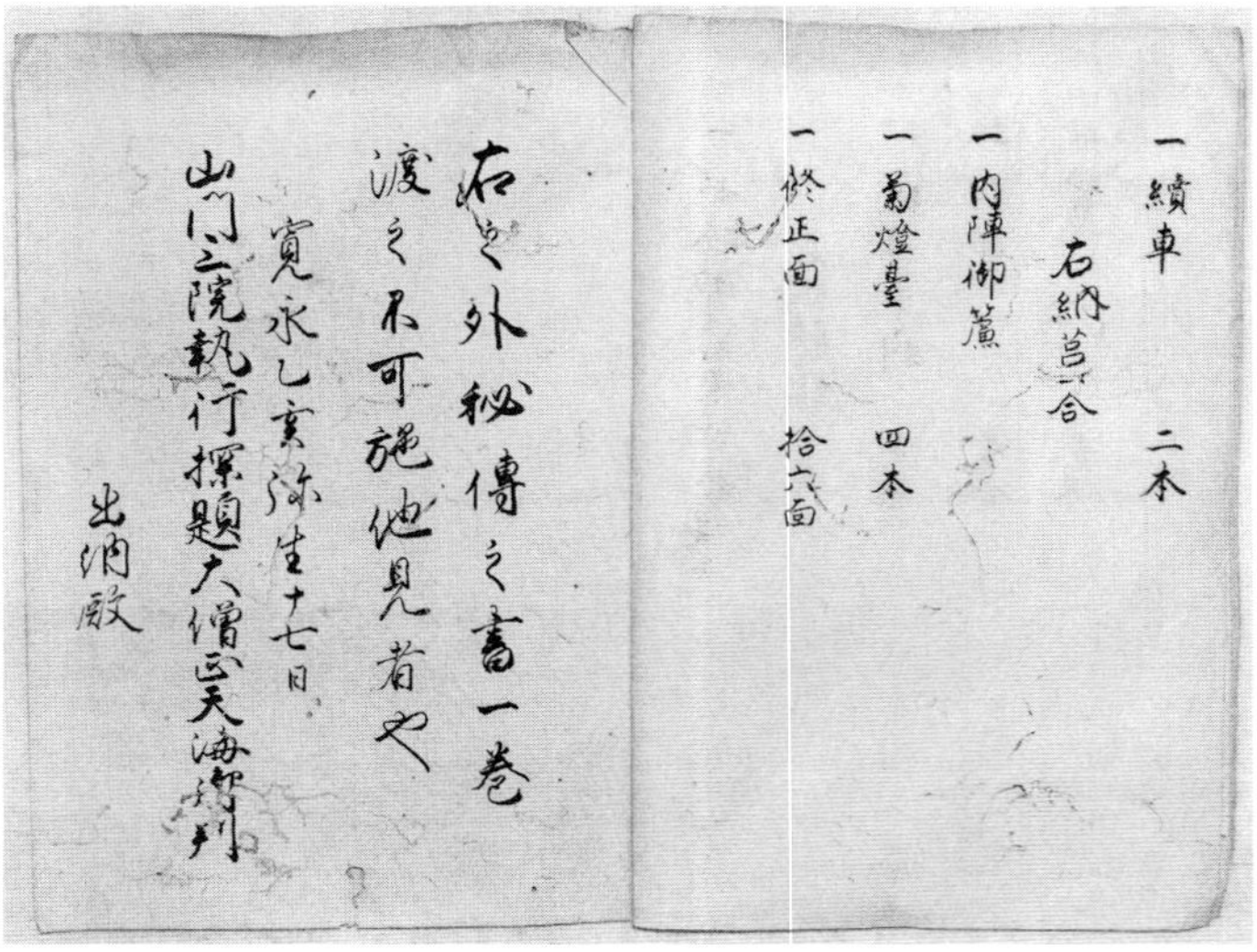

一、続車　　　　　二本

　　右納筥一合

一、内陣御簾

一、菊燈台　　　　四本

一、修正面　　　　拾六面

右之外秘伝之書一巻

渡之、不可施他見者也、

　寛永乙亥(十二年)弥生十七日

山門三院執行探題大僧正天海　御判

　(職在)出納殿

230　大僧正天海書状（折紙）

和歌山雲蓋院文書

芳簡辱令
存候、先以御息災
之由珎（珍）重奉存候、
大樹（徳川家光）御機嫌能
御坐候間、御心易
可被思召候、然者
内ゝ御約束申候
異端弁正三冊
幷心経附註巻
二冊・困（因カ）土記二巻
送被下候、別而忝
令存候、我ホ（等）事
弥勇健ニ御座候、
如仰寒気之時分候
条、引籠養性（生）仕候、
併　権現様（徳川家康）
縁起被仰付候間、
十七日前、先一巻
製作可申と存事候、
恐惶謹言、

大僧正

極月(寛永十二年)九日　天（花押）

紀伊大納言(徳川頼宣)殿

貴酬

○本写真は、栃木県立博物館より御提供いただいた。
徳川頼宣の大納言就任は、寛永三年（一六二六）八月。
天海、寛永十二年十二月「東照宮大権現縁起」を作る。

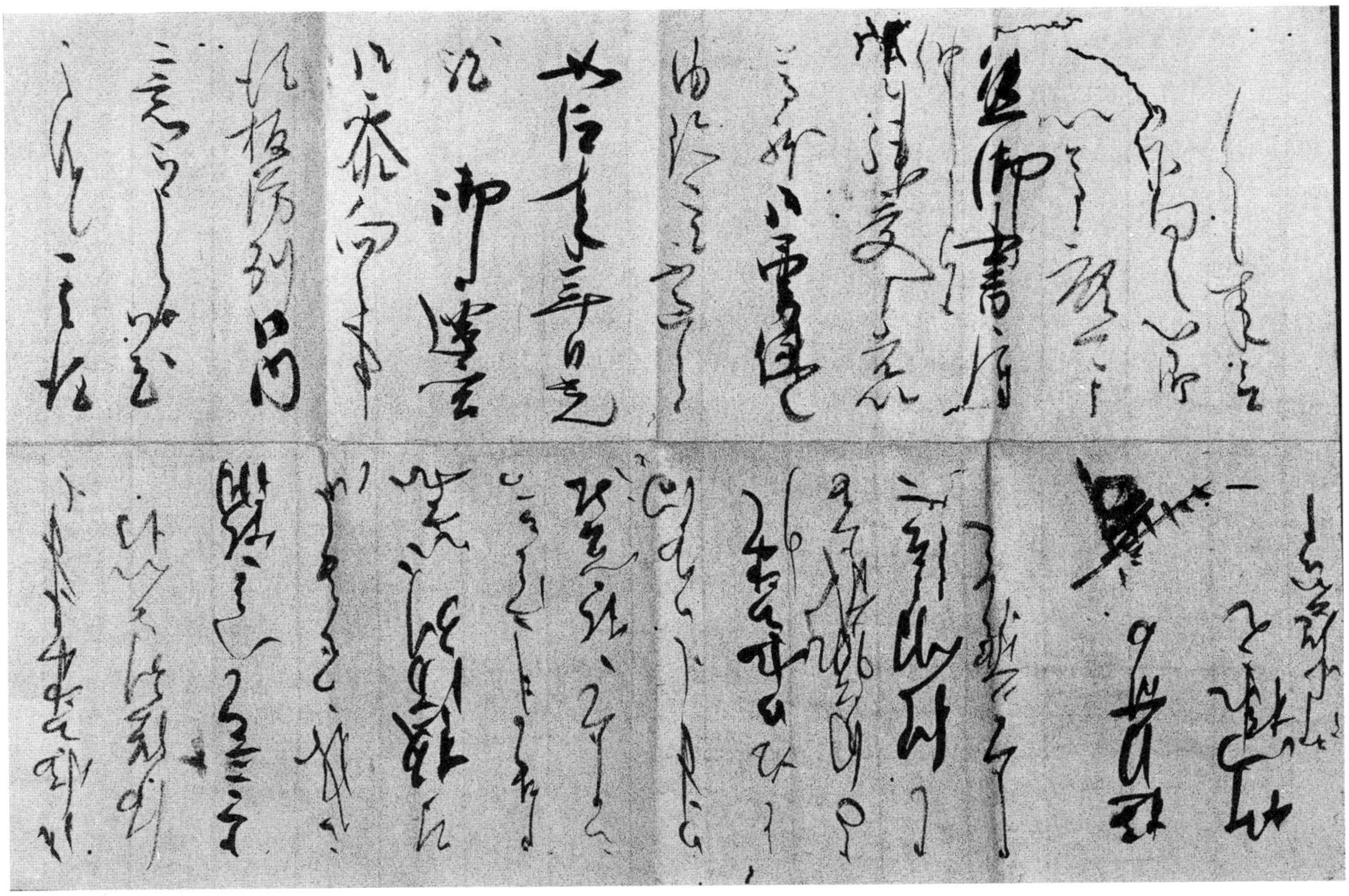

231　天海書状（折紙）

京都曼殊院文書

尚ゝ、来春
御下向之節、
以尊顔可申
伸候、以上、
態御書辱
令拝受候、先以
尊躰御勇健之
由、弥（珍）重不過之候、
如仰来年日光
就　御遷宮、
御参向之事、
従板防州（京都所司代・板倉周防守重宗）御内
意被申候由、御尤
之儀候、其後
御装束之事も、
酒讃州（酒井讃岐守忠勝）を以、得
上意候へ者、新調
被成可被進之由候
付、板防州へ以書状
申遣候キ、定而可
被申上候、新宮様（良尚親王）之

御事も、御下向候
と存、御装束之事
迄目録載上せ
申候、猶明春可
申上候、恐惶謹言、
極月（寛永十二年）卅日　天（花押）
竹門（良恕親王）（曼殊院門跡）様ニて
御小姓衆御中

○日光遷宮は、寛永十三年（一六三六）。

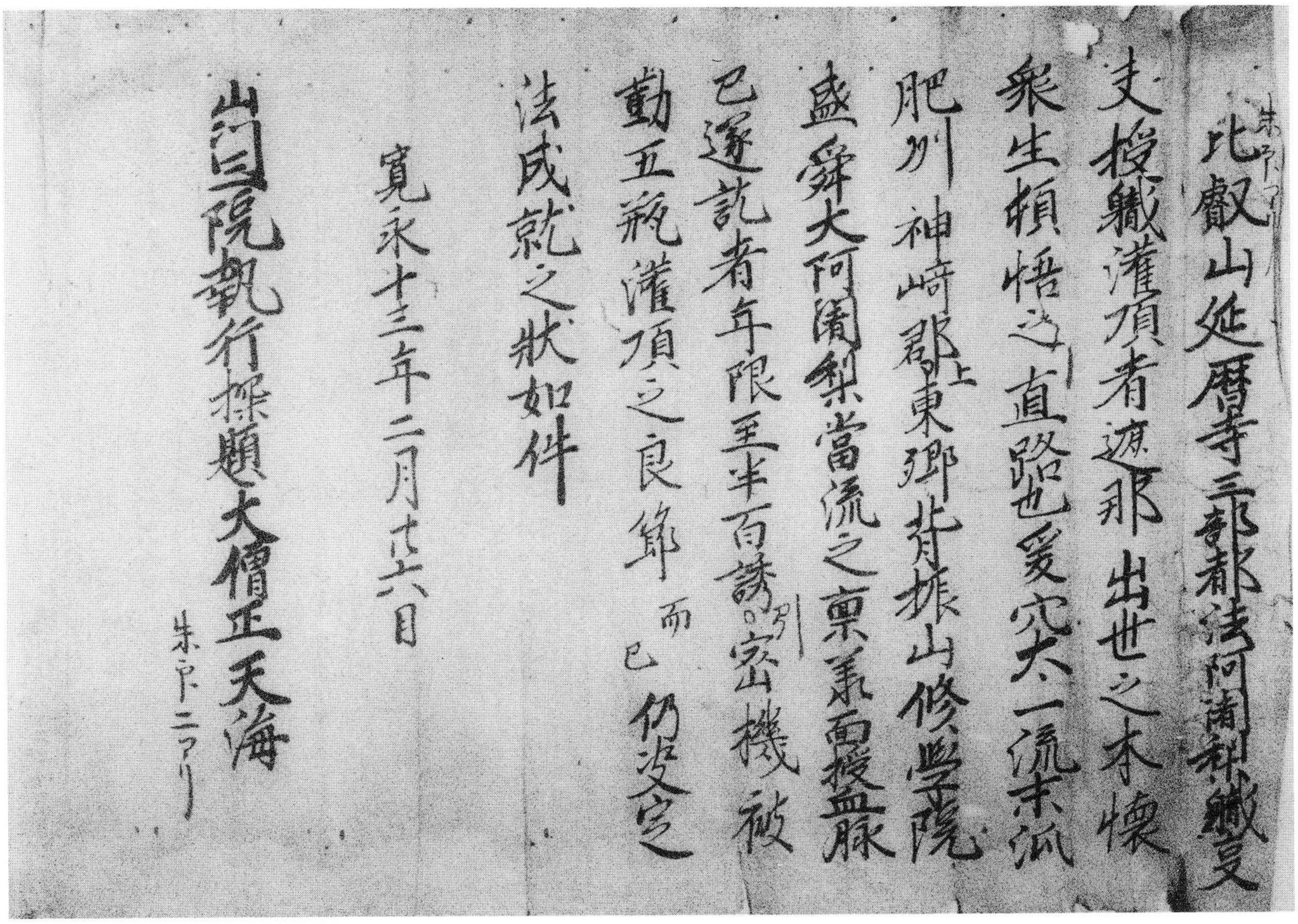

233　山門三院執行探題大僧正天海法流許可状写

東京大学史料編纂所写真版
佐賀修学院文書

（朱印アリ）
比叡山延暦寺三部都法阿闍梨職叓（事）
夫授職灌頂者、遮那出世之本懐、
衆生頓悟之直路也、爰穴太一流末派、
肥州神崎郡上東郷背振山修覚院
盛舜大阿闍梨、当流之稟承、面授血脉（脈）
已遂訖、者年限至半百、誘引密機、被
勤五瓶灌頂之良節而已、仍決定
法成就之状如件、
寛永十三年二月廿六日
山門三院執行探題大僧正天海（朱印二アリ）

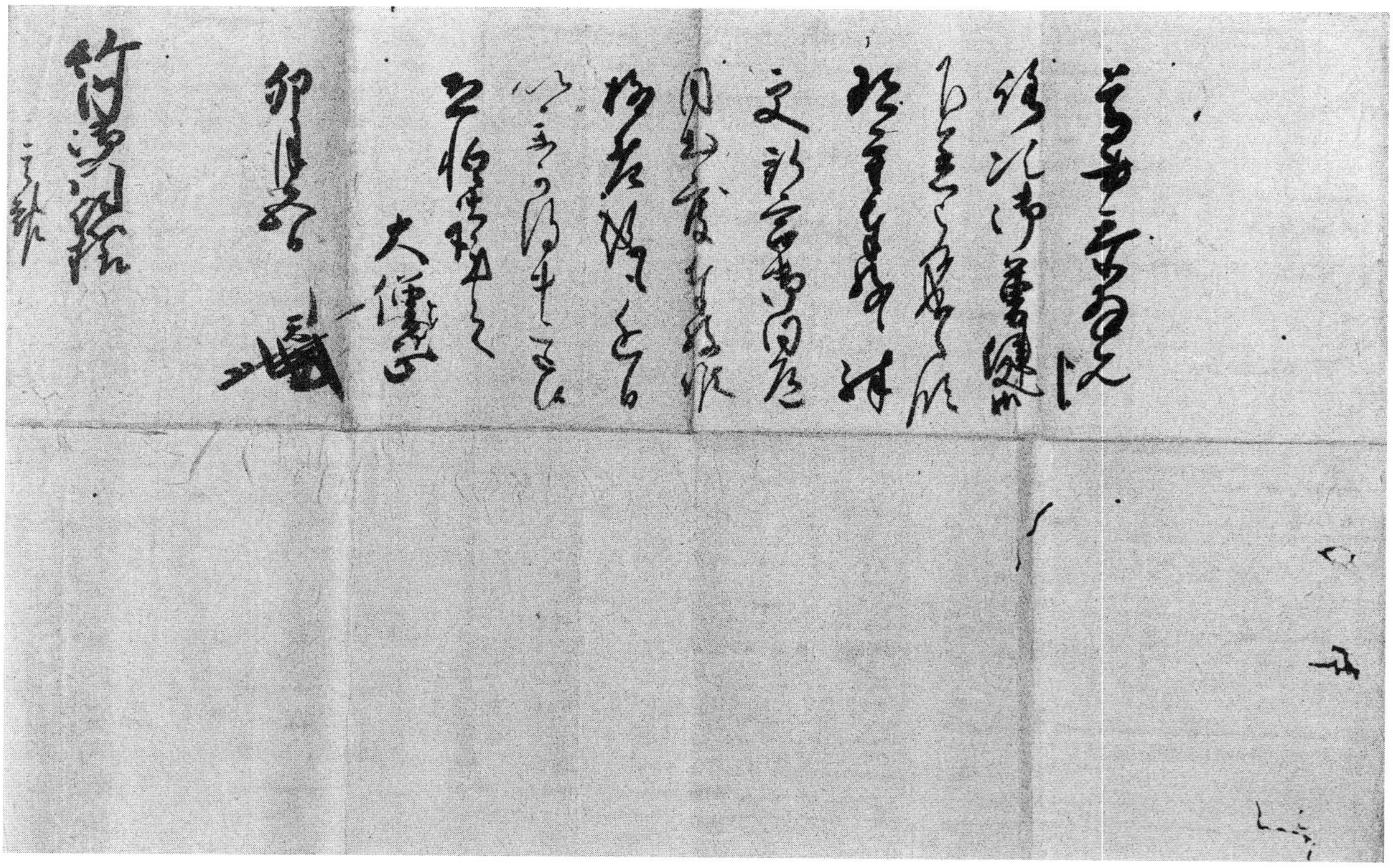

234　大僧正天海書状（折紙）

京都曼殊院文書

尊書忝拝見申候、
路次御勇健御
下着被為成候段、
弥（珍）重奉存候、殊
更新宮（良尚親王）御同道、
目出度奉存候、
拙老儀も近日
以参可得貴意候、
恐惶謹言、

　　大僧正

（寛永十三年）
卯月五日　　天（花押）

（良恕親王）（曼殊院）
竹内（卯）御門跡様

　尊報

○曼殊院門跡良恕親王と良尚親王の同時日光下向は、寛永十三年（一六三六）。良尚親王の曼殊院入室は、寛永十一年九月。

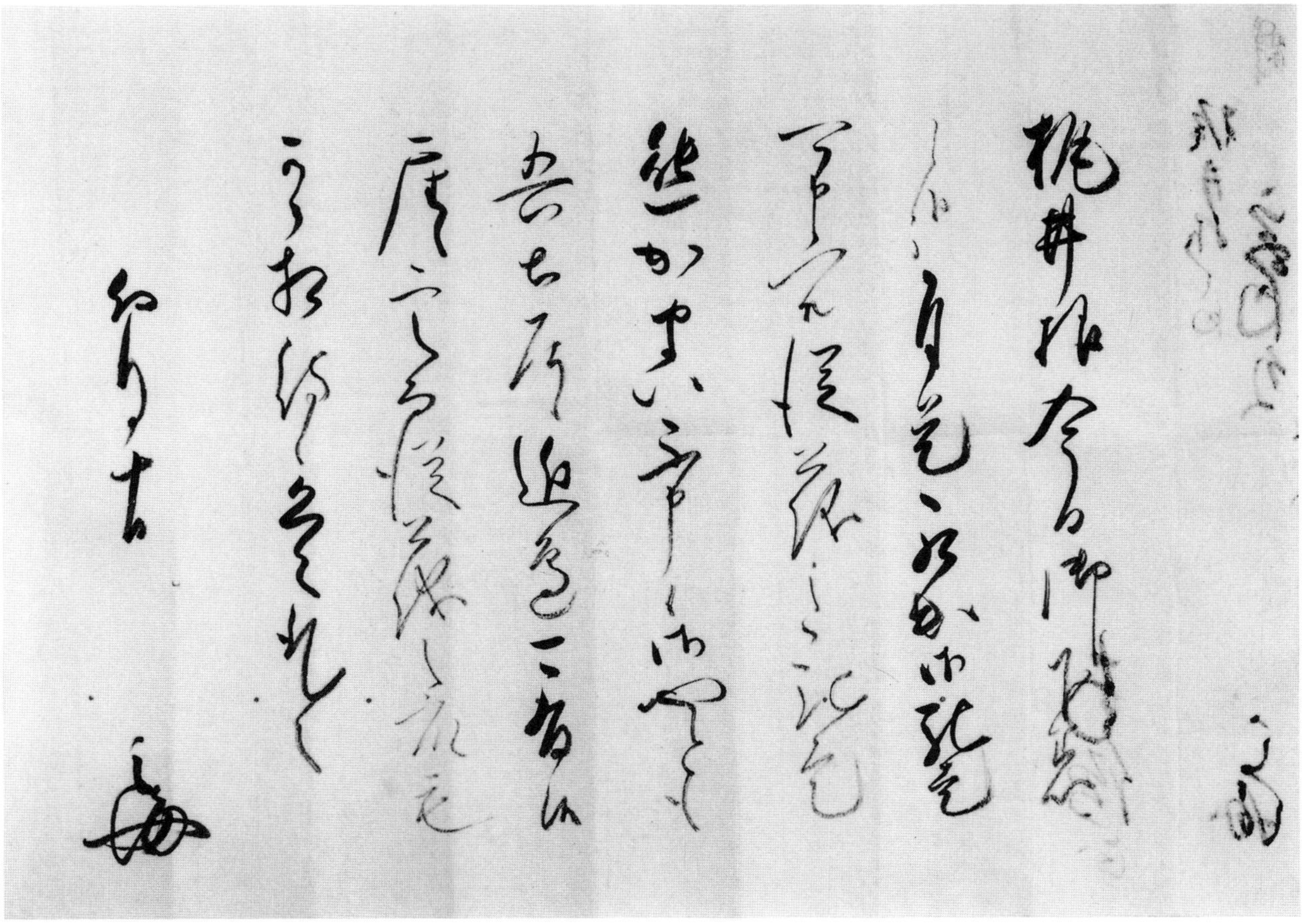

235　天海書状写

京都三千院文書

梶井様（最胤親王）（三千院門跡）今日御下着
候哉、自是罷出御馳走
可申候へ共、従公儀之御馳走、
態かまい（構）不申候、御やと（宿）も
吾ホ（等）居候近辺可有御
座候、定而従公儀之衆も
可被相待候、恐ゝ謹言、
（寛永十三年カ）夘（卯）月十日　天海

（端裏書）「梶井様之内
宮内殿　天海
人ゝ御中」

236　大僧正天海書状（元折紙カ）

川越喜多院文書

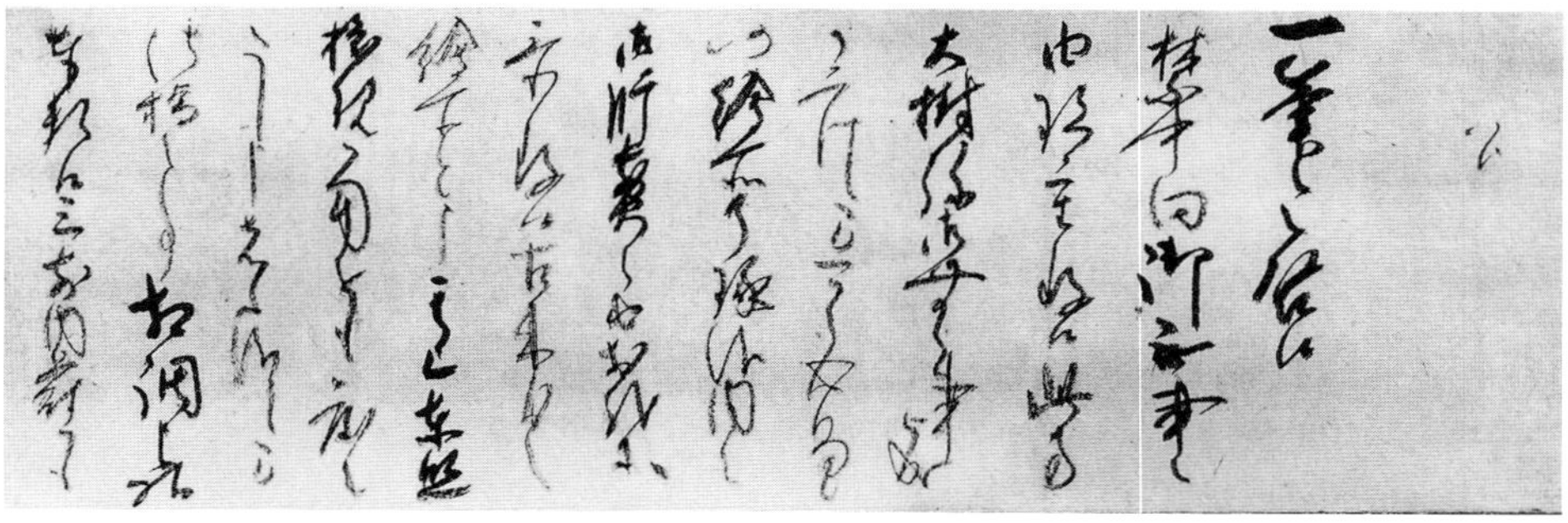

以上

一筆令啓候、
禁中向御無事之
由弥（珍）重存候、此方
大樹（徳川家光）弥御無事被成
御座候間可御心易候、
仍絵所了琢（木村）儀内と
御肝煎之由、於我ホ（等）
忝存候、古来ゟ之
絵所と申、其上東照（徳川家
権現康）御用をも度と
令申者之儀ニ候間、
法橋之事相調申候様
奉頼候、三前内府（三条西実条）へも
以状申入候、御相談
任入候、将亦度と御六
ケ敷可有御座候へ共、
蔵玉并類匂（韻）官本
御申請可被下候、其外
弥（珍）敷本御座候者頼
入候、御本調申候者、

出大蔵（出納職忠）方へ可被遣候、
恐惶謹言、

大僧正

六月廿二日（寛永十二、三年）　天（花押）

勧修寺（経広）中納言殿

人々御中

○出納職忠の大蔵大輔在任期間は、元和六年（一六二〇）閏十二月から寛永十三年（一六三六）まで。
勧修寺経広の中納言在任期間は、寛永十二年正月から同十八年正月まで。
三条西実条の前内大臣在任期間は、寛永九年から同十七年まで。

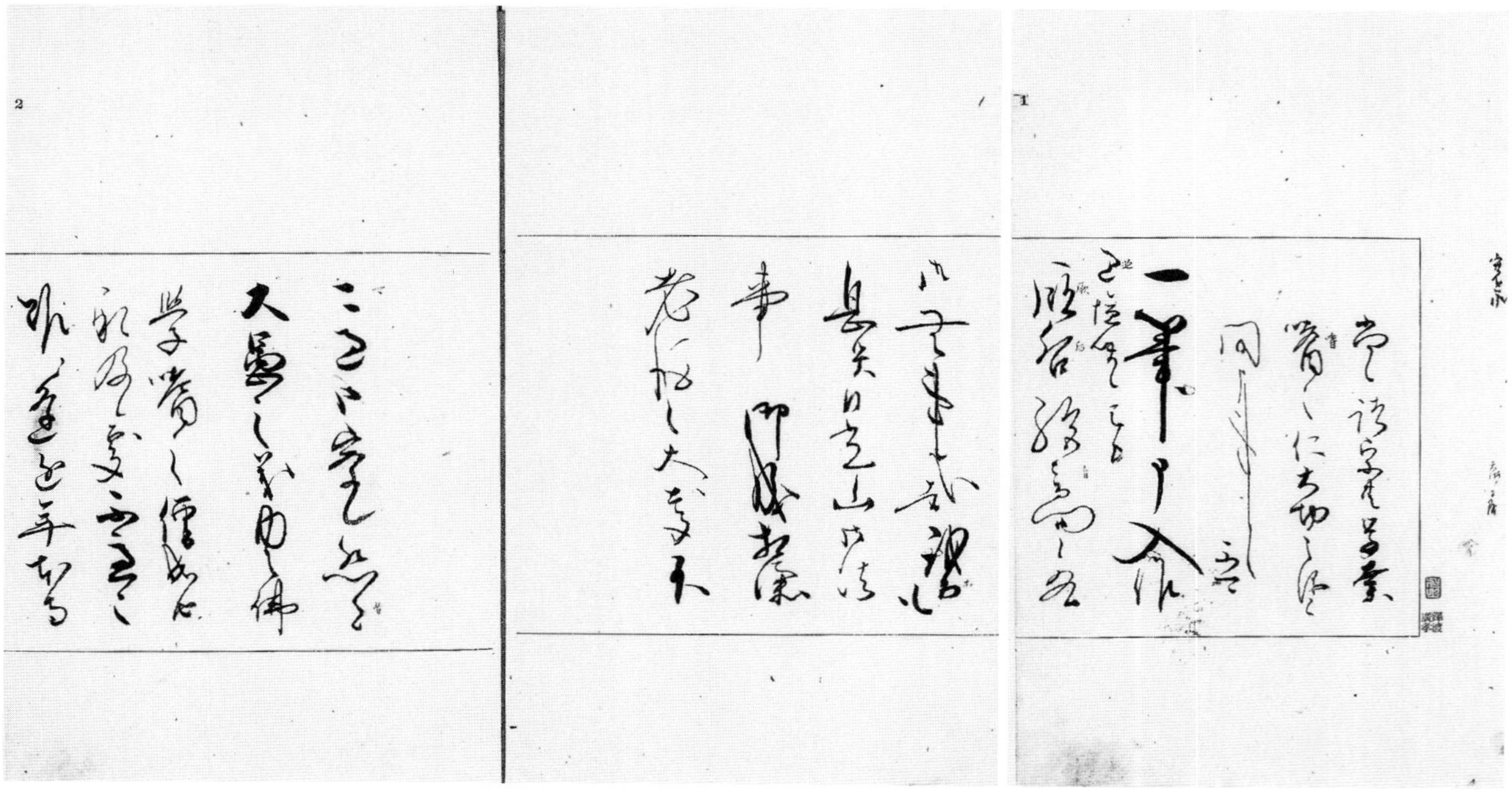

237　大僧正天海書状（元折紙カ）

東京大学史料編纂所影写本
京都妙心寺文書

尚〻、諸宗共学業
嗜之仁、大切之儀候
間申事候、不可
過塩味候、已上、
一筆申入候、
厥后絶音問候、各
御無事候哉、我ホ（等）も
息災、日光山御法
事　御成相済、
老後之大慶不
可過御察候、然者
大愚之義（儀）、内〻仏
学嗜之僧成由
承及候処、不慮之
難ニ逢、近年本寺
出頭茂無之由候、虚
実之儀不被存候、
若証拠不正事ニ候ハヽ、
被遂其沙汰、急度
被召直尤候、左様ニ無之

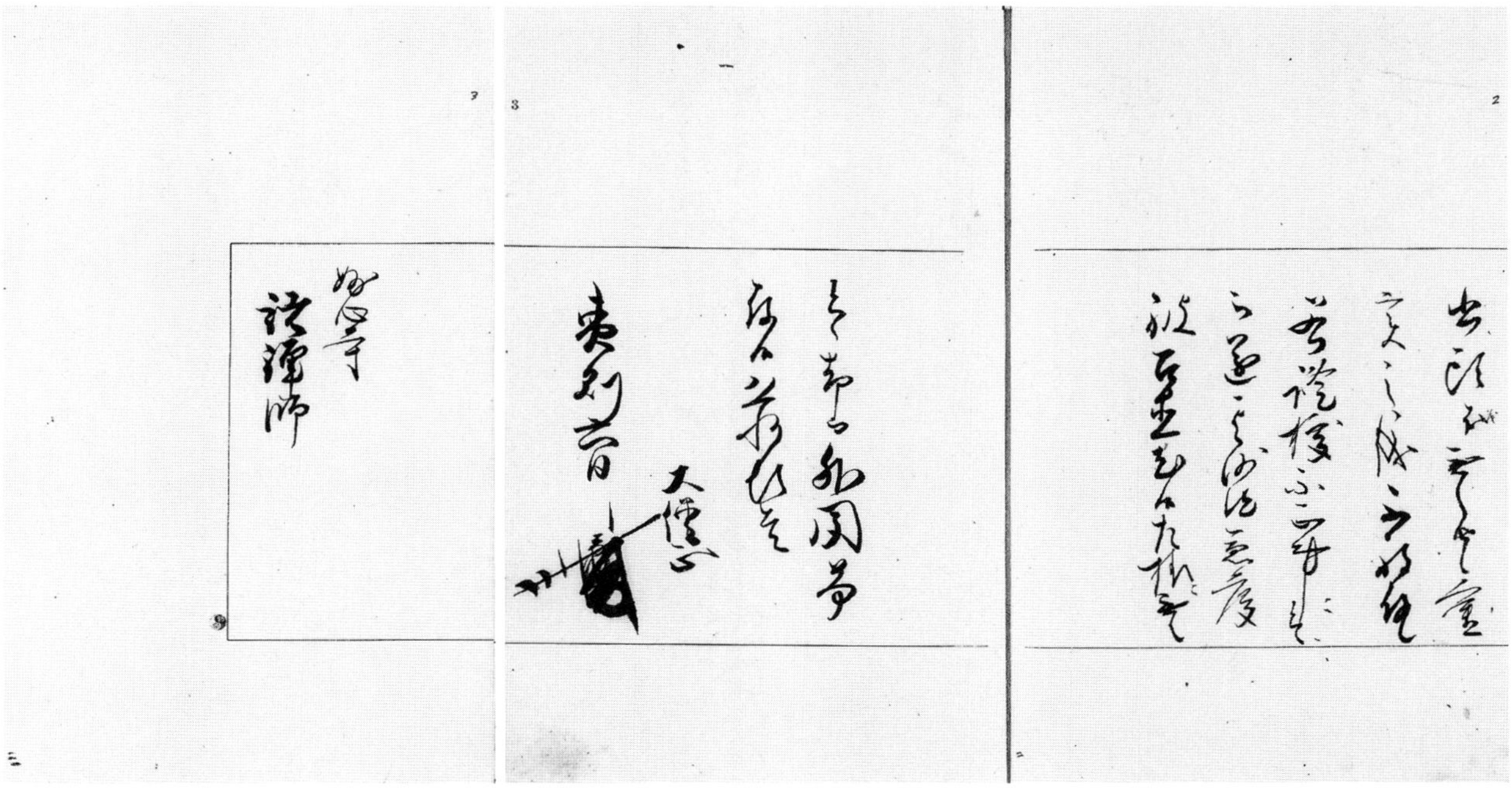

候ハヽ、却而外聞如何
存候、恐惶頓首、
　　　　　　大僧正
（寛永十三年）夷則（七月）六日　　天（花押）
妙心寺
　　諸禅師

○寛永十三年（一六三六）七月二日、家光、沢庵などを江戸に召す。

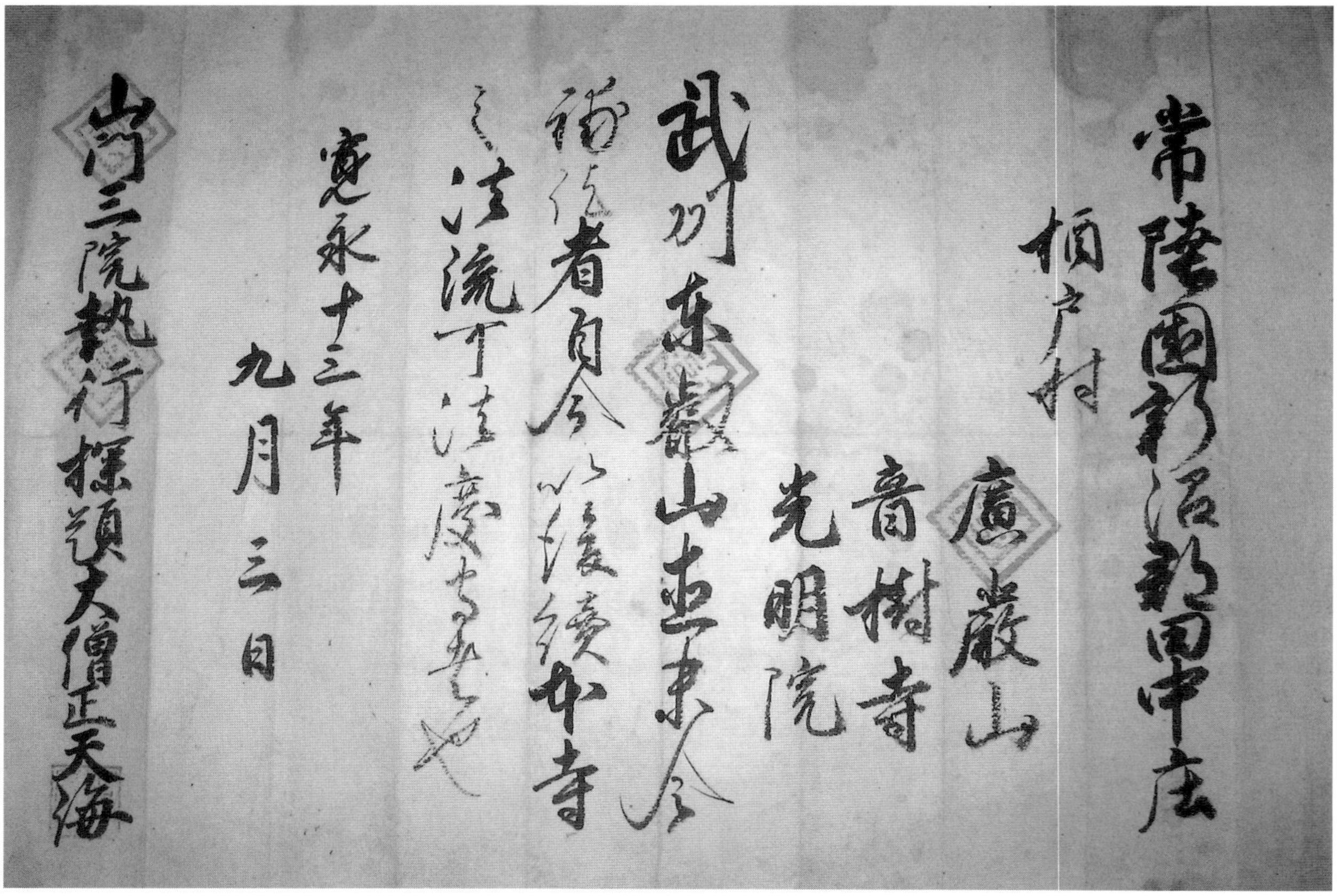

238　山門三院執行探題大僧正天海東叡山直末許可状

茨城光明院文書

常陸国新沼(治)郡田中庄
　　楢戸村
　　　　(印)広厳山
　　　　　音樹寺
　　　　　光明院
武州東(印)叡山直末令
補訖、者自今以後、続本寺
之法流、可法度守者也、
　　寛永十三年
　　　　　九月三日
山(印)門三院執(印)行探題大僧正天海(朱印)

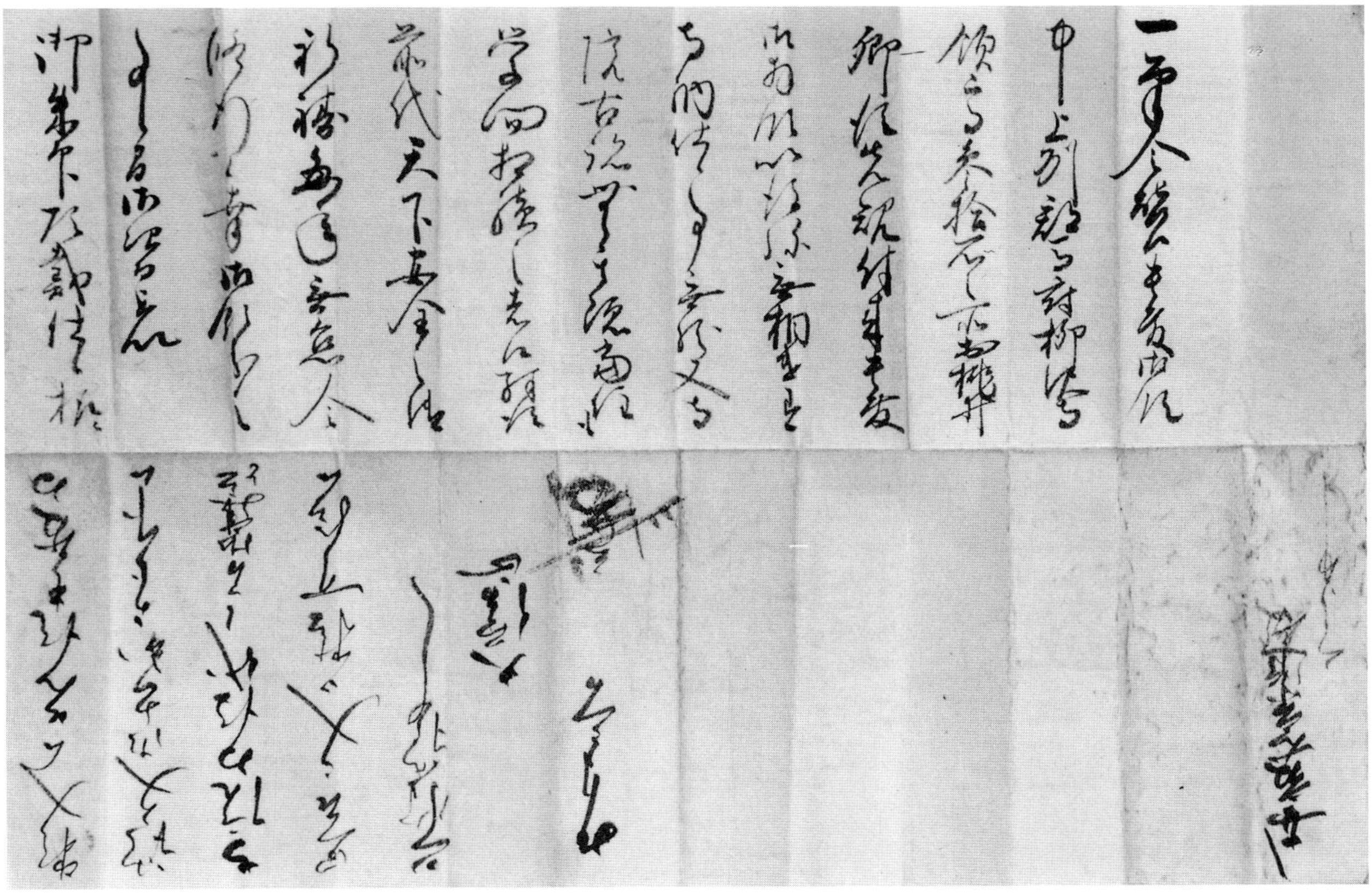

239 大僧正天海書状（折紙）

群馬柳沢寺文書

一筆令啓候、貴殿御領
中上州郡（群）馬府栁（柳）沢寺
領高参拾石之所、於桃井
郷従先規付来、貴殿
御拝領以後弥無相違、于今
寺納仕候事無紛、又寺
院古跡無其隠、当住も
学問相続之者候、殊従
前代天下安全之御
祈禱、毎年無怠令
修行候、幸御領分之
事候間、御次而を以、
御朱印頂戴仕候様ニ
頼入候、先従貴殿為
証文御書出可被下候、
寺院為後代候間、御建立と
思召被入御精可給候、
恐惶謹言、

大僧正
（寛永十三年カ）九月三日　天（花押）
安藤右京進（重長）殿
人ゝ御中

○同寺所蔵の九月五日付の寺社奉行松平出雲守勝隆書状により、本書状は、寛永十二年（一六三五）十一月以降のものである。柳沢寺への朱印状発給年次は、特定できない。

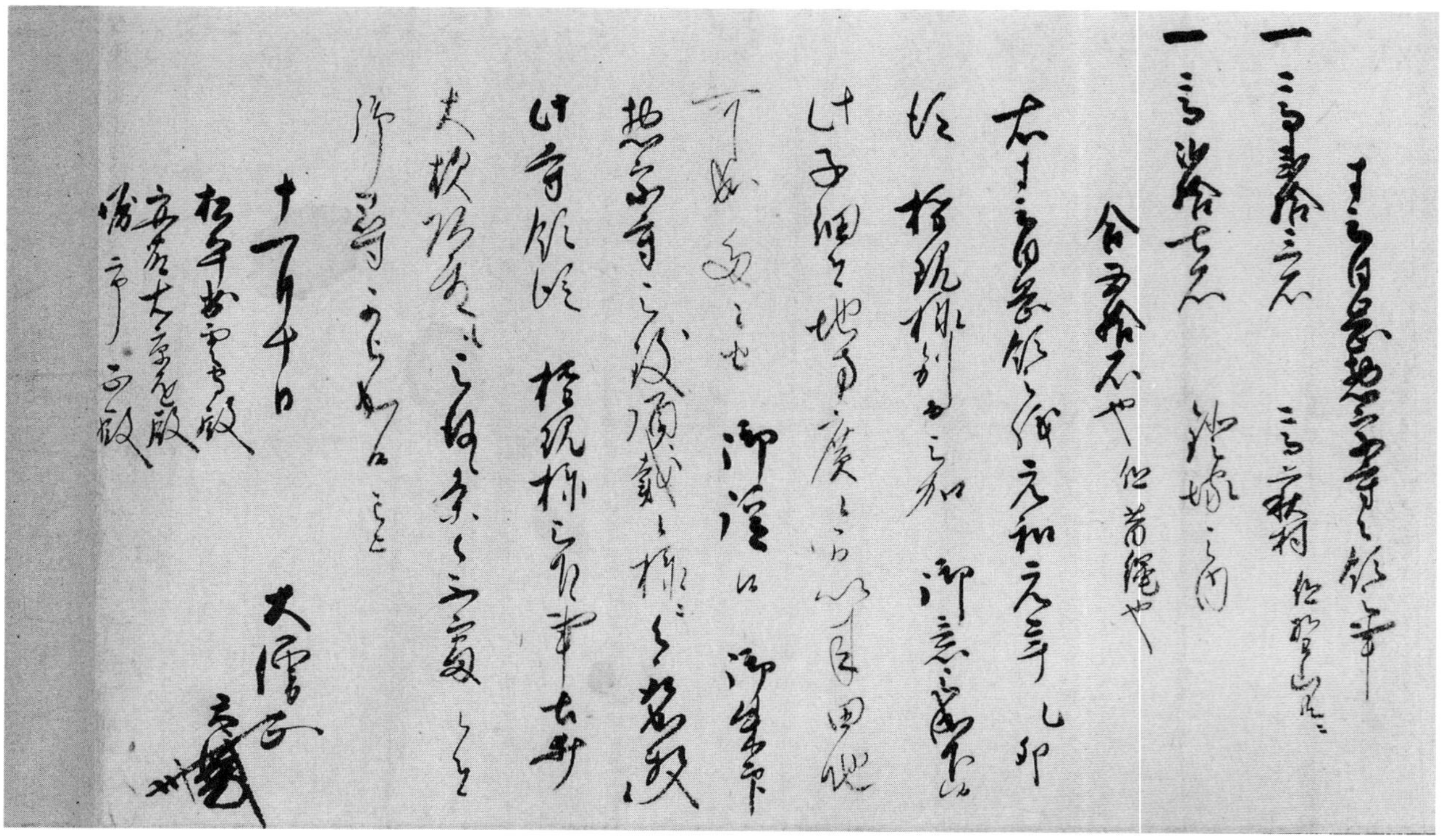

240　大僧正天海証文

佐野惣宗寺文書

春日岡惣宗寺ヽ領之事

一、高弐拾三石　高萩村　但、野山共ニ

一、高弐拾七石　鐙塚之内

　合五拾石也　但、昔縄也

右春日岡領之儀、元和元年乙夘(卯)、
従　権現様(徳川家康)別而被加　御意被成下候、
此子細者地方広候間、以来田地
可成多之由　御諚候、　御朱印
惣宗寺被致頂戴候様ニ、御取成頼入候、
此寺領従　権現様被下候事、土井(老中・利勝)
大炊頭殿も被存候条、御不審候者、
御尋可被成候、已上、

(寛永十三年)十一月十日　　大僧正
　　　　　　　　　　　　天（花押）

松平出雲守殿(寺社奉行・勝隆)
安藤右京進殿(寺社奉行・重長)
堀　市正殿(寺社奉行・利重)

○堀市正利重の寺社奉行在任期間は、寛永十二年（一六三五）十一月から同十五年四月まで。

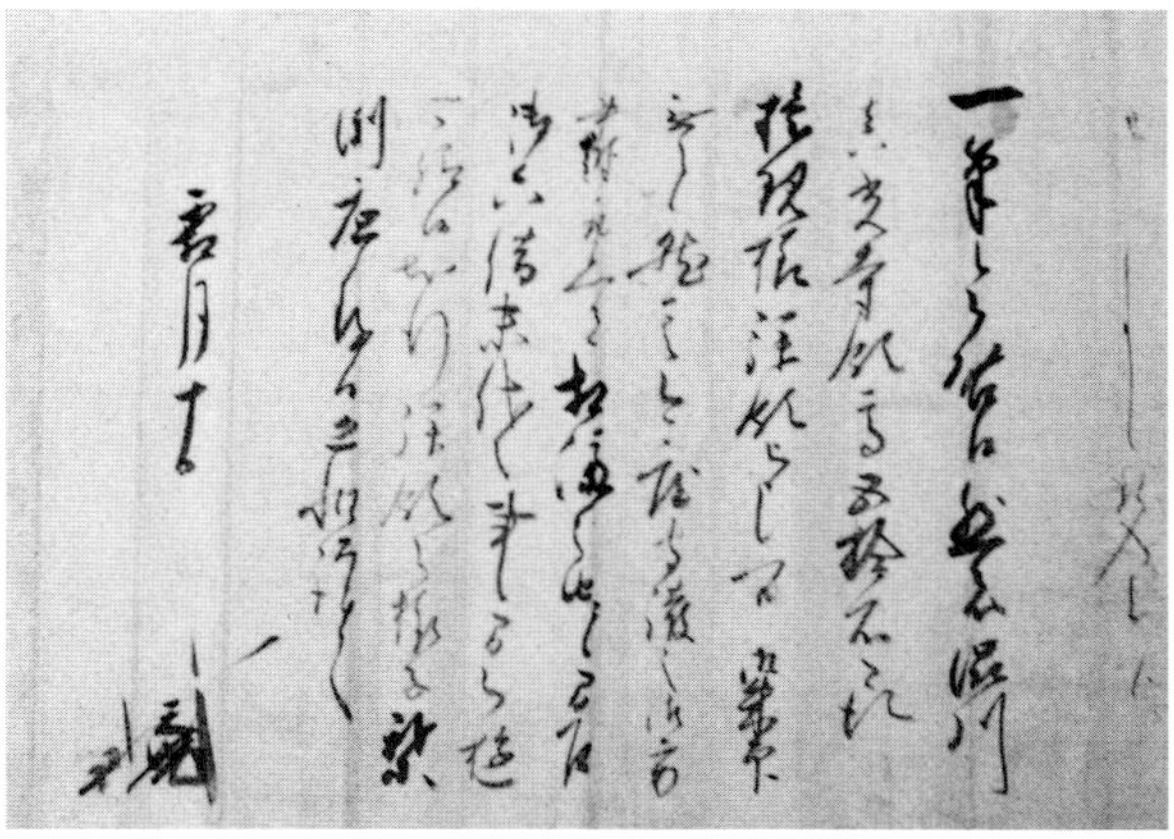

241　大僧正天海書状

群馬真光寺文書

「(端裏書)〆　井伊兵部少輔殿(直好)　　大僧正
　　　　　人ゝ御中　　　　天海　」

尚ゝ、頼入申候、以上、

一筆令啓候、然者渋川
真光寺領高五拾石、従
権現様(徳川家康)拝領被申候へ共、　御朱印
無之候、就其今度守護之御方
書付取候へ者、相済之由ニ候間、乍
御六借、末代之事候間、被遊
可給候、知行拝領之様子、我ホ(等)
渕(淵)底存候、恐惶謹言、
　霜月十日(寛永十三年)　　天海（花押）

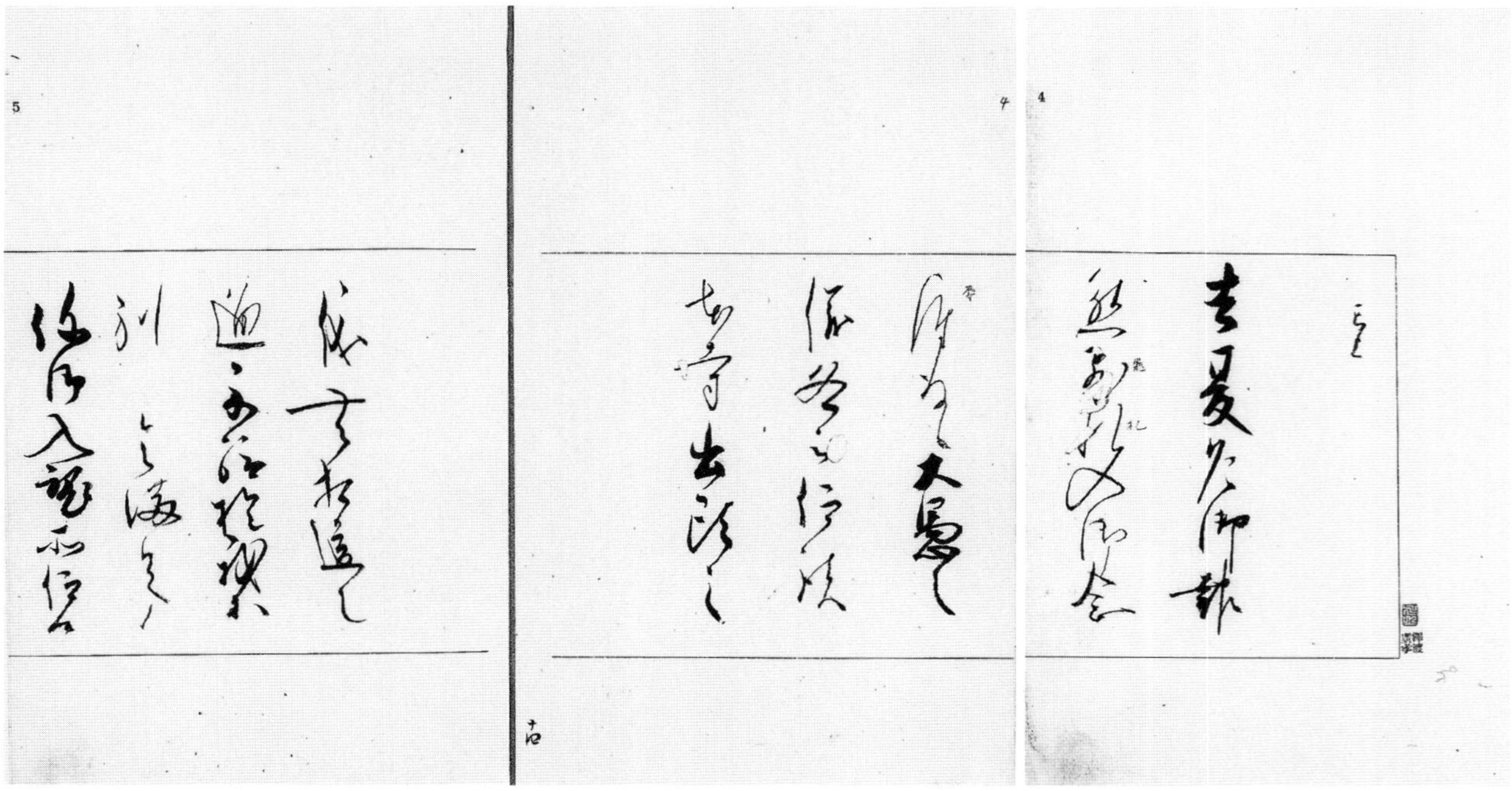

242　大僧正天海書状（元折紙カ）

東京大学史料編纂所影写本
京都妙心寺文書

已上
去夏乍御報、
態飛札入御念
辱存候、大愚之
儀、各被仰談、
本寺出頭之
儀、無相逵（違）之
通示給、於我ホ（等）
別 令満足候、
弥御入魂所仰候、
如承意、此地替
儀無之候、相応之
儀、於有之者可蒙
仰候、恐惶謹言、
　　　　大僧正
（寛永十三年）霜月十一日　天（花押）
大渕（淵）和尚
輝岳和尚
蕙山和尚

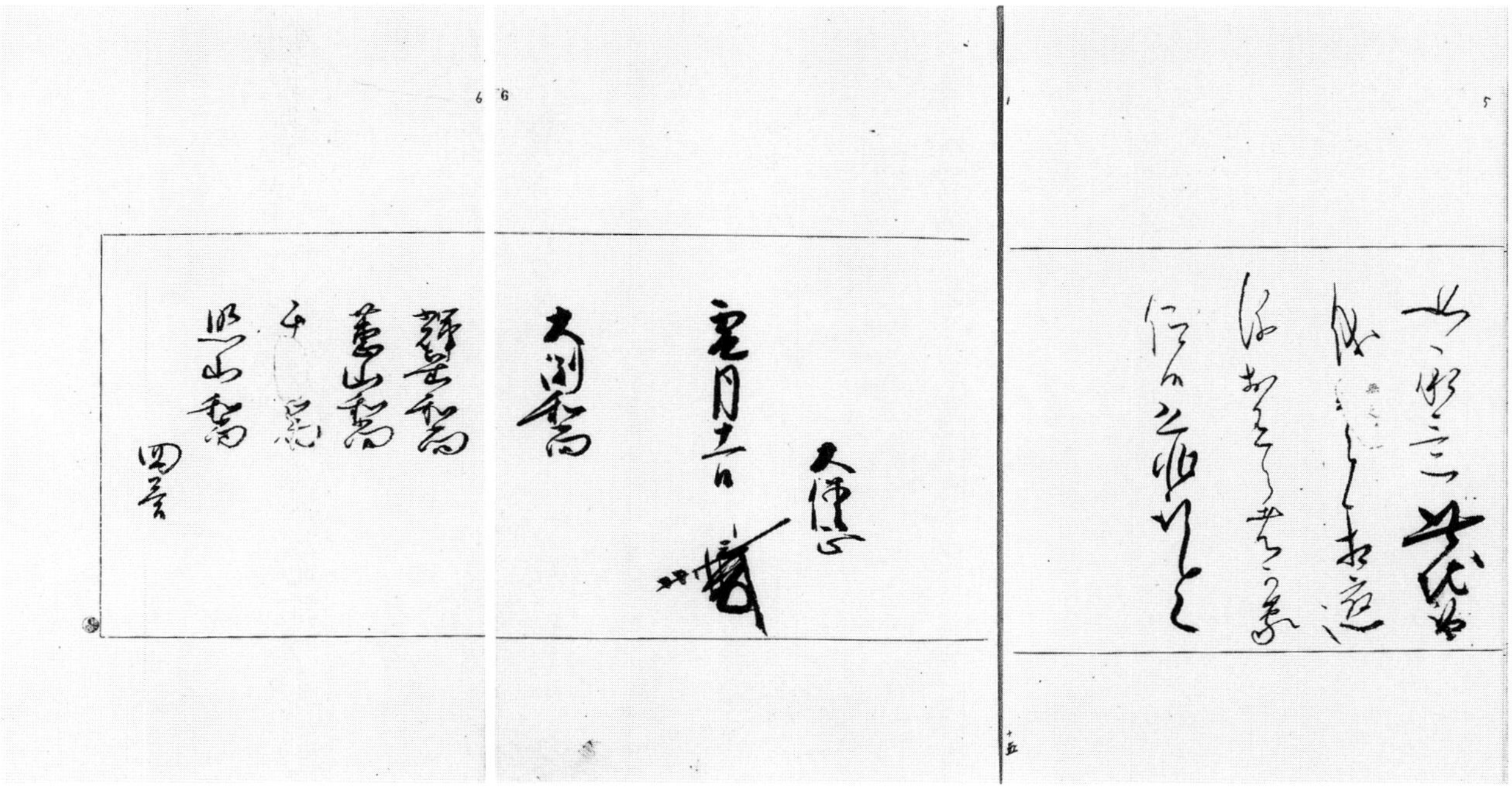

千山和尚
照山和尚
　　回答

243　大僧正天海証文

茨城月山寺文書

此寺社領伊奈備前守(忠次)御代官所之時、
被付置候事実正候、猶当地頭浅野
内匠頭(長直)判候間、今度　御朱印不
被成候者、先以被載御帳、重而頂戴
仕候様頼入候、末寺之事候間如此候、以上、

大僧正

(寛永十三年)子十一月廿一日　天（花押）

(寺社奉行・重長)安藤右京進殿
(寺社奉行・勝隆)松平出雲守殿
(寺社奉行・利重)堀　市正殿

○三人の寺社奉行在任期間中の子年は、寛永十三年（一六三六）。

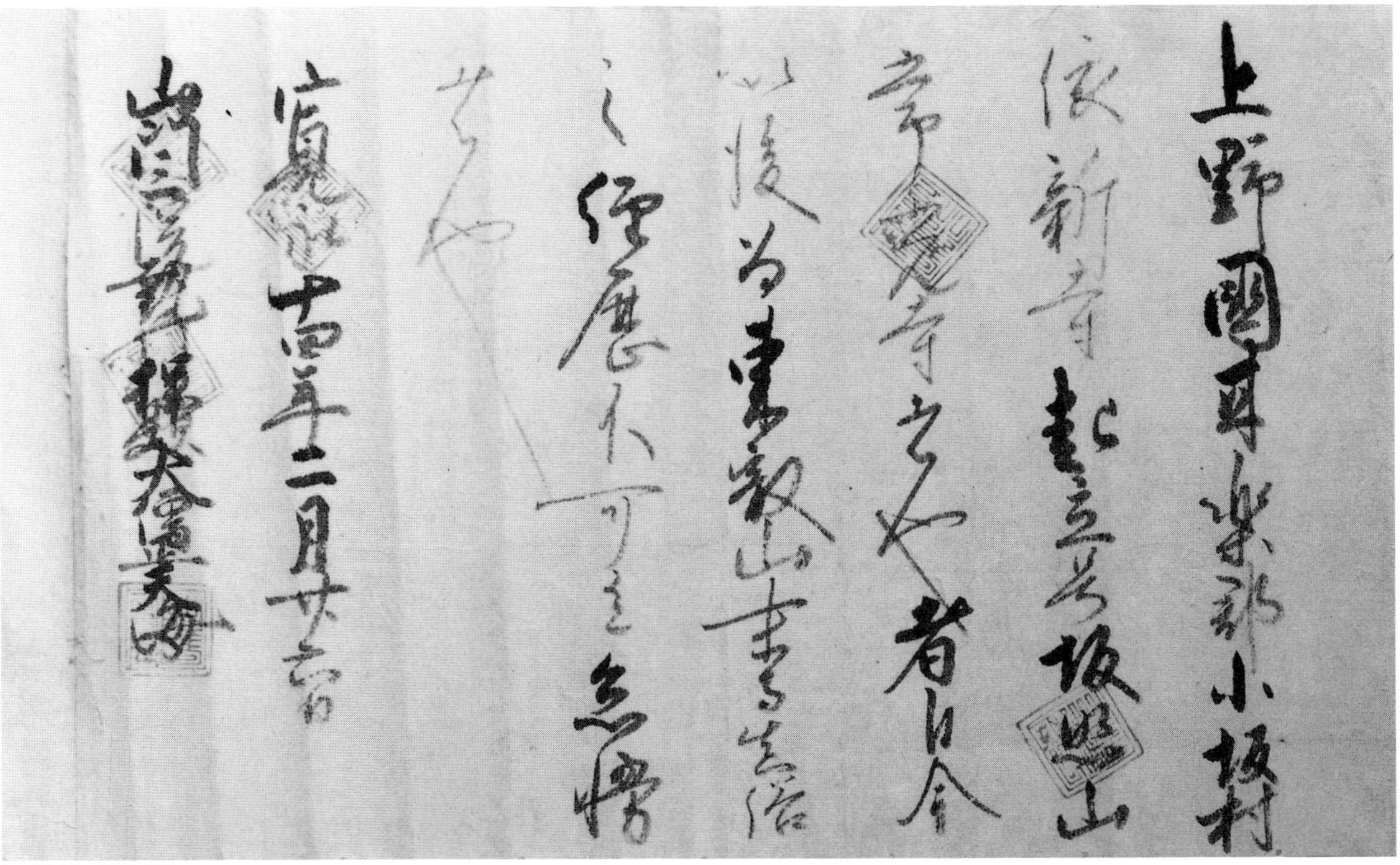

246 山門三院執行探題大僧正天海東叡山末寺許可状

群馬常光寺文書

上野国甘楽郡小坂村、
依新寺起立、号坂(印)照山
常(印)光寺者也、者自今
以後為東叡山末寺、真俗
之経歴不可有怠慢
者也、
寛(印)永十四年二月廿六日
山(印)門三院執行探(印)題大僧正天海(印)

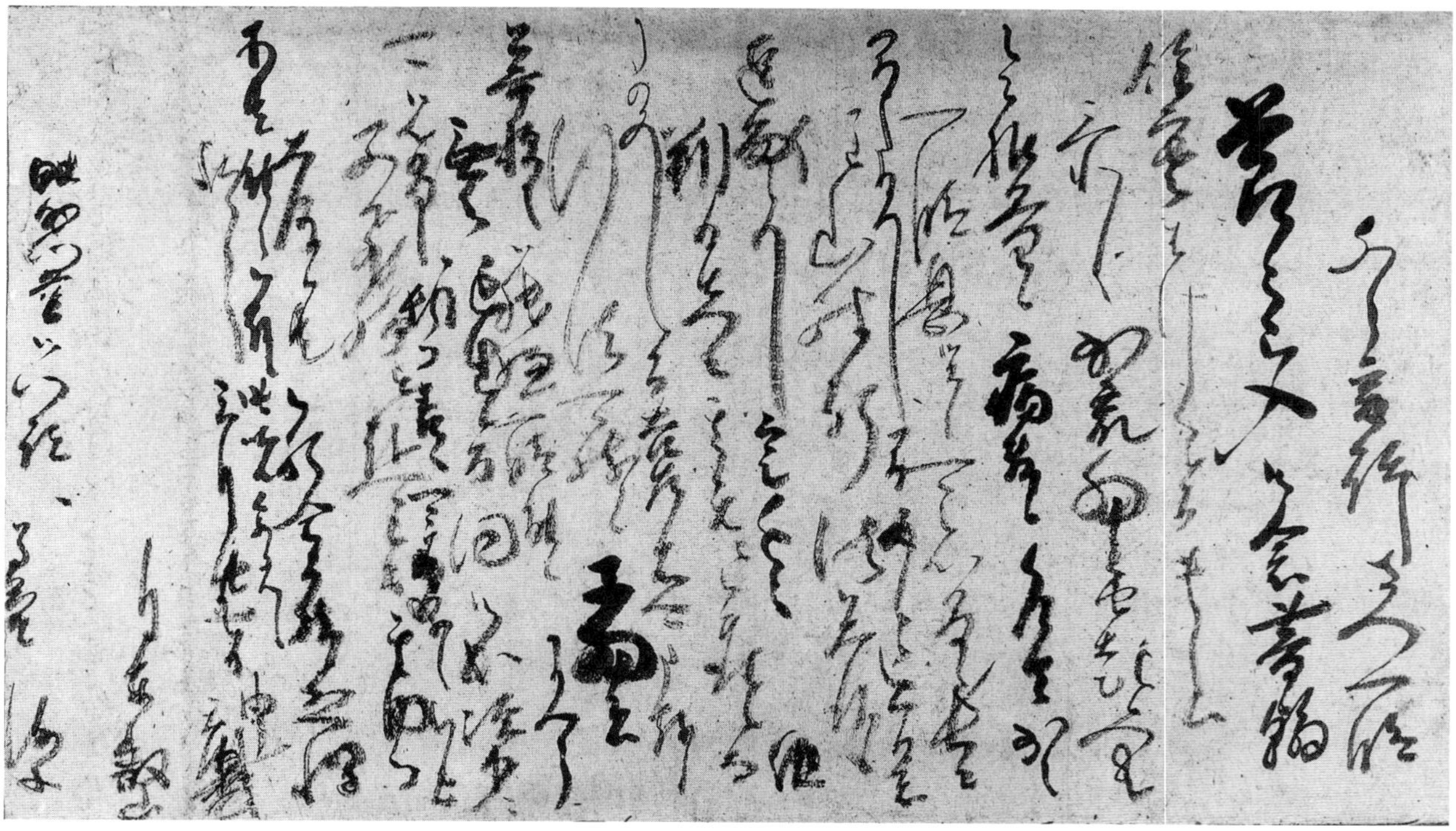

247　天海書状

京都毘沙門堂文書

尚々、爰許さへ一段
余寒はけしく(烈)候間、貴山
令推量候、痛敷候、乍去少之
間たるへく候間、必々今月者
逗留候へく候、定近々
たるへく候間、吉左右可申越候、
公方様(徳川家光)之御機嫌一段能候、
可御心易候、頓而表へ可被成候、以上、
使者能々御越候、昨晩参着候、
節々被入御念、芳翰
忝候、少充細々虫起候へ共、
一段息災候、可御心易候、長々
住山、殊行法御大儀候、但、
朔日先ニ其元ニ御座候而、
行法可然候、子細者
無御誕生候間、同御出次第ニ、
早飛脚を越可申候間、其内者
大儀候共、御祈念可然候、恐惶
謹言、
(寛永十四年)三月廿七日申　天海（花押）
自東叡山
毘沙門堂御門跡(公海)へ
尊答　海子

○寛永十四年（一六三七）閏三月五日、徳川家光の女千代姫誕生。

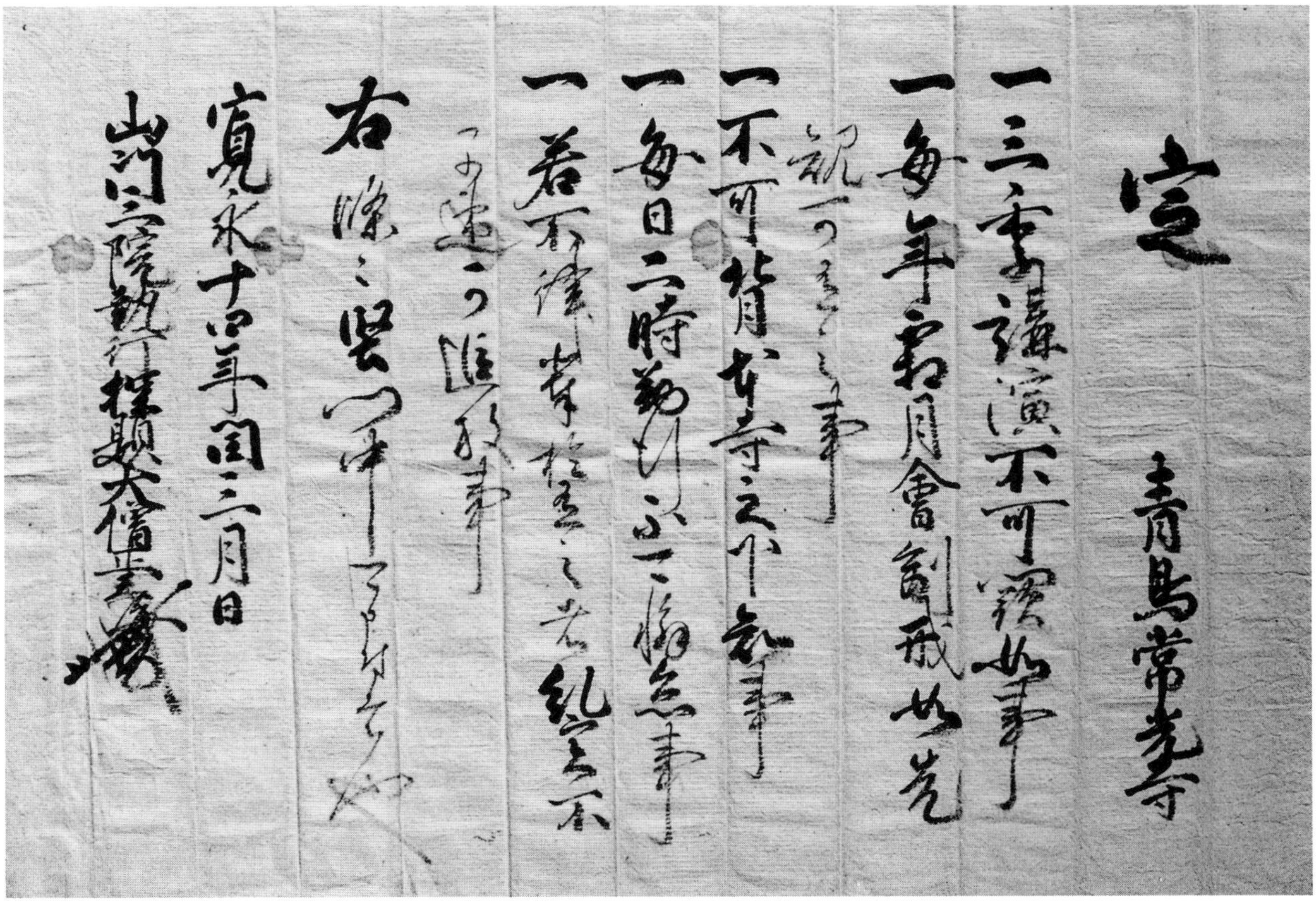

248　山門三院執行探題大僧正天海常光寺寺内法度

埼玉浄光寺文書

定　　青鳥常光寺

一、三季講演不可闕如事、
一、毎年霜月会制戒、如先規可有之事、
一、不可背本寺之下知事、
一、毎日二時勤行不可懈怠事、
一、若不律輩於有之者、糺実不、早速可追放事、
右条ゝ、堅門中可申付者也、
寛永十四年閏三月日
山門三院執行探題大僧正天海（花押）

○本写真は、埼玉県立文書館より御提供いただいた。

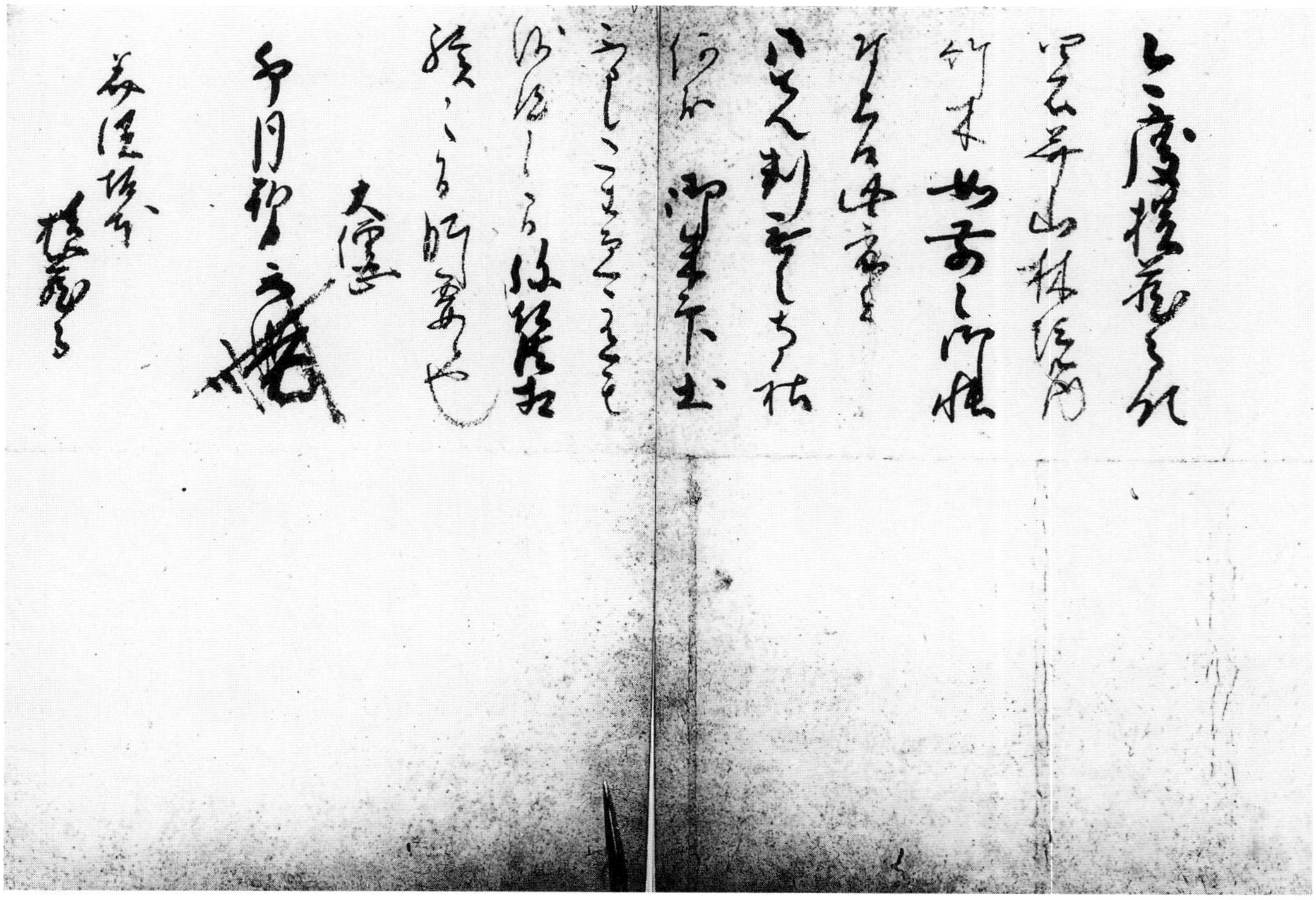

250　大僧正天海寺領許可状（折紙）

岐阜横蔵寺文書

今度横蔵寺領
四石幷山林境内
竹木、如前ㇳ御帳
付上候、此度者
御先判無之寺社、
何茂　御朱印出
不申候、重而可有其
沙汰候間、弥仏法相
続之旨、肝要候也、
太僧正
（寛永十四年）夘（卯）月朔日　天（花押）
美濃坂本
横蔵寺

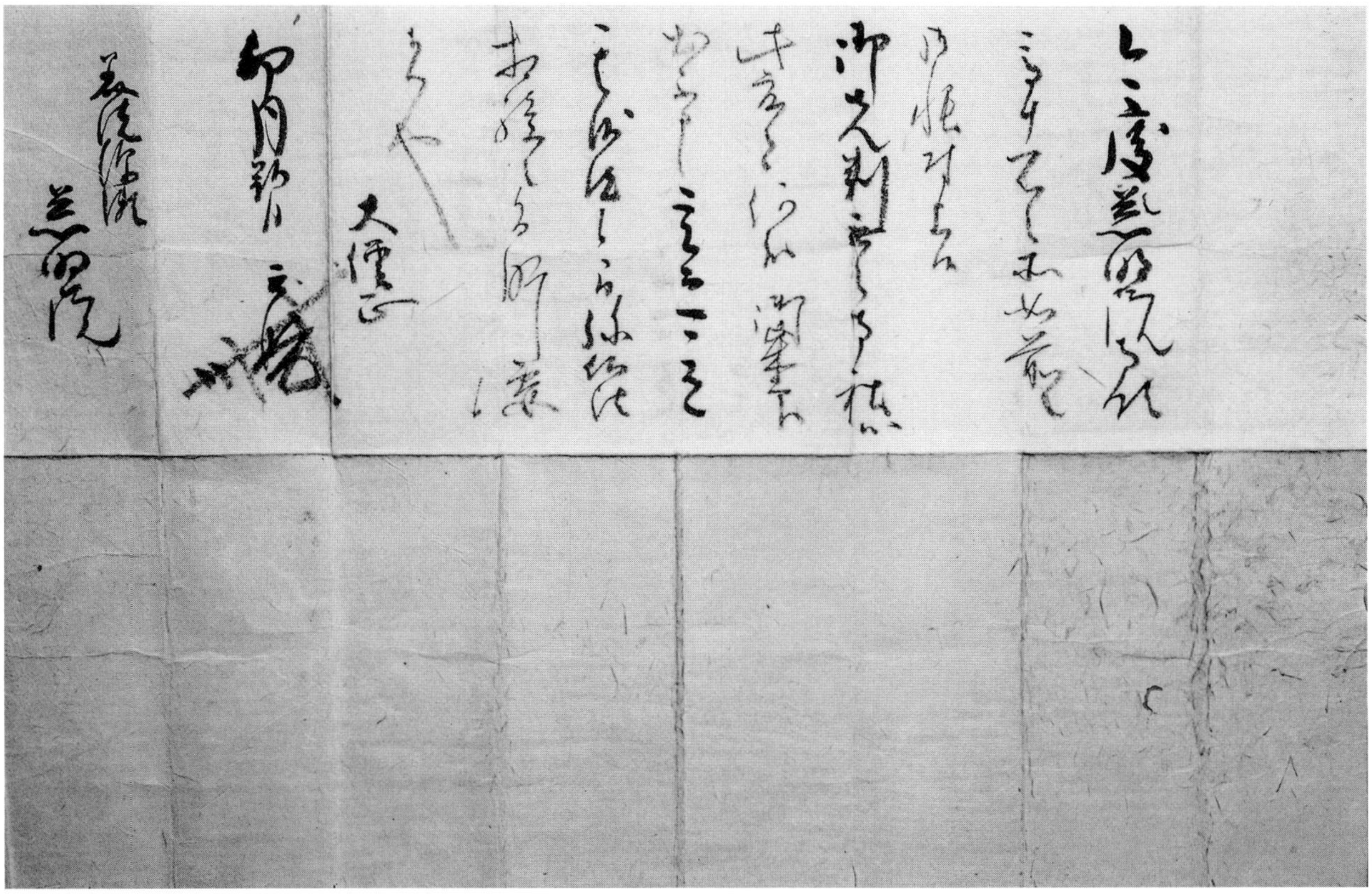

251　大僧正天海寺領許可状（折紙）

岐阜慈明院文書

今度慈明院寺領
高十石之所、如前と
御帳付上候、
御先判無之寺社へハ、
此度者何茂　御朱印
出不申候、重而可有
其沙汰候間、弥仏法
相続之旨肝要候
者也、
大僧正
（寛永十四年）
夘月朔日　天（花押）
（卯）
美濃深瀬
慈明院

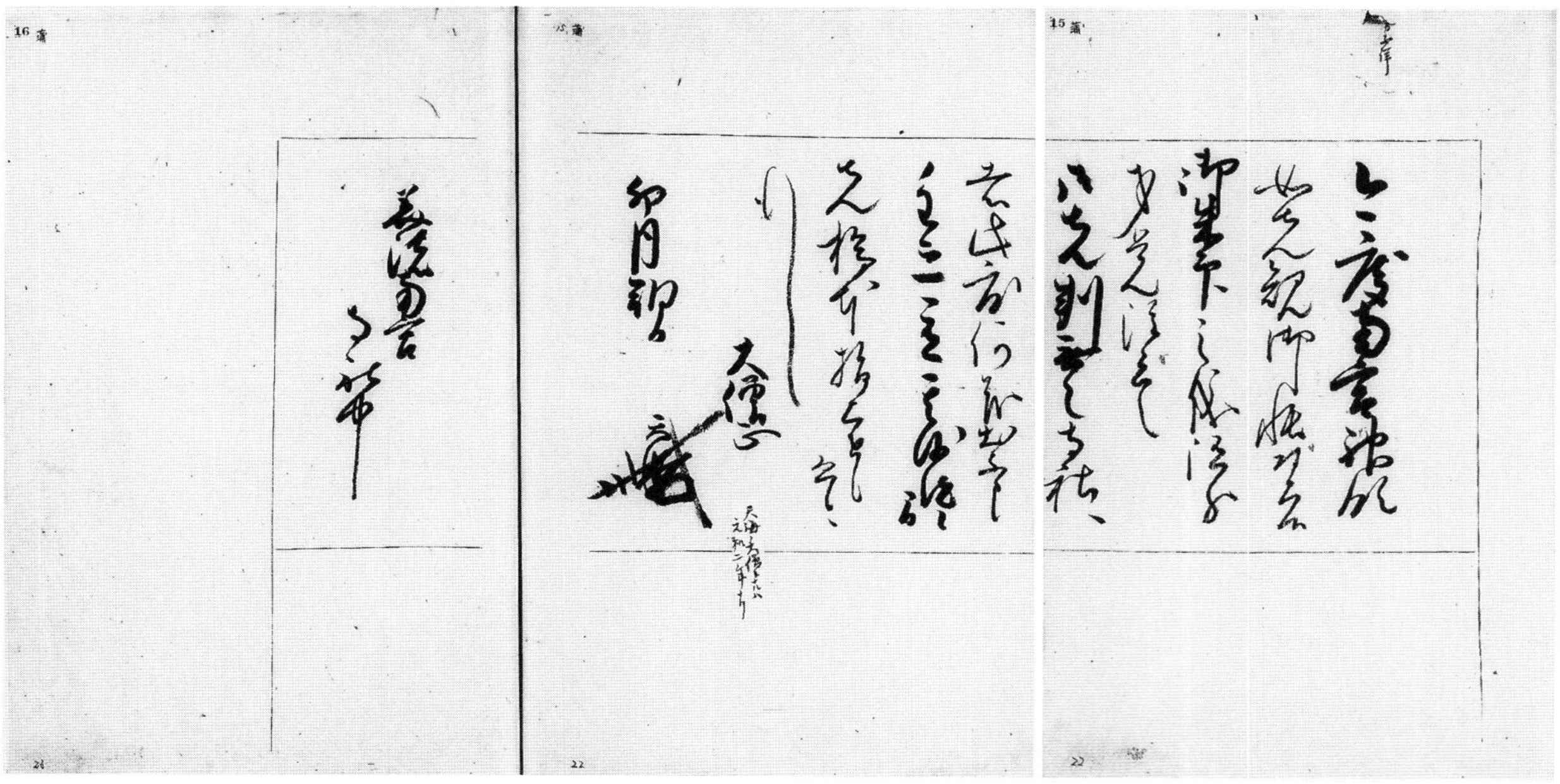

252　大僧正天海寺領許可状（折紙）

東京大学史料編纂所影写本
岐阜蒲生文書

今度南宮神領
如先規、御帳付上候、
御朱印之儀、随分
才覚雖有之、
御先判無之寺社へ
者、此度何茂出不申候、
重而可有其沙汰候間、
先橋本指上せ候、恐ゝ
謹言、
大僧正
（寛永十四年）夘（卯）月朔日　天海（花押）
美濃南宮
寺社中

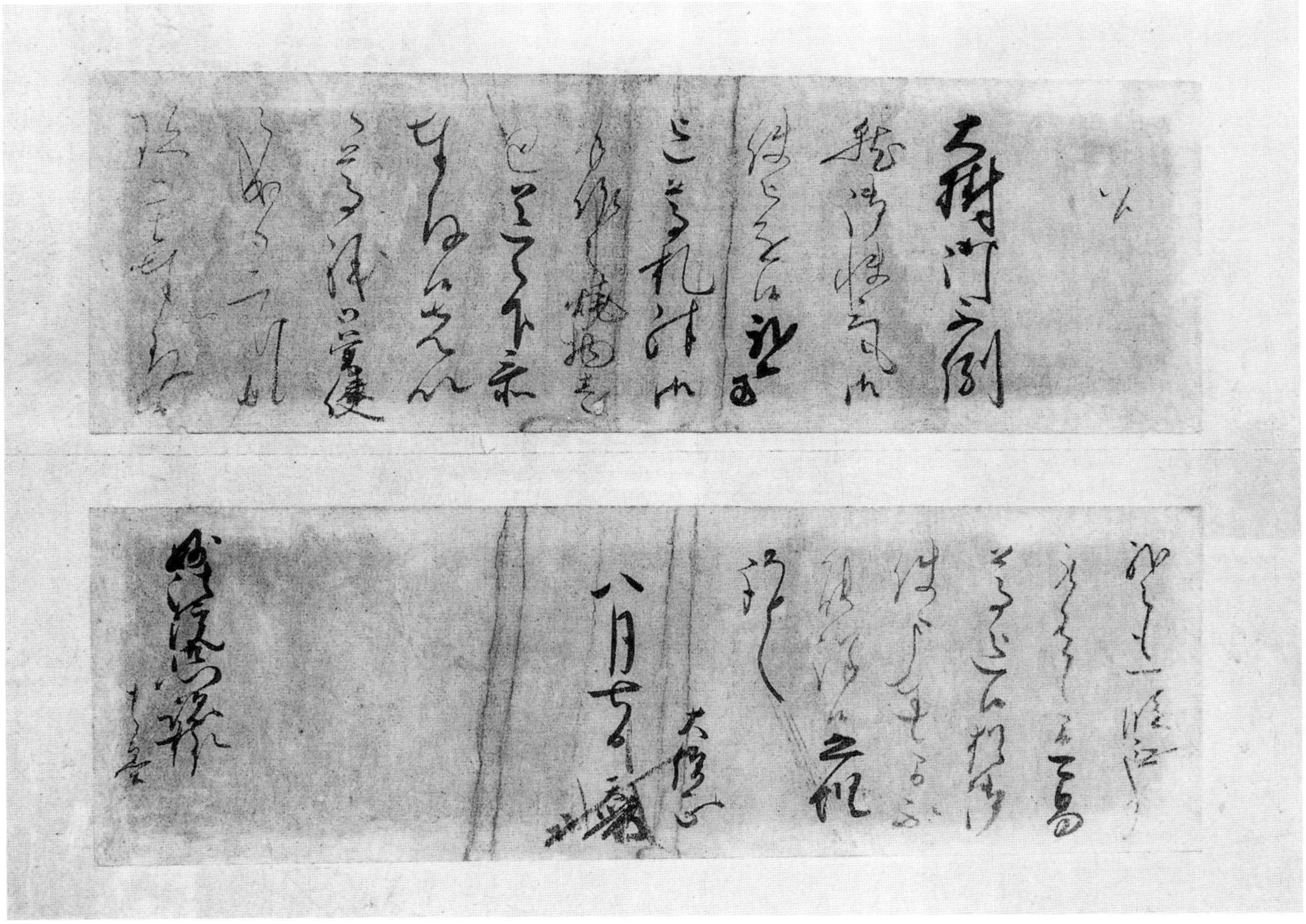

254　大僧正天海書状（折紙）

京都妙法院文書

以上
大樹（徳川家光）御不例
就御快気、御
使被遣候、我ホ（等）方
迄尊札、殊御
手作之焼物壱
包送被下、忝
奉存候、先以
御尊躰御勇健
被成御座候由、
珎（珍）重奉存候、
我とも一段無事
罷有候間、可易
尊意候、猶御
使へ申達候間、不
能詳候、恐惶
謹言、
大僧正
（寛永十四年）八月七日　天（花押）
妙法院御門跡（堯然親王）様
貴答

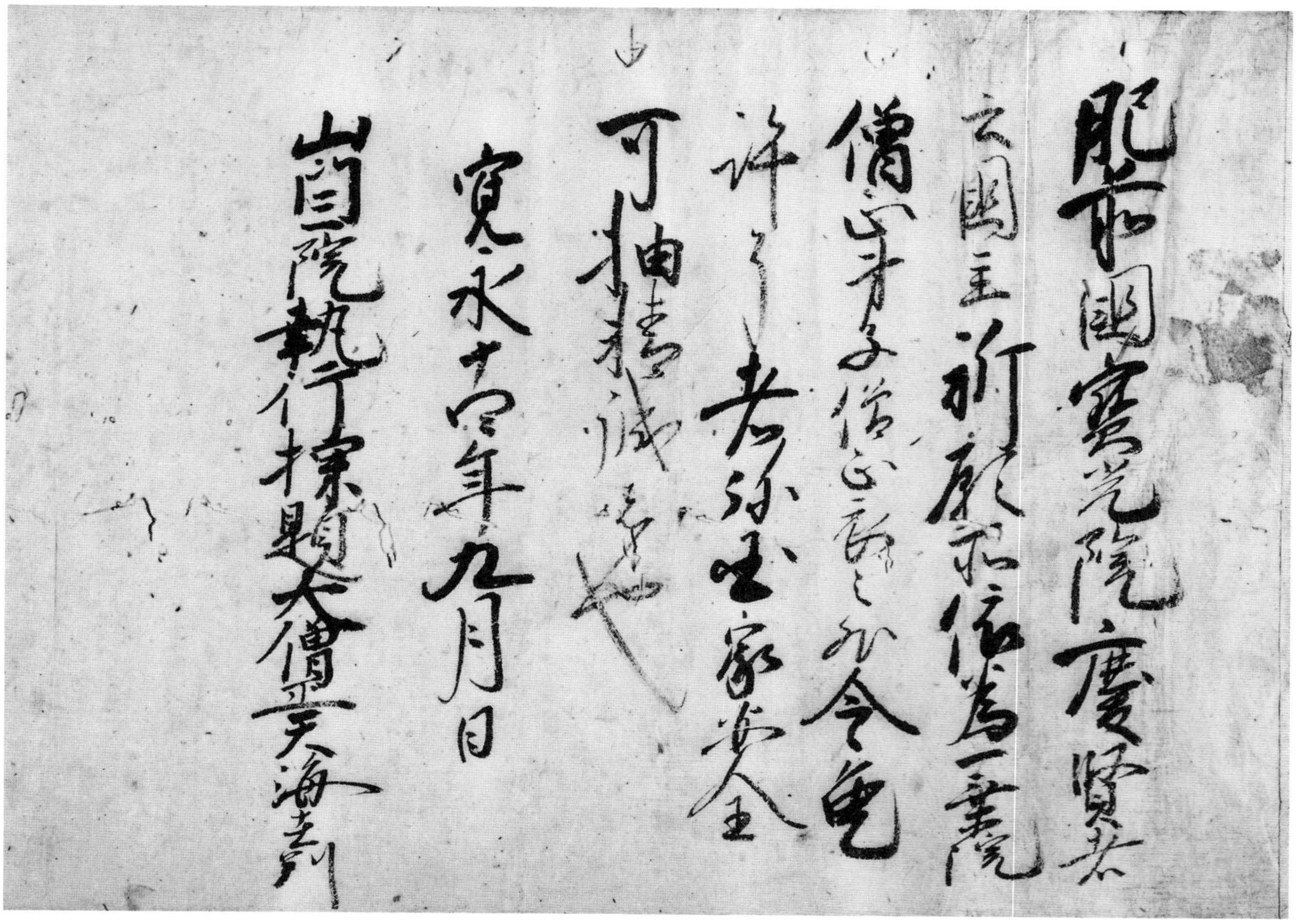

255　山門三院執行探題大僧正天海証状写

東京大学史料編纂所文書　青蓮院旧蔵文書

肥前国宝光院慶賢者、
云国主祈願所、依為一乗院
僧正（慶舜）弟子、僧正衣之外令免
許了、者弥国家安全
可抽精誠者也、
　寛永十四年九月日
山門三院執行探題大僧正天海　在判

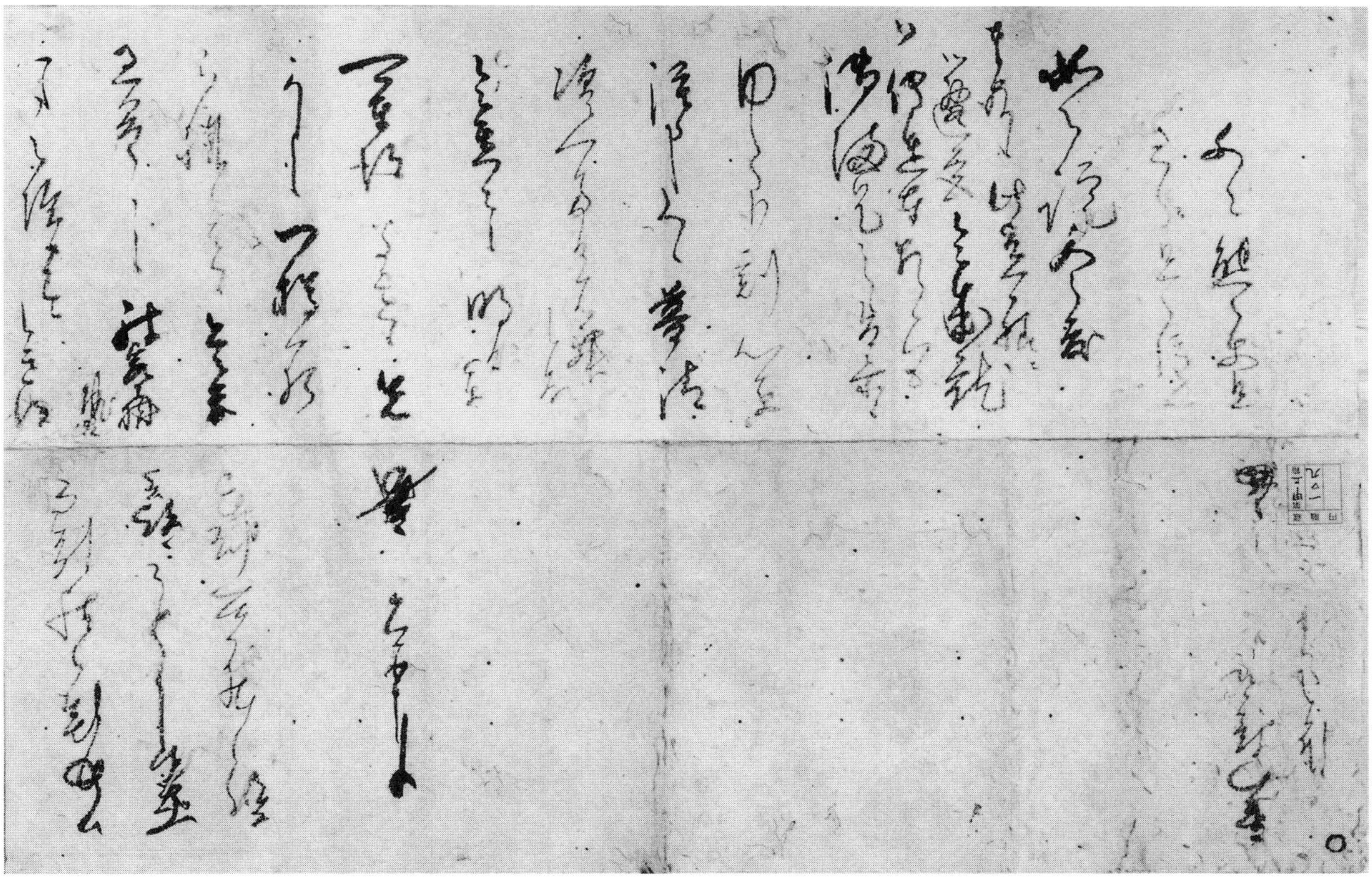

256　天海書状（折紙）

京都三千院文書

尚〻、態〻使、且
過分、且御満足
奉存候、此旨可（然脱カ）様ニ
御伝達奉頼候、以上、

如御諚今度
御遷宮令成就、
御満足之旨忝候、
内〻即刻以参（可脱カ）
雖申上候、普請
次ニ一両日見舞候故、
令遅〻候、明日参
可奉得尊意候、先
可申候、一樽一折
被掛御意候、是亦
過量ニ候、殊宝樹院殿
へも被仰候て、御意得
御物語御対談候ハヽ、
所希候、事〻期尊
顔之時候、恐惶敬白、
（寛永十四年カ）十月十二日　天（花押）
梨門様（最胤親王）ニて　天海
（三千院門跡）誰ニても御申

○寛永十四年（一六三七）九月二十七日、江戸城二の丸東照宮遷宮あり。

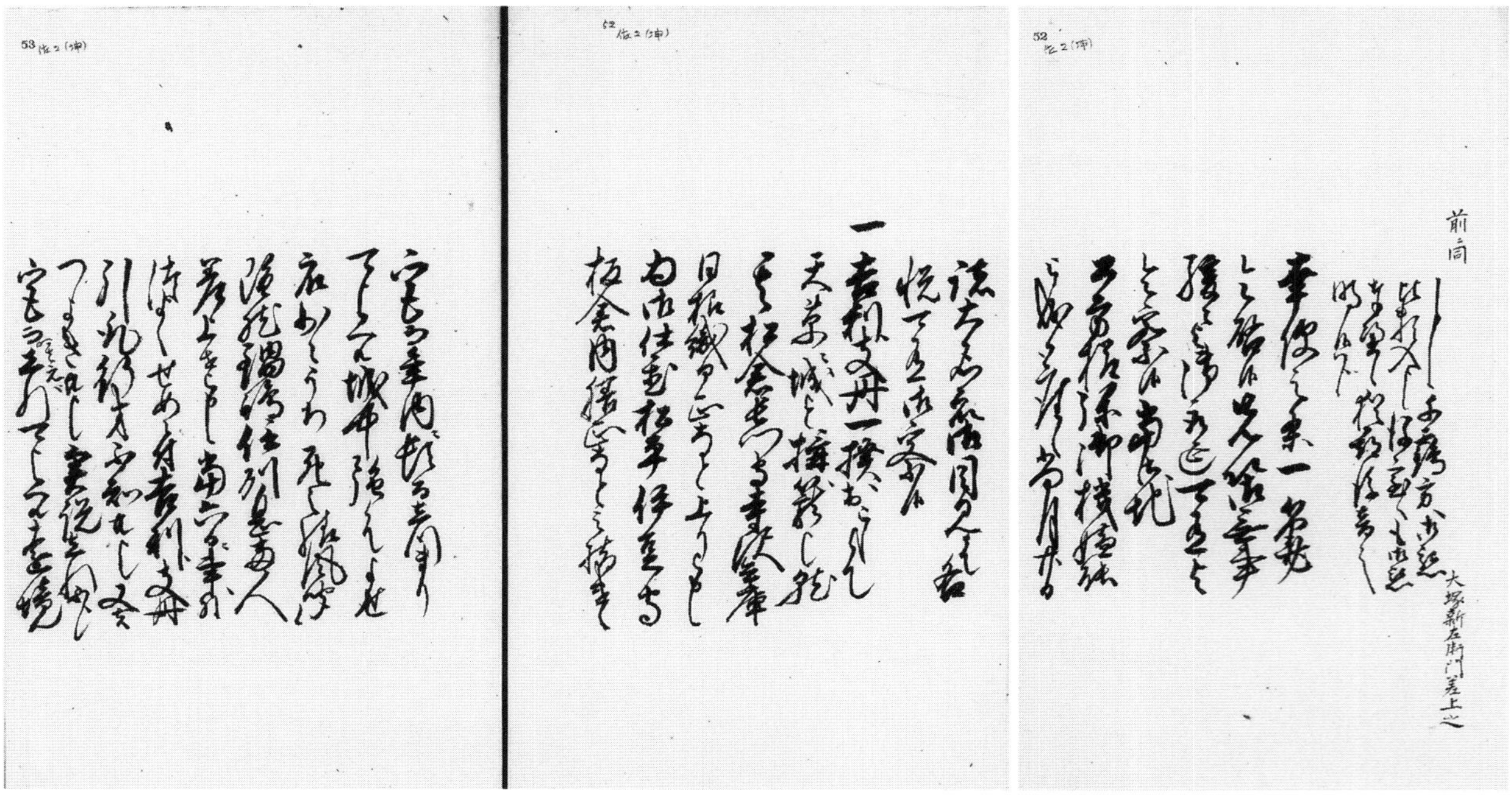

257　大僧正天海書状（元折紙カ）

東京大学史料編纂所影写本
佐竹文書

尚〻、千靏方へ御懇
比《(頃)》頼入申候、後室へも御懇
奉憑候、猶期後音之
時候、以上、

幸便之条、一筆
令啓候、先以御無事、
緩と与御取延可有与
令察候、当御地《(江戸)》
公方様《(徳川家光)》弥御機嫌能
被成御座候、当月廿日
諸大名衆御目見ニて、各
悦可有御察候、
一、吉利支丹一揆おこし《(起)》候て、
天草ニ城を構籠申候、就
其松倉長門守《(島原城主・勝家)》・寺沢兵庫《(唐津城主・堅高)》・
日根織ア《(部)》正《(豊後府内城主・吉明)》なと《(等)》上り被申候、
為御仕置、松平伊豆守《(信綱)》・
板倉内膳正《(重昌)》なと《(等)》被指遣候、
定而年内ニ頓而しつまり《(静)》
可申候へ共、城中強候て、よせ《(寄)》

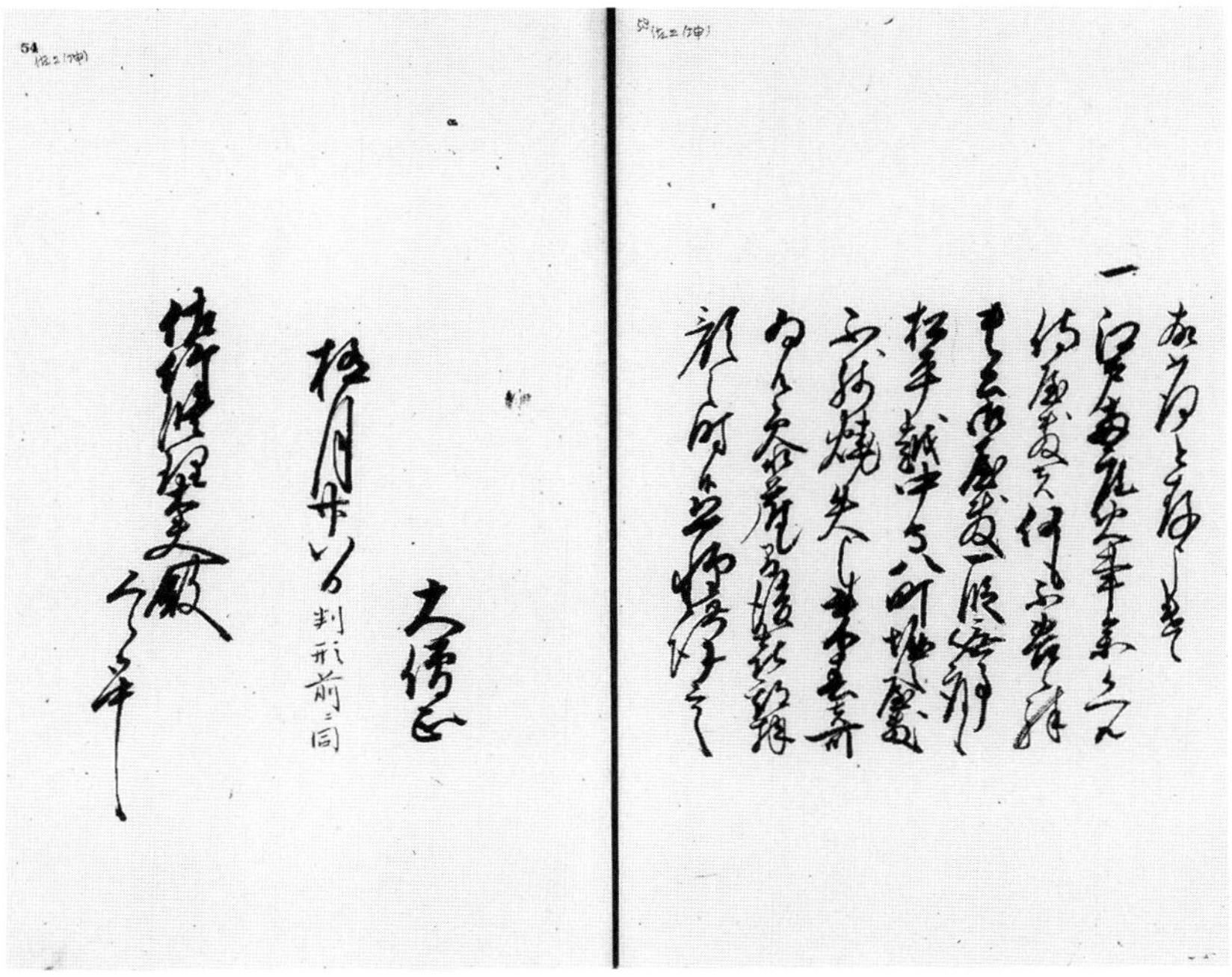

衆少とう(討)ち死之様風聞候、
雖然鍋嶋信州(佐賀城主・勝茂)・息(元茂カ)両人
差上せ被申候、当六日ニ事外
つよ(強)くせめ(攻)候付、吉利支丹
引取、行方不知共申候、又者
つよ(強)き共申候、実説しれ(知)不申候、
定而其元へしれ(知)可申候へ共、遠境
故、如何と存申遣候、
一、江戸両度火事参候へ共、
侍屋敷者何も不苦候、殊
貴公御屋敷一段無事御座候、
松平越中守(定綱)八町堀之屋敷
不残焼失申候、来春者可
為御参府候間、後喜期拝
顔之時候、恐惶謹言、

大僧正

(寛永十四年)極月廿八日　判形前ニ同

佐竹修理(義隆)太夫殿

人と御中

○天草のキリシタン一揆は、寛永十四年（一六三七）。

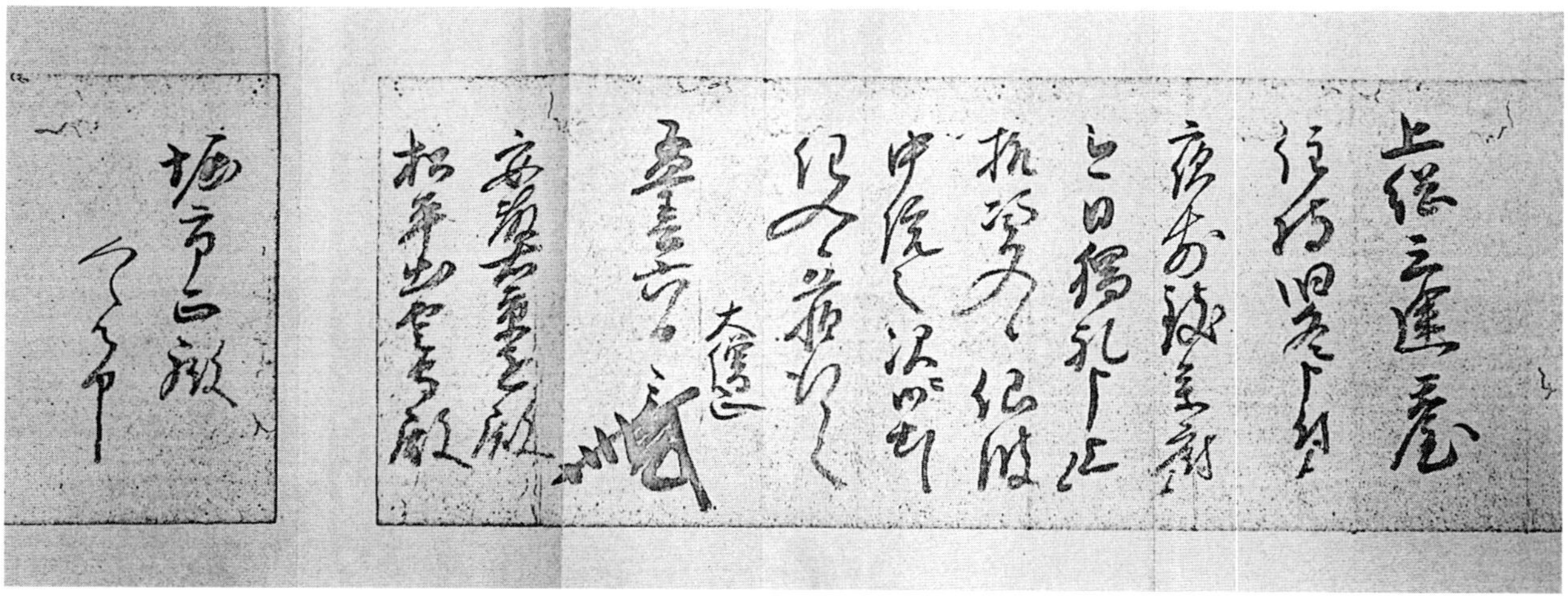

259　大僧正天海書状（元折紙カ）

三途台長福寺文書

上総三途台（長福寺）

住持、旧冬申付候、

夜前致参府候、

今日独礼申上候

様憑入候、仙波

中院之次ニ御出

任入候、恐惶謹言、

大僧正

（寛永十四、五年）孟春六日　天（花押）

（寺社奉行・重長）安藤右京進殿

（寺社奉行・勝隆）松平出雲守殿

（寺社奉行・利重）堀　市正殿

人ゝ御中

○三人の寺社奉行就任は、寛永十三年（一六三六）十一月。

堀利重の転免は、寛永十五年四月。

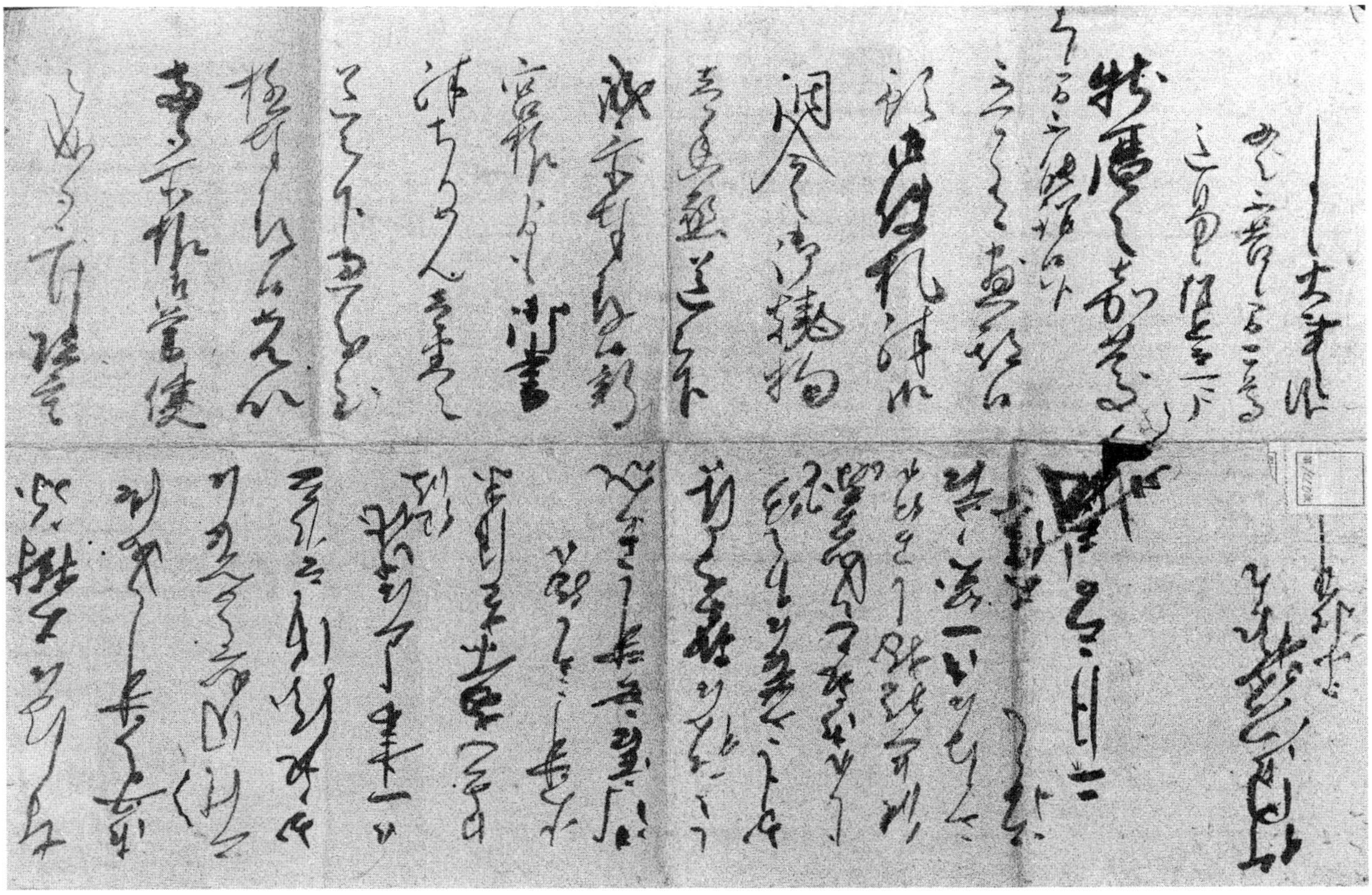

260　大僧正天海書状（折紙）

京都曼殊院文書

尚々、火事之儀
必々不苦候間、可尊
意易候、猶追而可申
上候間、不能詳候、以上、
新暦之嘉慶
不可有尽期候、
預御使札、殊御
調合之御焼物
壱、香函送被下、
誠忝奉存候、新（良
宮（尚親王）様々も御書、
殊ちり（縮）めん（緬）壱巻
送被下、過分至
極奉存候、先以
両御所（徳川家光・家綱）様御勇健
被成御座、珎（珍）重
奉存候、大樹（徳川家光）弥
御無事被成御
座、目出可被思召候、
少取紛儀候而、乍恐
御一書申上候、此地仙波・

日光両所、去月末
火事参候、然共
御宮無事候間、先以
令祝候、我ホ《(等)》寺之儀ハ
少も不苦候、下〻何かと
申候共、御取上被成間敷候、
能旦《(檀)》那持申候間、何共
不存候、御一笑〻〻、恐惶
謹言、

大僧正

二月三日《(寛永十五年)》　天（花押）

竹内御門跡様《(良恕親王)》にて《(曼殊院)》
御小性《(姓)》中

○川越・日光の火事は、寛永十五年（一六三八）正月。

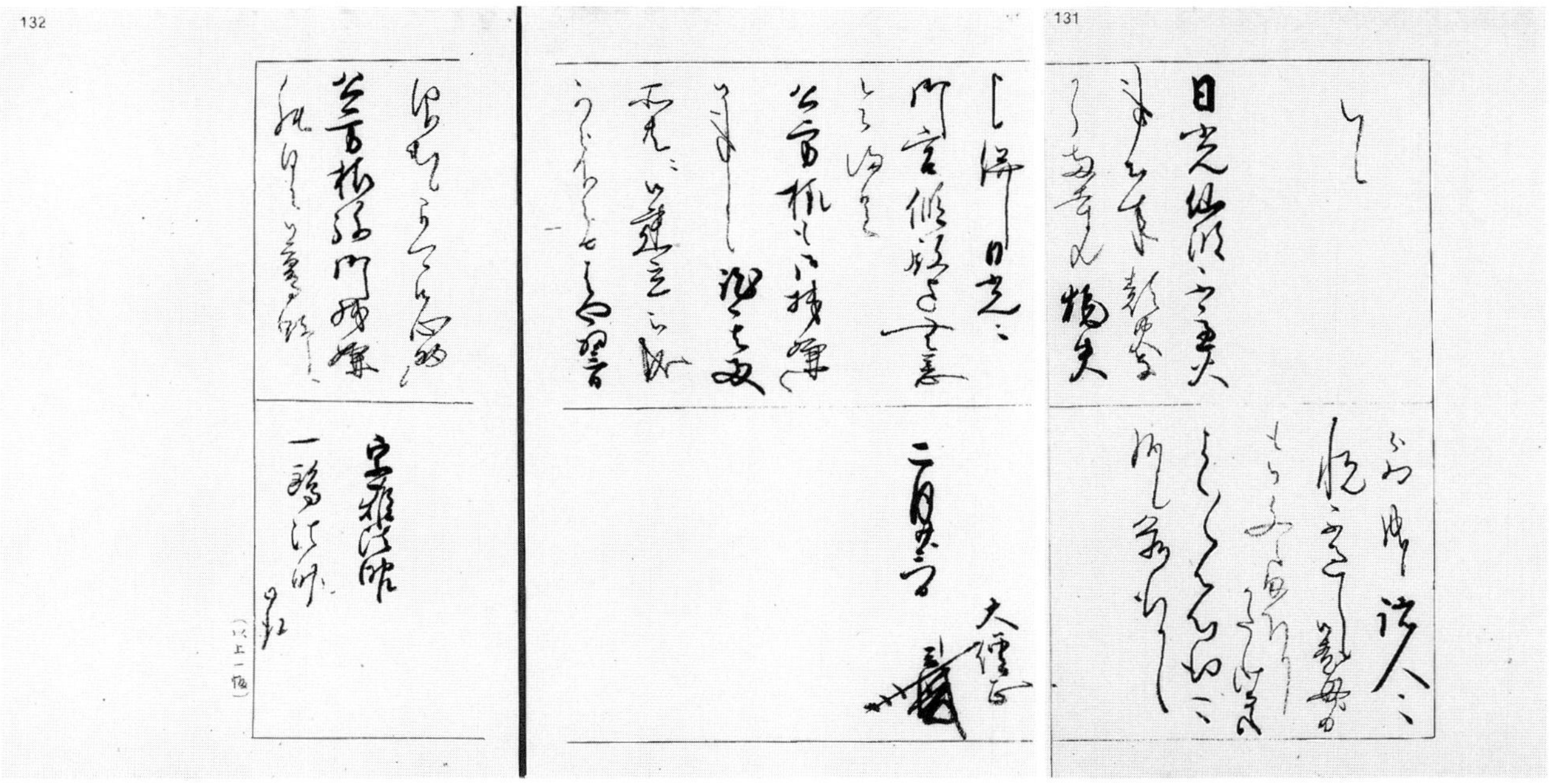

261　大僧正天海書状（折紙）

東京大学史料編纂所影写本
神田喜一郎氏文書

以上
日光・仙波不慮火
事出来、類火な
から両寺共焼失
申候、併日光之
御宮・仮殿迄無恙
令満足候、
公方様（徳川家光）も御機嫌之
御事候、就其両
所共ニ御建立被成
可被下之由、はや（早）翌日
仰出候間可御心安候、
公方様弥御機嫌
能、具御鷹野へ
被為成候、諸人之
悦不過之候、御老母ゟ
も御文たま（脱アルカ）候へく候、かたしけなく（忝）候、
よく〳〵（能々）御心得可
給候、恐惶謹言、
大僧正
（寛永十五年）二月廿三日　天（花押）
（施薬院）宗雅法眼
一鷗法眼
御報

○寛永十五年（一六三八）正月二十七日日光に火災、同二十八日川越に火災あり。

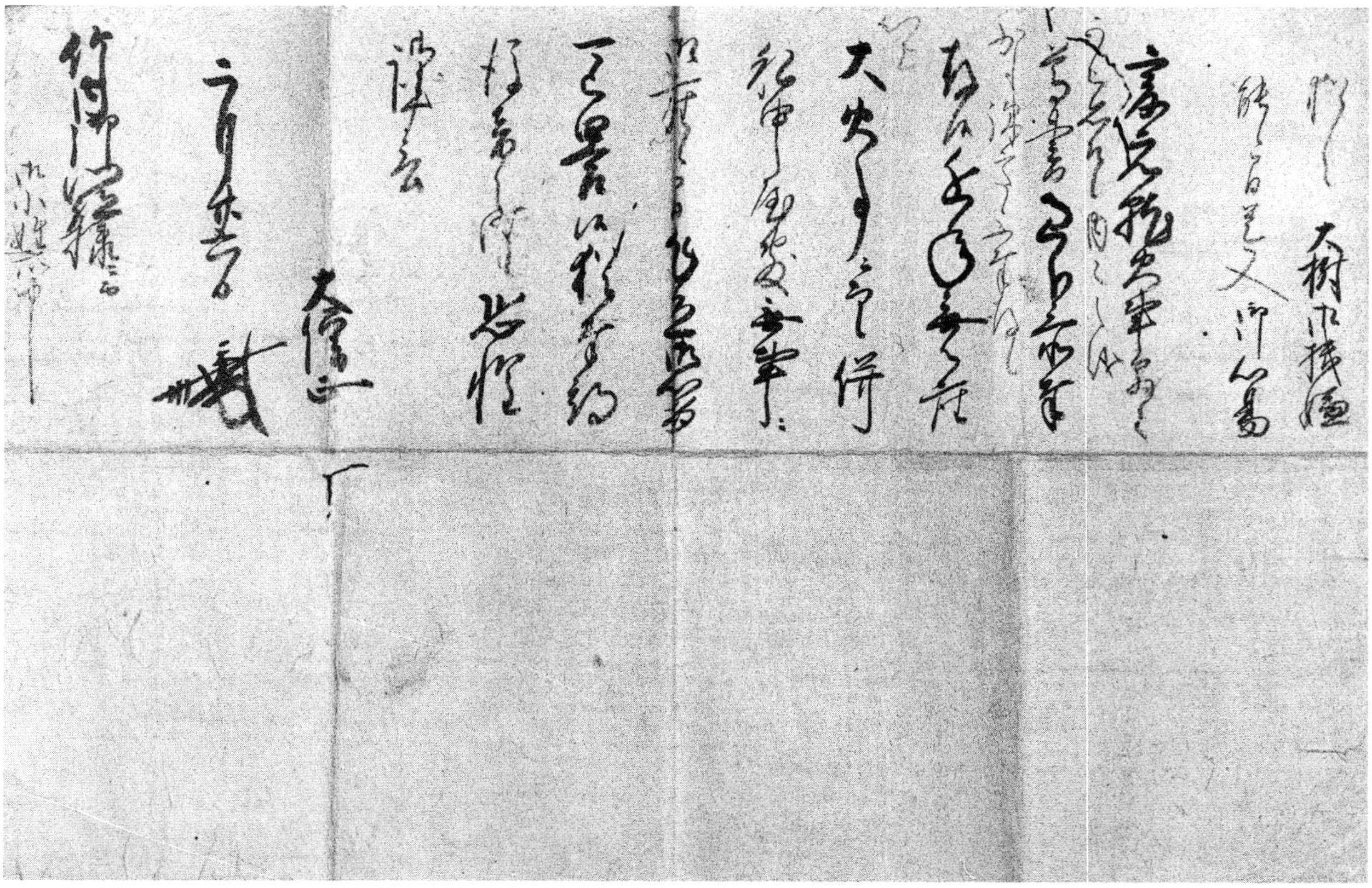

262　大僧正天海書状（折紙）

京都曼殊院文書

猶〻、大樹(徳川家光)御機嫌
能候間、是又御心易
可被思召候、内〻之儀、
少も疎意不奉存候、
以上、

爰元就火事、早〻
尊書過分忝奉
存候、近年無御座
大火事ニ而候、併
私中屋敷無事ニ
御座候間、乍恐御心安
可被思召候、猶奉期
後音之時候、恐惶
謹言、

大僧正
(寛永十五年)二月廿六日　天（花押）
竹内(曼殊院)御門跡(良恕親王)様ニ而
御小姓衆中

○日光の火事は、寛永十五年（一六三八）正月二十七日。

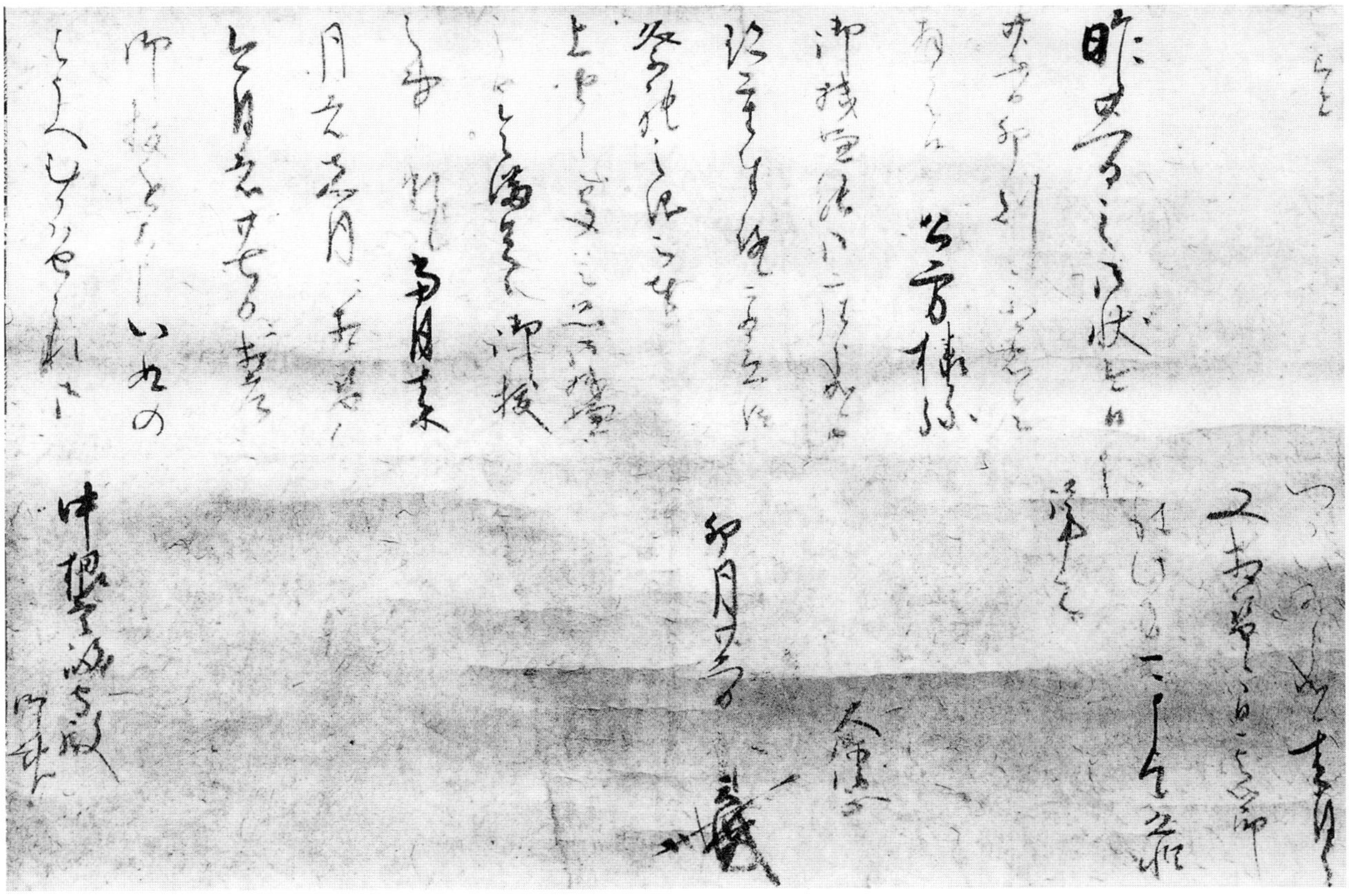

263　大僧正天海書状（折紙）

川越喜多院文書

已上

昨廿一日之御状、今日
廿二日夘（卯）刻参着令
拝見候、公方様（徳川家光）弥
御機嫌能御座被成候由、
玢（珍）重奉存候、爰元御
祭礼之儀被達
上聞候処、是亦御機嫌
之由令満足候、御拔（祓）
之事承候、当月・来
月者先月ニ相替候、
今月者廿七日ニ相考、
御拔（祓）進上申候、いぬ（戌）の
はうへむか（向）ハせられ、御
つかい可被成候、来月者
又相替候間、其節
従此方可申上候、恐惶
謹言、

（寛永十五年以降）夘（卯）月廿二日　　天（花押）

大僧正

中根壱岐守（正盛）殿

御報

○中根正盛の壱岐守就任は、寛永十五年（一六三八）正月。

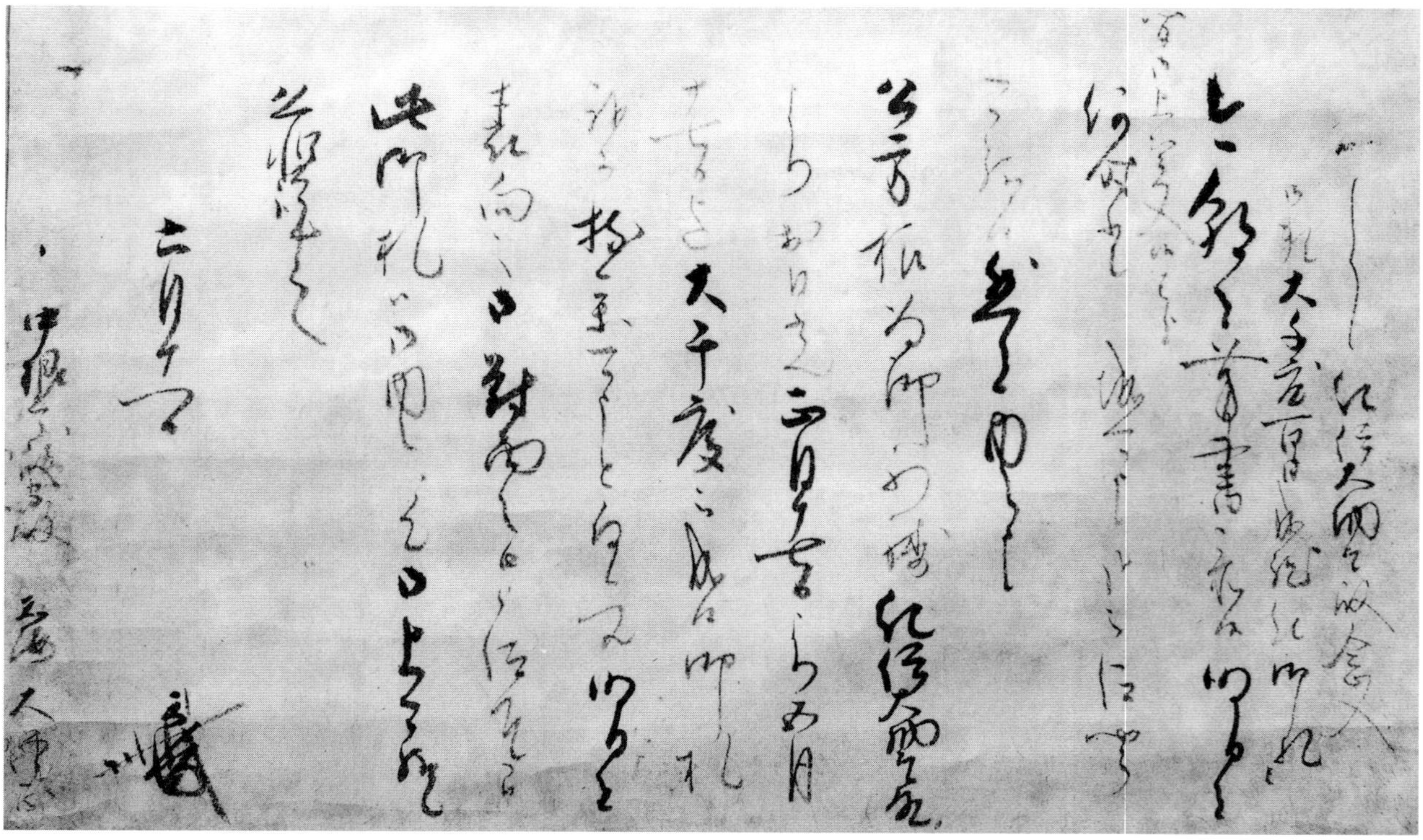

264　大僧正天海書状

上野現龍院文書

尚ゝ、紀伊《(徳川頼宣)》大納言殿念入
御頼、大千度百日成就仕御札候
間、御上憑入候、已上、
今朝者芳書忝候、明日者
何時登　城可申候哉、被仰聞
可給候、然者内ゝ申候
公方様《(徳川家光)》為御祈禱、紀伊大納言殿
より、於日光正月十七日より五月
十七日迄、大千度被成候御札、
我ホ《(等)》持参可申と存候へ共、明日者
表向之御対面之由、被仰下候間、
此御札ハ御内ゝニて御上可給候、
恐惶謹言、
六月《(寛永十五年以降)》十一日　天（花押）
中根壱岐守《(正盛)》殿　　天海　大僧正

○徳川頼宣の大納言就任は、寛永三年（一六二六）八月。
中根正盛の壱岐守就任は、寛永十五年正月。

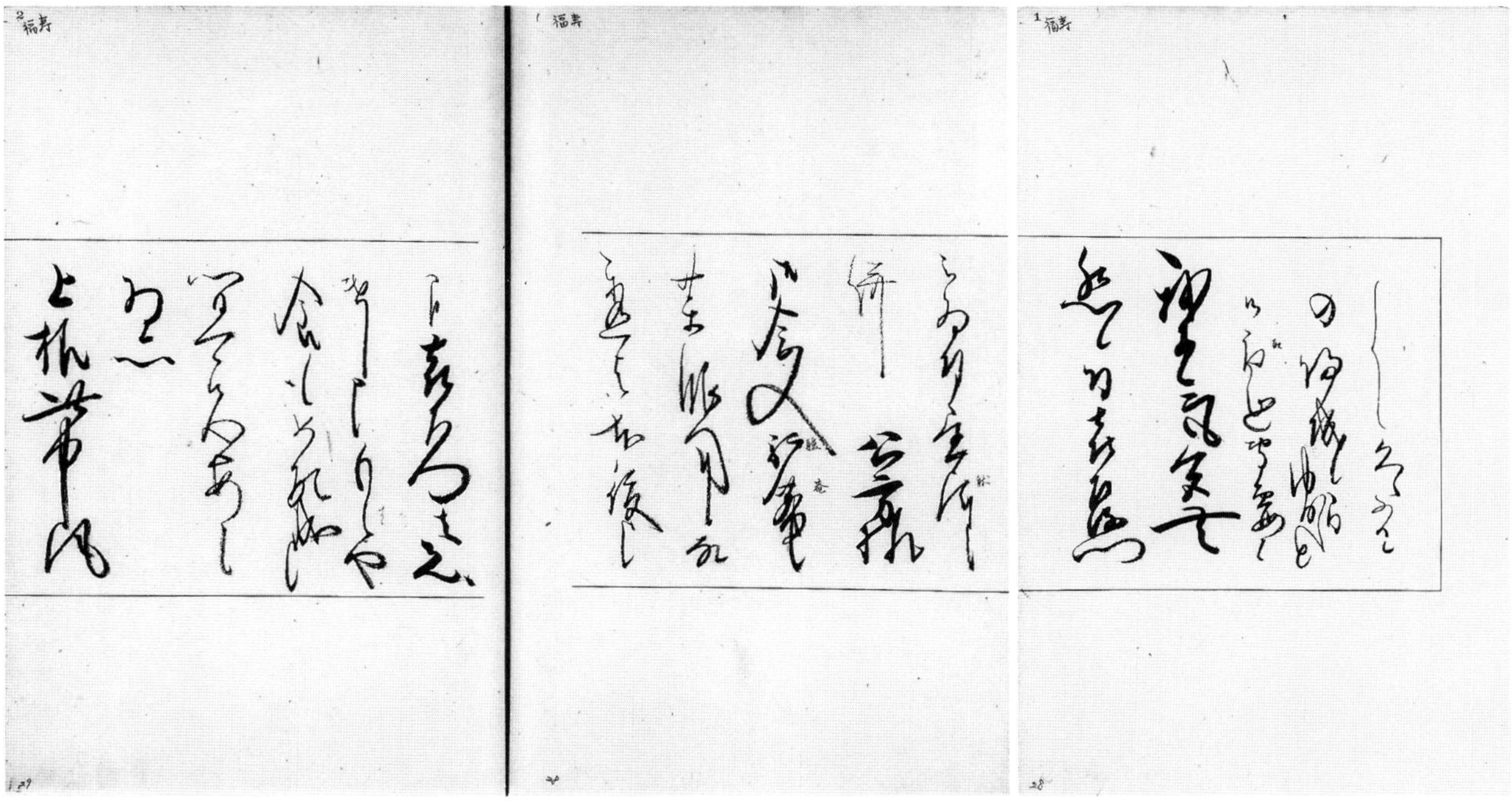

267　大僧正天海書状（元折紙カ）

東京大学史料編纂所影写本
岡山福寿院文書

尚〻、久しふり
の帰城候間、ゆる（緩）〳〵（々）と
御取延専要候、
我ホ（等）気色無
然候付、喜左衛門
被為付置躰候、
併　公方様（徳川家光）御念入、驢庵（半井）
薬服用候故、
透与本復申候
間、喜左衛門者先へ
遣し申候、もはや（最早）
食も如形成申候
間、可御心安候、
将亦
上様此中風を被為引候へ共、
御機嫌能被為成、
昨日表へ御成
候間、可御心安候、
恐惶謹言、

大僧正

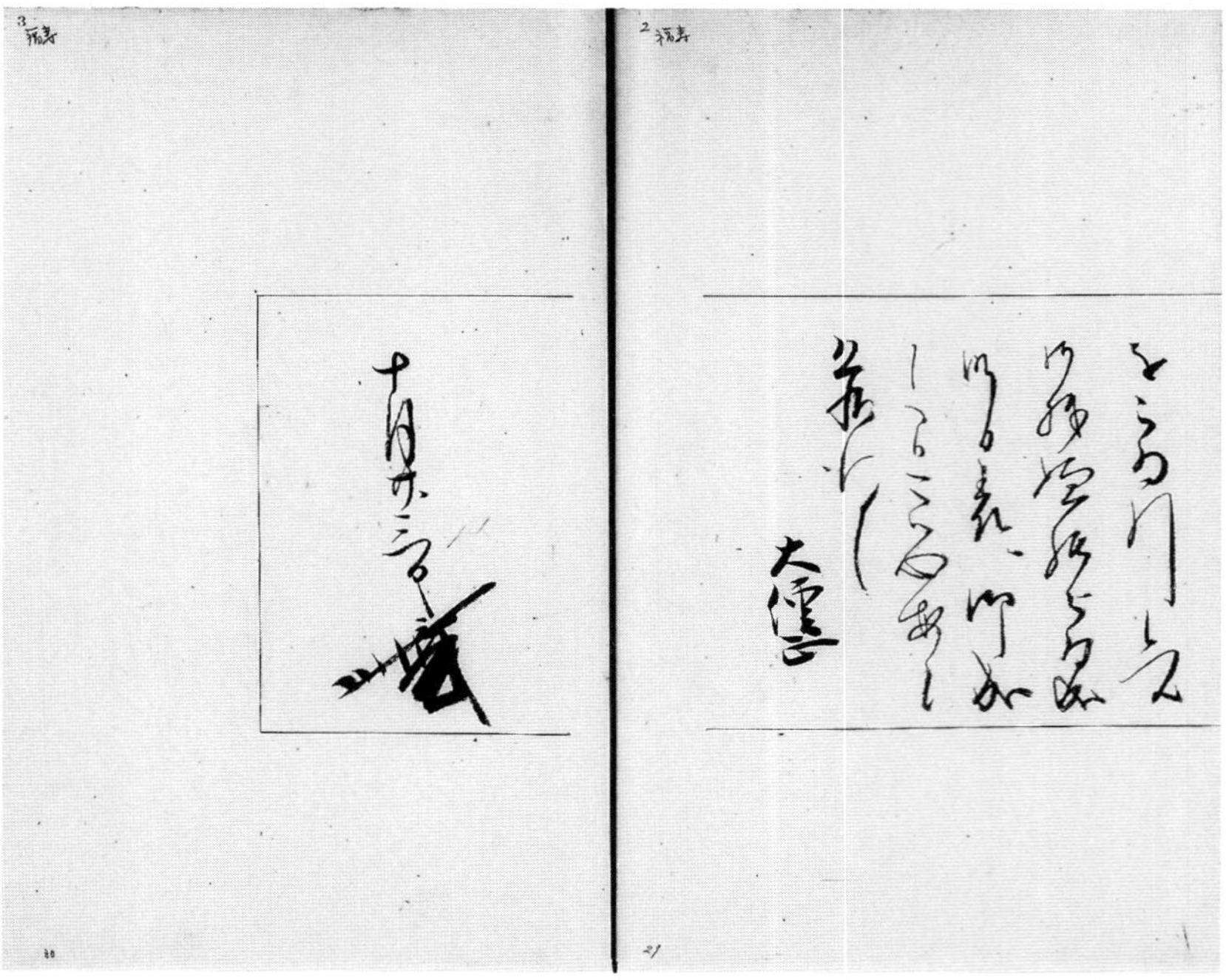

（寛永十五年）十月廿三日　天（花押）

（宛名なし）

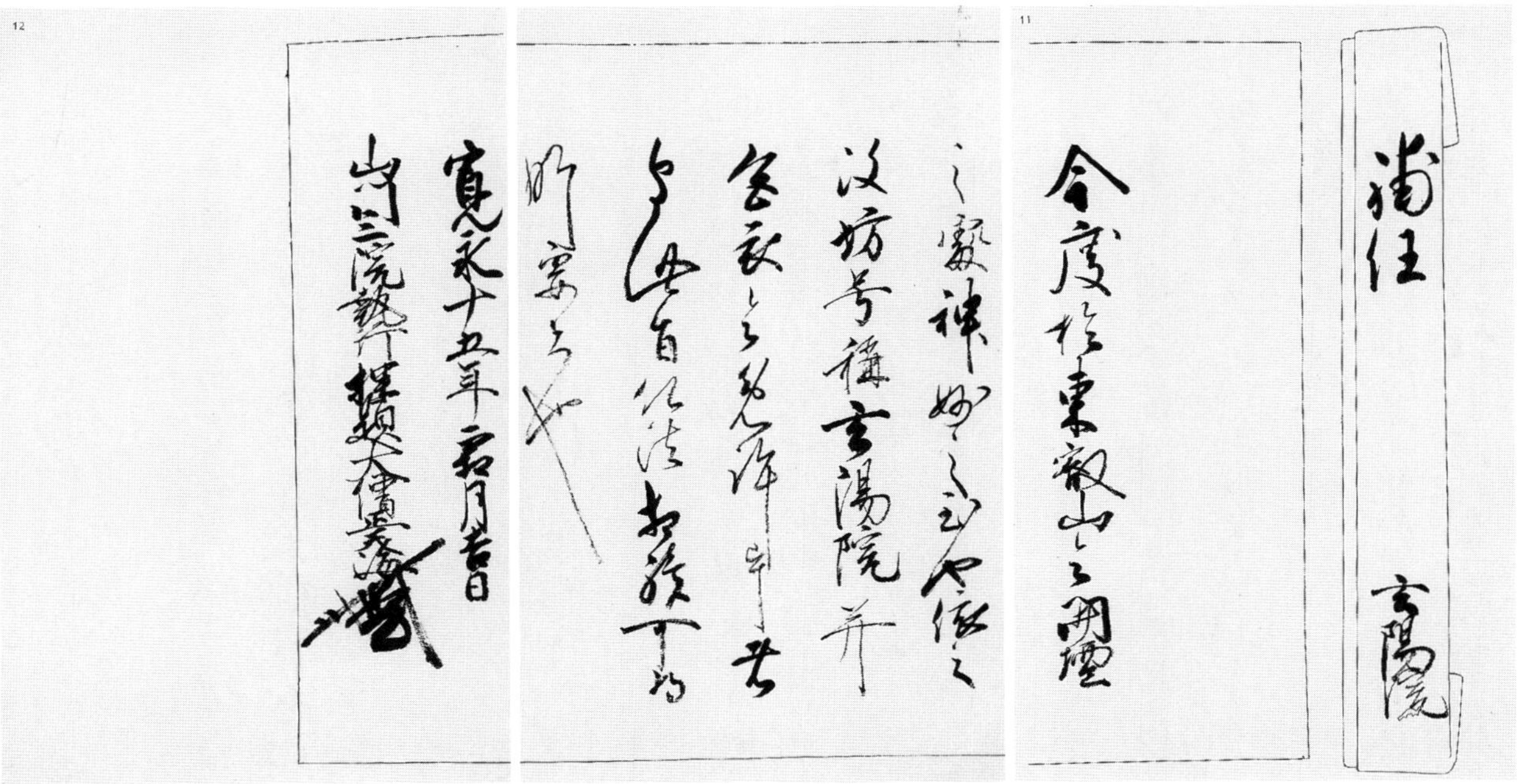

268　山門三院執行探題大僧正天海坊号幷色衣免許状

東京大学史料編纂所影写本
静岡玄陽坊文書

今度於東叡山令開壇
之処、神妙之至也、依之
改坊号称玄陽院、幷
色衣令免許早（畢）、者
守此旨、仏法相続可為
肝要者也、
寛永十五年霜月吉日
山門三院執行探題大僧正天海（花押）

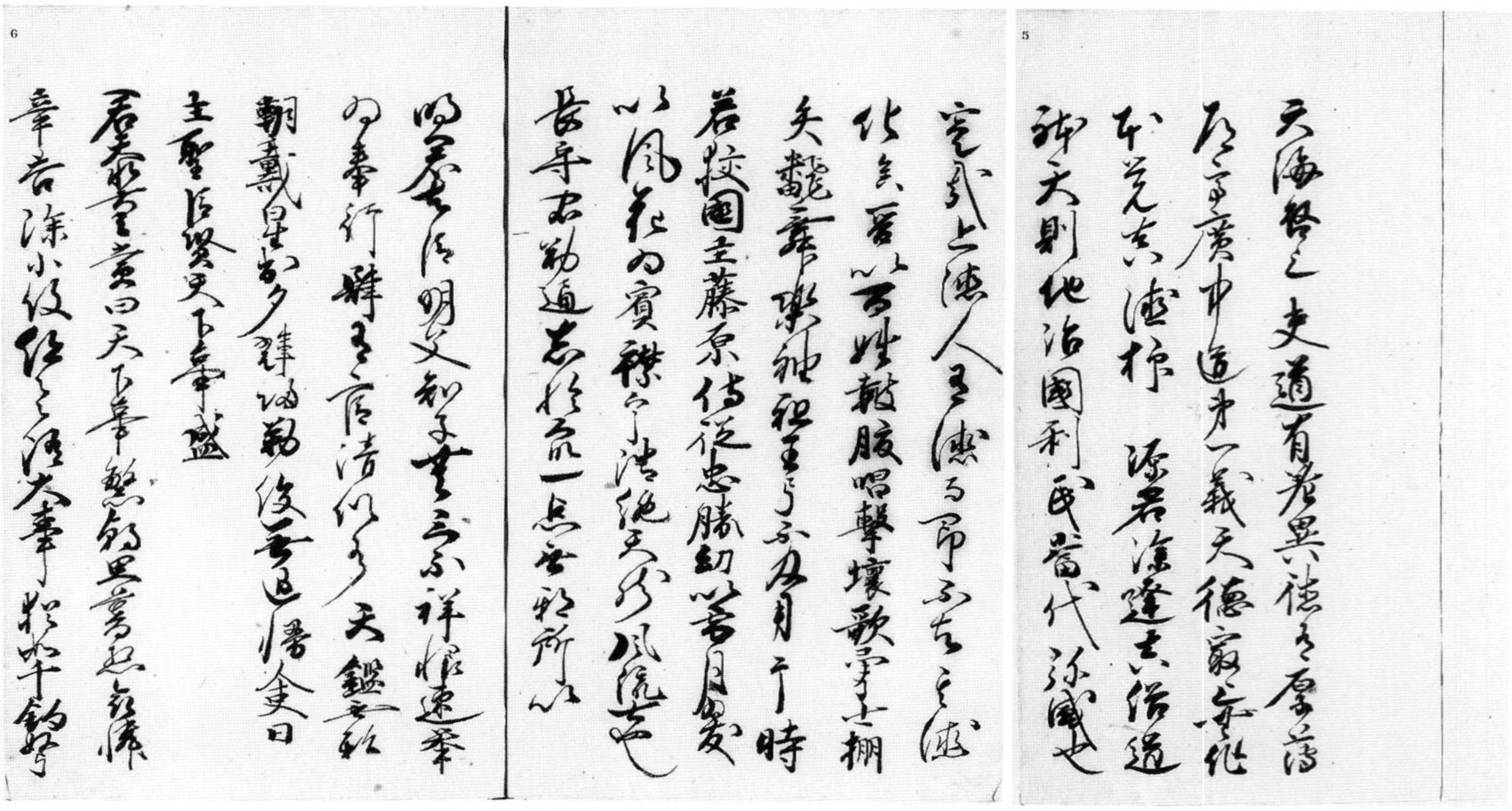

269　天海書状

東京大学史料編纂所影写本
酒井忠道氏文書

天海啓上、夫道有差異、徳有厚薄、
道高広中道、第一義天徳寂(最)上無作
本覚真徳、抑　源君深達真俗道、
躰天則地、治国利民、当代弥盛也、
寔哉、上徳人有徳而即不知其徳
化矣、爰以、百姓鼓腹唱撃壌歌、勇士棚
矢翻舞楽袖、祖王弓不及用、于時
若狭国主藤原侍従忠勝、幼以雪月為友、
以風花為賓、襟宇清絶、天然風流士也、
長守忠勤、道志於衆、一点無邪、所以
明君知臣、明父知子、無三不祥恨、速挙
為奉行、肆有官清似水天鑑無私、
朝戴星出、夕輝帰、勤役無退慢、僉曰、
主聖臣賢、天下事盛、
君忝重賞曰、天下事繁、朝思暮想、哀憐
辛苦除小役、但令随大事、猶如千鈞弩
為鼷鼠不発機、又似金輪王主兵臣、宝
奇哉、妙哉、忠勝霊瑞感通、蒙霊夢、
其詞云、道高徳高弥高、如何是千鈞
弩、翌日予問意旨再三、辞而不答、

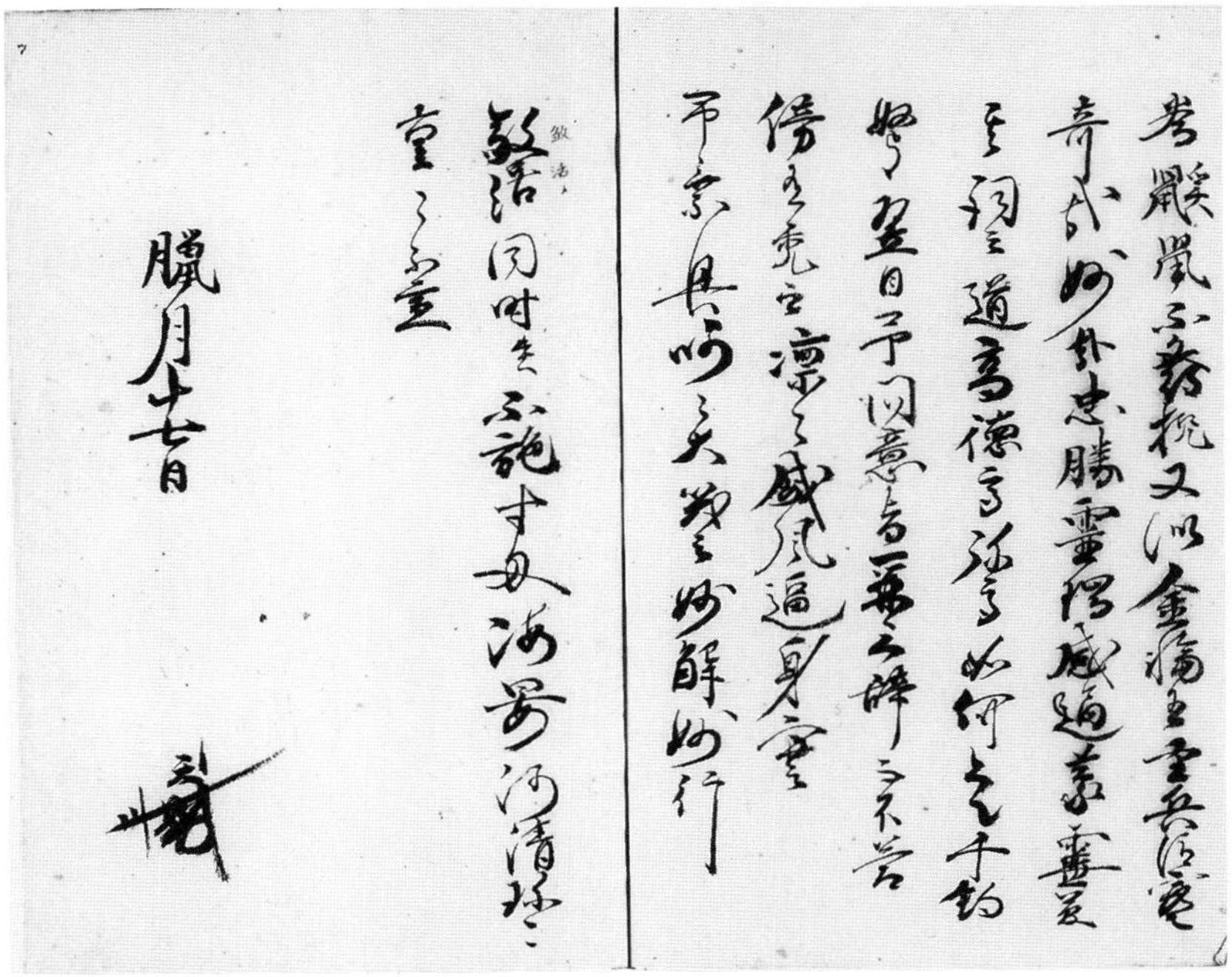

傍有禿云、凜ゝ威風逼身寒、
予乗興呵ゝ大笑云、妙解妙行、
殺活同時矣、不施寸刄、海晏河清、弥（珍）ゝ
重ゝ、不宣、
（寛永十五年カ）臘月十七日　天（花押）

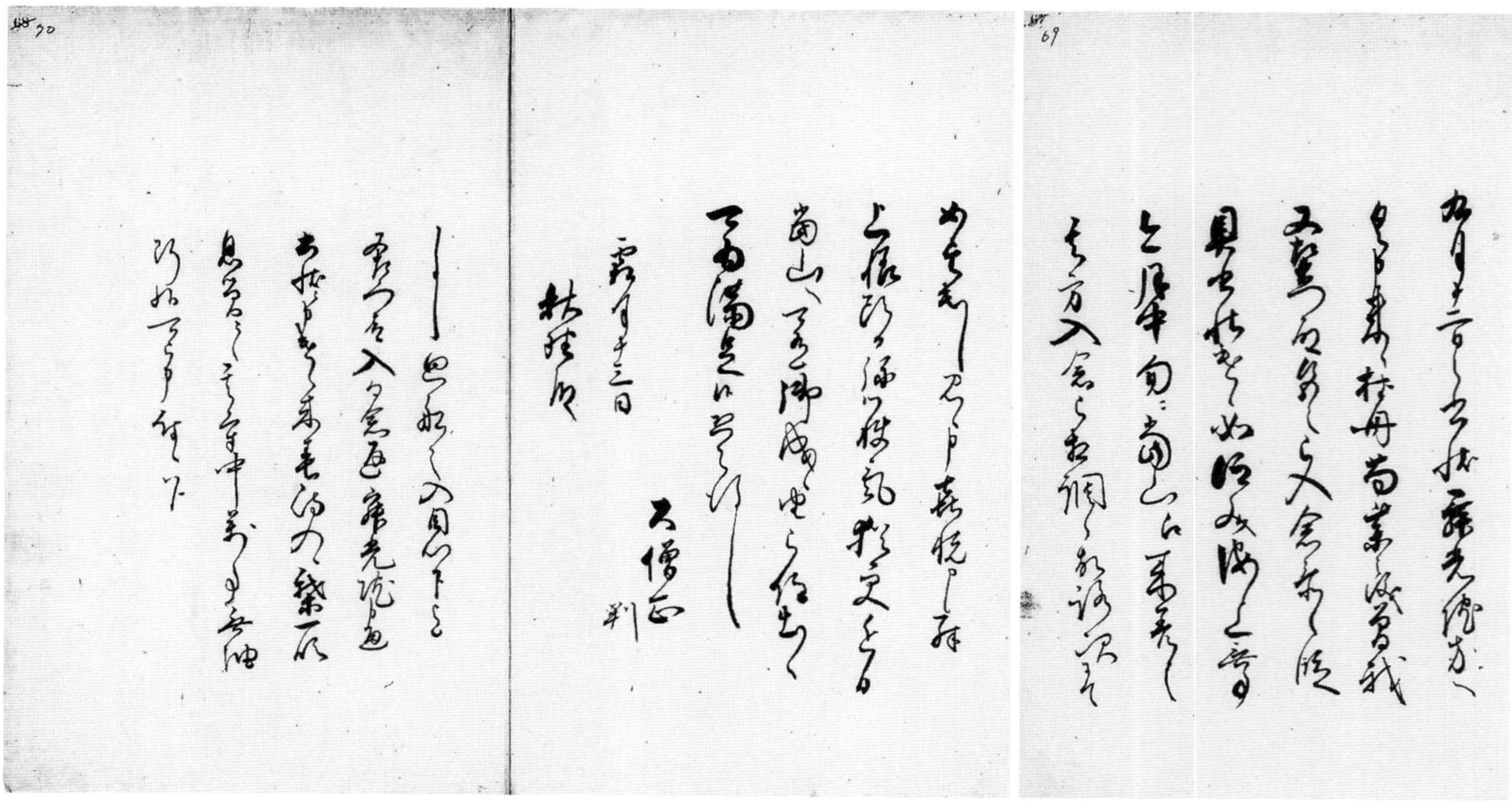

270　大僧正天海書状写

東京大学史料編纂所影写本
秋野房文書

九月十二日之書状、寂光院(玄海)方へ
具申来候、牡丹・芍薬之儀、曾我
又左衛門(大坂町奉行・古祐)殿色々被入念忝候段、
具書状遣候、如仰文海上無事、
今月中旬ニ当山江来着候、
其方入念被相調候故、路次ニて
如其遣し見へ申、喜悦申候、殊
上様頃日弥御快気、猶更近日
当山へ可有御成候由、被仰出候、
可為満足候、恐々謹言、
(寛永十五年以前)霜月十三日　大僧正
秋野殿　判

尚々、廻船之入目以下迄、
又左衛門殿入御念通、寂光院申通、
書状ニ申遣候、来春待入候、我ホ(等)一段
息災ニ候、其寺中万事無油
断様可被申付候、以上、

○曾我古祐の大坂町奉行就任は、寛永十一年（一六三四）七月二十九日。同十五年十二月十六日、丹波守に就任す。

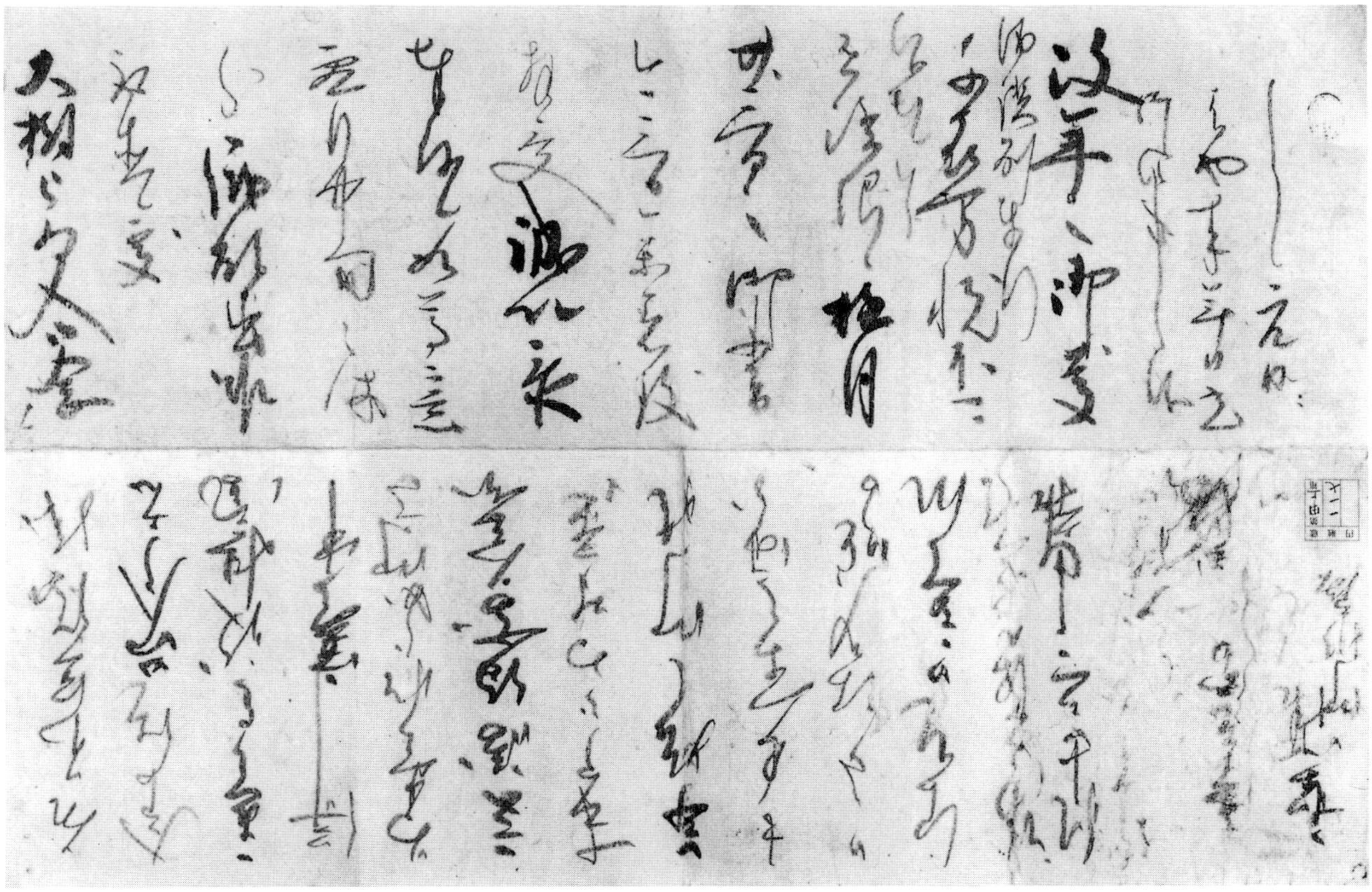

271　大僧正天海書状（折紙）

京都三千院文書

尚ゝ、元日ニ
はや（早）来年日光
御法事之儀、
酒讃州（大老・酒井忠勝）奉行
仰出候、以上、

改年之御慶
千喜万悦不可
有際限候、極月
廿三日之御書、
今三日参着致
拝受、誠以忝
奉存候、如尊意
霜月中旬之時
分、俄煩出、難
取直候処、
大樹（徳川家光）被為入御念候
故、不思儀残
命仕候、只今者
透ゝ与致快気候、
併寒中
為養性（生）被成御意、

宮崎備前（時重）・久志本（医師・常尹）
式部（部）被為付置候、
年始之御礼
も長閑之時分、
御意次第ニと、今日
仰出候、御懇之段
難有儀共ニ御座候、
猶追而可申述候、恐惶
謹言、
大僧正
（寛永十六年）孟春五日　天（花押）
（慈胤親王）梨門様（三千院門跡）
御披露

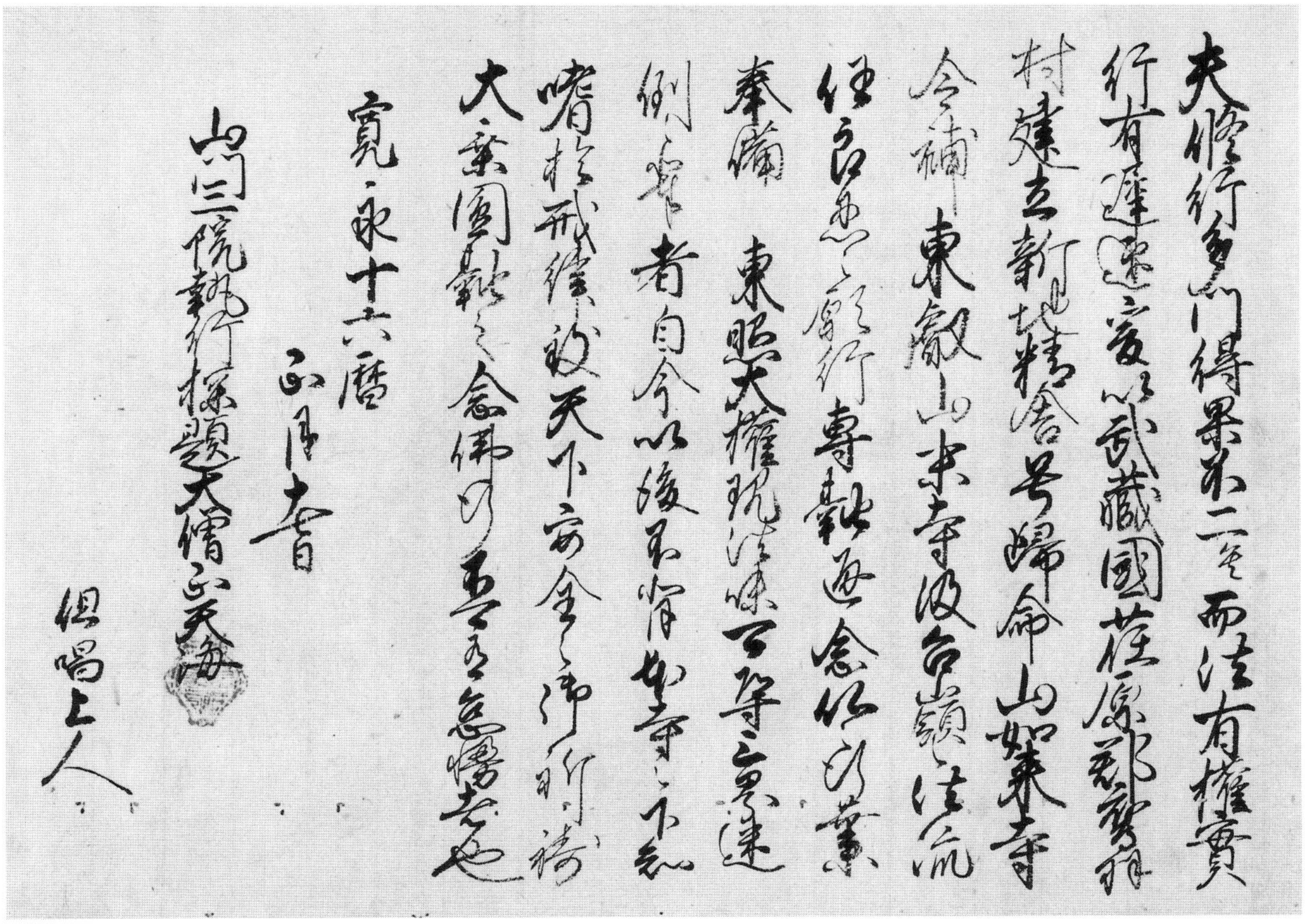

272

山門三院執行探題大僧正天海東叡山末寺許可状

東京如来寺文書

夫修行多門得果不二矣、而法有権実、
行有遅速、爰以武蔵国荏原郡鷹羽（高輪）
村建立新地精舎、号帰命山如来寺、
令補東叡山末寺、汲台嶺法流、
任良忍之願行、専融通念仏之行業、
奉備　東照大権現（徳川家康）法味、可導三界迷
倒之輩、者自今以後不背本寺之下知、
嗜於戒律、致天下安全之御祈禱、
大乗円融之念仏行、不可有怠慢者也、

寛永十六暦

正月十七日

山門三院執行探題大僧正天海（朱印）

但唱上人

273　山門三院執行探題大僧正天海改称許可状

岩槻慈恩寺文書

改小崎坊

号(印)遍照院

　　者也、

寛永十六年

　　孟春廿七日

山門三院執(印)行探題大僧正天海(印)

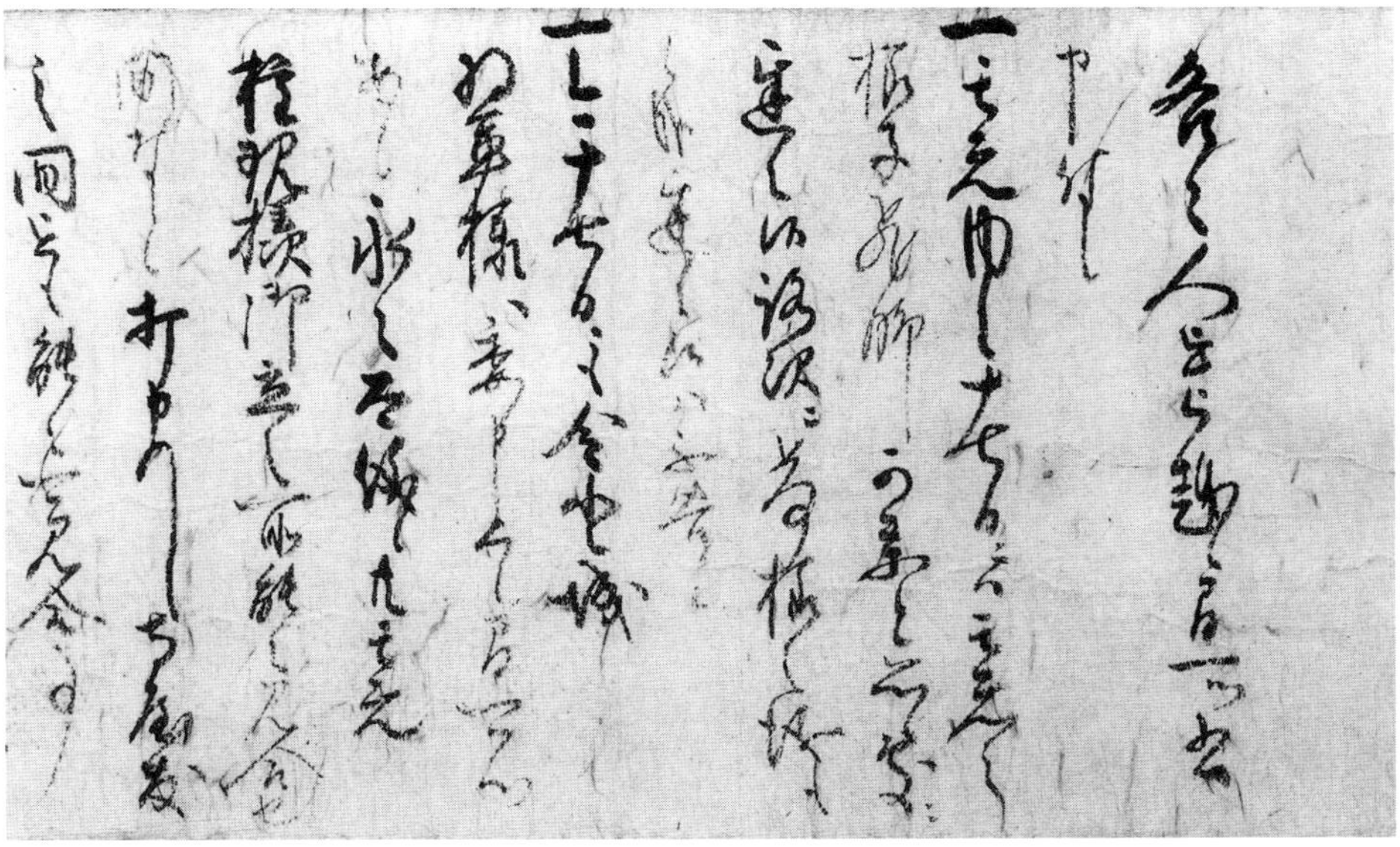

275　大僧正天海書状

世良田長楽寺文書

各ゝ人を被越候間、一ツ書
申付候、
一、其元内ゝ十七日ニハ、其元之
様子飛脚可参と思候処ニ、
遅ゝ候、路次ニ如何様之儀も
候哉、遅ゝ候ハ不苦候、
一、今十七日ニも令登城、
将軍様(徳川家光)へ委申上候間可心
安候、永ゝ太儀候共、其元
権現様(東照)御立之所、能ゝ見合せ
間なと打申へく候、寺屋敷
之間をも能ゝ可見合事、
一、定而兼而も無如在候得共、弥
御耳立候間、馬乗衆・かち(徒士)衆
被指越、用心彼是可有之候間、
其段ハ可心安候、
一、万蔵庵・大通庵彼徒者とも、
爰元ニハ隠れ候て不見候、依之
第一阿部豊州(忠秋・老中・忍藩主)并ニ寺社奉行衆、
念を入被尋候間、さがし(探)出可
申候、但、其元近辺ニ隠れ候者、

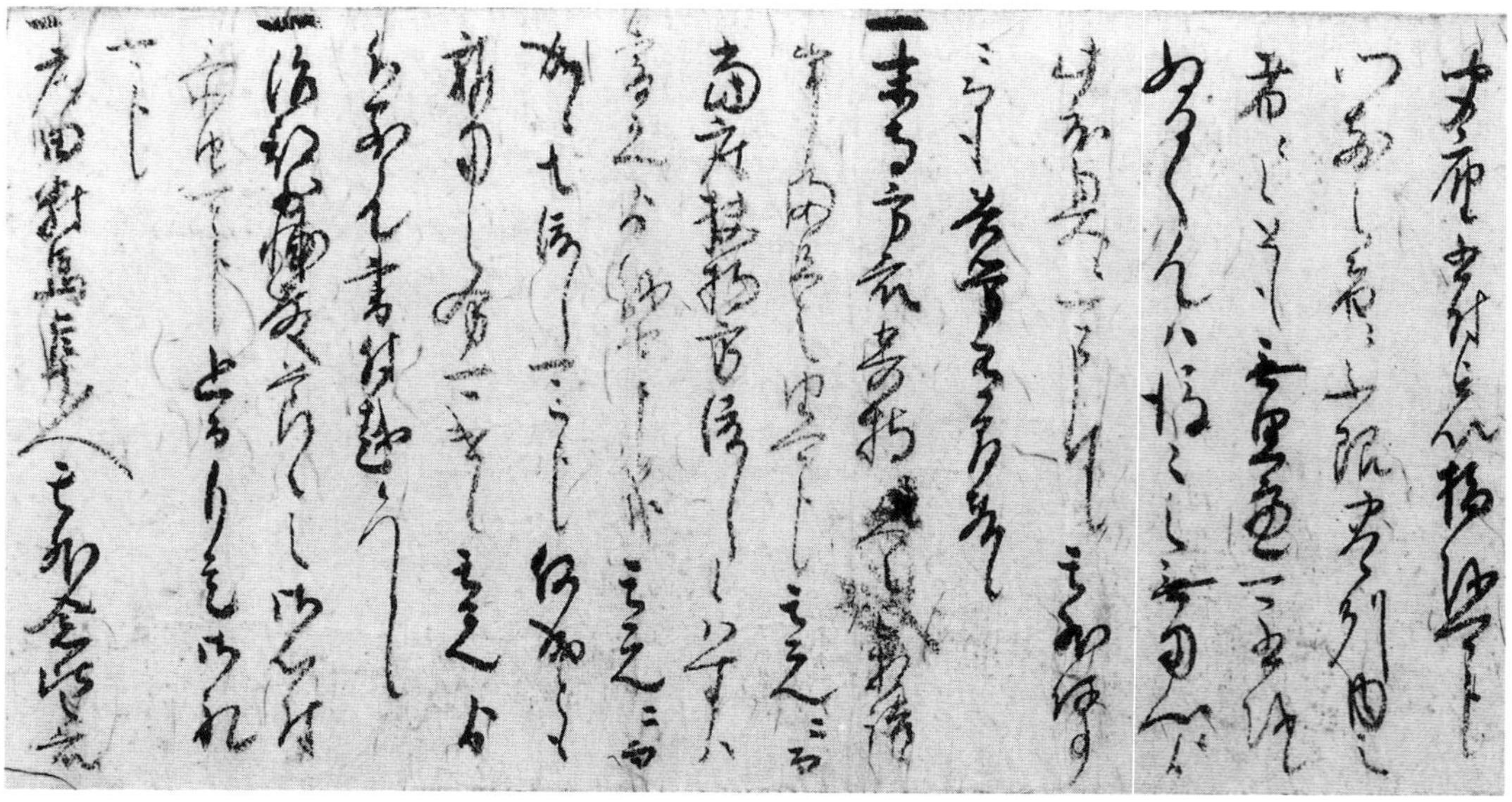

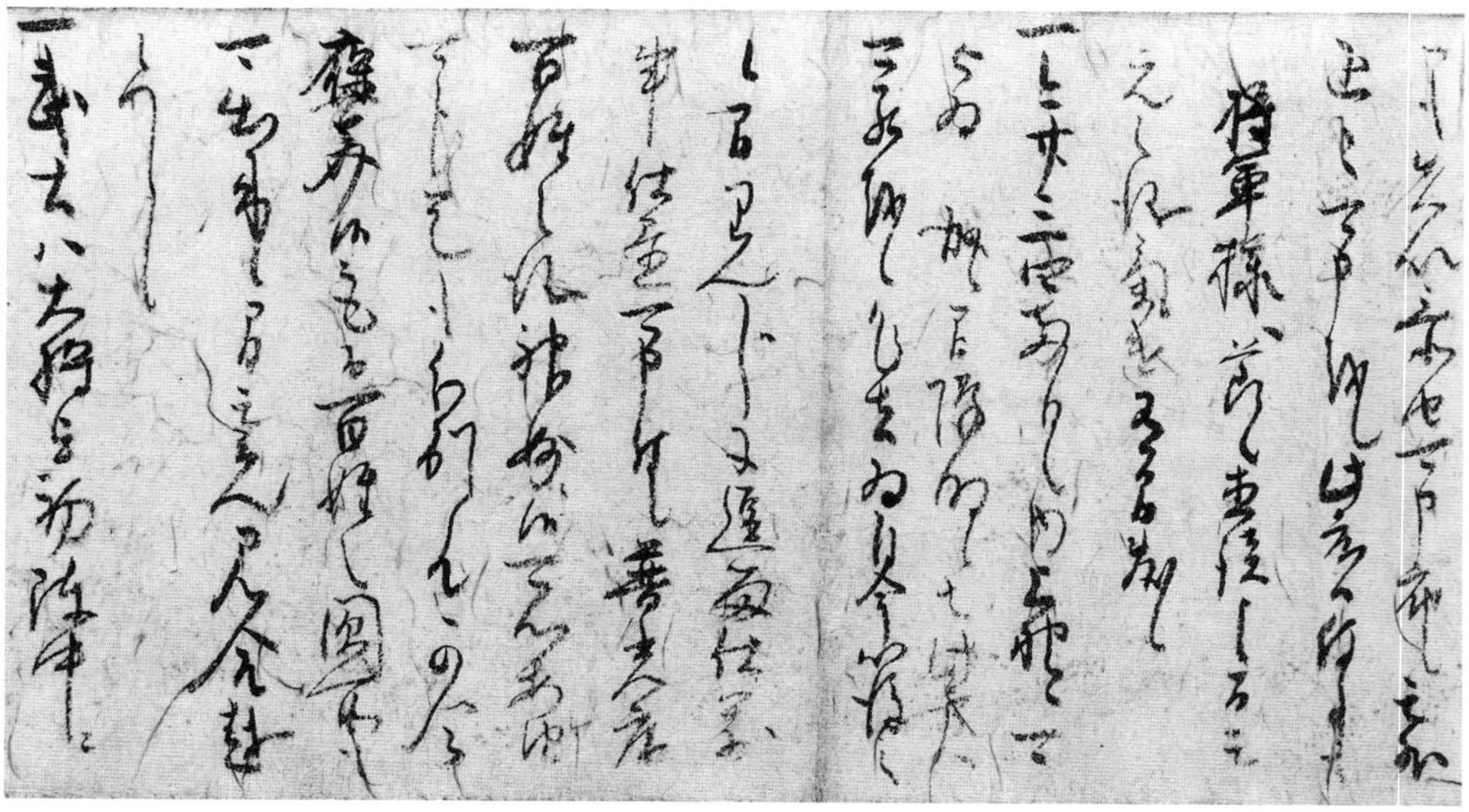

御尋候へく候、是も強而□(見えず)入候、
　御詮候間、豊後殿(阿部忠秋)如在有
間敷候、
一、門をとぢ(閉)候徒者、爰元へ聞
分、先以申越候、猶と能と
聞届、書付を以指越可申候、
門前之者ニ不限、豊州内之
者ニ候とも、無思慮可書越候、
ぬるく候てハ、後と之無用心ニ候、
此度具ニ可申付候、其外何事
ニ而も苦労有間敷候、
一、末寺方衆寄特ニ、久と被相詰候
事、満足之由可申候、其元ニ而
当座扶持方渡し候ハすハ、
爰元ゟ越可申候哉、其元ニ而
成候者渡し可被申候、何成とも
雑用之分可遣候、其元ゟ
分別候て、書付越候へく候、
一、治部少輔殿(新田豊純)節と之御心付
忝由可申候、追而自是御礼
可申候、
一、広田対馬・隼人(中村)、其外念比(頃)之衆
へも、先以忝由可申届候、其外
追と可申越候、此度ハ何事も

将軍様(徳川家光)へ節ゝ直談申候間、其
元之儀気遣有間敷候、
一、今廿三、四両日之内、上野へ可
被為　成候間、隙明候者、此方へ
可罷越候、乍去為自今以後之
候間、りんじ(臨時)に逗留仕、万
事仕置可申付候、普光庵・
百姓之儀神妙ニ候、可心安由
可申候、是も分別候て可令
褒美候、定而百姓之闕所も
可出来候間、其元見合越
候へく候、
一、武士ハ大将を初、陣中ニ
向てハ、種ゝ苦労候、易事ニ
候間、逗留候て、能ゝ仕置可
仕候、猶具ニ一ッ書待入候、
何事も隠密可有候、かしく、

大僧正

(寛永十六年)二月十八日　天（花押）

寂(最)教院(見海)

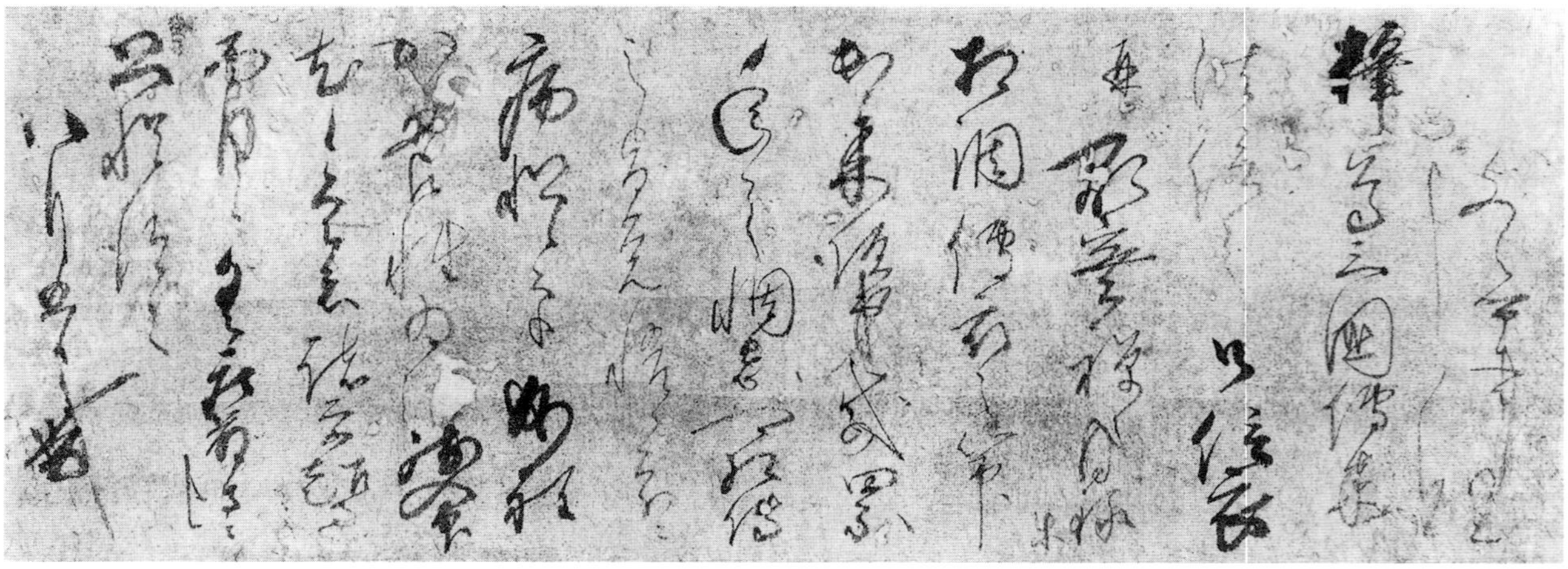

276　天海書状

世良田長楽寺文書

尚ゝ、万事口上
　申候、以上、
釈尊三国伝来
法信之御信衣、
幷顕密禅之目録ホ（等）
相調、伝衣之管（環カ）
出来次第、感累
年之悃志、可相伝
之旨、覚悟候処ニ、
病悩之気、成程
加養性（生）、為□（虫損）残命
尤候、是者諸宗超過
面目候、具庄厳寺ニ申候、
恐惶謹言、
　八月五日　（花押）（天海）

○年未詳なれど、便宜ここに収む。

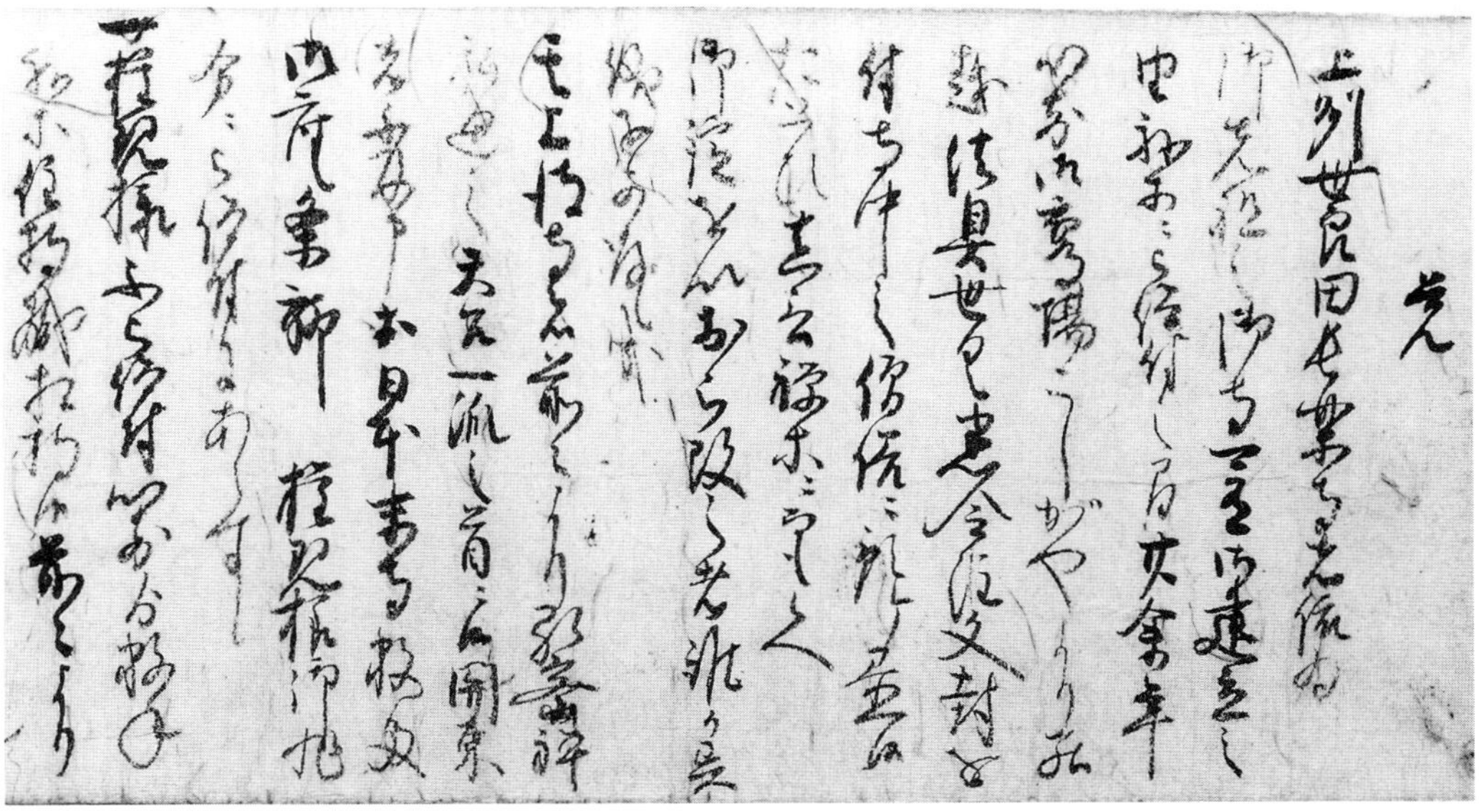

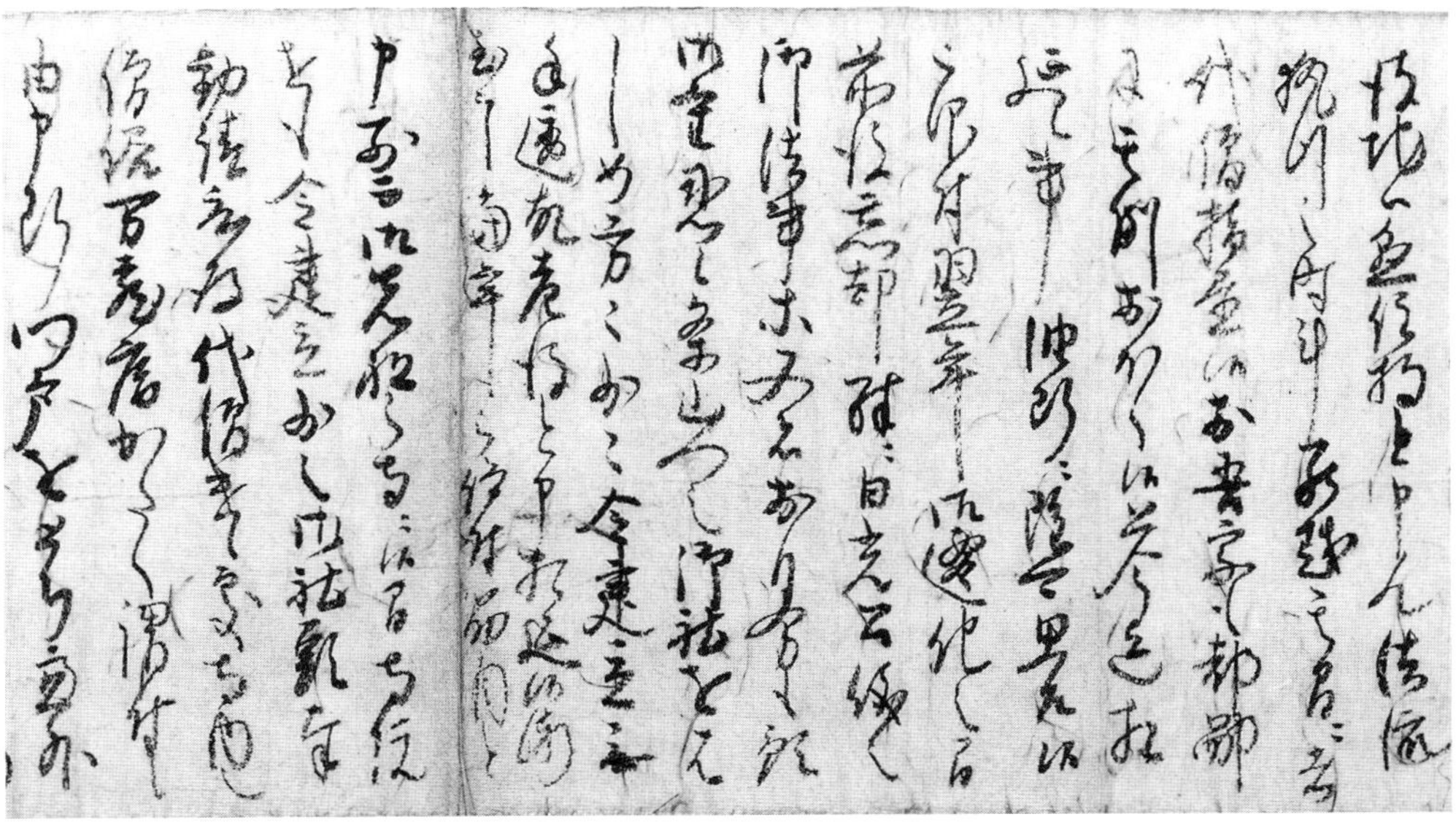

277 天海覚

世良田長楽寺文書

覚

上州世良田長楽寺者、依為
御先祖之御寺、可有御建立之
由、我ホ(等)ニ被仰付之間、廿余年
以前、御鷹場こしがや(越ケ谷)より罷
越、法具・世具悉令注文、封を
付、寺中之僧俗ニ預ケ置候、
たとひ(仮令)真言・禅ホ(等)ニ而も候へ、
御諚を以、於被改之者、誰か吴(異)
儀を可存候哉、
其上彼寺者、前ゝより顕密禅
弘通之天台一派之首ニ候、関東
者不及申、於日本末寺数多
御座候条、聊(聊)(徳川家康)権現様御非
分ニ被仰付にあらす候、
一、権現様不被仰付以前ゟ数年、
我ホ(等)住持職相持候、前ゝより
彼地ハ懸住持と申候て、法流
執行之時計罷越、其間ニ者
代僧指置候、於吾宗も都鄙
に其例おほく(多)候、只今迄相
延候事、油断ニ雖可思召候、
被仰付翌年、御遷化之間、
前後忘却、殊ニ日光公儀之
御法事ホ(等)、又者於自分も預
御重恩候条、山門之御社をは
しめ、方ゝ少ゝ令建立、無

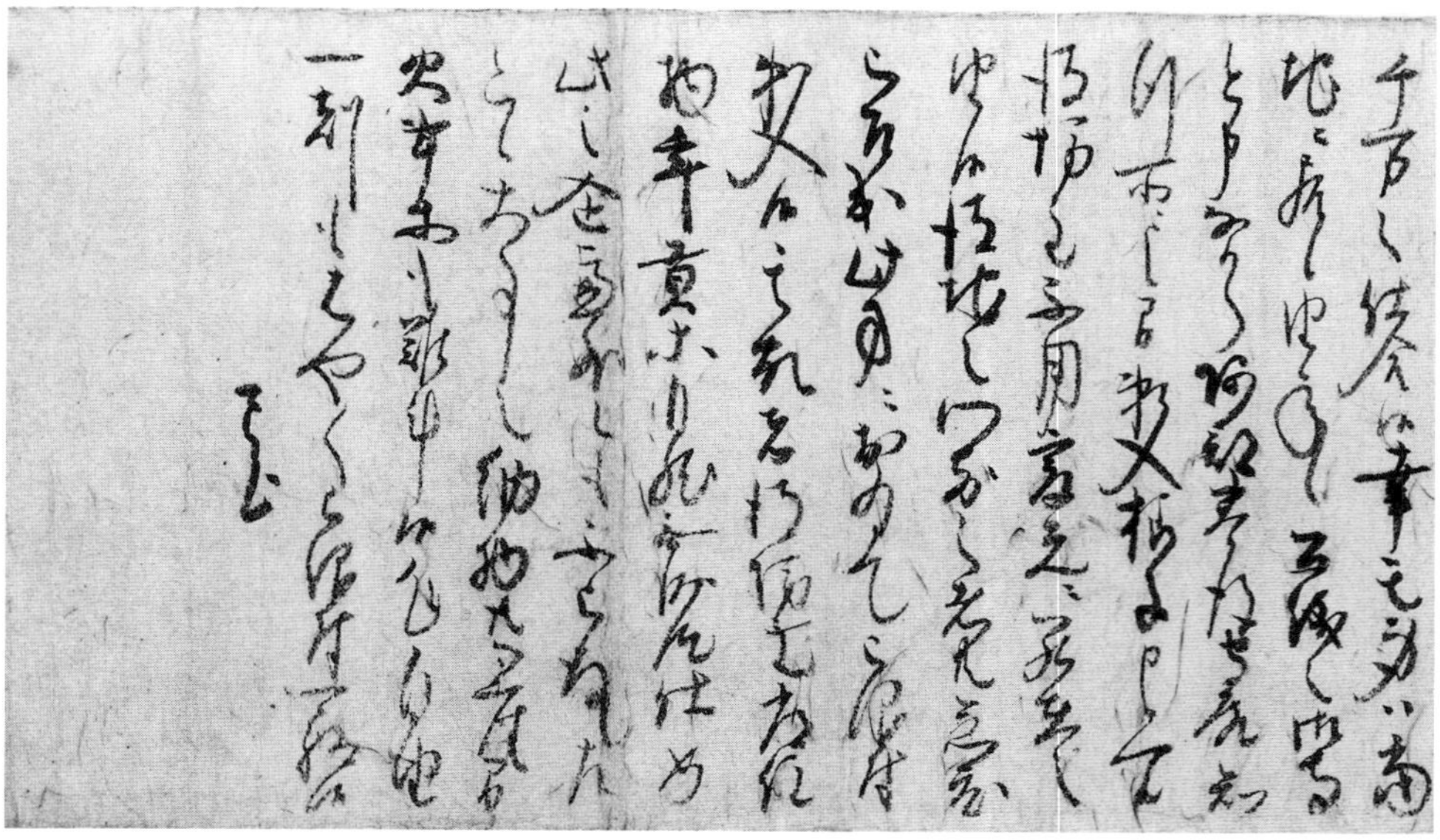

手透故、老後と申相延候、漸
至于当年、被仰付筋目と
申、別而御先祖之寺ニ候間、寺院
をも令建立、少之御社頭奉
勧請度存、代僧遣候処、寺内之
僧俗万蔵庵かたく（堅）謂付候
由申断、門戸をとち（閉）、慮外
千万之仕合候、幸其身ハ当
地ニ居候由承候、公儀之御寺
と申なから、阿部豊後守（忠秋）殿知
行所ニ候間、頼入様子申候へ共、
彼坊主不用、爰元ニ罷在之
由候、彼地之門前之者共、急度
被召出、此方ニおゐて被仰付
頼入候、其故者彼坊主常住
物・年貢ホ（等）、自然無沙汰仕、如
此之企慮外ニも不被存候、左
候ハヽ、大事之納物共御座候間、
火事ホ（等）も難計候、乍自由
一刻もはやく被仰付可給候、
已上

○年未詳なれど、便宜ここに収む。

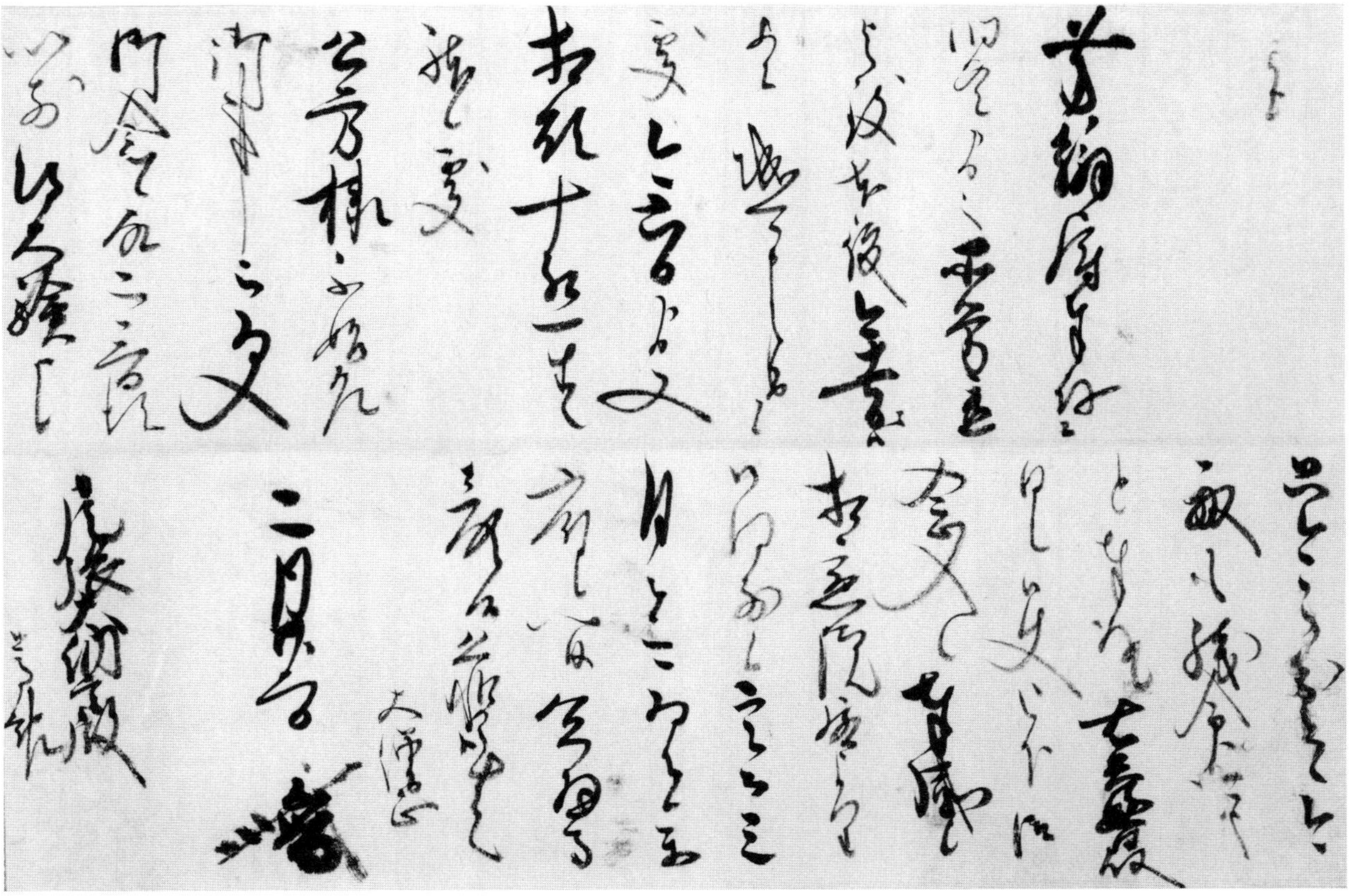

278　大僧正天海書状（折紙）

名古屋徳川美術館文書

已上

芳翰辱奉存候、
旧冬ゟ之所労悉
被致本復、今十七日ニハ
登　城可申旨候
処、今六日ゟ又
相煩、十死一生之
躰候処、
公方様（徳川家光）不始乍
御事、被為入
御念候故、二、三日従
以前、得大験申候、
只今之分候ハ、、今
般も残命可申
と奉存候、右兵衛督殿（徳川光友）
日と御使被下御
念入候、奉感候、
相応院（義直母・お亀の方）よりも
御同前候、定而三
月者可為御参
府候間、宜拝尊

顔候、恐惶謹言、

大僧正

（寛永十六年）二月廿二日　天（花押）

（徳川義直）尾張大納言殿

尊報

○『徳川義直と文化サロン』（平成十二年九月、徳川美術館刊）九〇頁写真、二一〇頁釈文参照。

徳川光友の右兵衛督就任は、寛永十年（一六三三）十二月二十九日。

相応院の忌日は、寛永十九年閏九月十六日。

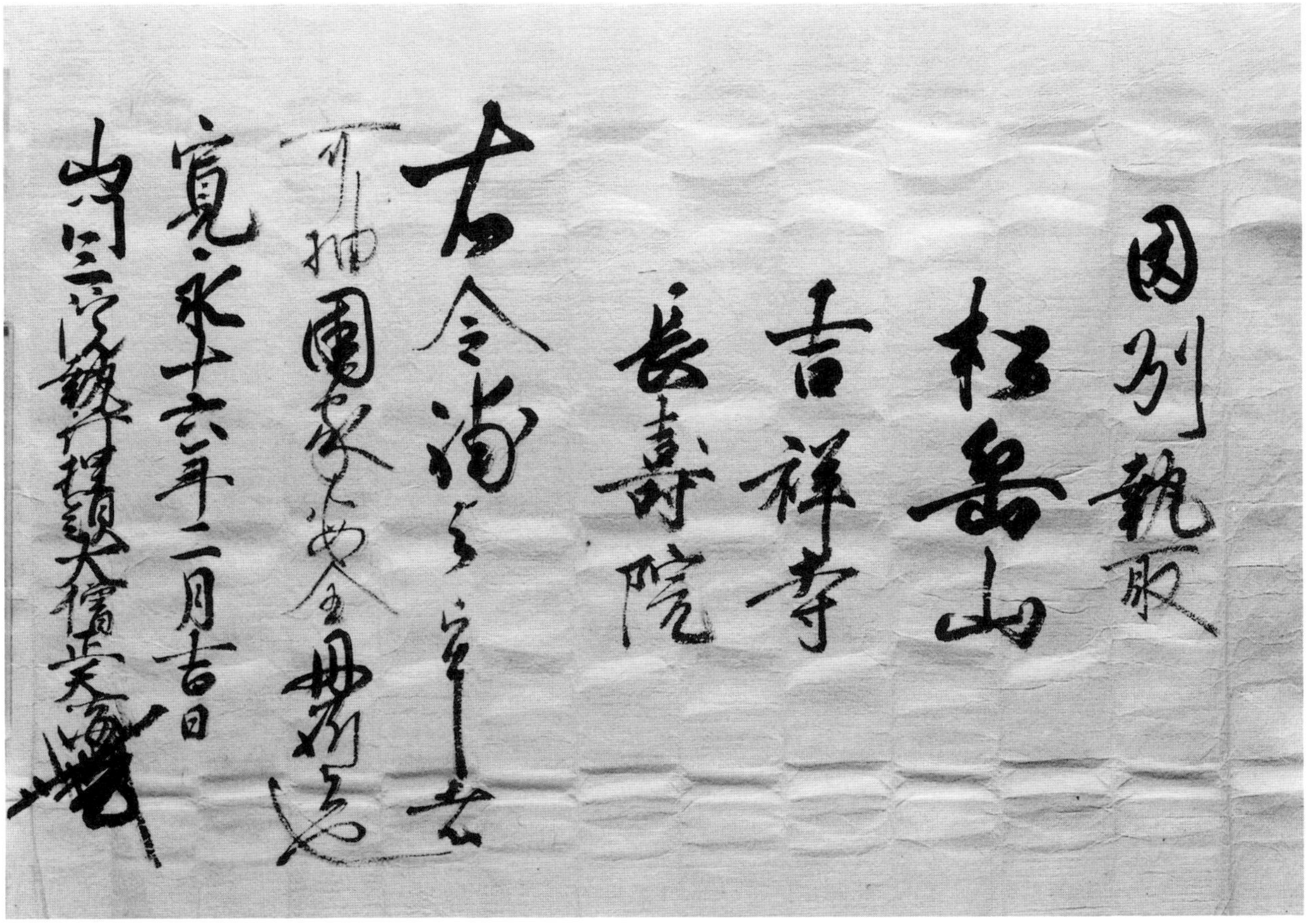

279　山門三院執行探題大僧正天海吉祥寺三号許可状

鳥取大雲院文書

因州（因幡）執取

松岳山

吉祥寺

長寿院

右令補与早（畢）、者

可抽国家安全丹祈者也、

寛永十六年二月吉日

山門三院執行探題大僧正天海（花押）

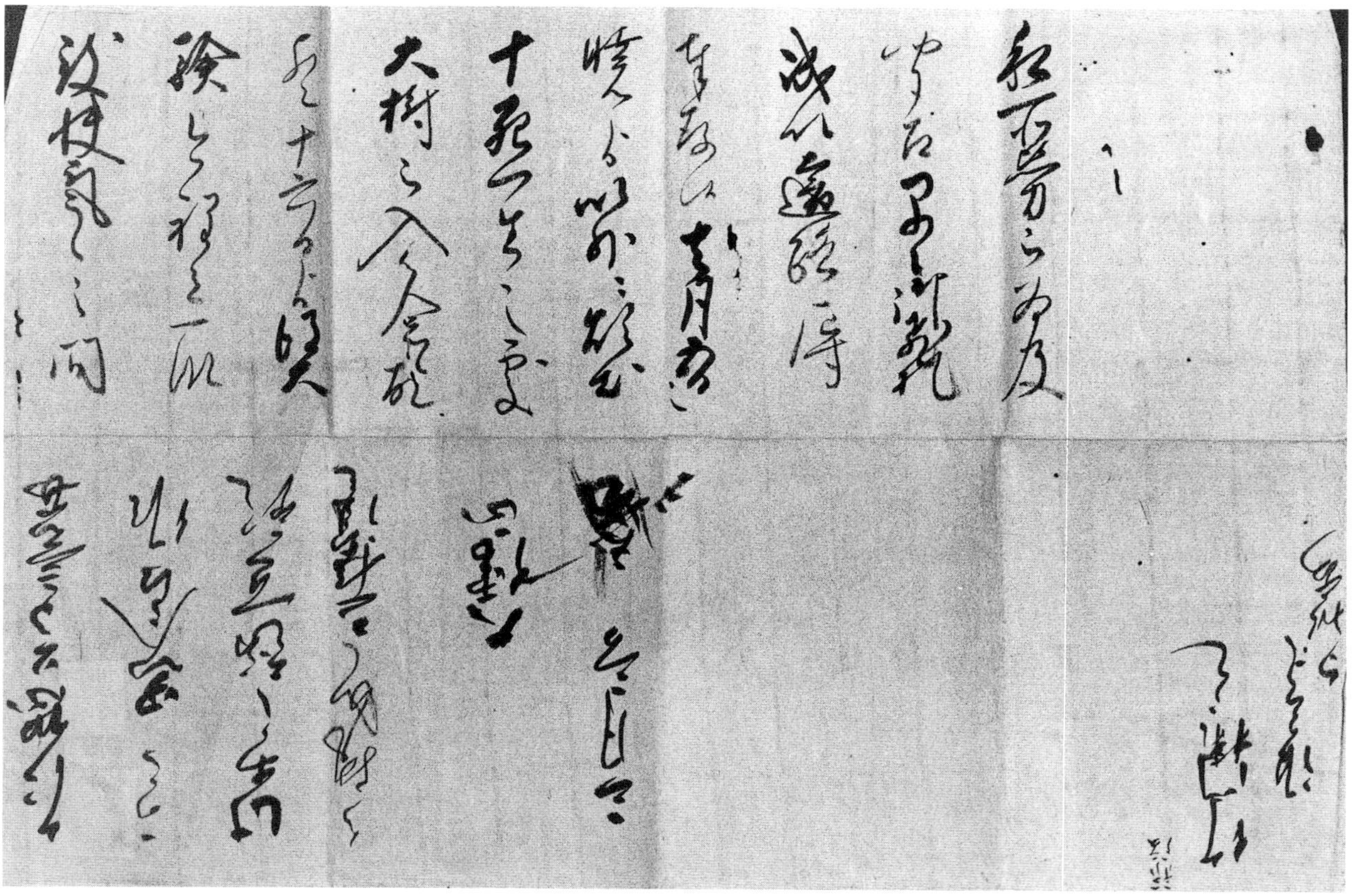

281　大僧正天海書状（折紙）

京都曼殊院文書

私所労被為及
聞召、早ヽ御飛札、
誠以遠路辱
奉存候、去月五日之
暁ゟ以外ニ煩出、
十死一生之処、
（徳川家光）
大樹被入御念候故
欤（歟）、十六日ゟ得大
験、今程者一段
致快気候之間、
乍恐尊意安
可被思食候、
此ホ（等）之趣、宜預
御執成候、恐惶謹言、
大僧正
（寛永十六年）
三月三日　天（花押）
拝復（良恕親王）
竹門様ニて
（曼殊院門跡）
誰にても
御披露

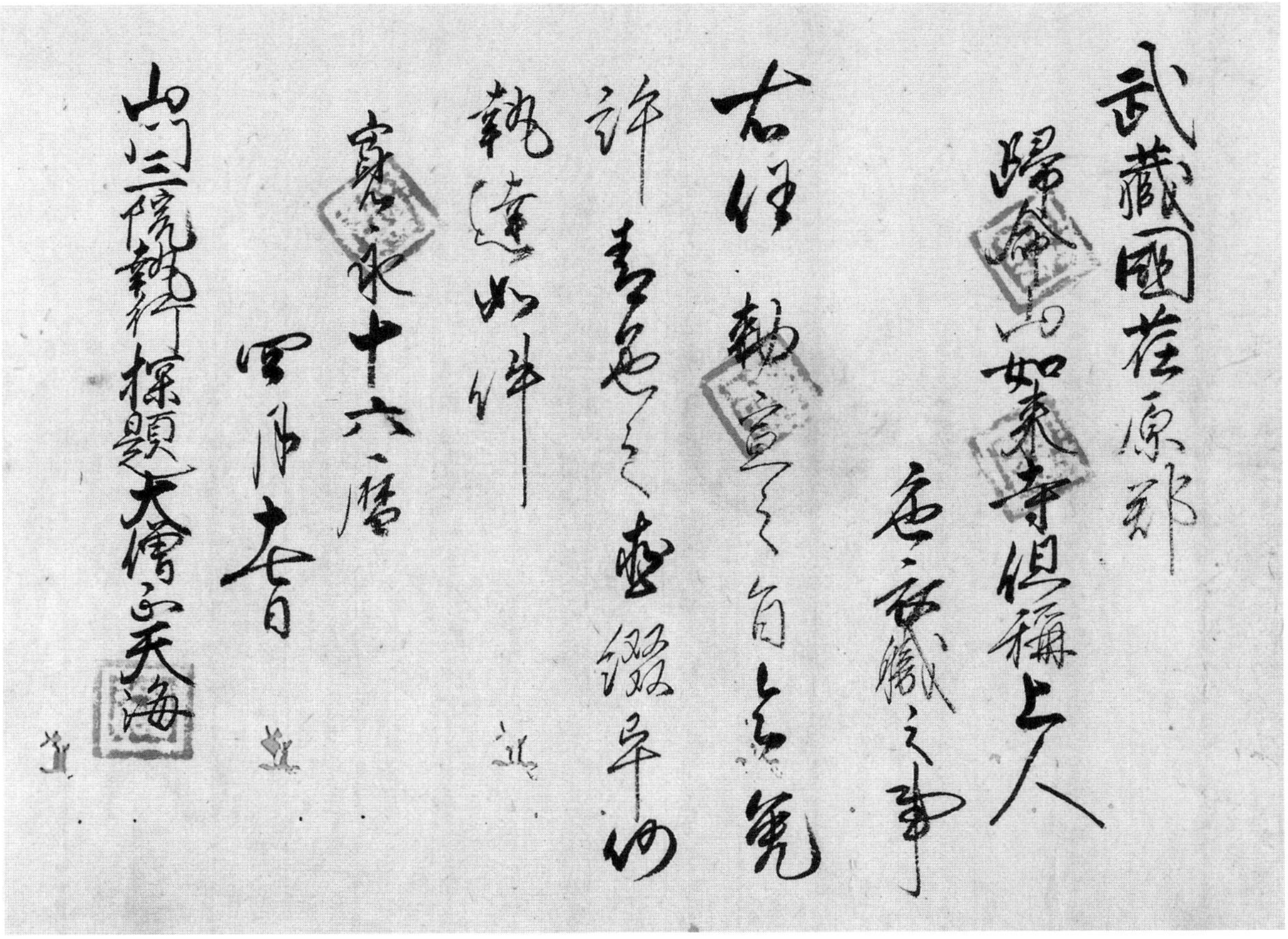

282　山門三院執行探題大僧正天海色衣免許状

東京如来寺文書

武蔵国荏原郡
帰命（印）山如来（印）寺但称上人
色衣職之事
右、任　勅（印）宣之旨、令免
許　青色之直綴皁（畢）、仍
執達如件、
寛（印）永十六暦
四月十七日
山門三院執行探題大僧正天海（印）

○本文書は、検討の余地あり。

283　大僧正天海書状（折紙）

京都曼殊院文書

御書拝見辱存候、
（良恕親王）
御門主様座主勅
許之旨、御満足
推量仕候、仍而御
自筆之草子
壱冊被下、御心
付之段、一入辱
存候、来年者
日光御下向可
被成候間、其節
御礼可申入候、
猶後音之時
可申述候、恐惶
謹言、

大僧正

（寛永十六年）
夘（卯）月廿五日　天（花押）

（曼殊院門跡）
竹門
（良尚親王）
新宮様

○良恕親王の座主就任は、寛永十六年（一六三九）三月十八日。

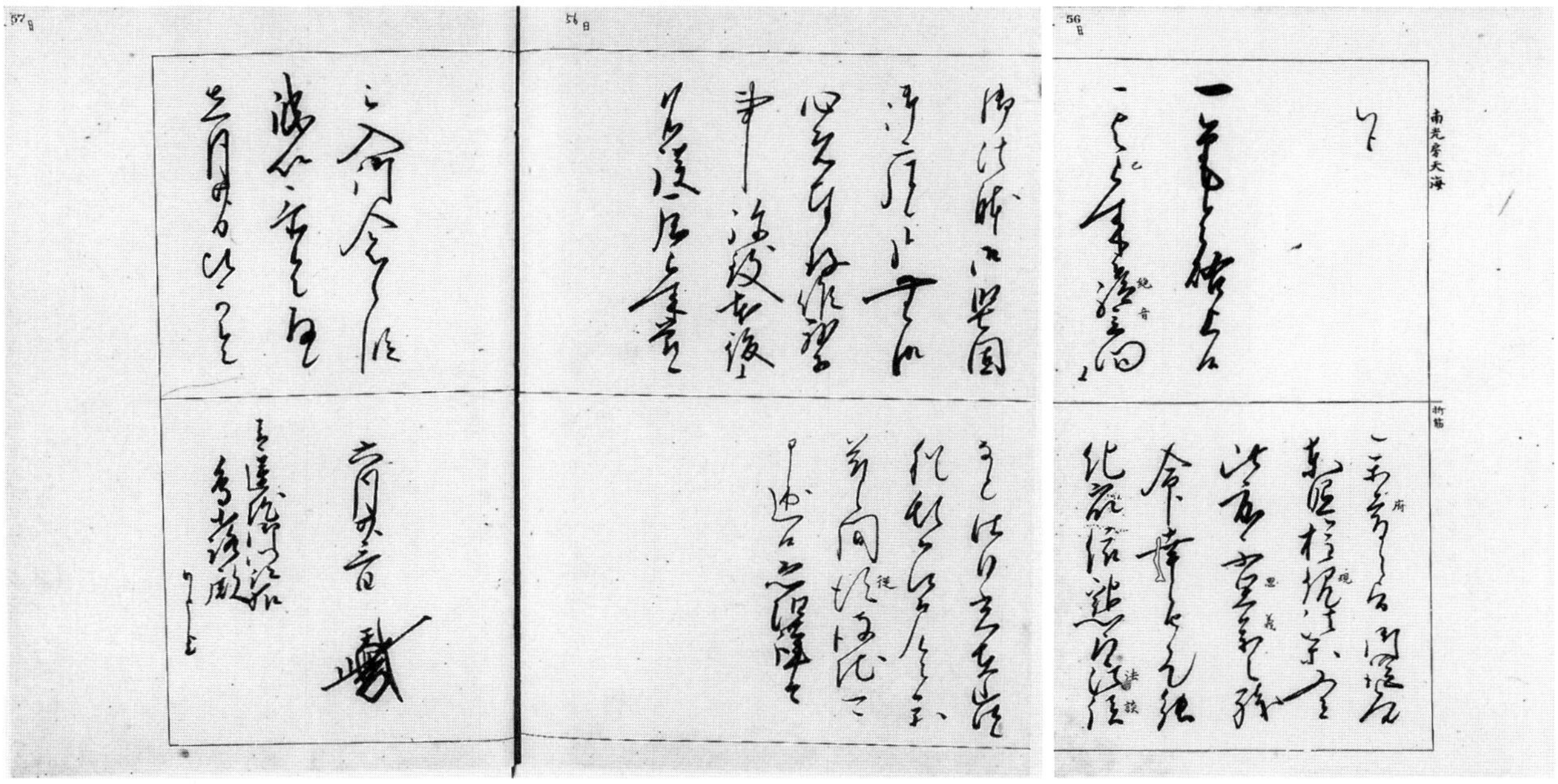

284 天海書状（折紙）

東京大学史料編纂所影写本
日下安左衛門氏文書

以上
一筆令啓上候、
其已来者絶音問候、
御法躰御堅固
御座候哉、無御
心元奉存候、我ホ(等)
事弥致本復候、
名護屋已来節ヽ
被入御念候段、
誠以忝令存候、
先月廿日比可令
参府之旨、御諚候へ共、
東照権現法楽、又者
此度不思義(議)之残
命、幸之由候て、能
化衆依懇望、法談
なと(等)仕、日光在山仕候、
猶頓而江戸令参
府候間、従彼地可
申述候、恐惶謹言、
(寛永十六年)六月廿三日　天（花押）
青蓮院御門跡様(尊純親王)
鳥(経音)小路殿
御申上

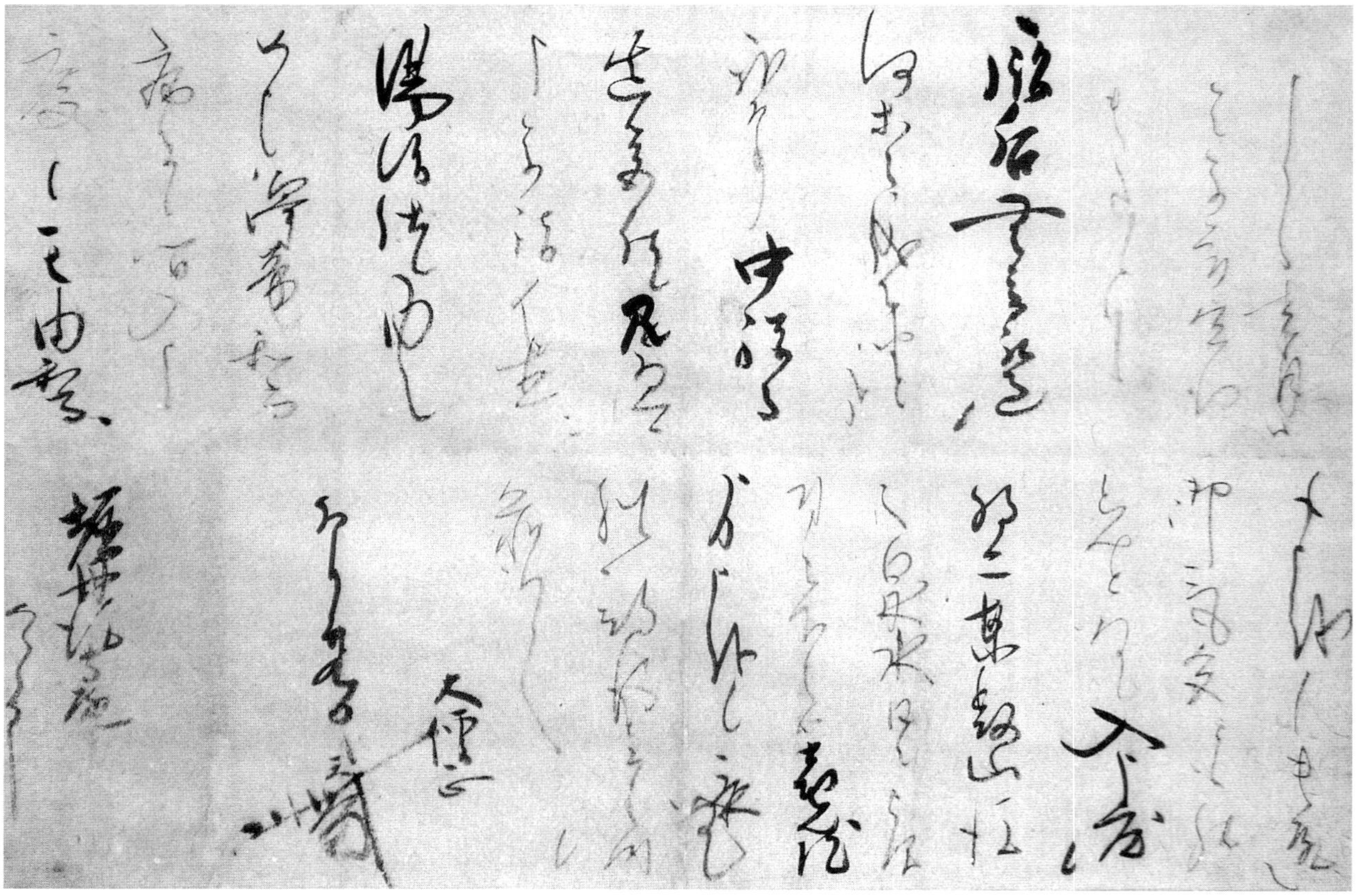

285　大僧正天海書状（折紙）

北方文化博物館文書

尚々来月ハ
　令参府、宜得
　貴意候、已上、
厥后無音罷過候、
何ホ(等)之儀御坐候哉、
我ホ(等)事中禅寺
造営仕候、見為可
申参詣候て、直ニ
湯治仕候、内ゝ
如申候、沢菴(庵)和尚
病者候間、入申
度候、其由和尚へ
も申越候、貴殿之
御気色ニも能
候ハんと存候、入申度候、
将亦東叡山後
之泉水、具ニ被仰
付被下候由、喜見(盛憲)院
ゟ申越候、忝存候、
猶期後音之時候、
恐惶謹言、
　　　大僧正
夘(卯)月廿九日　天（花押）
堀丹(直寄)後守殿
　　　人ゝ御中

○堀直寄の忌日は、寛永十六年（一六三九）六月二十九日。

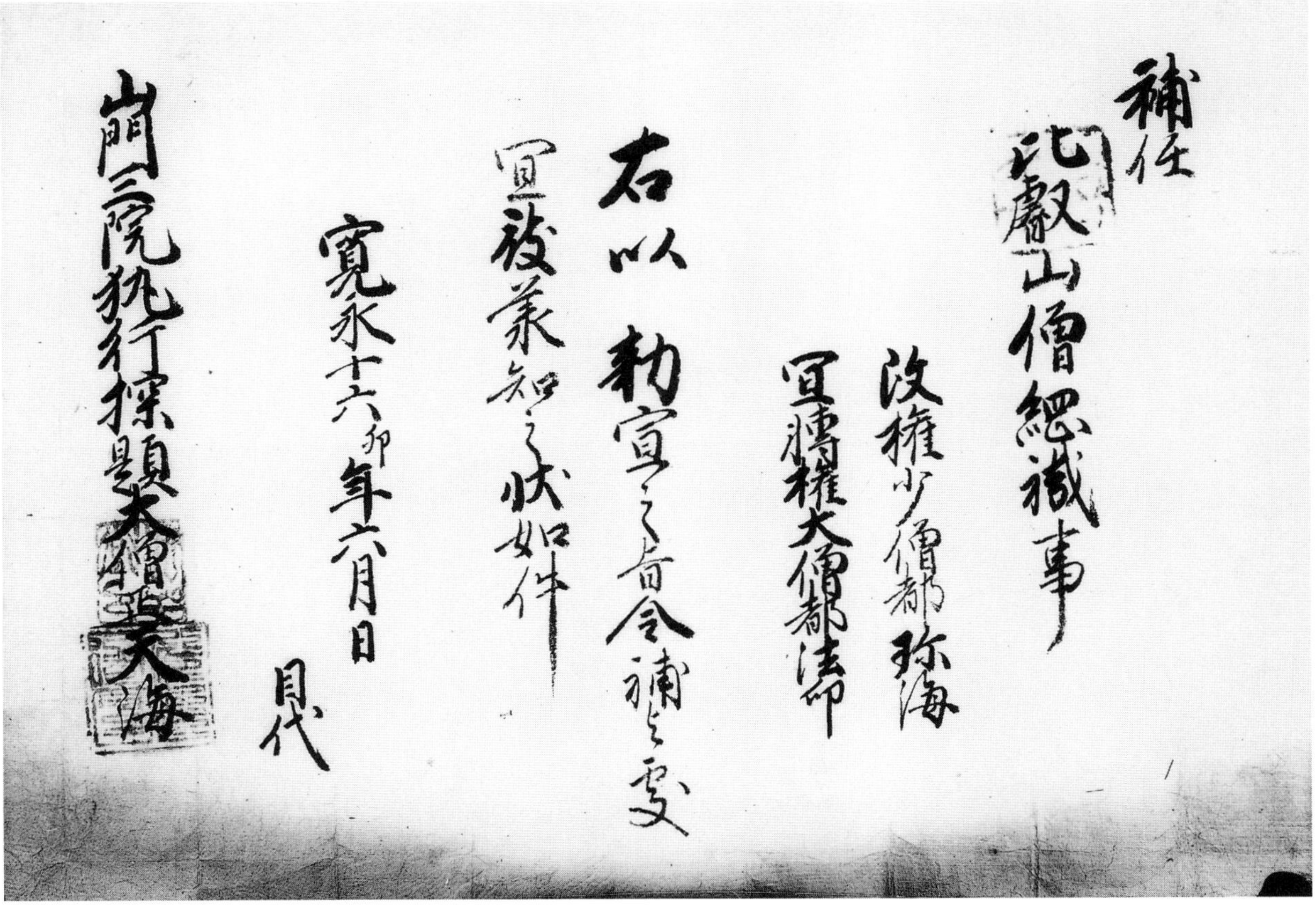

286　山門三院執行採題大僧正天海比叡山僧綱職補任状

春日井密蔵院文書

補任
（印）
比叡山僧綱職事
改権少僧都珎海（珍）
宜転権大僧都法印
右以　勅宣之旨令補与処、
宜被承知之状、如件、
寛永十六夘（卯）年六月日
目代
山門三院執行採題大僧正（印）天海（印）

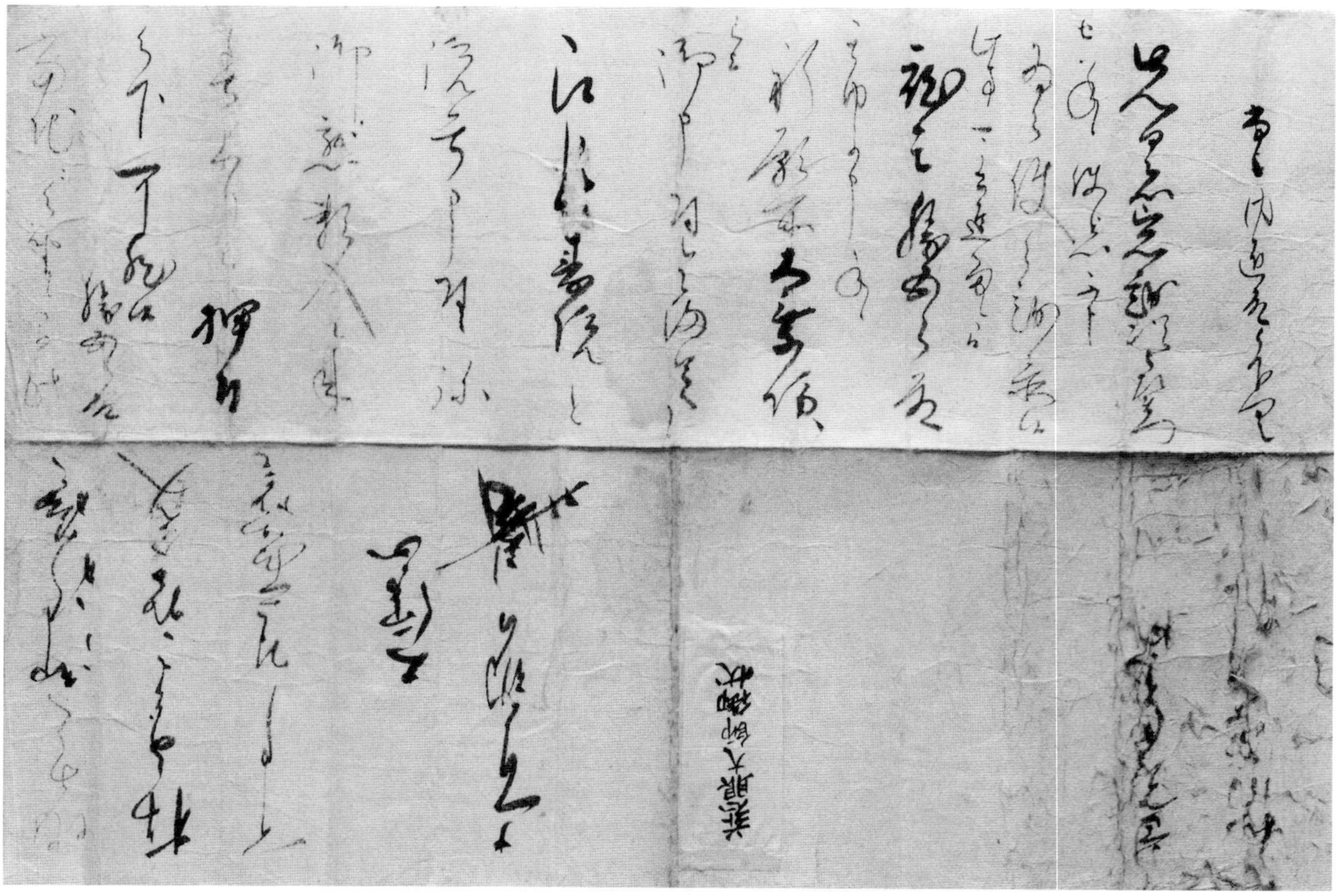

287　大僧正天海書状（折紙）

鳥取大雲院文書

尚々、内匠（荒尾成利）殿御下向之
由承候、使者以不申、
此方可有逗留候間、
其内可申承候、
已上、

先日者岩越次郎左衛門
為御使御越忝候、
就其勝五郎（池田光仲）殿、
祈願所大乗坊（栄春）へ
御申付令満足候、
即長寿院と
院号申付候、弥
御懇頼入候、来
春上り候ハヽ、押付
御下可然候、勝五郎殿
当地ニ御坐候間、此
地にて御祈禱之
様子をも、我ホ（等）念入
可申付候、恐惶謹言、
大僧正
（寛永十六年カ）十一月朔日　天（花押）
荒尾内匠（成利）殿
和田飛騨守（三正）殿
人々御中

○大雲院所蔵の寛永十六年（一六三九）二月吉日付天海三号許可状を参照。

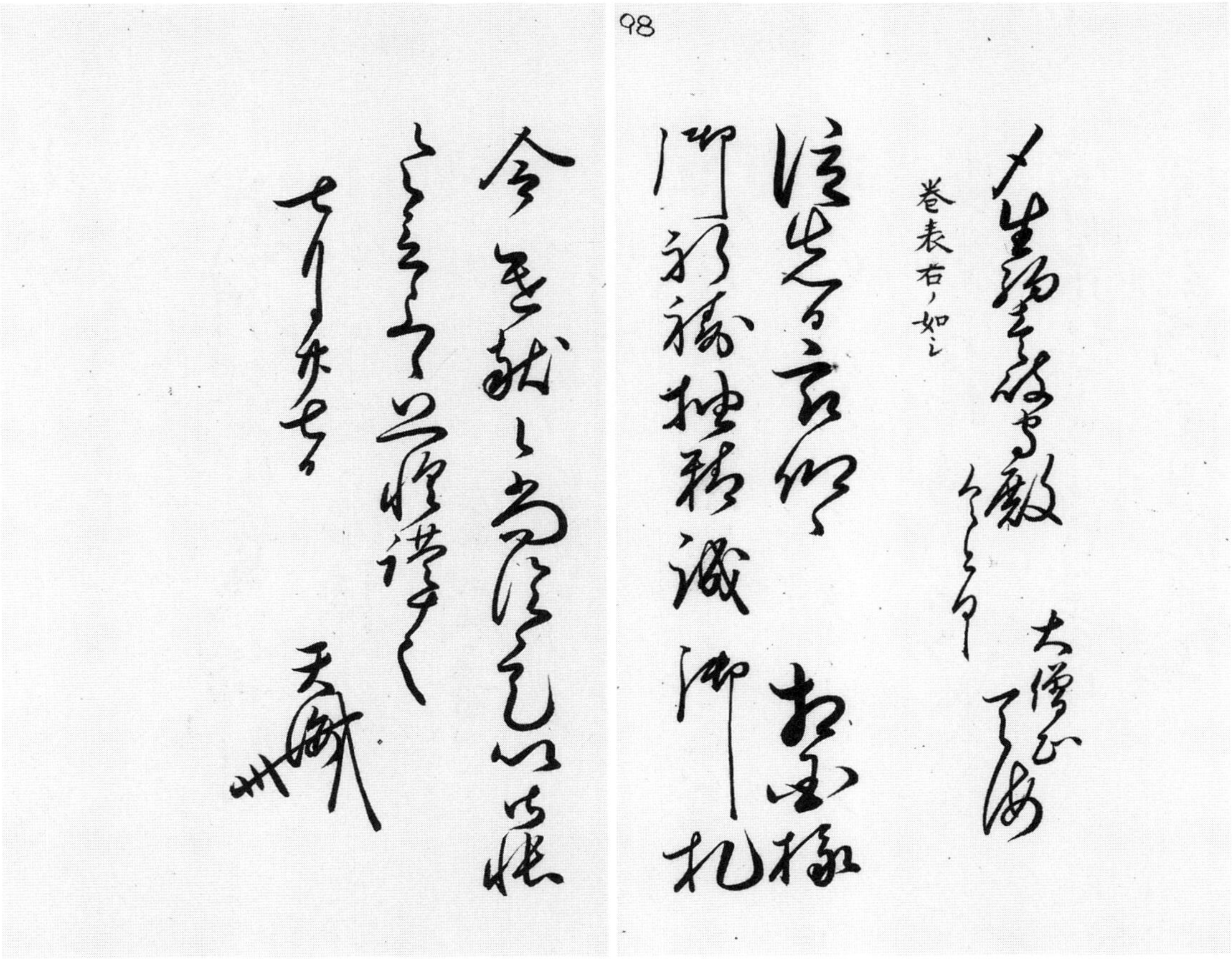

289 大僧正天海書状

東京大学史料編纂所影写本
『生駒家宝簡集 乾』

「（ウハ書）〆 生駒（高俊）壱岐守殿 大僧正
人々御中 天海 」

従先日被仰候 相国様（徳川家光）
御祈禱抽精誠、御札
令進献候、尚従是以御帳
令言上候、恐惶謹言、
（寛永十六年以前）七月廿七日 天海（花押）

○生駒高俊の壱岐守就任は、寛永三年（一六二六）八月十九日。同十七年七月二十六日、出羽国に配流。

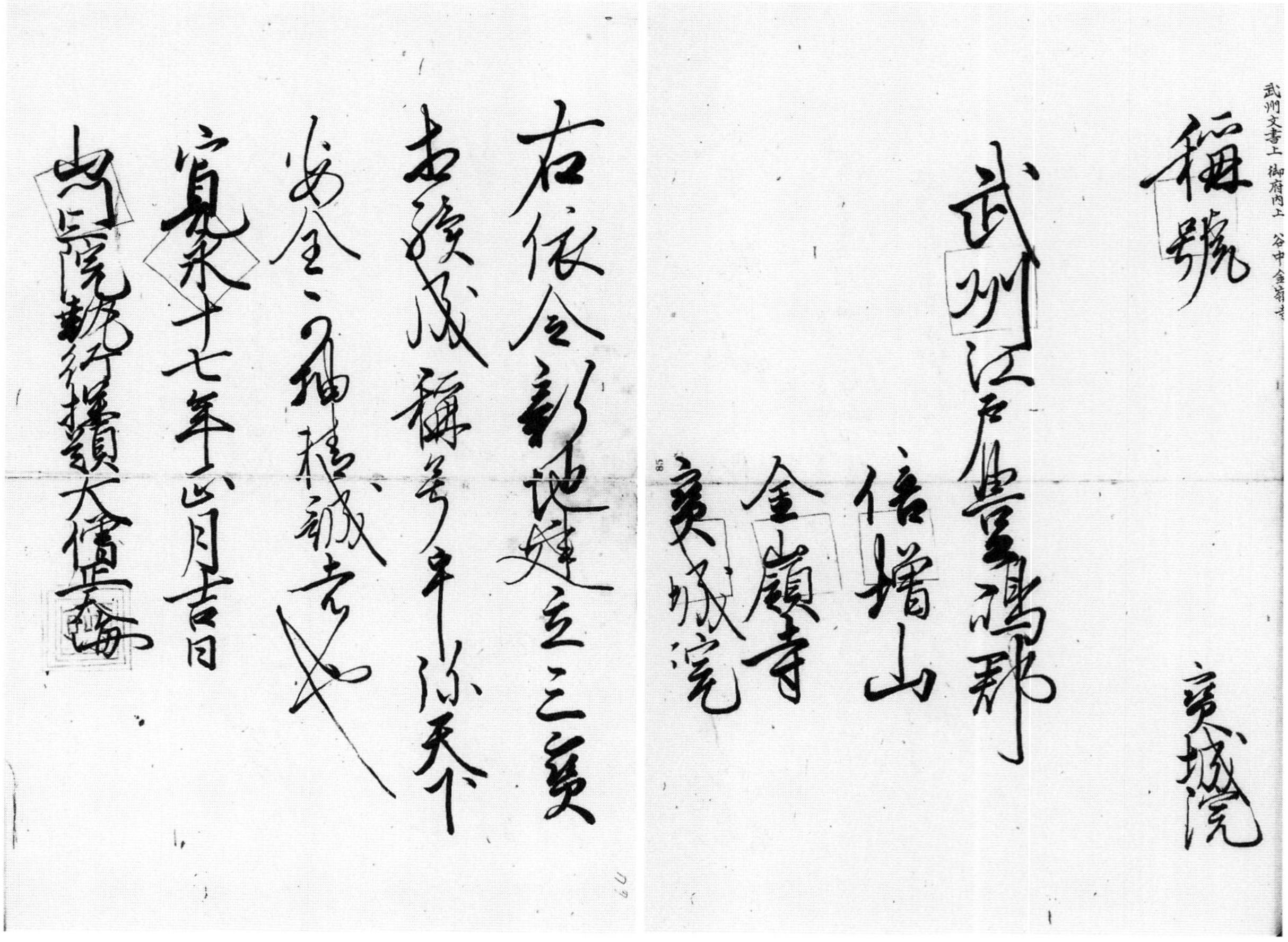

290　山門三院執行探題大僧正天海称号許可状

東京大学史料編纂所影写本
『武州文書』谷中金嶺寺文書

称号(印)　宝城院
武州(印)江戸豊島郡
倍増山(印)
金嶺寺(印)
宝城院(印)
右依令新地建立、三宝
相続、成称号訖(畢)、弥天下
安全可抽精誠者也、
寛永(印)十七年正月吉日
山門(印)三院執行探題大僧正天海（朱印）

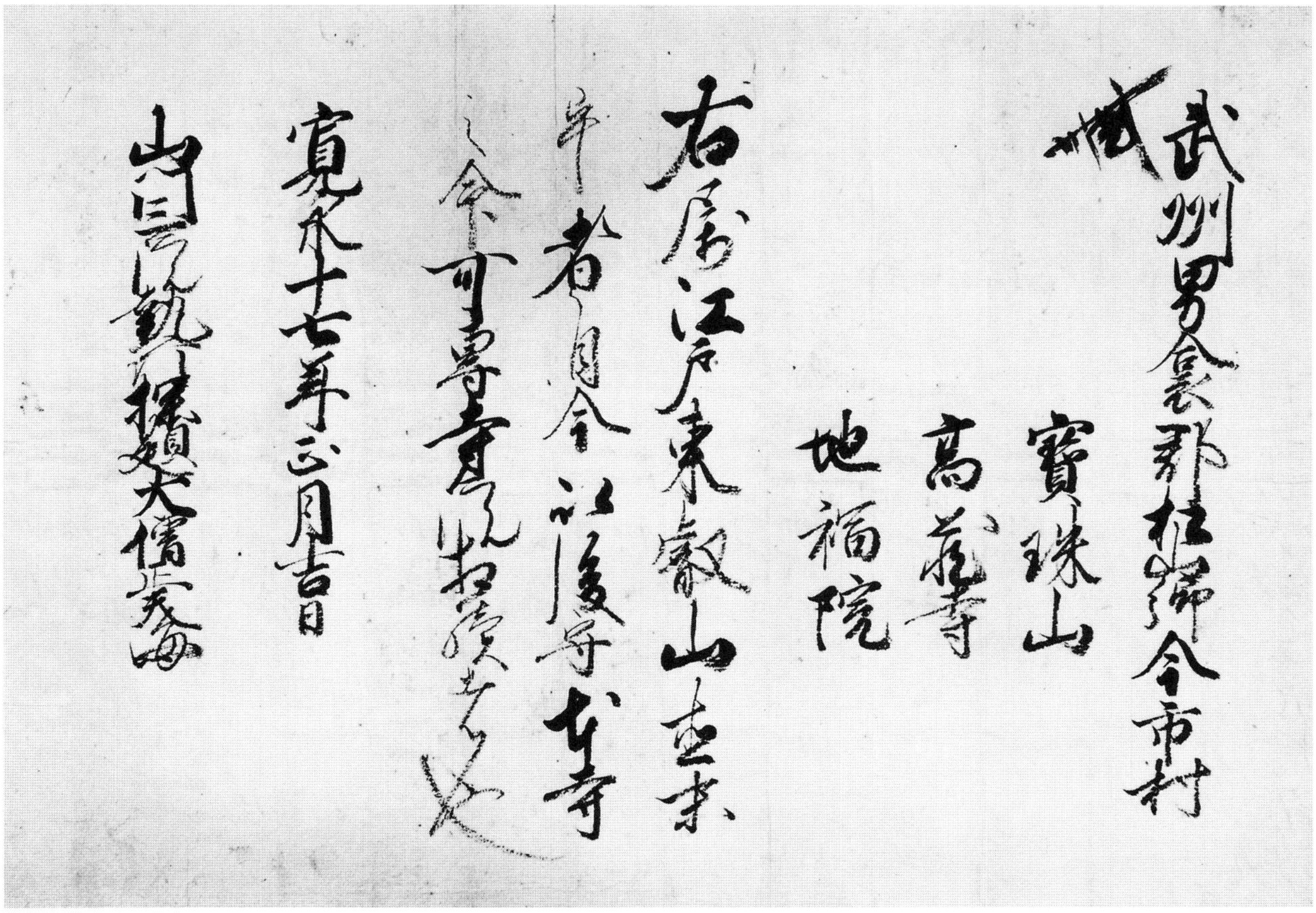

291　山門三院執行探題大僧正天海東叡山直末許可状

寄居高蔵寺文書

武州男衾郡松山郷今市村

（花押）(天海)　宝珠山

高蔵寺

地福院

右属江戸東叡山直末

旱(畢)、者自今以後、守本寺

之命、可専寺院相続者也、

寛永十七年正月吉日

山門三院執行探題大僧正天海

○本写真は、埼玉県立文書館より御提供いただいた。

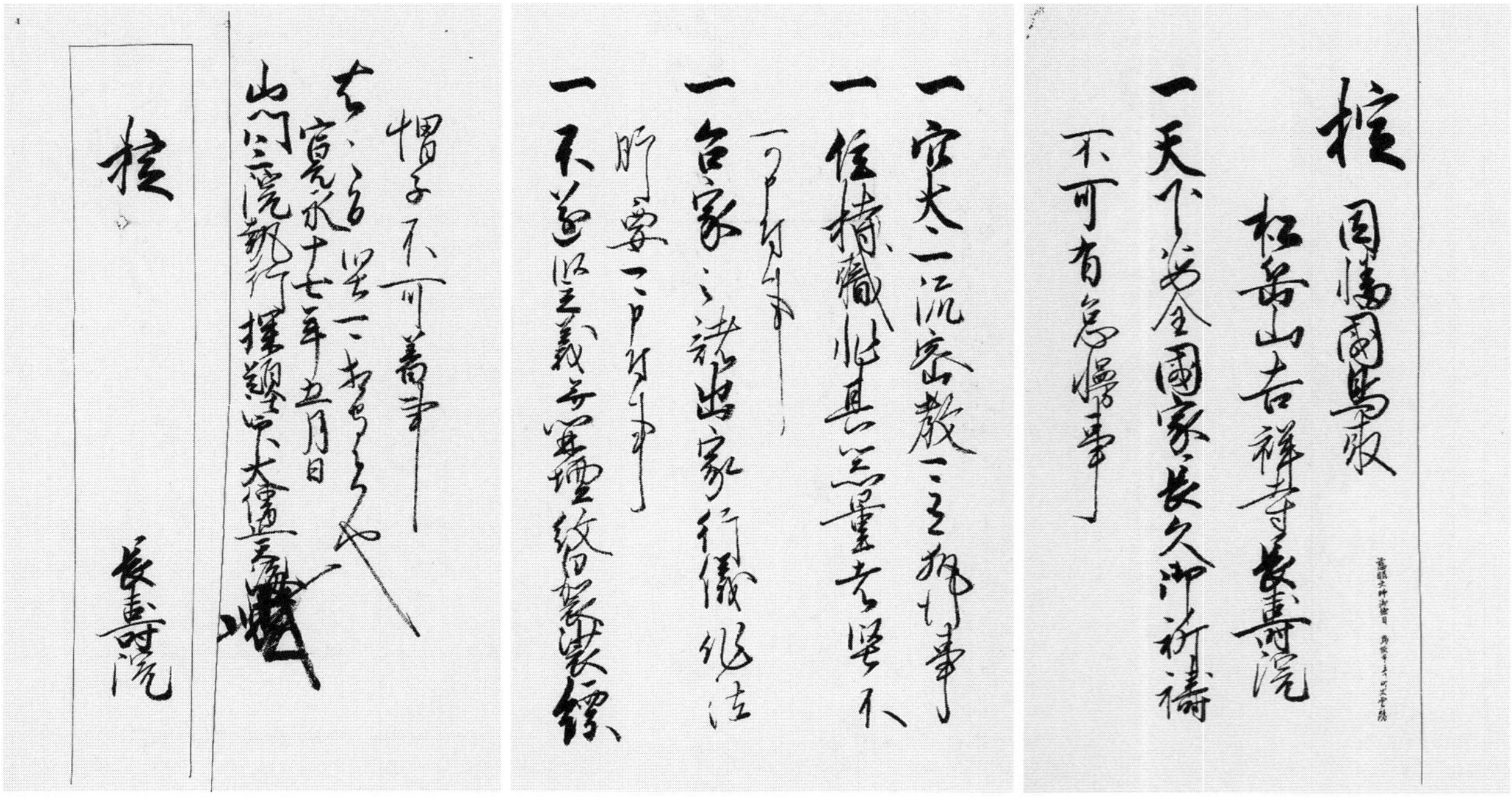

294　山門三院執行探題法印大僧正天海掟書

東京大学史料編纂所影写本
鳥取大雲院文書

掟　因幡国鳥取
　　松岳山吉祥寺長寿院

一、天下安全国家長久御祈禱、不可有怠慢事、

一、穴太一流密教可有執行事、

一、住持職非其器量者、堅不可申付事、

一、台家之諸出家、行儀作法肝要可申付事、

一、不遂竪義幷開壇、紋白袈裟・縹帽子(帽)不可着事、

右之旨、堅可相守者也、

　寛永十七年五月日

山門三院執行探題法印大僧正天海（花押）

（ウハ書）
「掟　　　長寿院　」

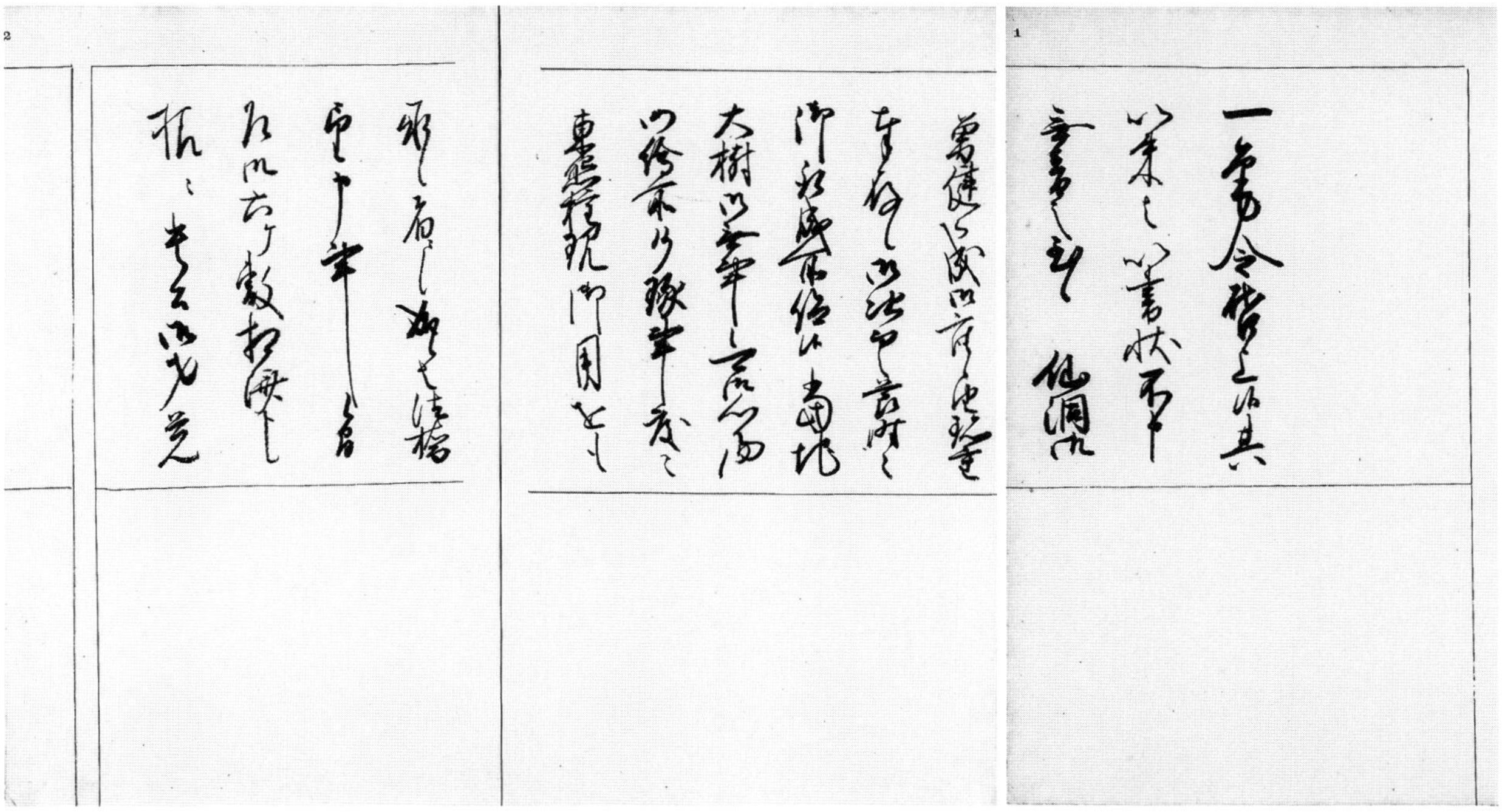

295　大僧正天海書状（元折紙カ）

東京大学史料編纂所影写本
林家文書

一筆令啓上候、其
以来者以書状不申
無音之至候、　仙洞（後水尾上皇）御
勇健被成御座候由、珎（珍）重
奉存候、御次而之節、時ゝ
御取成所仰候、当地（江戸）
大樹（徳川家光）御無事候、可御心易候、
御絵所了琢（木村）事、度ゝ
東照権現（徳川家康）御用をも
承候者ニ候、成候者法橋
望申事候間、
乍御六ケ敷相済申候
様ニ、貴公御才覚
候而可被下候、頼入候、
猶期後音之時候、
恐惶謹言、
　　大僧正
（寛永十二～十七年）十月十六日　天（花押）
勧修寺中納言（経広）殿

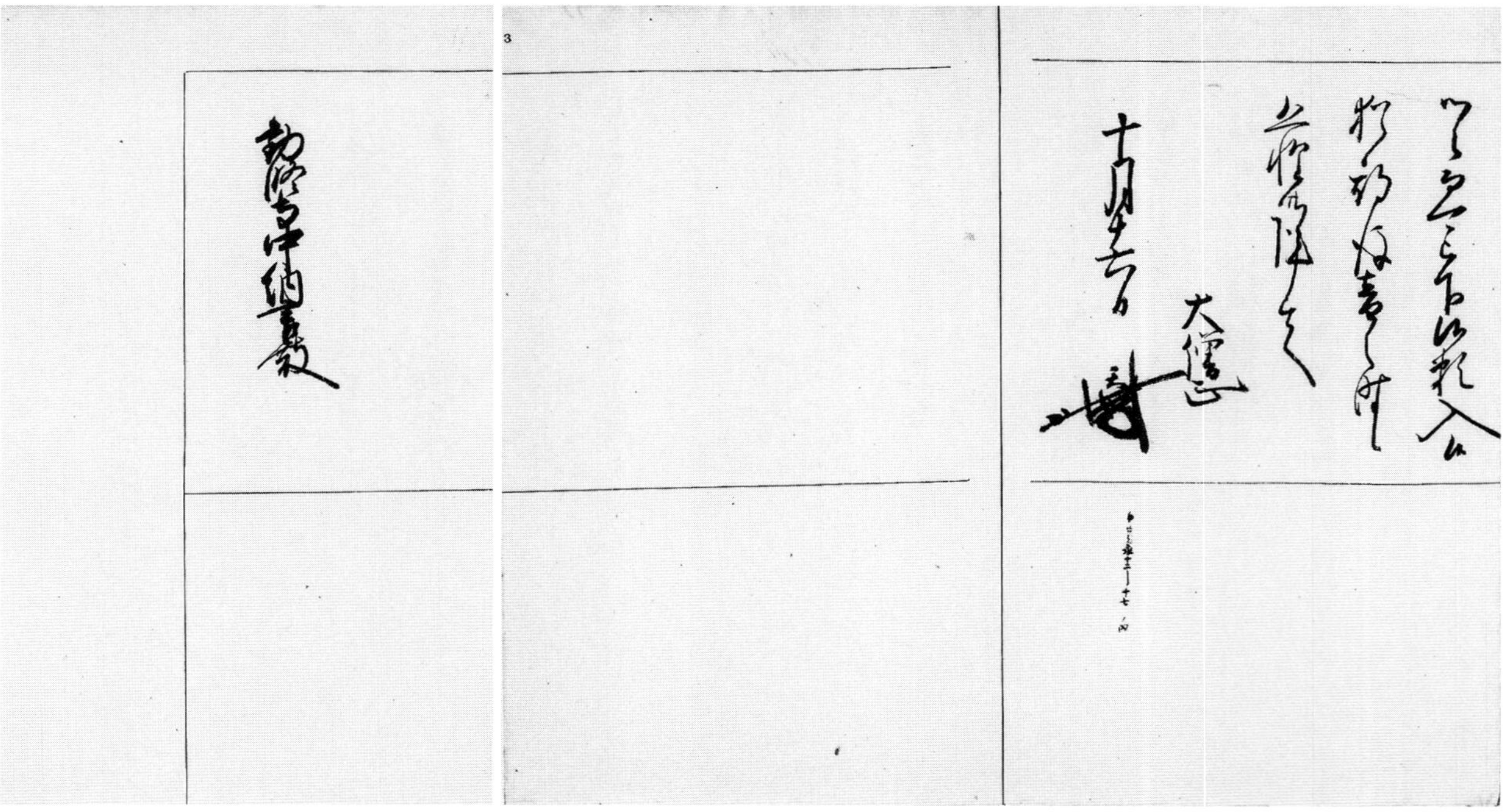

○勧修寺経広の中納言在任期間は、寛永十二年（一六三五）正月十一日から同十八年正月十一日まで。

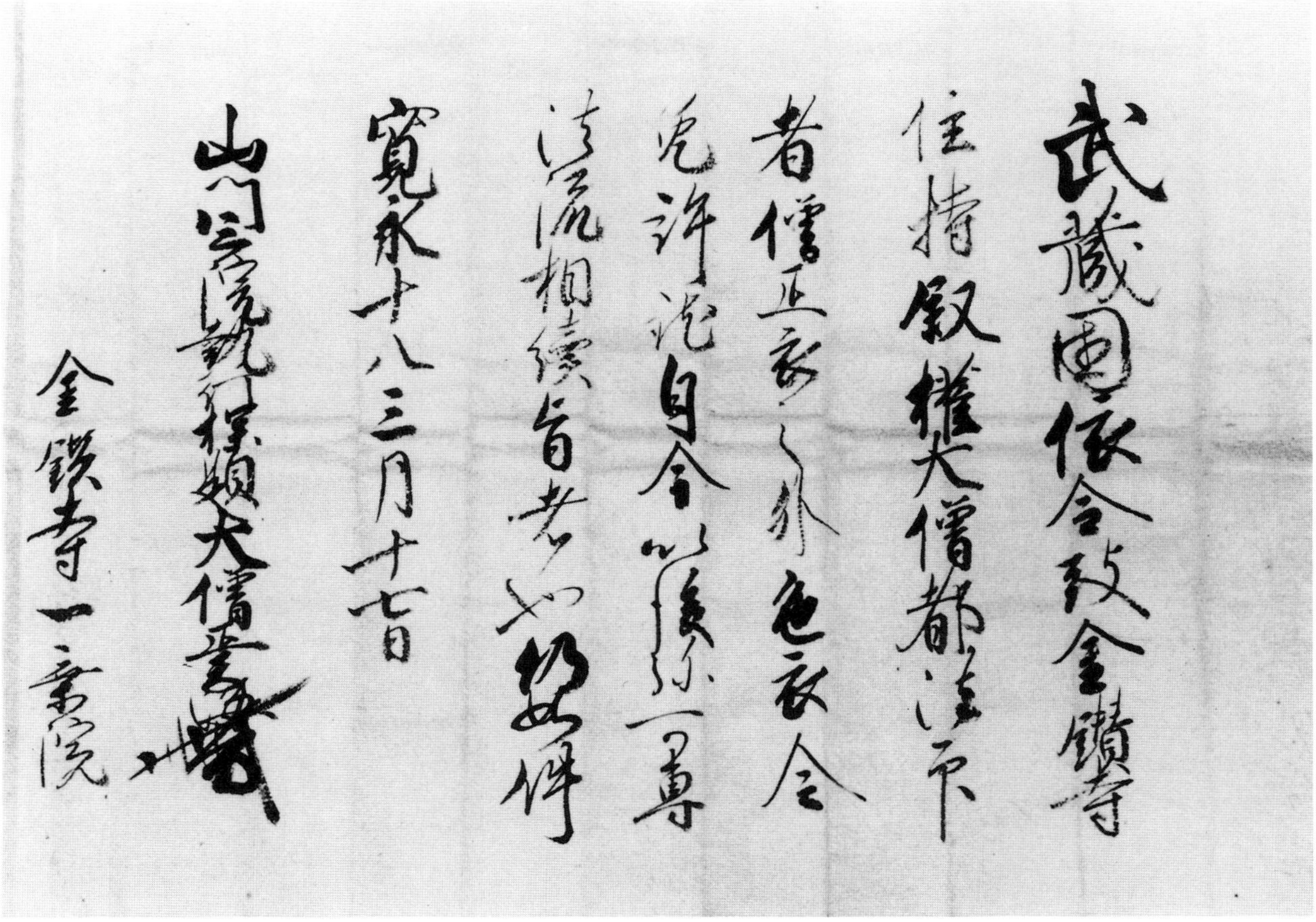

297　山門三院執行探題大僧正天海色衣免許状

神川大光普照寺文書

武蔵国依令致金鑽寺
住持、叙権大僧都法印、
者僧正衣之外色衣令
免許訖、自今以後弥可専
法流相続旨者也、仍如件、
寛永十八三月十七日
山門三院執行探題大僧正天海（花押）
金鑽寺一乗院

○本写真は、埼玉県立文書館より御提供いただいた。

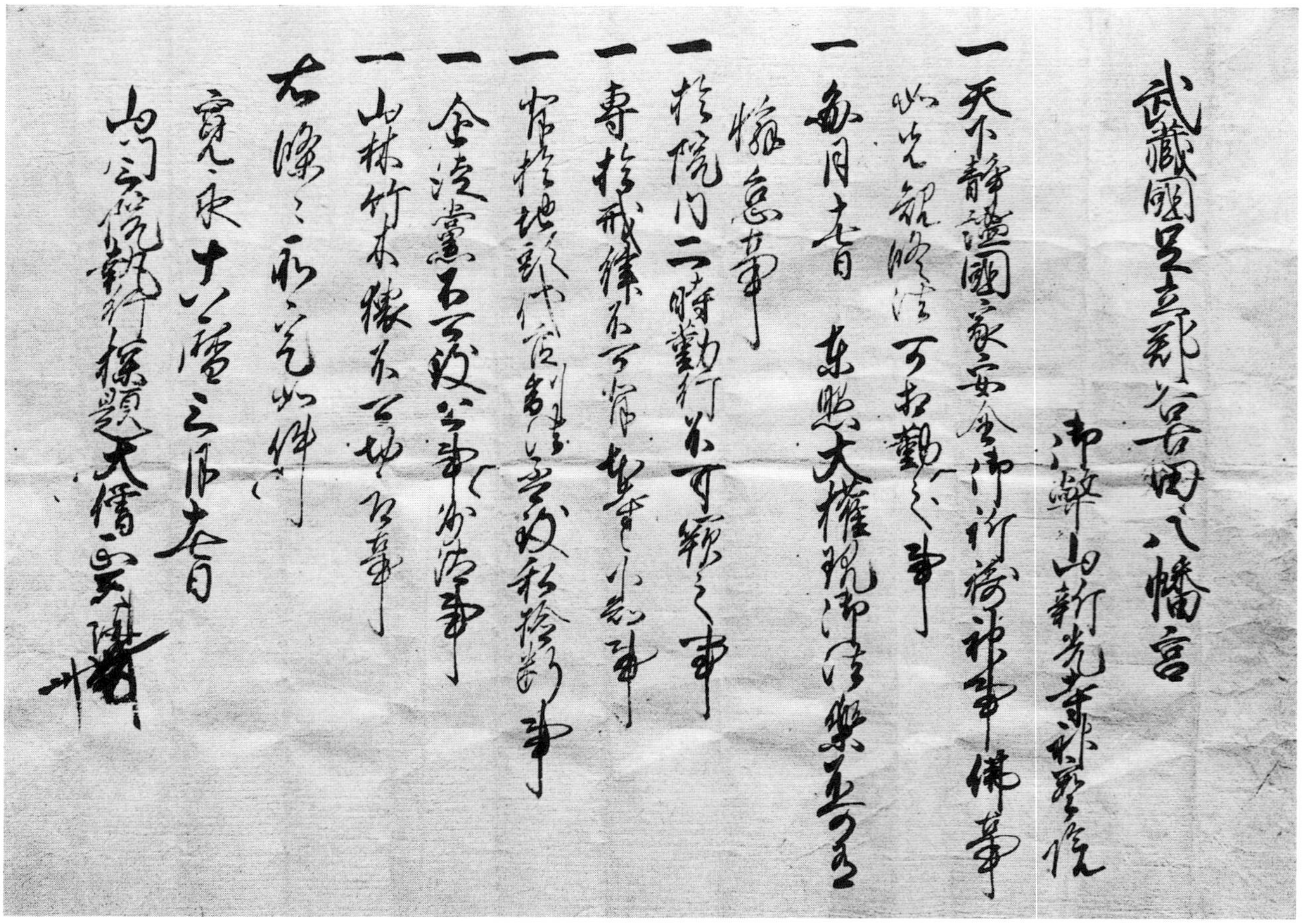

298　山門三院執行探題大僧正天海新光寺寺内法度

川口新光寺文書

武蔵国足立郡谷古田八幡宮

御弊山新光寺神宝院

一、天下静謐国家安全御祈禱、神事・仏事如先規、修法可相勤之事、
一、毎月十七日　東照大権現(徳川家康)御法楽、不可有懈怠事、
一、於院内二時勤行、不可闕之事、
一、専於戒律、不可背本寺之下知事、
一、背於地頭・代官制法、不可致私検断事、
一、企徒党、不可致公事沙汰事、
一、山林竹木猥不可切取事、
右条ゝ、所定如件、
寛永十八暦三月十七日
山門三院執行探題大僧正天海（花押）

○本写真は、埼玉県立文書館より御提供いただいた。

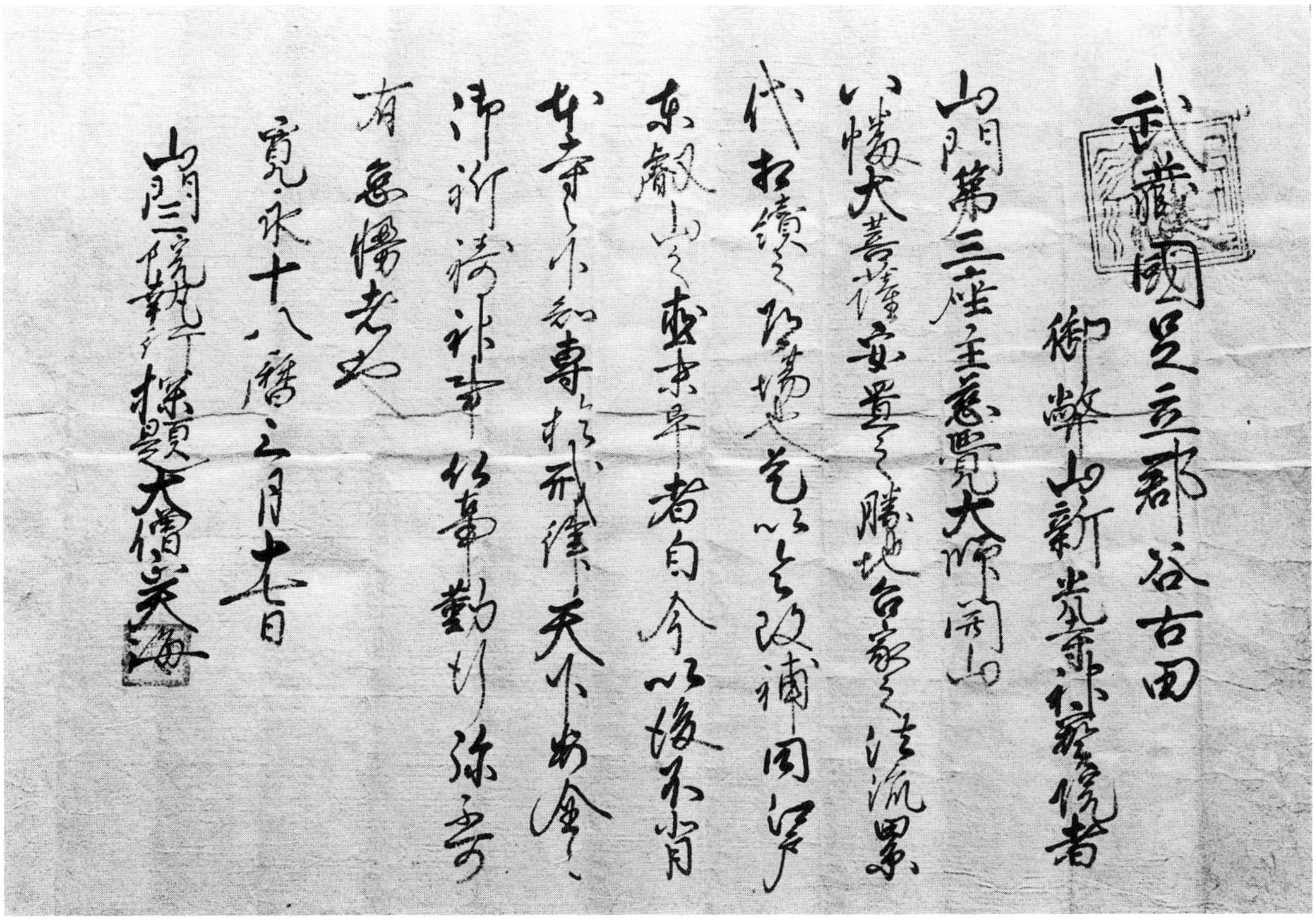

299　山門三院執行探題大僧正天海東叡山直末許可状

川口新光寺文書

（印）武蔵国足立郡谷古田
　　御弊山新光寺神宝院者
山門第三座主慈覚（円仁）大師開山、
八幡大菩薩安置之勝地、台家之法流累
代相続之道場也、是以令改補同江戸
東叡山之直末呈（畢）、者自今以後不背
本寺之下知、専於戒律、天下安全之
御祈禱、神事・仏事勤行、弥不可
有怠慢者也、
　寛永十八暦三月十七日
山門三院執行探題大僧正天海（印）

○本写真は、埼玉県立文書館より御提供いただいた。

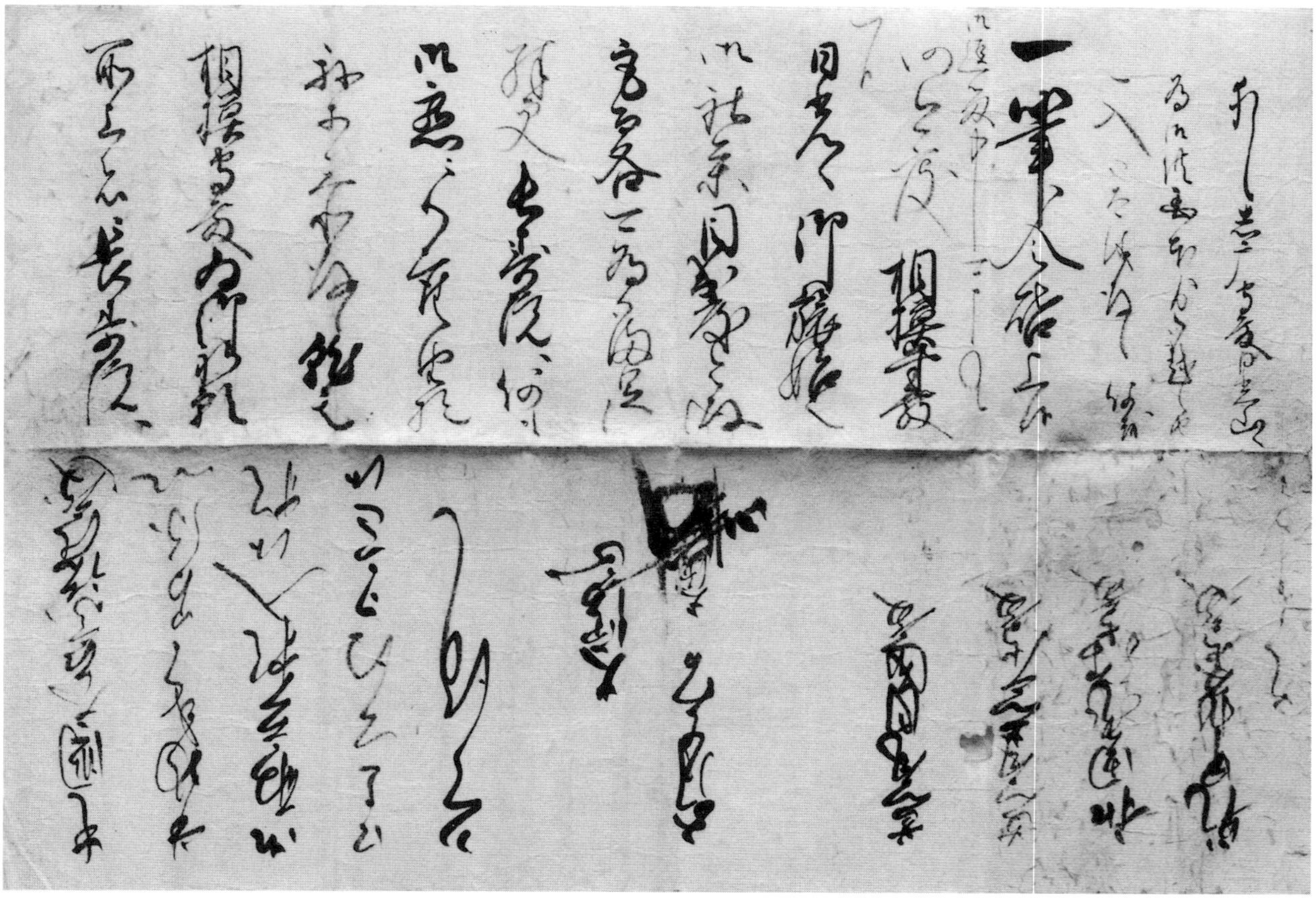

300　大僧正天海書状（折紙）

鳥取大雲院文書

猶〻、志摩守殿（荒尾嵩就）日光山へ
為御供、国本ゟ御越候由、
一入御太儀存候、何茂
御逗留中可申承候、
以上、

一筆令啓上候、
仍今度相模守殿（池田光仲）
日光へ御旅始之
御社参、目出度令存候、
定而各可為御満足候、
殊更長寿院（栄春）へ何も
御懇ニ御座候由、於
我ホ（等）忝存候、就其
相模守殿為御祈願
所上者、長寿院へ
貴国天台宗諸法度之
書物遣候間、弥以
御取立頼入候、猶
口上可得御意候、
恐〻謹言、

大僧正

（寛永十六〜十八年）五月十五日　天海（花押）

荒尾（成利）内匠殿

荒尾（嵩就）志摩守殿

和田（三正）飛騨守殿

乾（直幾）甲斐守殿

人ゝ御中

○池田光仲の相模守就任は、寛永十五年（一六三八）十二月。和田三正は、寛永十九年春没。

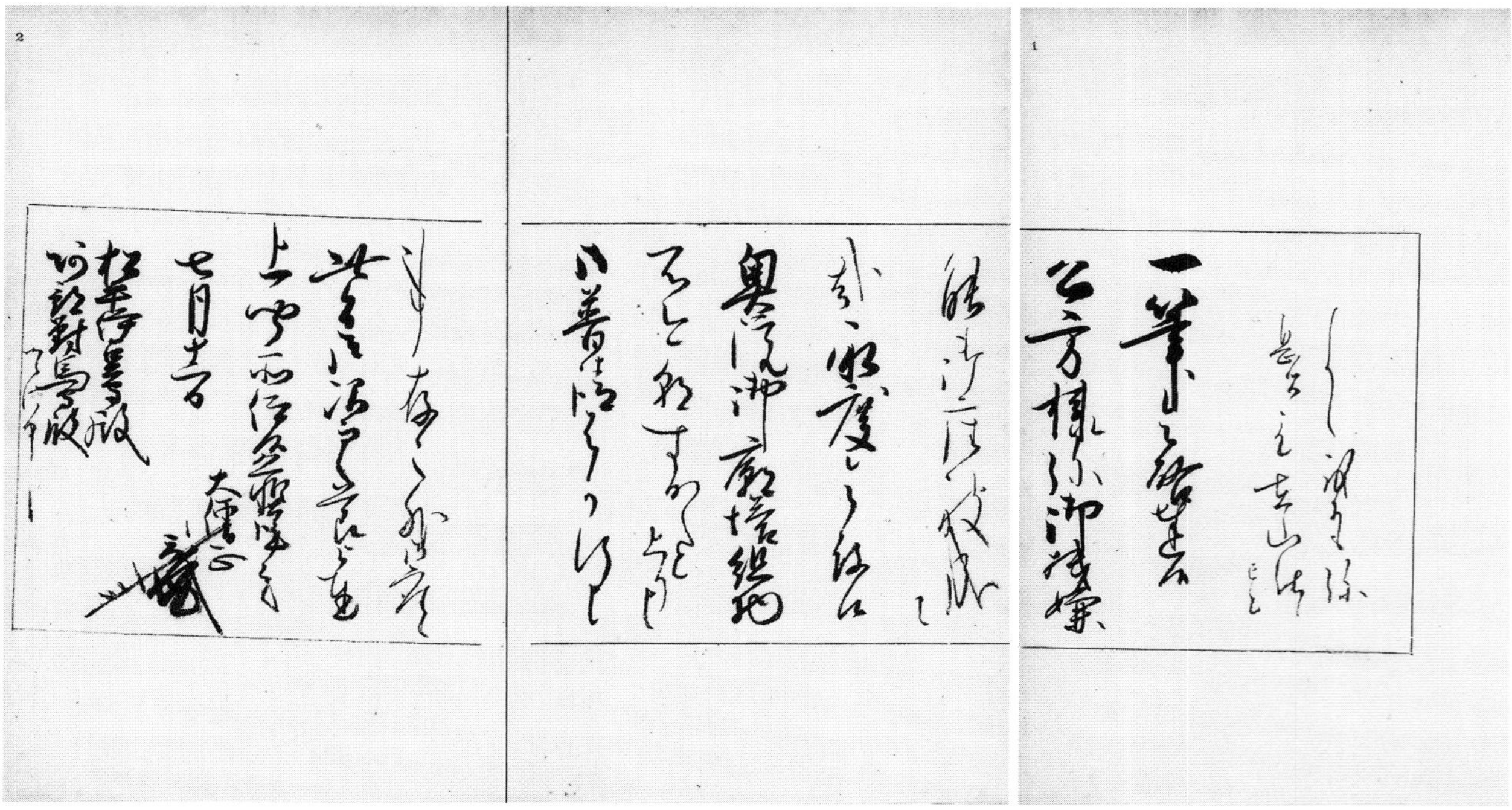

301　大僧正天海書状

東京大学史料編纂所影写本
上野覚成院文書

尚〻、我ホ(等)も弥
息災ニて在山仕候、已上、
一筆令啓達候、
公方様(徳川家光)弥御機嫌
能御座被成候
哉、承度令存候、
奥院御廟塔組物
石、今朝するヽヽと上り申候、
御普請はか(捗)行申候
事、存之外御座候、
此旨御次而之節被達
上聞所仰候、恐惶謹言、
大僧正
七月十二日(寛永十八年)　天（花押）
松平伊豆守殿(老中・信綱)
阿部対馬守殿(老中・重次)
人〻御中

○日光東照社奥院御廟塔組物石の普請は、寛永十八年（一六四一）。

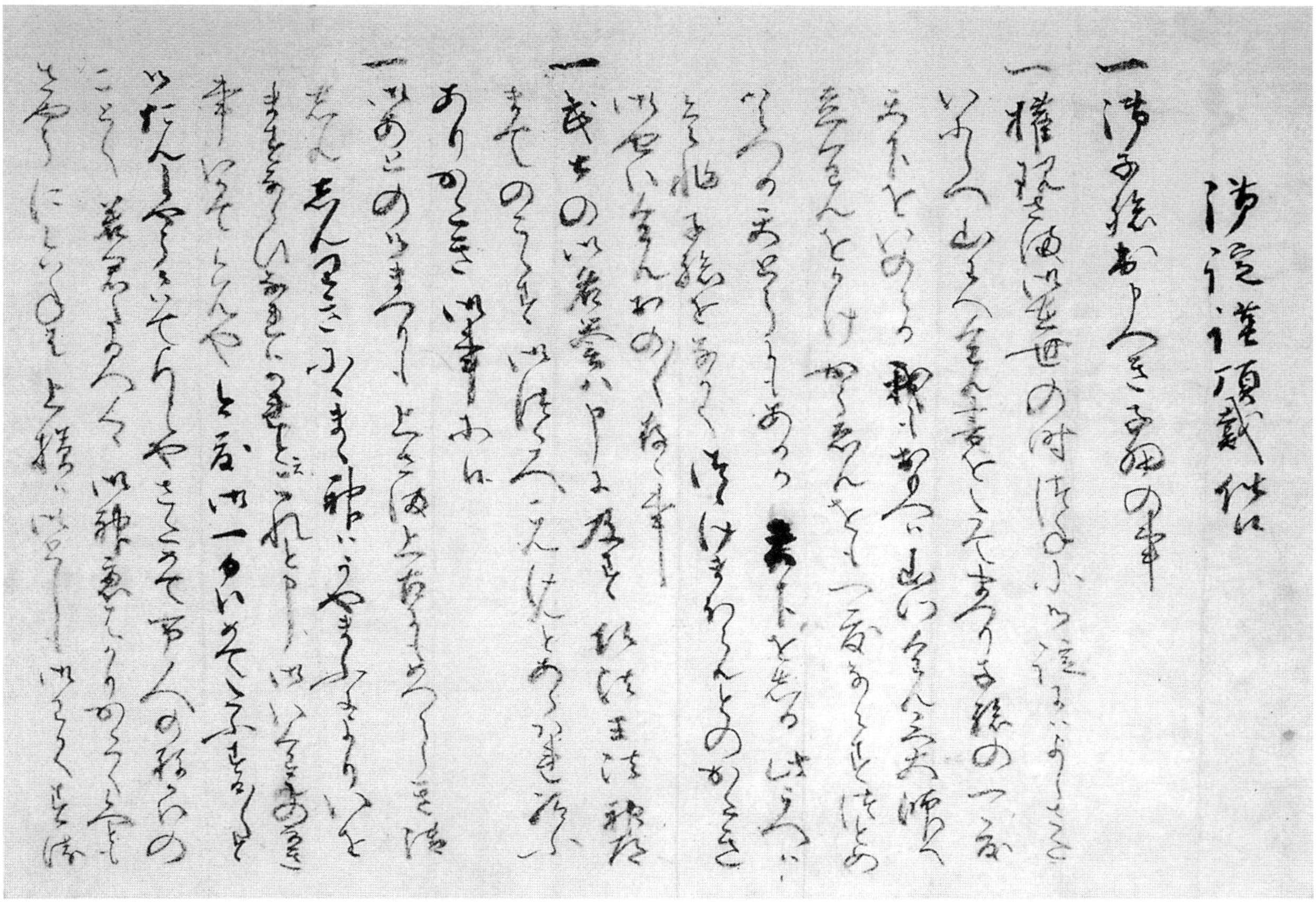

302　天海請書

徳川記念財団文書

御掟謹頂戴仕候

一、御子孫出申へき子細の事、
一、権現さま(様)御在世の時、つね(常)に御掟にハ、よし(義)さた(貞)、
いにしへ(古)、山王へくわん(願)書をたてまつり、子孫の一度
天下をいのらる(祈)、我もおもへハ山門くわん(元)三大師へ
立くわん(願)をかけ(懸)、かうゑん(講筵)を一度ならすつとめ(勤)
候えつる、天とう(道)にもあるか、天下をしる、此うへハ
是非子孫をなかく(永)つつけ(続)まほら(護)んとのかたき(堅)
御せいくわん(誓願)、おの(各)〳〵(々)存候事、
一、武士の御名誉ハ申に及す、仏法・王法・神道
まて、のこらす(残)御つたへ(伝)、こんけん(権現)とあらハれ(顕)給ふ、
ありかたき(有難)御事に候、
一、御あと(後)の御まつり(祀)も、上さま上古にもめつらしき(珍)御
しん(神)、しんりき(神力)に候ま〻、神ハうやまふ(敬)により、い(威)を
ますならひ(増習)なれハ、かれ(彼)と云これ(此)と申、御いくわう(威光)の
なき(無)
事いかて(如何)候ハんや、今度御一かいめてたふ(目出度)、する〳〵
と
御たんしやう(誕生)候ハて候へく候や、さため(定)て万人のねか(願)
いの
ことく、若君たるへく候、御神慮はかり(測)かた(難)く候へ

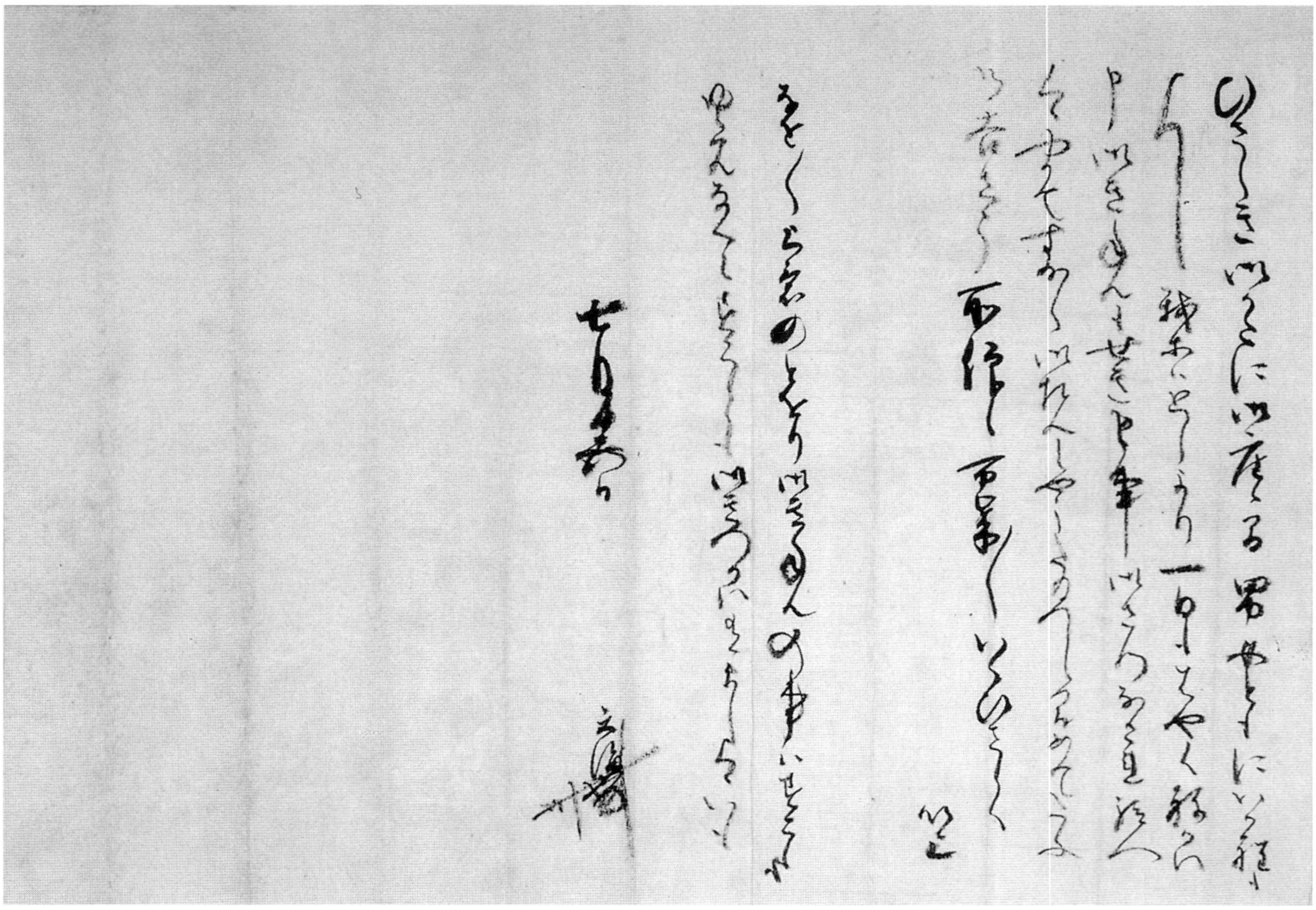

とも、
さやうに候ハねは、　上様ハ御とし（歳）も御わか（若）く、するゑ（末）
ひさ（久）しき御かた（方）に御座候間、男女ともにいか程も
候へく候、我ホ（等）ハとし（年）より（寄）、一日もはや（早）くねかい（願）
申、御きねん（祈念）もせき（急）申事、御さつ（察）なされ（し脱カ）給へ
く候、やかてする／＼御たんしやう（誕生）たるへく候間、め（目）
てた（出度）ふ
御吉さう（左右）所仰候、万歳／＼いく（幾）ひさ（久）しく、

以上

なを／＼（猶々）、上意のとを（通）り、御きねん（祈念）の事ハすこし（少）
も
ゆたん（油断）なく候、すこしも御きつかい（気遣）有ましく候、
以上、
（寛永十八年）七月十五日　　天海（花押）

○本史料は『徳川記念財団会報』一一号（二〇〇八年五月）所収の浦井正明氏稿新出史料紹介「天海僧正御請書物」より引用。

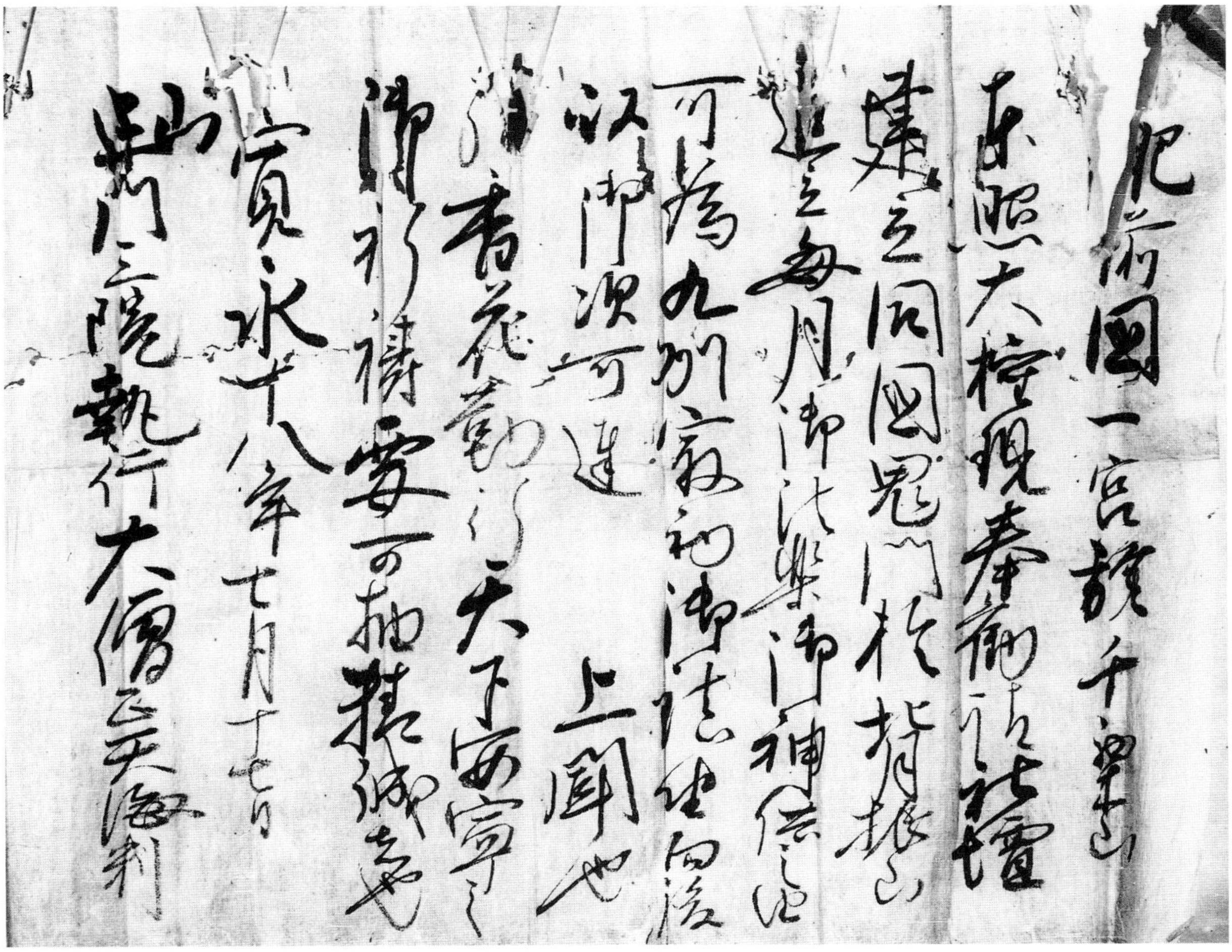

303　山門三院執行大僧正天海東照宮勧請許可状写

佐賀実相院文書

肥前国一宮於千栗山、
東照大権現(徳川家康)奉勧請、社壇
建立、同国鬼門於背振山
造立、毎月御法楽御神供之由、
可為九州宷(最)初御鎮坐、向後
以御次可達　上聞也、
弥香衣勤行、天下安寧之
御祈禱(肝脱カ)要、可抽精誠者也、
寛永十八年七月十七日
山門三院執行大僧正天海　判

304　大僧正天海書状（元折紙カ）

東京大学史料編纂所影写本
山本右馬之助氏文書

尚ゝ、千ゝ
万ゝニ候、
（徳川家綱）
若君様昨
三日巳刻御
誕生、御産平安
御二人様御息災
之御事、千秋
万歳不可過之候、
天下一統之悦
とハ申なから、我ホ（等）
一人之様とて
満足候、早ゝ
御しらせ（知）忝
奉存候、可然様
被達　上聞可
給候、恐惶謹言、

大僧正
（寛永十八年）
八月四日　天（花押）
（老中・忠勝）
酒井讃岐守殿
（老中・信綱）
松平伊豆守殿

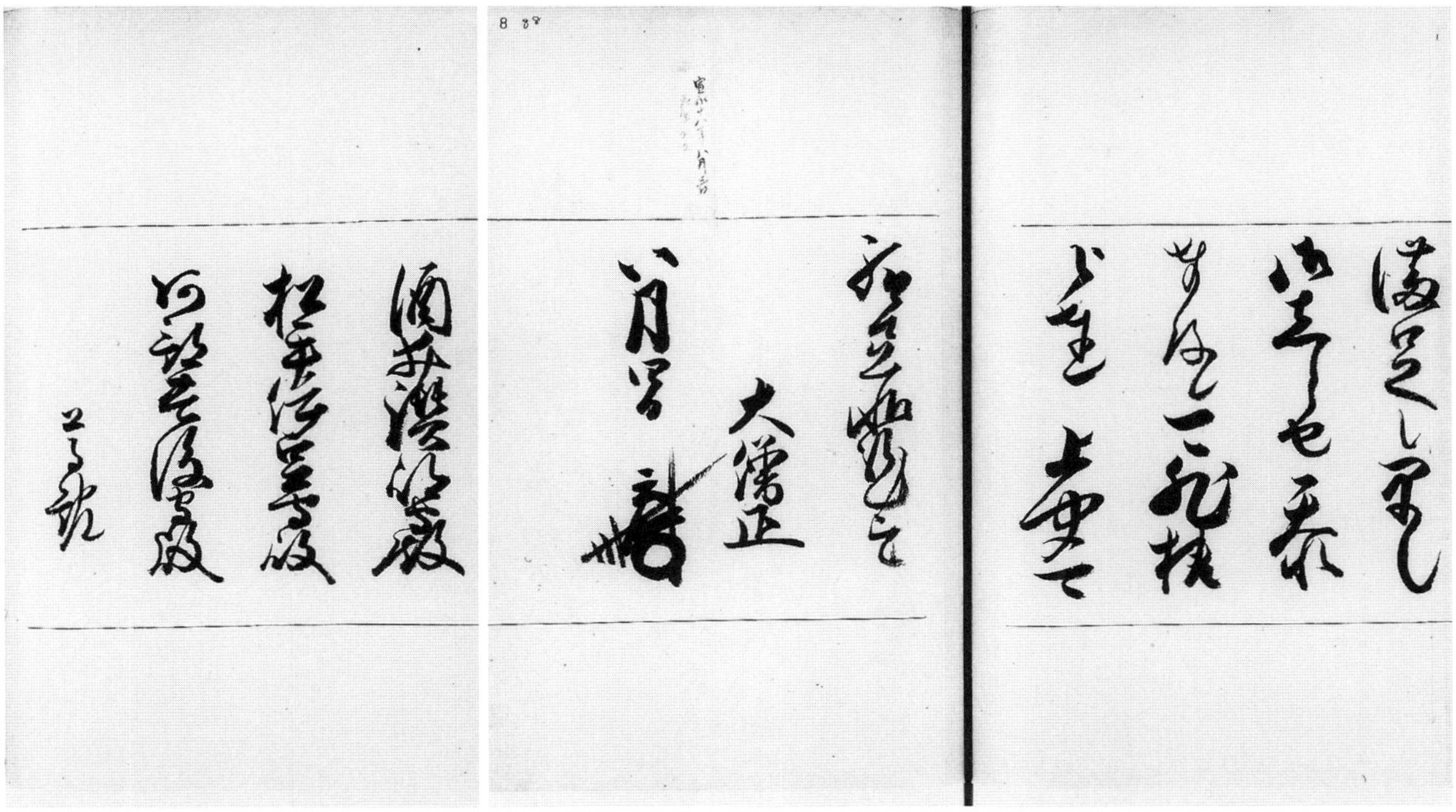

阿部豊後守（老中・忠秋）殿

尊報

○徳川家綱の誕生は、寛永十八年（一六四一）八月三日。

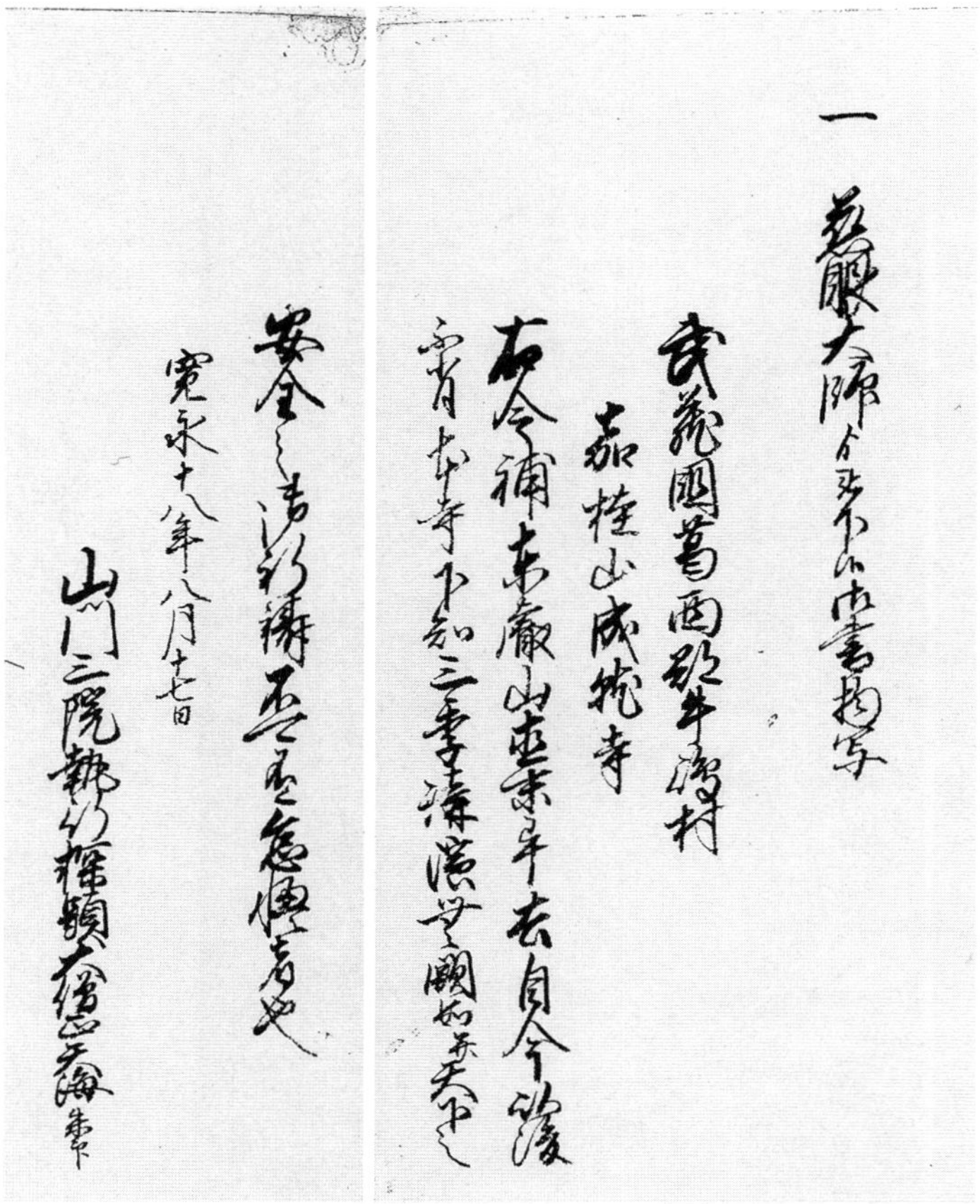

305　山門三院執行探題大僧正天海東叡山直末許可状案

『文政寺社書上』中ノ郷一所収

武蔵国葛西郡牛嶋村

　嘉桂山成就寺

右令補東叡山直末早（畢）、者自今以後

不背本寺下知、三季講演無闕如、并天下之

安全之御祈禱、不可有怠慢者也、

寛永十八年八月十七日

山門三院執行探題大僧正天海　朱印

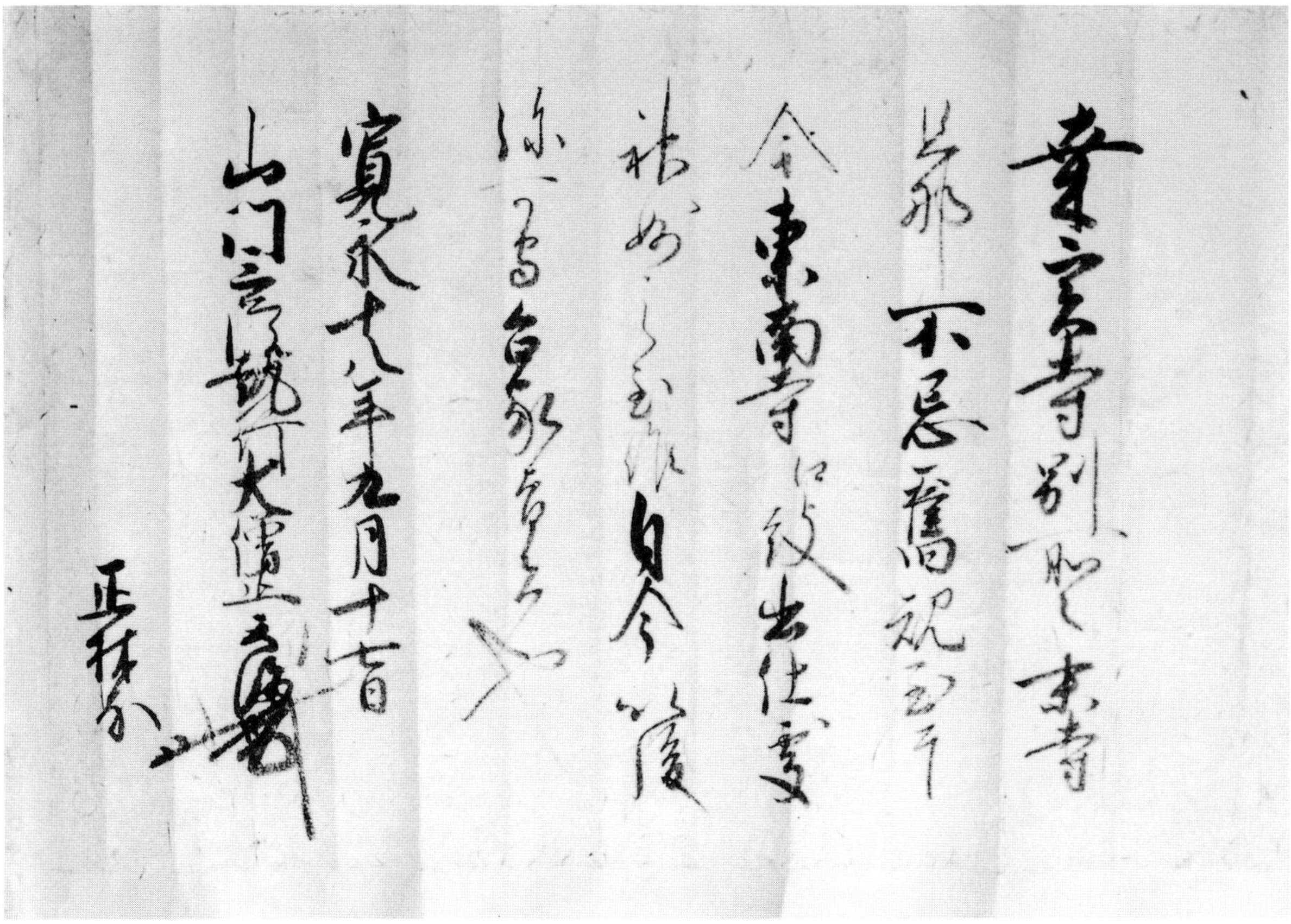

307　山門三院執行大僧正天海証状

安土東南寺文書

桑実寺別所之末寺、
旦(檀)那不忘旧規、至于
今東南寺江致出仕処、
神妙之至候、自今以後
弥可守台家旨者也、
寛永十八年九月十七日
山門三院執行大僧正天海（花押）
正林房

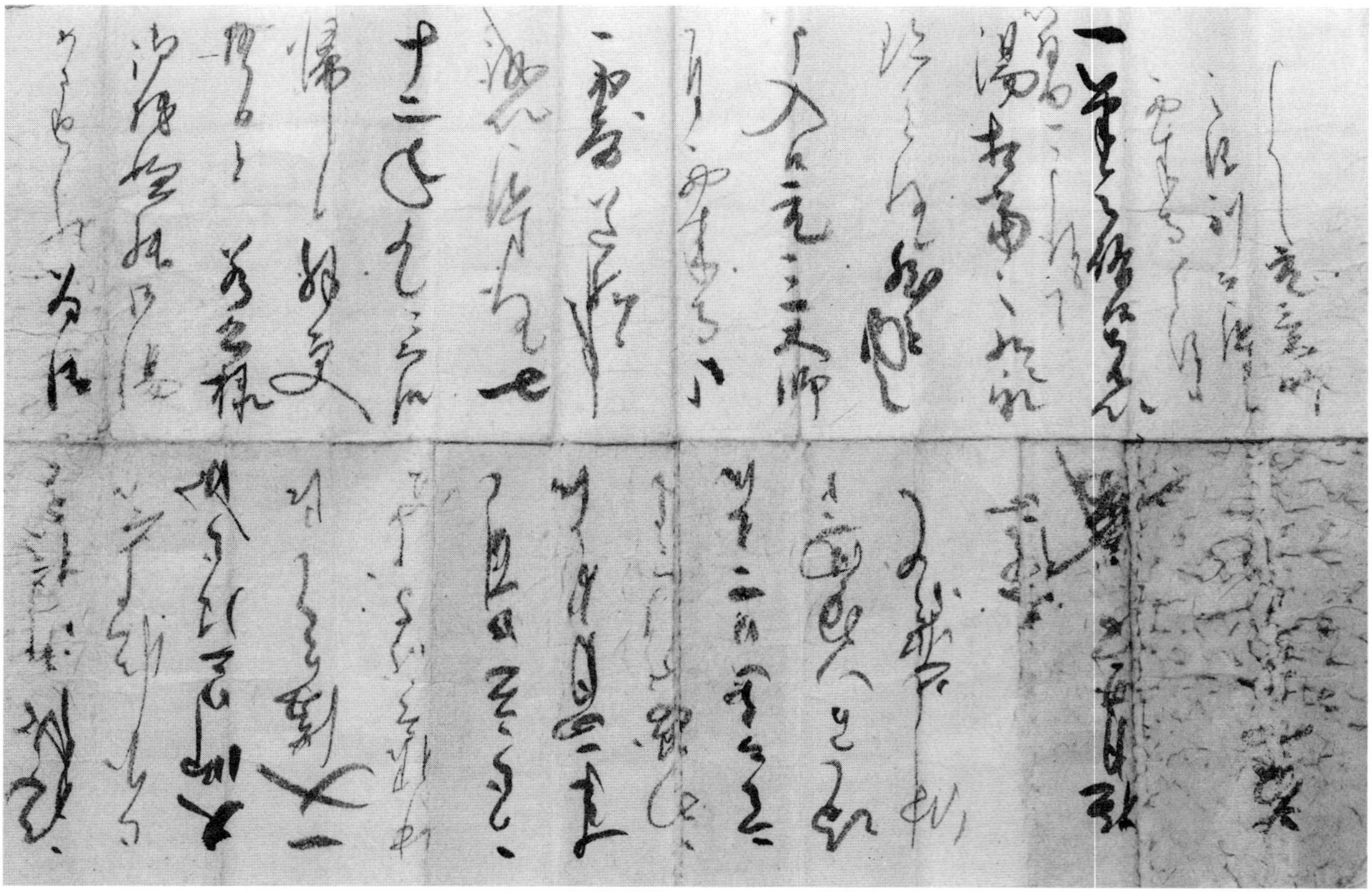

308　大僧正天海書状（折紙）

伊勢西来寺文書

尚〻、元三大師(慈恵大師・良源)
之儀、別而辱候、
西来寺之儀ハ、
以拝面可申存候、以上、

一筆令啓候、先以
湯相当之様ニ承、
弥(珍)重存候、然者内〻
申入候、元三大師
自西来寺御
取寄送給候事、
誠以辱存候、七
十二年欤(歟)ニ而御
帰候、殊更
昨日者　若公様(徳川家綱)
御機嫌能御湯
めさせられ、為御
祝儀御樽なと
被下悦申節、
大師御座被成、
一入満足候、即
中根壱岐守(正盛)へ申候間、

可被立御耳候、
来正月ゟ御
祈禱にかけ（掛）可申候、
定而近日可有御
帰候間、以拝面可申
伸候、恐惶謹言、

大僧正

（寛永十八年）極月廿二日　天（花押）

藤堂（高次）大学頭殿

○徳川家綱の誕生は、寛永十八年（一六四一）。
中根正盛の壱岐守就任は、寛永十五年正月。
藤堂高次の大学頭就任は、寛永十一年七月。

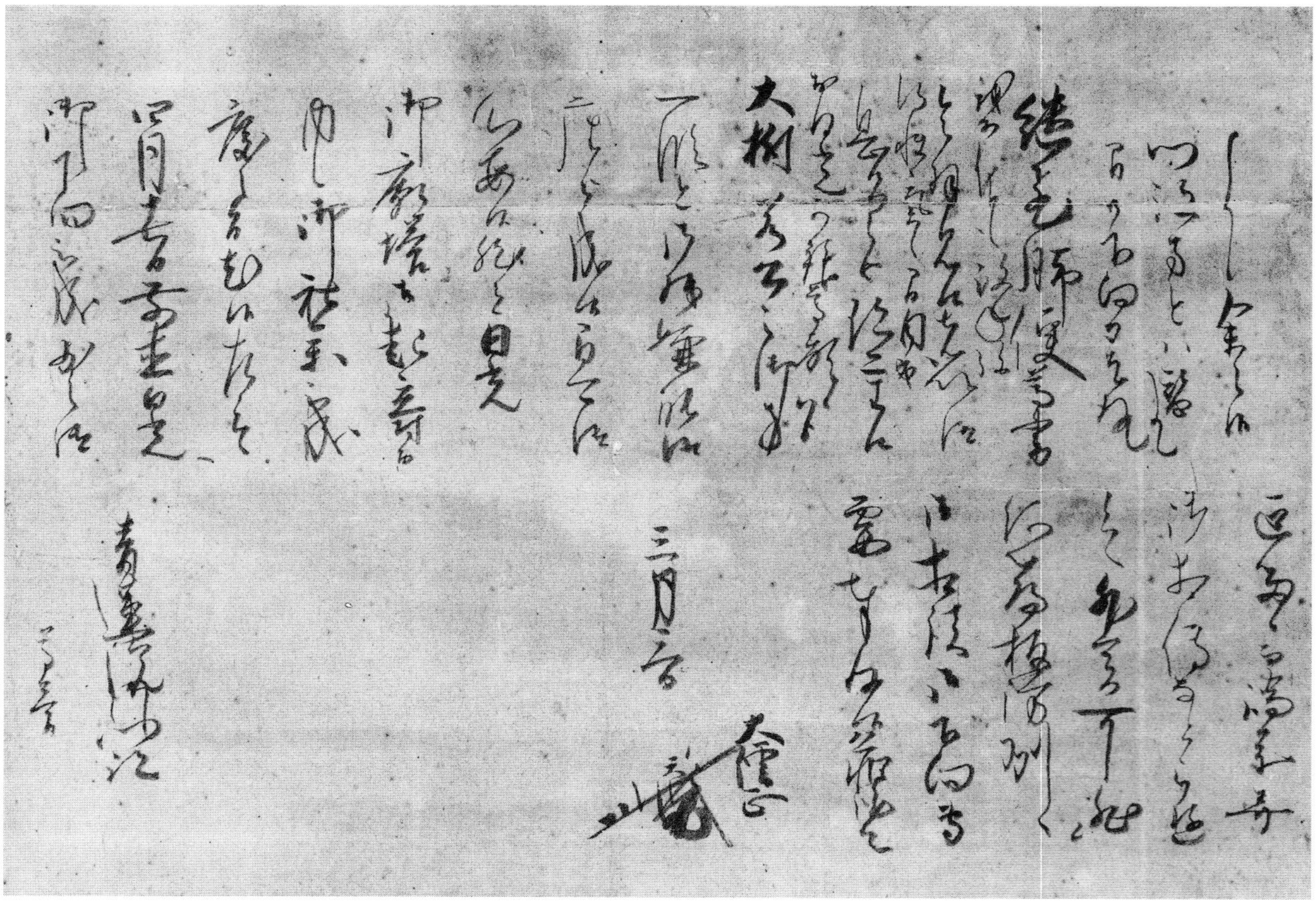

309　大僧正天海書状（折紙）

栃木県立博物館文書

尚ゝ、余之御
門跡方とハ替事候
間、御下向御尤存候、
我ホ（等）儀も改年、弥
得快気候間目出、
於日光可拝尊顔候、以上、

継飛脚便尊書
令拝見候、先以御
息災之由珎（珍）重候、
大樹・若公（徳川家光・家綱）之御方
一段と御機嫌能御
座被成候間、可御
心安候、然者日光
御廟塔御起立付而、
内ゝ御社参被成
度之旨尤候、左候ハヽ、
四月十七日前直日光へ
御下向被成、少ゝ御
逗留候而、論義幷
御相伝なと被遊
候ハヽ、外実可然候、

何篇板防州（重宗）へ
御相談、御下向専
要奉存候、恐惶謹言、
　　大僧正
（寛永十九年）三月三日　　天（花押）

青蓮院御門跡（尊純親王）
　　尊答

○日光御廟塔起立は、寛永十八年（一六四一）五月。
青蓮院尊純は、寛永十九年三月二十七日、日光へ下向。

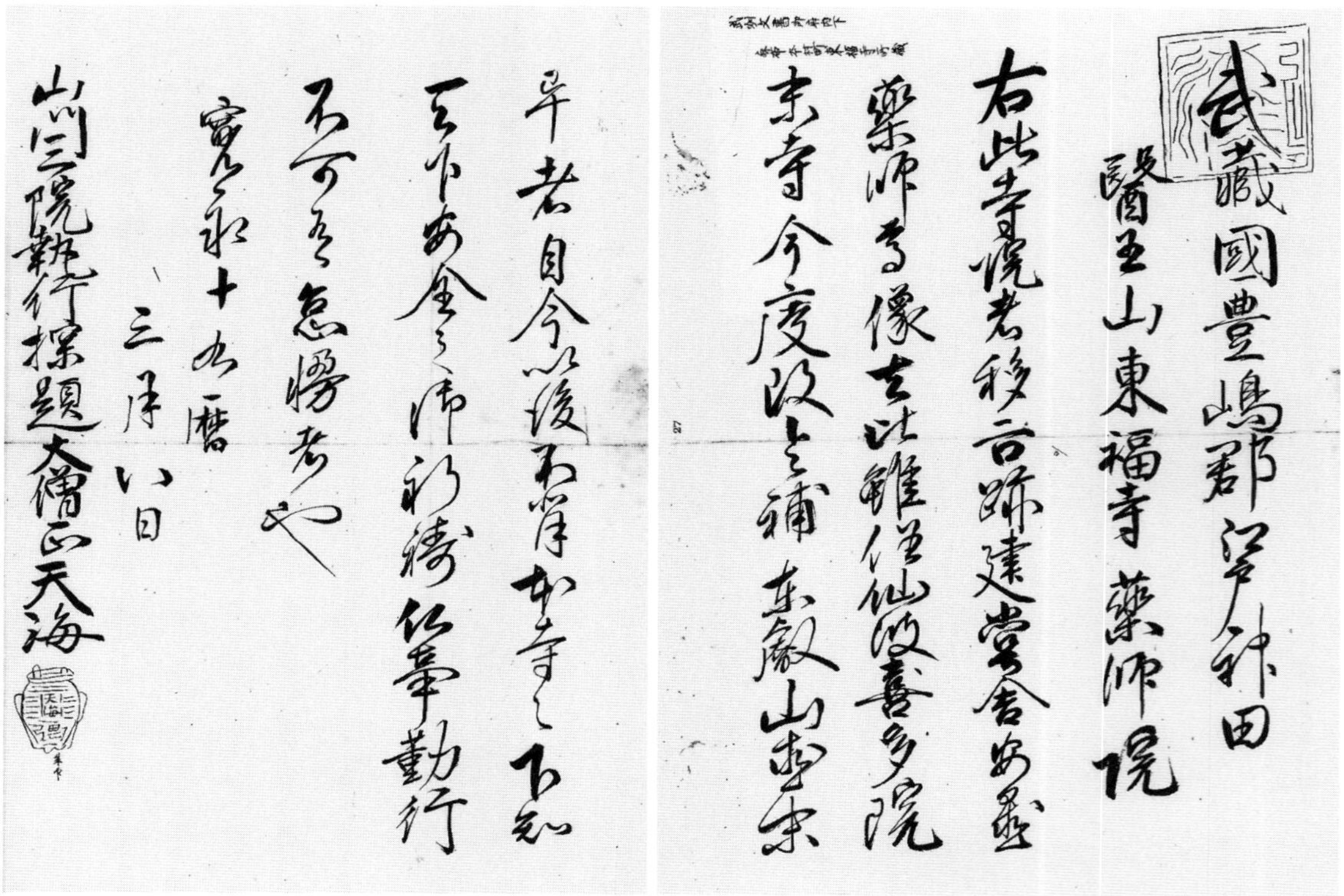

310　山門三院執行探題大僧正天海東叡山直末許可状

東京大学史料編纂所影写本『武州文書』麻布東福寺文書

（印）武蔵国豊島郡江戸神田

　医王山東福寺薬師院

右此寺院者、移古跡建堂舎、安置
薬師尊像、去比雖任仙波喜多院
末寺、今度改令補東叡山直末
早（畢）、者自今以後、不背本寺之下知、
天下安全之御祈禱、仏事勤行
不可有怠慢者也、

　寛永十九暦

　　三月八日

山門三院執行探題大僧正天海（朱印）

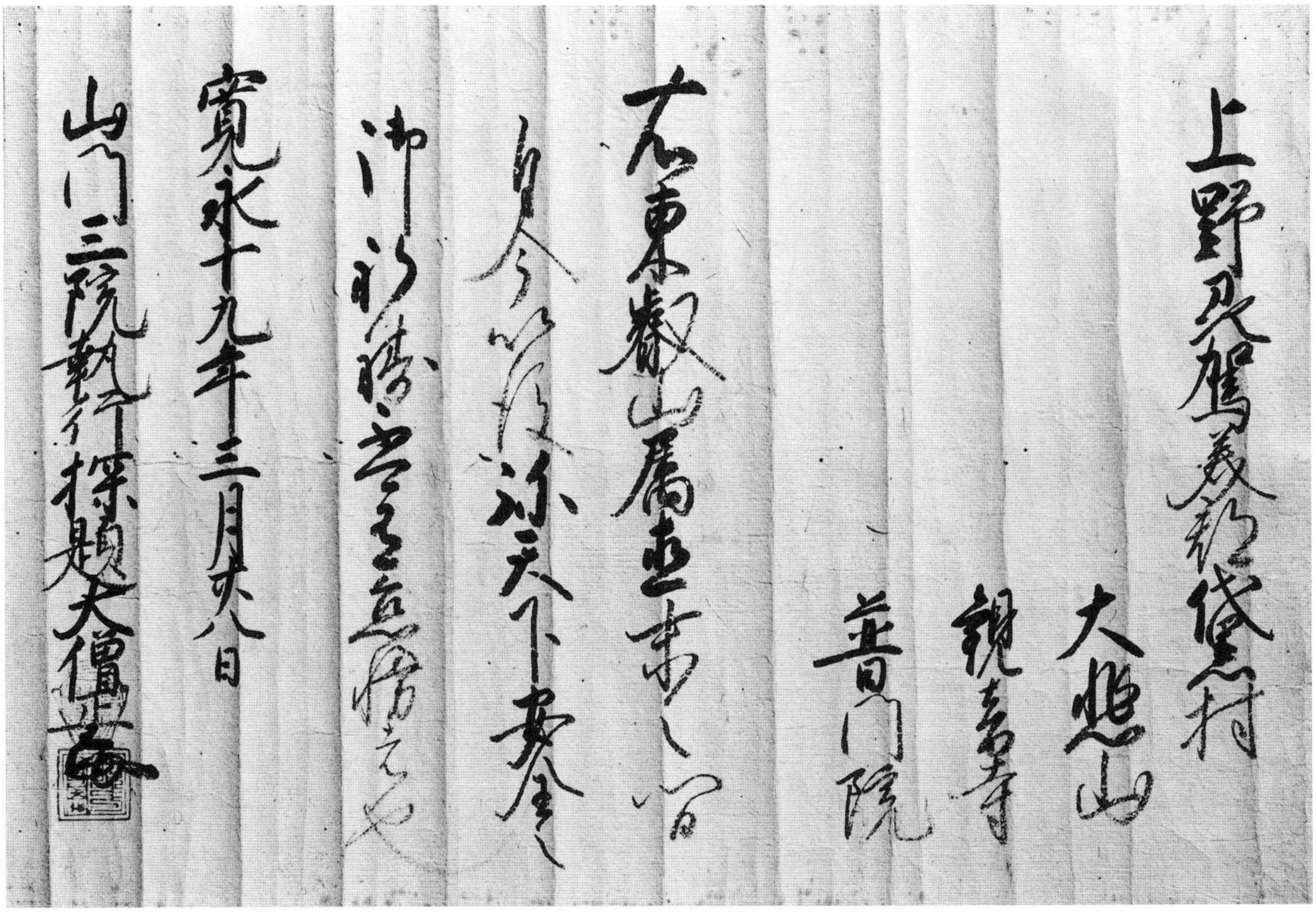

311　山門三院執行探題大僧正天海東叡山直末許可状

埼玉萩原家文書

上野(武蔵)乃(州)駕(賀)美郡黛村

大悲山

観音寺

普門院

右東叡山属直末之間、

自今以後、弥天下安全之

御祈禱、不可有怠慢者也、

寛永十九年三月廿八日

山門三院執行探題大僧正天海（印）

○本写真は、埼玉県立文書館より御提供いただいた。

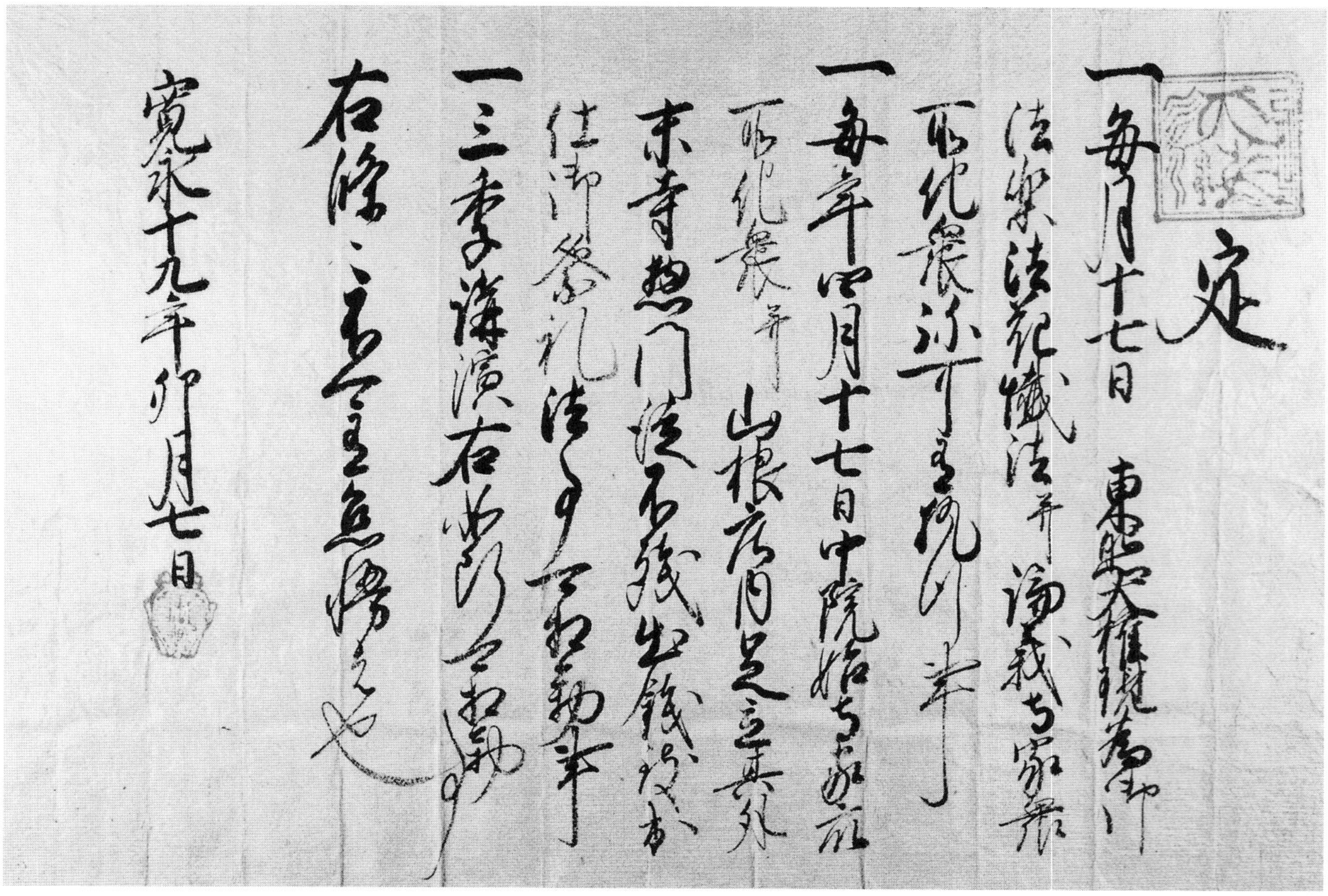

312　天海喜多院寺内法度

川越喜多院文書

（印）（天海）　定

一、毎月十七日　東照大権現（徳川家康）為御
法楽、法花懺法幷論義、寺家衆・
所化衆、弥可有執行事、

一、毎年四月十七日、中院始寺家衆・
所化衆幷山根庄内・足立、其外
末寺・惣門徒不残出銭致出
仕、御祭礼・法事可相勤事、

一、三季講演、右如斯可相勤事、

右条々、不可有怠慢者也、

寛永十九年夘（卯）月七日（印）

○本写真は、埼玉県立文書館より御提供いただいた。

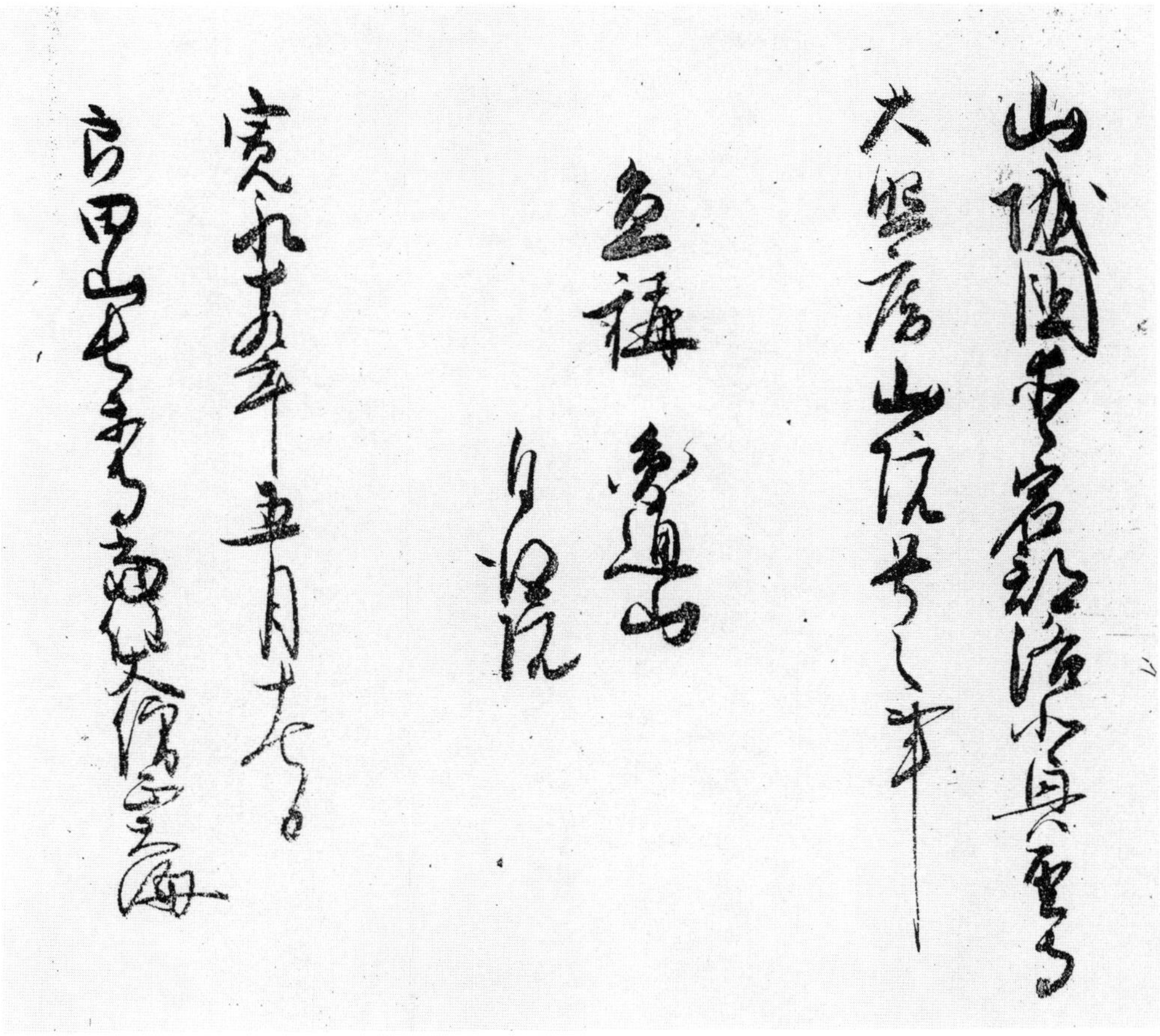

314　良田山長楽寺当住大僧正天海山・院号許可状写

世良田長楽寺文書

山城国愛宕郡洛北興聖寺
大照庵山・院号之事
　宜称　円通山
　　　　自得院
寛永十九年五月十七日
良田山長楽寺当住大僧正天海

○本文書は、検討の余地あり。

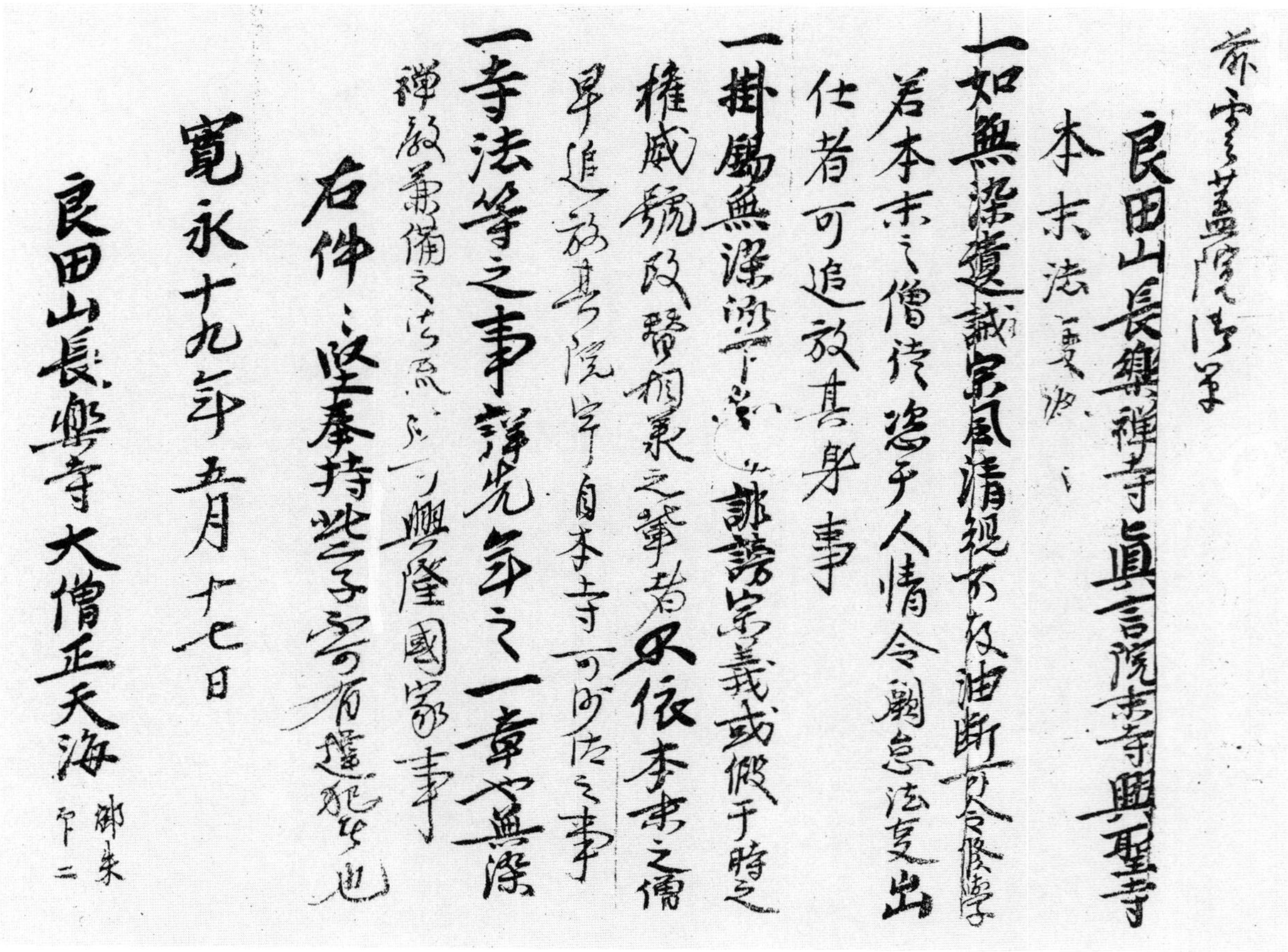

315　良田山長楽寺大僧正天海興聖寺本末法度写

世良田長楽寺文書

（朱書）（異筆）「前雲蓋院（豪倪）御筆」

良田山長楽寺禅寺真言院末寺興聖寺

　本末法度条々

一、如無染（虚応円耳）遺誡、宗風清規不存油断可令修学、若本末之僧徒、恣于人情、令闕怠法叓（事）出仕者、可追放其身事、

一、掛錫無染派下□□（虫損）誹謗宗義、或仮于時之権威、号改替相承之輩者、不依本末之僧、早追放其院宇、自本寺可沙汰之事、

一、寺法等之事、詳先年之一章也、無染禅教兼備之法流、弥可興隆国家事、

　右件々、堅奉持、些子不可有違犯者也、

寛永十九年五月十七日

良田山長楽寺大僧正天海（御朱印二）

○本文書は、検討の余地あり。

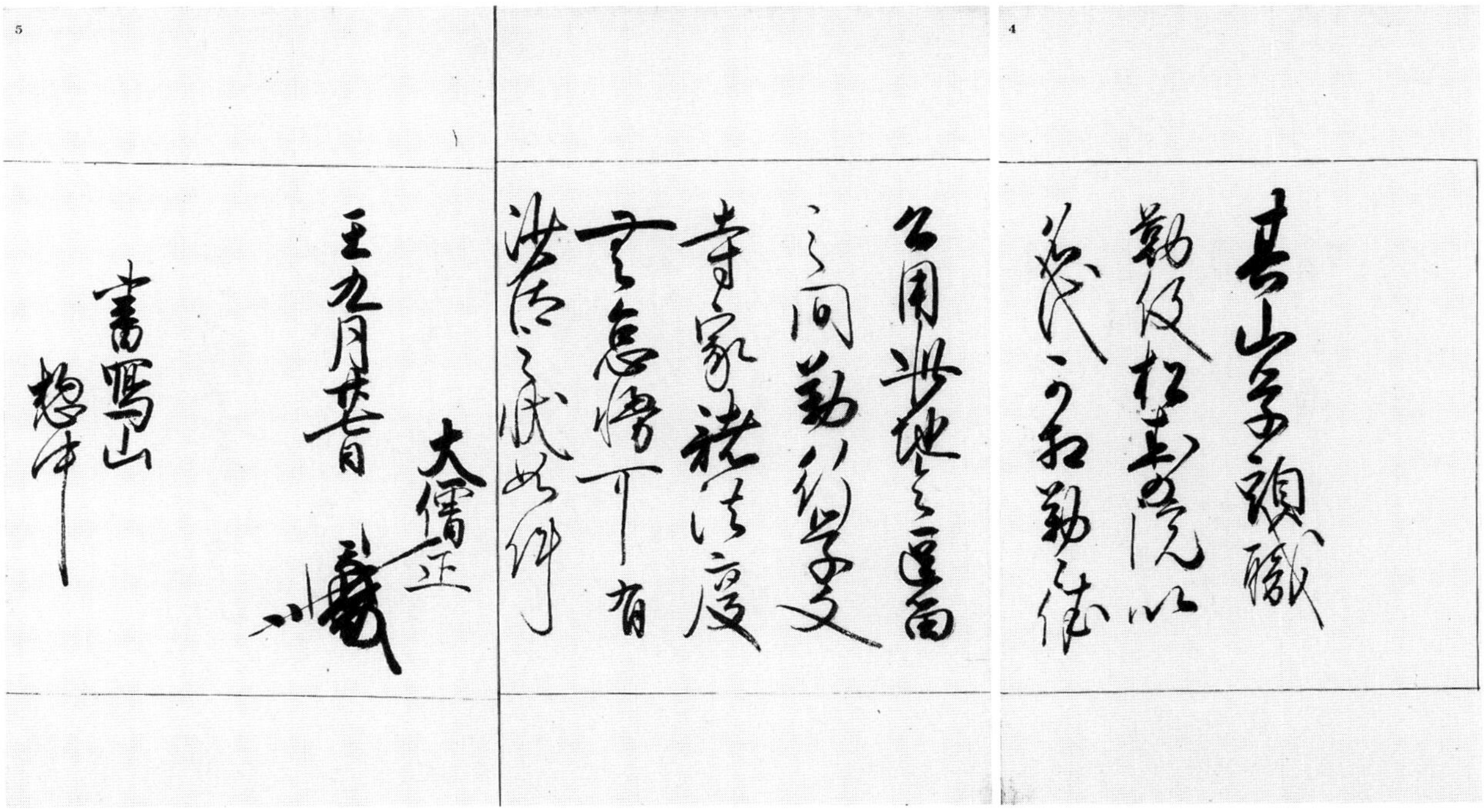

318　大僧正天海証状

東京大学史料編纂所影写本
姫路書写山文書

其山学頭職
勤役松寿院（快倫）、以
名代可相勤候、依
公用此地令逗留
之間、勤行学文（問）
寺家諸法度、
無怠慢可有
沙汰之状、如件、
　　　　　大僧正
（寛永十九年）壬（閏）九月廿七日　　天（花押）
　書写山
　　惣中

○天海の大僧正時代の閏九月は、寛永十九年（一六四二）のみ。

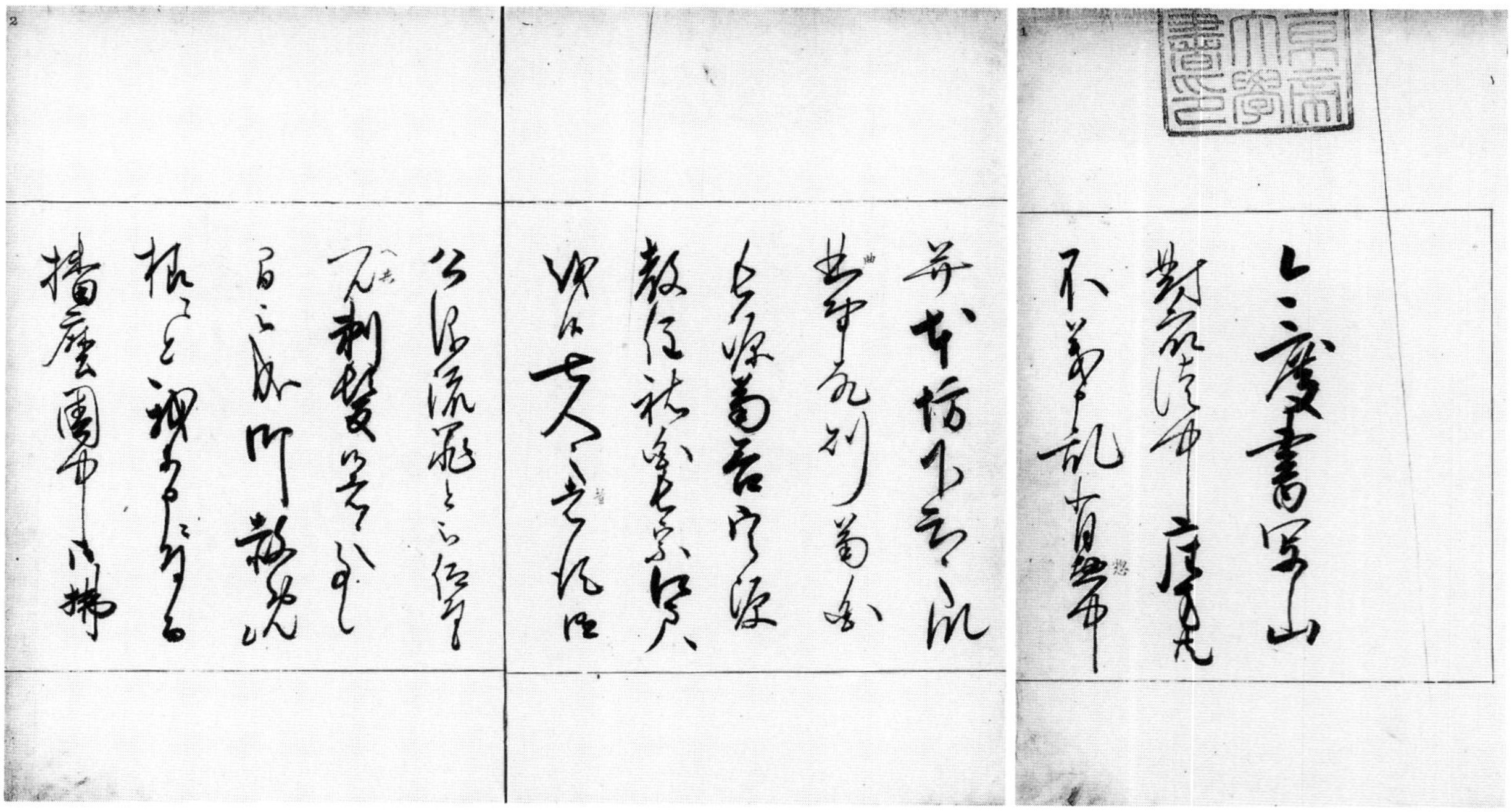

319　大僧正天海書状（元折紙カ）

東京大学史料編纂所影写本
姫路書写山文書

今度書写山
対衆徒中、座方共
不義申乱、背惣中
幷本坊下知之段、
曲事故、則菊円・
長源・菊善・定源・
教住・祐円・長宗、江戸へ
越候七人之者、従御
公儀流罪と被仰付候
へ共、剃髪候者之事候
間、被成御赦免候
様ニと、我ホ（等）申ニ付而、
播磨国中御払
被成候、此七人之者、
向後悪事共仕候者、
親類・従類共ニ可為
曲事候、相残座方共ハ、
衆徒中可為計候、
此ホ（等）之旨、下総守殿（姫路藩主・松平忠明）へ
も懇ニ申渡候、可被得

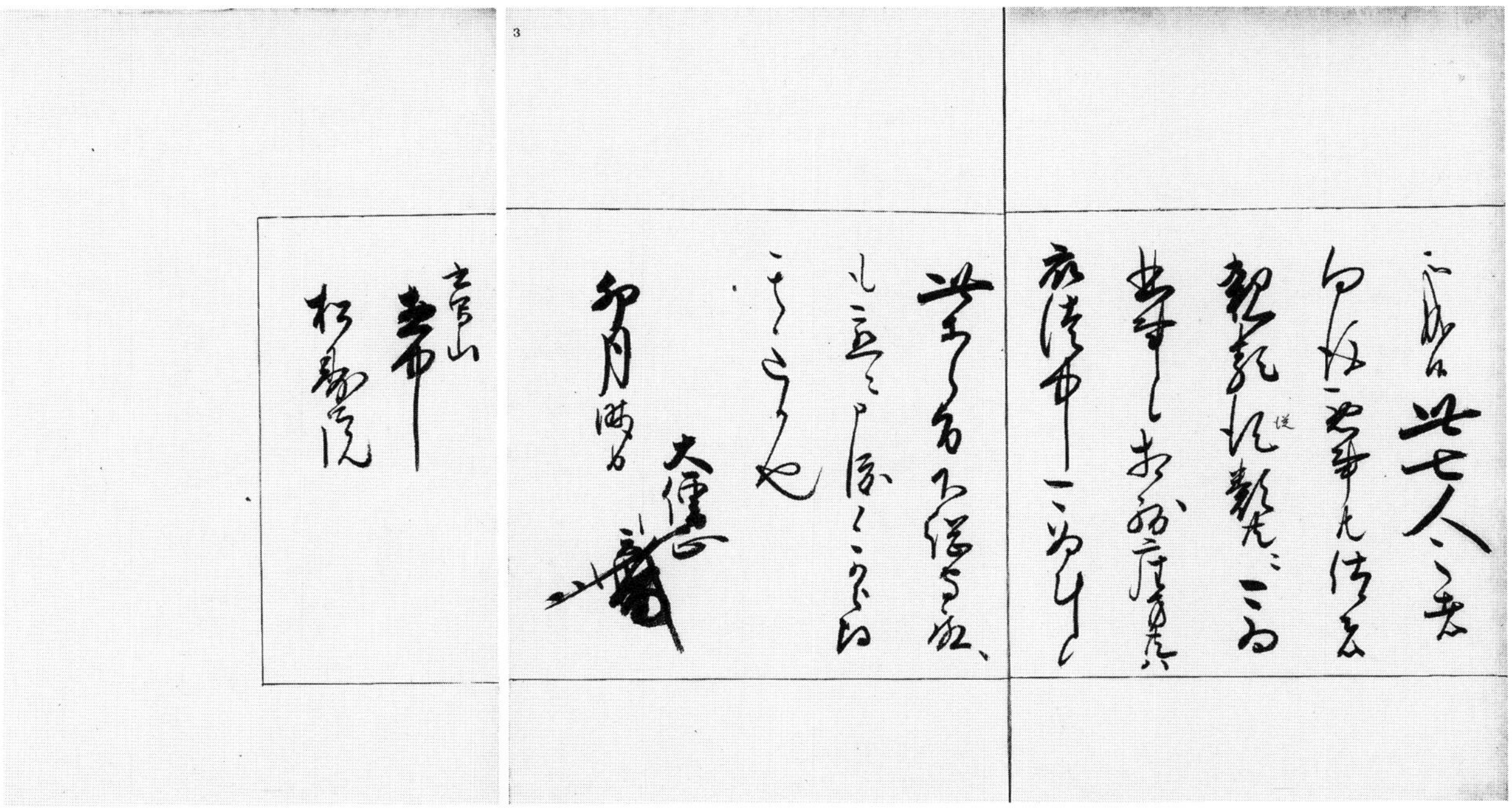

其意候也、

大僧正

（寛永十六～二十年）夘（卯）月晦日　天（花押）

書写山

惣中

松寿院（快倫）

○松平忠明の姫路藩主就任は、寛永十六年（一六三九）三月。便宜ここに収む。

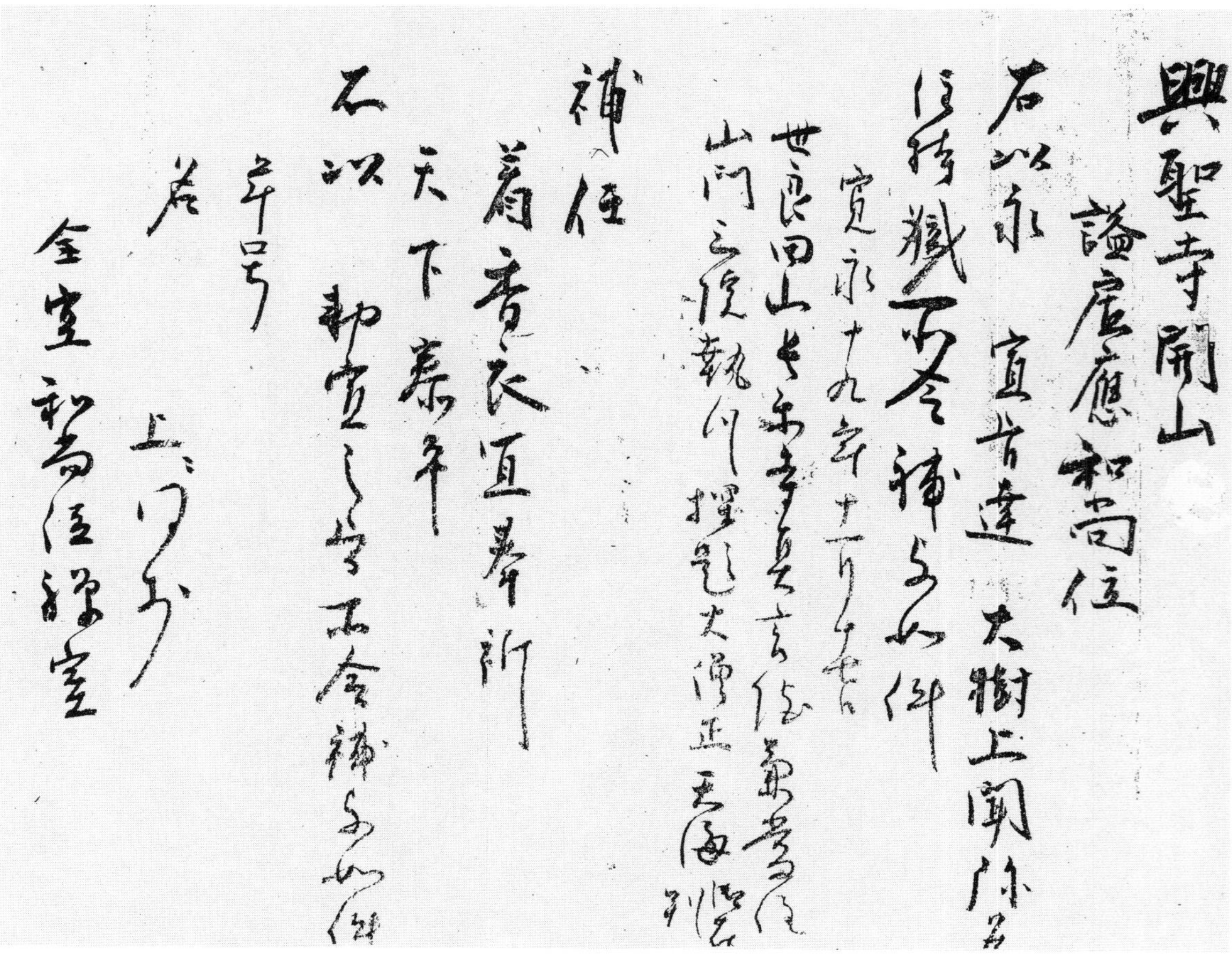

320

世良田山長楽寺真言院兼当住山門三院執行探題大僧正天海補任状写

世良田長楽寺文書

興聖寺開山

諡虚応和尚位

右以永　宣旨、達　大樹（徳川家光）上聞、弥為

住持職、所令補与如件、

寛永十九年十一月十七日

世良田山長楽寺真言院兼当住

山門三院執行探題大僧正天海　御在判

補任

着香衣、宜奉祈

天下泰平

右以　勅宣之旨、所令補与如件、

年号

名　　　上ニ同前

全空和尚位禅室

○本文書は、検討の余地あり。

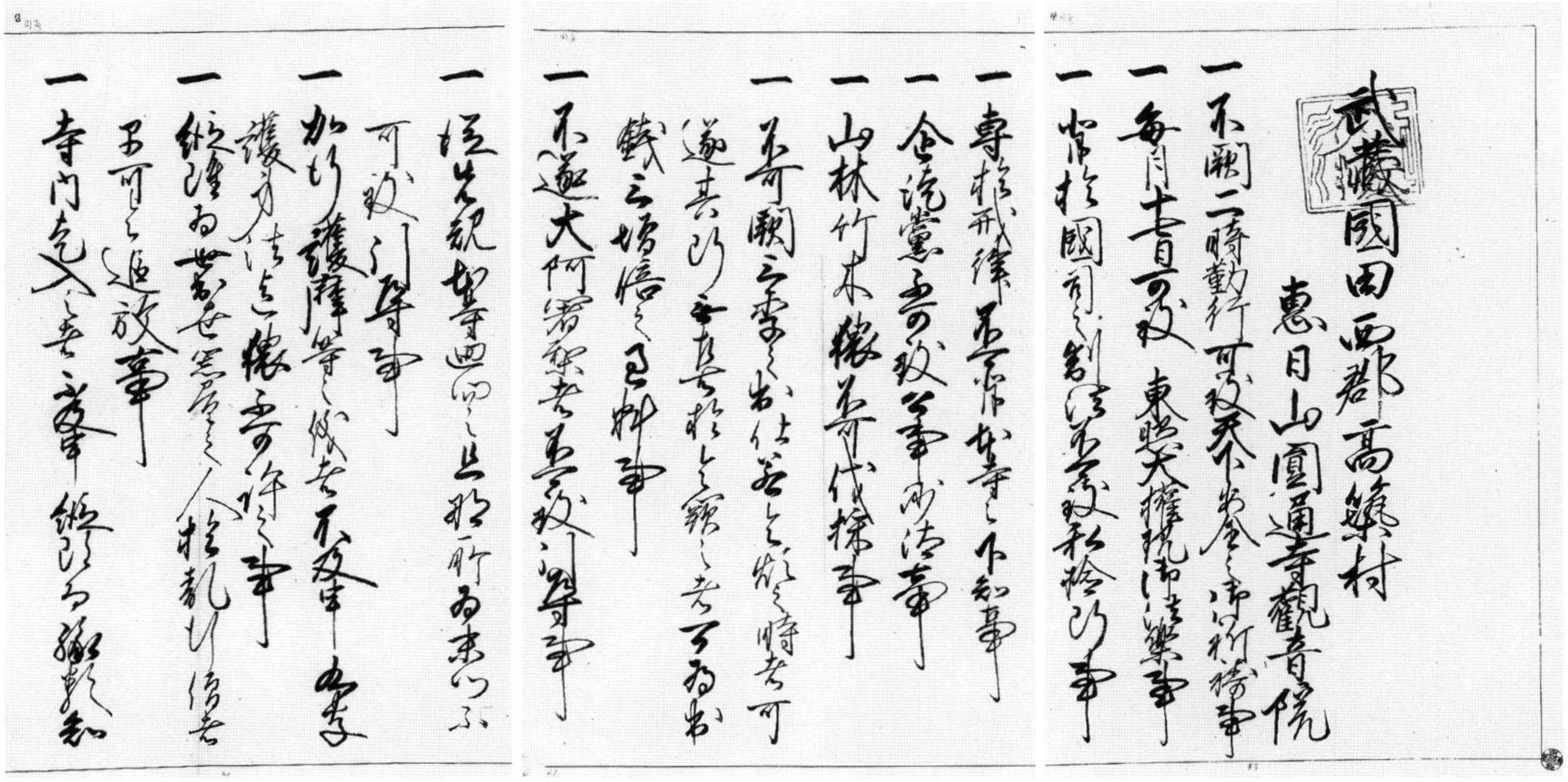

321　山門三院執行探題大僧正天海円通寺法度

東京大学史料編纂所影写本
八王子円通寺文書

(印)
武蔵国田西郡高築村
　恵日山円通寺観音院

一、不闕二時勤行、可致天下安全之御祈禱事、
一、毎月十七日可致　東照大権現(徳川家康)御法楽事、
一、背於国司之制法、不可致私検断事、
一、専於戒律、不可背本寺之下知事、
一、企徒党、不可致公事沙汰事、
一、山林竹木、猥不可伐採事、
一、不可闕三季之出仕、若令煩之時者、可遂其断、無左右於令闕之者、可為出銭三増倍之過料事、
一、不遂大阿闍梨者、不可致引導事、
一、従先規本寺廻向之旦(檀)那所、為末門不可致引導事、
一、加行・護摩等之儀者不及申、九字護身法迄、猥不可許之事、
一、縦雖為世・出世器量之人、於乱行僧者、早可令追放事、
一、寺内走入之者不及申、縦雖為縁類・知人、牢人一切不可抱置事、

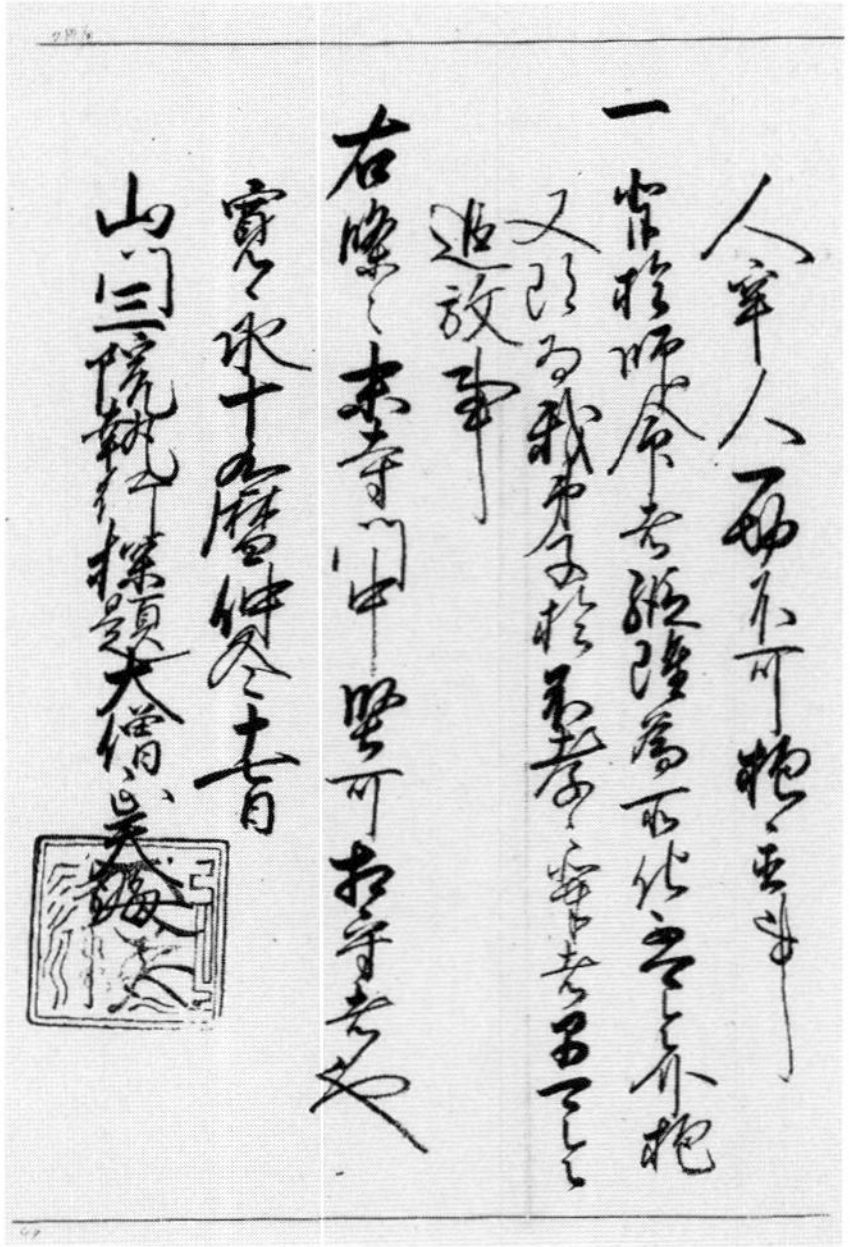

一、背於師命者、縦雖為所化、不可令介抱、
又雖為我弟子、於不孝之輩者、早可令
追放事、
右条ゝ、末寺・門中堅可相守者也、
寛永十九暦仲冬十七日
山門三院執行採題大僧正天海（印）

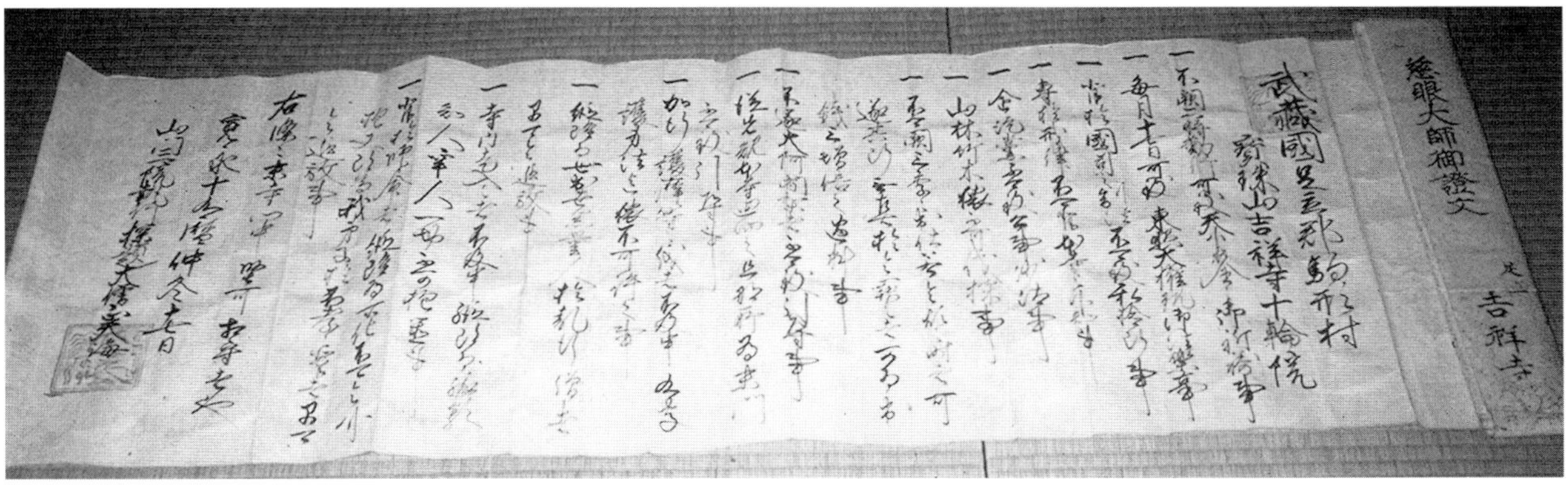

322

山門三院執行探題 大僧正天海吉祥寺寺内法度

埼玉吉祥寺文書

(朱印)
武蔵国足立郡駒形村
　　宝珠山吉祥寺十輪院

一、不闕二時勤行、可致天下安全之御祈禱事、
一、毎月十七日、可致　東照大権現(徳川家康)御法楽事、
一、背於国司之制法、不可致私検断事、
一、専於戒律、不可背本寺之下知事、
一、企徒党、不可致公事沙汰事、
一、山林竹木、猥不可伐採事、
一、不可闕三季之出仕、若令煩之時者可遂其断、無左右於令闕之者、可為出銭三増倍之過料事、
一、不遂大阿闍梨者、不可致引導事、
一、従先規本寺廻向之旦(檀)那所、為末門不可致引導事、
一、加行・護摩等之儀者不及申、九字護身法迄、猥不可許之事、
一、縦雖為世・出世器量人、於乱行僧者早可令追放事、
一、寺内走入之者不及申、縦雖為縁類・知人、牢人一切不可抱置事、

一、背於師命者、縦雖為所化、不可令介抱、又雖為我弟子、於不孝之輩者、早可令追放事、

右条〻、末寺・門中堅可相守者也、

寛永十九暦仲冬十七日

山門三院執行探題大僧正天海(朱印)

○本写真は、旧浦和市史編纂室より御提供いただいた。

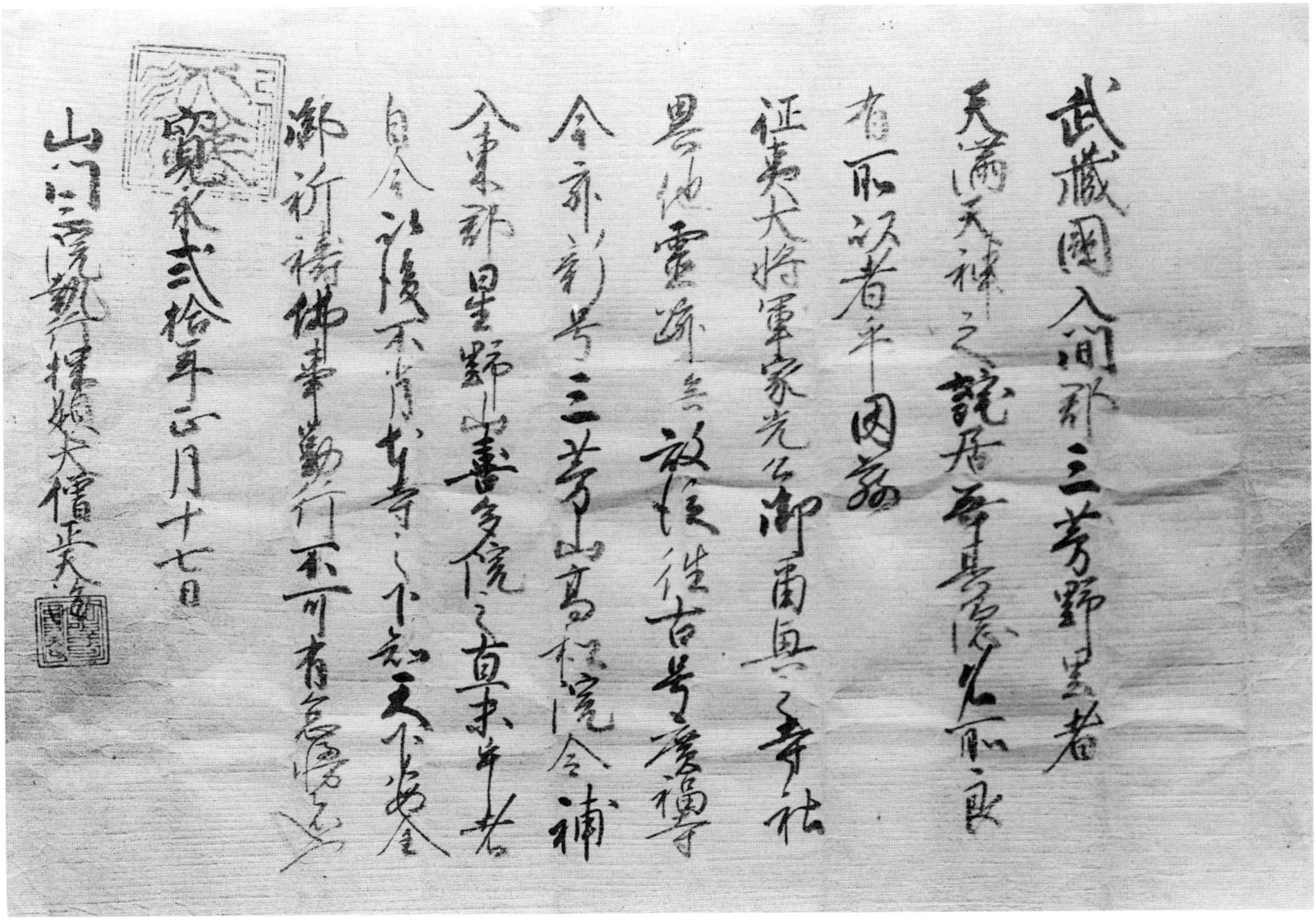

323　山門三院執行探題大僧正天海喜多院直末許可状

川越三芳野神社文書

武蔵国入間郡三芳野里者、

天満天神之詫居、無其隠名所、良

有所以者乎、因茲

征夷大将軍家光《（徳川）》公御再興之寺社、

異他霊跡矣、故従往古号広福寺、

今亦新号三芳山高松院、令補

入東郡星野山喜多院之直末早《（畢）》、者

自今以後不背本寺之下知、天下安全

御祈禱、仏事勤行、不可有怠慢者也、

寛《（印）》永弐拾年正月十七日

山門三院執行探題大僧正天海（印）

○本写真は、埼玉県立文書館より御提供いただいた。

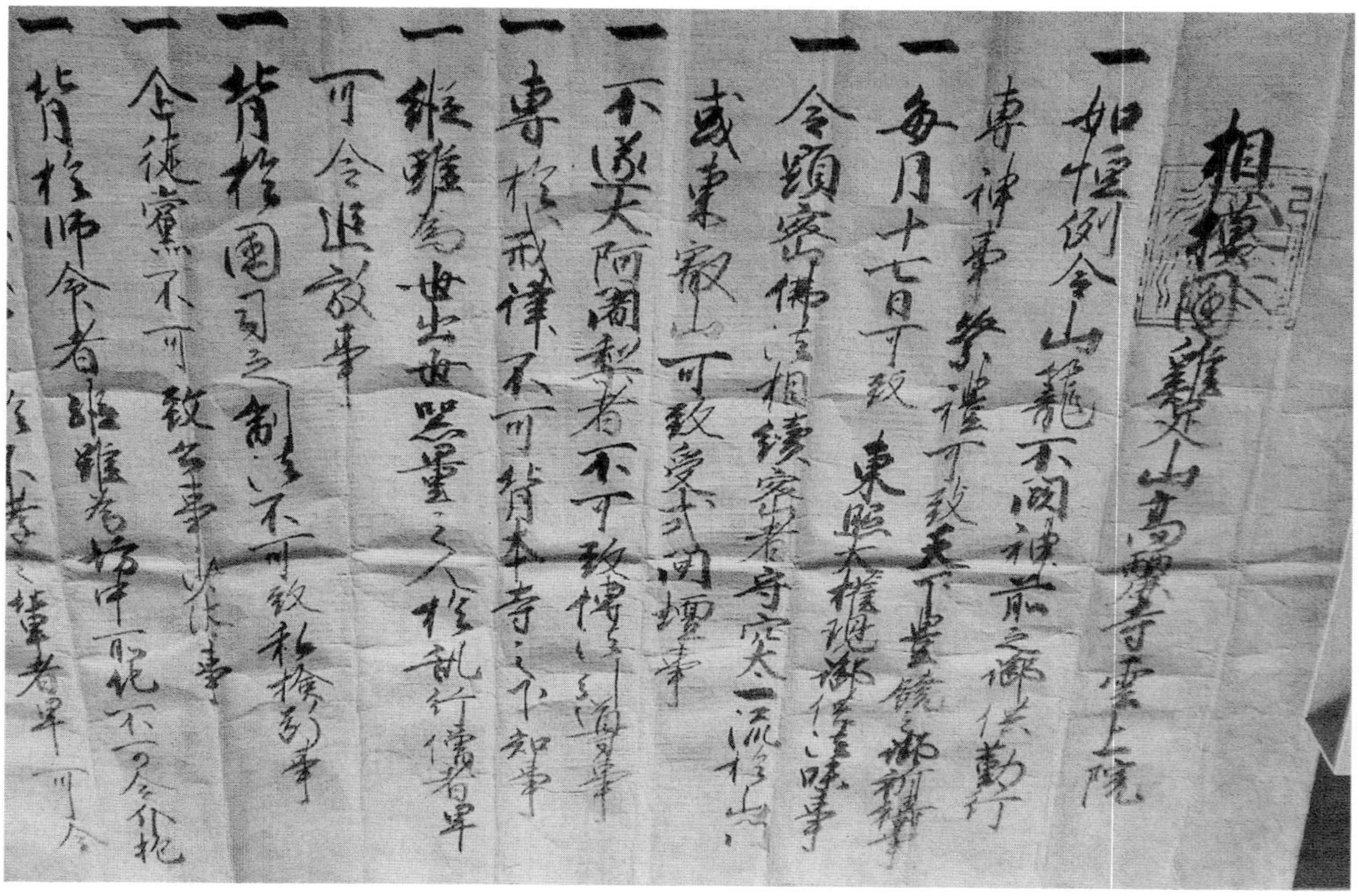

324　山門三院執行探題大僧正天海高麗寺寺内法度

神奈川高来神社文書

相(朱印)摸(模)国雞足山高麗寺雲上院

一、如恒例令山籠、不闕神前之御供・勤行、専神事祭礼、可致天下豊饒之御祈禱事、

一、毎月十七日可致　東照(徳川家康)大権現御供法味事、

一、令顕密仏法相続、密者守穴太一流、於山門或東叡山可致受式・開壇事、

一、不遂大阿闍梨者、不可致伝法・引導事、

一、専於戒律、不可背本寺之下知事、

一、縦雖為世・出世器量之人、於乱行僧者、早可令追放事、

一、背於国司之制法、不可致私検断事、

一、企徒党、不可致公事沙汰事、

一、背於師命者、縦雖為坊中所化、不可令介抱、又雖為我弟子、於不孝之輩者、早可令追放事、

一、従山林・下草、至坊中・神人・百姓屋敷竹木等、猥不可伐採事、

一、神領之内走入之者、或雖為縁類・知人、

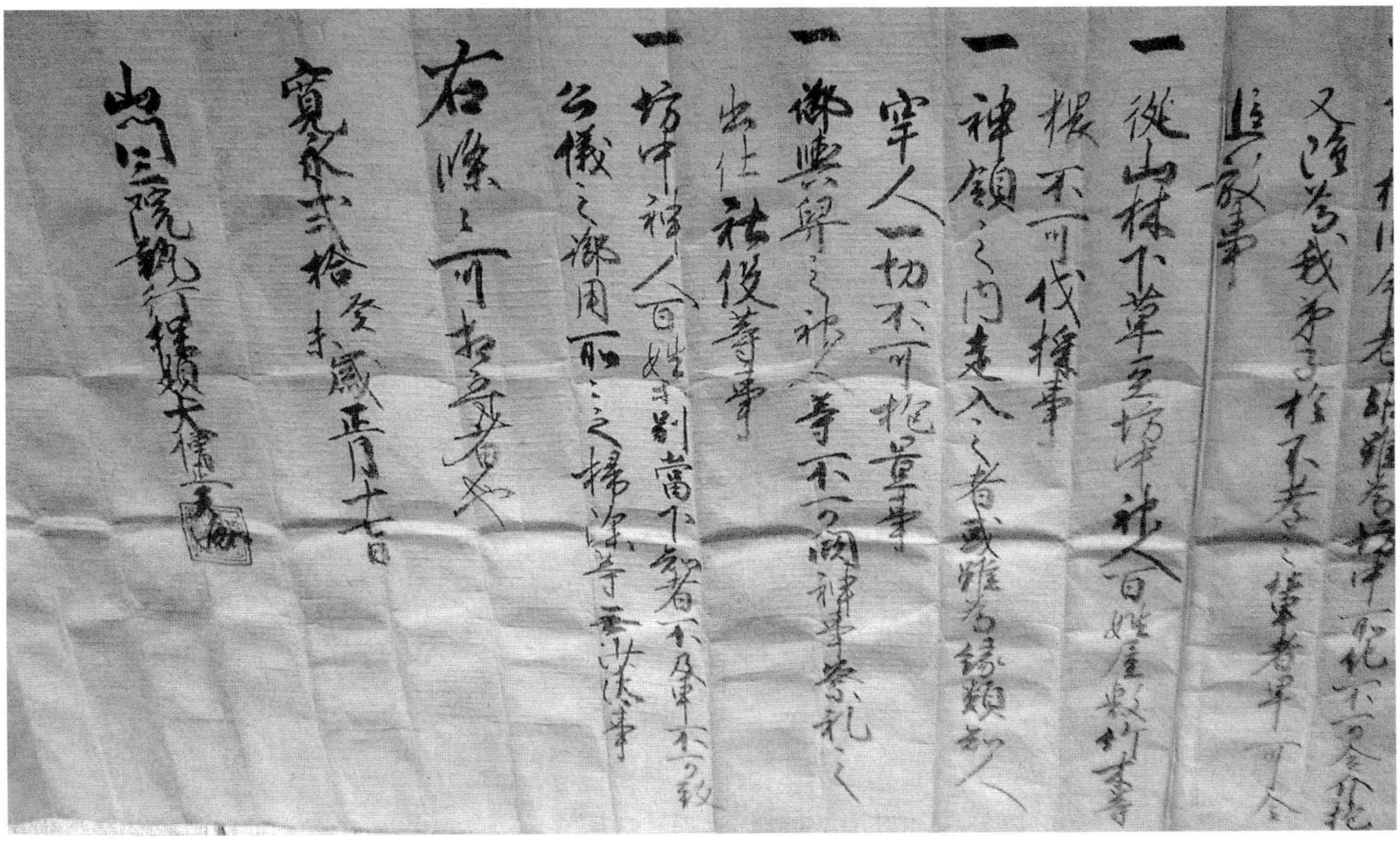

牢人一切不可抱置事、
一、御輿舁之神人等、不可闕神事・祭礼之
出仕・社役等事、
一、坊中・神人・百姓ホ（等）、別当下知者不及申、不可致
公儀之御用、所ゝ之掃除等無沙汰事、
右条ゝ、可相守者也、
寛永弐拾癸未歳正月十七日
山門三院執行探題大僧正天海（朱印）

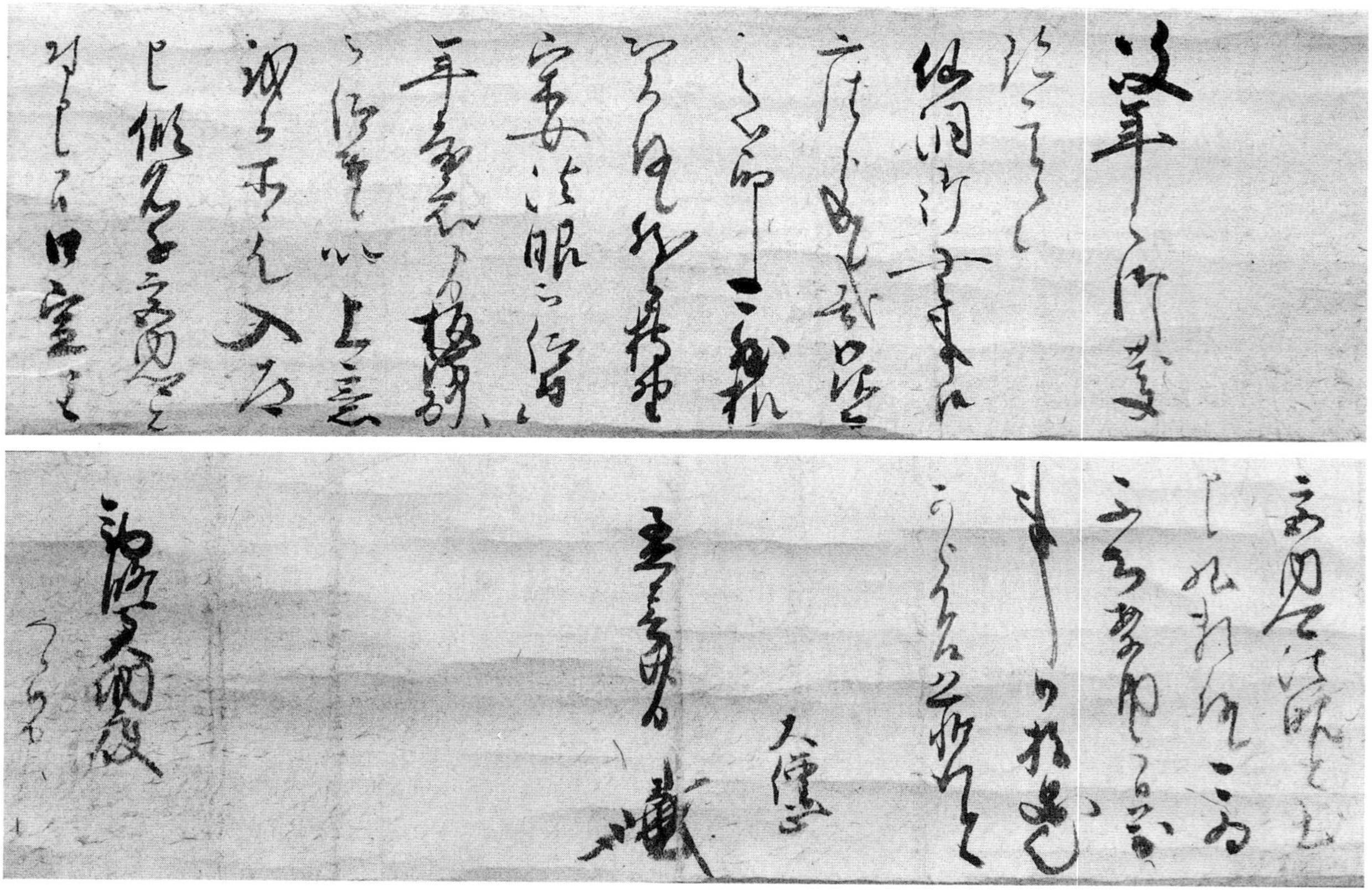

325　大僧正天海書状（元折紙カ）

上野現龍院文書

改年之御慶
珎(珍)重ニ候、
仙洞(後水尾上皇)御無事御
座被成候哉、御次而
之節可然様
憑存候、然者狩野
釆女(探幽)法眼被仰付候、
年寄衆ゟ板防州(京都所司代・板倉重宗)ニ
被仰遣候、以上意
我ホ(等)所にて入道
申候、仮名を宮内卿と
付申候間、口宣ニも
宮内卿法眼と書
申候様頼存候、可為
不知案内候間、万
事御指図ニて
可被下候、恐惶謹言、
　　　　　大僧正
孟春(正月)廿日(寛永十八～二十年)　　天（花押）
勧修寺大納言殿(経広)
　　　　人〻御中

○勧修寺経広の大納言就任は、寛永十八年（一六四一）正月十一日。天海の忌日は、寛永二十年十月二日。

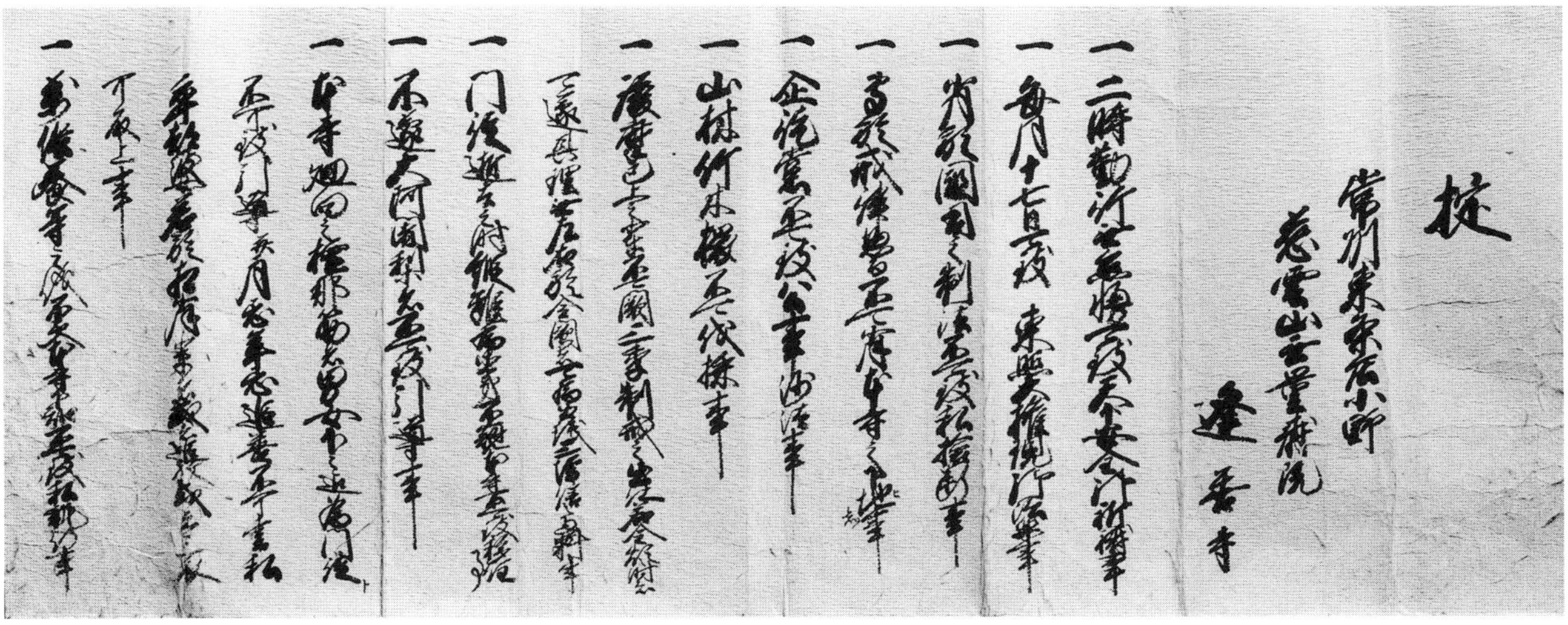

326　山門三院執行探題大僧正天海逢善寺寺内法度写（折紙）

小野逢善寺文書

掟

常州東条庄小野

慈雲山無量寿院

逢善寺

一、二時勤行無怠慢、可致天下安全御祈禱事、

一、毎月十七日、可致東照大権現（徳川家康）御法楽事、

一、背於国司之制法、不可致私検断事、

一、専於戒律、惣而不可背本寺之下地〔知〕事、

一、企徒党、不可致公事沙汰事、

一、山林竹木、猥不可伐採事、

一、護摩已上之輩、不可闕三季制戒之出仕、若令煩之時者、可遂其理、無左右於令闕者、可為出銭三増倍之過料事、

一、門徒逝去之時、縦雖為直弟、不窺本寺、不可致移住事、

一、不遂大阿闍梨者、不可致引導事、

一、本寺廻向之檀那筋者、男女下ゝ迄、為門徒不可致引導、幷月忌・年忌追善不可書私卒都婆、若於相背輩者、或者追放、或者三衣可取上事、

一、万修養等之儀、不受本寺之下知、不可致私執行事、

一、加行・護摩等之儀者不及申、九字護身法迄、

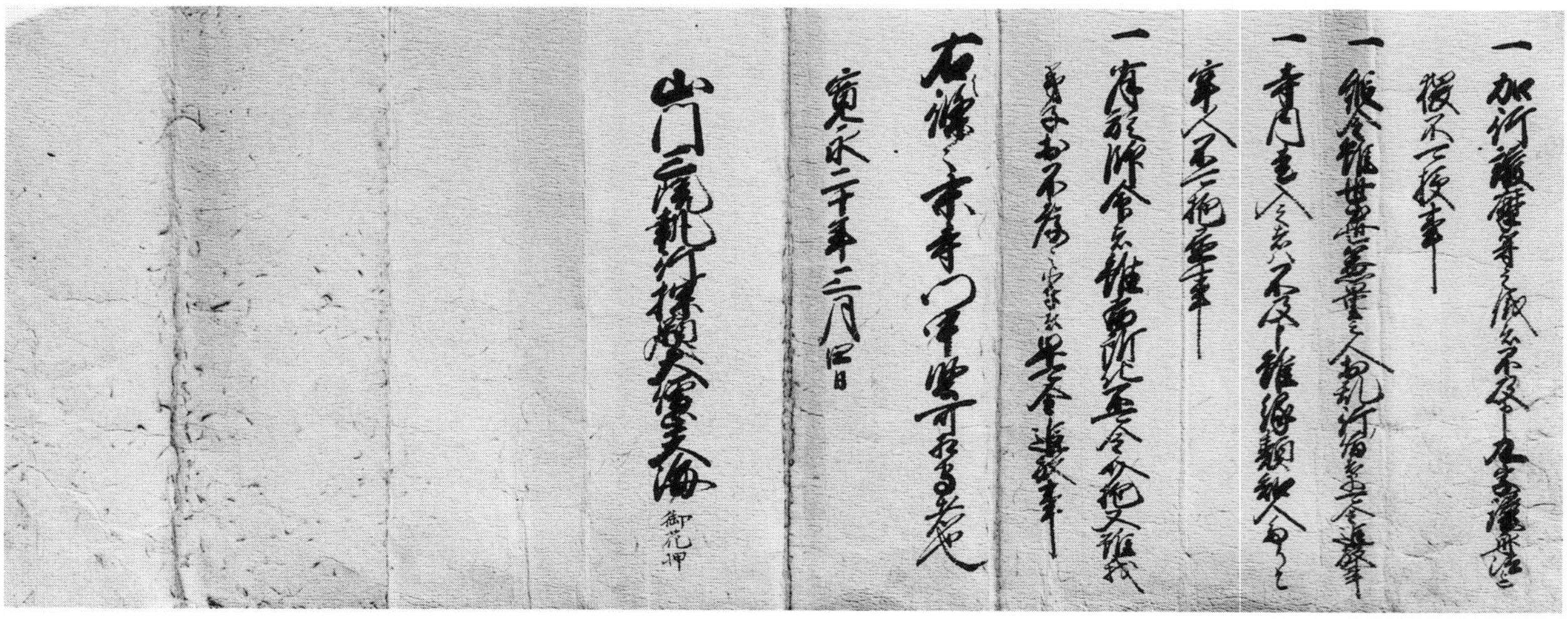

猥不可授事、

一、縦令雖世・出世器量之人、於乱行緇素可令追放事、

一、寺内走入之者ハ不及申、雖縁類・知人たりと、

牢人不可抱置事、

一、背於師命者、雖為所化、不可令介抱、又雖我

弟子、於不孝之輩者、早可令追放事、

右条ゝ、末寺・門中、堅可相守者也、

寛永二十年三月四日

山門三院執行探題大僧正天海　御花押

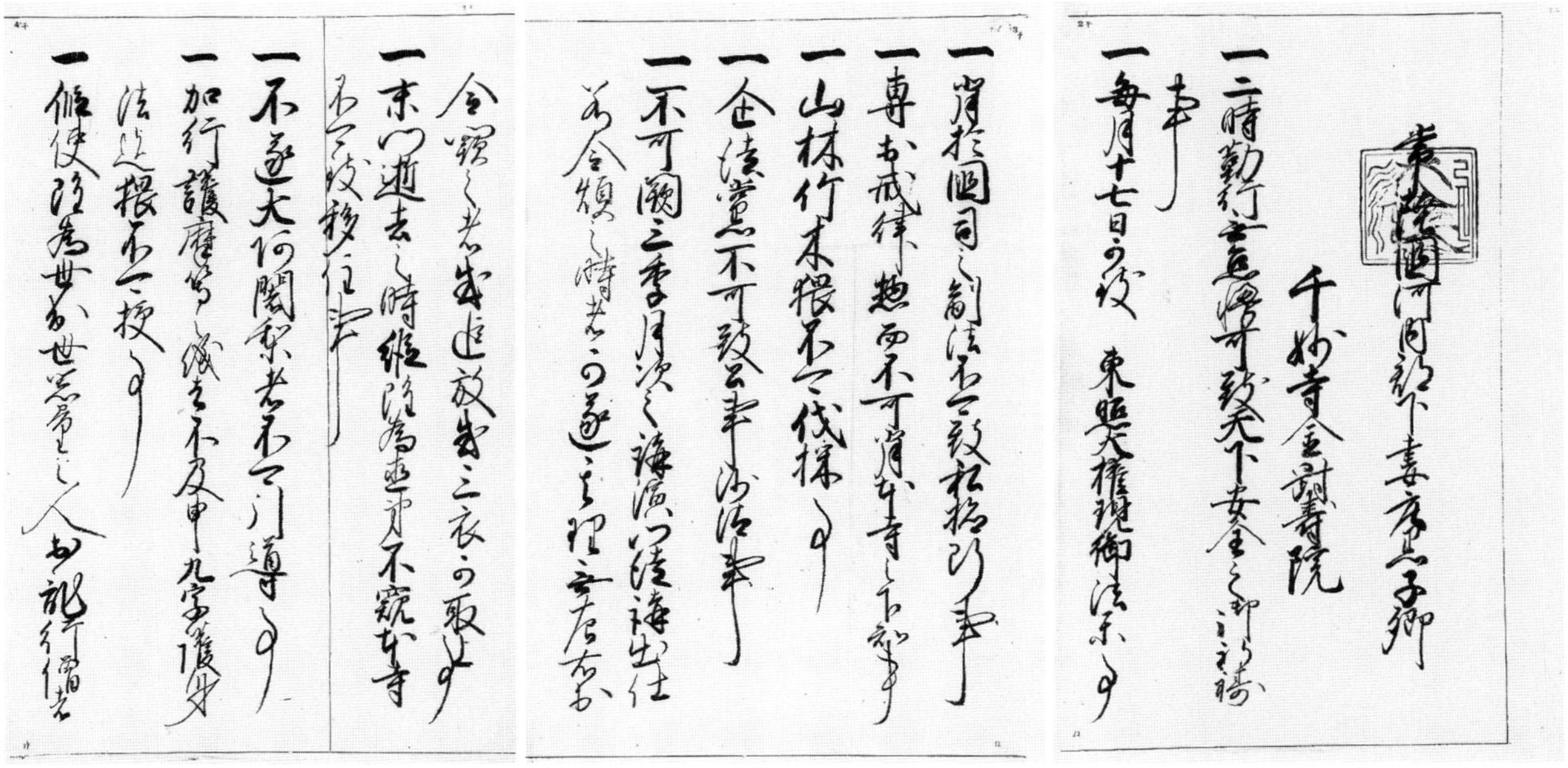

327 山門三院執行探題大僧正天海千妙寺寺内法度

東京大学史料編纂所影写本
黒子千妙寺文書

(朱印)
常陸国河内郡下妻庄黒子郷
　千妙寺金剛寿院

一、二時勤行無怠慢、可致天下安全之御祈禱事、
一、毎月十七日可致　東照大権現(徳川家康)御法楽事、
一、背於国司之制法、不可致私検断事、
一、専於戒律、惣而不可背本寺之下知事、
一、山林竹木、猥不可伐採事、
一、企徒党、不可致公事沙汰事、
一、不可闕三季月次之講演・門徒講出仕、若令煩之時者、可遂其理、無左右於令闕之者、或追放、或三衣可取上事、
一、末門逝去之時、縦雖為直弟、不窺本寺、不可致移住事、
一、不遂大阿闍梨者、不可引導事、
一、加行・護摩等之儀者不及申、九字護身法迄、猥不可授事、
一、仮使雖為世・出世器量之人、於乱行僧者早可令追放事、

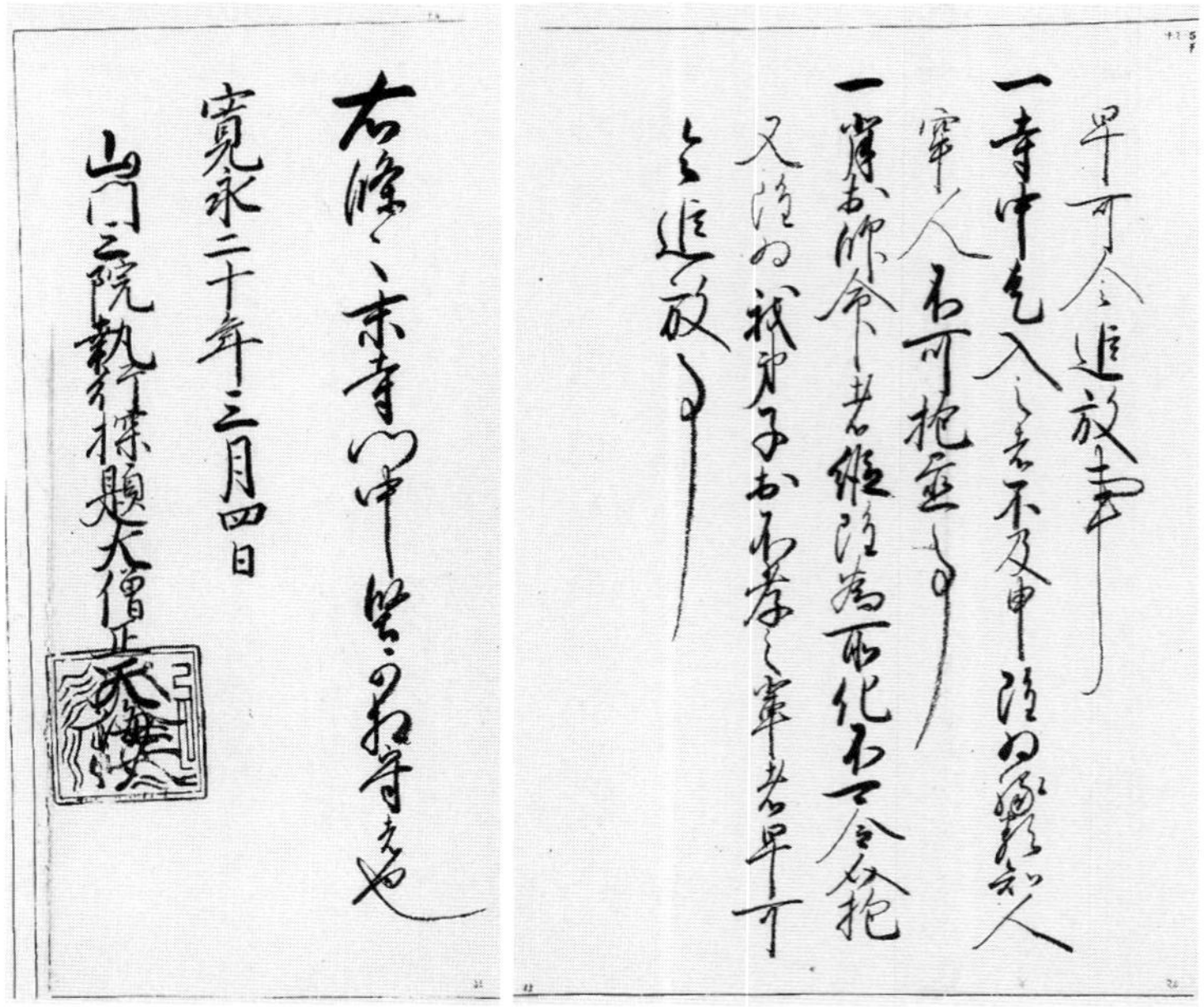

一、寺中走入之者不及申、雖為縁類・知人、
牢人不可抱置事、
一、背於師命者、縦雖為所化、不可令介抱、
又雖為我弟子、於不孝之輩者、早可
令追放事、
右条ゝ、末寺・門中、堅可相守者也、
寛永二十年三月四日
山門三院執行探題大僧正天海（朱印）

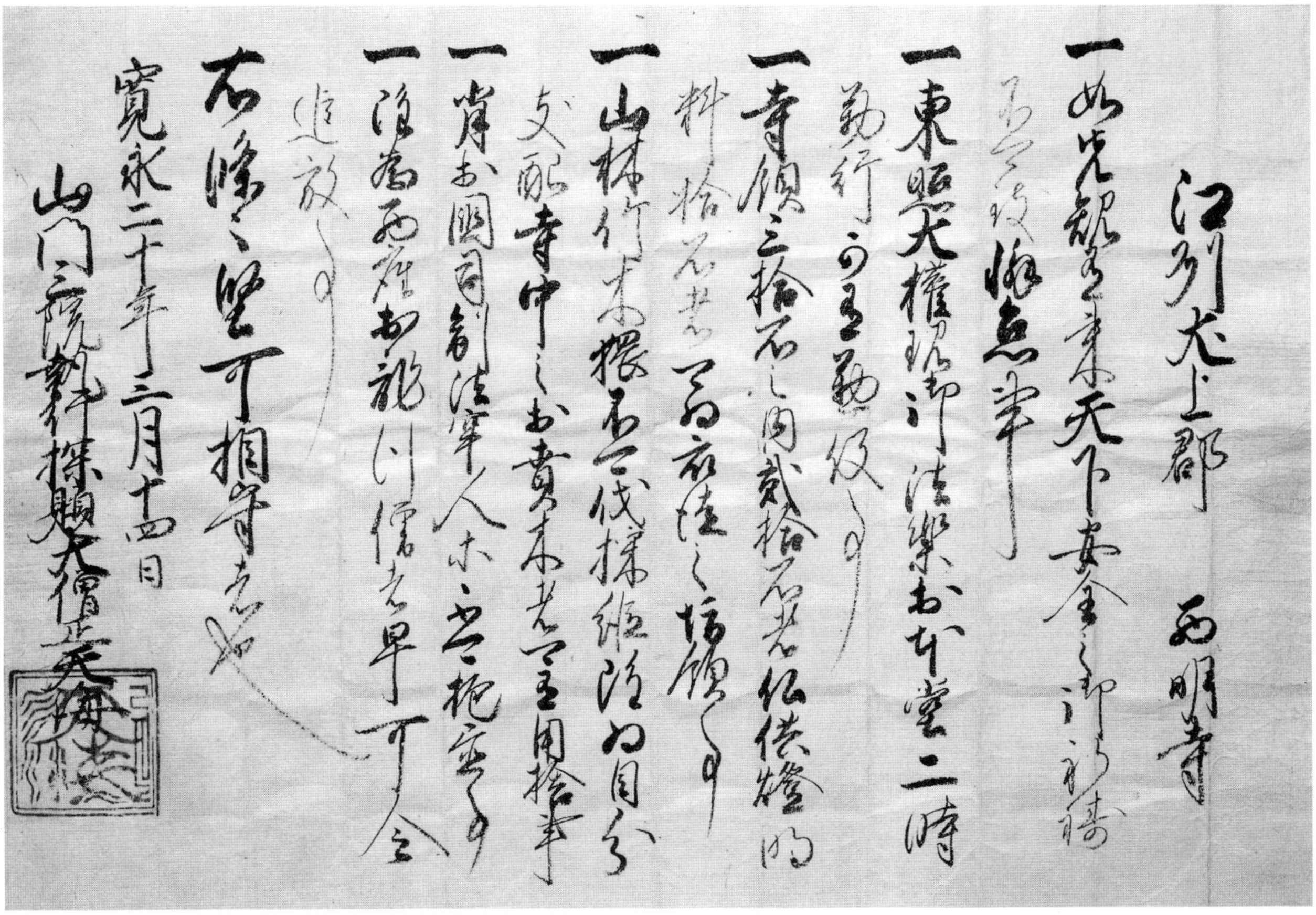

328　山門三院執行探題大僧正天海西明寺寺内法度

早稲田大学図書館文書

江州犬上郡　西明寺

一、如先規有来、天下安全之御祈禱不可致懈怠事、

一、東照(徳川家康)大権現御法楽、於本堂二時勤行、可有勤役事、

一、寺領三拾石之内、弐拾石者仏供灯明料、拾石者可為衆徒之坊領事、

一、山林竹木、猥不可伐採、縦雖為自分支配、寺中之於貴木者可有用捨事、

一、背於国司制法、牢(乱カ)人ホ(等)不可抱置事、

一、雖為西座、於龍行僧者、早可令追放事、

右条ゝ、堅可相守者也、

寛永二十年三月十四日

山門三院執行探題大僧正天海（朱印）

○本写真は、早稲田大学図書館特別資料室より御提供いただいた。

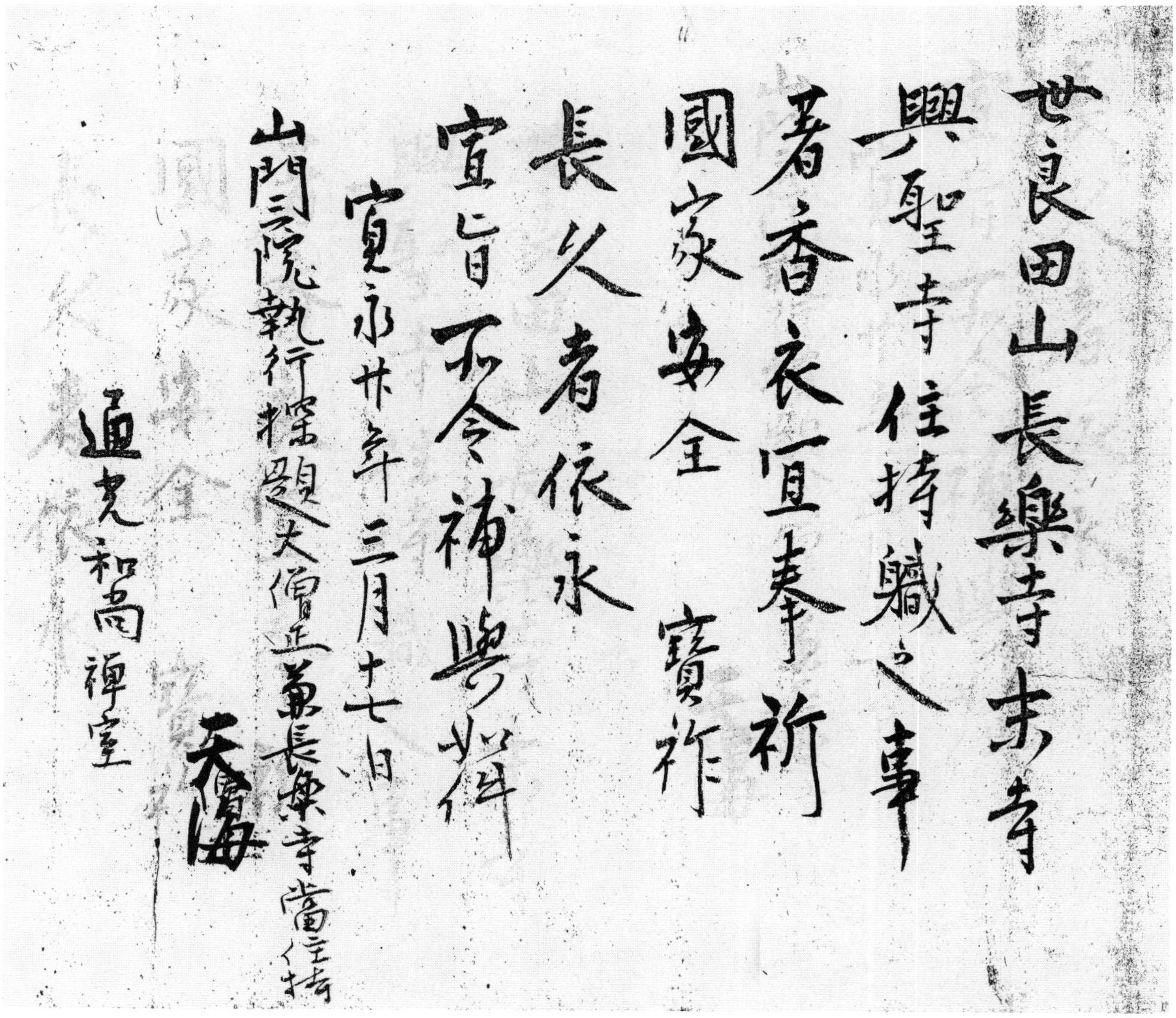

329　山門三院執行探題大僧正天海補任状写

世良田長楽寺文書

世良田山長楽寺末寺
興聖寺住持職之事、
著香衣、宜奉祈
国家安全　宝祚
長久、者依永
宣旨、所令補与如件、
　寛永廿年三月十七日
山門三院執行探題大僧正兼長楽寺当住持
　　　　　　　大僧正天海
　　通光和尚禅室

○本文書は、検討の余地あり。

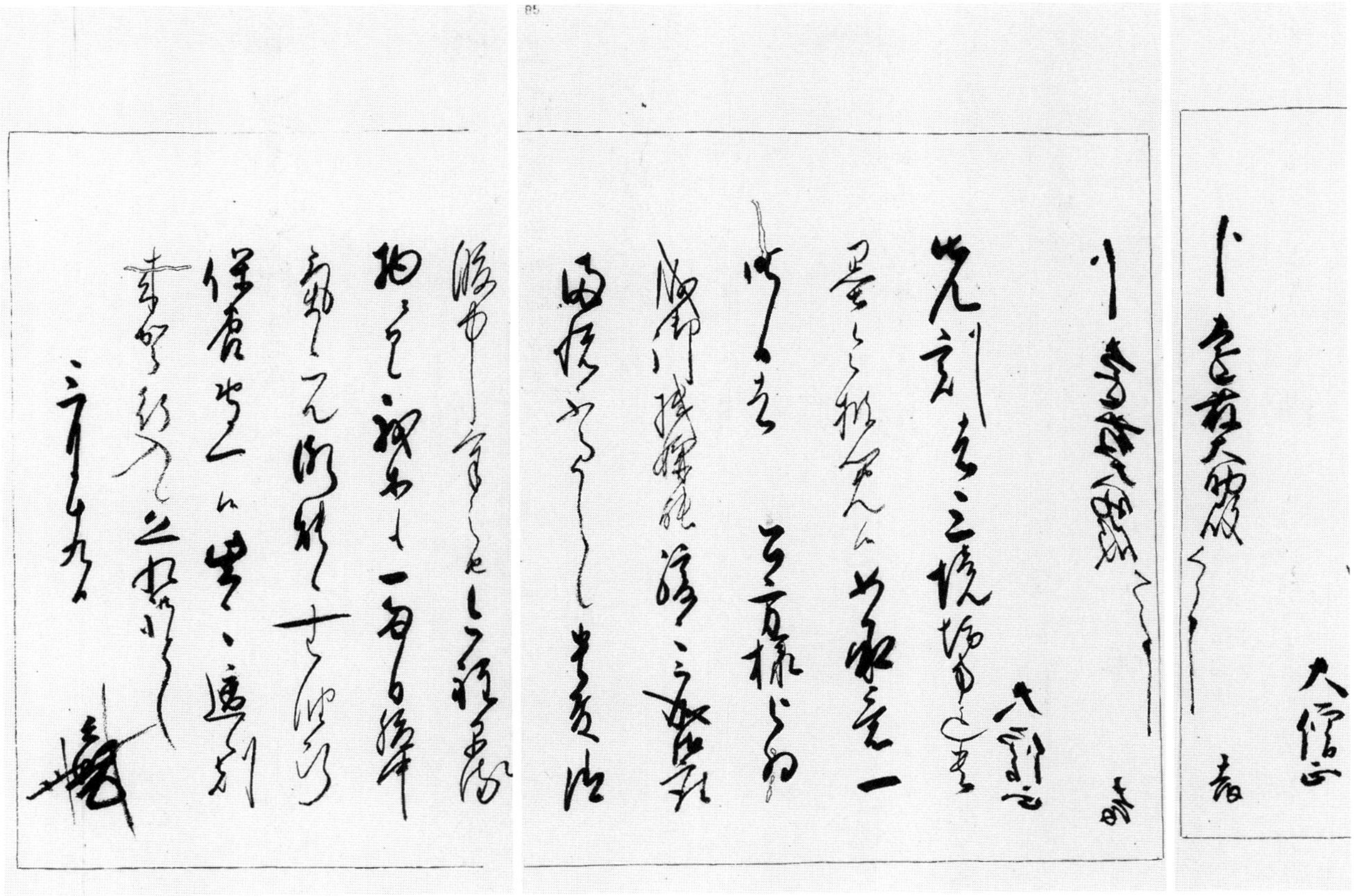

330 大僧正天海書状

東京大学史料編纂所影写本
遠藤行蔵氏文書

「(端裏書)　大僧正
遠藤大助(常昭)殿　天海
人ゝ御中」

先刻者三境坊方迄貴
墨令披閲候、如承意一
昨日者　公方様(徳川家光)被為
成、御機嫌能緩ゝ被成御座、
満悦不過之候、貴殿御
腹中気之由、今程早流
物ニ而候、我ホ(等)も一両日腹中
気候ツル、漸能ゝ無油断
保養専一候、些ゝ透之刻、
来駕待入候、恐惶謹言、
(寛永十九、二十年)三月十九日　天（花押）

○遠藤大助常昭、寛永十八年（一六四一）十一月御小姓に登用される。

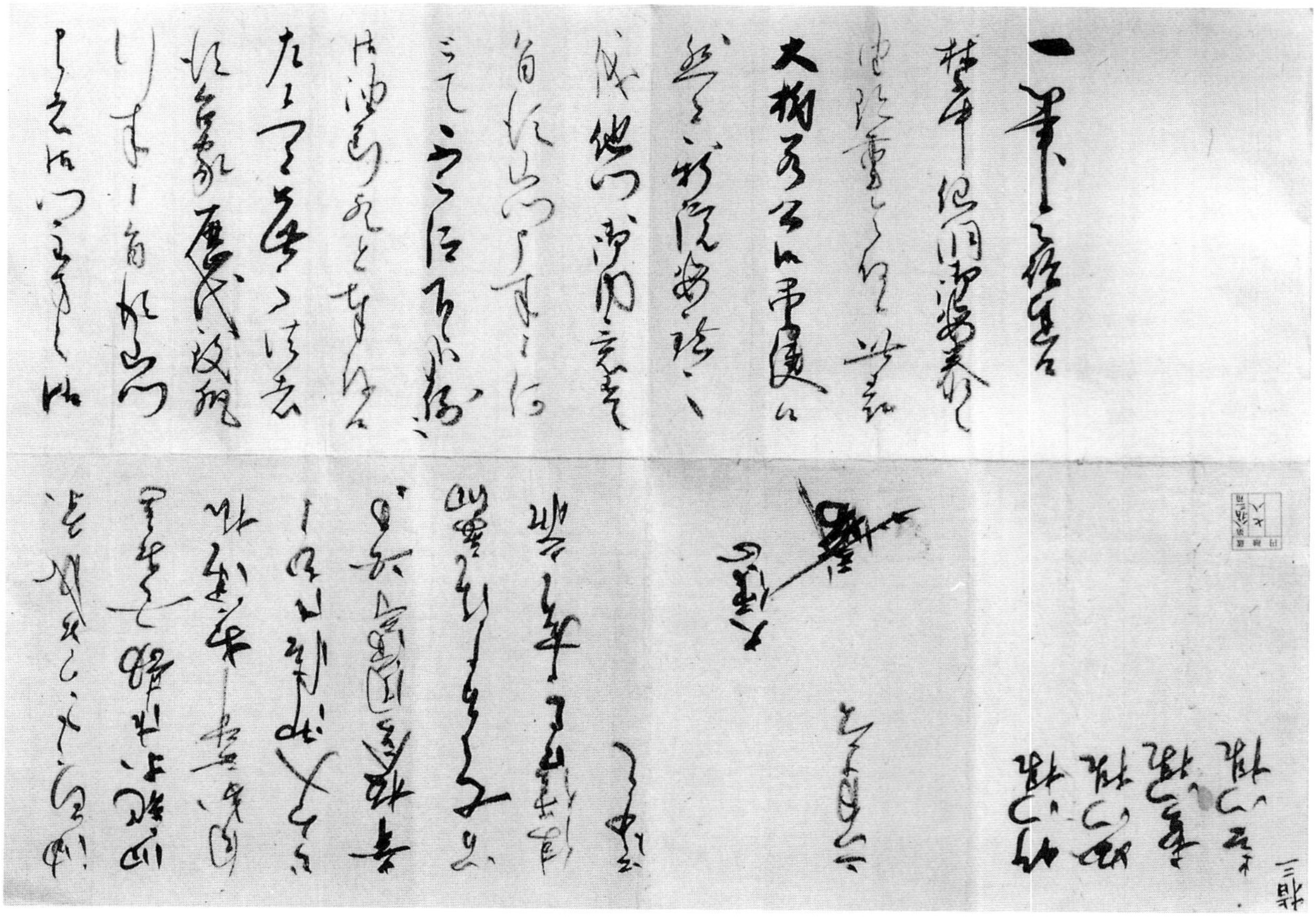

331　大僧正天海書状（折紙）

京都三千院文書

一筆令啓達候、
禁中（明正天皇）・仙洞（後水尾上皇）御安泰之
由珎（珍）重令存候、此表
大樹（徳川家光）・若公（徳川家綱）御勇健候、
然者新院（内裏）安鎮之
儀、他門へ御内意有之
旨、従山門申来候、何
とて不被仰下候哉、例之
御油断欤（歟）と奉存候、
左候へ者如此之法者、
従台家歴代致執
行来候旨、従山門
申候者、御門主方之御
油断ニも可罷成条、
旧記ホ（等）御勘無相遠（違）、
目出無事相済候様、
被為入御情（精）御尤候、
幸板倉周防守（京都所司代・重宗）此方候
間、右之旨申談候、委細
使僧口上申含候、恐惶
謹言、

大僧正

（寛永二十年）六月十二日　天（花押）

（良尚親王）竹門様

（堯然親王）妙門様

（慈胤親王）梨門様

（尊純親王）青門様

○内裏新院の安鎮法は、寛永二十年（一六四三）九月十八日。

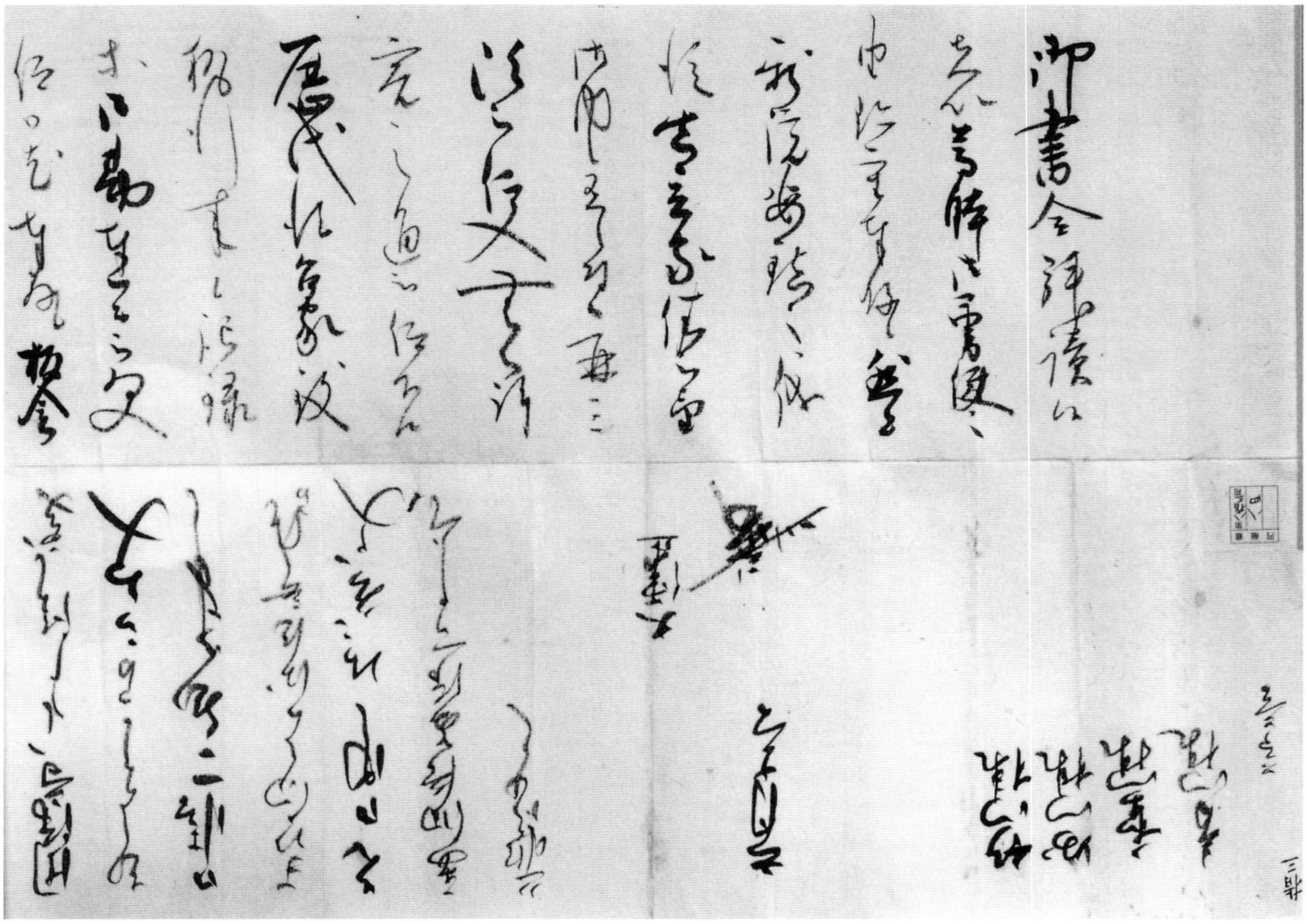

332　大僧正天海書状（折紙）

京都三千院文書

御書令拝読候、
先以尊躰御勇健之
由弥（珍）重奉存候、然者
新院（内裏）安鎮之儀、
従真言宗依被望、
御内と有之付而、再三
雖被仰入、無御許
容之通被仰下候、
歴代従台家致
執行来候記録
ホ（等）御勘、達而被為入
仰御尤奉存候、板倉（京都所司代・重宗）
周防守へも申談候処、
尤之旨候間、被為入
御情（精）可然御事候、
表向之御沙汰無之儀候間、
先御内と様ニ各へ申入候、
委細浄教（実俊カ）坊可申上候、
恐惶謹言、

大僧正

六月（寛永二十年）十二日　　天（花押）

竹門様（良尚親王）
妙門様（堯然親王）
梨門様（慈胤親王）
青門様（尊純親王）

尊答

○内裏新院の安鎮法は、寛永二十年（一六四三）九月十八日。

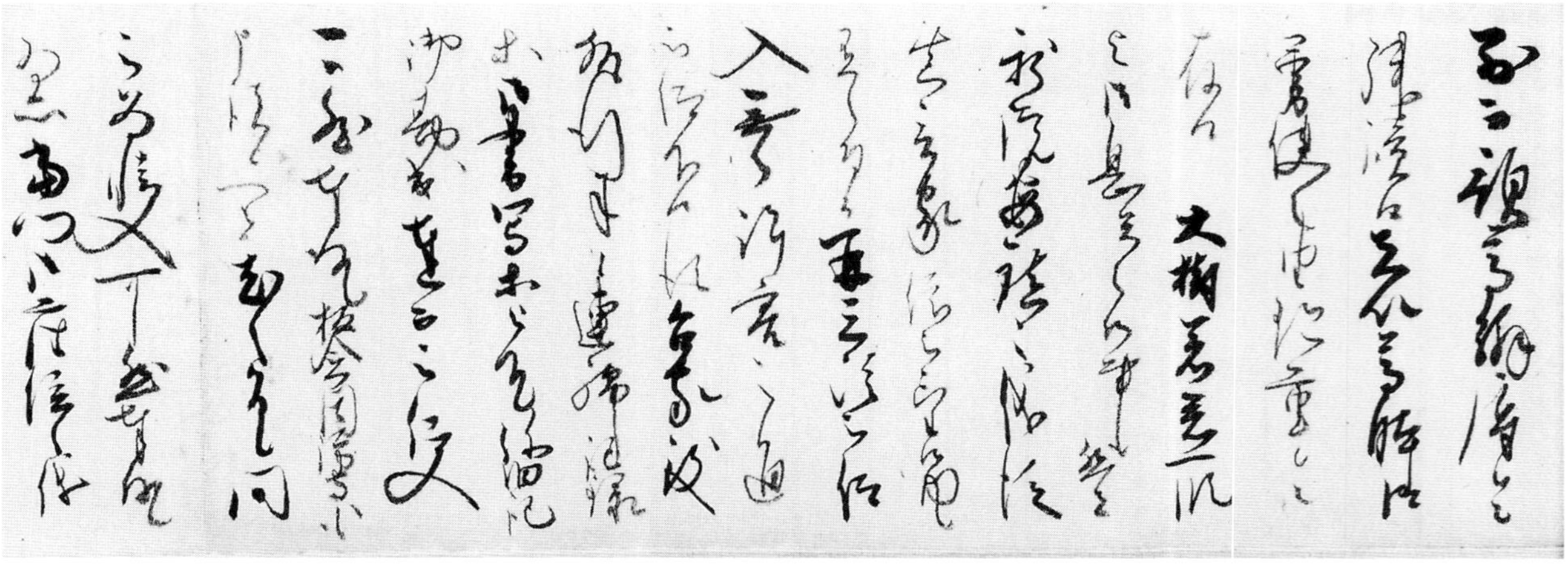

333　大僧正天海書状（元折紙カ）

大正大学図書館文書

別而預尊翰辱令
拝読候、先以尊躰御
勇健之由、珎（珍）重令
存候、大樹（徳川家光）・若君（徳川家綱）一段
与御息災之御事候、然者
新院（内裏）安鎮之儀、従
真言家依被望、御内と
有之付而、再三雖被仰
入、無御許容之通
被仰下候、従台家致
執行来候、連綿記録
ホ（等）・御書写ホ（等）被下候、弥旧記
御勘出、達而被仰入
可然奉存候、板倉周防守（京都所司代・重宗）へも
申談候へ者、尤之旨候間、
被為情（精）入可然奉存候、
将亦当門御座位之儀、
﨟次第相定候由、
目出令存候、先度吉良（高家・義弥）上𠘑（州）
下向之節も、預御書、
慥相届申候、我ホ（等）もとや

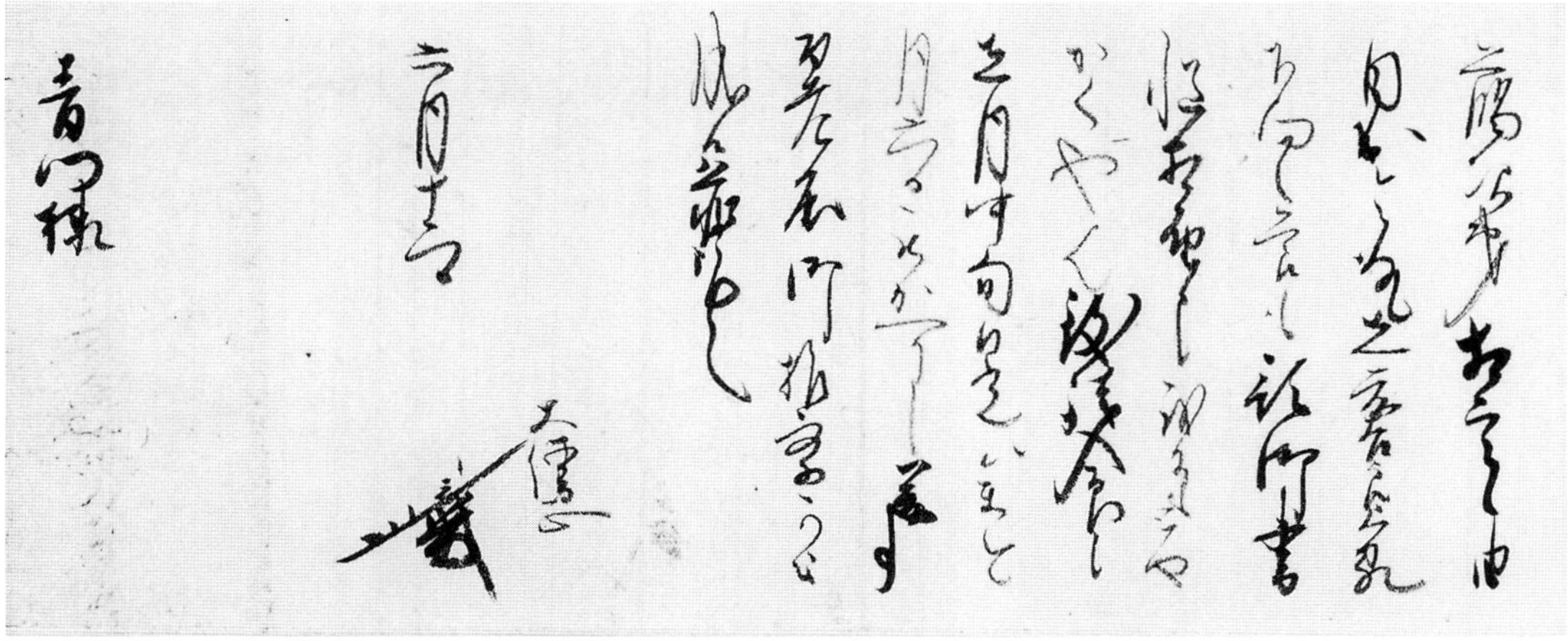

かくやにて致残命候、
先月中旬日光へ参、今
月六日罷かへり（帰）候、万事
付老屈御推察可被
成候、恐惶謹言、
　　　　大僧正
（寛永二十年）六月十二日　　天（花押）
（尊純親王）青門様

○内裏新院の安鎮法は、寛永二十年（一六四三）九月十八日に修法。

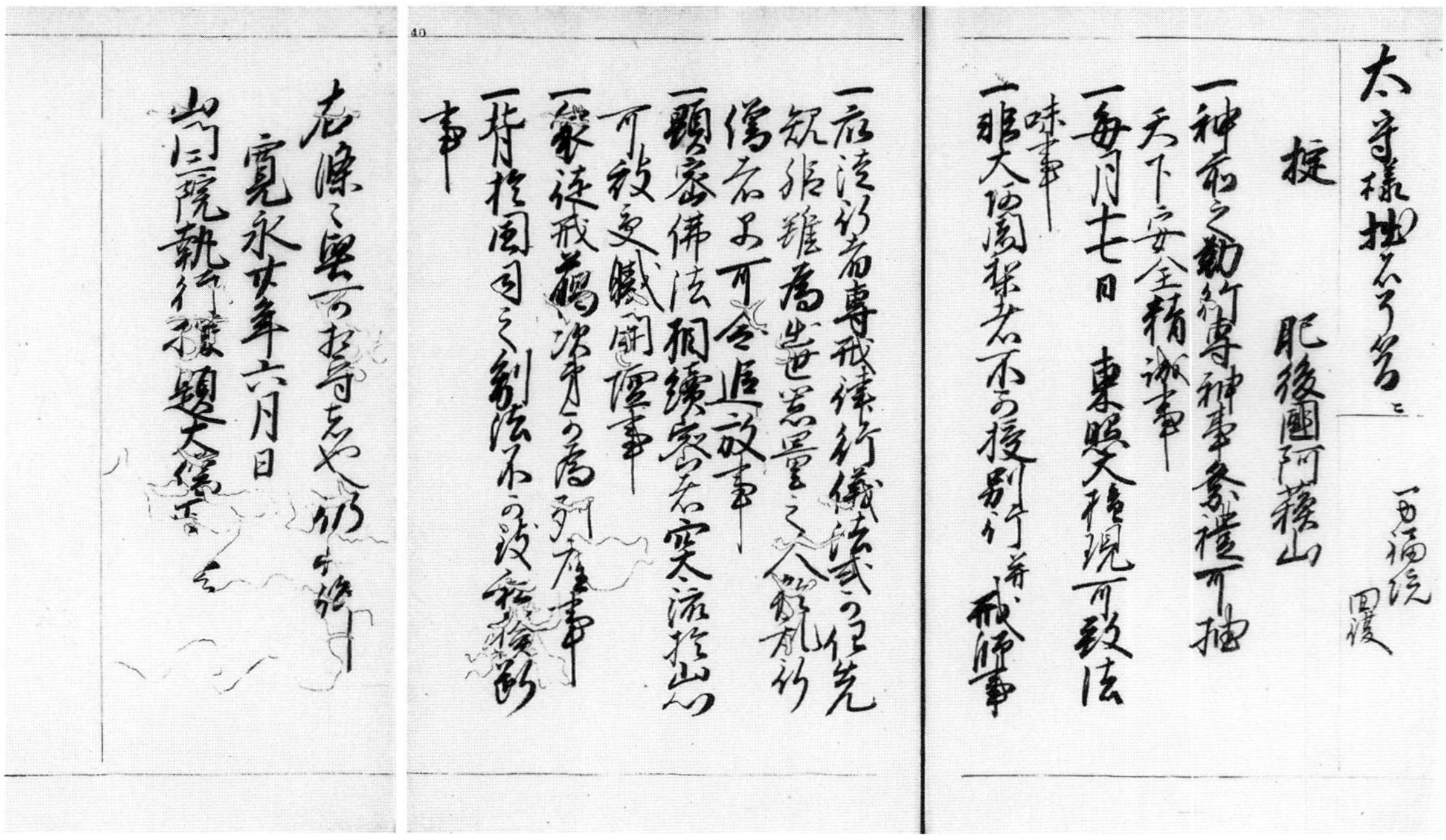

334　山門三院執行探題大僧正天海掟書写

東京大学史料編纂所影写本
阿蘇西岩殿寺文書

掟　　肥後国阿蘓(蘇)山

一、神前之勤行専神事祭礼、可抽天下安全精誠事、

一、毎月十七日　東照大権現(徳川家康)可致法味事、

一、非大阿闍梨者、不可授別行幷戒師事、

一、衆徒・行者専戒律、行儀法式可任先規、縦雖為出世器量之人、於乱行僧者、早可令追放事、

一、顕密仏法相続、密者穴太流、於山門可被受職開壇事、

一、衆徒戒臈次第、可為列座事、

一、背於国司之制法、不可致私検断事、

右条ゝ、堅可相守者也、仍如件、

寛永廿年六月日

山門三院執行探題大僧正天海

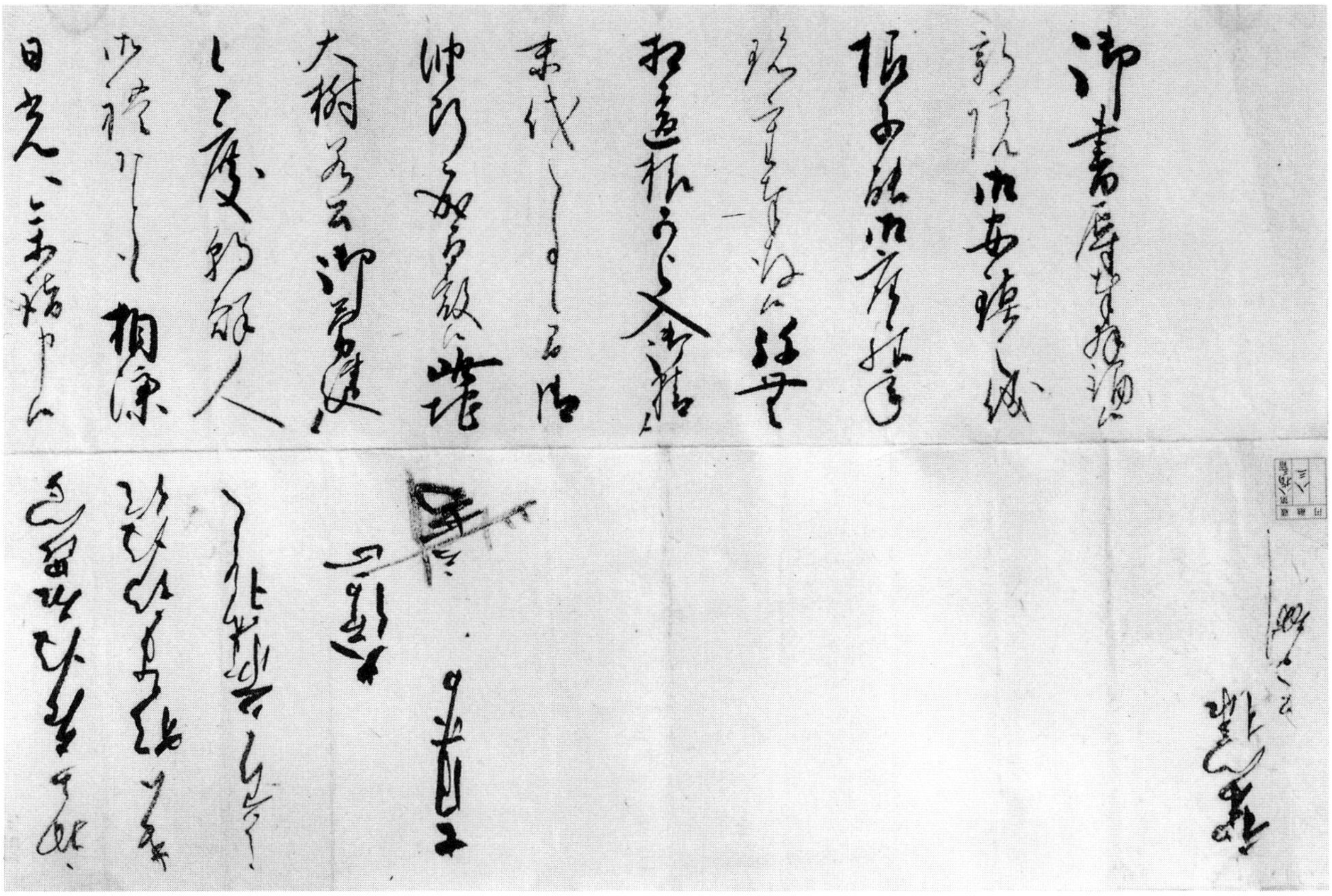

337　大僧正天海書状（折紙）

京都三千院文書

御書辱奉拝誦候、
新院（内裏）御安鎮之儀、
様子能御座候様承
弥（珍）重奉存候、弥無
相遠（違）様可被入御精候、
末代之事候間、御
油断被成間敷候、此地
大樹（徳川家光）・若公（徳川家綱）御勇健候、
今度朝鮮人
御礼なとも相済、
日光へ参詣申候、
我ホ（等）老後故、毘門（毘沙門堂・公海）を
遣候、猶奉期後信
之節候、恐惶謹言、
大僧正
七月廿日（寛永二十年）　天（花押）
梨門様（慈胤親王）（三千院門跡）
尊酬

○内裏新院の安鎮法は、寛永二十年（一六四三）九月十八日。
朝鮮使登城は、寛永二十年七月十八日。

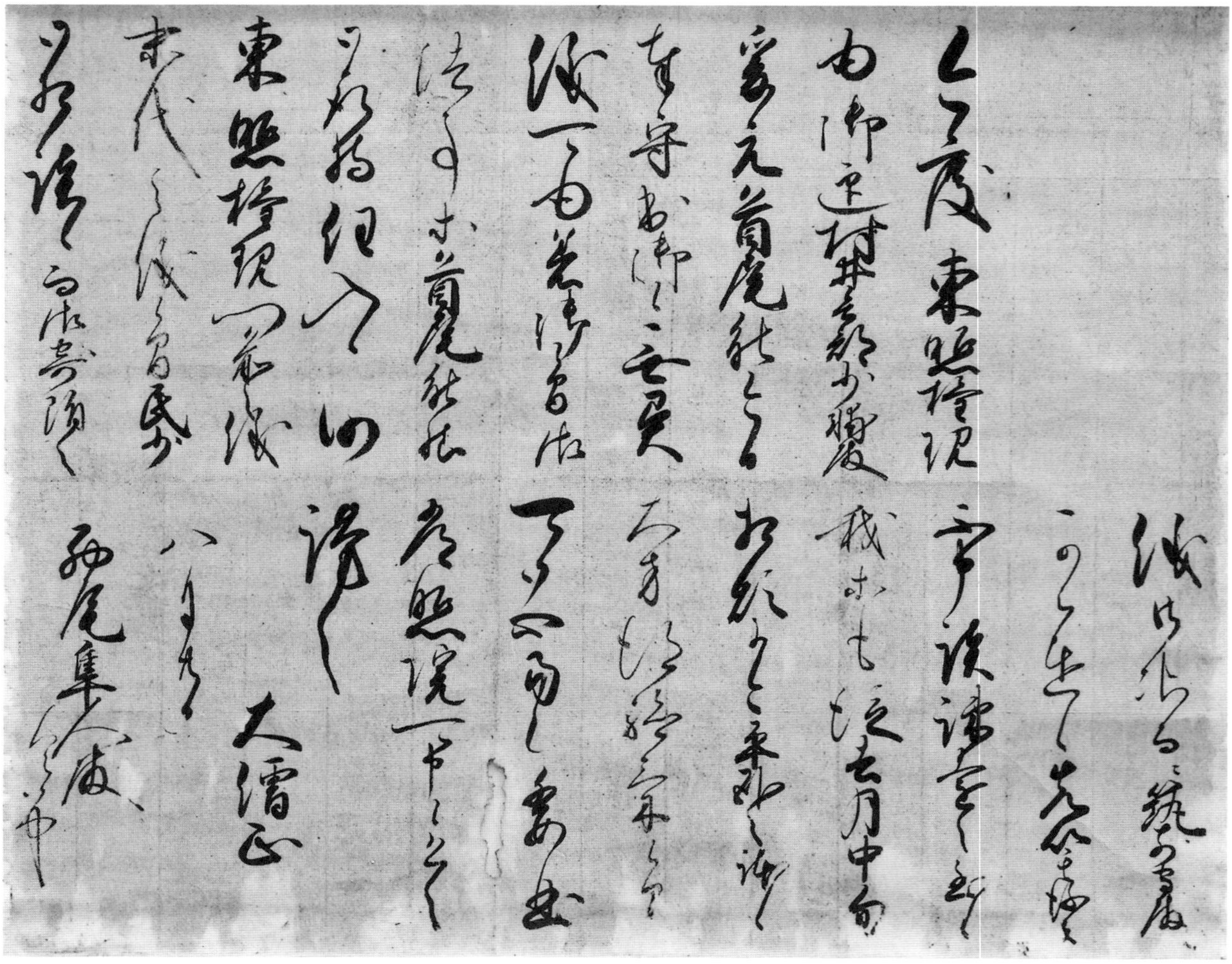

338　大僧正天海書状写（折紙）

金沢尾崎神社文書

今度　東照権現（徳川家康）
為御迎、村井兵部少輔（長朝カ）殿、
爰元首尾能今日
奉守出御候、無呉（異）
儀可為着御候間、御
法事ホ（等）首尾能様
御取持任入候、仍
東照権現門前之儀、
末代之儀候間、民少
御相談候而御寄附之
儀、御次而ニ筑前守（前田光高）殿
可被達候、先以其後者
不申談、疎遠之至候、
我ホ（等）も従去月中旬
相煩、于今平卧（臥）之躰候、
大方得験気候間、
可御心易候、委曲
常照院（憲海）可申候、恐々
謹言、
（寛永二十年）
八月廿日　　大僧正
西尾隼人（加賀藩寺社奉行・長昌）殿
人々御中

○金沢東照宮の建立は、寛永二十年（一六四三）。

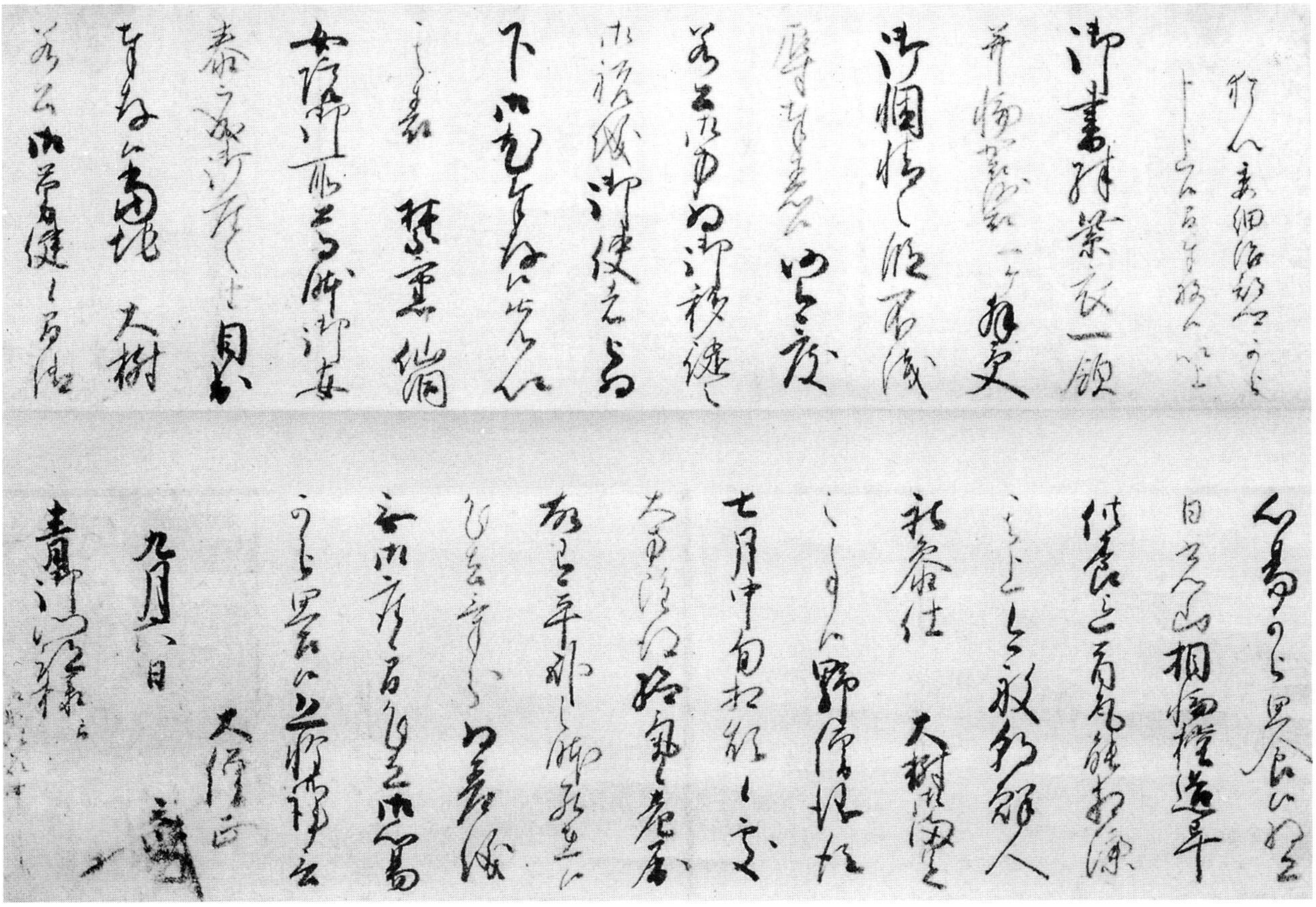

339　大僧正天海書状（折紙）

上野現龍院文書

猶以、委細治部卿可被
申上候間、奉略候、以上、

御書、殊紫衣一領
幷輪袈裟一ヶ拝受、
御悃情之段、不浅
辱奉着候、仍今度
若公(徳川家綱)御方、為御移徙之
御祝儀、御使者被為
下、御尤奉存候、先以
其表　禁裏(明正天皇)・仙洞(後水尾上皇)
女院(東福門院・徳川和子)御所尊躰御安
泰被成御座候由、目出
奉存候、当地　大樹(徳川家光)・
若公(徳川家綱)御勇健候間、御
心易可被思食候、将亦
日光山相輪橖造早(畢)、
供養迄首尾能相済、
社参仕、　大樹御満足
其上今般朝鮮人
之事候、野僧儀、従
七月中旬相煩候処、

大方雖得験気候、老屈
故、于今平卧（臥）之躰罷在候、
乍去気分為差儀
無御座候間、乍恐御心易
可被思召候、恐惶謹言、

大僧正

（寛永二十年）九月六日　天（花押）

青御門跡様（尊純親王）（青蓮院）参

御小姓衆中

○日光山相輪橖の造立は、寛永二十年（一六四三）五月。

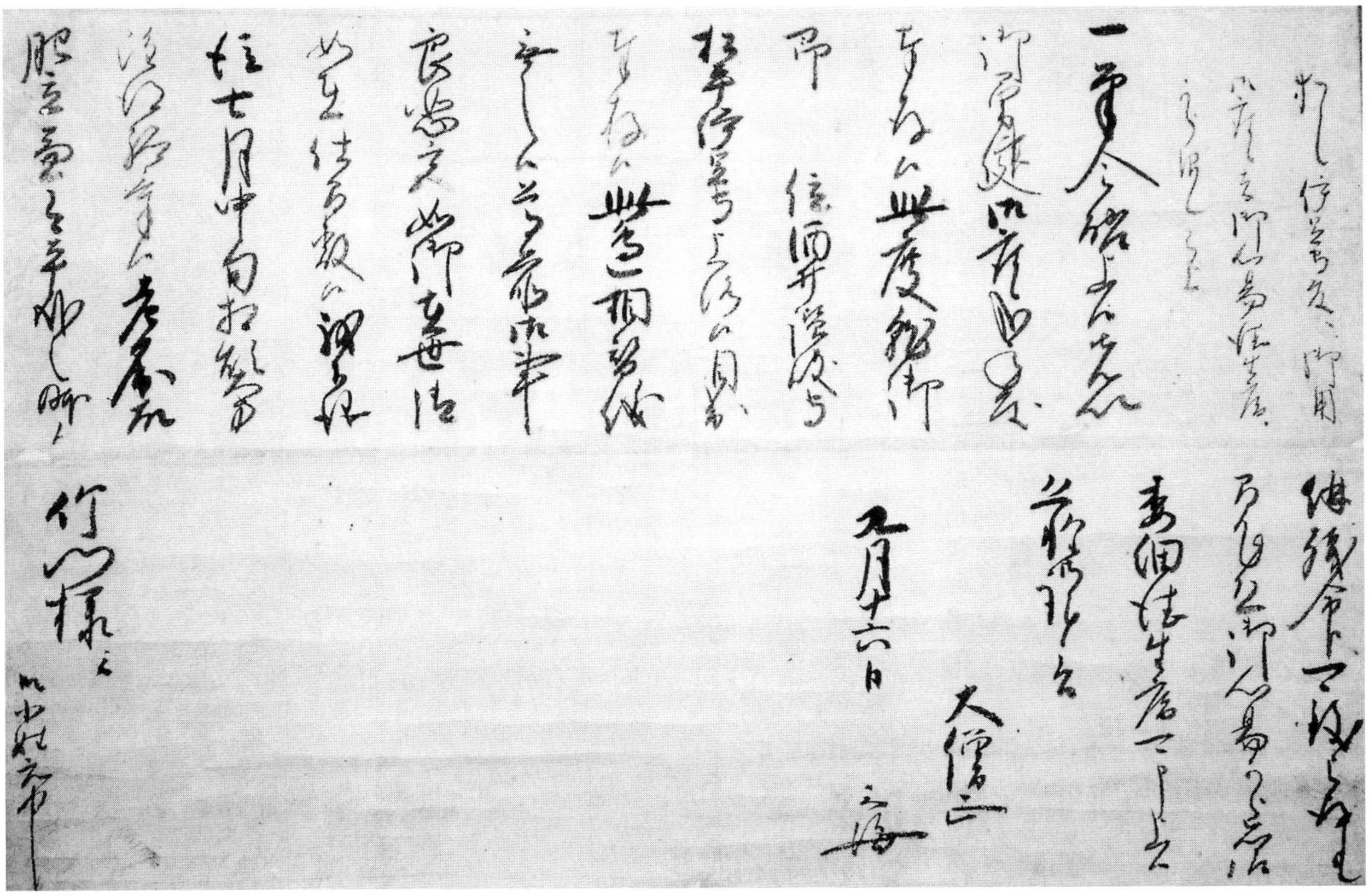

340　大僧正天海書状写（折紙）

日光桜本院文書

猶々、伊豆守(老中・松平信綱)殿へ御用
御座候者、御心易徳生庵へ
可被仰候、已上、

一筆令啓上候、先以
御勇健御座候哉、承度
奉存候、此時就御
即　位(後光明天皇即位)、酒井讃岐守(老中・忠勝)・
松平伊豆守(老中・信綱)上洛候、目出
奉存候、此辺相替儀
無之候、尊前御事
良恕宮(曼殊院)如御在世、御
如在仕間敷候、我ホ(等)儀
従七月中旬相煩、大方
雖得験気候、老屈故、
肥立兼、今平卧(臥)之躰候、
併残命可致被存事候
間、乍恐御心易可被思召候、
委細徳生庵可申上候、
恐惶謹言、

(寛永二十年)九月十六日　　大僧正
　　　　　　　　　　天海

竹門様参(良尚親王)(曼殊院門跡)
　　御小姓衆中

○後光明天皇の即位は、寛永二十年（一六四三）十月三日。良恕宮の忌日は、寛永二十年七月十六日。

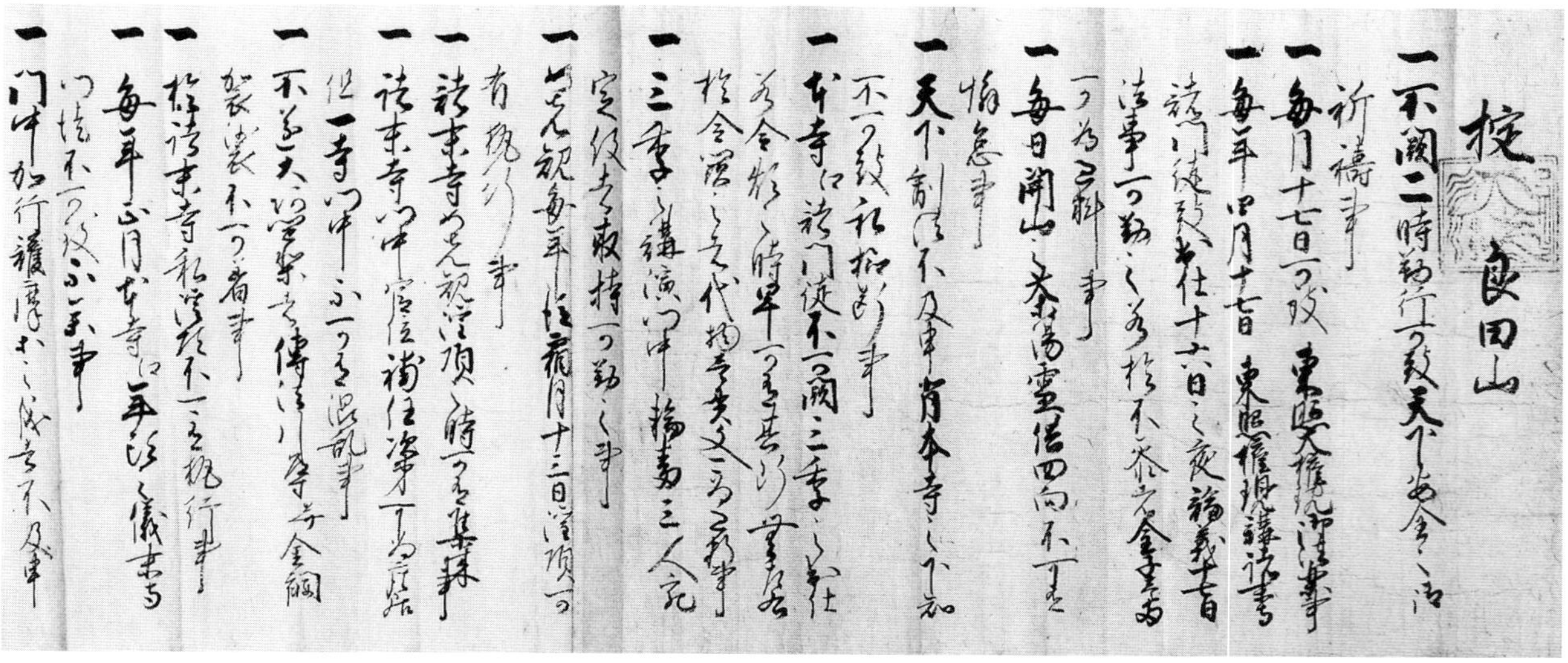

341　長楽寺当住山門三院執行探題大僧正天海長楽寺寺内法度

世良田長楽寺文書

掟　（朱印）　良田山

一、不闕二時勤行、可致天下安全之御祈禱事、
一、毎月十七日可致　東照大権現御法楽事、
一、毎年四月十七日　東照権現講、諸末寺・諸門徒致出仕、十六日之夜論義、十七日法事可勤之、若於不参者、金子壱両可為過料事、
一、毎月開山之茶湯・霊供・回向、不可有懈怠事、
一、天下制法不及申、背本寺之下知、不可致私検断事、
一、本寺江諸門徒、不可闕三季之出仕、若令煩之時、早可有其断、無左右於令闕之者、代物壱貫文可為過料事、
一、三季之講演、門中輪番三人宛、定役者取持可勤之事、
一、如先規、毎年従霜月十三日、灌頂可有執行事、
一、諸末寺如先規、灌頂之時、可有集来事、
一、諸末寺門中官位補任次第、可為座居、但、一寺門中不可有混乱事、
一、不遂大阿闍梨者、伝法引導并金襴袈裟不可着事、
一、於諸末寺、私灌頂不可有執行事、

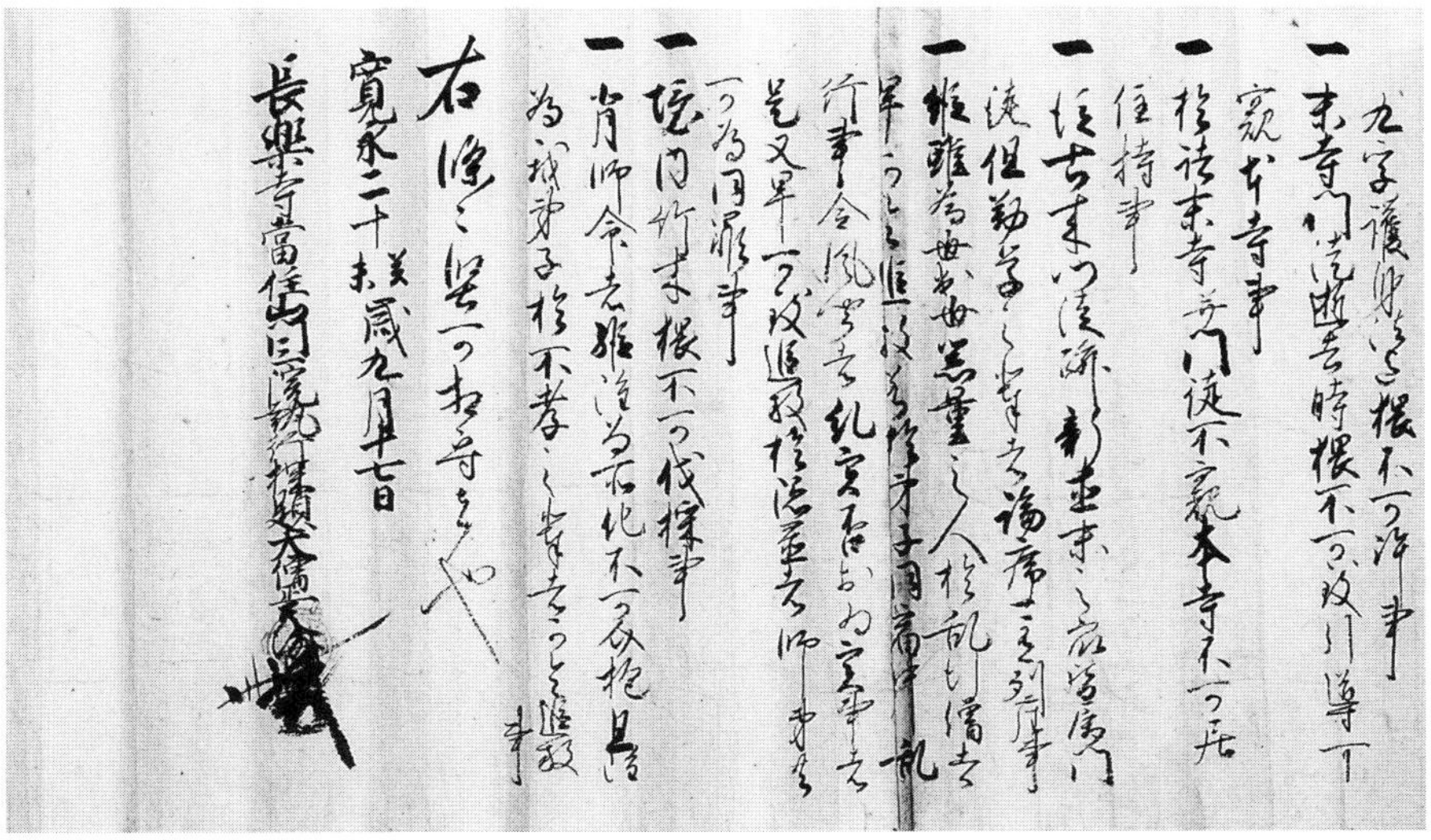

一、毎年正月、本寺江年頭之儀、末寺・
門徒不可致不参事、
一、門中加行・護摩ホ(等)之儀者不及申、
九字護身法迄、猥不可許事、
一、末寺・門徒逝去時、猥不可致引導、可
窺本寺事、
一、於諸末寺幷門徒、不窺本寺不可居
住持事、
一、従古来門徒跡・新直末之衆、皆属門
徒、但、勤学之輩者、論席可有列座事、
一、縦雖為世・出世器量之人、於乱行僧者、
早可令追放、若於弟子同宿中、乱
行事令風聞者、糺実否、於為実事者、
是又早可致追放、於隠置者、師弟共
可為同罪事、
一、境内竹木猥不可伐採事、
一、背師命者、縦雖為所化、不可介抱、且雖
為我弟子、於不孝之輩者、可令追放事、
右条々、堅可相守者也、
寛永二十(癸)关未歳九月十七日
長楽寺当住山門三院執行探題大僧正天海(印)(花押)

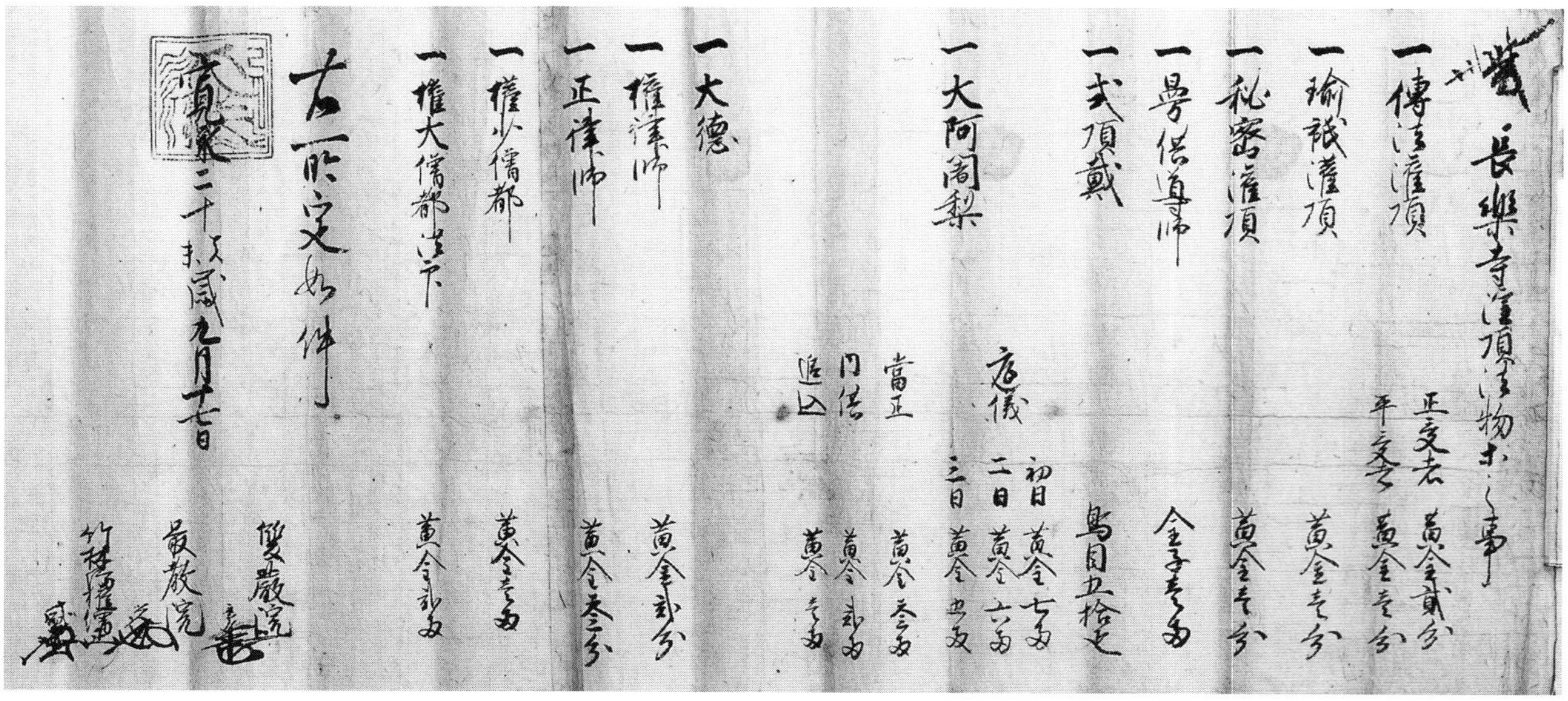

342 長楽寺灌頂法物等之法度

世良田長楽寺文書

(天海)(花押) 長楽寺灌頂法物ホ(等)之事

一、伝法灌頂　正受者　黄金弐分
　　　　　　　平受者　黄金壱分
一、瑜祇灌頂　黄金壱分
一、秘密灌頂　黄金壱分
一、曼供導師　金子壱両
一、式頂戴　鳥目五拾疋
一、大阿闍梨
　　　庭儀　初日　黄金七両
　　　　　　二日　黄金六両
　　　　　　三日　黄金五両
　　　当正　黄金参両
　　　内供　黄金弐両
　　　追込　黄金壱両
一、大徳
一、権律師　黄金弐分
一、正律師　黄金参分
一、権少僧都　黄金壱両
一、権大僧都法印　黄金弐両

右所定如件、

寛永二十关(癸)未歳九月十七日　双厳院
　　　　　　　　　　　　　　豪(豪倪)(花押)
　　　　　　　　　　　　最教院
　　　　　　　　　　　　　　光(晃海)(花押)
　　　　　　　　　　　　竹林坊権僧正
　　　　　　　　　　　　　　盛(盛憲)(花押)

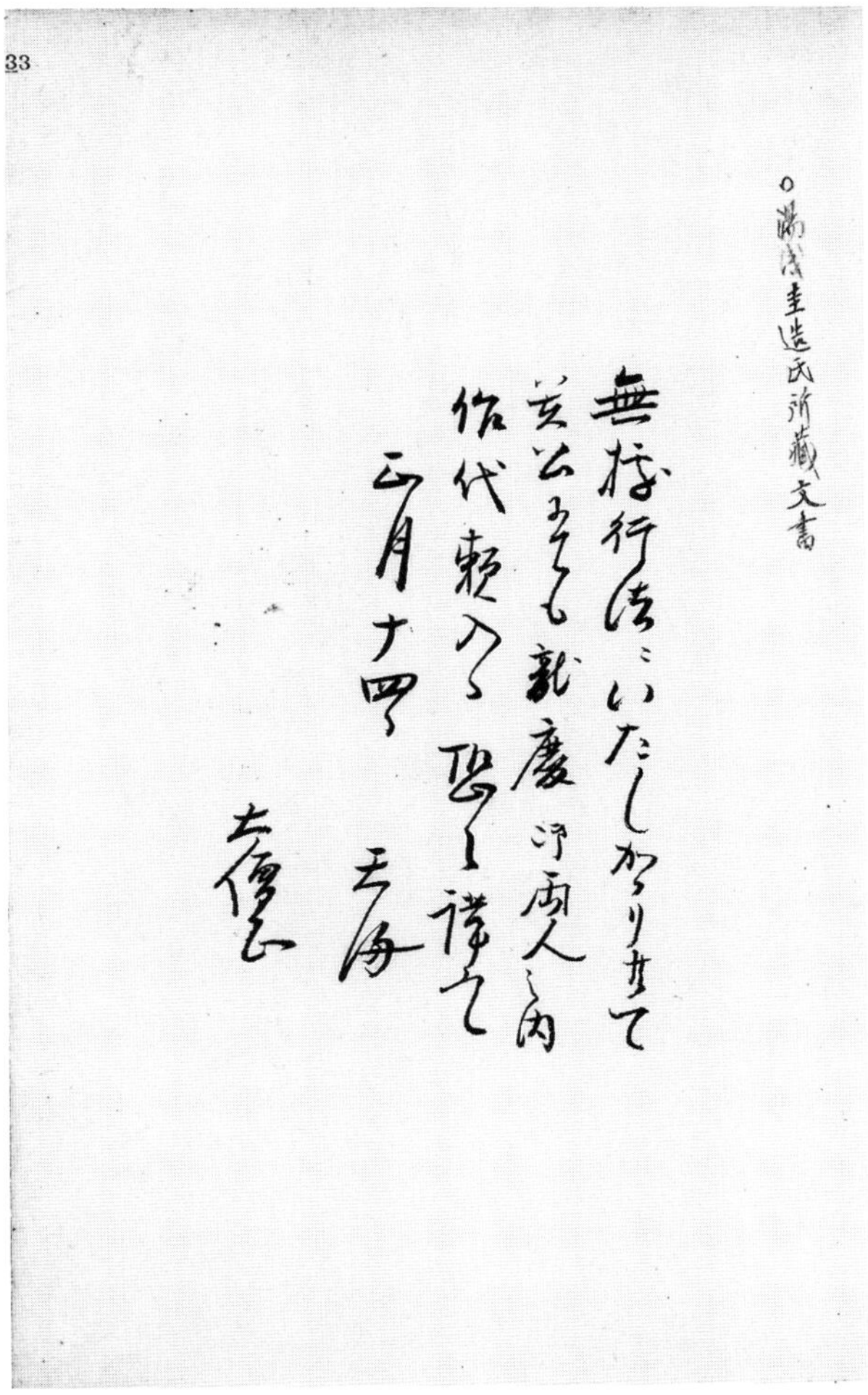

343　大僧正天海書状写

東京大学史料編纂所影写本
「長沢氏採集文書」湯浅圭造氏文書

無拠行法ニいたし《（致）》かゝり《（掛）》候ハヽ、
貴公にても龍慶御両人之内、
作代頼入候、恐ゝ謹言、
正月十四日　天海
大僧正

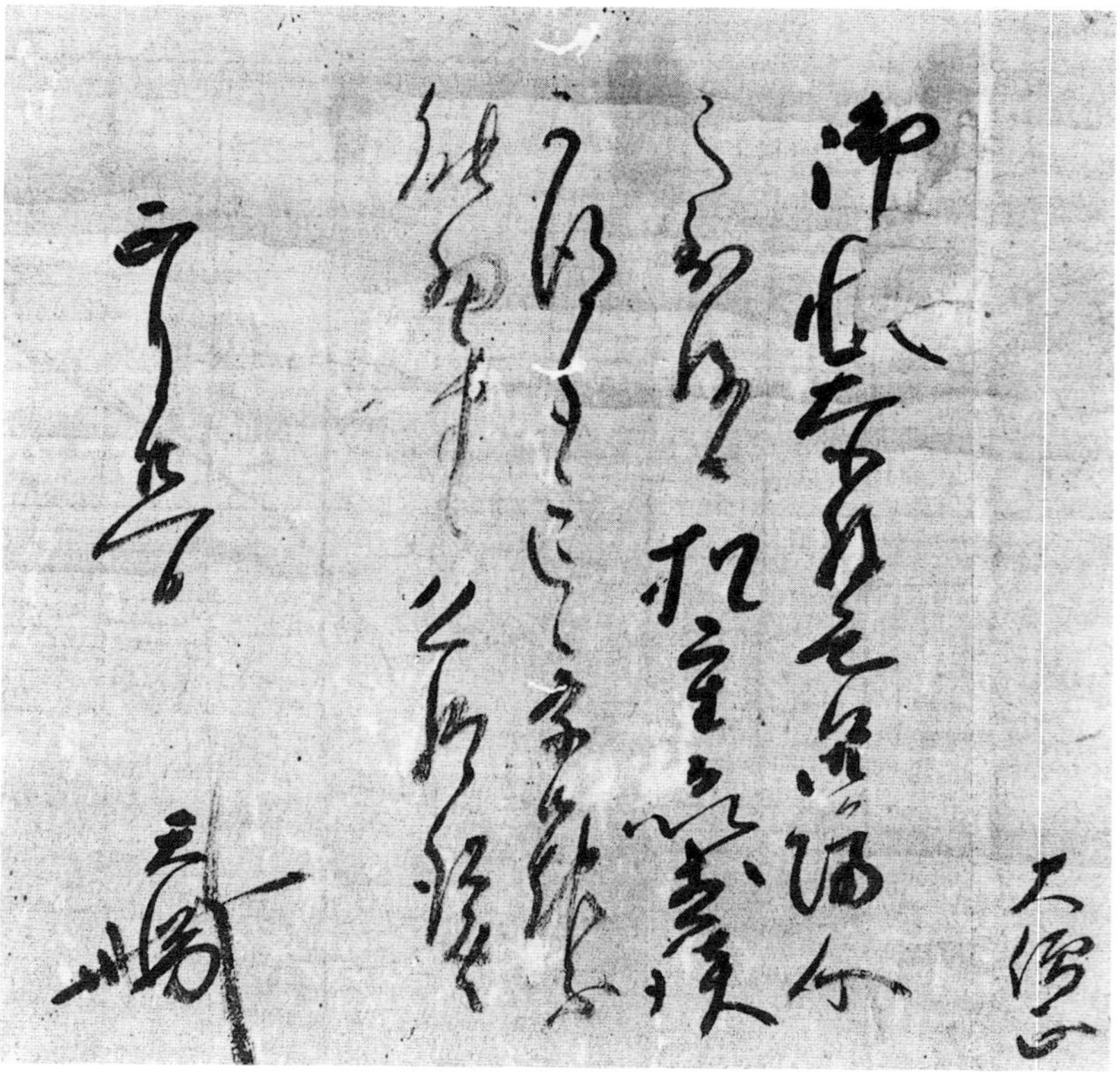

344　大僧正天海書状

川越喜多院文書

（ウハ書）
「大僧正　　　　」

御状忝拝見候、御隔心
之至存候、猶重而以直談
可得御意候条、御報不
能細筆候、恐惶謹言、
　正月廿一日　天（花押）

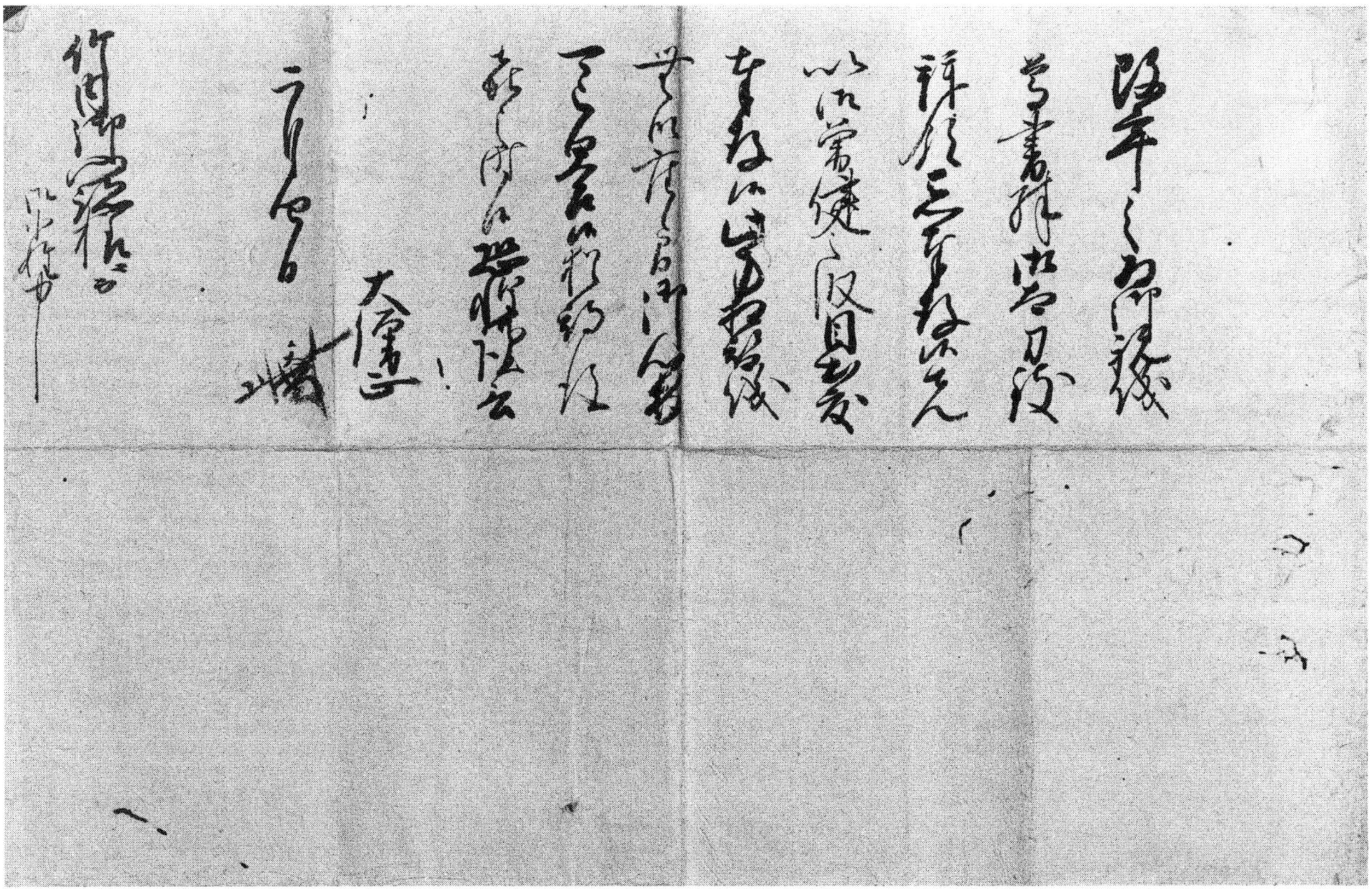

345　大僧正天海書状（折紙）

京都曼殊院文書

改年之為御祝儀
尊書、殊御太刀致
拝領、忝奉存候、先
以御勇健之段、目出度
奉存候、此方相替儀
無御座候間、御心安
可被思召候、猶期後
喜之時候、恐惶謹言、

大僧正

二月四日　天（花押）

竹内（曼殊院）御門跡（良尚親王）様ニ而

御小性（姓）中

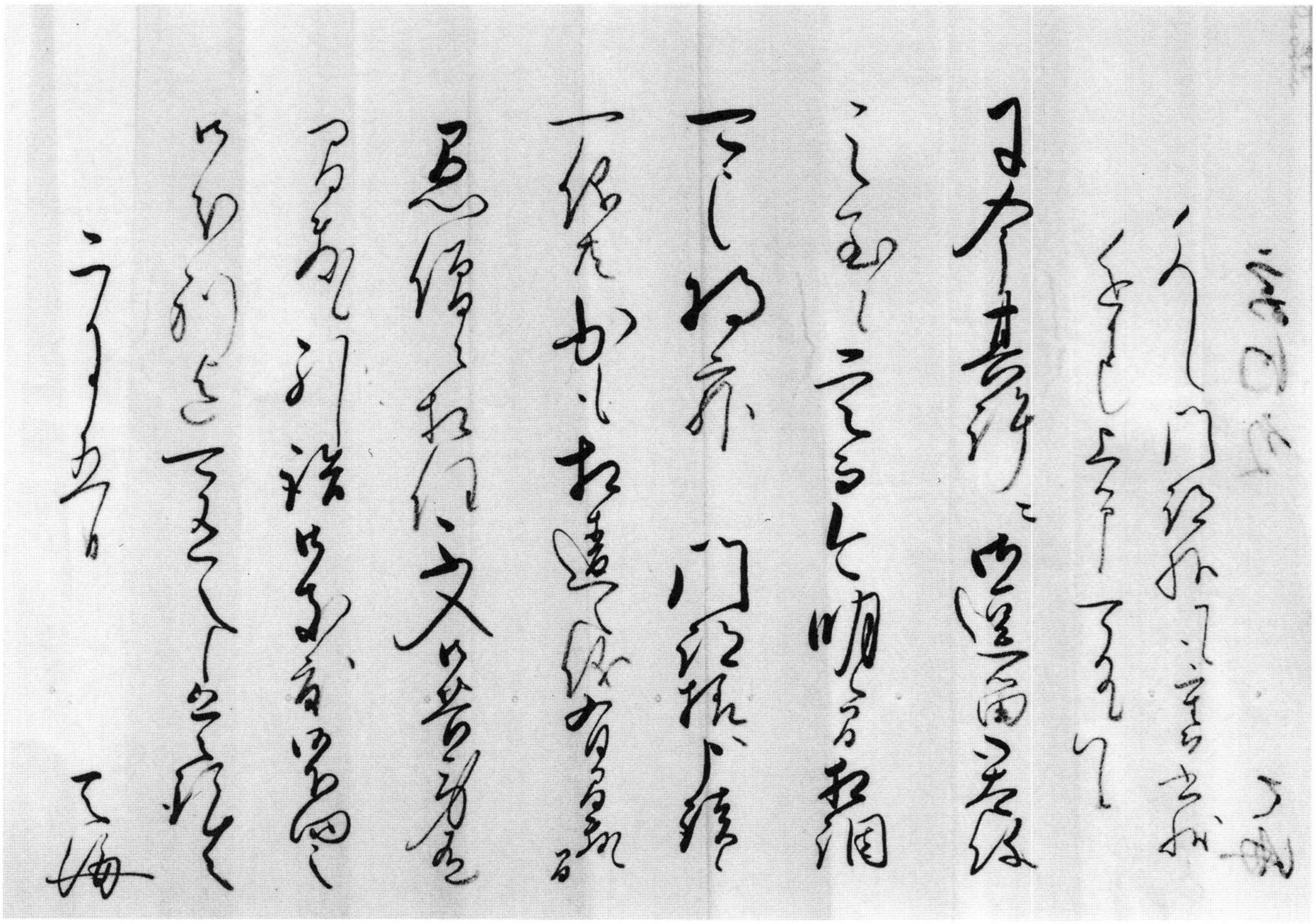

346　天海書状写

京都三千院文書

尚ゝ、門跡（三千院）様へも重而書状
進申候、上御申可給候、以上、
于今其許ニ御逗留御太儀
之至候、定而今明之間相調
可申候、将亦　門跡様へ申談候
一儀共、少も相遠（違）之儀有間敷候間、
愚僧ニ相任、不入御苦身有
間敷候、引詰御支度、御下向之
御分別迄可有之候、恐ゝ謹言、
二月五日　　　　天海

（端裏書）「宮内殿　　　　天海」

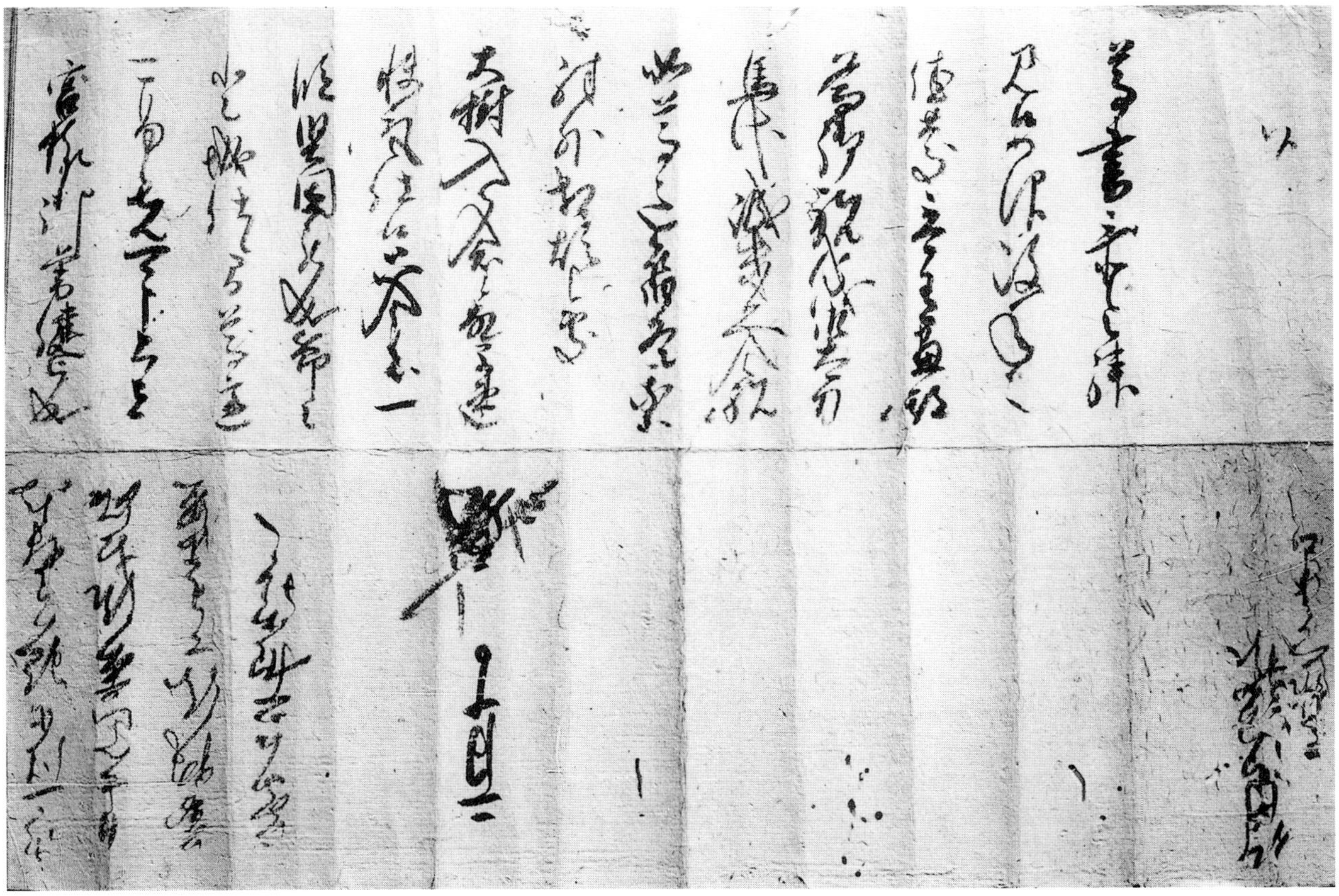

347　天海書状（折紙）

滋賀金剛輪寺文書

以上

尊書忝令拝
見候、如仰改年之
佳慶不可有尽期候、
為御祝儀、御太刀・
馬代、誠幾久令祝候、
如尊意、旧冬我ホ（等）
殊外相煩申候処、
大樹（徳川家光）入御念候故、早速
快気仕候、只今者一
段堅固罷成、節ゝ
登城仕候間、尊慮
可易候、先可申上者
宮様（良尚親王）御勇健被成
御座由、珎（珍）重奉存候、
日光山普請相始、
万執紛可有御賢
察候、恐惶謹言、
　二月十日　　天（花押）
竹内御門跡様（曼殊院）（良尚親王）
　　尊報人ゝ御申上

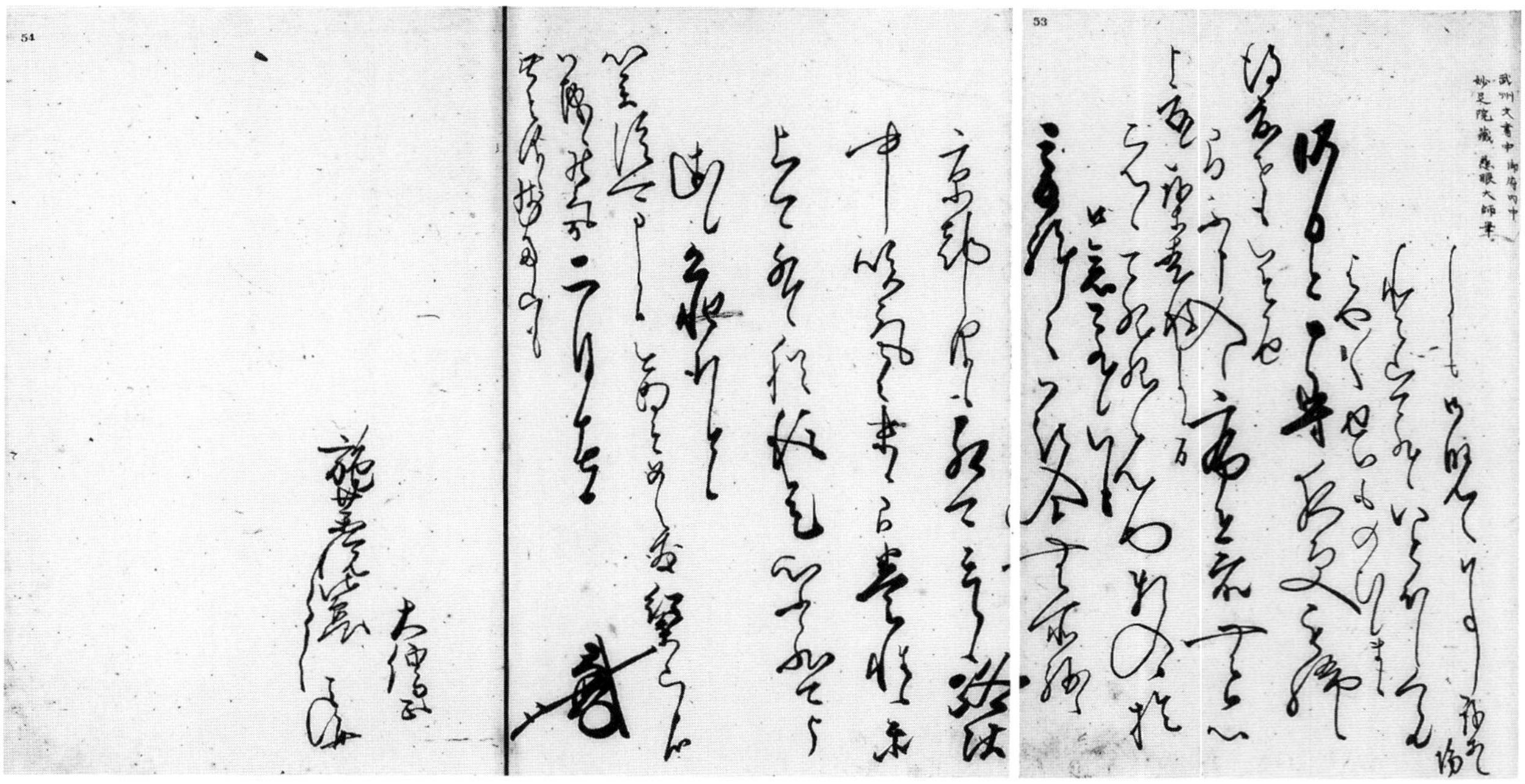

348　大僧正天海書状

東京大学史料編纂所影写本
『武州文書』小日向妙足院文書

尚〻、御児（胤海カ）之御事、我ホ（等）坊へ
登山可然候、いとほし（愛）く候共、
はや〱（早々）せい（背）もの（伸）ひ候まゝ、
得度をもいそ（急）かせ
申度候、我ホ（等）老後事候間、
御急可然候、以上、
昨日者御尋、夜更罷帰候
間不申入候、病者衆無御心
元候、可然様御心得頼入候、於
爰許ニ御仕合無所残候、
京都儀も罷可有之（マヽ）候、路次
中咳気之末候間、養性（生）参
上可然候、猶従是以書状可申
述候、恐惶謹言、
以参雖可申候、今明者如御存、紅葉山ゟ
御城へ罷上候間、
無其儀候、残多候、以上、
二月十七日　天（花押）
大僧正
天海
施薬院法印様（宗伯）

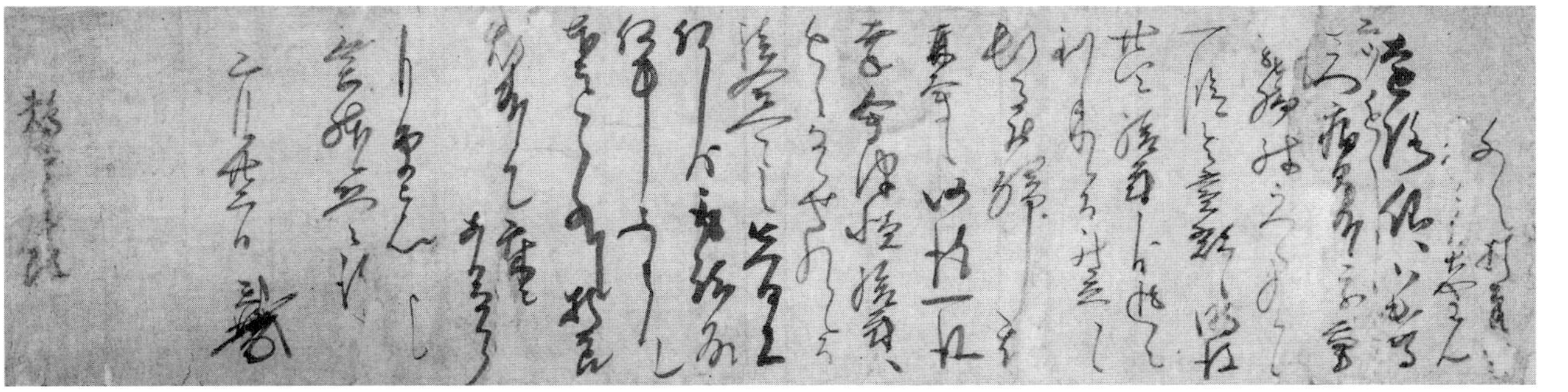

349　天海書状（元折紙カ）

大正大学図書館文書

尚〻、折節□（破損）
□（破損）□ちやわん（茶碗）
二ツ進之候、□（見えず）
□（破損）候、□（見えず）

遠路仙へ御出駕
さへ痛（マヽ）間敷候処、重
飛脚、殊うつら（鶉）給候、
一段令賞翫候、明後
廿四（日脱カ）駿府ゟ追〻
到来候間罷立候、
頓而罷帰、期
再会候、仍彼一儀
幸会津様駿府へ
近々ならせられ候間、
談合可申候、先日者
何分取紛故、
何事不申候、
本意之外候、折節
煩敷候て、床ニありなから
自筆を以申候、
無正躰候、恐〻謹言、

二月廿二日　　天（花押）

鵜（鵜殿氏信カ）兵庫頭

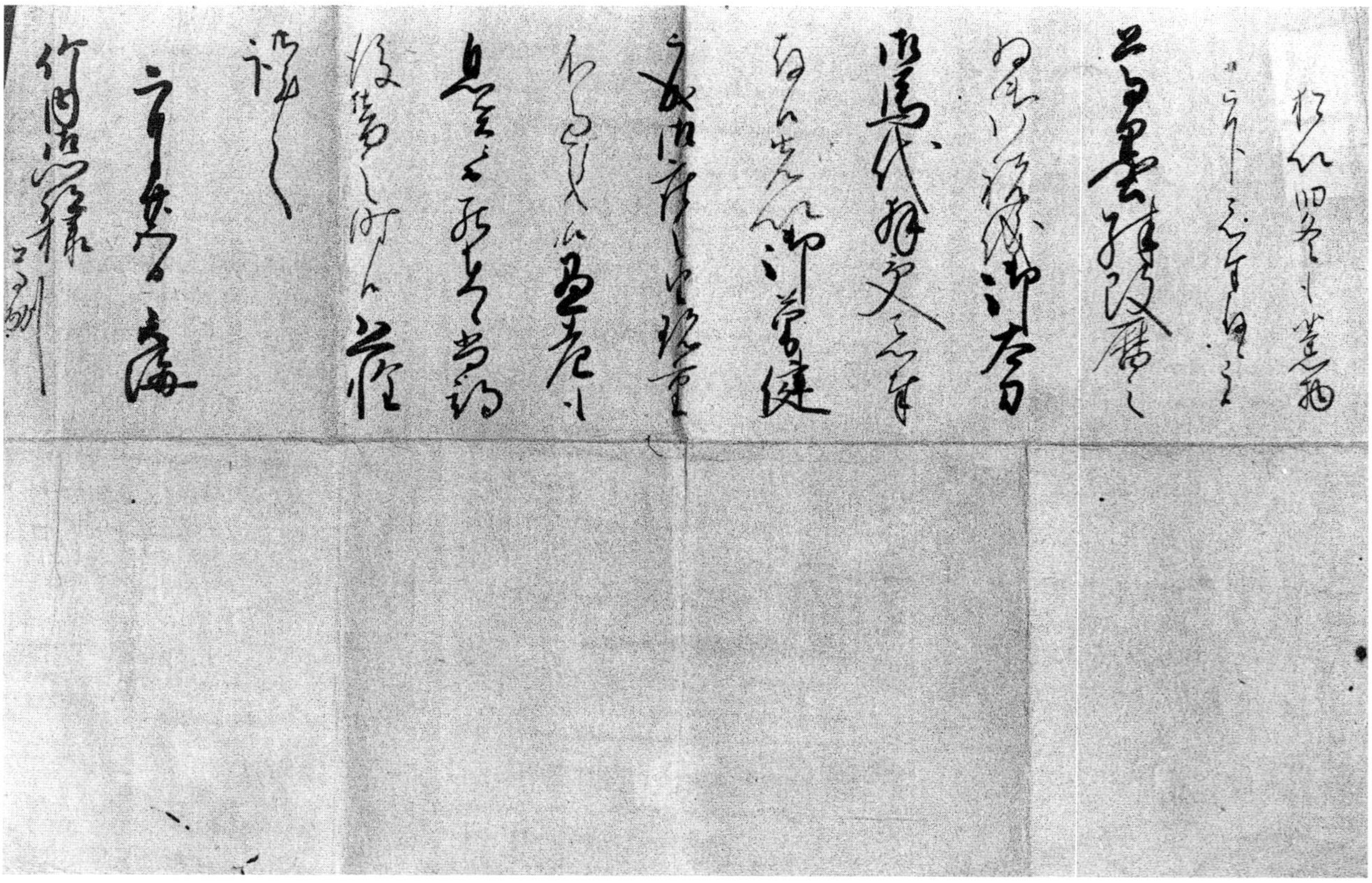

350 天海書状写（折紙）

京都曼殊院文書

猶以、旧冬者薫物
被下、忝奉存候、已上、
尊墨殊改暦之
為御祝儀、御太刀
御馬代拝受、忝奉
存候、先以御勇健
被成御座之由、珎（珍）重
不過之候、愚老も
息（災）ニ而罷在候、尚期
後音之時候、恐惶
謹言、
　二月廿五日　天海
竹内（曼殊院）御門跡（良尚親王）様
　尊酬

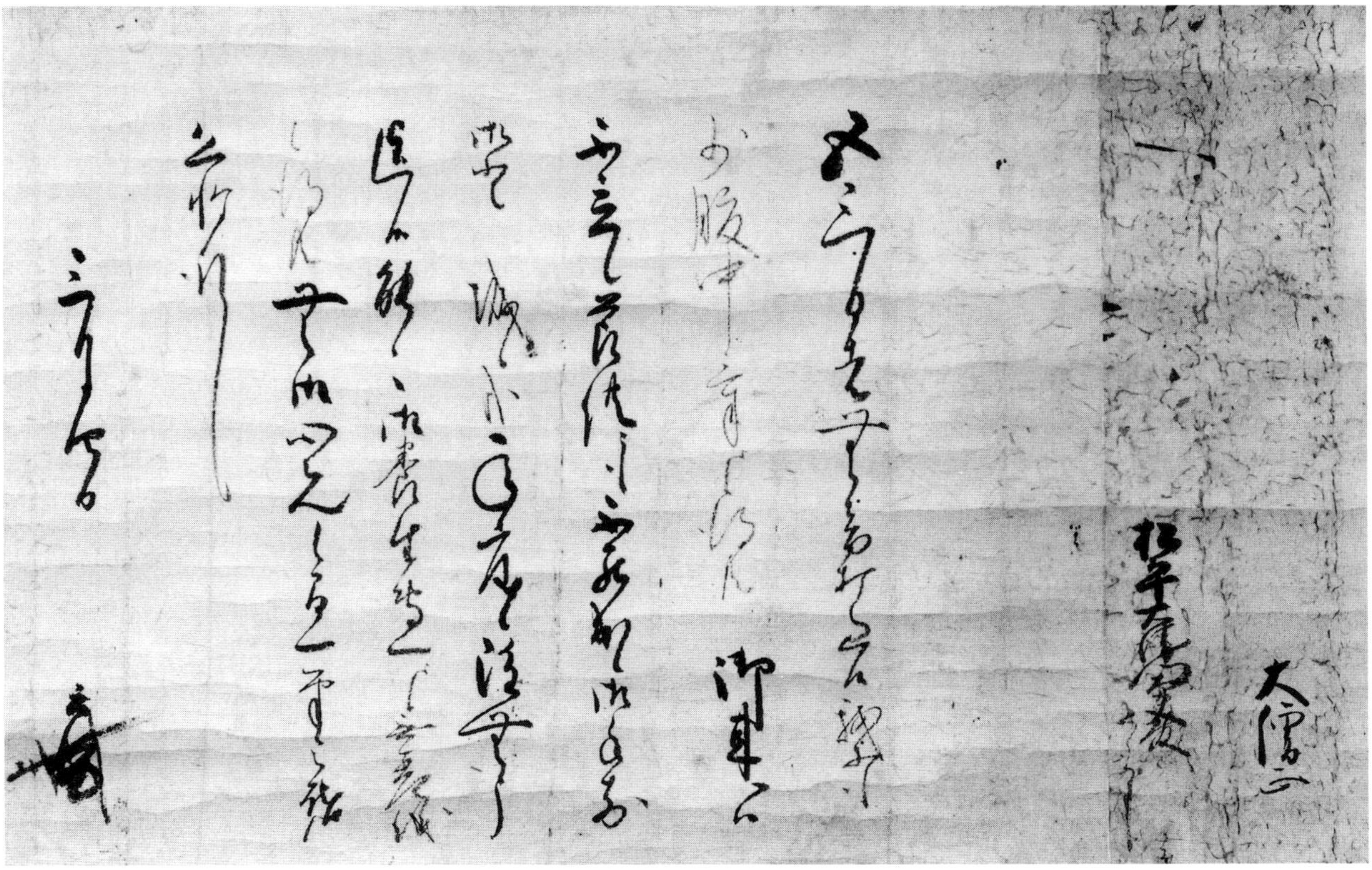

352　大僧正天海書状

千葉県立中央博物館大多喜城分館文書

「（ウハ書）
〆　　大僧正
松平右衛門大夫（正綱）殿
人々御中」

五、三日者無音打過候、我ホ（等）も
少腹中気ニ候得共、　御耳へハ
不立候、節供ニも不罷出候、御手前
御登　城候哉、承度候、雖無申
迄候、能々御養生専一候、無差儀
候得共、無御心元候間、一筆令啓候、
恐惶謹言、
三月四日　　天（花押）

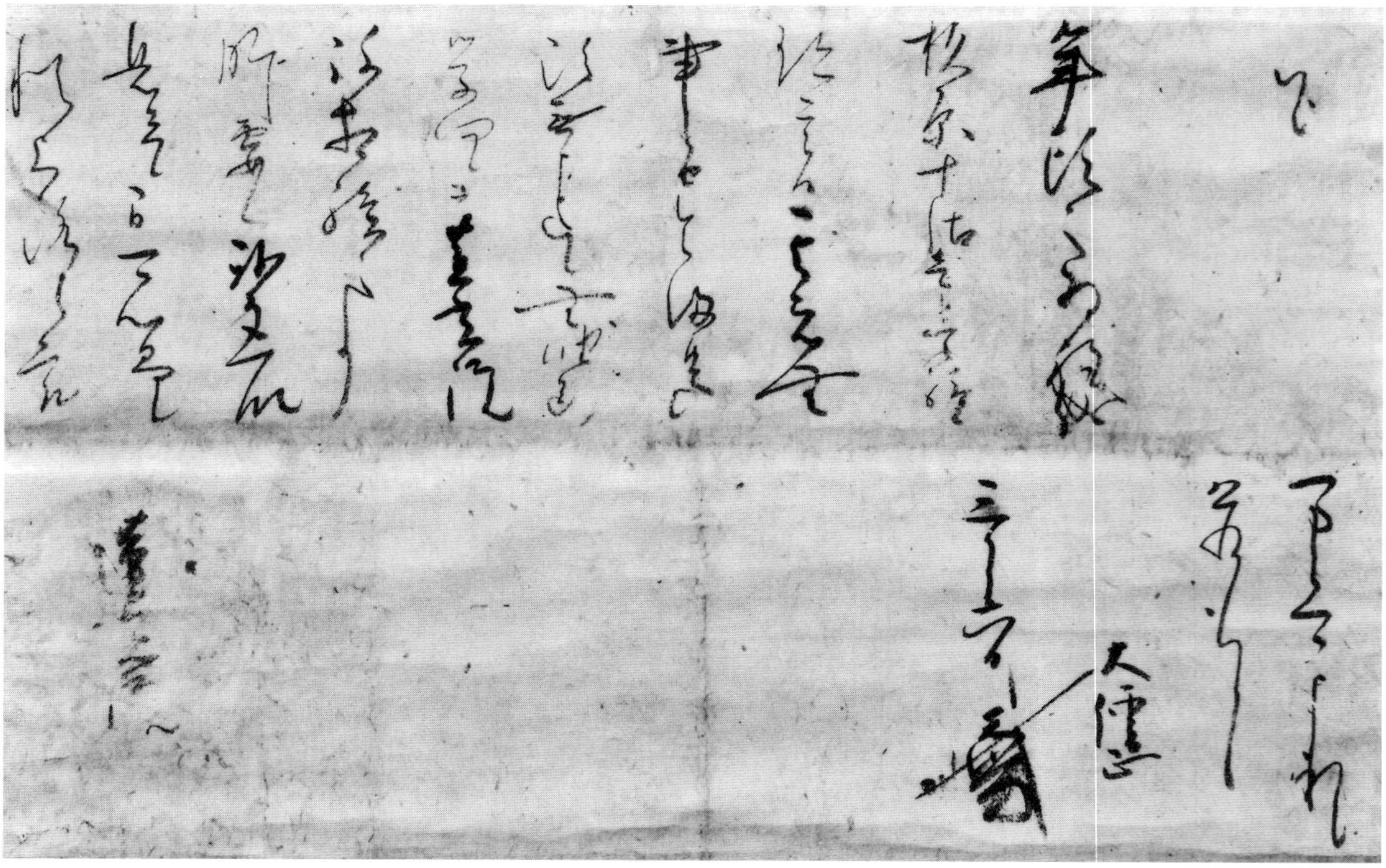

353　大僧正天海書状（折紙）

京都真如堂文書

以上

年頭之為祝儀、
杉原十帖壱送給候、
珎(珍)重候、其元無
事候由、令満足候、
雖無申迄候、無油断
学問候而、蓮光院
弥相続之事
肝要候、我ホ(等)一段
息(災)候間、可心易候、
猶上洛之節、
万ヒ可申承候、
恐惶謹言、

大僧正

三月六日　天（花押）

蓮光院

354　天海書状

上野現龍院文書

先日如申候十四日之晩、御出
待入申候、日光前万申得度
儀も有之事候、定而手透
御座有間敷候、恐惶謹言、
　　三月八日　　天（花押）
（宛所なし）

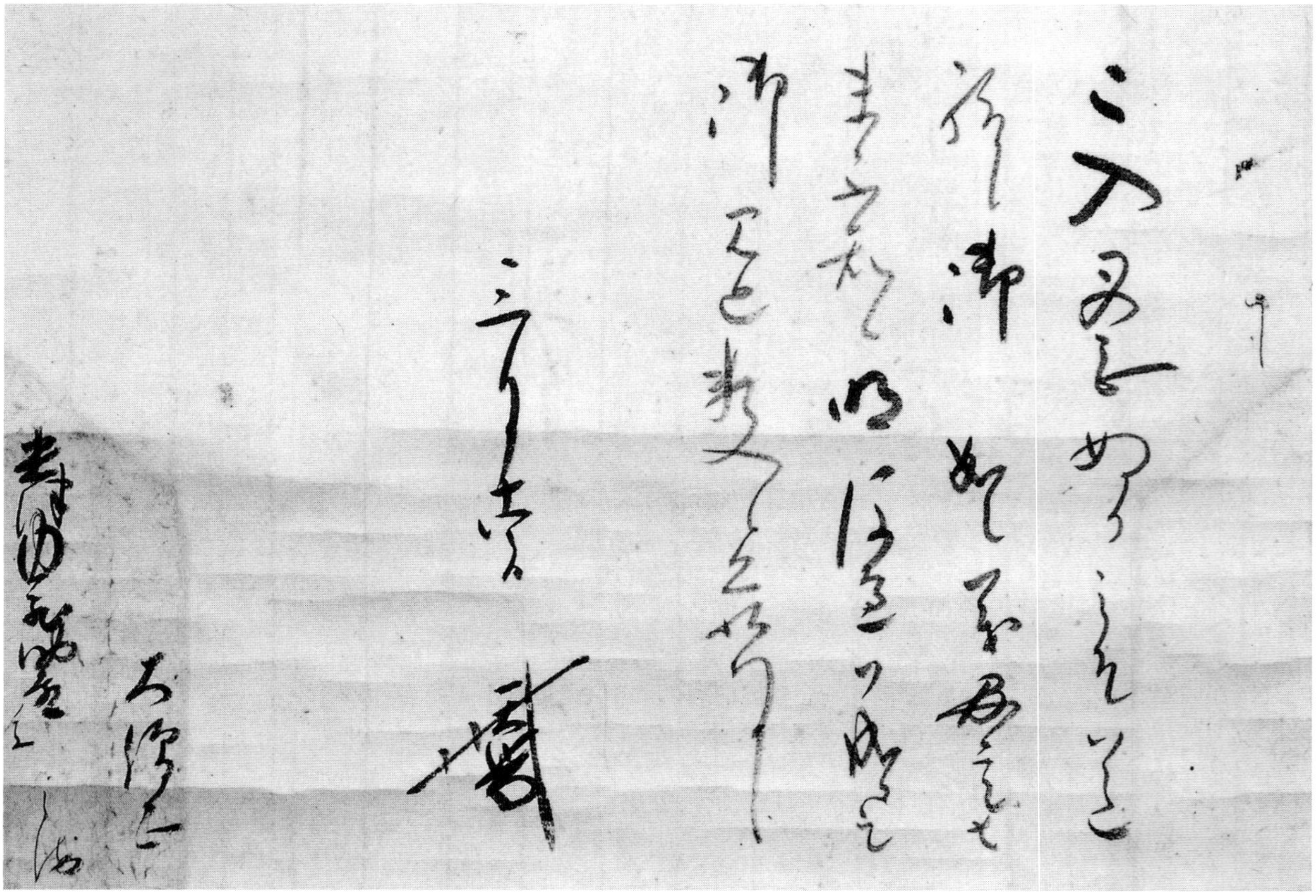

356　大僧正天海書状

上野現龍院文書

被入御念、ぬかミそ（糠味噌）送
給候、御　成之義（儀）、必定者
未不知候、明後辺御成候ハヽ、
御見廻頼入候、恐惶謹言、
　三月十四日　天（花押）

大僧正
　天海

米津（田盛）内蔵助殿

〇米津田盛の忌日は、貞享元年（一六八四）正月二十五日。

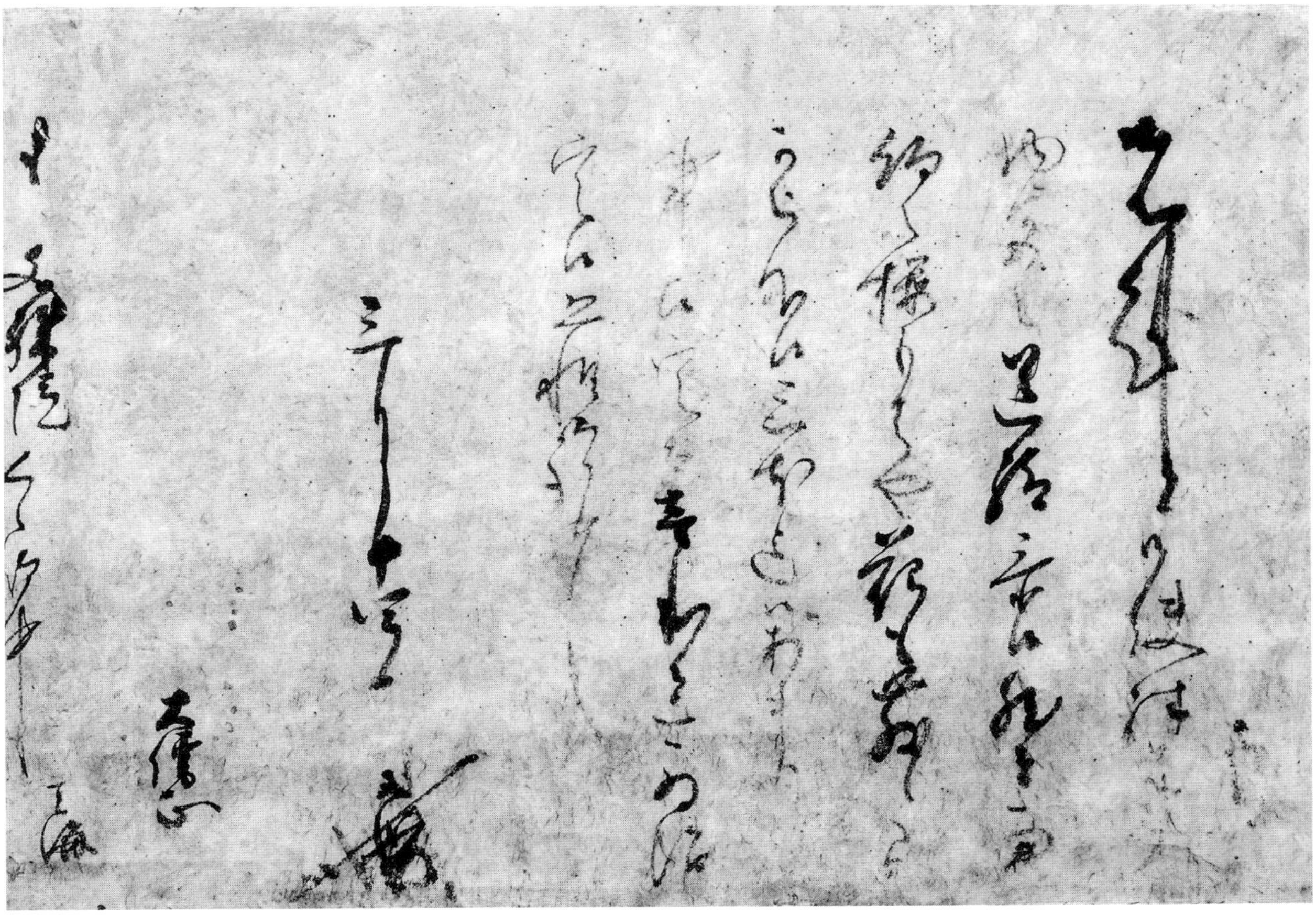

357　大僧正天海書状

上野現龍院文書

先刻者御使、殊□（磨滅）
物色ゝ送給忝候、然者兼
約之桜もはや（最早）花も散候間、
可被下候、三本迄ハあまり□（磨滅）
事候、定而壱本者可為治
定候、恐惶謹言、
　三月十四日　天（花押）
　　　　　　　大僧正
〆　文殊院　　　天海
　　人ゝ御中

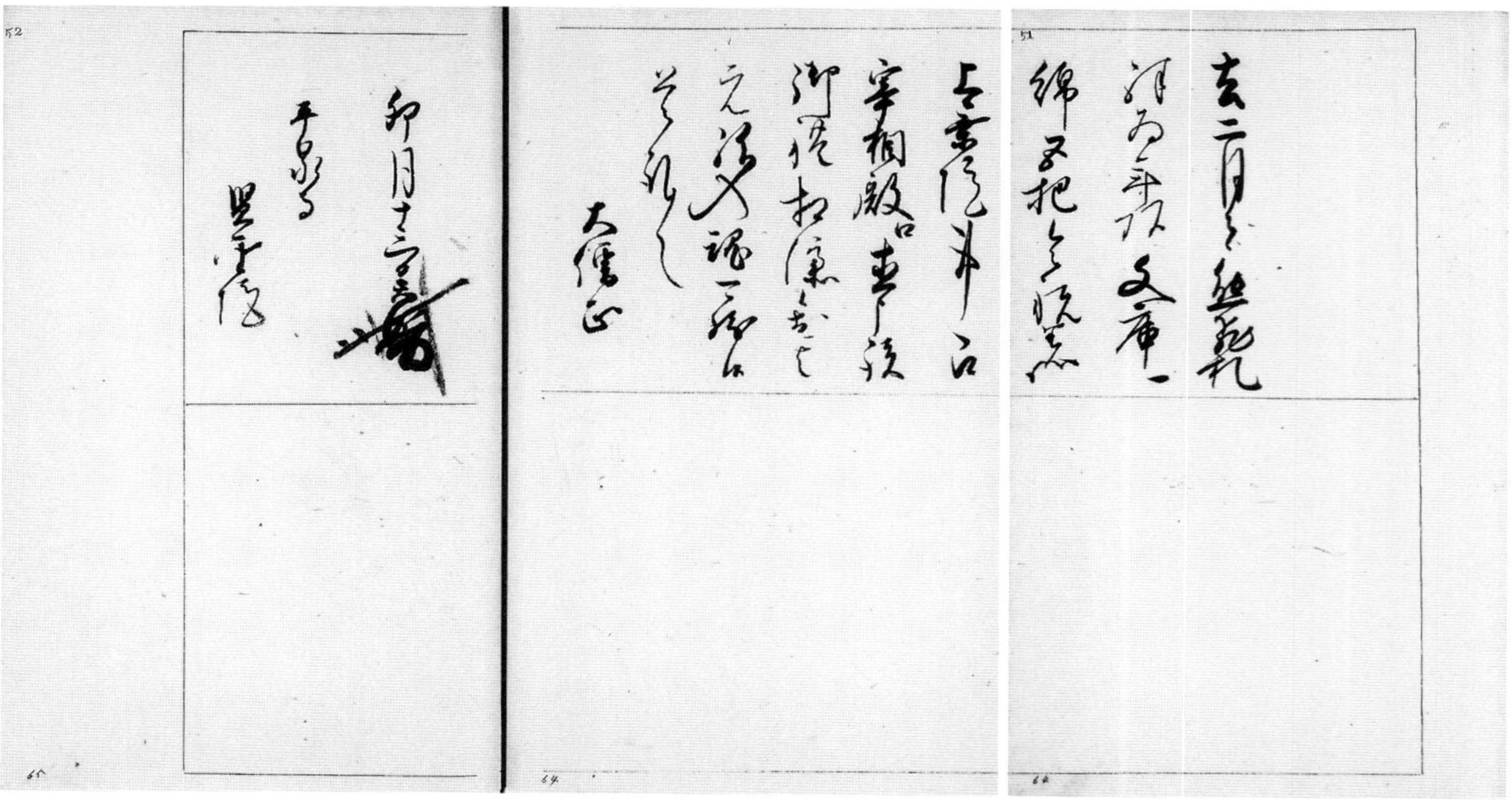

359　大僧正天海書状（折紙）

東京大学史料編纂所影写本
越前白山神社文書

去二月者、態飛札、
殊為年頭文庫一
綿五把令祝着候、
上乗院事、即
宰相殿江直申談、
御礼相済候、於其
元弥入魂可然候、
恐ヽ謹言、

大僧正

夘（卯）月十三日　天（花押）

平泉寺

賢聖院

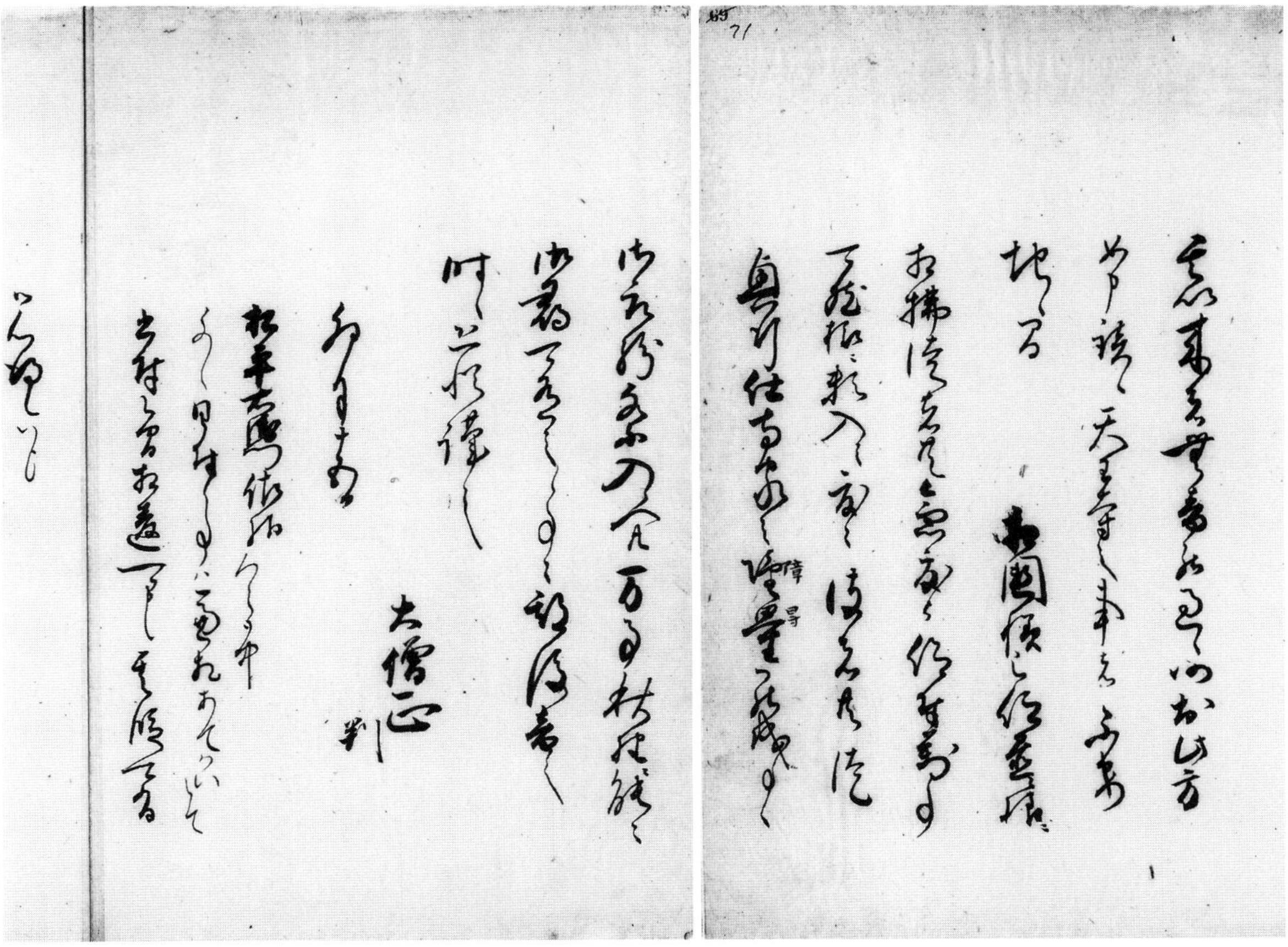

360　大僧正天海書状写

東京大学史料編纂所影写本
秋野房文書

其以来者無音罷過候、仍於此方
如申談候、天王寺之事者不安
地候間、相国様(徳川家光)被仰置候様ニ、
相払徒者共、急度被仰付、万事
可然様ニ頼入候、度〻彼者共徒
興行仕、寺家之障碍罷成事候、
御取紛察入候へ共、万事秋野ニ能〻
御尋可有之候、事〻期後音之
時候、恐惶謹言、
　夘(卯)月十五日　　大僧正
　　松平右衛門佐(正綱)様　判
　　　　人〻御中
尚〻、日付事ハ兼相あてかい候て
書付候間、相遠(違)可申候、其段可有
御心得候、以上、

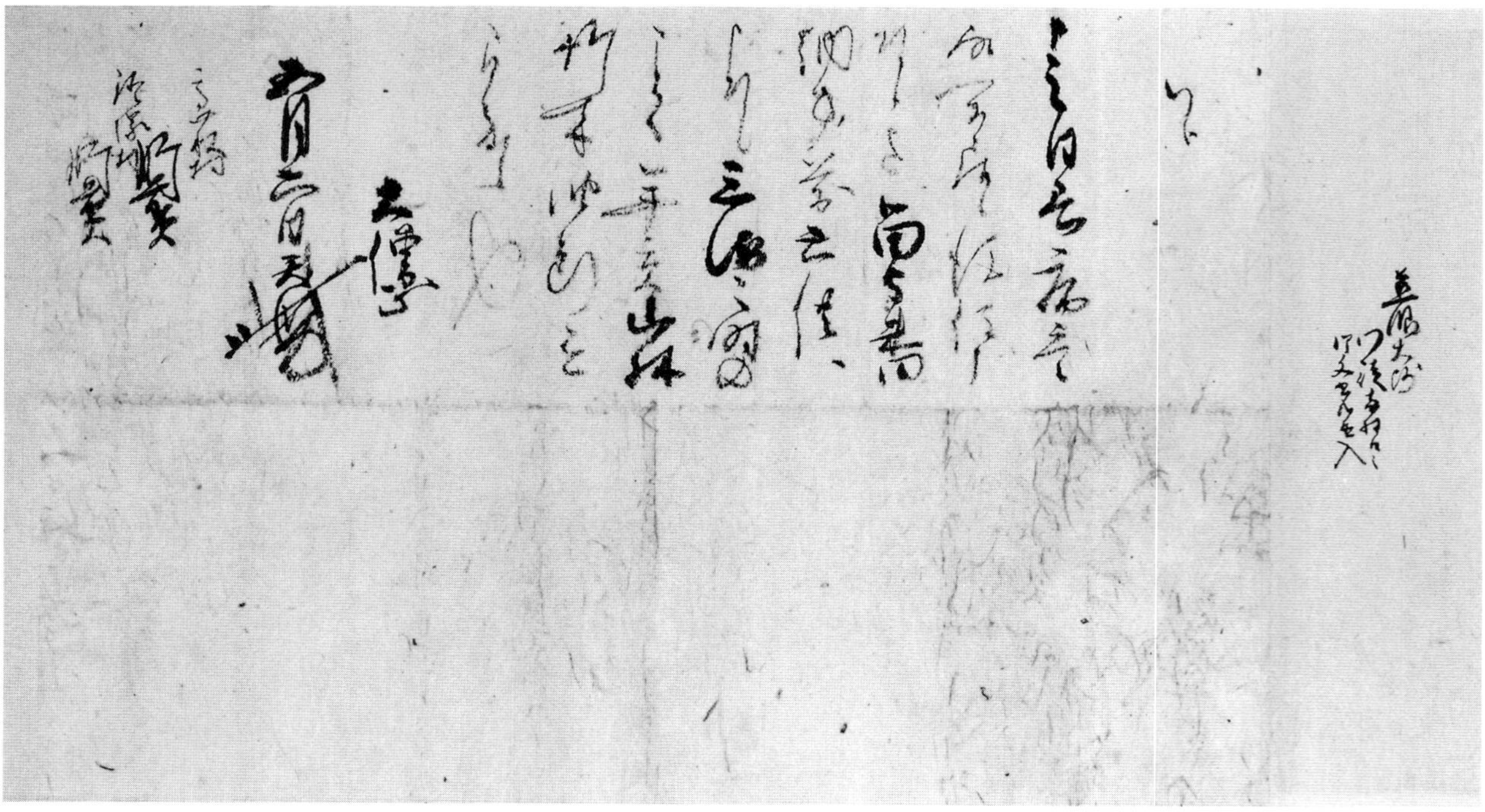

361　大僧正天海書状（折紙）

佐野惣宗寺文書

（端書）「慈眼大師（天海）
門徒・両村江之
御文書弐通入　」

以上

春日岡（惣宗寺）病気
故閑居候、後住申
付候迄、留守番
納方、万六供へ
申付候、三海之時の
ことく、年貢・山林・
竹木油断有
間敷候也、

大僧正
五月六日　天（花押）

高荻村
肝煎（煎）

鐙塚村
肝煎（煎）

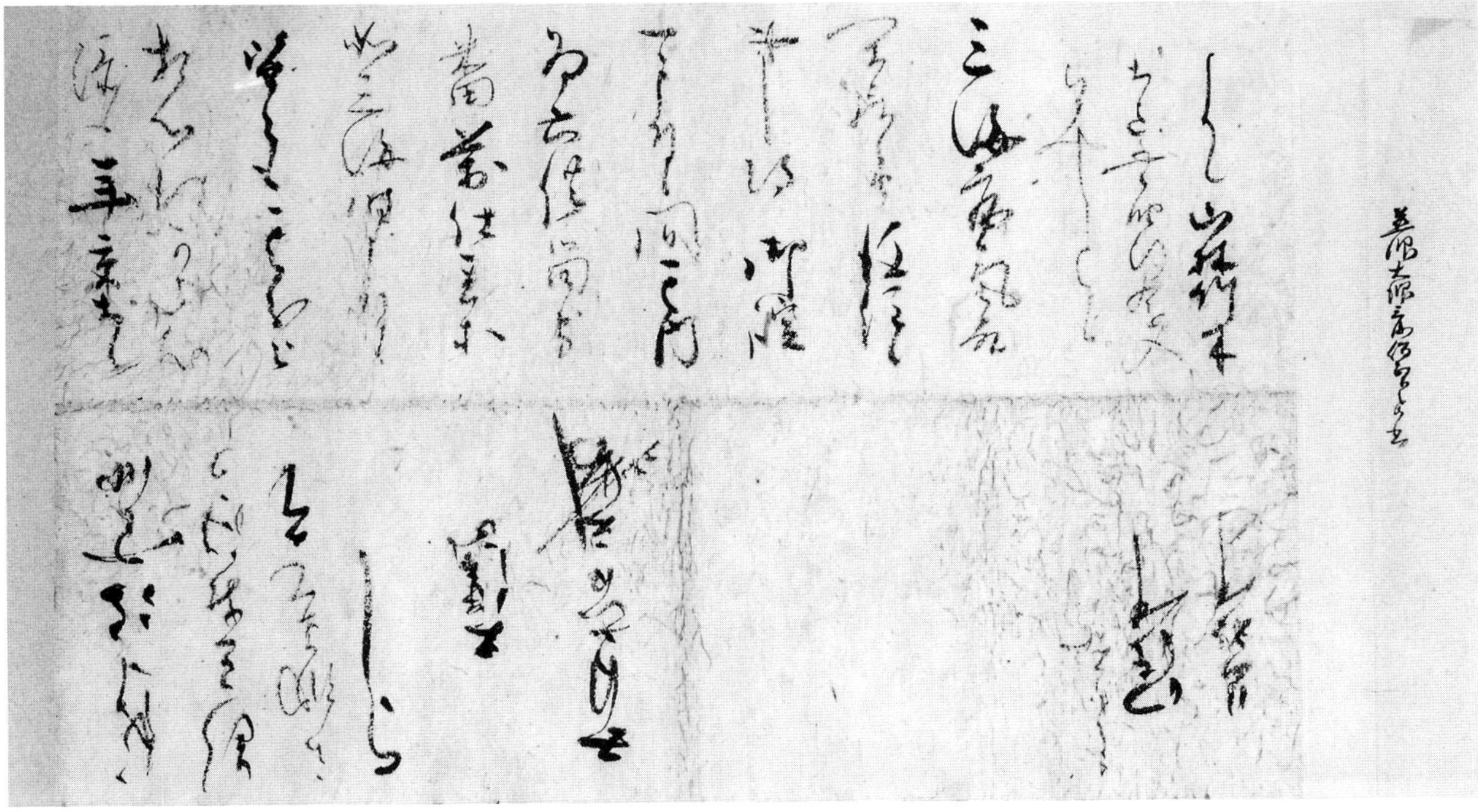

362　大僧正天海書状（折紙）

佐野惣宗寺文書

（端書）「慈眼大師天海僧正ゟ之御書」

尚々、山林・竹木
ホ（等）迄無油断念入
被申聞候、已上、

三海病気故
閑居候由、後住之
事得　御諚、
可申付候間、其内
為六供留守
番万仕置ホ（等）、
如三海時申付候、
皆とも其分被
相心得、可被心
添候、年貢ホ（等）之
儀も、弥無油
断、有相談可
被納置候、恐々
謹言、

大僧正
五月六日　天（花押）

春日岡（惣宗寺）
門徒中
旦（檀）那中

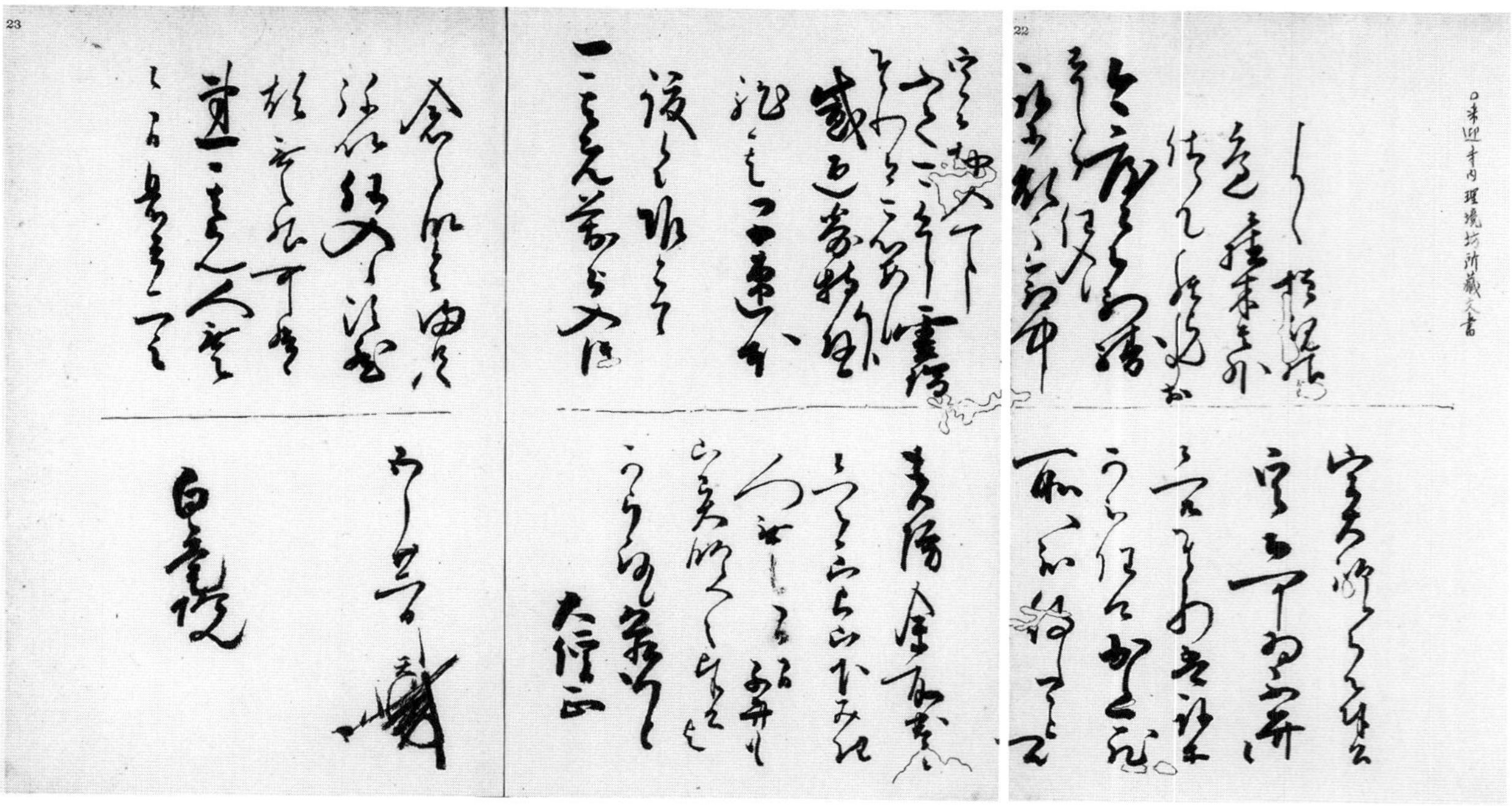

364　大僧正天海書状（折紙）

東京大学史料編纂所影写本
「長沢氏採集文書」来迎寺内理境坊文書

尚〻、権現様
之辺ニ、植木其外
仕候て、能候ハん事、於
有之者任入候、
定而物入可申、
それ者可心安候、以上、

今度之御祈禱、
我ホ(等)煩之最中、
ふと(与風)可有之候霊瑞、
感通寄特存候、
就其、早速本
復候て難有候、
一、其元万被入御
念候段、令満足候、
弥以任入候、雖然
煩無之様可給候、
第一其元人無之
候間、息災候へ者、
山王大師(慈恵大師・良源)へ之御奉公、
定而可為不弁候

候（マヽ）へ共、それは我ホ（等）
可被任候、少ゝ可然
所へ被移可申候へ共
貴坊余所□□（破損）
候へ者、山上山下み□
人無之候間、不弁も
山王大師へ之奉公与
可被存候、恐惶謹言、

　　　　大僧正

五月廿二日　　天（花押）

白毫（真慶カ）院

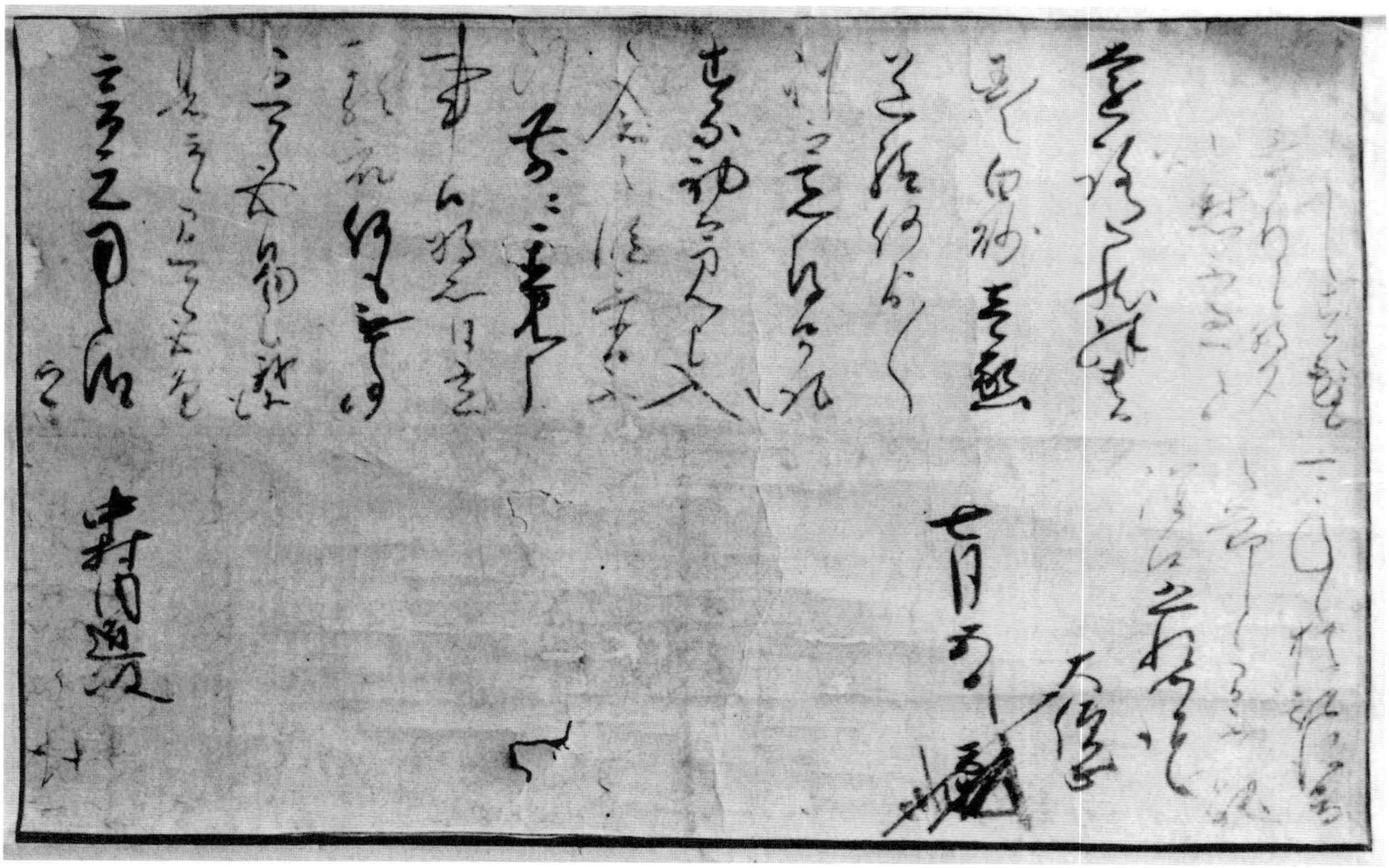

365　大僧正天海書状（折紙）

大分円寿寺文書

尚〻、すな（砂）返〻
忝存候、朝夕
之慰不過之候、
以上、

遠路御状、殊貴
国之白砂壱函
送給、何ゟ〳〵
別而忝存候、か様之
すな（砂）初而見申候、入
御念之段忝候、不
断前ニ置見申
事候、将亦日光
一類衆何も無事候
間、可御心易候、我ホ（等）も
同前ニ而候間、可御心易候、
爰元用之儀も候ハ、
可承候、猶期後音
之節候間、不能
詳候、恐惶謹言、

大僧正

七月五日　天（花押）

中村内匠殿

御報

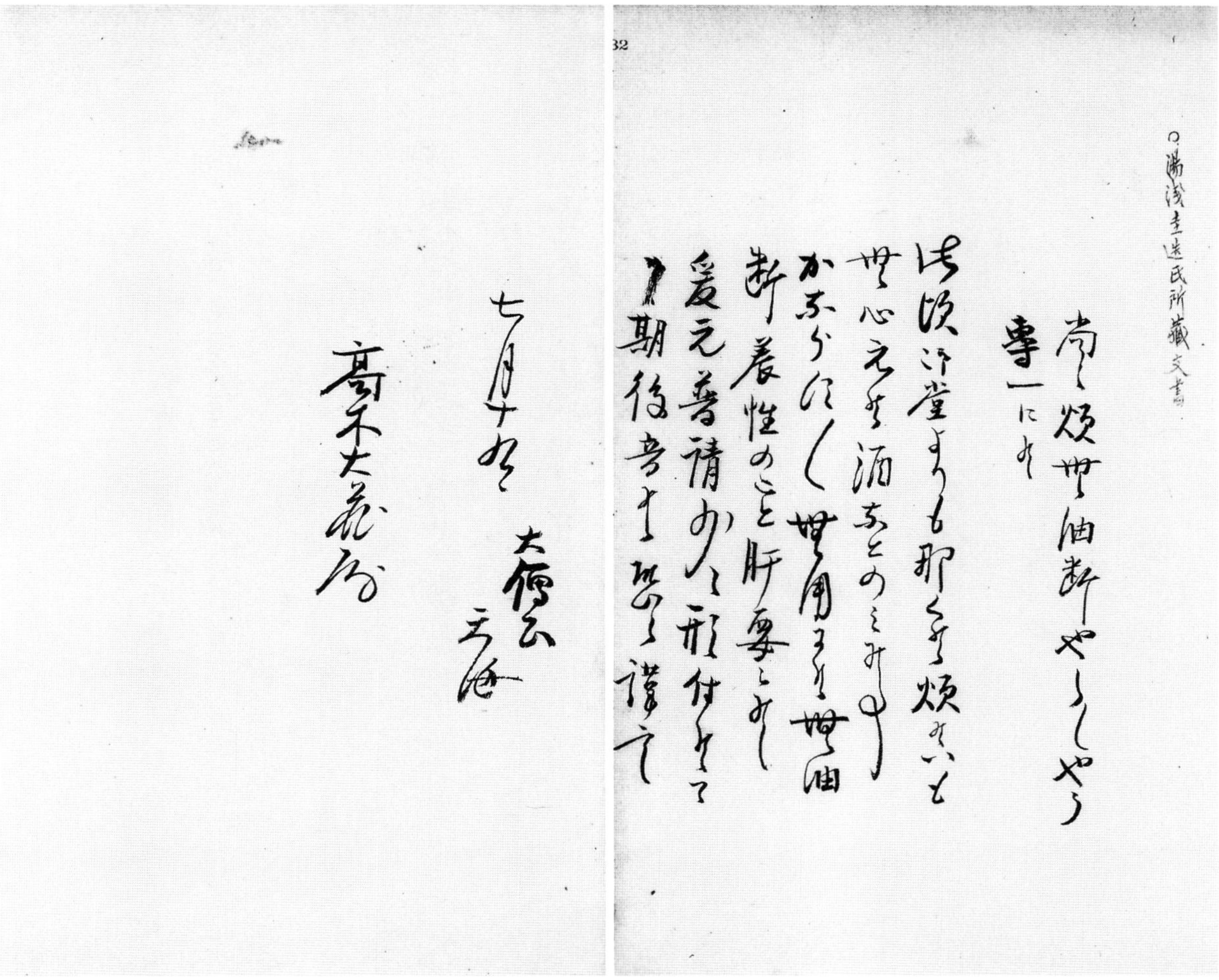

366　大僧正天海書状写

東京大学史料編纂所影写本
「長沢氏採集文書」湯浅圭造氏文書

尚ゝ、煩無油断やうしやう（養生）
専一に候、
此頃御たより（便）もなく候、煩候いも
無心元候、酒なと（等）のミ（飲）候事、
かならす（必）〳〵無用に候、無油
断養性（生）のこと肝要ニ候、
爰元普請少ゝ形付候ハヽ、
猶（カ）期後音候、恐ゝ謹言、
大僧正
七月十九日　天海
高木大蔵殿

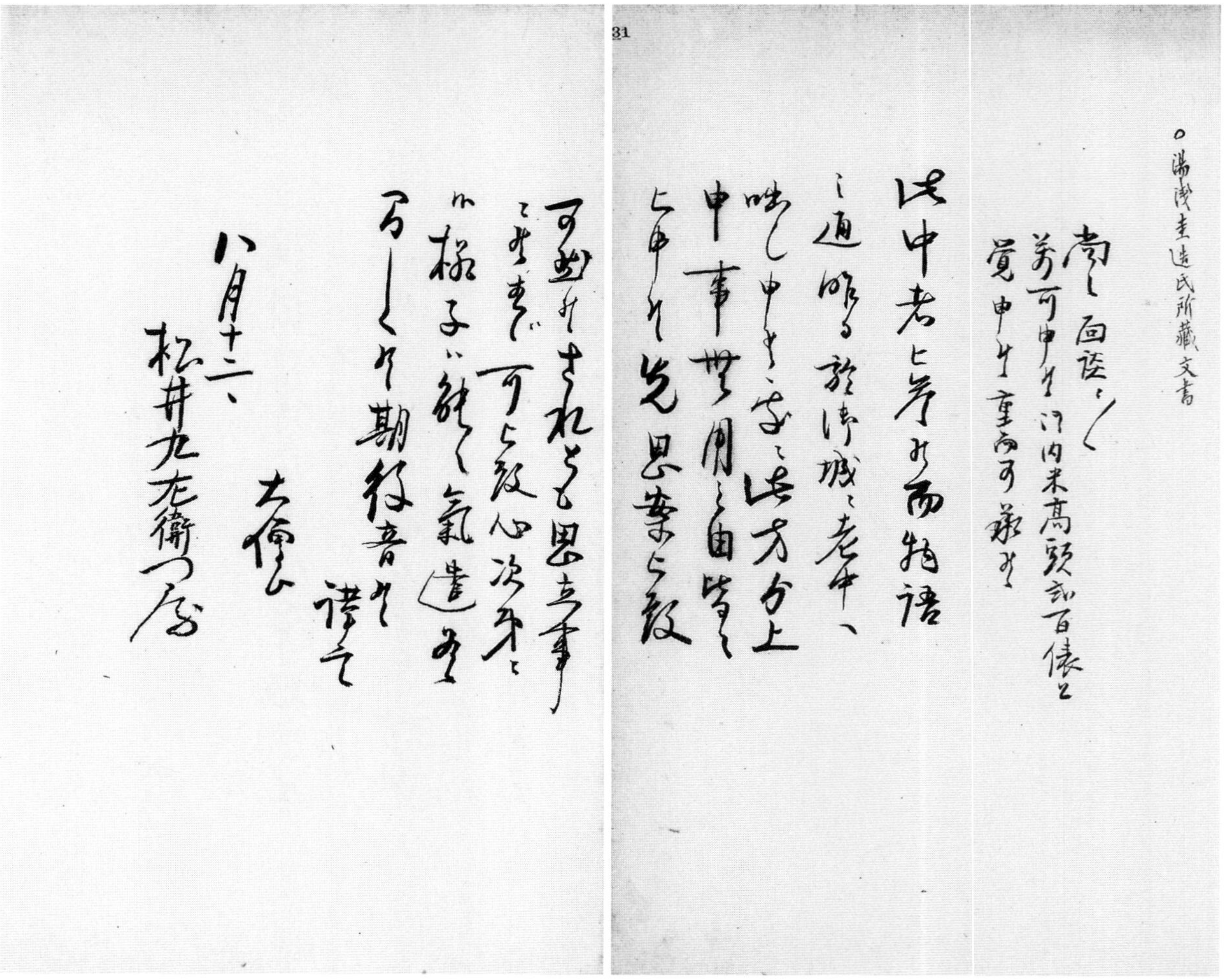

368　大僧正天海書状写

東京大学史料編纂所影写本
「長沢氏採集文書」湯浅圭造氏文書

尚々、面談ニ〳〵
　万可申候、御内米高頭弐百俵と
　覚申候、重而可承候、
此中者被参候而物語
之通、昨日於御城ニ老中へ
咄し申候処ニ、此方ゟ上
申事無用之由、皆々
被申候、先思案被致
可然候、されとも思立事
ニ候はゞ、可被致心次第ニ
候、様子ハ能々気遣候
間しく（敷）候、期後音候、謹言、
　　　　　　　大僧正
八月十二日
　　松井九左衛門殿

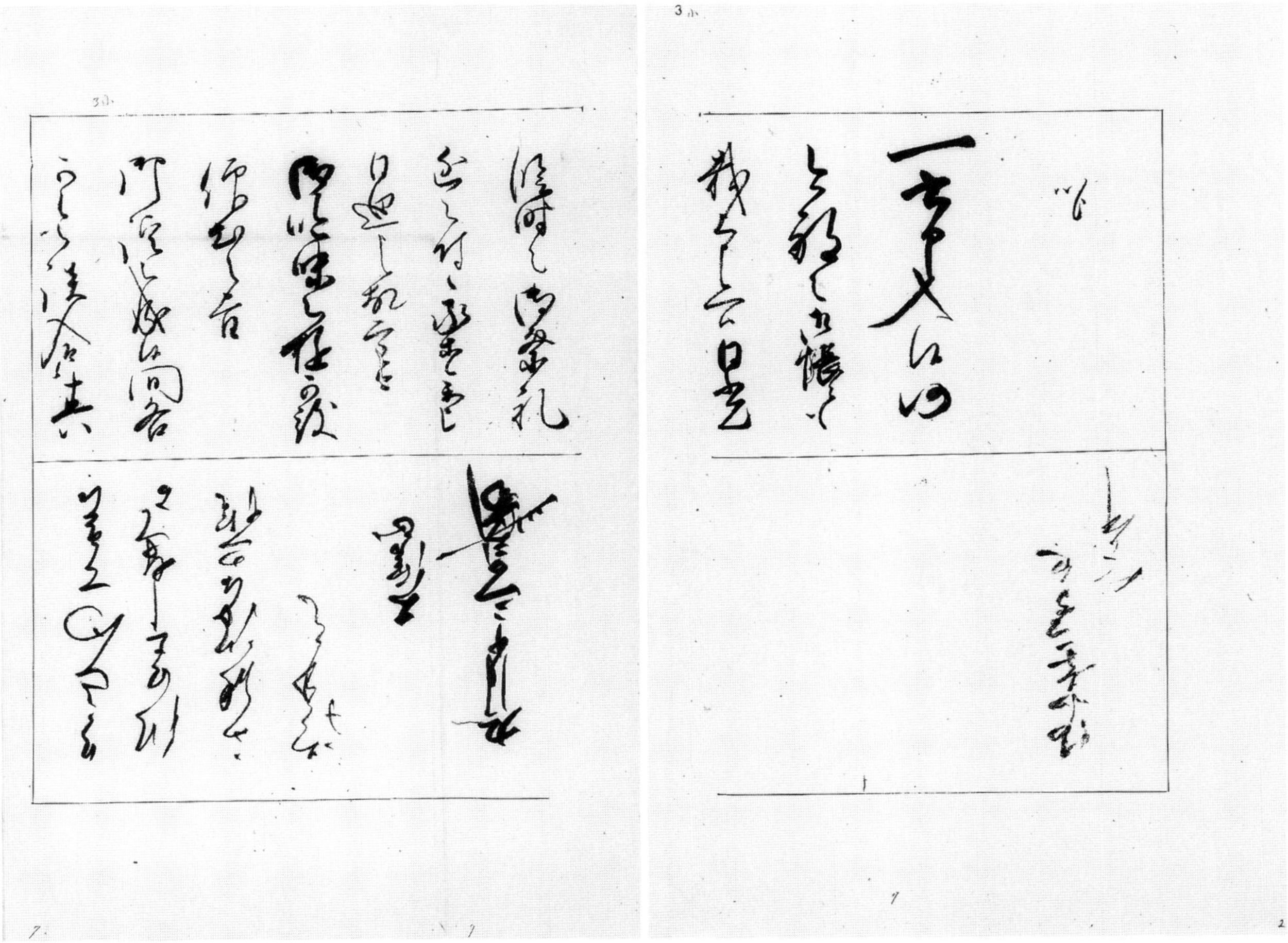

369　大僧正天海書状（折紙）

東京大学史料編纂所影写本
小野寺勝氏文書

以上
一書申入候、仍
今朝之御帳ニも
載上申候へハ、日光
臨時之御祭礼
近と付、我ホ(等)参申候、
日迫申候故、重而
御吟味被遊、可被
仰出之旨、
御諚被成候間、各
可令談合候、其
御意得可有候、
猶口上申達候間、
不能詳候、恐惶
謹言、

大僧正
九月十三日　天（花押）

清水遠江守殿
人と御中

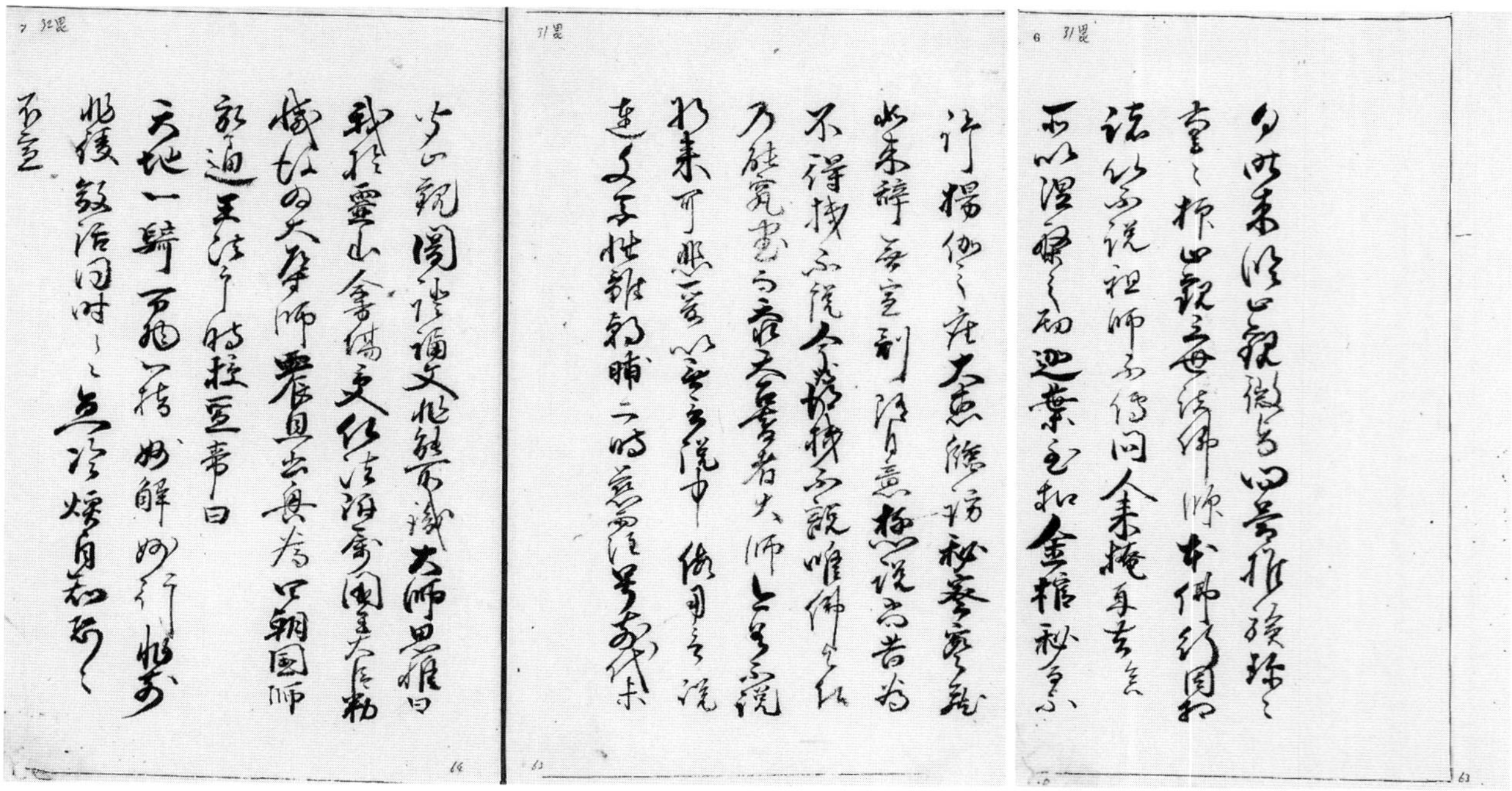

370　山門執行探題大僧正天海書状

東京大学史料編纂所影写本
京都毘沙門堂文書

日昨来臨、止観微旨問答推験、珎(珍)と
重と、抑止観三世諸仏師、本仏行因相、
諸仏不説、祖師不伝、問人来掩耳去矣、
所以涅槃之砌、迦葉至扣(控)金棺、秘而不
許、楞伽之座、大恵臨訪秘密宝蔵、
如来辞無宣、剰随自意極説、尚昔為
不得機不説、今為得機不説、唯仏与仏
乃能究尽、而忝天台智者(智顗)大師、今若不説、
将来可悲、爰以無言説中、仮用言説、
達文字性離、朝晡二時慈霔、号前代未
聞、止観闇証誦文非能戸識、大師思惟曰、
我於霊山会場、受仏法附属、国王大臣勅
滅後為大導師、震旦出興、為四朝国師、
弘通王法、于時授宣帝曰、
天地一騎、万物一指、妙解妙行、非前
非後、殺活同時云と、宜冷煖自知、恐と
不宣、

山門執行探題
九月十七日　大僧正天海（印）

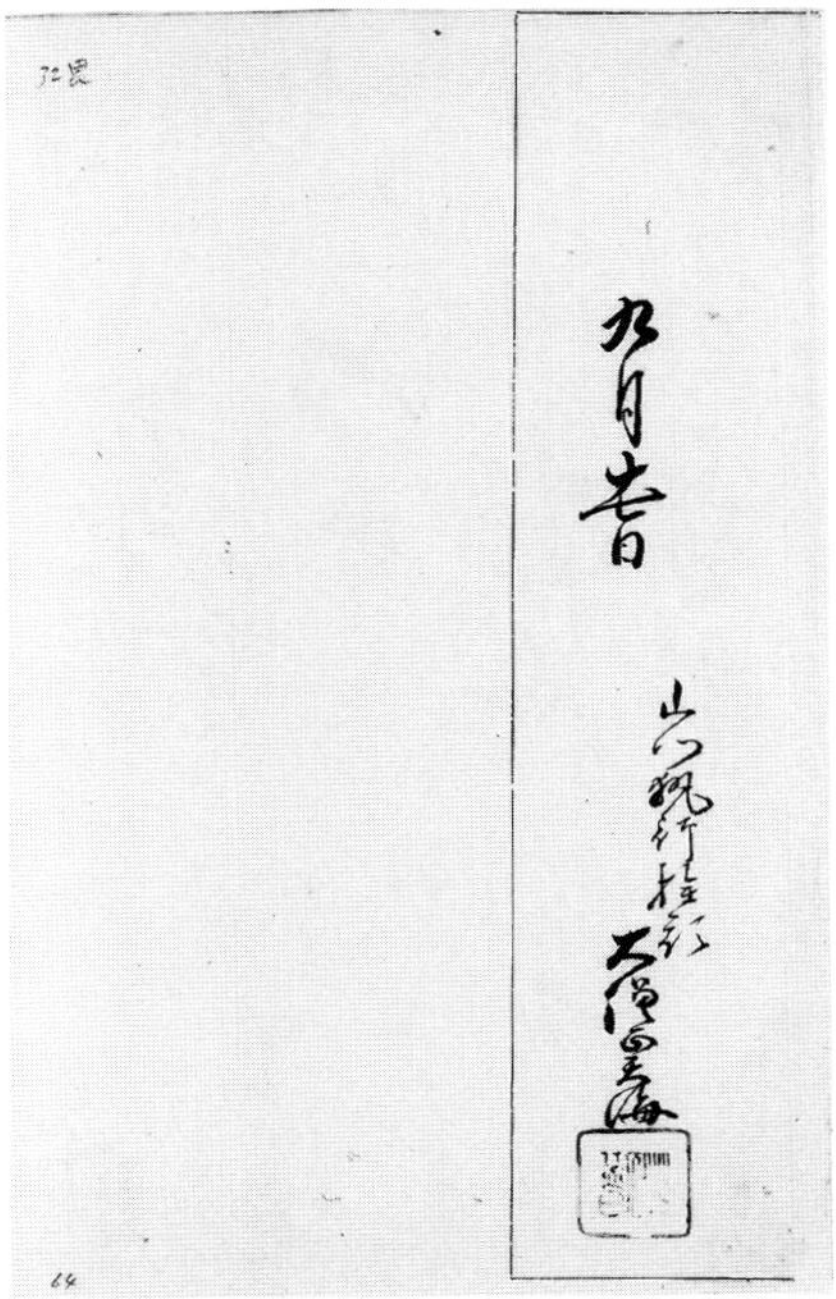

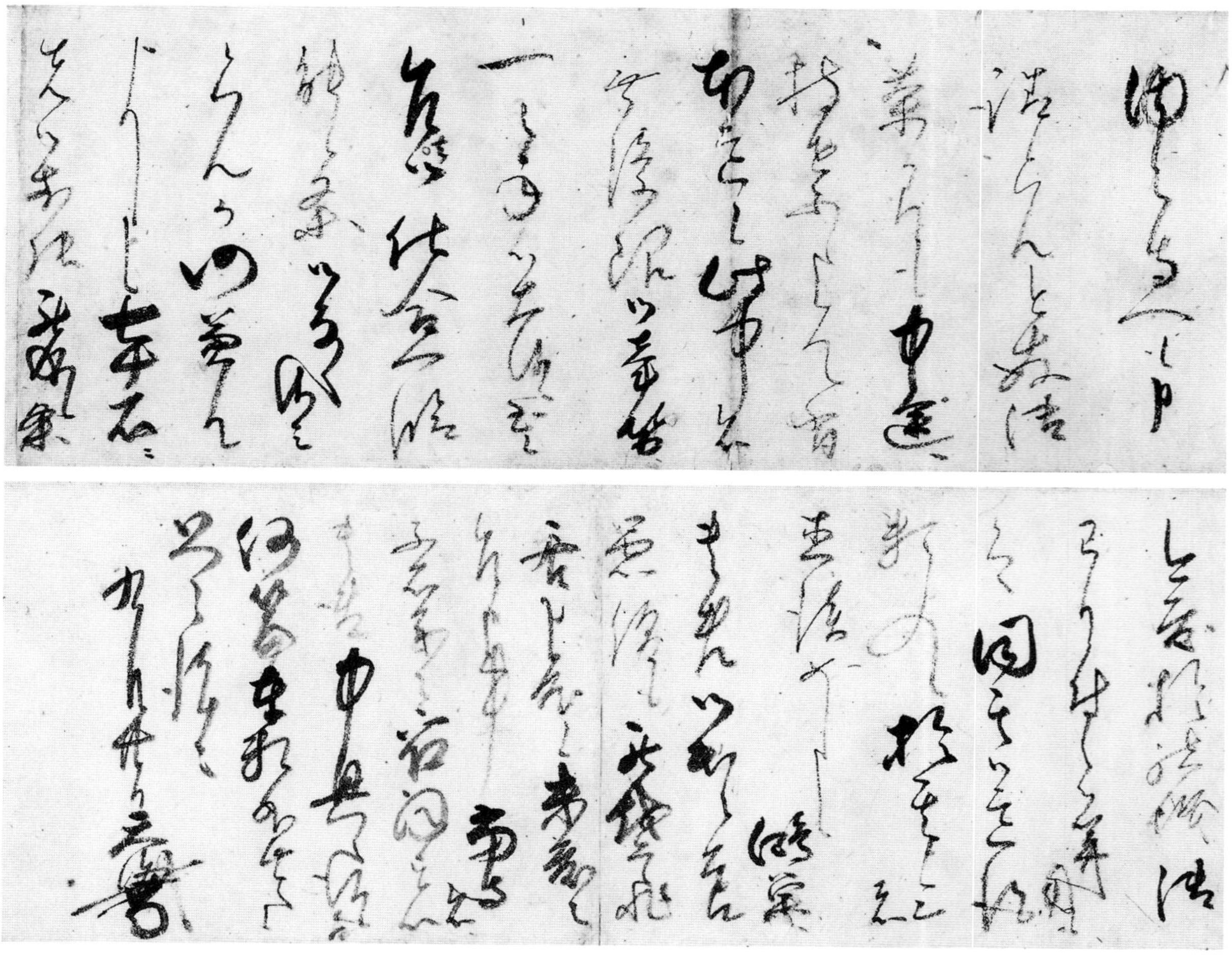

371　天海書状（元折紙カ）

大正大学図書館文書

内ゝ寺へも申
請候ハんと存、御
薬にても中途へ
持せ不申候て、背
本意候、此中者
無際限御辛労、
一ゝ承、御大儀之至候、
乍去御仕合一段
能候条、御なくさミ（慰）
候ハんか、仍兼て
ゟ申候七十石ニ、
先御前帳罷成候条、
今度於結城、御
わり（割）付之御筭（算）用も
候ハヽ、同其御意得
頼入候、於其上者、
直談可申候、鴻巣へ
貴老御出之節、
愚僧も罷越、是非
居申度候、幾度も
乍申事、当寺者
不思義（議）之宿縁を以、
貴老中興之儀候由、
何篇奉頼外無之候、
恐ゝ謹言、
　九月廿日　天海（花押）
（宛名なし）

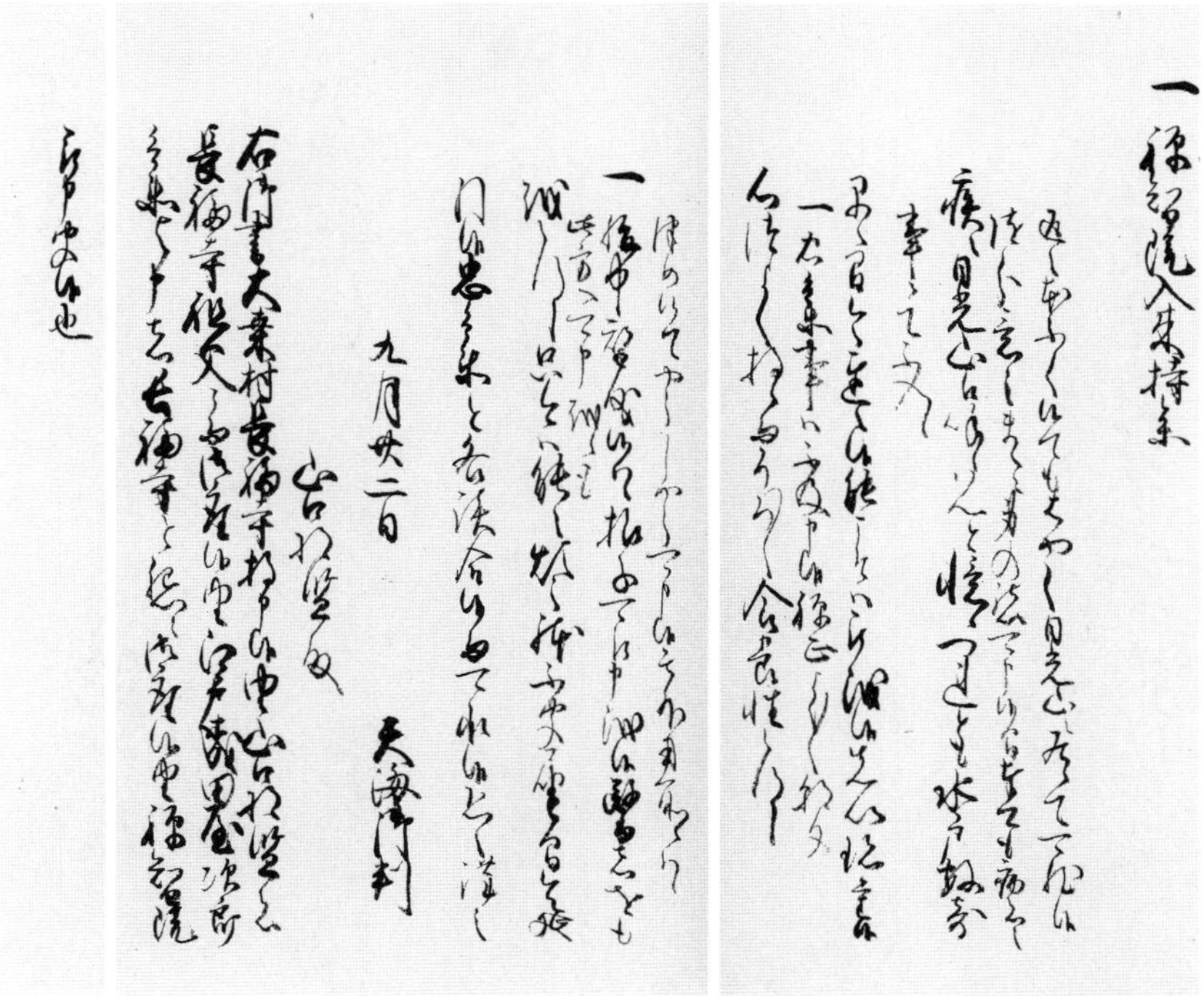

372　天海書状案

日光輪王寺所蔵執当部屋附『日光御用記』第八巻、享保九年正月八日の条所収

一、禅智院(日光山)入来持参、
　返ゝ、本ふく(復)候ても、はや〳〵(早々)日光山ニ居候て可然候、随分意之まゝニ身の跡可申候間、奉公も病者之事ニて不入候、
一、忠兵衛(山口)事ハ不及申候、禅正よく〳〵(能々)朝夕つめ(詰)候てやうしやう(養生)可申候、其外用所候ハヽ、此方へ可申越候、以上、
疾ニ日光山江呼候ハんと憶候つれとも、水戸数寄(珍)早ゝ間令遅ゝ候、能にてハ被越候、先以珎重候、心つよく(強)持候而うろ〳〵食養性(生)候へく候、
一、腹中替儀候ハヽ、様子可被申越候、医者をも越候へく候、只今ハ能ゝ煩之躰不聞届候間令延引候、忠兵衛と各談合候而可承候、恐ゝ謹言、
　九月廿二日　　　　　　天海　御判
　　　山口将監殿

右御書大桑村長福寺持申候由、山口将監者長福寺祖父ニ而御座候由、江戸森田屋次郎兵衛与申者、長福寺と懇ニ御座候由、禅智院被申聞候也、

373　大僧正天海書状

東京大学史料編纂所影写本
「長沢氏採集文書」久能山徳音院文書

尚〻、明日者勝五郎《（池田光仲）》殿へ、
　定而可有御出候間、面上之節
　可申述候、
一筆申入候、其後者不申通候、
仍従日光参候間、鷂一居
進上申候、善悪者不存候得共、
好鷹之由申候条如此候、恐惶謹言、
　九月廿三日　天（花押）
　　　　　　　　　大僧正
　　　　　　　　　　天海
〆　松平新太郎《（池田光政）》殿
　　人〻御中

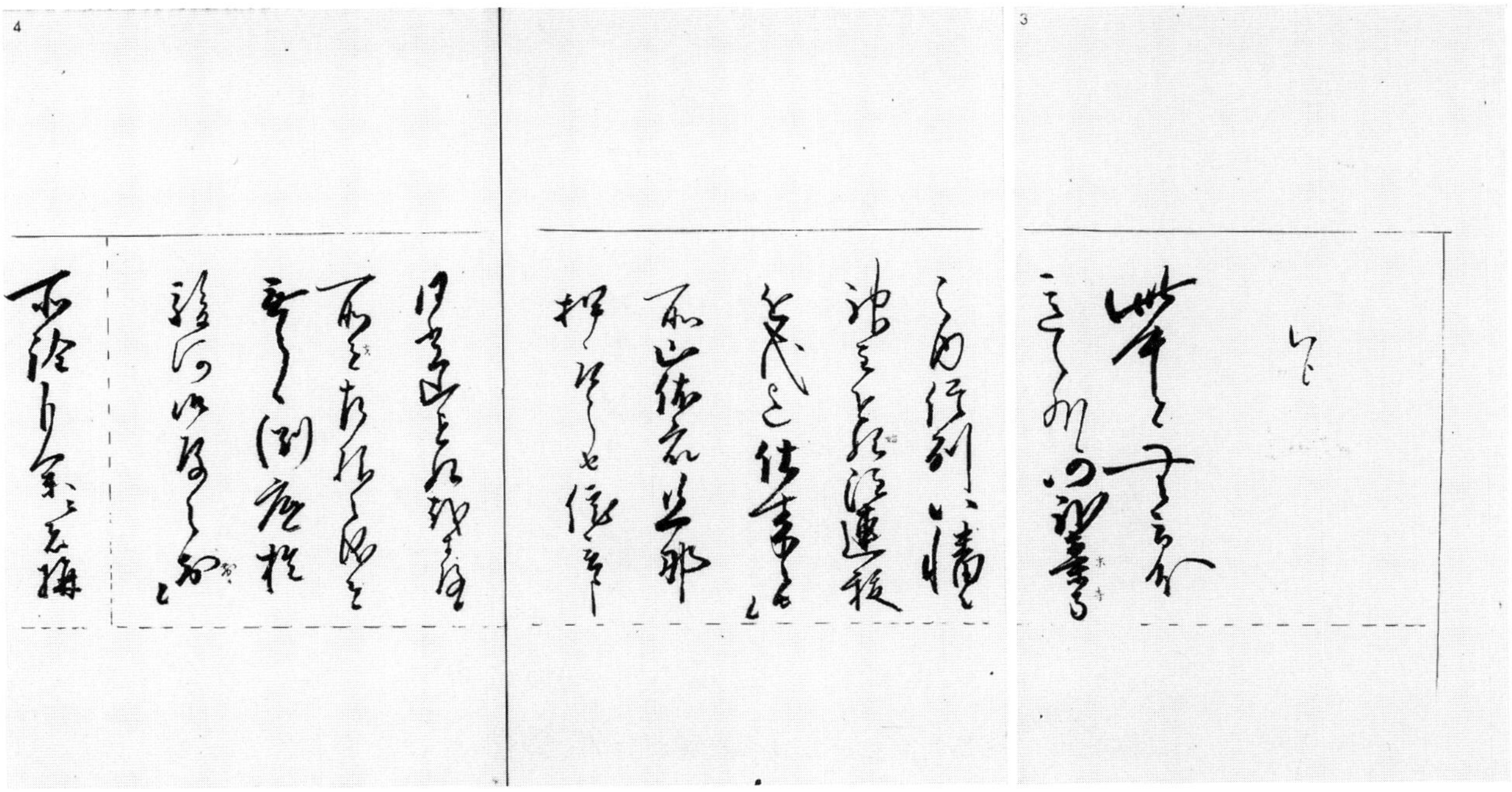

374 大僧正天海書状（元折紙カ）

東京大学史料編纂所影写本
「古文書纂」九

以上
此中者無音本
意之外候、仍我ホ（等）末寺
之内信州八幡之
神主を始、注連祓
近代迄仕事之由候
所、山伏衆旦（檀）那
押取候由佗言申、
日光山を始、我ホ（等）存候
所者、左様之儀者
無之候、渕（淵）底於
駿河御存之前候、
所詮自余ニ者構
不申候、我ホ（等）末寺之
社家候間、如前ヽ
候而、被指置任入候、
猶以面可申候、恐ヽ
謹言、

大僧正
九月晦日　天海（花押）

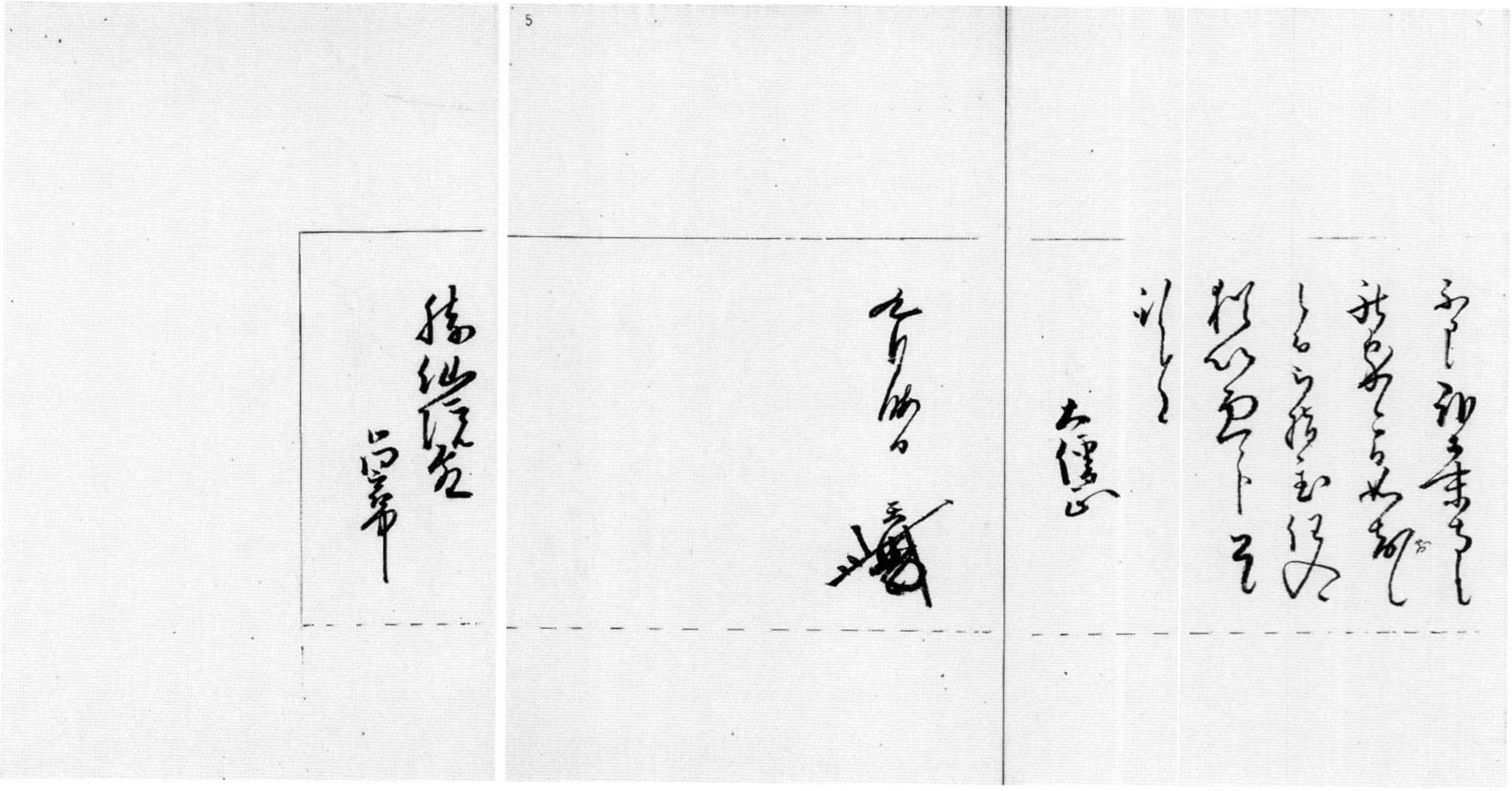

勝仙院（澄存カ）殿
御同宿中

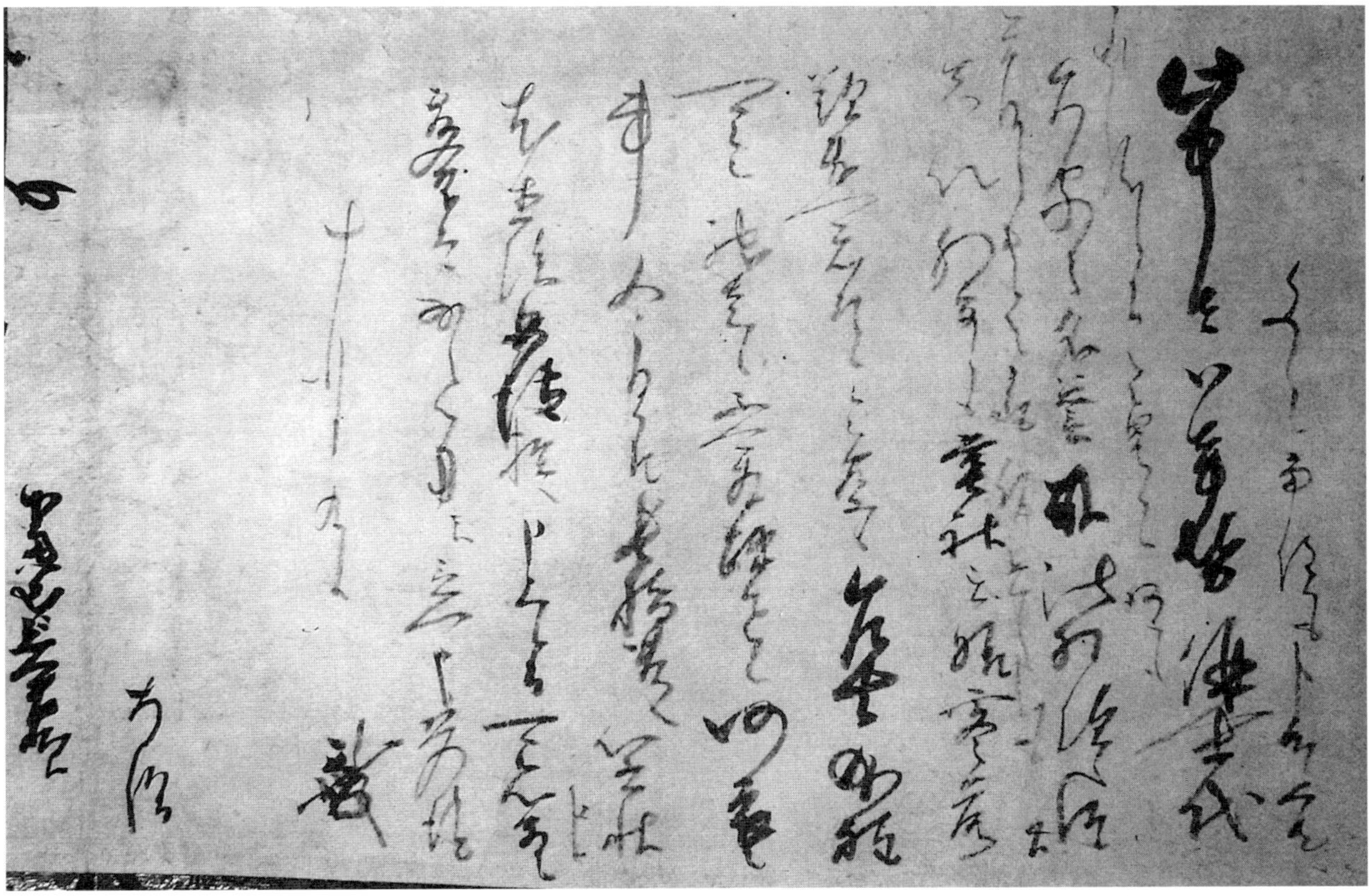

375　大僧正天海書状

京都盧山寺文書

尚〻、当住へも申度候へ共、
取紛候間、令畧（略）候、何ニも
思召候者御理、何共□□申候、以上、
此中者御辛労、併末代
台家之名誉故、法相続之儀候間、
先以肝要候、堂社を始零落
歎敷可思召候、令察候、乍去成程
可令馳走候、不可存疎意候、仍衣之
事今日は長橋殿へ以書状申候、
尤直談女御様へ申上候間、可御心安候、
夏命（マヽ）は少〻御用ニハ立可申候、恐惶謹言、
十月九日　　天（花押）
大僧
〆　盧（マヽ）山長老様

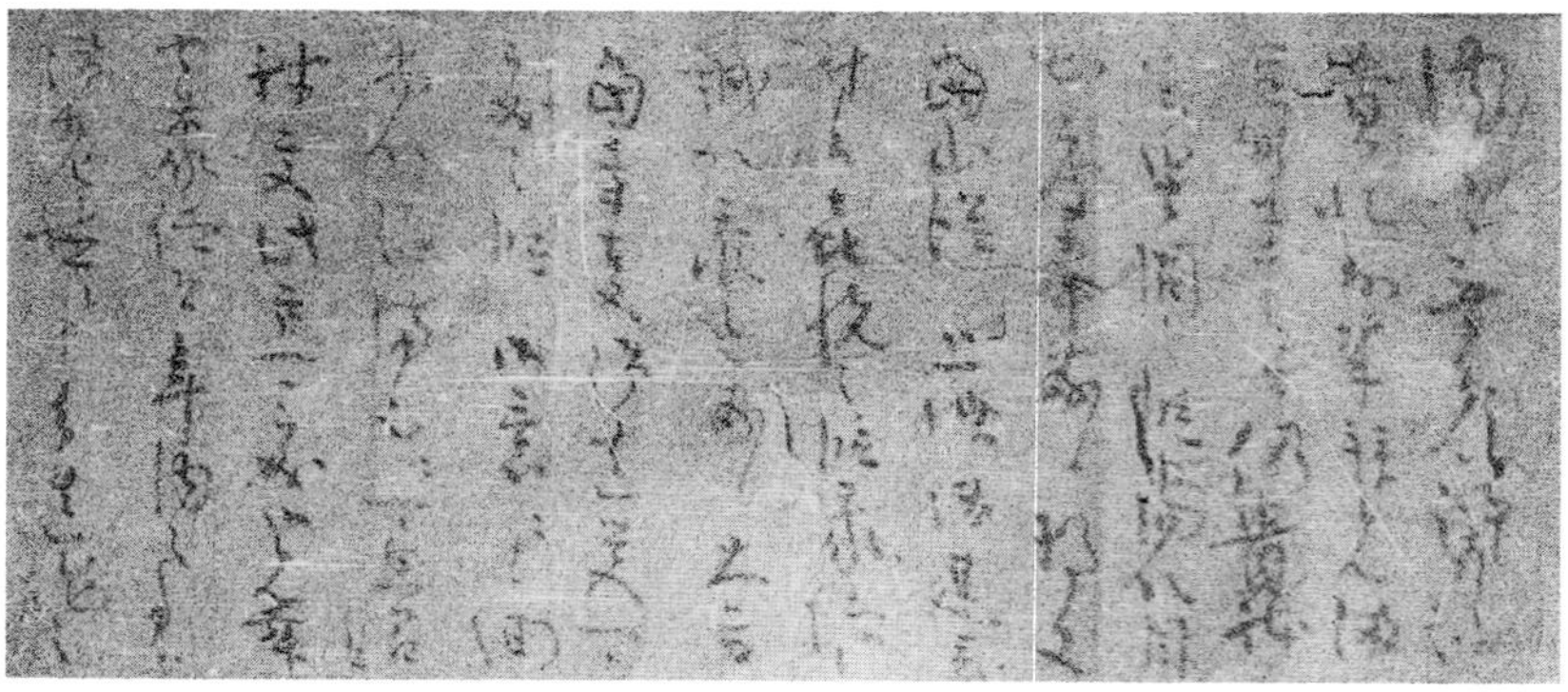

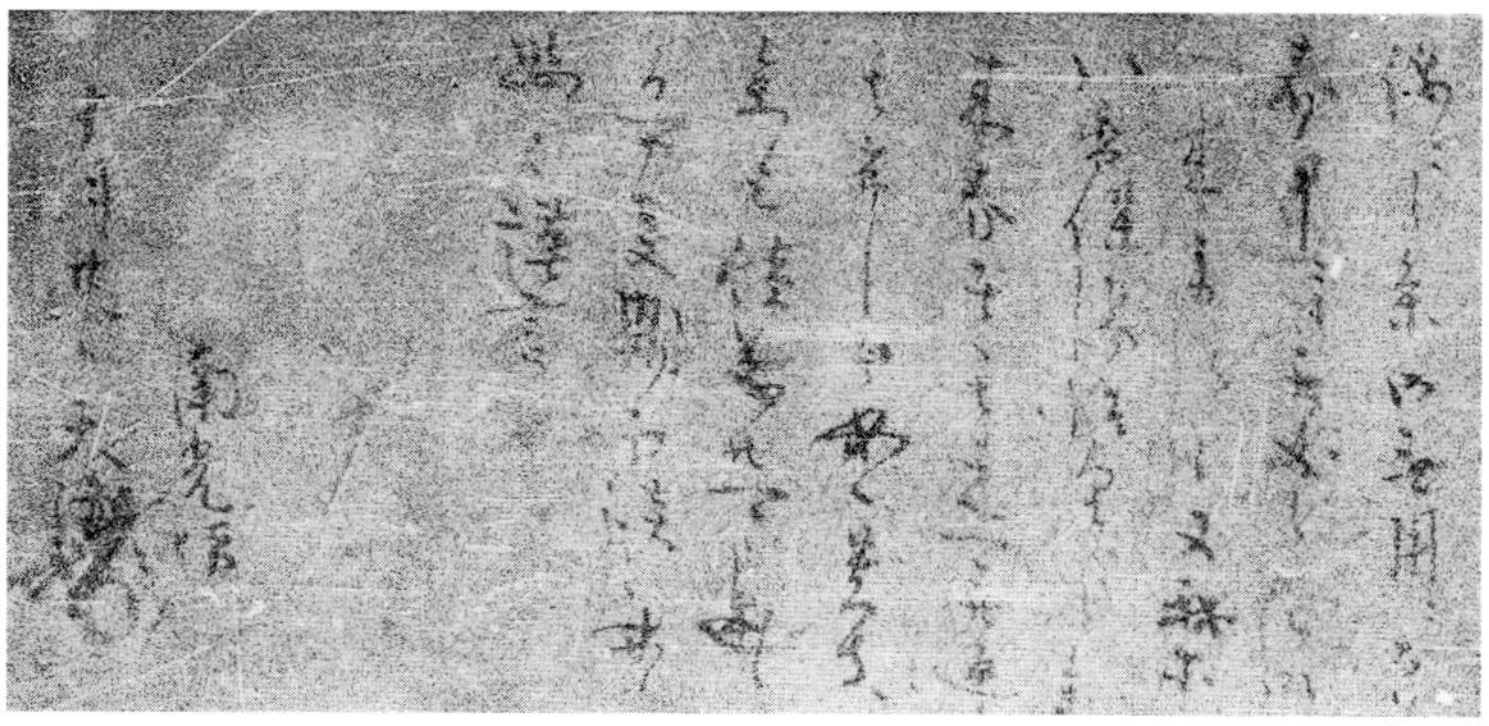

376　南光坊天海書状（元折紙カ）

東京大学史料編纂所写真版
群馬善昌寺文書

内ゝ無御心許存候処、
貴札到来拝見満
足此事ニ候、仍貴躰
御堅固之段、尚以目
出度奉存候、将又
当山従上様御建立ニ
付而、喜悦之段蒙仰候、
誠以忝令存候、大方
当寺事御造営可
被成之段、御意ニ候間、
尚以御満足ニ可思召候、
殊更此方可被成御見舞
由、蒙仰候、年内之事ハ
御老躰ト申、御造作之
儀ニ候条、御無用ニ而候、
春中ニも罷成候者、御
入来□候、我ホ（等）
い（伊）香保湯治望み候条、
来春者其元可罷返候、
其節者必ゝ貴寺へ
参上、積義（儀）共可申述候
間、万事期面談之時候、
恐ゝ謹言、
　　　　　南光坊
十月廿一日　　天海（花押）

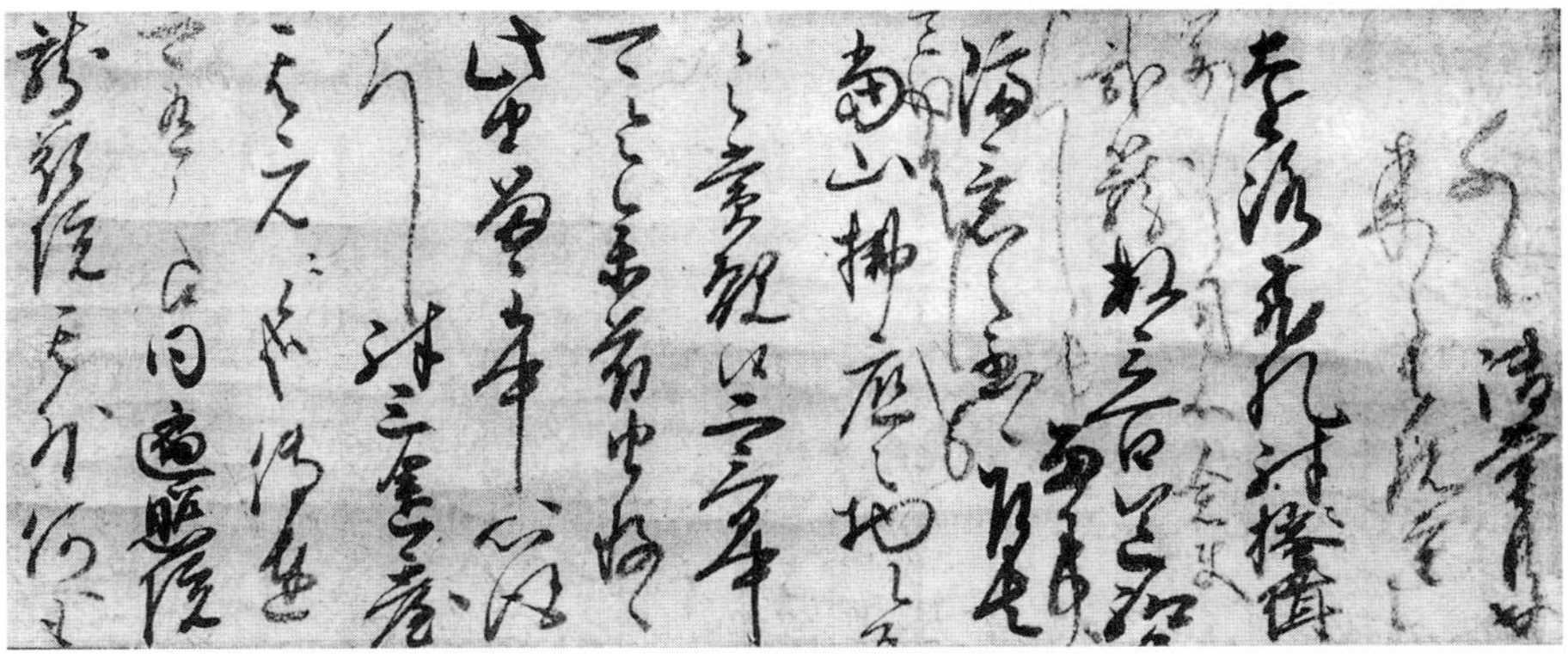

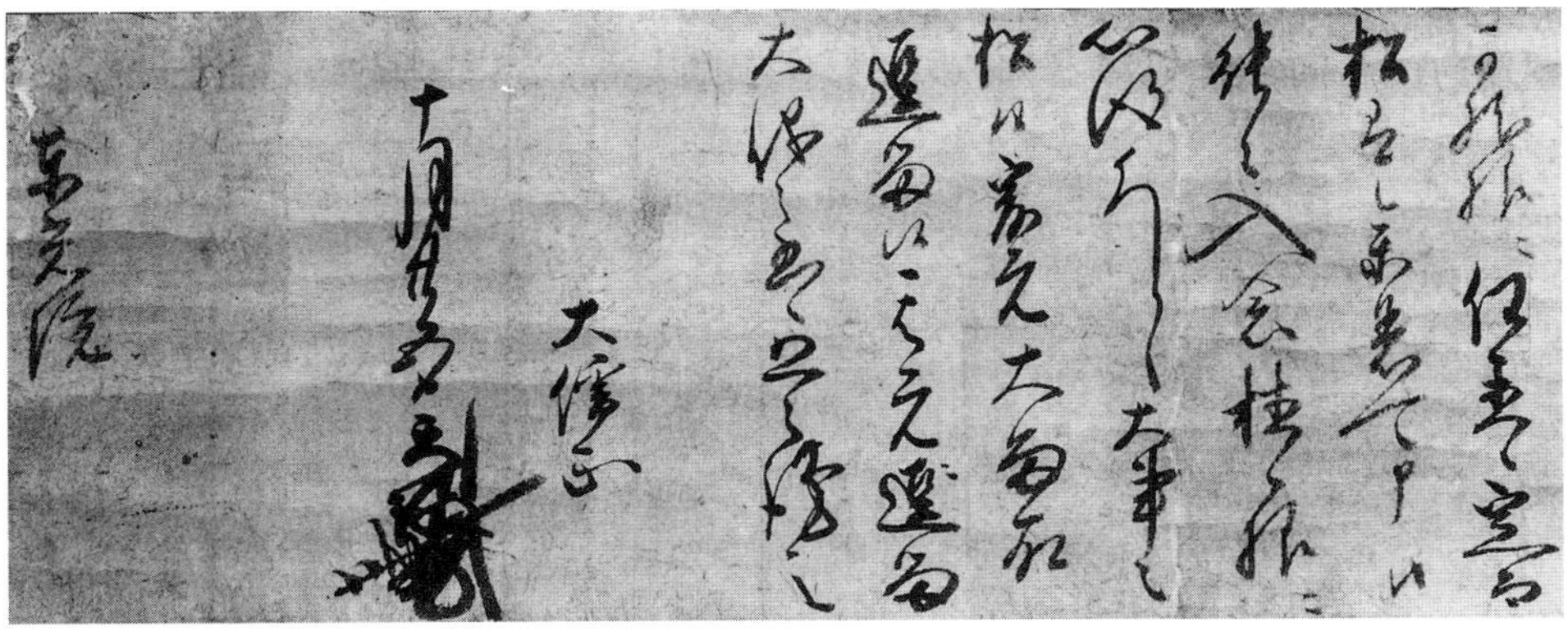

377　大僧正天海書状（元折紙カ）

上野現龍院文書

尚〻、御堂共出
来候由弥（珍）重候、
万御用者念使
申候之由、留主中ニ
可得御意候、以上、

遠路飛札、殊榼柑
弐籠、数三百送給候、
隔意之至候、乍去
当山払底之物候間、
令賞翫候、二、三日中
可令参符（府）由存候、
此由留主中へ心得
候へく候、殊三途台（長福寺）
其元ニ候哉、伝達
可有之候、同遍照院・
龍花院、其外何へも
可然様ニ任置候、定而
松は参着可申候、
能〻入念植候様ニ
心得候へく候、大事之
松候、爰元大雨故
逗留候、其元ニ逗留
大儀之至候、恐〻謹言、

大僧正
十月廿五日　天海（花押）
東光院

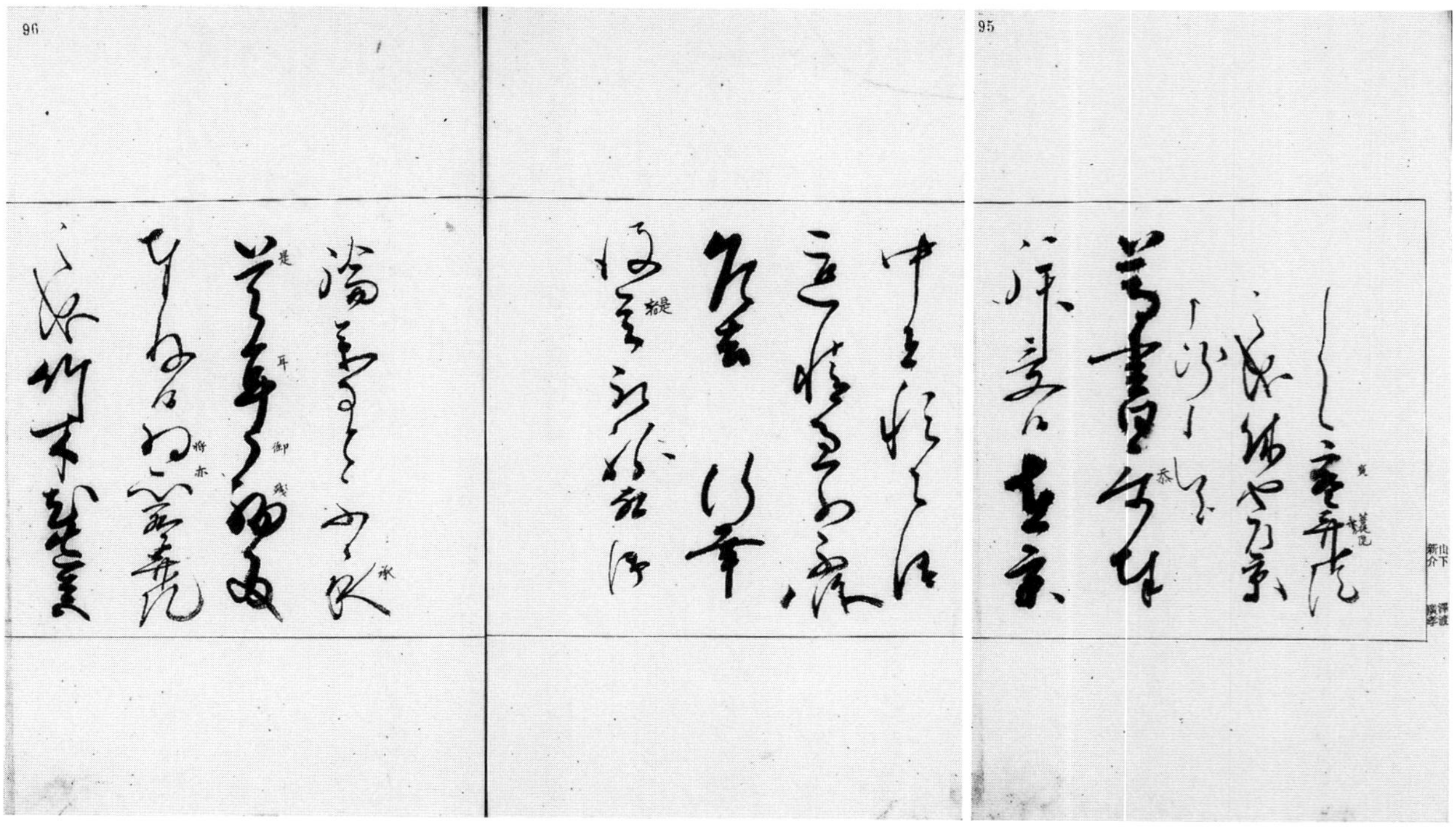

378　大僧正天海書状（元折紙カ）

東京大学史料編纂所影写本
京都妙法院文書

尚々、宝井（菩提）院
之儀、休也・左京
申断候、以上、
尊書忝奉
拝受候、在京
中者種々御
懇情過分不浅候、
乍去　行幸
彼是取紛故、御
論義なと（等）不承、
是耳御残多
奉存候、将亦宝井（菩提）院
之儀、竹木尤造営
已下被仰付、御興隆
可被成候、雖無申
迄候、山門代々之名跡候
間、某抱之内も所用
次第、急度御返進
可被成候、勿論某
代過候ハヽ、無所用候共、
早速山門へ可被為返候、
法流之儀者法勝寺ニ而
執行候へと申付候、御□恵
迄候、猶従江戸可
申達候、恐惶謹言、
大僧正

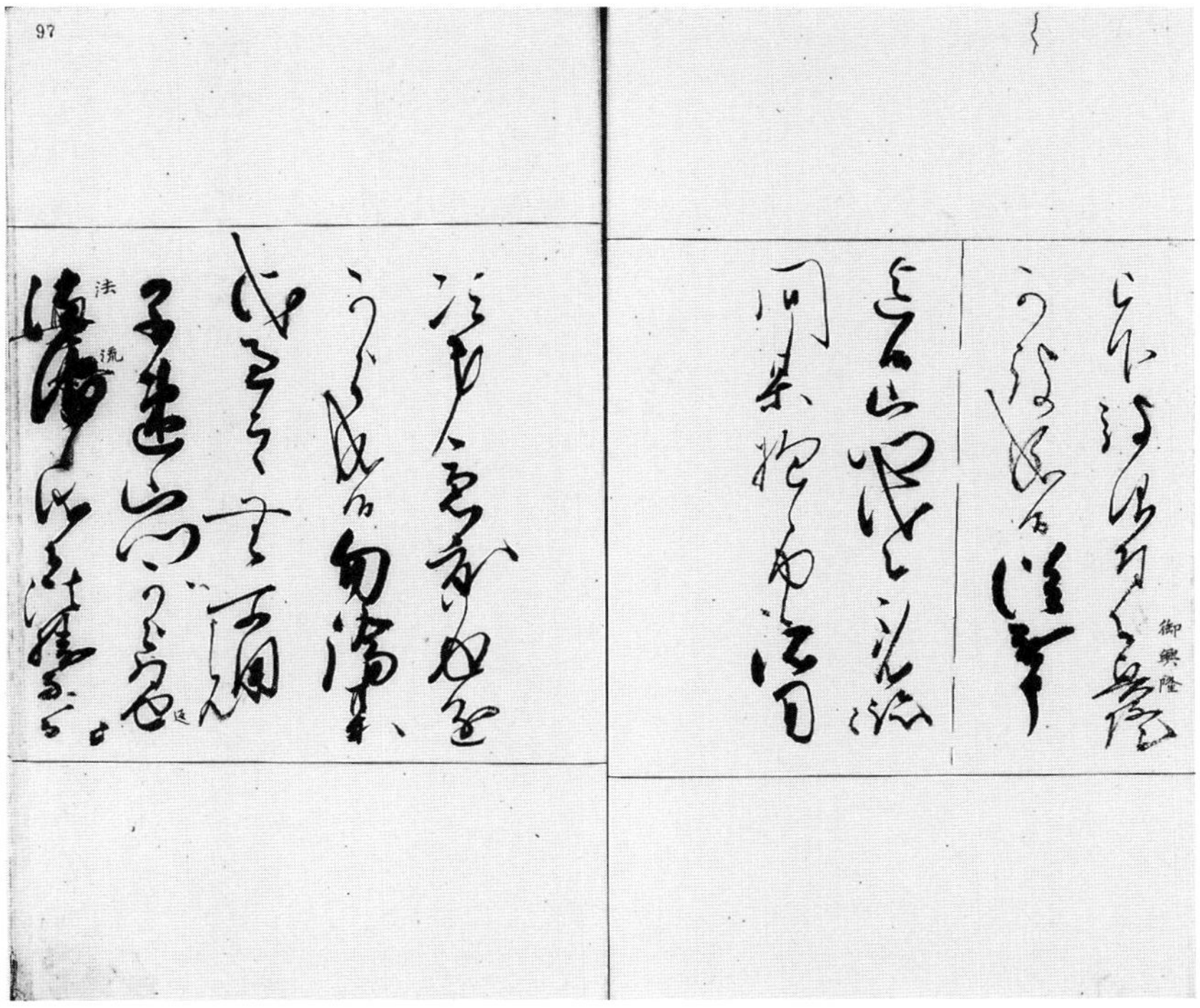

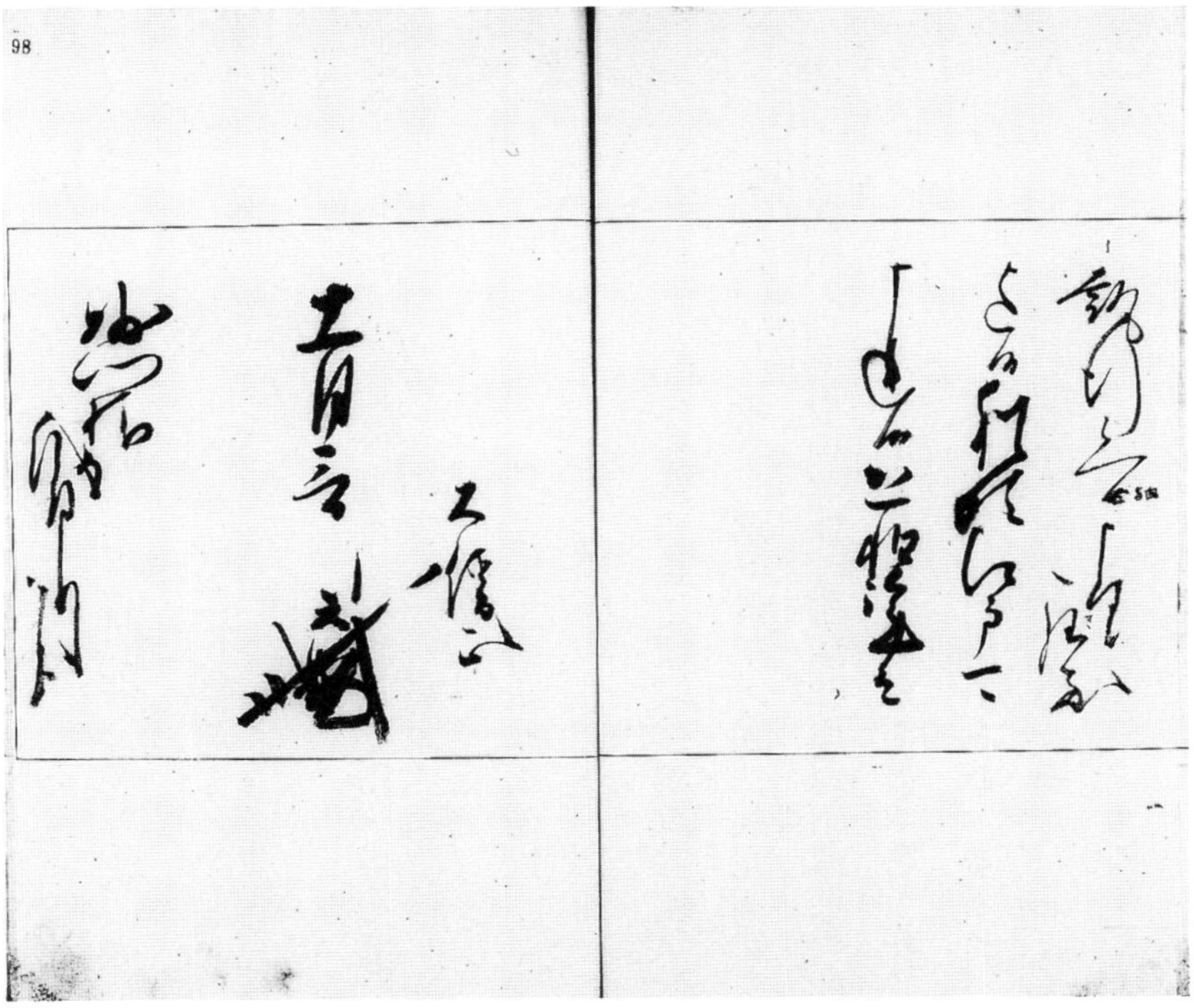

十一月三日　天（花押）
妙門様ニて
誰にても
御申

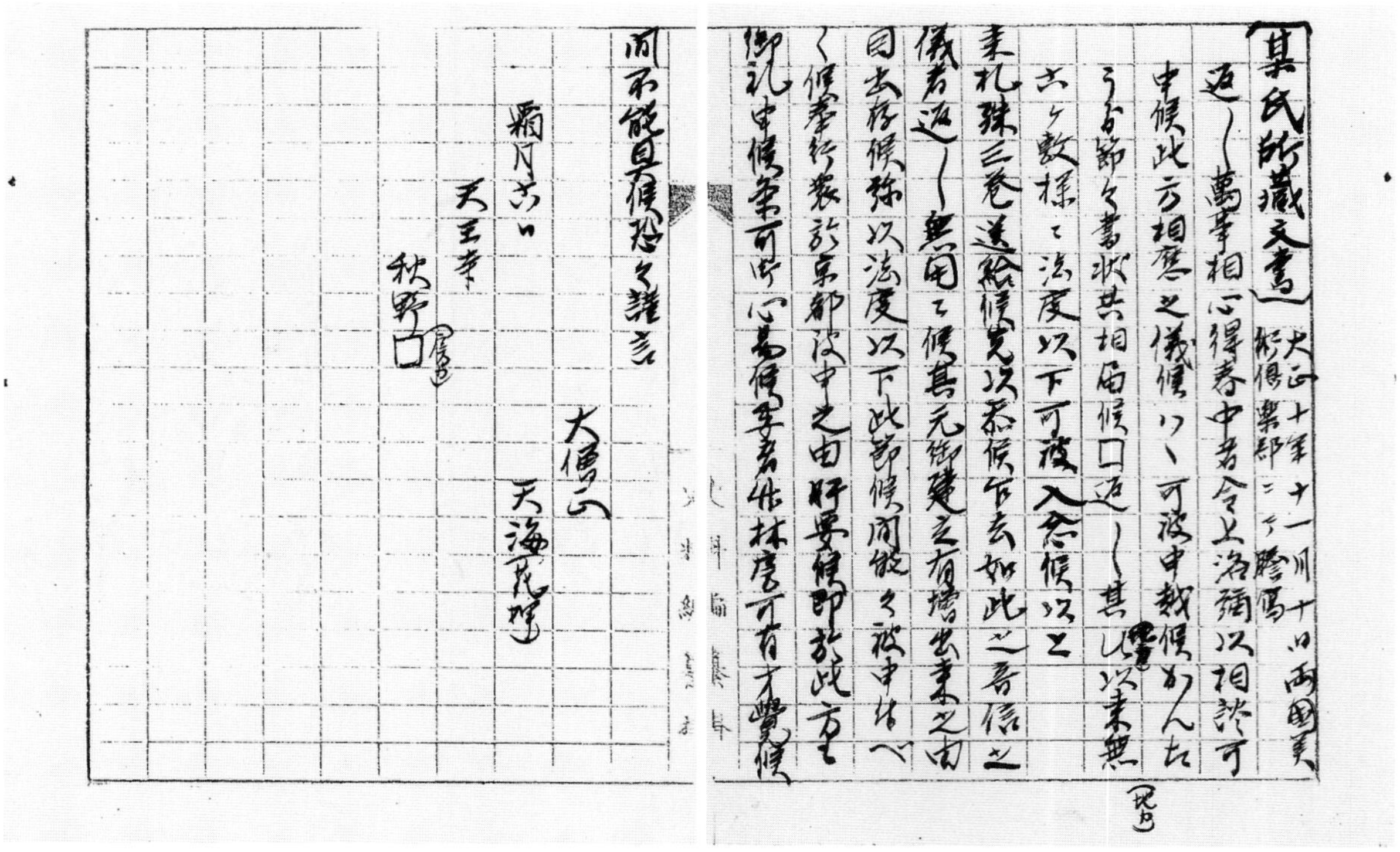

379　大僧正天海書状

東京大学史料編纂所影写本
秋野房文書附属の某氏文書

返〻、万事相心得、春中者令上洛、弥以相談可
申候、此方相応之儀候ハヽ、可被申越候、かんた(関)
う(東)ゟ節〻書状共相届候□、返〻其比(地カ)以来無
六ケ敷様ニ法度以下可被入念候、以上、
来札殊三巻送給候、先以忝候、乍去如此之音信之
儀者、返〻無用ニ候、其元御建立有増出来之由、
目出存候、弥以法度以下此節候間、能〻被申付べ
く候、奉行衆於京都被申之由肝要候、即於此方も、
御礼申候条可御心易候、委者竹林房可有才覚候
間、不能具候、恐〻謹言、

霜月六日　　大僧正　天海（花押）

天王寺

秋野(房カ)□

○本文書は、秋野房文書の影写本の末尾に、次の如くに記されて所収されている。「大正十年十一月十日両国美術倶楽部ニテ謄写」。

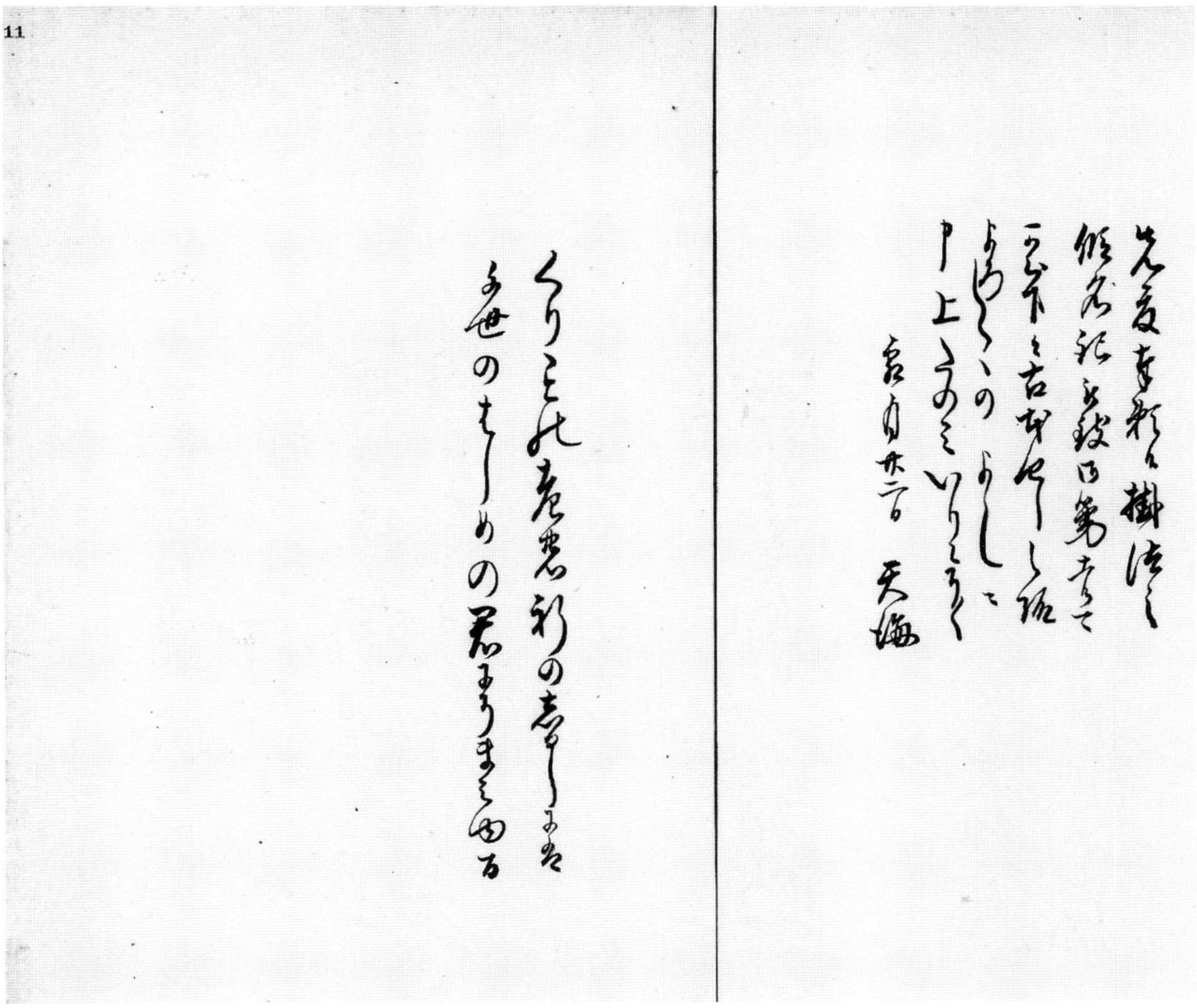

380　天海書状写

東京大学史料編纂所影写本
「長沢氏採集文書」大阪四天王寺文書

先度奉頼候掛結之
仮名記、被致御筆□候て
可被下候、古本返し候様、
よろし《宜》くこのよし被
申上たの《頼》みいり《入》候、かしく、
霜月廿二日　　天海

くり《繰》こと《言》の老の祈のしるし《験》には
千世のはしめ《始》の君にそまみ《見》ゆる

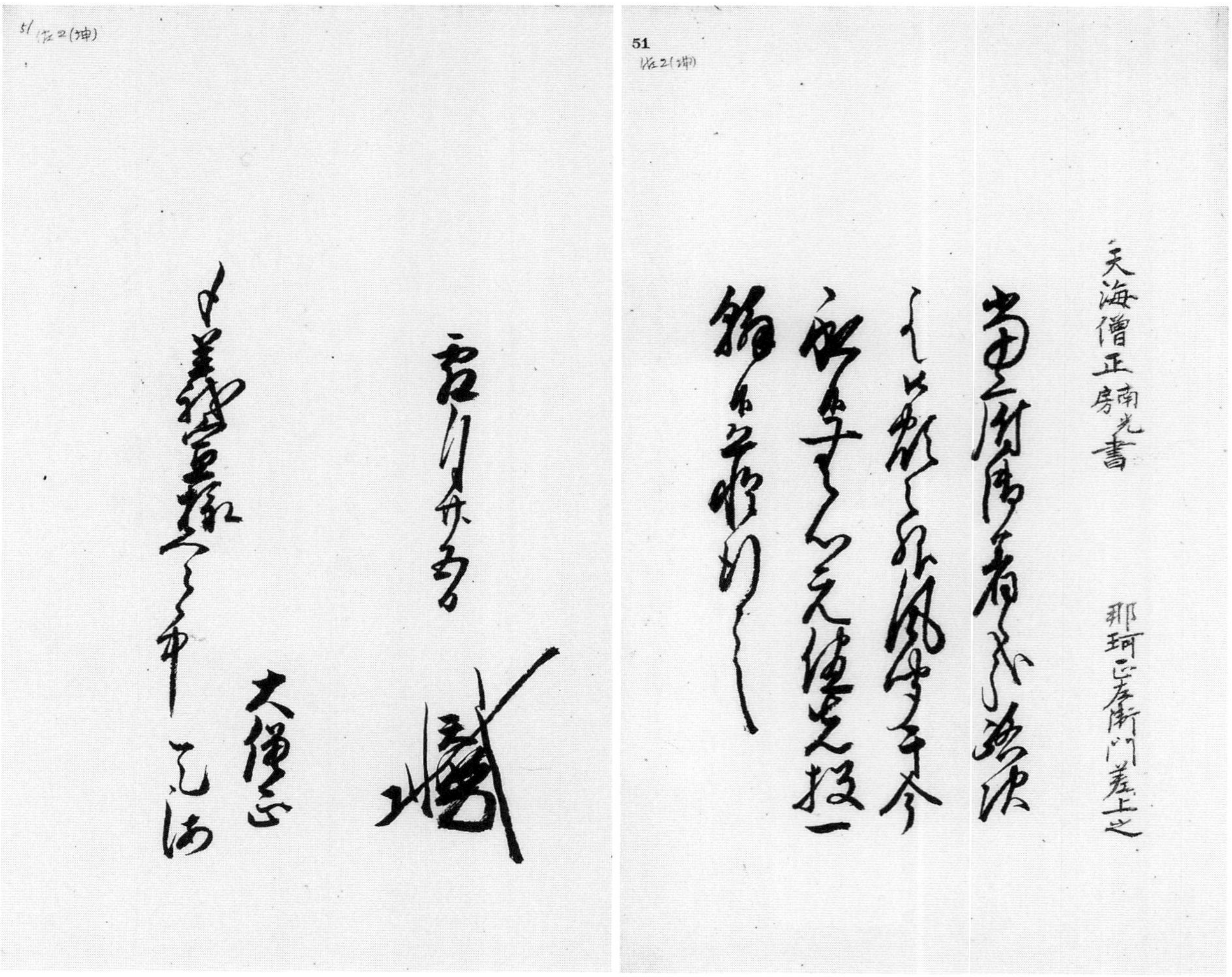

381　大僧正天海書状

東京大学史料編纂所影写本
佐竹文書

当府御着候哉、路次
ニて御煩之様風聞、于今
承候、無心元儘、先投一
翰候、恐惶謹言、
霜月廿五日　天（花押）

〆　義宣（佐竹）様　　大僧正
　人々御中　　天海

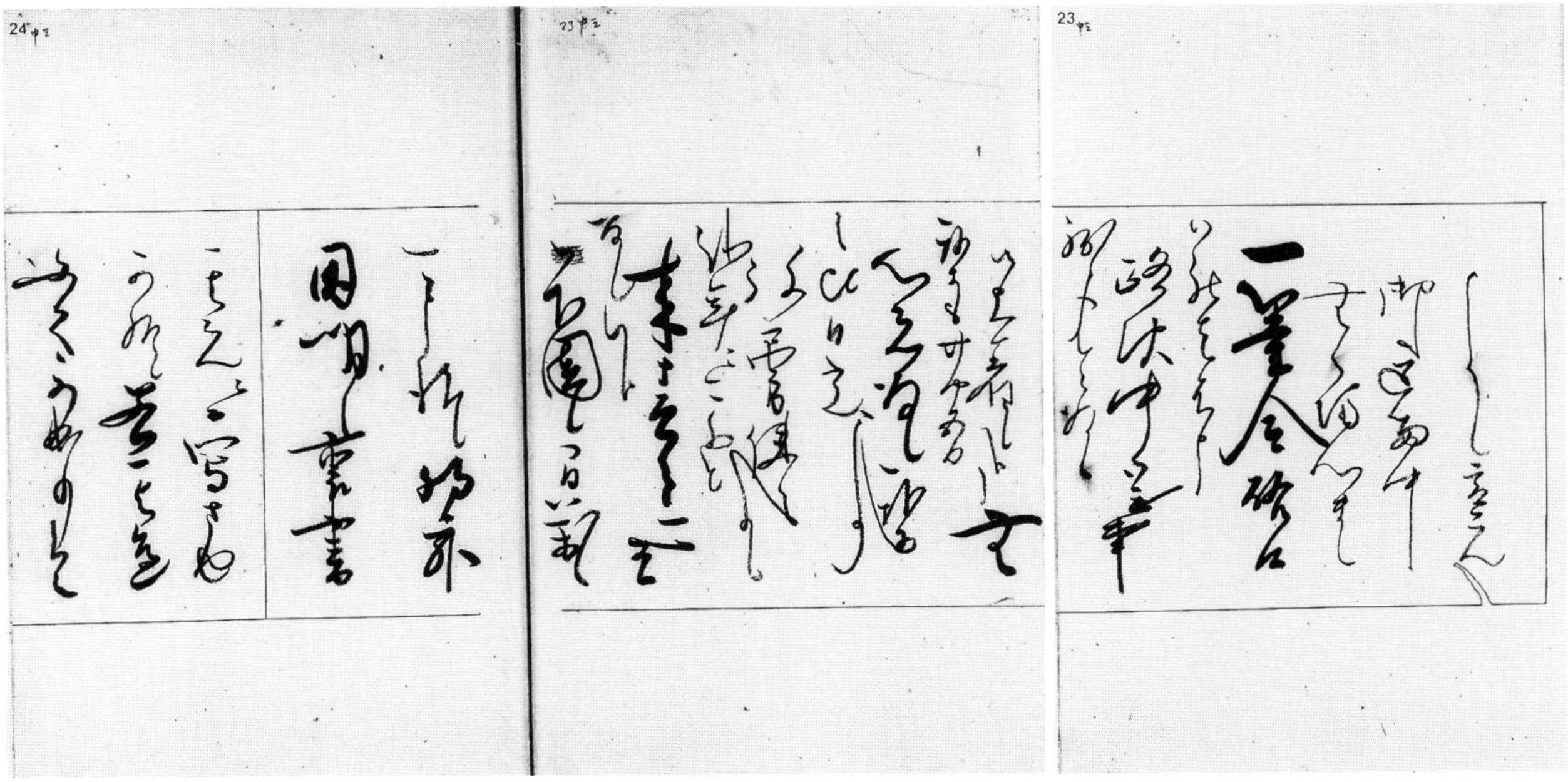

383　大僧正天海書状（元折紙カ）

東京大学史料編纂所影写本
中沢広勝氏文書

尚々、爰元
御逗留中、
無御隔心まゝ、
御馳走不申、
残多令存候、
我ホ（等）も廿四、五日
之比、日光へ
越年ニ可参と
存候、以上、

一筆令啓候、
路次中御無事
御上着候哉、無
心元存候、我ホ（等）事
弥勇健之事候、
来春者可有
御下国候間、万々
可申談候、将亦
因明之裏書、
其元ニ而写させ
可給候、若其辺

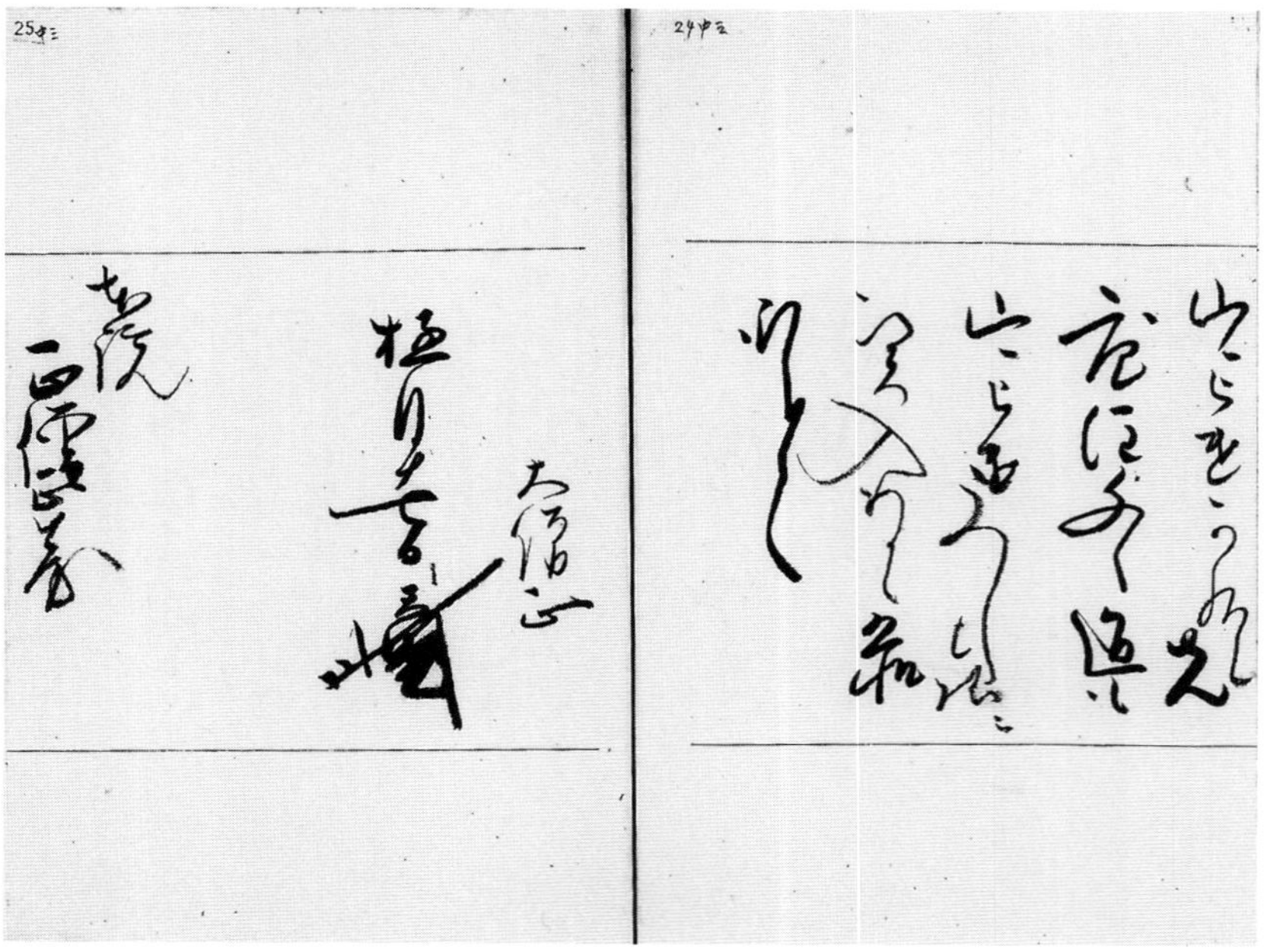

無之、不成事候ハヽ、
山へ被遣可給候、先
度注文之返も
山へ被遣、うつし（写）申候様ニ
憑入存候、恐惶
謹言、

大僧正
極月十七日　天（花押）

本院
正僧正御房

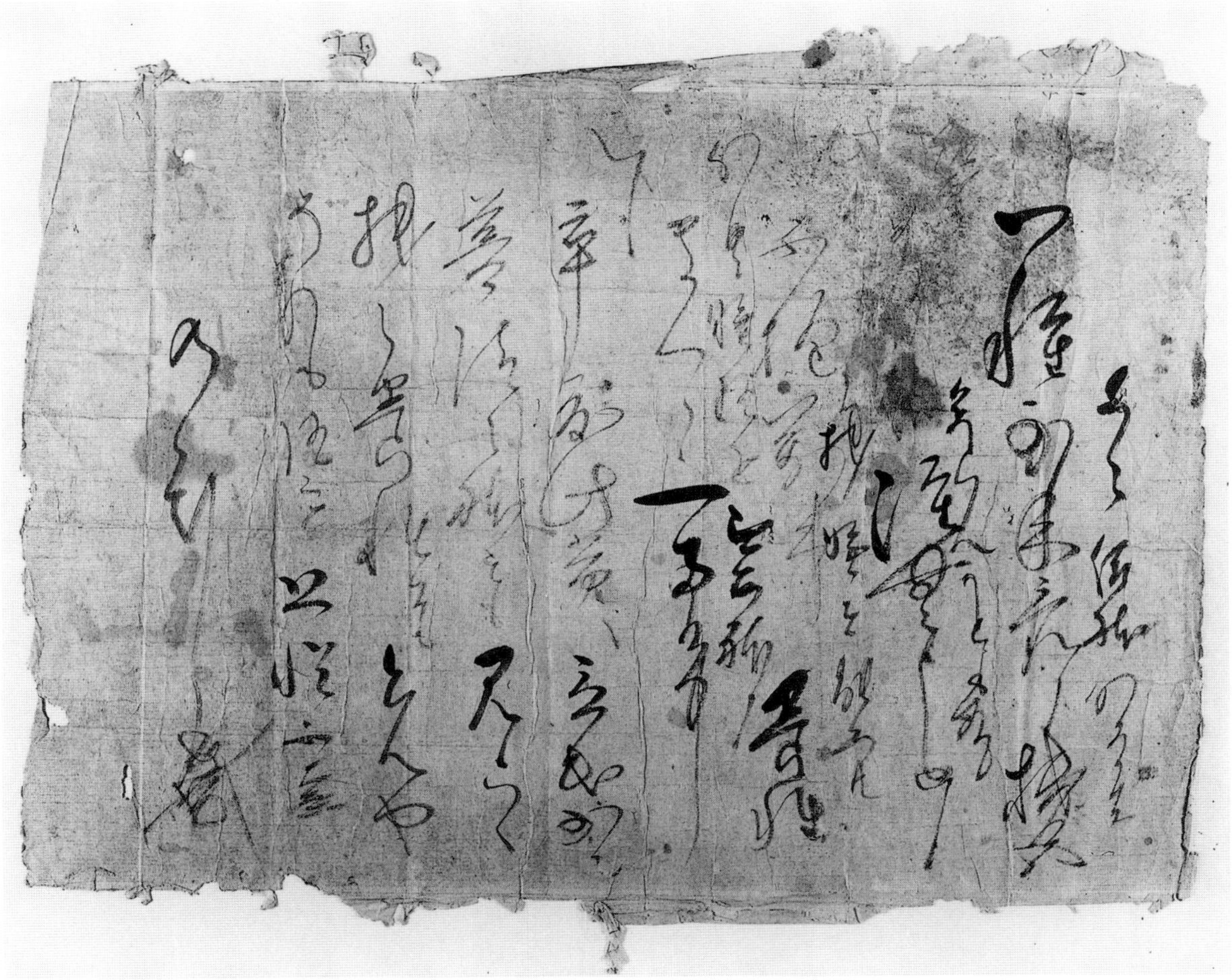

384 天海書状

川越喜多院文書

尚〻、様躰の宜敷
□参候ハんかとも存候、
此方□御機嫌者能候へ共、
何者転院と無安躰候、
以上、

一種到来忝候、機色
如何候哉、雖無申迄候、
不抱万事養性(生)
専一ニ候、一両日中
卒度此房へ立出、少〻
普請之躰をも見候ハヽ、
拙之養性(生)ニも候ハんや、
それも随意、恐惶不悉、
乃刻　(天海)(花押)

○本文書は、検討の余地あり。

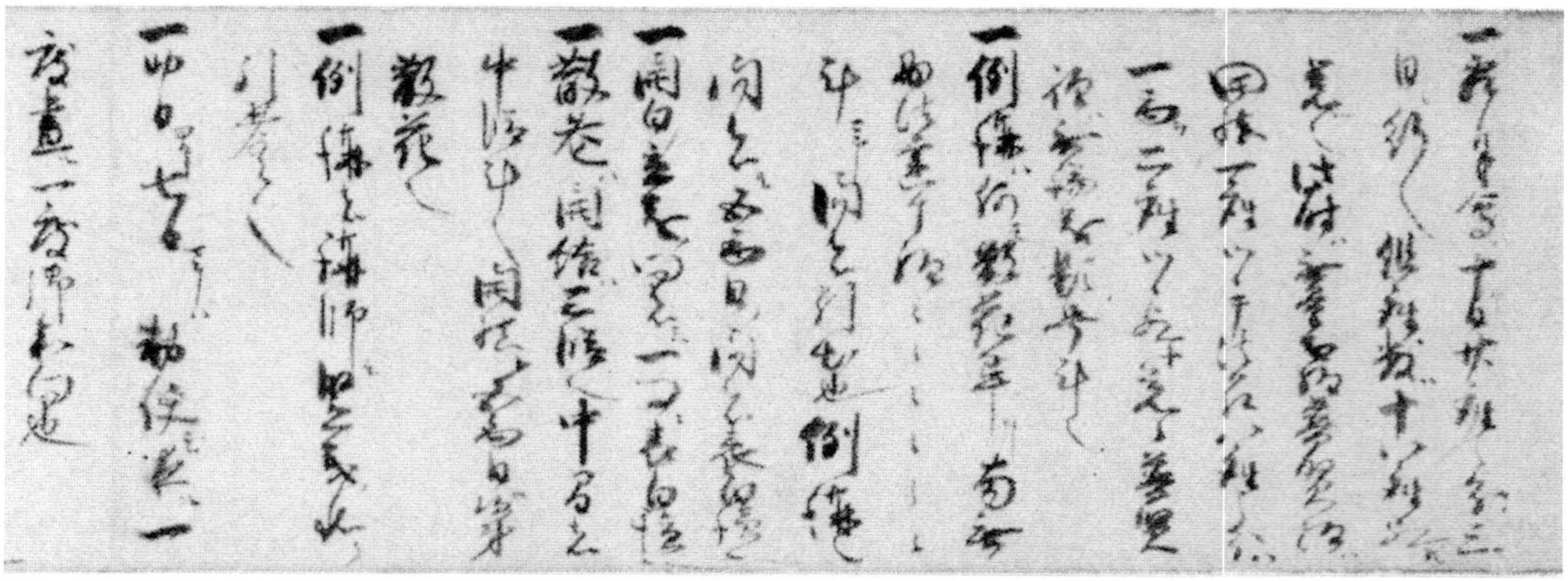

387　天海霜月会定書

東京国立博物館文書

一、霜月会《ハ》十《ケ》日廿座之分《ヲ》三
日《ニ》行之、但、座数《ハ》十八座欤《𪜈》(歟)
覚《ル》之、此時《ハ》無量義経・普賢経《ハ》
開結一座ツヽテ、法花八座之分《ハ》
一巻《ヲ》二座ツヽ欤《ト》(歟)覚候、普賢
経《ハ》無論義、題号斗也、
一、例講《ハ》何《モ》散花、早(畢)《テ》南無
妙法蓮ケ経とととととと
斗《ニテ》、問者引出也、例講之
問者《モ》、五巻日《ノ》問者、表白読也、
一、開白《ノ》立義《ノ》問者《ニハ》、一問《ニ》表白読也、
一、散花《ハ》開《ハ》結三段也、中間者
中段斗也、開結《ト》五巻日《ハ》、次第
散花也、
一、例講者講師《モ》竪義《ノ》如《ク》
引声也、
一、四日《ヨリ》七日《マテハ》、勅使《モ》夜《ル》一
度、昼《ル》一度御参向也、
一、講師《ノ》弟子、初中後《ハ》六弟子也、
間〱《ハ》四弟子也、弟子《ハ》袍裳《ニ》
平袈裟之白《キ》七条也、槙鼻

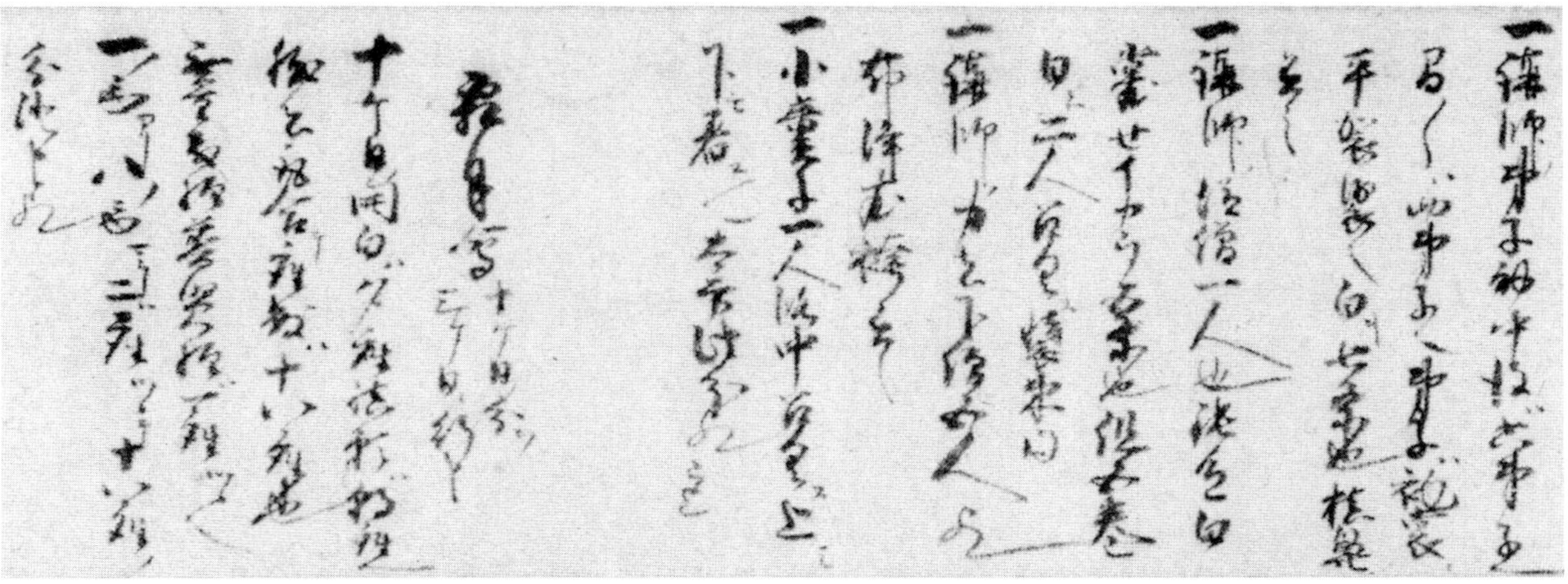

有之、
一、講師《ノ》従僧一人也、鈍色白裳・せイカウ(青甲)五条也、但、五巻日《ニハ》二人召具《ス》、装束同、
一、講師《ノ》力者下僧五人欤(歟)、布浄衣・袴有之、
一、小童子一人修中召具《ス》、上《ミ》下《モ》着《ス》也、太方此分欤(歟)
已上

霜月会 十ケ日分《ノヲ》三ケ日《ニ》行申候、
十ケ日《ノ》開白《ハ》夕座、結願《ハ》朝座也、然者取合《テ》座数《ハ》十八座也、無量義経・普賢経《ハ》一座ツヽ也、一《ノ》巻《ヨリ》八《ノ》巻《マテハ》二座《ツヽテ》十八座《ノ》分澄申候欤(歟)、
一、問者《ハ》手聴衆、奉行谷《ヨリ》勲候、此内結願朝座、普賢経《ハ》題号斗《ニテ》、論義《ハ》無之、
七日 夕座 無量義経　八日《ニ》一巻 朝座夕座
二巻 朝座夕座　三巻 朝座夕座　四巻 朝座夕座
一、九日《ニ》五巻 朝座夕座　薪日無之、
六巻 朝座夕座　七巻 朝座夕座
一、十日《ニ》八巻 朝座夕座　普賢経 朝座斗也、題号斗、無論義、

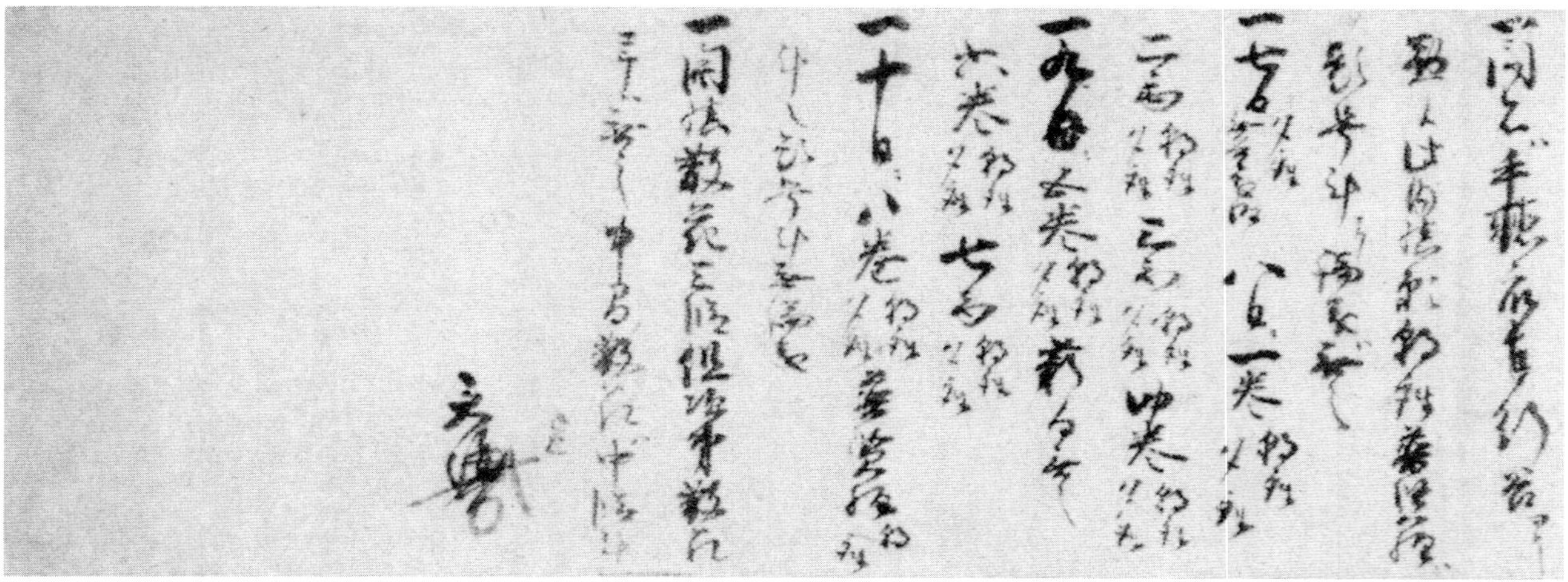

一、開結散花三段、但、次第散花《マテハ》
無之、中間《ノ》散花《ハ》中段斗也、
已上
天海（花押）

○発給文書ではないが、貴重な史料なので便宜ここに収む。

第二部

14　権僧正天海証状案

『慈眼大師全集』下巻　四四〇頁

請特蒙天恩、因准先例、拝任天台法華会広学竪義探題職之状、

右謹勘旧記、古先梵皇、問定於阿蘭、髫角穎悟、(脱アラン)恵於左渓、誕敷玄徳、大極横流、依之伝教開山、三千負笈、慈覚入門、九院伝密、然則広学竪義探題者、釈家棟梁、法門領袖也、爰天海近曾居東関名室、日久錯綜顕密、当時登叡岳練行床、物閑探頤宗旨、雖天性魯鈍、鑚仰積功、立問亦訖、夏臈既闌、傾于七旬、後栄期何日、但不遂両会之講匠、非無其例、冀縦雖短才、深仰叡憐、今般被拝任彼職、弥奉祈宝祚延長、梵宇増威、皇家累慶、国土安泰、天海誠惶誠恐謹言、

慶長十五暦庚戌季秋六日　権僧正天海

(『壬生家四巻之日記』)

19　山門探題僧正天海僧綱職補任状写

『慈眼大師全集』下巻　七二三頁

補任朱印

止観院僧綱職之事朱印

権律師舜尭朱印

宜転権少僧都朱印

右以勅宣之旨所令補也、仍状如件、朱印

慶長十九年甲寸(寅)正月如意珠日朱印

山門探題僧正天海朱印

(相模宝戒寺所蔵)

26　大僧正天海書状写

「浄土宗檀林江戸崎大念寺志」所収

態令飛札候、抑今度大坂為征伐両公(徳川家康・秀忠)御発駕、先陣之面々、既打立候、貴師(慶厳)為御供僧供奉之旨被仰出候処、病気発覚、不及其儀旨、嘸々歎悔可無窮候、為御見舞菓子一箱・蒲団三枚・薬酒一壺令進覧之候、於賞受者、忝可有之候、恐々謹言、

(慶長十九年)十月五日　大僧正天海

大念寺源誉(慶厳)上人御房

左右侍者

○本文書は、検討の余地あり。

宇高良哲編著『関東浄土宗檀林古文書選』二九五頁　本文所収。

28　南光坊僧正天海等連署吉野山禁制

禁制　和州芳野山

一、諸軍勢甲乙人濫妨狼藉事、

一、武家牢人寄宿之事、

一、修理領并寺領当納所致難渋事、

右条ゝ、堅致停止訖、若遠(違)犯之族」於在之者、速可被処厳科之」

旨、依　仰下知如件、」

板倉伊賀守（京都所司代・勝重）（花押）

慶長拾九年霜月十九日

南光坊僧正（花押）

○本文書は、『金峯山寺史』一五五頁所収の写真版より。

35　南僧正天海書状

『慈眼大師全集』上巻　一四六頁

尚々、尊顔拝可申候、以上、

尊書忝令拝見候、如仰此中者炎天之間、老後故毎日之登城不罷成候、御旅宿之儀、奉察候、此方小家に無之候者、禁中筋之御次に、被枉高駕様申度候へ共、暑気不及是非候、猶以参可得貴意候、恐惶謹言、

（元和元年）壬（閏）六月三日　天（花押）

南僧正

奥州様（伊達政宗）尊答

（伊達宗基氏所蔵）

39　天海書状

尚〻、雨故乍帳」判事候、御礼」又申候、彼幸円と」申者□（破損）所宮候て、」亮弁時代にも木」なとはかりにてあしく」遅〻仕候、」

久不能対顔無御」心元候、仍毎年者」手判不申請候へ共、」諸山法度之由」承候条、我ホも（等）」自今以後者、万」万可頼入候、恐惶」謹言、」

（元和元年カ）九月六日　天海（花押）

○本文書は、『思文閣古書資料目録』第二一一号（平成二十一年三月刊）、一六頁所収の写真版より。
諸山法度の制定は、元和元年（一六一五）。

45　南僧天海書状案

以飛脚申上候、抑神道之儀上意之通板倉伊州（京都所司代・勝重）令入魂、去三日両伝奏（広橋兼勝・三条西実条）へ申入候処ニ、昨日至テ十三日従伝奏　叡慮之儀承候、両部習合神道ニ而勧請、珍重ニ思召候、神号宣命勅使等之儀可被仰付旨ニ候、今程於禁中神号被成御撰候間、相定候ハヽ、罷下可申上候、此等之儀宜預御披露候、恐惶謹言、

（元和二年）七月十四日　南僧　天海

（幕府年寄衆）本多上野介（正純）殿

安藤対馬守（重信）殿

酒井雅楽頭（忠世）殿

土井大炊助（利勝）殿

○本文書は、宮内庁書陵部所蔵『平田職忠職在日記』元和二年（一六一六）七月十四日の条に所収。

49　天海書状写

「浄土宗檀林江戸崎大念寺志」所収

一筆申入候、随而今度国師様（増上寺・源誉存応）御執持を以、将軍様（徳川秀忠）へ御目見相叶、

千鶴万亀難有仕合候、全其許公之御庇陰故也、謝心難申尽候、此塗
膳・菓子呈進申候、御受覧可給候、猶近日面謁可申述候、恐々不備、

九月十八日　　　　天海

（大念寺・慶巌）源誉上人御房

尚以、（勝願寺・円誉）不残長老・（伝通院・正誉）廓山長老・（金戒光明寺・桑誉）了的長老へも、宜敷御発声頼存候、

○本文書は、検討の余地あり。
宇高良哲編著『関東浄土宗檀林古文書選』二九四頁　本文所収。

59　大僧正天海書状写

「浄土宗檀林江戸崎大念寺志」所収

以使僧令啓呈候、如芳慮者、病縁未被脱、追て煩重之旨、痛思不斜
候、愚老為御見舞曲錫可発処、近来時々御召出有之、他国遊行無
御許容候間、背本意候、何様加療治悩之上、参会相待候、人世之五
苦、誰々も難遁候へば、仏名称讃積功之貴老之事故、三尊之迎接心
に被侍、不可少歟、尚実尊可申述候也、恐々謹言、

（元和三年カ）十月九日　　　　大僧正天海

（知恩院・尊照カ）満誉上人御房

同宿中

○本文書は、検討の余地あり。
宇高良哲編著『関東浄土宗檀林古文書選』二九五頁　本文所収。

61　大僧正天海書状写

「浄土宗檀林江戸崎大念寺志」所収

以実忠申入候、（大念寺・慶巌）源誉大長老鶴林之趣、預知示、驚歎不少候、仍為悔
弔会津蠟燭一箱・葛煎餅一箱、位牌前へ備候間、可被相計存候也、

（元和三年カ）十一月七日　　　　大僧正天海

（巌）慶岩長老遺弟契蓮中

○本文書は、検討の余地あり。
源誉慶巌の忌日は、元和三年（一六一七）正月二十一日。
宇高良哲編著『関東浄土宗檀林古文書選』二九五頁　本文所収。

70　山門南僧正天海書状（折紙）

以上

能閑家之儀、」従（曼殊院門跡）竹門疾ニ被」返置之由、堅被」仰付候処、遅ヽ」
如何無心元候、我ホ（等）」ゟ其段心得候へ由、」承候間申越候、」今日中
早ヽ」被相渡尤候、若又」替儀候者、様子」可被申候、謹言、」

（元和三～五年）六月十七日　　山門南僧正　天（花押）

北埜目代

参

○本文書は、『京都古書籍・古書画資料目録』第四号（平成十五年六月刊）、一六〇頁所収
の写真版より。
年代推定は『北野社家日記』第六（続群書類従完成会刊）、元和二年（一六一六）十二
月の条参照。

78　南僧正天海書状

以上

此中者無音参候処、」九年父(母)三十給候、此方別而」珎(珍)物候間、令賞翫

候、何様以参可申達候、」恐ゝ謹言、」

(元和二～六年)正月廿二日　天（花押）

南僧正

〆　(後藤庄三郎光次)後庄右衛門尉様　ゟ

貴報

○本文書は、所在不明。インターネット写真版より所収。後藤光次は盲人同様になったため、元和元年（一六一五）極月十日隠居して庄右衛門と称した。

95　大僧正天海書状

『慈眼大師全集』上巻　一五四頁

猶々、今度御知行所に罷成候由候間、別而御入魂頼存候、以上、

江州桑実寺寺僧共、役儀之事、先年板伊州(板倉勝重)・大石州(大久保長安)・学校(元佶)被得上意、

諸役御免除候間、近年如有来於御赦免可為快悦候、猶於江戸可申談

候、恐惶謹言、

大僧正

霜月廿日○元和六年　天海（花押）

一橋伊豆守(長政)殿

人々御中

（近江桑実寺所蔵）

102　山門探題大僧正天海日光山直末補任状写

『慈眼大師全集』上巻　八三〇頁

補任

比叡山延暦寺々号職事

藤滝山

長谷寺

西蔵院

右以勅宣之旨、所令補与属日光山直末、全可被承知之状如件、

元和八年四月十七日　山門探題大僧正天海

（「慈眼大師御年譜附録」）

103　大僧正天海書状（折紙）

尚ゝ、先可申候を」御息災之由珎(珍)重候、」我ホ(等)も一段与堅固候、」

猶拝面之節、万ゝ」可申述候、将亦両民ア(部)卿殿ゟ」御灯明料相

納メ、可然様」御申可被進候、以上、」

其後者不申通」無音罷過候、仍今度」日光山へ　公方様(徳川秀忠)」御成御

機嫌能、我ホ(等)之」満足不過之候、就其」板倉周防殿(重宗)・同内膳殿(重昌)、」

別而念入候段忝候、」将亦今小路民ア(部)卿事、」毗沙門堂之坊官ニ而、」

此度も随毎度之役候、」今度京都之御書立ニ」不入候、末代之儀候

間、」禁中御役者、次ニ」御下行、尤拝領候様ニ、」広橋前内府殿(兼勝)

御」相談所仰候、広橋殿」へも、此趣申入候、尤御」心得可被成候、

恐惶謹言、」

（元和八年カ）六月廿九日　　大僧正　天（花押）

（勝重）板倉伊賀守様

人々御中

○本文書は、『思文閣古書資料目録』第二三一号（平成二十五年二月刊）、一三頁所収の写真版より。

107　山門探題大僧正天海慈恩寺寺内法度写

『慈眼大師全集』上巻　一五七頁

（端朱書）「口方破損歟不足也」

一、如旧規諸末寺不可有出仕懈怠事、

一、惣山者不可背学頭下知事、

一、堂塔修造仏事・勤行等、不可有懈怠、付諸法事開結可為学頭事、

一、如先規花帽子不可著、未竪義者学頭無免許、会合之時、不可著帽子事、

一、本山無免許、不可著色衣、当時者可為学頭壱人事、

一、如本山補任、学頭之外不可出事、

一、如旧規可致入峯事、

一、寺中無油断可致掃除事、

一、清僧之坊跡可取立事、

一、清僧之上落僧不可著座事、

一、清僧屋敷落僧交間敷事、

一、如清僧、落僧座居可為戒壇次第事、

一、落僧其身一代之後、清僧可取立事、

一、於衆会座猥不可有高声多言事、

一、二王門之内下馬之事、

右条々於相背輩、急度離山可申付者也、

元和九癸亥年卯月九日

山門探題大僧正天海書判朱印

慈恩寺学頭

花蔵院

（朱書）右一通以北野般舟院所持之記、令書写之畢、　法曼院真超

（山城毘沙門堂所蔵）

110　山門探題大僧正天海判物写

『新編会津風土記』所収

会津黒川今号若松常光寺、雖為大乗律、近年紛乱之間、属旧規度之由、就訴訟、称山門直末、自今以後弥以御門流之顕密相続、不可有怠慢之旨、宜承知者也、

元和九癸亥年四月廿四日

山門探題大僧正天海　判

○『福島県史』7　古代・中世資料　八二六頁　本文所収。

117　天海真如堂寺内法度案

『華頂要略』巻第四〇所収

定　真如堂寺中法度事

一、朝暮勤行・学問等、不可懈怠事、
一、夜中於罷出者、僧ヲ一人伴可歩行、并路行之時可著三衣事、
一、於有法事者、如何様之隙入候共、可致出仕事、
一、奉公人并牢人一宿於有之者、常住江可相理事、
一、寺内之儀万可為住持次第、為寺家方丈ヲ不可相計、并起請連判一味申儀、天下御法度也、
一、不断寺家等掃除事、
一、毎月晦日毎方丈江罷出、請書可仕事、

元和九年極月四日　　天海　黒印

○『華頂要略』巻第四〇（『天台宗全書』「華頂要略」第一）、五〇五頁　本文所収。

118　大僧正天海書状

『慈眼大師全集』上巻　二一六頁

猶々、来年は御上洛之由候間、我等も上洛申へく候、

芳札披見候、山上山下無事之由珍重候、九月御祭礼已来日光在山、去月大師講に、仙波に而論義なと執行候て、四五日已前参府申候、一段与息災候、可御心易候、

一、新渡唐本物本共之事、長崎へ疾に申遣候条、其元にて取申候事御無用候、
一、其元に而書申候物本共、出来候様に、才覚候へく候、
一、浄不二抄七巻
一、本母抄　百巻
一、至心抄　卅巻
一、□府論之抄

右真言之抄に而候、愛宕之下之坊に可有之候、宝蔵坊被申候、かゝせあるへく候、

一、四十帖之決、是は青門様之行光坊に可有候、是もかゝせ申度候、

此度銀子のほせ可申候へ共、重慥成便に可遣候、恐々謹言、

極月九日　　大僧正　天海（花押）

大樹坊（栄仙カ）まいる

（常陸妙行寺所蔵）

○書籍に関する書状であるので、便宜ここに収む。

121　前大僧正大和尚天海東叡山末寺許可状写

『新撰陸奥国誌』所収

陸奥国津軽領東照宮別当者、当城主藤原（津軽）信牧、為報恩、創建於一宇梵閣、興隆天台之正法、而今上皇帝宝祚万歳、大樹盛栄、天下安全、城主本命、武運長久、国家無窮、万民快楽、懇祈之為霊場、故最不疎、因茲新岩鬼山叡平寺東照宮（院）之補三号、而以加東叡之末山者也、

寛永元甲子年三月三日　　天海前（マヽ）大僧正大和尚　判

○本文書は、検討の余地あり。

『大日本史料』第一二編之二七　元和三年（一六一七）四月十七日の条　八七頁　本文所収。

123　大僧正天海書状

遠路飛札、殊」為端午之祝儀、」帷子二給候、懇情」と云、幾久令祝候、」其許無為候由」珎（珍）重候、我ホ（等）今程」中禅寺へ湯治半候、」やかて令参府可」申請候、恐惶謹言、」

（寛永元年以前）五月三日　　大僧正　天（花押）

（家康側室・於六）養源院

○本文書は、『思文閣墨蹟資料目録』第四三九号（平成二十一年四月刊）、二四頁所収の写真版より。

養源院の忌日は、寛永二年（一六二五）三月二十八日没。

125　大僧正天海書状

『慈眼大師全集』下巻　七二四頁

猶々幾度も乍申事、矢崎左京若輩者之事候間、被懸御詞可然奉存候、以上、

態以使僧令啓上候、疾為御礼雖可申述候、腹中然と無之故、老後之事候間、如何と存、令遅々候、漸腹中も過半能罷成候、此分に候ハヽ、此度者残命必定候、御徳不残候、万被入御念之段、更に難申尽候、御礼も中々笑敷儀候、先日已来無拠儀共指合候て、于今日光在山仕候、将軍様（徳川家光）水戸宰相殿（徳川頼房）住所へ被為移御座、近辺取籠之由候条、参府令遠慮候、併近々可令在府存候、猶日増院（珍祐）へ申入候間、不能一二候、恐惶謹言、

大僧正
天海（花押）

（寛永元年）六月廿八日

尾張中納言（義直）
人々御中

（尾張長栄寺所蔵）

○徳川義直の中納言在任期間は、元和三年（一六一七）七月から寛永三年（一六二六）八月まで。

徳川頼房の宰相就任は、元和六年八月。

129　山門執行探題大僧正天海鎮西天台宗法度写

『慈眼大師全集』上巻　一六八頁

鎮西　天台宗

一、非学人、不可致一寺・一山之住持、

附、末寺・脇坊不可居本寺之上座事、

一、一寺・一山之住持衆会之時、可為所化之臈次第事、

一、未竪者之者、花帽子・紋白袈裟不可著用事、

一、三十臈以前不可遂戒檀（マヽ）、但於一寺・一山之住持、幷学侶仁者、非例之限事、

一、雖遂戒檀（マヽ）、非学之仁不可称法印之号、但一寺・一山之住持者、可有用捨事、

寛永二年卯月日

山門執行探題大僧正天海御判

（近江延暦寺所蔵）

132　大僧正天海書状

桜井談山神社文書

以上

遠路飛札、殊為御音信、銀子三枚給候、令祝着候、去月日光山　将軍（徳川家光）様被為成御機嫌能還御、惣而一宗之大慶、別而我等満足可有拝察候、我等一段□□□□可心易候、其元大所々事候間、万仕置由（油）断無之様肝要候、猶彼円常院可申候、恐々謹言、

（寛永二年カ）八月十三日　　大僧正　天〇（マヽ）

多武峯

衆徒中

納所中

○『談山神社文書』三〇頁　本文所収。

135　大僧正天海書状

『慈眼大師全集』下巻　七二五頁

猶々、妙法院（堯然親王）無事候哉、無心元候、遠路念入馬ひかせ給、令祝著候、以上、

一昨六日出湯候而、馬見申候、大略候へ共、小長と云気に不入候間、返し候、其方如在にても無之候、其元にても勝候たけのよき馬候はヽ、何時にてもひかせ可給候、恐々謹言、

閏卯月八日〇寛永三年　　大僧正

宝蔵院（俊海）　　天海（花押）

（東京本龍院所蔵）

137　大僧正天海書状

尚と、被入御念日増院（珍祐）へ被」仰聞候通承届候、将亦今日者」紀伊中納言（徳川頼宣）殿へ御出被成候由候、」疾ニ存候者、我ホ（等）も伺公可申候、以上、」

被入御念名物之瓜」壱籠送被下候、即令賞」翫候、忝奉存候、何様近日」参可得貴意候、恐惶謹言、」

（元和六年〜寛永三年）七月朔日　　天海（花押）

大僧正

〆　尾張中納言（徳川義直）様

人と御中　　天海

○『思文閣七十周年謝恩大入札会目録』（平成二十年三月刊）一四一頁所収の写真版より。

徳川頼宣の中納言就任は、元和五年（一六一九）八月十八日。

徳川義直・頼宣の大納言就任は、寛永三年（一六二六）八月十九日。

155　大僧正天海書状

『慈眼大師全集』上巻　二四〇頁

已上

先日者尊翰殊両樽送被下、御懇情之至、誠以辱奉存候、然者上乗院(珍祐)
煩付而、不始乍御事、被為入御念、医者なと被付置候由、難有存候、
乍此上御慈悲之事候間、弥奉憑候、我等其許不罷在候故、別而無心
元令存候、恐惶謹言、

(寛永四年以降)卯月二十四日　　大僧正　天海（花押）

(徳川義直)尾張大納言殿　人々御中

（早川純三郎氏所蔵）

〇徳川義直の大納言就任は、寛永三年（一六二六）八月。

156 大僧正天海書状

『慈眼大師全集』下巻　二五頁

一昨日両日打続登城申候、其上於西丸御論義なと御座候故、草臥候
条、不申入候、御透次第以参御礼可申述候、仍今日始而御当社参詣
仕、緩々と見候、先以金灯籠出来、弥社中殊勝候、剰逆修石塔之前
にも立候はゝ、無残所候、掃除已下結構、木も茂り無申計候、猶何
与存候而も、掃除と木との事に候、就中罷成間敷御事々、期後音之
時候、恐惶謹言、

(寛永四年)五月十八日　　天花押（マヽ）　大僧正天海

(藤堂高虎)伊賀少将様　人々御中

（「東叡山日記」）

160 大僧正天海書状

『慈眼大師全集』下巻　二八頁

尚々、乍老筆先今度者、我等次第に候、必々彼是申合候間、悪
者申間敷候、以上、

態以使僧令啓候、改年之御慶猶更不可有尽期候、仍藤泉州(藤堂高虎)との儀、
始末令塩味申進、貴公之不足者、拙僧耻かしく候、悪者申間敷候、
抛万事泉州之機嫌に入候様にと、何分にも理可然候、以来少も別義(儀)
有間敷候、為其得分別々条々申理候、貴公御分別先今度者被抛、我
等次第に可有之候、四五日之間令上洛候間、万々以面可申談候、恐
惶謹言、

(寛永五年)二月十一日　　天花押（マヽ）

渡辺睡庵老　人々御中

（「東叡山日記」）

161 大僧正天海書状

『慈眼大師全集』下巻　二八頁

久無音候、何等之儀候哉、仍先日有増藤加兵衛へ申越候、爰元随分
土大炊殿(土井利勝)令談合、可然様にと存、才覚候、貴所分別にて、抛万事、
其分に可有之候、少も違儀候而者、不可然候、早々竹林坊(盛憲)任口上、
可被申越候、猶以其段大炊殿へ可令内談候、若無合点候はゝ、以来
我等構申間敷候、遠路之儀候条、一辺之始終中共に申越候、不可過
塩味候、恐惶謹言、

二月（寛永五年）廿四日　　大僧正天花押（マヽ）
渡辺勘兵衛殿
（「東叡山日記」）

162　大僧正天海書状

『慈眼大師全集』上巻　一七四頁

猶々、如何様以面可申候、以上、
如仰唯今者、早々御帰御残多存候、廿六日将軍様（徳川家光）、政宗（伊達）御成為御知忝候、将亦廿七日朝御斎可被下之由忝存候、立前に而彼是取紛候間、御無用に候、恐惶謹言、
三月廿四日○寛永五年　　天海（花押）
〆　国師様（金地院崇伝）回酬　　大僧正　天海
（横浜河地茂三郎氏所蔵）

163　大僧正天海書状案

『慈眼大師全集』下巻　二九頁

尚々、此度之上洛、別而令満足候、万事以面可申候、以上、
芳墨令披見候、先以息災之由肝要存候、我等も弥勇健にて、昨十一日に駿府迄著申候、今日中納言様（徳川頼房カ）御振舞候条、明日十三日立申候、十九日歟廿日に者、上著可申候、然者内々異見申候儀、先家なと引おろし、一方御合点候段、於我等令満足候、兎角貴公ため悪様に者申間敷候間、上著之上相談可申条令略候、恐惶謹言、
六月（寛永五年）十二日　　大僧正
渡辺睡庵老
（「東叡山日記」）

164　大僧正天海書状

一筆令啓候、「明神谷」式部少将、「去月遠行」之由驚入候、「貴殿」愁傷令察候、「乍去雖」不始儀候、「不定世界」之事候間、被思捨、「貴殿」気色保養専一候、「且」筑前守（前田光高）殿御ために候間、」其御心得尤候、恐惶」謹言、」
七月十三日（元和元年～寛永五年）　　大僧正　天（花押）
横山山城守（長知）殿

○『京都古書籍・古書画資料目録』第一〇号（平成二十一年六月刊）、三〇一頁所収の写真版より。
横山長知の山城守就任は、元和元年（一六一五）閏六月。
前田光高の筑前守就任は、寛永六年（一六二九）四月。

165　大僧正天海書状

『慈眼大師全集』上巻　八三八頁

猶々、恵心院跡職之事、何分にも被成相続候様に可然候、委者各ゟ可申越候、返〳〵女院様（中和門院・藤原前子）へ将軍様（徳川家光）日光へ御成前引こみ罷申候故、おそく承、疾にも文しても不申上、迷惑かり申候由、ゐ

もんのかみ殿、いつみ（藤堂高虎）とのへ、ねんころにたのみ入候、わさと人をのほせ候様と頼入候、猶相住（マヽ）かへり候、見切（マヽ）可申候、以上、
乍御報来翰令披閲候、先以其元無事之由、珍重存候、如承意将軍様御成、御機嫌能還御、仕合無所残候、過分金銀なとも拝領申候、然者女院御所様御煩之由、将軍様御成之砌、御直に御祈禱御頼被成候而承、驚入候、併御本復之由、満足不過之候、就其ゐもんのかみ殿へ、文して申入候、これゟわさと使のほせ候様とて、文言届可給候、返事候はゝ、御札可給候、恐々謹言、

（寛永五年カ）七月廿九日　　大僧正天海（花押）

（乗俊）松禅院

（山門松禅院所蔵）

166　大僧正天海書状案

『慈眼大師全集』下巻　三〇頁

尚々此度之儀者外聞旁可然様子候間、被任我等候はゝ、少々之儀ならは、いろい申間敷候へ共、泉州（藤堂高虎）ゟ打とけての事候間、無異儀御合点候へく候、くはしくは小林勘平方申入候、以上、

態以内書先令申候、息災候哉、我等も大法会無事相勤、在府候、可心易候、仍先年之異見にこりはて打捨候処、泉州ゟ之内意共、段々具彼勘平方へ申渡候、互之存分相捨可有帰参之由、泉州ゟ兼々内証ゟ我等迄も一段感入候、一度旦那と頼方ゟ如此断者、さすかと令感候間、拋是非何分にも泉州次第と候て、かへり候へく候、表向土井大炊殿（利勝）其外談合候て、急度使者も可相上候、其意得候へく候、恐惶謹言、

（寛永五年）八月九日　　大僧正

渡辺睡庵老

（「東叡山日記」）

167　大僧正天海書状案

『慈眼大師全集』下巻　三二頁

先般以内書申候、定而可為参著候、今度従泉州（藤堂高虎）瓦解氷消候て被仰談候間、此上者是非互不可有之候、別而泉州心中感入候、三ヶ条之儀を以承候間、早々先以仏乗坊（秀珍）同道にて下向可有之候、泉州之分別貴老之手柄、此度相見候て、各も感入候、委申含候間不能巨細候、恐惶謹言、

（寛永五年）八月廿一日　　大僧正

渡辺勘兵衛殿

（「東叡山日記」）

168　大僧正天海書状案

『慈眼大師全集』下巻　三二頁

覚

一、近年者出入不通候、雖然永可有義絶儀に無之候間、泉州（藤堂高虎）ゟ不思議に被仰候、此度如前々帰参候而、大学（藤堂高次）へ異見も候はゝ、又其身之子共をも跡式無相違相立候はんとの事、
一、讃岐へ後見に可被罷越候哉、左候はゝ二万石之外、寄騎以下を

も可被付由之事、
一、惣別奉公之道、於退屈者、此方へ越、我等に相付、其上泉州を始、智音《マヽ》近付衆へも出入不可有相違之旨候間、何之申分も有間敷候、早々仏乗坊《秀珍》同心に乍勿論近待入候、委者口上申含候間、令略候、恐々謹言、

八月廿一日《寛永五年》　大僧正

渡辺勘兵衛殿

（「東叡山日記」）

169　大僧正天海書状案

『慈眼大師全集』下巻　三三二頁

尚々、仏乗坊《秀珍》にも無替義候間、弥以御相談候而被下候よし、待入候、以上、

返札幷勘平《小林》方口上之通具承届候、雖然此度者誰之つくろいも無之、泉州《藤堂高虎》発言にて、前方之うらみを捨かへられ給候様にと、様々被申事に候、就其大炊殿《土井利勝》も念入、拋万事帰参可然之由候間、御合点候而可然候、久々牢人に而、万俄難成候はヽ先被下、一往大炊殿へも御礼候而可然候、此度之儀者、各泉州之心底に感様に候、是以貴公手柄之由御噂候、必々万事思案指置、御合点所希候、我等も日光山臨時之御祭礼に近日参候、やかて又参府可申由存候、恐惶謹言、

九月二日《寛永五年》　大僧正

渡辺睡庵老

（「東叡山日記」）

170　大僧正天海書状

『慈眼大師全集』上巻　八三九頁

猶々、政所様《九条寛子》へ御返事申候、互目出候、今一度拝尊顔度候由、心得頼入候、九条殿《幸家》・二条殿《康道》御下向之由、随分御馳走可申候、

芳書令披見候、山上山下無事之由、珍重不過之候、
一、女院様《中和門院・藤原前子》ゟ之御返事慥相届候、
一、中宮様《東福門院・徳川和子》に、姫宮様御誕生之由、都鄙共目出御事候、女院様・政所様、御息災之由、肝要之御事候、
一、御児登山に而、各馳走旨忝候、弥無油断学問なと候様、指南頼入候、法勝寺普請白毫院《真慶カ》情《精》被入之由、是亦珍重候、将亦恵心院跡職之事、恵光坊相続有之様との儀、院内無別条上者、於我等者、無相違候、併名高寺院候間、一往可経上意候、定而相違者有間敷候歟、恐々謹言、

十月十一日《寛永五年》　大僧正
天海（花押）

松禅院《乗俊》
御報

（山門松禅院所蔵）

177　三国伝灯大僧正天海院家号許可状

『慈眼大師全集』上巻　八一三頁

福聚院蔵〇原本今千妙寺ニ存ス

従慈眼大師千妙寺亮諶僧正真如心院之号被下候御筆、亮諶者大師学遊《友カ》、諶泰之

師、

真如心院

夫権僧正亮諶者、往昔住上野竜蔵、終(マヽ)玉泉之流、近曾居常州妙寺、飽開鉄塔之扉、妙徳貴寰宇、高名朗太虚、寔可謂法中律虎、仏閣雲龍、而予依贖(續カ)山門三院執行探題、頻請院号、再三雖辞不遁、終染短筆、併宿縁所追、感涙有余、庶幾、檀門永栄、自他倶安、期三会暁而已、

寛永七年二月如意珠日　　三国伝灯大僧正天海（朱印）

179　山門三院執行探題大僧正天海東叡山末寺許可状写

『慈眼大師全集』下巻　七二五頁

武蔵国荏原郡妻驪庄
泰叡山滝泉寺者

慈覚(円仁)大師之草□多之霊洞、清和天王勅願、異他之聖跡□、因茲征夷大将軍家光公両度之御再興、感応至時、法王啓運、崇敬之事、上従一人三公、下至万性之族、加之豊島郡東叡山者、以一品大相国秀忠公同征夷大将軍家光公之御素意、為天下御祈願所、予開闢之、定于東関之摠本寺畢、然彼地無止事、雖為御跡、今度令改補東叡山末寺之間、与護国院両寺一主、永抱持之、令致仏法相続、并天下安全之御祈禱不可有怠慢者也、

寛永七年八月十七日
山門三院執行探題大僧正天海○原本ニ「右御本紙ハ護国院ニおひて享保年中焼失」トアリ

（東叡山護国院所蔵「護国院旧記」）

181　大僧正天海書状

和歌山熊野米良文書補遺

「(ウハ書)紀伊大納言様(徳川頼宣)
人々御中」

以上

久絶参向候、御息災候哉、無御心元奉存候、両
御所様(徳川秀忠・家光)一段御機嫌能候、可御心易候、仍熊野那智山実報院山門依為末寺、両
御所様致御目見仕合好候、貴様ニ御見舞申上度由申候条、雖無异(異)儀候、投一翰候、恐惶謹言、

(寛永四〜八年)二月十八日　　大僧正
天（花押）

○史料纂集『熊野那智大社文書』六　一九頁　本文所収。
徳川頼宣の大納言就任は、寛永三年（一六二六）八月。
徳川秀忠の忌日は、寛永九年正月二十四日。

182　大僧正天海書状

和歌山熊野米良文書三

「(ウハ書)安藤帯刀殿(直次)
人々御中　」

以上

久不申通候、何等之儀候哉、無御心元候、両　御所様（徳川秀忠・家光）一段御機嫌能候、可御心易候、仍熊野那智山実報院山門依為末寺、両　御所様へ致御目見、仕合存候、雖無申迄候、別而御入魂頼存候、猶大納言（徳川頼宣）殿へも御取成所仰候、恐惶謹言、

（寛永四～八年）二月十八日　　大僧正　天（花押）

○史料纂集『熊野那智大社文書』三　一八八頁　本文所収。
徳川頼宣の大納言就任は、寛永三年（一六二六）八月。
徳川秀忠の忌日は、寛永九年正月二十四日。

185　大僧正天海書状

岐阜神護寺文書

已上

竹林坊へ之御状令拝見候、仍其地名物之柿二籠、被懸御意候、遠路御懇志忝候、将亦善覚院出入之儀有之事候へ共、双方無相違様申付、先返し申候、猶旦那中ニ和談も仕様ニと申渡候、扨々御祈禱被仰付故、御念入一段御頼敷存候、年内江戸へ被下候間、於彼地委可申談候、恐惶謹言、

（寛永八年以前）九月十三日　　大僧正　天（花押）

竹中丹後守（重門）様

人々御中

○『岐阜県史』史料編　古代・中世一　五四一頁　本文所収。
竹中丹後守重門の忌日は、寛永八年（一六三一）閏十月九日。

188　天海書状（折紙）

已上

尊翰殊為御馬」代、白銀壱枚拝受、」忝奉存候、尊躰」御勇健之由珎（珍）重」奉存候、両　御所様（徳川秀忠・家光）」御機嫌能御座候、」我ホ（等）事、当夏中者」何と哉覧、打続煩」申候へ共、今程者息災被」成致在府候、節と」以愚状成共可申上」之処、遠境又者」右之仕合故、奉背本意候、将亦対」授記借被下、即書」写候て下、是亦忝奉」存候、来春者可致」上洛候間、宜拝尊」顔候、恐惶謹言、」

（寛永八年以前）霜月八日　　天（花押）

青門様

大谷治部卿（泰重カ）殿

尊酬

○本文書は、『思文閣墨蹟資料目録』第四四〇号（平成二十一年五月刊）、一八頁所収の写真版より。
徳川秀忠の忌日は、寛永九年（一六三二）正月。
大谷泰重の忌日は、寛文二年（一六六二）九月。

189　山門三院執行探題大僧正天海
日光山東照宮大権現様
御十七年御本尊目録写

三山進氏所蔵『御用覚書』所収

日光山　東照宮大権現様御十七年御本尊

一、釈迦　法界定印 大指少立躰印
但、宝冠形坐像長一尺五寸
一、胎蔵界大日　印如常同断
一、多宝 合掌印 蓮花合掌
右三尊御薄仏　三尊共天蓋可有之者也、
寛永八年極月九日
山門三院執行探題大僧正天海御在判
大仏師左京(康猶)法眼

○三山進「近世七条仏所の幕府御用をめぐって—新出の史料を中心に—」（『鎌倉』第八〇号、平成八年一月刊）より本文所収。

194　大僧正天海書状案

『慈眼大師全集』上巻　一八〇頁

今日玉室御国安堵被仰付候、則御年寄衆之連書持セ進候、早々被上候様ニ、可被仰遣候、恐惶謹言、
七月十七日○寛永九年　大僧正天海
内藤豊前守(信照)殿
人々御中
（「宝山要略記」）

195　山門三院執行探題大僧正天海光前寺寺内法度

長野光前寺文書

信濃国光前寺諸法度事
一、天下安全御祈禱、幷仏事勤行等不可有怠慢事、
一、衆徒致一烈(列)公事仕儀、自御公儀御法度之事、
一、万事可随学頭下知、
付、行事不律者於有之者、遂糺明可致追放事、
右条々、於遠(違)背之族、東叡山可及披露者也、
寛永九年七月廿四日
山門三院執行探題大僧正天海（花押）
光前寺

○『信濃史料』第二五巻　六二二頁　本文所収。

196　大僧正天海書状案

『慈眼大師全集』下巻　七一頁

厥后絶音問候、其元何等之儀御座候哉、承度候、然者内々申候極官之儀、次第有御座物候、併一度に者、恣之儀候間、二ツに相分、可然之由、九条殿(幸家)も御異見候間、尤之儀候、順次候へは、三途台(長福寺・什誉)、金讃(大光普照寺)、春日岡(惣宗寺・巌海)、寒松院(弁海)、日増院(珍祐)候へ共、此度者、先春日岡、金鑽、日増院此三人を可被成候、其後三途台、寒松院をは可申候、智楽院(忠尊)は院家之事と申、紅葉山権別当候間、今度之衆に可然候、但此人は明日をも不期体候へ共、後生之儀候間、申事候、日増院事は、尾州権現様別当之事候間、猶以之事候、来御祭礼相勤候て、頓而可令参府候由、存候へ共、自然其内大納言殿(徳川頼重)御帰国も不知候条、如此候、即大納言殿へも、右之通以書状申候、自右首尾候間、被得賢意御肝煎

任入候、恐惶謹言、
（寛永九年）九月二日　　大僧正
（金地院崇伝）国師様　　――在判
尚々、中禅寺権現及破損候間、修造申付、乍次湯治仕候、其元替
儀も御座候者、被仰聞可給候、以上、
○『本光国師日記』寛永九年（一六三二）九月五日の条より本文所収。

198　天海証状案

『慈眼大師全集』下巻　七四頁

山王台所建立奇特候間、居間為合力銀子五拾枚進候、為建立領（マヽ）松平
右衛（マヽ）大夫殿（正綱）に挑（マヽ）置候銀子之内を以可被取者也、
寛永九年壬申十月廿一日　　天海判
寂（最）教院（晃海）
猶々、又重而可進候、此外不申候、以上、
（「東叡山日記」）

199　山門三院執行探題大僧正天海仲仙寺寺内法度

長野仲仙寺文書

信濃国伊奈郡蓑輪郷羽広山中禅寺
一、山林境内竹木、猥不可伐採事、
一、寺領田畠幷山林、不可沽却事、
一、仏事勤行等、不可有怠慢事、
右条々、不相背、弥天下安全之御祈禱、可抽精誠者也、
寛永九年霜月四日
山門三院執行探題大僧正天海（朱印）
○『信濃史料』第二五巻　六五四頁　本文所収。

204　前毗沙門堂門跡山門三院執行探題大僧正天海色衣免許状

長野戸隠神社文書

於信濃・越後両国、伽藍不一宇」加修造事、依為神妙、色衣其」所
為規模令免許了、但、青・香之」二色也、以此旨宜致承知之状如
件、」
寛永拾年癸酉二月日
前毗沙門堂門跡山門三院執行探題大僧正（天海）（花押）
宝蔵院俊海
○本文書は、信濃毎日新聞創刊九十周年記念『戸隠―総合学術調査報告』一三頁所収の写真版より。

205　前毘沙門堂門跡山門三院執行探題大僧正天海伽藍再興感状

『慈眼大師全集』上巻　一八二頁

古跡之継絶、伽藍之興廃、天下安寧之基本、国家豊栄之前瑞焉、抑

越後・信濃於両国、天台宗之為伽藍処、五智・愛宕・蔵王・戸隠等之堂舎、及大破処、不一宇令再興条、寔以神妙々々、弥励善巧、廻方便、宜加修理也、者修造之薫功依為寄特、令補亀鏡感状了、

維時寛永十年龍集癸酉二月時正

前毘沙門堂御門跡山門三院執行探題大僧正天海印

（信濃戸隠神社所蔵）

206　山門三院執行探題大僧正天海越後・信濃両国天台宗法度条々

越後・信濃両国天台宗法度条々

一、寺社領乍収納、不挿天下之精祈、不専恒例之祭祀、不加堂舎之修理、押領之族於有之者可言上、遂穿鑿可追放事、
一、寺社領之山林竹木伐採、不可商売事、
一、為末寺不可背本寺命、何況於一山之衆徒、境内居住之倫乎、但従本寺非儀之沙汰於有之者、東叡山江可言上事、
一、衆徒之坊跡、雖親昵之類身直弟、不嗜芸能荏法会、不勤座役者不可叶坊舎相続、随其器量所用立入可申付事、
一、未灌頂之者、雖為老僧、曼供之烈（マヽ）座禁制也、詣本寺可致執行事、
一、無謂好公事、企連署、不可致一列徒党、
　附、公事出来之時、所引物押雖立非事、堅令禁制事、
一、破戒不律為実犯者、如往古憲法可申付、但挿野心構私儀、虚名申出者、其過甚以不軽、可処厳科事、

寛永拾年癸酉二月日

山門三院執行探題大僧正天海（花押）

○『山岳宗教史研究叢書』9「富士・御嶽と中部霊山」米山一政「戸隠修験の変遷」より本文所収。

207　山門三院執行探題大僧正天海光前寺寺内法度

長野光前寺文書

信州伊奈郡宝積山光前寺

一、境内山林竹木、猥不可伐採事、
一、寺領六拾石之内不可沽却事、
一、坊中門前屋敷無之旨、脇坊之余地可有支配事、
一、牢人、其外無実正者、不可抱置事、
一、寺院無興隆者、急度可申付事、
　付、門前者、不随下知者可追放事、

右条々、於相背之族者、東叡山可申上者也、

寛永十年癸酉三月十七日

山門三院執行探題大僧正天海（花押）

○『信濃史料』第二六巻　四一頁　本文所収。

211　大僧正天海書状

『慈眼大師全集』上巻　八一八頁

昨暁忝覚申候、病中候、乍（マヽ）上使日光へ被出府候沙汰故（マヽ）不思儀残命に

而参府申候、明朝登城可申旨、先刻預上使候、於殿中可申承候、御母儀へも別紙可申候へ共、御意得憑入候、日光へ被為入御念御文言忝存候、

（寛永十年以前）七月十二日　大僧正天海（花押）

〆　日下部大隅守殿（五郎八・宗好）御報

（「慈眼大師御年譜附録」）

○日下部宗好の忌日は、寛永十年（一六三三）七月。大隅守任官年次は、不明。

213　大僧正天海書状

『慈眼大師全集』上巻　一八四頁

猶々、我等病中故、早々申入候、以上、

一筆令啓達候、其以来久不申承候、仙洞御無事之由珍重存候、然者山門根本中堂柱立候日取之儀、卯月始時分立申度候由、奉行之方ゟ申来候間、被仰付可被下候、前々者座主ゟ被仰入候へ共、今般不相定候故、従是申入事候、偏頼存候、恐惶謹言、

（寛永十一年）二月廿二日　大僧正

天海（花押）

三条前内府殿（実条）

日野大納言殿（資勝）

（近江大林院所蔵）

○寛永十一年（一六三四）十月十四日、根本中堂造営日時を定む。

214　山門三院執行探題大僧正天海東叡山末寺法度写

『慈眼大師全集』下巻　七二七頁

御条目

一、二時勤行無怠慢、可致天下安全御祈禱事、

一、毎月十七日可致　東照宮（マヽ）大権現之御法楽事、

一、背於国司之制法、不可致私検断事、

一、専於戒律、摠而不可背本寺下知事、

一、山林竹木猥ニ不可伐採事、

一、企徒党、不可致公事沙汰事、

一、不可闕三季講演等、若令煩之時者可遂其理、無左右於闕之者、或者追放、或者三衣可取上事、

一、末門逝去之時者、縦雖為直弟、不窺本寺不可移住事、

一、不遂大阿闍梨者、不可引導事、

一、加行・護摩等之儀者不及申、九字護身法迄猥不可授事、

一、縦使雖為世・出世器量之人、於乱行之僧者、早々可追放事、

一、寺中江走入之者不及申、雖為縁類知人、牢人不可抱置事、

一、背師命者、縦雖所化不可召抱、又雖為我弟子、於不孝之輩者、早々可被（マヽ）追放事、

右之条々、末門寺中共堅可相守者也、

寛永十一年三月四日

山門三院執行探題大僧正天海御判

（東叡山春性院蔵本「御条制」）

217 大僧正天海書状案

『慈眼大師全集』上巻　一八五頁

態飛札珍重々々、先以炎暑之時分、途路無異議（マヽ）、帰寺之由、別而令
満足候、我等も去廿二日坂本迄、無異儀参著申候、大樹（徳川家光）御著座迄、
爰許休息可申覚悟に候、沢庵老上著之節、被仰合、京都宿所芳尋所
希に候、久々にての帰寺候間、先以何方江も無御出、休息之義肝要
存候、猶期対顔之節候、恐惶謹言、

六月廿八日○寛永十一年　　大僧正判

芳春院（前田利家室・高畠氏）

尚々、従肥前守殿○前田利常回酬之書状返詞、御上著之上に而可申候、以
上、

（「宝山要略記」）

○沢庵宗彭の赦免は、寛永十一年（一六三四）五月二十九日。

220 山門三院執行探題大僧正天海紀州東照宮法度

和歌山雲蓋院文書

和謌（歌）

東照大権現　年中行事

一、修正　従大晦日至七日
一、朝暮　勤行
一、長日　護摩
一、毎月　朔日　廿八日　大般若
一、毎月　十七日　論義　音楽
一、卯月　十七日　御祭礼
一、九月　十七日　法華八講

右勤行無怠慢、天下泰平国家安全可抽丹祈者也、

寛永十一年八月十七日

山門三院執行探題大僧正天海（花押）

○『天海僧正と東照権現』（栃木県立博物館　平成六年十月刊）七八頁所収の写真版より。

224 大僧正天海書状

以上

明春之吉兆不可有尽期候、」年頭之為御祝儀馬・太刀」送給、黄金
拾両、誠御慇懃」之至存候、折節登　城」仕、不能即報意外存候、」
如何様永日中以参慶賀」可申述候、恐惶謹言、」

正月五日（寛永十二年以降）　　天（花押）

大僧正

藤堂大学頭（高次）殿　　天海

人々御中

「（ウハ書）

」

○『思文閣墨蹟資料目録』第四四五号（平成二十一年十二月刊）、八〇頁所収の写真版より。
藤堂高次の大学頭就任は、寛永十一年（一六三四）七月。

228　大僧正天海書状

『慈眼大師全集』上巻　八三五頁

慈眼大師御筆 養玉院蔵

猶〳〵（マヽ）入御念、早々飛札被下、珍重奉存候、以上、

大樹（徳川家光）御違例就御快気、為御祝儀飛脚被遣候、如承意（御来カ）御本復に付而、各大慶不過之候、宿老中へも尊札被遣、誠入御念之段、不浅奉存候、我等も当春は節々虫指出申候て、迷惑仕候、極老故にて御座候、併頃日者少能御座候間、可有尊慮候、恐惶謹言、

（寛永十二年カ）六月十日　大僧正 天海（花押）

妙法院（尭然）御門跡様 尊答

○妙法院尭然、寛永十二年（一六三五）六月三日、将軍家光の病気平癒を祈禱する。

229　山門三院執行探題大僧正天海日光山画図目録写

日光山　東照大権現御内陣画図目録

一、諸神深秘図　相伝
一、薬師并十二神
一、釈迦并十六善神
一、弥陀并二十五菩薩
一、観音并二十八部衆
一、五大尊
一、法華三十番神

右如相伝可令図者也、

寛永十二乙亥年九月十七日

山門三院執行探題大僧正天海　御判

御絵所法橋了琢

○大西芳雄「絵仏師木村了琢—東照宮深秘の壁画について—」（『東京国立博物館紀要』第一〇号、昭和四十九年刊）より本文所収。

232　天海書状

尚と、乍恐中院（通村・通純）父子へ」伝達頼入申候、以上、

貴札忝令拝見候、先日者」早と御帰洛、御残多」奉存候、今日御暇出候ハ、、」近日御帰京之由、扨と御残多」次第存候、以参御暇候ハ、、可申」入候へ共、却而可為御取紛と」存延引申候、猶期拝顔之」時候、恐惶謹言、」

（寛永十三年カ）三月十八日　天（花押）

○本文書は、『古典籍展観大入札会目録』（平成二十二年十一月刊）三〇四頁所収の写真版より。寛永十二年（一六三五）十月、中院父子天海の救解により赦免され、将軍徳川家光に拝謁す。

244　大僧正天海書状写

岡山吉備津神社文書

猶々、以来御朱印取ニ罷下候ハヽ、寺社奉行衆へ、従貴殿御状被相添、有体ニ可被仰遣候、爰元ニ付申廻候神主壱人して、頂

戴申様ニと訴訟申之由候、遠国之事□□貴殿御領中之間、余人
之口□□立申間敷候、先年も我かまゝ仕候を、貴殿頼入候哉、
本願案(安)堵申候、万事御引廻任入候、以上、
吉備津大明神本願下向之節、双厳院(豪倪)・竹林坊(盛憲)所へ御状、具披見候、
先以勇健ニ而御在国之由、専要之事候、公方様(徳川家光)御息災、殊更朝鮮
人参、明日(マヽ)御礼申上候、御機嫌可有御察候、日光も参詣申付而、我
等も俄今日罷立候、然者今度御朱印之儀付而、本願幷神社参府申候、
併神主者我等所へ終不参候、御先判依無之、此度者御朱印出不申候、
所詮神主我かまゝニ物毎仕候之由候、幸貴殿御領中事候間、淵底可
為御存知候間、急度被仰付可給候、猶来春可有御参府候間、期其節
候、恐惶謹言、

(寛永十三年)十二月十四日　大僧正(天海)

戸川土佐守(正安)殿

貴報

○『岡山県古文書集』二　二七八頁　本文所収。
朱印状の斡旋は、寛永十三年（一六三六）。

245　大僧正天海寺領許可状

岐阜神護寺文書

濃州平野勧学院領、大(太)閤(豊臣秀吉)御朱印五拾石余之内、弐拾石六斗者、善学
院幷上宮山王社僧八坊、各於寺廻如前々候者、御祭礼・勤行等不可
有怠慢者也、

寛永十四丑二月廿四日　大僧正　天（花押）

善学院

○『岐阜県史』史料編　古代・中世一　五四〇頁　本文所収。
本文書は、『慈眼大師全集』「慈眼大師文書纂」八二に所収されているが、不十分なため
再度収録した。

249　大僧正天海寺領許可状

岐阜宝光院文書

今度宝光院寺領高十石之所、如前々御帳付上候、御先判無之寺社、
何茂　御朱印出不申候、重而可有其沙汰候、弥仏法相続之旨、肝要
候也、

(寛永十四年)卯月朔日　大僧正　天（花押）

美濃国　宝光院

○『岐阜県史』史料編　古代・中世一　五八二頁　本文所収。

253　大僧正天海東叡山直末許可状写

仙台仙岳院文書

奥州仙台　成就山満願寺

右天下泰平国家安全抽丹誠之由、神妙之至也、依之武州江戸東叡山
属直末者也、

寛永十四年七月十七日

山門三院執行探題大僧正天海　御印

258　大僧正天海寺領許可状

『慈眼大師全集』上巻　一九二頁

濃州平野庄勧学院太閤（豊臣秀吉）御朱印五十石余ノ内、二十石六斗八、善学院並上之宮山王社僧八坊、各於寺廻り如前々令（脱アルカ）御祭礼・勤行等不可有怠慢者也、

寛永十二（マヽ）丑　　大僧正天海（花押）

善学院

（岐阜県安八郡神戸町県社日吉神社所蔵）

265　大僧正天海日光山東照宮大権現之別所御本尊目録写

三山進氏所蔵『御用覚書』所収

日光山　東照宮大権現之別所就御建立御本尊之事

一、三十番神御神躰并獅子駒犬

一、薬師尊像

一、大黒天

一、弁財天

仙波　東照大権現就御建立

一、客人

弐躰（体）

一、獅子駒犬

右新調之通、依為累代大仏師、毎度不相替令被造者也、

寛永十五年八月廿五日

山門三院執行探題大僧正天海御在判

大仏師左京（康音）法眼

（近江大林院所蔵）

○三山進「近世七条仏所の幕府御用をめぐって—新出の史料を中心に—」（『鎌倉』第八〇号、平成八年一月刊）より本文所収。

266　大僧正天海法度

『慈眼大師全集』上巻　一九三頁

定

一、灌頂之事、実相坊諸事取持、可致執行、雑用之事者、如在来相調、施物之残所、其時々急度致算用可置事、

一、法勝寺留守居松禅院（乗俊）、万事指引可申付候、幷竹木以下之法度可申付事、

一、南光坊知行之事、宗雲致肝煎、丹後・出雲年に一年宛（度カ）罷出可致収納、其上松禅院へ可遂算用事、

一、南光坊百石之内、高弐拾五石分、東照権現御供所江可遣事、

一、成菩提院百六十石之知行之内、六十石者寺之用脚、五十石者法勝寺留守居之合力、残而五十石者修理料に可残置、万事松禅院可為指引次第事、

一、補任之事、致吟味、むさと不可出事、

寛永十五年十月十五日

山門三院執行探題　大僧正天海（花押）

274　大僧正天海書状

『慈眼大師全集』下巻　一五五頁

尚々、無申迄候得共、御朱印別而大事能々改可申候、以上、
追而申候、十七日之飛脚昨暁丑刻参著候、はや定而豊州(阿部忠秋)ゟ之撿衆、其元へ参著可申候間、定而可被召捕候、昨日か今日か可請取候間、此上は急候而能々其元始末、地形彼是見届候て、可帰参候、末寺衆へも令相談、太儀可申候、併一宗之興隆候間、可為満足候、万蔵庵・大通庵両人爰元も尋候得共、只今迄は不出候、何国欠落候とも、終には成間敷候、可心安候、隠密に其元之徒者之儀は、不及申越候、被召捕候、親類共并猶悪人之者書付可来候、為後日之候、万蔵庵親類能々於此方穿鑿可申候、留守居候事は先書に如申候、談合次第先番候へく候、田村権右衛門苦労可申候、猶々油断仕間敷候、覚了坊寄特に雨ふり候に早速参著申由、令満足候、其元始末万端相談可申候、委細之儀一ッ書にて越可被申候、かしこ、

大僧正

(寛永十六年)二月十八日　　天（花押）

寂(晃海)(最)教院

（「東叡山日記」）

280　大僧正天海書状写

岐阜南宮神社文書

先日之御尋忝候、併早々残多存候、然者直談如申候、南宮ノ義(儀)関ヶ原御陣之時炎上故、寺社之作法・知行方モ猥ノ由候、幸今度御造営被仰付之上者、為末代候条、南宮権現へ之御奉公ニ御改頼入存候、社僧・社家ニヨラス、社役ヲモ不仕者ナトノ知行取申事不謂義(儀)候、是等ヲモ御改任入候、恐々謹言、

寛永十六年三月二日　　大僧正　天海　花押

岡田将監(義政)殿

人々御中

○『岐阜県史』史料編　古代・中世一　五一三頁　本文所収。

288　山門三院執行探題大僧正天海日光山御本尊目録

日光山　東照大権現廿五回忌御本尊目録

金剛界大日　　但、御当日御本尊
愛染明王
五大尊　　但、護摩堂
十二天
羅睺星　　但、当年星
傅大士　　但、経蔵
童子　　同
維摩

右如相伝可令刻造也、

寛永十六己夘(卯)暦霜月吉日

山門三院執行探題大僧正天海（花押）

大仏師左京(康音)法眼

○小松茂美編『日本書蹟大鑑』第一六巻天海より本文所収。

292　山門三院執行探題大僧正天海東叡山直末許可状写

日光興雲律院文書

下総州豊田郡大河《形》庄沼森村

薬王山

宝国寺

本城院

右令補江戸東叡山直末畢、」者自今以後不背本寺之命、」戒律勤行不可有懈怠者」也、」

寛永十七暦二月廿四日

山門三院執行探題大僧正

天海

○本文書は、「文化十二年十二月　御令旨之写」より所収。

293　山門三院執行探題大僧正天海東叡山直末許可状

(花押)(天海)

下総州印旛郡造谷村

拓龍山

宝池寺

真珠院

右令補江戸東叡山直末卆(畢)、」者自今以後、不背本寺命、」戒律勤行不可有怠慢者也、」

寛永十七暦三月吉日

山門三院執行探題大僧正天海

○本文書は、『賢美閣書画目録』平成十六年春特集号所収の写真版より。

296　大僧正天海書状写

「古文章大全」『加賀藩史料Ⅱ』

将軍様(徳川家光)御機嫌能、筑州(前田光高)も無事候間、可御心易候、仍家之系図書出被仰付候由承候、貴家は菅家之由御物語候、幸権現様(徳川家康)御在世之時より、被為成氏長者、其嫡孫に御座候間、今度被仰上、可被任源家候哉、不可過御塩味候、筑州江茂此段物語申候、先可申東照権現様御建立珍重候、大社には不入御事と存、軽々与我等任讃岐守之指図、酒井讃州(忠勝)被申談、木原木工(義久)申付候、無申迄候得共、在所の義(儀)御見立御尤存候、恐惶謹言、

(寛永十八年)二月廿九日

大僧正

小松中納言(前田利常)殿

人々御中

右寛永十八年二月廿九日天台座主より参候写。

○石川県教育委員会文化財課金沢城研究調査室編『金沢東照宮の研究』(二〇〇六年三月

刊）より本文所収。

306　山門三院執行探題大僧正天海日光山綜画目録写

日光山　東照大権現奥院御宝塔本尊目録
一、御本地薬師如来　付、日光菩薩
　　　　　　　　　　　　月光菩薩
一、十二神
一、勝軍地蔵
一、不動明王　付、矜迦羅童子
　　　　　　　　　　制多迦童子
一、六観音
一、天人
一、四天王
右如相伝可令綜画者也、
　寛永十八年辛巳暦八月吉日
山門三院執行探題大僧正天海　御判
　　　　　　　　　　絵所了琢

○大西芳雄「絵仏師木村了琢—東照宮深秘の壁画について—」（『東京国立博物館紀要』第一〇号、昭和四十九年刊）より本文所収。

313　大僧正天海書状

　尚〻、不及御報候、以上、」
板倉周防守（京都所司代・重宗）・幽也（島田利正）、今晩」被参候ニ付、貴殿も御出可」被成之由、
太田備中守（奏者番・資宗）より」承候、弥其通御坐候哉、左候ハ、」別而可忝候、
為御礼如斯候、」恐惶謹言、」
　　四月十日（寛永十六〜十九年）　　天（花押）
〆　土井大炊頭殿（老中・利勝）　　大僧正
　　　　人〻御中　　天海

○本文書は、『昭和五十二年度古典籍展観大入札会目録』一五八頁所収の写真版より。太田資宗の奏者番就任は、寛永十五年（一六三八）四月二十四日。島田利正の忌日は、寛永十九年九月十五日。

316　大僧正天海書状

『慈眼大師全集』上巻　二四五頁

　猶々、令入御念之段別而忝存候、将軍様（徳川家光）路次中御機嫌能有之由、
目出存候、
遠路御使札、殊糒壱函送給、誠以忝存候、目出還御候、令参府以面
上、御礼可申上候、已上、
　　七月十六日（寛永十九年以前）　　　　大僧正
　　　　　　　　　　　　　　　　　　　天海（花押）
　　　青山大蔵殿（老中・幸成）貴報
（東京福田常水氏所蔵）

○青山幸成、慶長九年（一六〇四）七月大蔵少輔に就任。

忌日は、寛永二十年（一六四三）二月十六日。

317　大僧正天海書状（折紙）

若林六四氏文書

尚ゝ、順恵老へ」も朝尊目見させ」申候、以上、」

一筆申入候、」然者日吉山駒山寺」者伝教大師（最澄）之」開基、無止霊」地候、雖然近年」法流退転候処、」今般朝尊復」先規、台家法流」令執行候、自今」以後、弥万事」入魂頼入候、将亦」羽黒山正光寺、」去年　」東照権現（徳川家康）へ面談」申度候て、」御影遣之候者、」造営成立候様、」是亦憑入候、恐ゝ」謹言、」

（寛永十九年）後九月十一日　　大僧正　天（花押）

根本与左衛門殿
若林伝右衛門殿
奥野勝兵衛殿

○桑田忠親『高僧の名書簡』（東京堂出版）一三一頁所収の写真版より。天海の大僧正時代の閏九月は、寛永十九年（一六四二）のみ。

335　山門三院執行探題大僧正天海信濃善光寺寺内法度写

『慈眼大師全集』上巻　二一一頁

定

信濃国水内郡善光寺

一、天下静謐国家安全御祈禱、神事・仏事可相勤事、
一、毎月十七日東照大権現御法楽、不可有怠慢事、
一、於院内二時勤行、不可闕之事、
一、専於戒律、不可背本寺之下知事、
一、背於地頭之制法、不可致私撿断事、
一、企徒党、不可致公事沙汰事、
一、山林竹木猥不可伐採事、

右之条々所定如斯、

寛永二十暦七月三日

山門三院執行探題大僧正朱印

（「善光寺深秘録」）

336　山門三院執行探題大僧正天海東叡山直末許可状写

『慈眼大師全集』上巻　二一一頁

慈眼大師御条目

信濃国水内郡善光寺者、本尊三国無双霊仏、道場一天渇仰之勝地矣、加之従往古、雖為法大乗融通之修行、宗天台円旨末流、近来暫時雖窺他家法儀、今度復本宗台家之条、改以令補武蔵州江戸東叡山直末寺畢、者自今以後不背本寺之下知、専於戒律、天下安全之御祈禱、仏事勤行不可有怠慢者也、

寛永二十暦七月三日

山門三院執行探題大僧正朱印

（「善光寺深秘録」）

351 大僧正天海書状

昨日者雨天之処御出、」緩と与被成御坐、我ホ(等)之」満足不過之候、
尚期対」顔之節候、恐惶謹言、」

二月廿五日　　天（花押）

大僧正

牧野織部正(成常カ)殿　　天海

人と御中

○本文書は、『思文閣墨蹟資料目録』第四三八号（平成二十一年二月刊）、三八頁所収の写真版より。

355 天海書状写

『慈眼大師全集』上巻　八二五頁

其許無事由、珍々重々、我等も此比中ゟ起候計候、可御心易候、此
節大嵐雪之体令察候、将亦毎日社参、行法雖御大儀候城へ其儘聞可
申候間、御油断有間敷候、各も其段可被仰付候、殊植木好時分候、
併貴山者不存候、了簡其(マヽ)教次第御越可有之候、恐惶謹言、

三月十一日　　海判

猶〱(マヽ)、山王院普請漸に取付候、少将殿御息災候由、可心易候、
城にも追日御機色能候、乍去只今表江不被為成候、為御養性候、
仍精々祈禱、当月可申候間、弥無油断、権現之御事者不及申候、
其外とも祈禱申付候、其院第一火之用心専一候、昨晩江戸町中
のはし〱少焼候、我等者無事可心易候、其外追々可申候事、

（「慈眼大師御年譜附録」）

358 大僧正天海書状

岡崎専福寺文書

「(封ウハ書)　永井信濃守(尚政)様　　大僧正

人々御中　　天海　」

返々、山上人足三十人、忝存候、
人足借預候、此中者日用もかれ〱ニ候間、別而令満足候、無申迄
候得共、御成之儀、□(万カ)事可然様奉憑候、恐惶謹言、

三月十五日　　天海（花押）

○『岡崎市史』史料　古代中世　七二二頁　本文所収。
永井尚政の忌日は、寛文八年（一六六八）九月十一日。

363 大僧正天海書状（折紙）

故中村直勝氏旧蔵文書

芳翰殊豆飴」一箱給、賞翫不」斜候、寂(最)早」疾御上洛と存候」処、
于今御滞留」候哉、併近日可」有御上洛之旨、尤」存候、内と如申
談候、」好時節見合、可」申候間、可御心易候、」我ホ(等)事中禅寺へ」
湯治候て、十四日ニ出湯」申候、気色無所残候、」来月十日前、河
越」迄彼院普請ホ(等)見」候て、参府可申覚悟候、」其迄於御逗留」者

可申談候、恐惶謹言、」

五月廿一日　　大僧正　天（花押）

龍光院

回酬

○本文書は、『中村直勝博士蒐集古文書』一六四頁所収の写真版より。

367　大僧正天海書状写

『慈眼大師全集』上巻　八四〇頁

一同　凉泉院蔵

路次中無事上著之由、珍重候、併内方被相果之由、不及是非候、愁歎察入候、勘定相済庄三郎上り候様子可申候、恐々謹言、

七月廿四日　　大僧正

坂本屋宗順老　　天判

382　大僧正天海書状

已上

如前ヒ、「天台」宗ニ帰伏之」由尤候、黒装束之事、以来者」可有着用候也、」

極月十一日　　大僧正（天海）（花押）

安田左馬丞

○和歌山大学紀州経済史文化史研究所編『和歌浦天満宮の世界』3所収の写真版より。

385　天海書状

『慈眼大師全集』上巻　一六三頁

猶々、於城無際限取紛候間、御察候へく候、明日伏見に御出候はゝ、又少は透可有之候、以上、

此中者不得尊意、無御心許奉存候、仍少御用候間、誰成共可給候、可申越候、此由御披露、恐惶謹言、

壬（閏）七（マヽ）日　　天海（花押）

（山城妙法院所蔵）

386　山門執行探題大僧正天海瀧山寺寺内法度

『慈眼大師全集』上巻　八二二頁

三河国陁羅尼山瀧山寺法度之事

一、於本堂天下安全御祈禱、殊於坊々例時勤行不可懈怠事、

一、一山之衆僧企非義好公事不可一列事、

一、堂領之山林不伺本坊、為私用不可伐事、付衆僧并地下百性等、可守本坊下知事、

一、破戒不律輩於有之者、或死罪、或追放、付通俗（マヽ）書（マヽ）悪逆之族不可相抱事、

一、寺内殺生禁断之事、

右前大相国（徳川家康）様御当代以御直判申付者也、

山門執行探題大僧正天海（花押）

（「慈眼大師御年譜附録」）

388　天海証状

「福昌寺文書ノ内」

地蔵堂前之打換蒲生ニ二反、天正十六戊子年十二月ニ竜伯為御心当、
地蔵堂之至于福昌寺被成預置之由候、先々為方丈宛（マヽ）召置候、

天海（花押）

○本文書は、検討の余地あり。
『鹿児島県史料』旧記雑録後編4所收。

あとがき

本書は寛永寺当局のご厚意により刊行するものである。近世関東仏教教団史の研究をライフワークとする私にとって、天台宗の南光坊天海はその中心人物である。その天海研究のもっとも基本史料である発給文書集を写真版入りで刊行できることは、私にとってこの上もない喜びである。

これまで私は五十年以上、各地の寺院の史料調査を実施してきた。そして天海についての数多くの関連史料を現在までに確認することができた。

南光坊天海に関する史料集としては、すでに大正五年（一九一六）に寛永寺から『慈眼大師全集』上・下二巻が刊行されている。同書には天海の発給文書が一八三通収載されている。これまで私は調査の過程で、この『慈眼大師全集』に収載されていない数多くの史料に遭遇した。

そのためこれらの新史料を併せて、編年体による南光坊天海の関連史料にまとめつつある。しかしこの天海の関連史料の分量は膨大である。そこで当初は、すべての天海に関連した新史料集の刊行の前に、実現可能な『慈眼大師全集』の補遺としての『南光坊天海発給文書集』の刊行を企画した。

この段階では、『慈眼大師全集』と同様に文書の釈文の収録のみであり、写真版の収録までは考えていなかった。

ところが寛永寺の当時の執事長であり、天海の研究者でもある浦井上人との話の途上で、既刊の天海発給文書の釈文は不正確なものもあるので、補遺ではなく、全て読み直して、『南光坊天海発給文書集』として新たに刊行してはどうか。さらに写真版も併せて収録するならば、研究者にとって便利であり、かつ散逸の予想される史料の補完にもなるのではないかというお勧めをいただいた。

天海の発給文書には真偽未詳のものもあり、また完全に解読できていない文書があると私も考えていたので、写真版を収録しておけば、のちに多くの研究者の判断を仰ぐことができると考え、より完全な本格的な『南光坊天海発給文書集』の刊行を目指すことに方向転換した。

再出発してみると、写真版の収集に予想外の手間がかかることになった。とても私一人では手に負えないので、大正大学の若手教員であり、天台宗所属の僧侶でもある中川仁喜氏に共同編者をお願いすることにした。中川氏は写真の撮影が得意であり、以後、天海関係史料の写真の収集は、順調に進めることができた。

しかし『慈眼大師全集』に収載されている文書の所蔵者を確認することは、極めて困難であった。所蔵者の代替りや、戦災等により、かなり多くの文書の存在がわからなくなっていた。また天台宗以外の他宗や一般の方の所蔵者も多く、写真撮影の許可をとるのが一苦労であった。

そのためかなり多くの文書が、東京大学史料編纂所の影写本からの写真を収録することになった。影写本は第二次世界大戦前に、原文書を極めて忠実に影写しているものが多く、本書の写真版を見ていただければわかるように、原文書通りとはいえないまでも、その筆蹟は充分に窺える貴重な史料である。

なお、一部は東京大学史料編纂所所蔵の写真版からも収載した。

次に近年の古書店の古書目録に収められていた天海発給文書の写真版からも史料を収録した。残念ながらこの文書の所蔵者は特定できないため、写真版を収録することはできなかったが、釈文だけは収載した。

また県史や市町村史などの既刊の史料集からも、天海発給文書の釈文をできるかぎり収録した。これらについても写真版を収録できないものが多かった。

本書の編集にあたり、かなり制約があったにもかかわらず、多くの写真版を収録できたことは意義のあることと考えている。まず貴重な史料の写真版を一箇所に保全することができたこと。次にこれらの史料の写真版を編年体で収録することにより、天海の筆蹟の流れが解明できたこと。この詳細については拙著『南光坊天海の研究』（平成二十四年、青史出版刊）所収の「第十二章　南光坊天海の発給古文書について―自筆書状の特定を中心に―」を参照していただきたい。なお、天海の花押の変遷についても別の機会に論じてみたいと考えている。

本書では私共は全体で三八八通の天海発給文書の釈文を作成した。しかし力不足により読み切れなかった箇所、また誤読をしている箇所もあると思われる。写真版を収録しているので、研究者の方々に是非再検討していただければ幸いである。弁解めいたことになるが、本書刊行の意図は研究者に天海研究の基本史料を公開し、提供することにある。また研究者の便宜を考えて、年代推定や各所に校訂註を付しているが、力不足により、これにも不十分なものがあると思われる。とりあえず私共が知り得た知識で付けたものである。今後訂正されるもの、もっと深められるものが多々あるものと思われる。研究者の方々のご叱正を切にお願いするものである。将来的には天海の全史料の刊行を目指しているので、皆様のご叱正を取り入れて、今後もより良い史料集刊行に向け努力していきたいと考えている。

最後に、浄土宗僧侶の私が、天台宗僧侶の南光坊天海の史料集を出すことに不思議なめぐり合せを感じるが、寛永寺当局の関係者をはじめ、しばしば調査に同行してくれた小此木輝之氏、村上円竜氏、中野真理子氏、さらには東京大学史料編纂所でいろいろとご尽力をいただいた厚谷和雄氏等に厚く感謝する次第である。また、大正大学高柳光寿史学研究奨学基金より本研究への研究助成金をいただいた。厚く感謝する次第である。本書の面倒な編集事務および製作を担当された吉川弘文館の上野純一氏、本郷書房の重田秀樹氏にも厚くお礼を申し上げ、「あとがき」とするものである。

平成二十五年十一月

宇高良哲
中川仁喜

発給文書月日順目録

224 大僧正天海書状（『思文閣墨蹟資料目録』）正月五日……四一七
271 大僧正天海書状（京都三千院文書）（寛永十六年）孟春五日……二七一
259 大僧正天海書状（三途台長福寺文書）（寛永十四、五年）孟春六日……二五八
225 天海書状（栗原宏治氏文書）（寛永十二年カ）正月八日……二三一
226 大僧正天海書状（広島大学猪熊文書(二)）（寛永十二年カ）正月八日……二三三
343 大僧正天海書状写（湯浅圭造氏文書）正月十四日……三五三
272 山門三院執行探題大僧正天海東叡山末寺許可状（東京如来寺文書）寛永十六暦正月十七日……二七三
323 山門三院執行探題大僧正天海喜多院直末許可状（川越三芳野神社文書）寛永弐拾年正月十七日……三一七
324 山門三院執行探題大僧正天海高麗寺寺内法度（神奈川高来神社文書）寛永弐拾歳正月十七日……三一八
325 大僧正天海書状（上野現龍院文書）孟春廿日……三二〇
120 大僧正天海書状（川越喜多院文書）正月廿一日……一三八
133 大僧正天海書状（愛知明眼院文書）正月廿一日……一五〇
151 天海書状（東京大学史料編纂所文書）（寛永四年）正月廿一日……一七四
344 大僧正天海書状（川越喜多院文書）正月廿一日……三五四
78 南僧正天海書状（所蔵者不明）正月廿二日……四〇二
202 大僧正天海書状（佐竹文書）孟春廿三日……二〇七
79 南僧正天海書状（上野現龍院文書）正月廿六日……八九
273 山門三院執行探題大僧正天海改称許可状（岩槻慈恩寺文書）寛永十六年孟春廿七日……二七四
63 南僧正天海書状（小日向妙足院文書）（元和四年）正月廿八日……七三
203 大僧正天海書状（京都曼殊院文書）（寛永十年）正月廿九日……二〇八
19 山門探題僧正天海僧綱補任状写（『慈眼大師全集』下）慶長十九年正月如意珠日……三九九
290 山門三院執行探題大僧正天海称号許可状（谷中金嶺寺文書）寛永十七年正月吉日……二九二
291 山門三院執行探題大僧正天海東叡山直末許可状（寄居高蔵寺文書）寛永十七年正月吉日……二九三
134 大僧正天海書状（三宅長策氏文書）二月朔日……一五二
87 天海書状（「古文書纂」）二月二日……九九
260 大僧正天海書状（京都曼殊院文書）（寛永十五年）二月三日……二五九
345 大僧正天海書状（京都曼殊院文書）二月四日……三五五
346 天海書状写（京都三千院文書）二月五日……三五六

6 智楽房天海書状（神奈川龍門寺文書） 二月七日……一一
152 大僧正天海書状（上野寛永寺文書） 二月九日……一七五
347 天海書状（滋賀金剛輪寺文書） 二月十日……三五七
160 大僧正天海書状（『慈眼大師全集』下） （寛永五年）二月十一日……四〇七
31 南僧正天海書状（伊勢龍泉寺文書） （元和元年）二月十二日……四〇
114 大僧正天海書状（群馬龍蔵寺文書） 二月十五日……一三三
348 大僧正天海書状（小日向妙足院文書） 二月十七日……三五八
181 大僧正天海書状（熊野米良文書補遺） 二月十八日……四一一
182 大僧正天海書状（熊野米良文書） 二月十八日……四一一
274 大僧正天海書状（『慈眼大師全集』下） （寛永十六年）二月十八日……四二一
275 大僧正天海書状（世良田長楽寺文書） （寛永十六年）二月十八日……二七五
213 大僧正天海書状（『慈眼大師全集』上） （寛永十一年）二月廿二日……四一六
278 大僧正天海書状（名古屋徳川美術館文書） （寛永十六年）二月廿二日……二八一
349 天海書状（大正大学図書館文書） 二月廿二日……三五九
261 大僧正天海書状（神田喜一郎氏文書） （寛永十五年）二月廿三日……二六一
42 南僧正天海書状写（身延久遠寺文書） （元和二年カ）二月廿四日……四九
80 南僧正天海書状案（『楓軒文書纂』） 二月廿四日……九〇
100 天海書状（京都妙法院文書） （元和八年カ）二月廿四日……一一九
161 大僧正天海書状（『慈眼大師全集』下） （寛永五年）二月廿四日……四〇七
245 大僧正天海寺領許可状（岐阜神護寺文書） 寛永十四年二月廿四日……四一九
292 山門三院執行採題大僧正天海東叡山直末許可状写（日光興雲律院文書） 寛永十七暦二月廿四日……四二三
101 大僧正天海書状（京都三千院文書） （元和八年カ）二月廿五日……一二一
350 天海書状写（京都曼殊院文書） 二月廿五日……三六〇
351 大僧正天海書状（『思文閣墨蹟資料目録』） 二月廿五日……四二五
9 天海土産目録覚（大正大学図書館文書） 慶長拾四年二月廿六日……一六
233 山門三院執行採題大僧正天海法流許可状写（佐賀修学院文書） 寛永十三年二月廿六日……二三三
246 山門三院執行採題大僧正天海東叡山末寺許可状（群馬常光寺文書） 寛永十四年二月廿六日……二四七
262 大僧正天海書状（京都曼殊院文書） （寛永十五年）二月廿六日……二六二
64 南僧正天海書状写（京都三千院文書） （元和四年カ）二月廿八日……七四
81 南僧正天海書状（京都三千院文書） 二月廿八日……九一
296 大僧正天海書状写（「古文章大全」） （寛永十八年）二月廿九日……四二三
7 天海僧綱職補任状写（長沼宗光寺文書） 慶長十年二月吉日……一三

177 三国伝灯大僧正天海院家号許可状（『慈眼大師全集』上）　寛永七年二月如意珠日……四一〇
204 前毗沙門堂門跡山門三院執行探題大僧正天海色衣免許状（長野戸隠神社文書）　寛永十年二月日……四一四
205 前毘沙門堂門跡山門三院執行探題大僧正天海伽藍再興感状（『慈眼大師全集』上）　寛永十年二月時正……四一四
206 山門三院執行探題大僧正天海越後・信濃両国天台宗法度（「戸隠修験の変遷」）　寛永拾年二月日……四一五
279 山門三院執行探題大僧正天海吉祥寺三号許可状（鳥取大雲院文書）　寛永十六年二月吉日……二八三
173 大僧正天海書状（安土東南寺文書）　（寛永六年）後二月廿一日……一八六
172 山門三院執行探題大僧正天海桑実寺寺内法度（安土東南寺文書）　寛永六年閏二月日……一八五
280 大僧正天海書状写（岐阜南宮神社文書）　寛永十六年三月二日……四一二
121 前大僧正大和尚天海東叡山末寺許可状写（『新撰陸奥国誌』）　寛永元年三月三日……四〇四
281 大僧正天海書状（京都曼殊院文書）　（寛永十六年）三月三日……二八四
309 大僧正天海書状（栃木県立博物館文書）　（寛永十九年）三月三日……三一三
214 山門三院執行探題大僧正東叡山末寺法度写（『慈眼大師全集』下）　寛永十一年三月四日……四一六
326 山門三院執行探題大僧正天海逢善寺寺内法度写（小野逢善寺文書）　寛永二十年三月四日……三三一
327 山門三院執行探題天海千妙寺寺内法度（黒子千妙寺文書）　寛永二十年三月四日……三三三
352 大僧正天海書状（千葉県立中央博物館大多喜城分館文書）　三月四日……三六一
30 山門探題兼世良田山正僧正天海印可状写（世良田長楽寺文書）　慶長二十暦姑洗五日……二九
54 南僧正天海書状写（京都三千院文書）　（元和三年）三月五日……六三
353 大僧正天海書状（京都真如堂文書）　三月六日……三六二
71 天海書状（京都三千院文書）　（元和五年）三月七日……八一
354 天海書状（上野現龍院文書）　三月八日……三六三
43 南僧正天海書状（京都妙法院文書）　（元和二年）弥生八日……五〇
44 南僧正天海書状（坂本生源寺文書）　（元和二年）弥生八日……五二
310 山門三院執行探題大僧正天海東叡山直末許可状（麻布東福寺文書）　寛永十九暦三月八日……三一四
355 天海書状写（『慈眼大師全集』上）　三月十一日……四二五
11 宗光寺天海書状（栃木円通寺文書）　三月十三日……一八
328 山門三院執行探題大僧正天海西明寺寺内法度（早稲田大学図書館文書）　寛永二十年三月十四日……三三五
356 大僧正天海書状（上野現龍院文書）　三月十四日……三六四
357 大僧正天海書状（上野現龍院文書）　三月十四日……三六五
183 天海書状（京都妙法院文書）　（寛永八年）三月十五日……一九五
358 大僧正天海書状（岡崎専福寺文書）　三月十五日……四二五
88 天海書状（京都三千院文書）　（元和六年）三月十六日……一〇一
207 山門三院執行探題大僧正天海光前寺寺内法度（長野光前寺文書）　寛永十年三月十七日……四一五

227 山門三院執行探題大僧正天海東照大権現社内陣之御調度渡状写（叡山文庫止観院文書） 寛永十二年弥生十七日……二三五
297 山門三院執行探題大僧正天海色衣免許状（神川大光普照寺文書） 寛永十八年三月十七日……二九七
298 山門三院執行探題大僧正天海新光寺寺内法度（川口新光寺文書） 寛永十八暦三月十七日……二九八
299 山門三院執行探題大僧正天海東叡山直末許可状（川口新光寺文書） 寛永十八暦三月十七日……二九九
329 山門三院執行探題大僧正天海補任状写（世良田長楽寺文書） 寛永二十年三月十七日……三三六
89 大僧正天海書状（萩野由之氏文書） （元和六年カ）三月十八日……一〇三
232 天海書状（『古典籍展観大入札会目録』） （寛永十三年カ）三月十八日……四一八
330 大僧正天海書状（遠藤行蔵氏文書） （寛永十九、二十年）三月十九日……三三七
162 大僧正天海書状（『慈眼大師全集』上） （寛永五年）三月廿四日……四〇八
174 大僧正天海書状（名古屋市立博物館文書） （寛永五、六年）三月廿六日……一八七
247 天海書状（京都毘沙門堂文書） （寛永十四年）三月廿七日……二四八
311 山門三院執行探題大僧正天海東叡山直末許可状（埼玉萩原家文書） 寛永十九年三月廿八日……三一五
191 山門三院執行探題大僧正加行作法次第（川越喜多院文書） 寛永九年三月吉辰……二〇〇
293 山門三院執行探題大僧正天海東叡山直末許可状（『賢美閣書画目録』） 寛永十七暦三月吉日……四一二
65 南僧正天海書状（佐野惣宗寺文書） （元和四年）閏三月七日……七五
66 南僧天海書状（上野現龍院文書） （元和四年）閏三月十九日……七六
248 山門三院執行探題大僧正天海常光寺寺内法度（埼玉浄光寺文書） 寛永十四年閏三月日……二四九
249 大僧正天海寺領許可状（岐阜宝光院文書） （寛永十四年）卯月朔日……四一九
250 大僧正天海寺領許可状（岐阜横蔵寺文書） （寛永十四年）卯月朔日……二五〇
251 大僧正天海寺領許可状（岐阜慈明院文書） （寛永十四年）卯月朔日……二五一
252 大僧正天海寺領許可状（岐阜蒲生文書） （寛永十四年）卯月朔日……二五二
12 天海書状（上野円珠院文書） （慶長十五年カ）四月五日……二〇
55 天海書状（『古文書纂』） （元和三年カ）四月五日……六五
234 大僧正天海書状（京都曼殊院文書） （寛永十三年）卯月五日……二三四
312 天海喜多院寺内法度（川越喜多院文書） 寛永十九年卯月七日……三一六
107 山門探題大僧正天海慈恩寺寺内法度写（『慈眼大師全集』上） 元和九年卯月九日……四〇三
108 山門探題大僧正天海直末許可状（最上慈恩寺明覚坊文書） 元和九年四月九日……一二六
122 大僧正天海書状（山形立石寺文書） （寛永元年）卯月十日……一三九
153 大僧正天海書状（藤堂家文書） （寛永四年）卯月十日……一七
235 天海書状写（京都三千院文書） （寛永十三年カ）卯月十日……二三五
313 大僧正天海書状（『古典籍展観大入札会目録』） 四月十日……四一三
90 大僧正天海書状（兵庫能福寺文書） （元和六年）卯月十三日……一〇四

359 大僧正天海書状（越前白山神社文書） 卯月十三日……三六六
360 大僧正天海書状写（秋野房文書） 卯月十五日……三六七
102 山門探題大僧正天海日光山直末補任状写（『慈眼大師全集』上） 元和八年四月十七日……四〇二
154 天海書状（和歌山東照宮文書） 四月十七日……一七九
208 山門三院執行探題大僧正天海増福寺内法度（姫路広峯神社文書） 寛永十年卯月十七日……二〇九
282 山門三院執行探題大僧正天海色衣免許状（東京如来寺文書） 寛永十六暦四月十七日……二八五
109 天海書状（京都三千院文書） （元和九年）四月十九日……一二七
2 不動院随風書状（京都妙法院文書） （慶長二、三年頃カ）卯月廿日……四
91 天海書状（京都三千院文書） （元和六年）四月廿二日……一〇五
263 大僧正天海書状（川越喜多院文書） 卯月廿二日……二六三
20 南光坊僧正天海書状（下谷酒袋嘉兵衛文書） （慶長十八、九年）卯月廿四日……一七
110 山門探題大僧正天海判物写（『新編会津風土記』） 元和九年四月廿四日……四〇三
155 大僧正天海書状（『慈眼大師全集』上） 卯月廿四日……四〇六
283 大僧正天海書状（京都曼殊院文書） （寛永十六年）卯月廿五日……二八六
285 大僧正天海書状（北方文化博物館文書） 卯月廿九日……二八八
319 大僧正天海書状（姫路書写山文書） 卯月晦日……三二〇
129 山門執行探題大僧正天海鎮西天台宗法度写（『慈眼大師全集』上） 寛永二年卯月日……四〇五
135 大僧正天海書状（『慈眼大師全集』下） （寛永三年）閏卯月八日……四〇六
136 大僧正天海書状（小野逢善寺文書） （寛永三年）閏四月十八日……一五三
123 大僧正天海書状（『思文閣墨蹟資料目録』） 五月三日……四〇五
21 南僧正天海書状（国立国会図書館文書） （慶長十九年カ）五月四日……一八
361 大僧正天海書状（佐野惣宗寺文書） 五月六日……三六八
362 大僧正天海書状（佐野惣宗寺文書） 五月六日……三六九
22 南光坊僧正天海等葛川明王院法度目安覚写（葛川明王院文書） 慶長十九年五月七日……一九
92 天海書状（京都三千院文書） （元和六年）五月十三日……一〇七
82 南僧正天海書状（京都三千院文書） 五月十五日……九二
300 大僧正天海書状（鳥取大雲院文書） 五月十五日……三〇〇
215 山門三院執行探題大僧正天海証状写（東京大学史料編纂所文書） 寛永十一年五月十七日……二一四
314 良田山長楽寺当住大僧正天海山・院号許可状写（世良田長楽寺文書） 寛永十九年五月十七日……三一七
315 良田山長楽寺大僧正天海興聖寺本末法度写（世良田長楽寺文書） 寛永十九年五月十七日……三一八
156 大僧正天海書状（『慈眼大師全集』下） （寛永四年）五月十八日……四〇七
363 大僧正天海書状（中村直勝氏旧蔵文書） 五月廿一日……四二五

364 大僧正天海書状（来迎寺内理境坊文書） 五月廿二日……三七〇
216 大僧正天海書状（京都大仙院文書） （寛永十一年）五月晦日……二一五
67 山門三院執行採題大僧正天海等立石寺内法度（山形立石寺文書） 元和四年五月吉日……七
294 山門三院執行採題大僧正天海掟書（鳥取大雲院文書） 寛永十七年五月日……二九四
209 山門執行採題大僧正天海諸役免許状（日光市御幸町自治会文書） 寛永十年六月朔日……二一〇
210 山門三院執行採題大僧正天海証状（鎌倉宝戒寺文書） 寛永十年林鐘朔日……二一一
124 大僧正天海書状（三浦英太郎氏文書） （寛永元年）林鐘五日……一四〇
192 大僧正天海書状（岡山大賀島文書） （寛永九年カ）六月六日……二〇二
130 大僧正天海書状（大津瑞応院文書） （寛永二年）六月十日……一四七
228 大僧正天海書状（『慈眼大師全集』上） （寛永十二年カ）六月十日……四一八
111 大僧正天海書状（京都本能寺文書） （元和九年カ）六月十一日……一二九
264 大僧正天海書状（上野現龍院文書） 六月十一日……二六四
163 大僧正天海書状案（『慈眼大師全集』下） （寛永五年）六月十二日……四〇八
331 大僧正天海書状（京都三千院文書） （寛永二十年）六月十二日……三三八
332 大僧正天海書状（京都三千院文書） （寛永二十年）六月十二日……三四〇
333 大僧正天海書状（大正大学図書館文書） （寛永二十年）六月十二日……三四二
178 大僧正天海書状（愛知神護寺文書） 六月十三日……一九一
131 大僧正天海書状（春日井密蔵院文書） （寛永二年）六月十六日……一四八
17 南光坊僧正天海書状（京都北野神社文書） （慶長十八年）六月十七日……一五
70 山門南僧正天海書状（『京都古書籍・古書画資料目録』） 六月十七日……四〇一
193 良田山長楽寺大僧正天海興聖寺内法度写（世良田長楽寺文書） 寛永九年六月十七日……二〇三
32 南僧正天海書状（上野津梁院文書） （元和元年）六月廿二日……四一
159 天海書状（八条宮文書） 六月廿二日……一八二
236 大僧正天海書状（川越喜多院文書） （寛永十二、三年）六月廿二日……二三六
33 天海書状（小日向妙足院文書） （元和元年）六月廿三日……四二
284 天海書状（日下安左衛門氏文書） （寛永十六年）六月廿三日……二八七
34 南僧正天海書状写（『楓軒文書纂』） （元和元年）六月廿七日……四三
112 大僧正天海書状（保阪潤治氏文書） 六月廿七日……一三一
56 南光坊大僧正天海成願寺内法度写（安土観音正寺文書） 元和三年六月廿八日……六六
125 大僧正天海書状（『慈眼大師全集』下） （寛永元年）六月廿八日……四〇五
217 大僧正天海書状案（『慈眼大師全集』上） （寛永十一年）六月廿八日……四一七
103 大僧正天海書状（『思文閣古書資料目録』） （元和八年カ）六月廿九日……四〇二

57 南僧正天海書状（大工頭中井家文書） （元和三年カ）六月晦日……六七
286 山門三院執行探題大僧正天海比叡山僧綱職補任状（春日井密蔵院文書） 寛永十六年六月日……二八九
334 山門三院執行探題大僧正天海掟書写（阿蘇西岩殿寺文書） 寛永廿年六月日……三四四
35 南僧正天海書状（『慈眼大師全集』上） （元和元年）閏六月三日……四〇〇
137 大僧正天海書状（『思文閣七十周年謝恩大入札会目録』） 七月朔日……四〇六
335 山門三院執行探題大僧正天海信濃善光寺内法度写（『慈眼大師全集』上） 寛永二十暦七月三日……四一四
336 山門三院執行探題大僧正天海東叡山直末許可状写（『慈眼大師全集』上） 寛永二十暦七月三日……四一四
365 大僧正天海書状（大分円寿寺文書） 七月五日……三七二
237 大僧正天海書状（京都妙心寺文書） （寛永十三年）夷則六日……二三八
126 大僧正天海書状案（『日光御用記』） （寛永元年）七月七日……一四一
218 天海書状（岡本家文書） （寛永十一年カ）七月八日……二二六
211 大僧正天海書状（『慈眼大師全集』上） 七月十二日……四一五
301 大僧正天海書状（上野覚成院文書） （寛永十八年）七月十二日……三〇二
164 大僧正天海書状（『京都古書籍・古書画資料目録』） 七月十三日……四〇八
45 南僧天海書状案（『平田職忠職在日記』） （元和二年）七月十四日……四〇〇
36 南光房僧正天海奉書写（京都真如堂文書） 元和改元七月十五日……四四
302 天海請書（徳川記念財団文書） （寛永十八年）七月十五日……三〇三
316 大僧正天海書状（『慈眼大師全集』上） 七月十六日……四一三
194 大僧正天海書状案（『慈眼大師全集』上） （寛永九年）七月十七日……四一三
253 大僧正天海東叡山直末許可状写（仙台仙岳院文書） 寛永十四年七月十七日……四一九
303 山門三院執行大僧正天海東照宮勧請許可状写（佐賀実相院文書） 寛永十八年七月十七日……三〇五
366 大僧正天海書状写（湯浅圭造氏文書） 七月十九日……三七三
16 天海書状写（川越喜多院文書） 慶長十六年七月廿日……二四
337 大僧正天海書状（京都三千院文書） （寛永二十年）七月廿日……三四五
138 大僧正天海書状（上野寛永寺文書） 七月廿二日……一五四
37 南僧正天海書状（身延本遠寺文書） （元和元年）文月廿四日……四五
38 南僧正天海書状（池上本行寺文書） （元和元年）文月廿四日……四六
195 山門三院執行探題大僧正天海光前寺寺内法度（長野光前寺文書） 寛永九年七月廿四日……四一三
367 大僧正天海書状写（『慈眼大師全集』上） 七月廿四日……四一六
289 大僧正天海書状（『生駒家宝簡集　乾』） 七月廿七日……二九一
47 南僧正天海書状（上野現龍院文書） （元和二年）七月廿八日……五六
115 天海書状写（市島謙吉氏文書） 七月廿八日……一二四

212 大僧正天海書状（京都三千院文書）（寛永十年）七月廿八日……二二三
18 南光房僧正天海書状（京都北野神社文書）（慶長十八年）七月廿九日……二六
165 大僧正天海書状（『慈眼大師全集』上）（寛永五年カ）七月廿九日……四〇八
219 大僧正天海書状写（佐賀実相院文書）（寛永十一年）閏七月廿一日……二一八
304 大僧正天海書状（山本右馬之助氏文書）（寛永十八年）八月四日……三〇六
276 天海覚（世良田長楽寺文書）八月五日……二七八
254 大僧正天海書状（京都妙法院文書）（寛永十四年）八月七日……二五三
23 南僧正天海書状（広島大学猪熊文書(二)）（慶長十九年）八月九日……三一
166 大僧正天海書状案（『慈眼大師全集』下）（寛永五年）八月九日……四〇九
368 大僧正天海書状写（湯浅圭造氏文書）八月十二日……三七四
72 僧正天海書状（上野現龍院文書）（元和五年カ）八月十三日……八二
132 大僧正天海書状（桜井談山神社文書）（寛永二年カ）八月十三日……四〇六
83 南僧正天海書状（大阪四天王寺文書）八月十六日……九四
93 天海書状（京都三千院文書）（元和六年）八月十七日……一〇九
179 山門三院執行探題大僧正天海東叡山末寺許可状写（『慈眼大師全集』下）寛永七年八月十七日……四一一
221 山門三院執行探題大僧正天海真如堂法度（京都真如堂文書）寛永十一年八月十七日……二一九
220 山門三院執行探題大僧正天海紀州東照宮法度（和歌山雲蓋院文書）寛永十一年八月十七日……四一七
305 山門三院執行探題大僧正天海東叡山直末許可状案（『文政寺社書上』）寛永十八年八月十七日……三〇八
98 大僧正天海書状（大津聖衆来迎寺文書）八月廿日……一一七
338 大僧正天海書状写（金沢尾崎神社文書）（寛永二十年）八月廿日……三四六
167 大僧正天海書状案（『慈眼大師全集』下）（寛永五年）八月廿一日……四〇九
168 大僧正天海書状案（『慈眼大師全集』下）（寛永五年）八月廿一日……四〇九
171 大僧正天海書状（和歌山了法寺文書）八月廿一日……一八四
222 天海書状（京都曼殊院文書）（寛永十一年）八月廿二日……二二〇
184 大僧正天海書状（京都曼殊院文書）（寛永八年）八月廿三日……一九六
58 天海書状（東京大学史料編纂所文書）（元和三年カ）八月廿五日……六九
265 大僧正天海日光山東照宮大権現之別所御本尊目録写（『御用覚書』）寛永十五年八月廿五日……四二〇
306 山門三院執行探題大僧正天海日光山綵画目録写（『東京国立博物館紀要』）寛永十八年八月吉日……四二三
113 天海書状写（大正大学図書館文書）（元和九年）閏八月廿六日……一三二
169 大僧正天海書状案（『慈眼大師全集』下）（寛永五年）九月二日……四一〇
196 大僧正天海書状案（『慈眼大師全集』下）（寛永九年）九月二日……四一三
238 山門三院執行探題大僧正天海東叡山直末許可状（茨城光明院文書）寛永十三年九月三日……二四〇

239 大僧正天海書状（群馬柳沢寺文書）（寛永十三年カ）九月三日……二四一
13 権僧正天海書状（京都妙法院文書）慶長十五年九月六日……二二
14 権僧正天海証状案（『慈眼大師全集』下）慶長十五暦季秋六日……三九九
39 天海書状（『思文閣古書資料目録』）（元和元年カ）九月六日……四〇〇
157 山門三院執行採題大僧正天海学頭職補任状写（春日井密蔵院文書）寛永四年九月六日……一八〇
339 大僧正天海書状（上野現龍院文書）（寛永二十年）九月六日……三四七
84 南僧正天海書状（群馬龍蔵寺文書）九月七日……九五
24 山門探題僧正天海書状（群馬真光寺文書）（慶長十九年カ）九月八日……三三
139 大僧正天海書状（名古屋徳川美術館文書）九月十日……一五六
197 大僧正天海書状（京都曼殊院文書）（寛永九年）九月十一日……二〇四
25 南僧正天海書状（京都三千院文書）（慶長十九年）九月十二日……三四
185 大僧正天海書状（岐阜神護寺文書）九月十三日……四一三
369 大僧正天海書状（小野寺勝氏文書）九月十三日……三七五
340 大僧正天海書状写（日光桜本院文書）（寛永二十年）九月十六日……三四九
229 山門三院執行採題大僧正天海日光山画図目録写（『東京国立博物館紀要』）寛永十二年九月十七日……四一八
307 山門三院執行大僧正天海証状（安土東南寺文書）寛永十八年九月十七日……三〇九
341 長楽寺当住山門三院執行採題大僧正天海長楽寺寺内法度（世良田長楽寺文書）寛永二十歳九月十七日……三五〇
342 長楽寺灌頂法物等之法度（世良田長楽寺文書）寛永二十歳九月十七日……三五二
370 山門執行採題大僧正天海書状（京都毘沙門堂文書）九月十七日……三七六
48 天海年貢加増証文（大正大学図書館文書）元和弐年九月十八日……五七
49 天海書状写（「江戸崎大念寺志」）九月十八日……四〇〇
94 天海書状（国立国会図書館文書）（元和六年カ）九月十八日……一一一
73 南光天海書状写（佐賀実相院文書）（元和五年カ）九月十九日……八四
140 大僧正天海書状（岡山本山寺文書）（寛永三年カ）九月十九日……一五八
141 大僧正天海書状（伊賀豊作氏文書）（寛永三年カ）九月十九日……一六〇
371 天海書状（大正大学図書館文書）九月廿日……三七八
150 天海書状（西園寺源透氏文書）九月廿一日……一七三
74 南僧正天海書状写（佐賀実相院文書）（元和五年カ）九月廿二日……八五
372 天海書状案（『日光御用記』）九月廿二日……三七九
75 南僧正天海書状写（佐賀実相院文書）（元和五年カ）九月廿三日……八六
85 南僧正天海書状（大阪四天王寺文書）九月廿三日……九七
373 大僧正天海書状（久能山徳音院文書）九月廿三日……三八〇

186 大僧正天海書状（川越喜多院文書） 九月廿四日……一九七
142 山門執行探題大僧正天海金山寺寺内法度（辻常三郎氏文書） 寛永三年九月廿八日……一六二
374 大僧正天海書状（「古文書纂」） 九月晦日……三八一
143 山門執行探題大僧正天海盧山寺寺内法度（京都盧山寺文書） 寛永三暦九月日……一六三
255 山門三院執行探題大僧正天海証状写（東京大学史料編纂所文書） 寛永十四年九月日……二五四
317 大僧正天海書状（若林六四氏文書） （寛永十九年）後九月十一日……四一四
318 大僧正天海証状（姫路書写山文書） （寛永十九年）閏九月廿七日……三一九
1 無心書状（上野吉祥院文書） 十月三日……三
46 天海書状（長沼宗光寺文書） 十月三日……五四
144 山門執行探題大僧正天海葉上流法度（辻常三郎氏文書） 寛永三暦十月三日……一六四
145 大僧正天海書状（島根北島家文書） （寛永三年）十月三日……一六五
180 天海書状（姫路書写山文書） 十月三日……一九三
26 大僧正天海書状写（「江戸崎大念寺志」） （慶長十九年）十月五日……三九
96 大僧正天海書状（三浦周行氏文書） （元和五、六年）十月五日……一一三
104 天海延暦寺法度（坂本延暦寺文書） 元和八年十月五日……一二三
187 大僧正天海書状（大正大学図書館文書） （寛永八年カ）十月五日……一九八
59 大僧正天海書状写（「江戸崎大念寺志」） （元和三年カ）十月九日……四〇一
375 大僧正天海書状（京都盧山寺文書） 十月九日……三八三
86 南僧正天海書状（芝金剛院文書） 十月十一日……九八
170 大僧正天海書状（『慈眼大師全集』上） （寛永五年）十月十一日……四一〇
99 大僧正天海書状（上野凌雲院文書） 十月十二日……一一八
256 天海書状（京都三千院文書） （寛永十四年カ）十月十二日……二五五
68 天海書状（『本朝大仏師正統系図』） （元和四年カ）十月十四日……七九
266 大僧正天海法度（『慈眼大師全集』上） 寛永十五年十月十五日……四一〇
295 大僧正天海書状（林家文書） 十月十六日……二九五
175 山門三院探題大僧正天海日光山末寺許可状（群馬龍蔵寺文書） 寛永六年十月廿一日……一八九
198 天海証状案（『慈眼大師全集』下） 寛永九年十月廿一日……四一四
376 南光坊天海書状（群馬善昌寺文書） 十月廿一日……三八四
267 大僧正天海書状（岡山福寿院文書） （寛永十五年）十月廿三日……二六五
3 不動院天海書状（京都妙法院文書） （慶長二、三年頃）十月廿四日……五
377 大僧正天海書状（上野現龍院文書） 十月廿五日……三八五
4 不動院天海書状（京都妙法院文書） （慶長二、三年頃）十月廿六日……七

5 天海書状（京都妙法院文書）（慶長二、三年頃）十月廿七日……九
116 天海書状写（大阪四天王寺文書） 十月晦日……一三五
8 天海法流証状（森五郎作氏文書） 慶長十三年十月吉日……一五
60 南僧天海書状（京都三千院文書）（元和三年）霜月一日……七一
287 大僧正天海書状（鳥取大雲院文書）（寛永十六年カ）十一月朔日……二九〇
378 大僧正天海書状（京都妙法院文書） 十一月三日……三八六
127 大僧正天海書状（川越喜多院文書）（寛永元年）霜月四日……一四三
199 山門三院執行探題大僧正天海仲仙寺寺内法度（長野仲仙寺文書） 寛永九年霜月四日……四一四
176 天海書状（京都三千院文書） 霜月六日……一九〇
379 大僧正天海書状（秋野房文書） 霜月六日……三八八
61 大僧正天海書状写（「江戸崎大念寺志」）（元和三年カ）十一月七日……四〇一
200 大僧正天海書状写（佐賀実相院文書）（寛永九年カ）霜月七日……二〇五
223 天海書状（京都曼殊院文書）（寛永十一年カ）霜月七日……二三一
188 天海書状（『思文閣墨蹟資料目録』） 霜月八日……四一二
76 山門三院執行探題天海書状（姫路随願寺文書）（元和五年）霜月九日……八七
240 大僧正天海証文（佐野惣宗寺文書）（寛永十三年）十一月十日……二四二
241 大僧正天海書状（群馬真光寺文書）（寛永十三年）霜月十日……二四三
242 大僧正天海書状（京都妙心寺文書）（寛永十三年）霜月十一日……二四四
270 大僧正天海書状写（秋野房文書） 霜月十三日……二七〇
27 天海書状（萩野由之氏文書）（慶長十九年カ）霜月十四日……三六
320 世良田山長楽寺真言院兼当住山門三院執行探題大僧正天海補任状写（世良田長楽寺文書） 寛永十九年十一月十七日……三三一
321 山門三院執行探題大僧正天海円通寺寺内法度（八王子円通寺文書） 寛永十九暦仲冬十七日……三三三
322 山門三院執行探題大僧正天海吉祥寺寺内法度（埼玉吉祥寺文書） 寛永十九暦仲冬十七日……三三五
28 南光坊僧正天海等連署吉野山禁制（『金峯山寺史』） 慶長拾九年霜月十九日……三九
95 大僧正天海書状（『慈眼大師全集』上）（元和六年）霜月廿日……四〇二
146 大僧正天海書状（大阪四天王寺文書） 霜月廿日……一六七
243 大僧正天海証文（茨城月山寺文書）（寛永十三年）十一月廿一日……二四六
380 天海書状写（大阪四天王寺文書） 霜月廿二日……三八九
15 天海祝儀覚（大正大学図書館文書） 慶長十五年十一月廿三日……二三
50 南僧正天海書状（上野現龍院文書）（元和二年）霜月廿三日……五八
381 大僧正天海書状（佐竹文書） 霜月廿五日……三九〇
77 山門探題大僧正天海書状写（佐賀実相院文書）（元和五年カ）霜月廿七日……八八

147 天海書状（上野現龍院文書）（寛永三年）霜月廿七日……一六八
40 寺務南光坊大僧正四天王寺内法度（大阪四天王寺文書）元和元年十一月日……四七
148 山門執行探題大僧正天海松尾寺寺内法度写（滋賀金剛輪寺文書）寛永三年十一月日……一七〇
201 山門三院執行探題大僧正天海東叡山直末許可状（埼玉毛呂山町歴史民俗資料館文書）寛永九年霜月吉日……二〇六
268 山門三院執行探題大僧正天海坊号并色衣免許状（静岡玄陽坊文書）寛永十五年霜月吉日……二六七
288 山門三院執行探題大僧正天海日光山御本尊目録（『日本書蹟大鑑』）寛永十六暦霜月吉日……四二一
69 南僧正天海書状（京都北野神社文書）（元和三、四年カ）十二月四日……八〇
117 天海真如堂寺内法度案（『華頂要略』）元和九年極月四日……四〇四
128 大僧正天海書状（竹内文平氏文書）十二月六日……一四五
62 天海喜多院証状（川越喜多院文書）元三極月七日……七二
118 大僧正天海書状（『慈眼大師全集』上）極月九日……四〇四
189 山門三院執行探題大僧正天海日光山東照宮大権現様御十七年御本尊目録写（『御用覚書』）寛永八年極月九日……四一二
230 大僧正天海書状（和歌山雲蓋院文書）（寛永十二年）極月九日……二三九
382 大僧正天海書状（『和歌浦天満宮の世界』）極月十一日……四一六
41 山門探題正僧正天海喜多院証状（川越喜多院文書）元和元年終冬十二日……四八
149 大僧正天海書状（諏訪貞松院文書）極月十三日……一七一
244 大僧正天海書状写（岡山吉備津神社文書）（寛永十三年）十二月十四日……四一八
51 南僧正天海書状（京都三千院文書）（元和二年）十二月十五日……五九
158 大僧正天海書状写（浅草浅草寺文書）極月十五日……一八一
190 大僧正天海書状（長野善光寺大勧進文書）（寛永八年）極月十六日……一九九
29 南僧正天海書状（生間家文書）（慶長十九年）極月十七日……三八
269 天海書状（酒井忠道氏文書）（寛永十五年カ）臘月十七日……二六八
383 大僧正天海書状（中沢広勝氏文書）極月十七日……三九一
10 宗光寺天海書状（大阪願泉寺文書）（慶長十四年）十二月十九日……一七
119 天海書状（川越喜多院文書）（元和九年カ）極月十九日……一三六
52 南僧正天海書状（大阪四天王寺文書）（元和二年カ）極月廿一日……六〇
53 南僧正天海書状（身延久遠寺文書）（元和元、二年カ）極月廿二日……六二
308 大僧正天海書状（伊勢西来寺文書）（寛永十八年）極月廿二日……三二〇
105 天海書状（滋賀金剛輪寺文書）（元和八年カ）極月廿五日……一二三
106 天海書状（京都三千院文書）（元和八年）極月廿七日……一二四
257 大僧正天海書状（佐竹文書）（寛永十四年）極月廿八日……二五六
231 天海書状（京都曼殊院文書）（寛永十二年）極月三十日……二三一

97　天海書状（吉田黙氏文書）（元和六年）後極月十九日……一一五

384　天海書状（川越喜多院文書）乃　刻……三九三

258　大僧正天海寺領許可状（『慈眼大師全集』上）寛永十四年……四一〇

385　天海書状（『慈眼大師全集』上）閏七日……四一六

277　天海書状（世良田長楽寺文書）（年月日なし）……二七九

386　山門執行探題大僧正天海瀧山寺寺内法度（『慈眼大師全集』上）（年月日なし）……四一六

387　天海霜月会定書（東京国立博物館文書）（年月日なし）……三九四

388　天海証状（『鹿児島県史料』「旧記雑録」）（年月日なし）……四一七

編者略歴

宇高良哲（うだか・よしあき）
一九四二年　埼玉県生まれ
一九六九年　大正大学大学院文学研究科博士課程修了
現在　大正大学名誉教授・文学博士
〔主要著書〕
『喜多院日鑑』（共著、全一七巻、文化書院、一九八五〜二〇一一年）
『近世関東仏教教団史の研究』（文化書院、一九九八年）
『南光坊天海の研究』（青史出版、二〇一二年）

中川仁喜（なかがわ・じんき）
一九七七年　栃木県生まれ
二〇〇五年　大正大学大学院文学研究科博士課程修了
現在　大正大学文学部専任講師・文学博士
〔主要著書論文〕
『先求院文書』（共著、文化書院、二〇一二年）
『東叡山寛永寺　徳川将軍家御裏方霊廟』（共著、吉川弘文館、二〇一二年）
「天海奉者としての弁海―元和・寛永年間を中心に―」（『東洋の慈悲と智慧』〈多田孝文名誉教授古稀記念論文集〉山喜房仏書林、二〇一三年）

南光坊天海発給文書集

二〇一四年（平成二十六）三月一日　第一刷発行

監修　東叡山寛永寺
編者　宇高良哲
　　　中川仁喜
発行者　前田求恭
発行所　株式会社　吉川弘文館
郵便番号一一三―〇〇三三
東京都文京区本郷七丁目二番八号
電話〇三―三八一三―九一五一（代表）
振替口座〇〇一〇〇―五―二四四
http://www.yoshikawa-k.co.jp/
印刷＝株式会社　精興社
製本＝誠製本株式会社

ISBN978-4-642-01416-8